本册書目

朱子語類（二）…………………………………… 一〇三七

朱子語類（二）

鄭明等校點　莊輝明審讀
胡秀娟修訂

朱子語類卷第二十七

論語九

里仁篇下

子曰參乎章

問「一以貫之」。曰：「且要沈潛理會，此是論語中第一章。若看未透，且看後面去，却時時將此章來提省，不要忘却，久當自明矣。」時舉。

問「一貫」。曰：「恁地泛看不濟事，須從頭子細〔一〕，章章理會。夫子三千門人，一旦惟呼曾子一人而告以此，必是他人承當未得。今自家却要便去理會這處，是自處於孔門二千九百九十九人頭上，如何而可！」道夫。

「『一以貫之』，猶言以一心應萬事。『忠恕』是一貫底注脚，一是忠，貫是恕底事。」拱壽[一]。

「一是一心，貫是萬事。看有甚事來，聖人只是這個心。」從周。

或問「一貫」。曰：「如一條索，曾子都將錢十十數了成百，只是未串耳。若他人則零亂錢一堆，未經數，便把一條索與之，亦無由得串得。」銖。

問「一貫」之説。曰：「須是要本領是。本領若是，事事發出來皆是；本領若不是，事事皆不是也。」時舉。

或問「一以貫之」，以萬物得一以生爲説。曰：「不是如此。『一』只是一二三四之『一』。一只是一個道理。」胡泳。

「一是忠，貫是恕。」道夫。

「一者，忠也[二]；以貫之者，恕也。體一而用殊。」人傑。

「忠恕一貫。忠在一上，恕則貫乎萬物之間。只是一個一，分着便各有一個一。『老者安之』，是這個一；『少者懷之』，亦是這個一；『朋友信之』，亦是這個一，莫非忠也。恕則自忠而出，所以貫之者也。」謨。

「忠是一〔四〕，恕是貫。忠只是一個真實。自家心下道理，直是真實。事事物物接於吾前，便只把這個真實應副將去。自家若有一豪虛僞，事物之來，要去措置他，便都不實，便都不合道理。若自家真實，事物之來，合小便小，合大便大，合厚便厚，合薄便薄，合輕便輕，合重便重，一一都隨他面分應副將去，無一事一物不當這道理。」賀孫。

道夫〔五〕：「竊謂夫子之道如太極，天下之事如物之有萬。物雖有萬，而所謂太極者則一，太極雖一，而所謂物之萬者未嘗虧也。至於曾子以忠恕形容一貫之妙，亦如今人以性命言太極也。不知是否？」曰：「太極便是一，到得生兩儀時，這太極便在兩儀中；生四象時，這太極便在四象中；生八卦時，這太極便在八卦中。」道夫。

「『忠恕而已矣』，不是正忠恕，只是借『忠恕』字貼出一貫底道理。人多說人己物我，都是不曾理會。聖人又幾曾須以己度人？自然厚薄輕重，無不適當。『忠恕違道不遠』，乃是正名、正位。」閎祖。

問「忠恕而已矣」。曰：「此只是借學者之事言之。若論此正底名字，使不得這『忠恕』字。」又云：「『忠』字在聖人是誠，『恕』字在聖人是仁。但說誠與仁，則說開了。惟『忠恕』二字相粘，相連續，少一個不得。」燾。

「盡〔六〕己爲忠，推己爲恕。忠恕本是學者事，曾子特借來形容夫子一貫道理。今且粗解之，忠便是一，恕便是貫。有這忠了，便做出許多恕來。聖人極誠無妄，便是忠。」問：「聖人之忠即是誠否？」曰：「是。」「聖人之恕即是仁否？」曰：「是。」問：「在學者言之，則忠近誠，恕近仁。」曰：「如此，則已理會得好了。若中庸所說，便正是學者忠恕，『道〔七〕不遠人』者是也。『忠恕違道不遠，施諸己而不願，亦勿施於人』，只是取諸己而已。」問：「明道以『天地變化，草木蕃』，爲充擴得去底氣象，此是借天地之恕以形容聖人之恕否？」曰：「是。『維天之命，於穆不已』。一元之氣流行不息處，便是忠〔八〕。」淳。

「主於内爲忠，見於外爲恕。忠是無一毫自欺處，恕是『稱物平施』處。」德明。

說忠恕。先生以手向自己是忠，却翻此手向外是恕。泳。

「忠因恕見，恕由忠出。」閎祖。

「忠只是一個忠，做出百千萬個恕來〔九〕。」閎祖。

「忠恕只是一件事，不可作兩個看。」端蒙。

「忠、恕只是體、用，便是一個物事；猶形影，要除一個除不得。若未曉，且看過去，却時復潛玩。忠與恕不可相離一步。」道夫。

「忠是體，恕是用，只是一個物事。如口是體，說出話便是用。不可將口做一個物事，說話底又做一個物事。」淳。

「忠是本根，恕是枝葉。非是別有枝葉，乃是本根中發出枝葉，枝葉即是本根。曾子爲於此事皆明白，但未知聖人是總處發出，故夫子語之。」可學。

「在聖人，本不消言忠恕。」廣。

「聖人是不犯手脚底忠恕，學者是着工夫底忠恕，不可謂聖人非忠恕也。」閎祖。

「天地是無心底忠恕，聖人是無爲底忠恕，學者是求做底忠恕。」僩。

論「恕」，云：「若聖人，只是流出來，不待推。」節。

「聖人之恕與學者異者，只爭自然與勉强。聖人却是自然廣充得去，不費力。學者須要勉强廣充，其至則一也。」端蒙。

「『夫子之道忠恕』，此忠自心而言之；『爲人謀而不忠』，此忠主事而言也。自心言者，言一心之統體；主事言者，主於事而已。」端蒙。

問：「曾子何必待孔子提醒？」曰：「他只見得一事一理，不知只是一理。」曰：「使孔子不提之，久還自知否？」曰：「知。」可學。總論。

「曾子已前是一物格，一知至。到忠恕時，是無一物不格，無一知不至。聖人分上著『忠恕』字不得。曾子借此爲說。」方子。

「曾子一貫，是他逐事上做得到。及聞夫子之言，乃知只是這一片實心所爲。如一庫散錢，得一條索穿了。」方子。

問：「曾子於孔子一貫之道，言下便悟，先來是未曉也。」曰：「曾子先於孔子之教者，日用之常，禮文之細，莫不學來，惟未知其本出於一貫耳，故聞一語而悟。其他人於用處未曾用許多工夫，豈可遽與語此乎！」大雅云：「觀曾子問一篇，許多變禮皆理會過，直如此細密，想見用工多。」大雅。

問〔一〇〕：「『一以貫之』，只是其用不同，其體則一。一個本貫許多末。」先生問〔一一〕：「如何是末？」曰：「孝弟忠信，居處有禮，此是末。」曰〔一二〕：「今人只得許多名字，其實不曉。如孝弟忠信，只知得這殼子，其實不曉，也只是一個空底物事。須是逐件零碎理會。如一個桶，須是先將木來做成片子，却將一個箍來箍斂。若無片子，便把一個箍去箍斂，全〔一三〕然盛水不得。曾子零碎處盡曉得了，夫子便告之曰：『參乎！吾道一以貫之。』他便應之曰：『唯！』貫，如散錢；一，是索子。曾子盡曉得許多散錢，只是無這索子，夫子便把這索子與他。今人錢也不識是甚麽錢，有幾個孔。」良久，曰：「公没一文錢，只有一條索子。」又曰：「不愁不理會得『一』，只愁不理會得『貫』。理會『貫』不得便言『一』時，天資高者流爲佛老，低者只成一團鶻突物事在這裏。」又曰：「孔門許多人，夫子獨告曾子，是如何？惟曾子盡曉得許多道理，但未知其體之一。」節復問：「已前聞先生言，借學者之事以明之，甚疑『忠恕』對『一以貫之』不過。今日忽然看得來對得極過。『一以貫之』，即『忠恕』；『忠恕』即『一以貫之』。如忠是盡己，推出去爲恕，也只是一個物事。推出去做許多，即『一以貫之』。節於此中又見得學者亦有『一以貫之』。夫子固是『一以貫之』，學者能盡己而又推此以及物，亦是『一以貫之』。所以不同者，非是事體不同。夫子以天，學者用力。」曰：「學者無『一以貫之』。夫子之道似此處疑有闕誤。學者只是這個忠推出來。『乾道變化』，如一株樹，開一樹花，生一樹子，裏面便自然有一個生意。」又曰：「忠者天道，恕者人道。天道是體，人道是用。『動以天』之『天』，只是自然。」節。

周公謹問：「在内爲忠[一四]，在外爲恕。忠即體，恕即用。」曰：「忠恕是如此。夫子曰：『吾道一以貫之。』何故曾子曰『忠恕而已矣』？」曰[一五]：「是曾子曉得一貫之道，故以忠恕名之。」先生曰：「且去一貫上看忠恕，公是以忠恕解一貫。」曰[一六]：「一貫只是一理，其體在心，事父即爲孝，事君即爲敬，交朋友即爲信，此只是一貫。」曰：「大概亦是。公更去子細玩味，治國、平天下有許多條目，夫子何故只說『吾道一以貫之』？」公謹次日復問：「『吾道一以貫之。』聖人之道，見於日用之間，精粗小大，千條萬目，未始能同，然其通貫則一。如一氣之周乎天地之間，萬物散殊雖或不同，而未始離乎氣之一。」曰：「別又看得甚意思出？」曰[一七]：「夫子之告曾子，直是見他曉得，所以告他。」曰：「是也。所以告曾子時，無他，只緣他曉得千條萬目。他人連個千條萬目尚自曉不得，如何識得一貫。如穿錢，一條索穿得，方可謂之『一貫』。如君之於仁，臣之於忠，父之於慈，子之於孝，朋友之於信，皆不離於此。」問：「門人，是夫子之門人否？」曰：「是也。夫子說一貫時，未有忠恕，及曾子說忠恕時，未有體、用，是後人推出來。忠恕是大本，所以爲一貫。」公謹復問：「莫是曾子守約，故能如此？」曰：「不然。却是曾子件件曾做來，所以知。若不曾躬行踐履，如何識得。」公謹復問：「是他用心於内，所以如此？」曰：「只是樸實頭去做了。夫子告人，不是見他不曾識，所以告他。曾子只是曾經歷得多，所以告他；子貢是識得多，所以告他。忠如瓶中之水，恕如瓶中瀉在盞中之水。忠是洞然明白，無有不盡。恕是知得爲君，推其仁以待下；爲臣，推其敬以事君。」泳。

或問：「一貫如何却是忠恕？」曰：「忠者，誠實不欺之名。聖人將此放頓在萬物上，故名之曰恕。一猶言忠，貫猶言恕。若子思忠恕，則又降此一等。子思之忠恕，必待『施諸己而不願』，而後『勿施諸人』，此所謂『違道不遠』。若聖人則不待『施諸己而不願』，而後施諸人也。」或問：「曾子能守約，故孔子以一貫語之。」曰：「非也。曾子又何曾守約來！且莫看他別事，只如禮記曾子問一篇，他甚底事不曾理會來！却道他守約，則不可。只緣孟子論三子養勇，將曾子比北宫黝與孟施舍，則曾子爲守約者爾。後世不悟，却道曾子之學專一守約，別不理會他事。如此，則成甚學也！曾子學力到聖人地位，故孔子以一貫語之。不可道爲他只能守約，故與語此也。」去僞〔一八〕。

問「忠恕一貫」。曰：「不要先將忠恕説，且看一貫底意思。如堯之『克明俊德，黎民於變時雍』，夫子『立之斯立，動之斯和』，這須從裏面發出來，方會如此。曾子工夫已到，如事親從兄，如忠信講習，千條萬緒，一身親歷之。聖人一點他便醒，元來只從一個心中流出來。如夜來守約之説，只是曾子〔一九〕篤實，每事必反諸身，所謂孝，所謂禮，必窮到底。若只守個約，却没貫處。忠恕本未是説一貫，緣聖人告以一貫之説，故曾子借此二字以明之。忠恕是學者事，如欲子之孝於我，必當先孝於親；欲弟之弟於我，必當先敬其兄；如欲人不慢於我，須先不慢於人；欲人不欺我，須先不欺於人。聖人一貫，是無作爲底；忠恕，是有作爲底。將個有作爲底，明個無作爲底。」又曰：「曾子是事實上做出，子貢是就識上見得。看來曾子從實處做，一直透上去；子貢雖是知得，較似滯在知識上。」寓。

敬之問「一貫」。曰：「一貫未好便將忠恕壓在上説。」因及器之夜來所問，云：「曾子正不是守約。這處只見聖人許多實行，一一做工夫得到，聖人度得如此，遂告以吾只是從這心上流出，只此一心之理，盡貫衆理。」賀孫。

「曾子答門人説忠恕，只是解『一以貫之』，看本文可見。忠便貫恕，恕便是那忠裏面流出來底。聖人之心渾然一理。蓋他心裏盡包這萬理，所以散出於萬物萬事，無不各當其理。」履之問：「『忠者天道，恕者人道。』蓋忠是未感而存諸中者，所以謂之『天道』；恕是己感而見諸事物，所以謂之『人道』。」曰：「然。」或曰：「恐不可以忠爲未感。」曰：「恁地說也不妨。忠是不分破底，恕是分破出來底，仍舊只是這一個。如一碗水，分作十盞，這十盞水依舊只是這一碗水。」又曰：「這事難。如今學者只是想象籠罩得是如此，也想象得個萬殊之所以一本，一本之所以萬殊。如一源之水，流出爲萬派；一根之木，生爲許多枝葉。然只是想象得個意思如此，其實不曾見得。如『曾點浴沂』一段，他却是真個見得這道理。而今學者只是想象得這一般意思，知底又不實去做。及至事上做得細微緊密，盛水不漏底，又不曾見得那大本。聖人教人，都是教人實做，將實事教人。如格物、致知以至灑掃應對，無非是就實地上拈出教人。」僩。

義剛說「忠恕」一章畢，先生良久曰：「聖人之應事接物，不是各自有個道理。曾子見得似是各有個道理，故夫子告之如此。但一貫道理難言，故將忠恕來推明。大要是說在己在物皆如此，便見得聖人之道只是一。」胡叔器因問：「聖人是就理之體發來，學者是就用上做工夫否？」曰：「不要恁地說，只是一般。聖人是就天理上做，學者也是就天理上做。聖人也只是這一理，學者也只是這一理，不成是有兩個天理！但聖人底是個渾淪底物事，發出來便皆好。學者是要逐一件去推，然也是要全得這天理。如一碗水，聖人是全得水之用，學者是取一盞喫了，又取一盞喫，其實都只是水。忠便是就心上做底，恕便是推出來底，如那盡底，也只一般。但是聖人不待於推，而學者尚要推耳。」義剛因問：「若把作體、用說，恐成兩截。」曰：「說體、用，便只是一物。不成說香匙是火箸之體，火箸是香匙之用！如人渾身便是體，口裏說話便是用。不成說話底是個物事，渾身又是一個物事！萬殊便是這一本，一本便是那萬殊。」義剛。淳略。

或問「理一分殊」。曰：「聖人未嘗言理一，多只言分殊。蓋能於分殊中事事物物，頭頭項項，理會得其當然，然後方知理本一貫。不知萬殊各有一理，而徒言理一，不知理一在何處。聖人千言萬語教人，學者終身從事，只是理會這個。要得事事物物，頭頭件件，各知其所當然，而得其所當然，只此便是理一矣。如顏子穎悟，『聞一知十』，固不甚費力。曾子之魯，逐件逐事一一根究着落到底。孔子見他用功如此，故告以『吾道一以貫之』。若曾子元不曾理會得萬殊之理，則所謂一貫者，貫個什麽！蓋曾子知萬事各有一理，而未知萬理本乎一理，故聖人指以語之。曾子是以言下有得，發出『忠恕』二字，太煞分明。且如『禮儀三百，威儀三千』，是許多事，要理會做甚麽？如曾子問一篇問禮之曲折如此，便是理會得川流處，方見得敦化處耳。孔子於鄉黨，從容乎此者也；學者戒謹恐懼而謹獨，所以存省乎此者也。格物者，窮究乎此者也；致知者，真知乎此者也。能如此着實用功，即如此着實到那田地，而理一之理，自森然其中，一一皆實，不是虛頭説矣。」銖。

蜚卿問顏曾之學。曰：「顏子大段聰明，於聖人地位未達一間，秖爭些子耳。其於聖人之言無所不曉，所以聖人道：『回也，非助我者，於吾言無所不説。』曾子遲鈍，直是辛苦而後得之，故聞一貫之説，忽然猛省，謂這個物事，元來只是恁地。如人尋一個物事不見，終歲勤動，一旦忽然撞着，遂至驚駭。到顏子，只是平鋪地便見，没恁地差異。」道夫。

「顏子聰明，事事了了。子貢聰明，工夫粗，故有闕處。曾子魯，却肯逐一用工捱去。捱得這一件去，便這一件是他底，又捱一件去。捱來捱去，事事曉得，被孔子一下喚醒云：『吾道一以貫之』，他便省得。蓋他平日事理，每每被他看破，事事到頭做，便曉得一貫之語是實説也。大學致知、格物等説，便是這工夫，非虛謾也。」大雅。

「子貢尋常自知識而入道，人傑録作：『自敏入道。』故夫子警之曰：『汝以予爲多學而識之者歟？』對曰：『然。非與？』曰：『非也，予一以貫之。』蓋言吾之多識，不過一理爾。曾子尋常自踐履入，事親孝，則真個行此孝；爲人謀，則真個忠；朋友交，則真個信。故夫子警之曰，汝平日之所行者，皆一理耳。惟曾子領略於片言之下，故曰：『忠恕而已矣。』以吾夫子之道無出於此也。我之所得者忠，誠即此理，安頓在事物上則爲恕。無忠則無恕，蓋本末，體用也〔二〇〕。」去僞。以下兼論「子貢」章〔二一〕。

「夫子於子貢見其地位，故發之。曾子已能行，故只云：『吾道一以貫之。』子貢未能行，故云：『賜，汝以予爲多學而識之？』」可學。

「所謂一貫者，會萬殊於一貫。如曾子是於聖人一言一行上一一踐履，都子細理會過了，不是默然而得之。觀曾子問中問喪禮之變，曲折無不詳盡，便可見曾子當時功夫是一一理會過來。聖人知曾子許多道理都理會得，便以一貫語之，教它知許多道理却只是一個道理。曾子到此，亦是它踐履處都理會過了，一旦豁然知此是一個道理，遂應曰：『唯！』及至門人問之，便云：『忠恕而已矣。』忠是大本，恕是達道。忠者，一理也；恕便是條貫，萬殊皆自此出來。雖萬殊，却只一理，所謂貫也。子貢平日是於前言往行上着功夫，於見識上做得亦到。夫子恐其亦以聖人爲『多學而識之』，故問之。子貢方以爲疑，夫子遂以一貫告之。子貢聞此別無語，亦未見得子貢理會得，理會不得。自今觀之，夫子只以一貫語此二人，亦須是它承當得，想亦不肯說與領會不得底人。曾子是踐履篤實上做到，子貢是博聞强識上做到。夫子舍二人之外，別不曾說，不似今人動便說一貫也。所謂一者，對萬而言。今却不可去一上尋，須是去萬上理會。若只見夫子語一貫，便將許多合做底事都不做，只理會一，不知却貫個甚底！」僩。

「『忠恕』，『一以貫之』。曾子假『忠恕』二字，以發明一貫之理。蓋曾子平日無所不學。看禮記諸書，曾子那事不理會來！但未知所以一，故夫子於此告之，而曾子洞然曉之而無疑。」賀孫問：「告子貢『一以貫之』章，集注云：『彼以行言，此以知言。』是就二子所到上說，如何？」曰：「看上下語脉是如此。夫子告曾子，曾子只說：『夫子之道，忠恕而已矣。』這就行上說。夫子告子貢乃云：『汝以予爲多學而識之者與？』這是只就知上說。」賀孫因舉大學或問云：「心之爲物，實主於身。其體，則有仁義禮智之性；其用，則有惻隱、羞惡、恭敬、是非之情。渾然在中，隨感而應。以至身之所具，身之所接，皆有當然之則而自不容已，所謂理也，元有一貫意思。」曰：「然。施之君臣，則君臣義；施之父子，則父子親；施之兄弟，則兄弟和；施之夫婦，則夫婦別，都只由這個心。如今最要先理會此心。」又云：「通書一處說『陰陽五行，化生萬物，五殊二實，二本則一』，亦此意。」又云：「如千部文字，萬部文字，字字如此好，面面如此好，人道是聖賢逐一寫得如此。聖人告之曰，不如此。我只是一個印板印將去，千部萬部雖多，只是一個印板。」又云：「且看論語，如鄉黨等處，待人接物，千頭萬狀，是多少般！聖人只是這一個道理做出去。明道說忠恕，當時最録得好。」賀孫。

「曾子一貫忠恕，是他於事物上各當其理。日用之間，這個事見得一道理，那個事又見得一道理，只是未曾湊合得。聖人知其用力已到，故以一貫語之。」問：「曾子於零碎曲折處都盡得，只欠個『一以貫之』否？」曰：「亦未都盡得。但是大概已得，久則將自到耳。」問：「『君子之道費而隱』，曾子於費處已盡得，夫子以隱處點之否？」曰：「然。」問：「曾子篤實，行處已盡。聖人以一貫語之，曾子便會，曰：『忠恕而已矣。』子貢明敏，只是知得。聖人以一貫語之，子貢尚未領略，曰：『然。非與？』是有疑意。」曰：「子貢，乃是聖人就知識學問語之；曾子，就行上語之，語脉各不同。須是見得夫子曰『吾道一以貫之』意思，先就多上看，然後方可說一貫。此段『恕』字却好看，方沿流以遡其源〔二〕。學者寧事事先了得，未了得『一』字，却不妨。莫只懸空說個『一』字作大罩了，逐事事都未曾理會，却不濟事。所以程子道：『「下學而上達」，方是實。』」又云：「如人做塔，先從下面大處做起，到末梢自然合尖。若從尖處做，如何得！」僩。

問：「曾子一貫，以行言；子貢一貫，以知言，何也？」曰：「曾子發出忠恕，是就行事上說。孔子告子貢，初頭說『多學而識之』，便是就知上說。曾子是就源頭上面流下來，子貢是就下面推上去。」問：「曾子未聞一貫之前，已知得忠恕未？」曰：「他只是見得聖人千頭萬緒都好，不知都是這一心做來。及聖人告之，方知得都是從這一個大本中流出。如木，千枝萬葉都好，都是這根上生氣流注去貫也。」林問：「枝葉便是恕否？」曰：「枝葉不是恕。生氣流注貫枝葉底是恕。信是枝葉受生氣底，恕是夾界半路來往底。信是定底，就那地頭説。發出忠底心，便是信底言。無忠，便無信了。」淳。謨録云〔一三〕：「曾子一貫，以行言；子貢一貫，以知言。曾子言夫子忠恕，只是就事上看。夫子問子貢『多學而識之』，便是知上説。曾子見夫子所爲千頭萬緒，一一皆好。譬如一樹，枝葉花實皆可愛，而其實則忠信根本，恕猶氣之貫注枝葉，若論信，則又如花之必成實處。忠信、忠恕皆是體用。恕如行將去，信如到處所。循物無違，則是凡事皆實。譬如水也，夫子，自源而下者也；中庸所謂忠恕，泝流而上者也。」

或問夫子告曾子以「吾道一以貫之」，與告子貢「予一以貫之」之説。曰：「曾子是以行言，子貢是以知言。蓋曾子平日於事上都積累做得來已周密，皆精察力行過了，只是未透。夫子才點他，便透。如孟子所謂『有如時雨化之者』，是到這裏恰好着得一陣雨，便發生滋榮，無所凝滯。子貢却是資質敏悟，能曉得，聖人多愛與他説話，所以亦告之。」又問：「尹氏云：『此可見二子所學之淺深。』」曰：「曾子如他與門人之言，便有個結纜殺頭，亦見他符驗處。子貢多是説過曉得了便休，更没收殺。大率子貢緣他曉得，聖人多與他説話，但都没收殺。如『子如不言』處，也没收殺。」或曰：「『他言性與天道處，却是他有得處否？』」曰：「然。」燾。

「今有一種學者，愛説某自某月某日有一個悟處後，便覺不同。及問他如何地悟，又却不說。便是曾子傳夫子一貫之道，也須可說，也須有個來歷，因做甚麼工夫，聞甚麼說話，方能如此。今若云都不可說，只是截自甚月甚日爲始，已前都不是，已後都是，則無此理。已前也有是時，已後也有不是時。蓋人心存亡之決，只在一息之間，此心常存則皆是，此心才亡便不是。聖賢教人，亦只據眼前便着實做將去。孟子猶自説個存心、養性。若孔子則亦不說此樣話，但云『學而時習之』、『入則孝，出則弟，謹而信，泛愛衆而親仁』、『君子食無求飽，居無求安，敏於事，謹於言，就有道而正焉』。顔淵問仁，則曰：『非禮勿視，非禮勿聽，非禮勿言，非禮勿動。』仲弓問仁，則曰：『出門如見大賓，使民如承大祭。己所不欲，勿施於人。』司馬牛問仁，則曰：『仁者其言也訒。』據此一語，是司馬牛已分上欠闕底。若使他從此着實做將去，做得徹時，亦自到他顔冉地位。但學者初做時，固不能無間斷。做來做去，做到徹處，自然純熟，自然光明。如人喫飯相似，今日也恁地喫，明日也恁地喫。一刻便有一刻工夫，一時便有一時工夫，一日便有一日工夫。豈有截自某日爲始，前段都不是，後段都是底道理！又如曾子未聞一貫之說時，亦豈全無是處。他也須知得『爲人臣，止於敬；爲人子，止於孝；爲人父，止於慈；與國人交，止於信。』如何是敬，如何是孝，如何是慈，如何是信，件件都實理會得了，然後件件實做將去。零零碎碎，煞着了工夫，也細摸得個影了〔二四〕，只是爭些小在。及聞一貫之說，他便於言下將那實心來承當得、體認得，平日許多工夫，許多樣事，千頭萬緒，皆是此個實心做將出來。恰如人有一屋錢散放在地上，當下將一條索子都穿貫了。而今人元無一文錢，却也要學他去穿，這下穿一穿，又穿不着，那下穿一穿，又穿不着，似恁爲學，成得個甚麽邊事！如今誰不解説『一以貫之』！但不及曾子者，蓋曾子是個實底『一以貫之』；如今人説者，只是個虚底『一以貫之』耳。『誠者物之終始，不誠無物』。孔子曰：『言忠信，行篤敬，雖蠻貊之邦行矣；言不忠信，行不篤敬，雖州里行乎哉！立則見其參於前也，在輿則見其倚於衡也，夫然後行。』只此是學，只爭個做得徹與不徹耳。孟子曰：『服堯之服，誦堯之言，行堯之行，是堯而已矣；服桀之服，誦桀之言，行桀之行，是桀而已矣。』二廣。

「江西學者偏要説甚自得，説甚一貫。看他意思，只是揀一個儱侗底説話，將來籠罩，其實理會這個道理不得。且如曾子日用間做了多少工夫，孔子亦是見他於事事物物上理會得這許多道理了，却恐未知一底道理在，遂來這裏提省他。然曾子却是已有這本領，便能承當。今江西學者實不曾有得這本領，不知是貫個甚麽！嘗譬之，一便如一條索，那貫底物事，便如許多散錢。須是積得這許多散錢了，却將那一條索來一串穿，這便是一貫。若陸氏之學，只是要尋這一條索，却不知道都無可得穿。且其爲説，喫緊是不肯教人讀書，只恁地摸索悟處。譬如前面有一個關，纔跳得過這一個關，便是了。此煞壞學者。某老矣，日月無多。方待不說破來，又恐後人錯以某之學亦與他相似。今不奈何，苦口說破。某道他斷然是異端！斷然是曲學！斷然非聖人之道！但學者稍肯低心向平實處下工夫，那病痛亦不難見。」

「『吾道一以貫之』，譬如聚得散錢已多，將一條索來一串穿了。所謂一貫，須是聚個散錢多，然後這索亦易得。若不積得許多錢，空有一條索，把甚麽來穿！吾儒且要去積錢。若江西學者都無一錢，只有一條索，不知把甚麽來穿。」又曰：「一，只是一個道理貫了。」或問：「忠恕，曾子以前曾理會得否？」曰：「曾子於忠恕自是理會得了，便將理會得底來解聖人之意，其實借來。」直卿問：「『一以貫之』，是有至一以貫之。」曰：「一，只是一個道理，不用說至一。」

問：「集注云：『聖人之心，渾然一理，泛應曲當，用各不同。』此恐是聖人之心昭明融液，無絲豪間斷，隨事逐物，泛應曲酬，只是自然流出來。曾子謂之忠恕，雖是借此以曉學者，然既能忠，則心無欺曲，無叉路，即此推將去，便是一。已而至於自然而盡，則即聖人之所謂一矣。」曰：「如此則全在『忠』字上，這段正好在『恕』字上看。聖人之意，正謂曾子每事已自做得是。但事君，只知是事君底道理；事父，只知是事父底道理；事長，只知是事長底道理，未知其相貫通。故孔子說，我每日之間，大事小事，皆只是一個道理。而今却不識言意，都倒說了。且理會事事都要是。若事都是，不理會得那一，不妨。若事未是，先去理會那一，不濟事。如做塔，且從那低處、闊處做起，少間自到合尖處。若只要從頭上做起，却無着工夫處。『下學而上達』，下學方是實。」先生又云：「聖人與曾子說一貫處，是說行；與子貢說一貫處，只說學問，看『多學而識之』一句可見。」又問：「『自此之外，更無餘法，亦無待於推矣。』推，只是推己之『推』否？『更無餘法』，是一理之外更無其他否？」曰：「聖人之忠恕自別，不可將做尋常『忠恕』字看。」問：「才說『恕』字，必須是推。若不須推，便是仁了。」曰：「聖人本不可說是忠恕，曾子假借來說。要之，天地是一個無心底忠恕，聖人是一個無爲底忠恕，學者是一個着力底忠恕。學者之忠恕，方正定是忠恕。且如不欺誑、不妄誕是忠，天地何嘗說我不可欺誑、不可妄誕來！如『己所不欲，勿施於人』是恕，天地何嘗說我要得性命之正，然後使那萬物各正性命來！聖人雖有心，也自是不欺誑，不妄誕，我所不欲底事，也自是不去做。故程子曰：『天地無心而成化，聖人有心而無爲。』即是此意。」問：「程子言：『忠者天道，恕者人道。』不是中庸所謂『天道、人道』否？」曰：「不是。大本便是天道，達道便是人道。這個不可去泥定解他。如子思說『鳶飛戾天，魚躍于淵』相似，只輕輕地傍邊傍說將去。要之，『至誠無息』一句，已自剩了。今看那一段，不須字字去解，亦不須言外求意，自然裏面有許多道理。今如此說，倒鈍滯了。所以聖人不胡亂說，只說與曾子子貢二人曉得底。其他如『吾欲無言』之類，略拈起些小來說，都只是輕輕地說過，說了便休。若只管說來說去，便自拖泥帶水。」胡泳。以下集注。

問「曾子未知其體之一」。曰：「曾子偶未見得，但見一個事是一個理，不曾融會貫通。然曾子於九分九豪九釐上都見得了，即爭這些子，故夫子告之。而今人卻是因夫子之說，又因後人說得分曉，只是望見一貫影像，便說體說用，卻不去下工夫。而今只得逐件理會，所以要格物、致知。」夔孫。

先生問坐間學者云：「『吾道一以貫之』，如何是『曾子但未知體之一處』？」或云：「正如萬象森然者，是曾子隨事精察力行處。至於一元之氣所以爲造化之妙者，是曾子未知體之一處。」曰：「何故曾子既能隨事精察，卻不曉所以一處？」答云：「曾子但能行其粗而未造其精。」曰：「不然。聖人所以發用流行處，皆此一理，豈有精粗。政如水相似，田中也是此水，池中也是此水，海中也是此水。不成說海水是精，他處水是粗，豈有此理！緣他見聖人用處，皆能隨事精察力行。不過但見聖人之用不同，而不知實皆此理流行之妙。且如事君忠是此理，事親孝也是此理，交朋友也是此理，以至精粗小大之事，皆此一理貫通之。聖人恐曾子以爲許多般樣，故告之曰：『吾道一以貫之。』曾子真積力久，工夫至到，遂能契之深而應之速。云『而已矣』者，竭盡無餘之詞。所以集注說『自此之外，固無餘法』，便是那竭盡無餘之謂。聖人只是個忠，只是個恕，更無餘法。學者則須推之，聖人則不消如此，只是個至誠不息，萬物各得其所而已。這一個道理，從頭貫將去。如一源之水，流出爲千條萬派，不可謂下流者不是此一源之水〔二五〕。人只是一個心。如事父孝，也是這一心；事君忠，事長弟，也只是這一心；老者安，少者懷，朋友信，皆是此一心。精粗本末，以一貫之，更無餘法。但聖人則皆自然流行出來，學者則須是『施諸己而不願，而後勿施於人』，便用推將去；聖人則動以天，賢人則動以人耳。」又問：「盡己之忠，聖人同此忠否？」曰：「固是。學者與聖人所爭，只是這些個自然與勉強耳。聖人所行，皆是自然堅牢。學者亦有時做得如聖人處，但不堅牢，又會失却。程子說：『孟子爲孔子事業儘得，只是難得似聖人。如剪綵爲花固相似，只是無造化功。』龜山云：『孔子似知州，孟子似通判權州。』譬得好。」又問：「先生解忠恕，謂借學者盡己推己之目。如程子說忠恕一以貫之，則又自有聖人之忠恕〔二六〕。」曰：「這裏便自要理會得。若曉得某說，則曉程子之說矣。」又云：「忠是一，恕是所以貫之。中庸說『忠恕違道不遠』，是『下學上達』之義，即學者所推之忠恕，聖人則不待推。然學者但能盡己以推之於人，推之既熟，久之自能見聖人不待推之意，而『忠恕』二字有不足言也。」明作。壯祖〔二七〕録云：「問一貫之旨。先生曰：『何故曾子能每事精察而力行，却未知其體之一？』趙兄曰：『曾子但見粗處，未見精處。』先生曰：『若說「精粗」二字，便壞了一貫之理。譬之水，在大江中〔二八〕，固是此水；流爲池沼，亦只是此水；流爲溝壑，亦只是此水。若曰池沼溝壑别是水之粗，而大江中乃是水之精者，其可哉？夫子之道，施之事父則爲孝，事君則爲忠，交朋則爲信。曾子見其事曲當如此，遂疑有許多般樣，而未知天下只是一個大道理，雖於事上有千般百緒，只共是這一個大道理〔二九〕。曾子之所未達者，尚有此耳。一是忠，所貫者恕。忠是一個實心，萬法萬事皆自此出。聖人只有這兩端，外此更無餘事。但聖人不待推，學者須每事推去。但爲之既熟，則久之自能見聖人不待推之意，而「忠恕」二字即不足言也。」

問：「『曾子未知其體之一〔三〇〕。』用自體出，體用不相離。於其用處既已精察，何故未知其體之一？」曰：「是他偶然未知。曾子於九分九釐上皆透徹了，獨此一釐未透。今人只指個見成底『體用』字來説，却元不曾下得工夫。」又問：「曾子借學者盡己推己之目而明之〔三一〕，欲人之易曉。」曰：「這個道理，譬如一枝天然底花爲人不識，故作一枝假底花出來形容，欲人識得個模樣。」又曰：「此章一項説天命，一項説聖人，一項説學者，只是一個道理。」又曰：「聖人是自然底忠恕，學者是使然底忠恕。」儒相〔三二〕。祖道録云：「或問：『曾子一唯處如何？』曰：『曾子平日用功得九分九釐九毫都見得了，只爭這些子。一聞夫子警省之，便透徹了也。』又問：『未唯之前如何？』曰：『未唯之前，見一事上是一個理；及唯之後，千萬個理只是一個理。』又問：『「以己及物」，「推己及物」，如何？』曰：『在聖人都謂之仁，在學者只是忠恕而已。「己欲立而立人，己欲達而達人」，則是聖人之仁；「能近取譬」，便是學者之恕。一個是天然底道理，一個是人爲底道理。曾子以天然底推說，只得把人爲底說與他，教他自此做得到盡處，便是天然底。所以如此說者，要使當時問者曉得。譬如將做底花去比生成底花，自有優劣。要之，這一項說天命，一項說聖人，一項說學者，其至只是一個道理也。欲爲逐一字說，如何是聖人底，如何是學者底，一向訓解未免有牴牾。學者須是自體認始得。』或曰：『然則「忠恕」字如何看？』曰：『如此等字，難爲一一分說，且去子細看得此樣四五個字透徹，看他落在何界分，將輕重參較，久久自見。今只說與，終不濟事。且如看地盤一般，識得甲庚丙壬了〔三三〕，逐一字挨將去，永不差互。』久之，又曰：『要好時，將此樣十數個字排在面前，前賢所說，逐一細看，教心通意會，便有所得也。』」賜録云：「問忠恕。曰：『解此處大段用力，一個是天然底，一個是人爲底。譬如把假花來形容生花一般，爲是生花難說，故把假花形容，引他意思出來。然此段一項說天命，一項說聖人，一項說學者。要之，只是一個道理。』」

問〔三四〕：「『一貫』，注言：『蓋已隨事精察而力行之，但未知其體之一耳。』『未知其體之一』，亦是前所說乎？」曰：「參也以魯得之，他逐件去理會。曾子問喪禮，到人情委曲處，無不講究。其初，見一事只是一事，百件事是百件事。得夫子一點醒，百件事只是一件事，許多般樣，只一心流出。曾子至此，方信得是一個道理。」問：「自後學言之，便道已知此是一理。今曾子用許多積累工夫，方始見得是一貫，後學如何便曉得一貫？」曰：「後人只是想象說，正如矮人看戲一般，見前面人笑，他也笑。他雖眼不曾見，想必是好笑，便隨他笑。」又曰：「曾點所見不同，方當侍坐之時，見三子言志，想見有些下視他幾個，作而言曰：『異乎三子者之撰。』看其意，有鳳凰翔于千仞底氣象！莊子中說孟子反子琴張喪側，或琴或歌，點亦只是此輩流。渠若不得聖人爲之依歸，須一向流入莊老去！」寓。

叔器問聖人之忠恕與學者之忠恕。曰：「這不是說一貫便是忠恕，忠恕自是那一貫底注脚。只是曾子怕人曉那一貫不得，後將這言語來形容，不是說聖人是忠恕。今若曉得一貫，便曉得忠恕；曉得忠恕，便曉得一貫。今且說那渾全道理便是忠，那隨事逐物串歛來底便是恕。今若要做那忠恕去湊成聖人忠恕，做那忠恕去湊成一貫，皆不是。某分明說，此只是曾子借此以推明之。」義剛。

「而今不是一本處難認，是萬殊處難認，如何就萬殊上見得皆有恰好處。」又云：「到這裏只見得一本萬殊，不見其他。」卓。

「『中心爲忠，如心爲恕』，此語見周禮疏。」銖。

問「如心爲恕」。曰：「如，比也；比自家心推將去。仁之與恕，只爭些子。自然底是仁，比而推之便是恕。」道夫。

蜚卿問：「『恕』字，古人所說有不同處。如『己所不欲，勿施於人』，便與大學之『絜矩』，程子所謂『推己』，都相似。如程子所引『乾道變化，各正性命』，及大學中說『有諸己而後求諸人』，却兼通不得，如何？」曰：「也只是一般。但對副處別，子細看便可見。今人只是不曾子細看。某當初似此類，都逐項寫出，一字對一字看。少間紙上底通，心中底亦脱然。且如『乾道變化，各正性命』，各正性命底，便如乾道變化底，所以爲恕。」直卿問：「程子言『如心爲恕』，如心之義如何？」曰：「萬物之心，便如天地之心；天下之心，便如聖人之心。天地之生萬物，一個物裏面便有一個天地之心。聖人於天下，一個人裏面便有一個聖人之心。聖人之心自然無所不到，此便是『乾道變化，各正性命』，聖人之忠恕也。如『己所不欲，勿施於人』，便是推己之心求到那物上，賢者之忠恕也。這事便是難。且如古人云：『不廢困窮，不虐無告』，自非大無道之君，孰肯廢虐之者！然心力用不到那上，便是自家廢虐之。須是聖人，方且會無一處不到。」又問：「『以己及物，仁也；推己及物，恕也。』上句是聖人之恕，下句是賢者之恕否？」曰：「上個是聖人之恕，下個是賢者之仁。聖人之恕，便是衆人之仁；衆人之仁，便是聖人之恕。」道夫。

楊問「以己」「推己」之辨〔三五〕。先生反問：「如何〔三六〕？」曰〔三七〕：「以己，是自然底意思；推己，是反思底意思。」曰：「然。以己，是自然流出，如孔子『老者安之，朋友信之，少者懷之』。推己，便有折轉意，如『己欲立而立人，己欲達而達人』。」寓因問：「『推廣得去〔三八〕，則天地變化，草木蕃；推廣不去，天地閉，賢人隱』，如何？」曰：「亦只推己以及物。推得去，則物我貫通，自有個生生無窮底意思，便有『天地變化，草木蕃』氣象。天地只是這樣道理。若推不去，物我隔絕，欲利於己，不利於人；欲己之富，欲人之貧；欲己之壽，欲人之夭。似這氣象，全然閉塞隔絕了，便似『天地閉，賢人隱』。」寓。

問「以己」「推己」之辨〔三九〕。曰：「以己，是自然；推己，是著力。『己欲立而立人，己欲達而達人』，是以己及人也。『近取諸身』，譬之他人，自家欲立，知得人亦欲立，方去扶持他使立；自家欲達，知得人亦欲達，方去扶持他使達，是推己及人也。」淳。

胡問「以己及物」「以」字之義。曰：「『以己及物』，是大賢以上聖人之事。聖人是因我這裏有那意思，便去及人〔四〇〕。如未饑，未見得天下之人饑；未寒，未見得天下之人寒。因我之饑寒，便見得天下之饑寒，自然恁地去及他，便是以己及物。如賢人以下，知得我既是要如此，想人亦要如此，而今不可不教他如此，三反五折，便是推己及物，只是爭個自然與不自然。」義剛〔四一〕。

「『以己及物』，是自然及物，己欲立，便立人；己欲達，便達人。推己及物，則是要逐一去推出。如我欲恁地，便去推云人也合恁地〔四二〕，方始有以及之。如喫飯相似，以己及物底，便是我要喫，自是教別人也喫，不待思量。推己及物底，便是我喫飯，思量道別人也合當喫，方始與人喫。」義剛。

「恕之得名，只是推己，故程先生只云：『推己之謂恕。』曾子言：『夫子之道忠恕。』此就聖人說，却只是自然，不待勉强而推之，其字釋却一般。」端蒙。

「『以己及物，仁也』，『一以貫之』是也；推己及物，恕也，『違道不遠』是也』，蓋是明道之說。第一句只是懸空說一句。『違道不遠』，只粘着推己及物說。」夔孫。

問：「程子謂：『以己及物，仁也；推己及物，恕也，「違道不遠」是也。』『以己及物仁也』，與『違道不遠』不相關，莫只是以此分別仁、恕否？」曰：「自是不相關。只是以此形容仁、恕之定名。」子蒙。

問：「明道言：『忠者天道，恕者人道。』何也？」曰：「忠是自然，恕隨事應接，略假人爲，所以有天人之辨。」壯祖〔四三〕。

「『忠者天道，恕者人道』，此『天』是與『人』對之『天』。若『動以天也』之『天』，即是理之自然。」又曰：「聖賢之言，夫子言『一貫』，曾子言『忠恕』，子思言『小德川流，大德敦化』，張子言『理一分殊』，只是一個。」卓。

問〔四四〕：「天道、人道，初非以優劣言。自其渾然一本言之，則謂之天道；自其與物接者言之，則謂之人道耳。」曰：「然。此與『誠者天之道，誠之者人之道』，語意自不同。」閎祖。

「一貫、忠恕。」先生曰：「此是曾子平日用工，於逐事逐物上，都理會過了，但未知一貫爾，故夫子喚醒他。」「忠者天道，恕者人道。忠者無妄，恕者所以行乎忠也。」先生顧曰：

「『恕者所以行乎忠也』一句好看。」又曰：「便與中庸『大德敦化，小德川流』相似。」炎。

「忠者，盡己之心，無少僞妄。以其必於此而本焉，故曰『道之體』。恕者，推己及物，各得所欲。以其必由是而之焉，故曰『道之用』。」端蒙。

「『忠恕』一段，明道解得極分明。其曰：『以己及物，仁也；推己及物，恕也，「忠恕違道不遠」是也。』分明自作一截說。下面『忠恕一貫之』以下，却是言聖人之忠恕。故結云：『所以與「違道不遠」異者，動以天爾。』若曰：『中庸之言，則動以人爾。』」端蒙。

「『忠恕違道不遠』，此乃略下教人之意，『下學而上達』也。『盡己之謂忠，推己及物之謂恕』。忠恕二字之義，只當如此說。曾子說夫子之道，而以忠恕爲言，乃是借此二字綻出一貫。一貫乃聖人公共道理，『盡己』『推己』不足以言之。緣一貫之道，難說與學者，故以忠恕曉之。」賀孫。

「『忠恕違道不遠』與『夫子之道忠恕』，只消看他上下文，便自可見。如中庸『施諸己而不願，亦勿施諸人』，勿者，禁止之辭，豈非學者之事。論語之言，分明先有個『夫子之道』字，豈非聖人之事。」端蒙。

「『忠恕違道不遠』，正是說忠恕。『一以貫之』之忠恕，却是升一等說。」高。

「一是忠〔四五〕，貫是恕。譬如一泓水，聖人自然流出，灌溉百物，其他人須是推出來灌溉。此一貫所以爲天。至子思忠恕，只是人，所以説『違道不遠』。『盡己之謂忠，推己之謂恕。』才是他人，便須是如此。」泳。

問：「到得忠恕，已是道，如何又云『違道不遠』？」曰：「仁是道，忠恕正是學者着力下工夫處。『施諸己而不願，亦勿施於人』，子思之説，正爲下工夫。『夫子之道，忠恕而已矣』，却不是恁地。曾子只是借這個説『維天之命，於穆不已』。『乾道變化，各正性命』，便是天之忠恕；『純亦不已』，『萬物各得其所』，便是聖人之忠恕；『施諸己而不願，亦勿施於人』，便是學者之忠恕。」賀孫。

「曾子忠恕，與子思忠恕不同。曾子忠恕是天，子思忠恕尚是人在。」泳。

問〔四六〕：「『忠恕而已矣』與『違道不遠』、『己所不欲』等處不同，而程先生解釋各有異意，如何？」曰：「先理會『忠恕而已』一句。如明道説『動以天』之類，只是言聖人不待勉强，有個自然底意思。如『己所不欲，勿施於人』，『施諸己而不願，亦勿施諸人』，看個『勿』字，便是禁止之辭。故明道曰：『以己及物，仁也；推己及物，恕也。』正是如此分别。」或曰：「南軒解此云：『聖人全乎此，天之道也；曾子稱夫子忠恕是矣。賢者求盡夫此，人之道也；子思稱忠恕是矣。』」曰：「此亦説得好。諸友却如何看？」謨〔四七〕曰：「集注等書所謂『盡己爲忠』，道之體也；『推己爲恕』，道之用也。忠爲恕體，是以分殊而理未嘗不一；

恕爲忠用，是以理一而分未嘗不殊。此固甚明矣。」曰：「夫子只説『吾道一以貫之』，曾子説此一句，正是下個注脚，如何却横將忠恕入來解説『一貫』字？程子解此又如何？」曰：「『以己及物爲仁，推己及物爲恕』；又却繼之曰：『此與「違道不遠」異者，動以天爾。』如此，却是剩了『以己及物』一句，如何？」謨曰：「莫是合忠恕而言，便是仁否？」先生稱善。謨曰：「只於集注解第二節處得之。如曰『聖人至誠無息，而萬物各得其所』，便是合忠恕是仁底意思。」曰：「合忠恕，正是仁。若使曾子便將仁解一貫字，却失了體用，不得謂之一貫爾。要如此講『貫』，方盡。」謨。

問論語中庸言忠恕不同之意。曰：「盡己之謂忠，推己之謂恕。中庸言『忠恕違道不遠』，是也。此是學者事，然忠恕功用到底只如此。曾子取此以明聖人一貫之理耳。文蔚録云：「曾子借學者以形容聖人。」若聖人之忠恕，只説得『誠』與『仁』字。聖人渾然天理，則不待推，自然從此中流出也。『盡』字與『推』字，聖人自不用得。若學者則須推。故明道云：『以己及物，仁也；推己及物，恕也，「違道不遠」是也。』自是兩端。伊川説中庸，則只説是『下學上達』，又説是『子思掠下教人』。明道説論語，則曰：『「一以貫之」，大本達道也，與「違道不遠」異者，動以天耳。』伊川曰：『「維天之命，於穆不已」，忠也；「乾道變化，各正性命」，恕也。』此規模又別。」大雅云：「程先生説：『忠恕形容一貫之理，在他人言則未必盡，在曾子言之，必是盡。』」曰：「此說得最好。然『一』字多在忠上？多在恕上？」大雅云：「多在忠上。」曰：「然。程子說得甚分明，復將元說成段看。後來多被學者將元說拆開分布在他處，故意散亂不全，難看。」大雅。

問「『維天之命〔四八〕，於穆不已』，忠也；『乾道變化，各正性命』，恕也。」曰：「『恕』字正在兩隔界頭。只看程子說『盡己之謂忠，推己之謂恕』，便分明。恕是推以及物，使各得其所處。『盡物之謂信』。」人傑。

劉問「忠恕」。曰：「忠即是實理。忠則一理，恕則萬殊。如『維天之命，於穆不已』，亦只以這實理流行，發生萬物。牛得之爲牛，馬得之而爲馬，草木得之而爲草木。」卓。

「『「維天之命，於穆不已」，不其忠乎！』此是不待盡而忠也。『「乾道變化，各正性命」，不其恕乎！』此是不待推而恕也。」廣。

「忠貫恕，恕貫萬事。『「維天之命，於穆不已〔四九〕」，不其忠乎！』是不忠之忠。『「乾道變化，各正性命」，不其恕乎！』是不恕之恕。天地何嘗道此是忠，此是恕？人以是名其忠與恕。故聖人無忠恕，所謂『己所不欲，勿施於人』，乃學者之事。」士毅。

「曾子所言，只是一個道理，但假借此以示門人。如程子所言，『維天之命，於穆不已』，『乾道變化，各正性命』，此天地無心之忠恕。夫子之道一貫，乃聖人無爲之忠恕。盡己、推己，乃學者着力之忠恕。固是一個道理，在三者自有三樣。且如天地何嘗以不欺不妄爲忠。其化生萬物，何嘗以此爲恕。聖人亦何嘗以在己之無欺無妄爲忠。若泛應曲當，亦何嘗以此爲恕。但是自然如此。故程子曰：『天地無心而成化，聖人有心而無爲。』此語極是親切。若曉得曾子意思，雖即是『忠恕』二字，而發明一貫之旨昭然。但此話難說，須自意會。若只管說來說去，便拖泥帶水。」又云：「夜來說忠恕，論著忠恕名義，自合依子思『忠恕違道不遠』是也。曾子所說，却是移上一階，說聖人之忠恕。到程子又移上一階，說天地之忠恕。其實只一個忠恕，須自看教有許多等級分明。」僩。

正淳問：「伊川云：『「乾道變化，各正性命」，恕也。』『乾道變化』，猶是說上體事，至『各正性命』，方是恕否？」曰：「『乾道變化，各正性命』，正相夾界半路上說。程子謂『盡己之謂忠，推己之謂恕』，又謂『盡物之謂信』。如『乾道變化』，便是盡己處，『各正性命』，是推以及物處。至於推到物上，使物物各得其所處，方是盡物，便是信。」問：「侯師聖云『草木蕃』與『各正性命』如何？」曰：「尋常數家，便說『草木蕃』是『草木暢茂』，『天造草昧』之意，故指來說『恕』字不甚着。『各正性命』，說推己及物。然當時只是且指此兩句來說。」㽦。

徐仁父問〔五〇〕：「『充廣得去，則天地變化，草木蕃；充廣不去，則天地閉，賢人隱』，如何？」曰：「只管充廣將去，則萬物只管各得其分。只就『己所不欲，勿施於人』上面廣充將去，若充之於一家，則一家得其所；充之於一國，則一國得其所。無施而不得其所，便是『天地變化，草木蕃』。若充廣不去，則這裏出門便行不得，便窒塞了，如何更施諸人？此便是『天地閉，賢人隱』底道理。」卓。賀孫同。以下集義。

吳仁父問：「『充廣得去，則天地變化，草木蕃；充廣不去，則天地閉，賢人隱』。是氣象如此，是實如此？」曰：「似恁地恕，只是推得去。推不去底人，只要理會自己不管別人；別人底事，便説不關我事。今如此人，便爲州爲縣，亦只理會自己，百姓盡不管他，直是推不去。」又問：「『恕』字恁地闊？」曰：「所以道：『一言而可以終身行之者，其恕乎！』」又曰：「也須是忠。無忠，把甚麽推出來！」節。

「『天地變化』是忠，忠則一；『草木蕃』是恕，恕則萬狀。『天地閉，賢人隱』，是理當如此，非如人之不恕是有吝意。恕如春，不恕如冬。」節。

「『草木蕃』，如説『草木暢茂』。」人傑。

「一，譬如元氣；八萬四千毛孔無不通貫，是恕也。」又曰：「『一以貫之』，只是萬事一理。伊川謂：『言仁義亦得，蓋仁是統體，義是分別。』某謂言禮樂亦得，『樂統同，禮辨異。』」言畢，復抗聲而誦曰：「天高地下，萬物散殊，而禮制行矣；流而不息，合同而化，而樂興焉。」道夫。

「忠恕是工夫，公平則是忠恕之効，所以謂『其致則公平』。致，極至也。」道夫。

問：「『吾道一以貫』，伊川〔五一〕云：『多在忠上。』看得來都在忠上，貫之却是恕。」曰：「雖是恕，却是忠流出貫之。」可學。

問：「『盡物之謂恕〔五二〕』與『推己之謂恕』，如何推己只是忠中流出？」曰：「方流出，未可謂之盡。」曰：「『盡物之謂信』，是物實得此理，故曰『盡物』？」曰：「然。」可學。

問：「侯氏云『盡物之謂恕』，程子不以爲然，何也？」曰：「『恕』字上着『盡』字不得。恕之得名，只是推己。盡物，却是於物無所不盡，意思自別。」端蒙。

衆朋友再説「忠恕」章畢，先生曰：「將孔子説做一樣看，將曾子説做一樣看，將程子説又做一樣看。」又曰：「聖人之恕無轍迹。學者則做這一件是當了〔五三〕，又把這樣子去做那一件，又把這樣子去做十件、百件、千件，都把這樣子去做，便是推。到下稍都是這個樣子，便只是一個物〔五四〕。」或問：「先生與范直閣論忠恕，以與集注同否？」曰：「此是三十歲以前書〔五五〕，大概也是，然説得不似，而今看得又較別。」義剛〔五六〕。

亞夫〔五七〕問「忠恕而已矣」。曰：「此曾子借學者忠恕以明一貫之妙。蓋一貫自是難説得分明，惟曾子將忠恕形容得極好。學者忠恕，便待推，方得。才推，便有比較之意。聖人更不待推，但『老者安之，少者懷之，朋友信之』，便是。聖人地位，如一泓水在此，自然分流四出。借學者忠恕以形容一貫，猶所謂借粗以形容細。」趙至道云：「如所謂『堯舜之道孝弟』否？」曰：「亦是。但孝弟是平說。曾子說忠恕，如說『小德川流，大德敦化』一般，自有交關妙處。當時門弟想亦未曉得，惟孔子與曾子曉得。自後千餘年，更無人曉得，惟二程說得如此分明。其門人更不曉得，惟侯氏、謝氏曉得。某向來只推見二程之說，却與〔五八〕胡籍溪、范直閣說，二人皆不以爲然〔五九〕。及後來見侯氏說得元來如此分明，但諸人不曾子細看爾。」直卿〔六〇〕云：「聖人之忠是天之天，聖人之恕是天之人。忠恕只是學者事，不足以言聖人，只是借言爾。猶云『亹亹文王』，文王自是『純亦不已』，『亹亹』不足以言之。然『亹亹』便有『純亦不已』意思。」又云：「忠猶木根，恕猶枝葉條榦。」南升。

「忠恕一貫。聖人與天爲一，渾然只有道理，自然應去，不待盡己方爲忠，不待推己方爲恕，不待安排，不待忖度，不待覩當。如水源滔滔流出，分而爲支派，任其自然，不待布置入那溝，入這瀆。故云曾子怕人曉不得一貫，故借忠恕而言。某初年看不破，後得侯氏所收程先生語，方曉得。」又云：「自孔子告曾子，曾子說下在此，千五百年無人曉得。待得二程先生出，方得明白。前前後後許多人說，今看來都一似說夢。」于善云：「初曉『忠者天道，恕者人道』不得。後略曉得，因以二句解之云：『天道是自然之理具，人道是自然之理行。』」直卿云：「就聖人身上說，忠者天之天，恕者天之人；就學者身上說，忠者人之天，恕者人之人。」曰：「要之，只是個『小德川流，大德敦化』意思。」賀孫。疑與上條同聞。

方叔問：「忠恕一理，却似説個『中和』一般。」曰：「和是已中節了，恕是方施出處。且如忠恕如何是一貫？」曰：「無間斷，便是一貫。」曰：「無物，如何見得無間斷？蓋忠則一，纔推出去便貫了，此忠恕所以爲一以貫之，蓋是孔子分上事。如『老者安之，朋友信之，少者懷之』，此孔子之忠恕，餘人不得與焉。忠恕一也，然亦有分數。若中庸所謂忠恕，只是『施諸己而不願，亦勿施於人』，此則是賢人君子之所當力者。程子觀之亦精矣，然程門如尹氏輩，亦多理會不曾到此。若非劉質夫、謝上蔡、侯師聖之徒記得如此分曉，則切要處都黑了。」大雅。

「忠便是一，恕便是貫。自一身言之，心便是忠，應於事者便是恕。龜山之説不然。某舊時與諸公商量此段，都説道：『龜山便是明道説。』某深以爲不然，更無路得分疏。後來把程先生説自看來看去，乃大分明。以此知聽説話難。須是心同意契，纔説，便領略得。龜山説得恁地差來〔六二〕，不是他後來説得差，是他當初與程先生對面説時，領略不得這意思。如今諸公聽某説話，若不領略得，茫然聽之，只是徒然。程先生那一段是劉質夫記，想他須是領略得。兼此段，可笑。舊時語録元自分而爲兩，自『「以己及物」至「違道不遠」是也』爲一段，自『吾道一以貫之』爲一段。若只據上文，是看他意不出。然而後云『此與「違道不遠」異者，動以天爾』，自説得分明，正與『「違道不遠」是也』相應。更一段説某事，亦散而爲三。」賀孫。

「明道解『忠恕』章，初本分爲兩段。後在籍溪家見，却只是一段，遂合之，其義極完備。此語是劉質夫所記，無一字錯，可見質夫之學。其他諸先生如楊尹拘於中庸之説，也自看明道説不曾破。謝氏一作「侯」。却近之，然亦有見未盡處。」端蒙。

「二程之門解此章者，惟上蔡深得二先生之旨。其次則侯師聖。其餘雖游楊尹皆説不透。忠恕是足以貫道，忠故一，恕故貫也。」洽。

問〔六二〕：「『忠雖已發，而未及接物。侯氏釋『維天之命，於穆不已』，乃云：『春生冬藏，歲歲如此，不誤萬物，是忠。』如何？」曰：「天不春生冬藏時，合有個心。公且道天未春生冬藏時，有個心在那裏？這個是天之生物之心，無停無息，春生冬藏，其理未嘗間斷。到那萬物各得其所時，便是物物如此。『乾道變化，各正性命』。『各正性命』，是那一草一木各得其理，變化是個渾全底。」義剛。

問「『維天之命，於穆不已』，不其忠乎。」曰：「今但以人觀天，以天觀人，便可見。在天便是命，在人便是忠。要之，便是至誠不息。」因論集義諸家忠恕之説，曰：「若諸家所言，却是曾子自不識其所謂『一貫』；夫子之道，却是二以分之，不是『一以貫之』。」道夫。

「『吾道一以貫之』，今人都祖張無垢說，合人己爲一貫。這自是聖人說這道理如此，如何要合人己說得？如所謂『汝以予爲多學而識之者與』？曰：『非也，予一以貫之。』這個又如何要將人己說得？多是看聖賢文字不曾子細，纔於半中央接得些小意思，便道只是恁地。」又說及「陳叔向也自說一樣道理。某嘗說，這樣說話，得他自立個說，說道我自所見如此，也不妨。只是被他說出一樣，却將聖賢語言硬折入他窩窟裏面。據他說底，聖賢意思全不如此」。賀孫。

因有援引比類說忠恕者，曰：「今日浙中之學，正坐此弊，多强將名義此類牽合而說。要之，學者須是將許多名義如忠恕、仁義、孝弟之類，各分析區處，如經緯相似，使一一有個着落。將來這個道理熟，自有個合處。譬如大概舉南康而言，皆是南康人，也却須却其間識得某人爲誰，某人在甚處，然後謂之識南康人也。」去僞〔六三〕。

問：「或云忠恕只是無私己〔六四〕，不責人。」曰：「此說可怪。自有六經以來，不曾說不責人是恕。若中庸，也只是說『施諸己而不願，亦勿施於人』而已，何嘗說不責人？不成只取我好，別人不好，更不管他？於理合管，如子弟不才，係吾所管者，合責則須責之，豈可只說我是恕便了！論語只說『躬自厚而薄責於人』，謂之薄者，如言不以己之所能，必人之如己，隨材責任耳，何至舉而棄之！」大雅。

君子喻於義章

問「喻於義」章。曰：「小人之心，只曉會得那利害；君子之心，只曉會得那義理。見義理底，不見得利害；見利害底，不見得義理。」卓。

「『君子喻於義，小人喻於利。』君子只知得個當做與不當做，當做處便是合當如此。小人則只計較利害，如此則利，如此則害。君子則更不顧利害，只看天理當如何。『宜』字與『利』字不同，子細看！」僩。

文振問此章。曰：「義利，只是個頭尾。君子之於事，見得是合如此處，處得其宜，則自無不利矣，但只是理會個義，却不曾理會下面一截利。小人却見得下面一截利，却不理會事之所宜。往往兩件事都有利，但那一件事之利稍重得分豪，便去做那一件。君子之於義，見得委曲透徹，故自樂為。小人之於利，亦是於曲折纖悉間都理會得，故亦深好之也。」時舉。南升録見下。

問：「『君子喻於義』。義者，天理之所宜，凡事只看道理之所宜為，不顧己私。利者，人情之所欲得，凡事只任私意，但取其便於己則為之，不復顧道理如何〔六五〕。」曰：「義利也未消説得如此重。義利猶頭尾然。義者，宜也。君子見得這事合當如此，那事合當如彼，但裁處其宜而爲之，則何不利之有。君子只理會義，下一截利處更不理會。小人只理會下一截利，更不理會上一截義。蓋是君子之心虛明洞徹，見得義分明。小人只管計較利，雖絲豪底利，也自理會得。」南升。

「『君子喻於義，小人喻於利』，只是一事上。君子於此一事只見得是義，小人只見得是利。且如有白金遺道中，君子過之，曰：『此它人物，不可妄取。』小人過之，則便以爲利而取之矣。」賀孫。

「喻義喻利，不是氣稟如此。君子存得此心，自然喻義。小人陷溺此心，故所知者只是利。若說氣稟定了，則君子、小人皆由生定，學力不可變化。且如有金在地，君子便思量不當得，小人便認取去。」又云：「『父母之年，不可不知，一則以喜，一則以懼』。正如喻義喻利，皆是一事上有兩段。只此一物，君子就上面自喻得義，小人只是喻得利了。父母之年，孝子之心既喜其壽，又懼其衰。君子、小人，只共此一物上面有取有不取。」明作。

「喻義喻利，只是這一事上。君子只見得是義，小人只見得是利。如伯夷見飴，曰：『可以養老。』盜跖見之，曰：『可以沃户樞。』蓋小人於利，他見這一物，便思量做一物事用他，計較精密，更有非君子所能知者。緣是他氣稟中自元有許多鏖糟惡濁底物，所以纔見那物事便出來應他。這一個穿孔，便對那個穿孔。君子之於義，亦是如此。」或曰：「伊川云：『惟其深喻，是以篤好。』若作『惟其篤好，是以深喻』，也得。」曰：「陸子靜説便是如此。」僩。

居父問「君子喻於義，小人喻於利」。曰：「這只就眼前看。且如今做官，須是恁地廉勤。自君子爲之，只是道做官合着如此。自小人爲之，他只道如此做，可以得人説好，可以求知於人。昨有李某，當壽皇登極之初，上一書，極説道學恁地不好。那時某人在要路，故以此説投之，即得超升上州教官。前日某方赴召到行在，忽又上一書，極稱道學之美。他便道某有甚勢要，便以此相投，極好笑！」賀孫。

問：「集注謂『義者，天理之所宜』。仁説又謂『義者，宜之理』。意有異否？」曰：「只宜處便是義。宜之理，理之宜，都一般，但做文恁地變。只如冷底水，熱底水，水冷底，水熱底一般。」淳。

見賢思齊焉章

「『見賢思齊焉，見不賢而内自省也。』見人之善，而尋己之善；見人之惡，而尋己之惡。如此，方是有益。」

事父母幾諫章

問「幾諫」。曰：「幾，微也，只是漸漸細密諫，不恁峻暴，硬要闌截。内則『下氣、怡色、柔聲以諫』，便是解此意。」淳。

問：「『幾，微也』。微，還是見微而諫，還是『下氣、怡色、柔聲以諫』？」曰：「幾微，只得做『下氣、怡色、柔聲以諫』。且如今人做事，亦自驀地做出來，那裏去討幾微處。若要做見幾而諫，除非就本文添一兩字始得。」賀孫。

「『又敬不違』，不違，是主那諫上説。敬，已是順了，又須委曲作道理以諫，不違去了那幾諫之意也。」僩。

問〔六六〕：「集注舉内則『與其得罪於鄉黨州閭，寧孰諫』，將來説『勞而不怨』。禮記説『勞』字，似作勞力説，如何？」曰：「諫了又諫，被撻至於流血，可謂勞矣。所謂『父母喜之，愛而不忘；父母惡之，勞而不怨』。勞，只是一般勞。」寓。

問：「『幾，微也』。微諫者，下氣、怡色、柔聲以諫也。見得孝子深愛其親，雖當諫過之時，亦不敢伸己之直，而辭色皆婉順也。『見志不從，又敬不違』，才見父母心中不從所諫，便又起敬起孝，使父母歡悦；不待父母有難從之辭色，而後起敬起孝也。若或父母堅不從所諫，甚至怒而撻之流血，可謂勞苦，亦不敢疾怨，愈當起敬起孝。此聖人教天下之爲人子者，不惟平時有愉色、婉容，雖遇諫過之時，亦當如此；甚至勞而不怨，乃是深愛其親也。」曰：「推得也好。」又云：「『又敬不違』者，上不違微諫之意，切恐唐突以觸父母之怒；下不違欲諫之心，務欲置父母於無過之地。其心心念念只在於此。若見父母之不從，恐觸其怒，遂止而不諫者，非也；欲必諫，遂至觸其怒，亦非也。」南升。

問：「自『幾諫』章至『喜懼』章，見得事親之孝四端具焉。但覺得仁愛之意分外重，所以『孝弟爲仁之本』，『立愛自親始』。」曰：「是如此。惟是初發先〔六七〕是愛，故較切。所以告子見得不全，便只把仁做中出，便一向把義做外來看了。」賀孫。

問：「謝氏說『幾諫』章，曰『以敬孝易，以愛孝難』，恐未安。」曰：「聖人答人問孝，多就人資質言之。在子夏則少於愛，在子游則少於敬，不當遂斷難易也。如謝氏所引兩句，乃是莊子之說。此與阮籍居喪飲酒食肉，及至慟哭嘔血，意思一般。蔑棄禮法，專事情愛故也。」人傑。集義。

父母在章

問「父母在，不遠遊，遊必有方」。曰：「爲人子，須是以父母之心爲心。父母愛子之心未嘗少置，人子愛親之心亦當跬步不忘。若是遠遊，不惟父母思念之切；人子去親庭既遠，温凊定省之禮，自此間闊，所以不遠遊。如或有事勢須當遊，亦必有定所。欲親知己之所在而無憂，召己，則必至而無失。」

父母之年章

「『一則以喜，一則以懼』，只是這一事上。既喜其壽，只這壽上又懼其來日之無多。注中引『既喜其壽，又懼其衰』，微差些。如此，却是兩事矣。」僩。

古者言之不出章

「『古者言之不出，耻躬之不逮也。』此章緊要在『耻』字上。若是無耻底人，未曾做得一分，便説十分矣。」僩。

「人之所以易其言者，以其不知空言無實之可耻也。若耻，則自是力於行，而言之出也不敢易矣。這個只在耻上。」僩。

「集注引范氏説最好。只緣輕易説了，便把那行不當事。非踐履到底，烏能言及此！」明作。

以約失之章

「『以約失之者鮮』。『約』字是實字。若『約之于中』,『約之于禮』,則『約』字輕。」明作。

問:「『以約失之者鮮。』凡人須要檢束,令入規矩準繩,便有所據守,方少過失。或是〔六八〕侈然自肆,未有不差錯。」曰:「説得皆分明。」南升。

「『以約失之者鮮矣』。凡事要約,約底自是少失矣。」或曰:「恐失之吝嗇,如何?」曰:「這『約』字,又不如此,只凡事自收斂。若是吝嗇,又當放開。這個,要人自稱量看,便得。如老子之學全是約,極而至於楊氏不肯拔一毛以利天下,其弊必至此。然清虚寡慾,這又是他好處。文景之治漢,曹參之治齊,便是用此。本朝之仁宗元祐,亦是如此。事事不敢做,兵也不敢用,財也不敢用,然終是少失。如熙豐不如此,便多事。」僩。

君子欲訥於言章

問:「言懼其易〔六九〕,故欲訥。訥者,言之難出諸口也。行懼其難,故欲敏。敏者,力行而不惰也。」曰:「然。」南升。

德不孤章

問：「『德不孤，必有鄰。』鄰是朋類否？」曰：「然。非惟君子之德有類，小人之德亦自有類。」僩。

「『德不孤』，以理言；『必有鄰』，以事言。」僩。

「論語中『德不孤』是『同聲相應，同氣相求』。吉人爲善，便自有吉人相伴，凶德者亦有凶人同之〔七〇〕，是『德不孤，必有鄰』也。易中『德不孤』，謂不只一個德，蓋内直而外方，内外皆是德，故『不孤』是訓爻辭中『大』字。若有敬而無義，有義而無敬，即孤矣。」㽦。

問「德不孤，必有鄰」〔七一〕。曰：「此處恐不消得引易中來説。語所説『德不孤，必有鄰』，只云有如此之德，必有如此之類應。如小人爲不善，必有不善之人應之。易中言『敬以直内』，須用『義以方外』；『義以方外』，須用『敬以直内』。孤，猶偏也。敬義既立，則德不偏孤，言德盛。若引易中來説，恐將論語所説攪得没理會了。」南升。

問：「語云『德不孤，必有鄰』，是與人同。饒本作：「是説人之相從。」易云『敬義立而德不孤』，却是説德不孤吝。饒本作「德之大」。明道却指此作『與物同』，如何？」曰：「亦未安。」可學。

「『德不孤』，是善者以類應。謝楊引繫辭簡易之文，說得未是。只用伊川說，伊川言『德不孤，必有鄰』，是事之驗。」謨。

事君數章

問：「集注引胡氏一段，似專主諫而言。恐交際之間，如諂媚之類，亦是數，不止是諫。」曰：「若説交際處煩數，自是求媚於人，則索性是不好底事了，是不消説。以諫而數者，却是意善而事未善耳，故聖人特言之以警學者。」雉。

校勘記

〔一〕從頭子細　朝鮮本作「從頭理會」。

〔二〕拱壽　朝鮮本作：壽仁。

〔三〕一者忠也　朝鮮本「一」上有「忠恕」以貫之」六字。

〔四〕忠是一　朝鮮本「忠」上有二十八字：「先生因説忠恕一貫，令楊通老説，曰：『公看未甚親切，所以説過接處費力。』」

〔五〕道夫　朝鮮本此下增：因讀「吾道一以貫之」。

〔六〕盡　朝鮮本段首增一節：問：「夫子之道，忠恕就忠恕兩字言，忠是體，恕是用，若就曾子這一句言，曾子當初是就夫子道體處撥出兩字來，抑就用處撥出來？」曰：亦不必如此。

〔七〕道　朝鮮本此上增「所謂」二字。

〔八〕一元之氣流行不息處便是忠　朝鮮本作：一身之氣流行不息，動處便是忠。

〔九〕做出百千萬個恕來　朝鮮本作：做出百般千萬般個恕來。

〔一〇〕問　朝鮮本作：節問。

〔一一〕先生問　朝鮮本作：先生問節曰。

〔一二〕曰　朝鮮本作：節對曰。

〔一三〕全　朝鮮本此下增「令」字。

〔一四〕在内爲忠　朝鮮本「在」上有四十字：「盡己之謂忠，推己之謂恕。忠是竭盡中心無一毫不盡；恕是即推中心之所欲以與人，所不欲不以與人。」

〔一五〕曰　朝鮮本「曰」上有「公謹」二字。

〔一六〕曰　朝鮮本「曰」上有「公謹」二字。

〔一七〕曰　朝鮮本「曰」上有「公謹」二字。

〔一八〕去僞　朝鮮本作「祖道人傑録同」。

〔一九〕曾子　朝鮮本此下增「所爲」二字。

〔二〇〕體用也　朝鮮本作：蓋本言體用也。

〔二一〕去僞以下兼論子貢章　朝鮮本末尾小字作：祖道。去僞、謨録同。

〔二二〕方沿流以遡其源　「沿」，朝鮮本同原刊，萬曆本作「泝」。

〔二三〕謨録云　朝鮮本此則後所附「謨録云」小字内容有異，今附如下：謨録云：「曾子一貫忠恕，是他於事物上各當其理，日用之間，這個事見得一道理，那個事又見得一道理，只是未曾湊合得。聖人知其用力已到，故以一貫語之。」問：「曾子於零碎曲折處都盡得，只欠個『一以貫之』否？」曰：「亦未都盡得。但是大概已得，久則將自到耳。」問：「『君子之道費而隱』，曾子於費處已盡得，夫子以隱處點之否？」曰：「然。」問：「曾子篤實，行處已盡。聖人以一貫語之，曾子便會，曰：『忠恕而已矣。』子貢明敏，只是知得。聖人以一貫語之，子貢尚未領略，曰：『然。非與？』是有疑意。」曰：「子貢乃是聖人就知識學問語之；曾子，就行上語之，語脈各不同。須是見得夫子曰『吾道一以貫之』意思，先就多上看，然後方可説一貫。此段『恕』字卻好看，方溯流以溯其源。學者寧事事先了得，未了得『一』字，卻不妨。莫只懸空説個『一』字作大罩了，逐事事都未曾理會，卻不濟事。所以程子道：『「下學而上達」，方是實。』」又云：「如人做塔，先從下面大處做起，到末梢自然合尖。若從尖處做，如何得！」

〔二四〕也細摸得個影了　「細」，朝鮮本作「約」。

〔二五〕不可謂下流者不是此一源之水　朝鮮本「不可謂」作「所謂」，「不是」上有「無」字，「水」下有「也」字。

〔二六〕則又自有聖人之忠恕　朝鮮本「有」作「是」，「恕」下有「如何」二字。

〔二七〕壯祖　朝鮮本作：處謙。

〔二八〕在大江中　朝鮮本「在」上有「瀉」字。

〔二九〕只共是這一個大道理　「這」原作「迨」，據朝鮮本、萬曆本改。

〔三〇〕曾子未知其體之一　朝鮮本「曾子」上有「集注云」三字，「曾子」下有「於其用處蓋已隨事精察而力行之但」十五字，「一」下有「爾」字。

〔三一〕曾子借學者盡己推己之目而明之　朝鮮本「曾子」下有「有見於此而難言之故」九字，「明」上有「著」字。

〔三二〕儒相　朝鮮本作：元秉。

〔三三〕識得甲庚丙壬了　「甲庚丙壬了」，朝鮮本作「甲寅丙辰壬子」，萬曆本作「甲庚丙壬戌子」。

〔三四〕問　朝鮮本作：寓問。

〔三五〕楊問以己推己之辨　朝鮮本「問」下有十七字：「忠恕，明道言：『以己及物，仁也；推己及物，恕也。』」「辨」下有「何如」二字。

〔三六〕如何　朝鮮本「如」上有「公以爲」三字。

〔三七〕曰　朝鮮本「曰」上有「答」字。
〔三八〕推廣得去　朝鮮本「推」上有「忠恕程子以」五字。
〔三九〕問以己推己之辨　朝鮮本問句作：問：「以己及人爲仁，推己及人爲恕。何謂以己、推己之辨？」
〔四〇〕便去及人　朝鮮本「人」下有「亦自不妨」四字。
〔四一〕義剛　朝鮮本作：淳。
〔四二〕便去推云人也合恁地　「云」，萬曆本作「與」。
〔四三〕壯祖　朝鮮本作：處謙。
〔四四〕問　朝鮮本「問」下有「明道所謂」四字。
〔四五〕一是忠　朝鮮本「一」上有「曾子忠恕」四字。
〔四六〕問　朝鮮本作「謨問」。
〔四七〕謨　朝鮮本作：某。
〔四八〕問維天之命　朝鮮本「維」上有「程子云」三字。
〔四九〕維天之命於穆不已　朝鮮本以上八字作「天地變化草木蕃」。
〔五〇〕徐仁父問　朝鮮本無「徐仁父」三字，「問」下有「明道云」三字。
〔五一〕伊川　朝鮮本作：程伊川。

〔五二〕盡物之謂恕　朝鮮本「物」作「己」，「恕」作「忠」。

〔五三〕當了　朝鮮本此下增：那一件。

〔五四〕一個物　朝鮮本此下增小字：淳。

〔五五〕此是三十歲以前書　朝鮮本作：是三十歲時書。

〔五六〕義剛　朝鮮本末尾小字作：淳。

〔五七〕亞夫　朝鮮本作：晏亞夫。

〔五八〕卻與　朝鮮本作：如。

〔五九〕二人皆不以爲然　「爲」字原脱，據朝鮮本、萬曆本補。

〔六〇〕直卿　朝鮮本作：黄直卿。

〔六一〕龜山説得恁地差來　「來」，朝鮮本作「了」。

〔六二〕問　朝鮮本作：義剛問。

〔六三〕去僞　朝鮮本末尾記録者姓名作：人傑。

〔六四〕或云忠恕只是無私己　「己」，朝鮮本作「心」。

〔六五〕不復顧道理如何　朝鮮本「何」下有五十三字：「者，皆利也。君子胸中曉得義理分明，故每事灼然，見得義之所在，所以爲義之從。小人只是理會己私，故每每見得便於己底事亦甚分曉。」

〔六六〕問　朝鮮本作：寓問。

〔六七〕先　朝鮮本作：見。

〔六八〕是　朝鮮本作：自。

〔六九〕言懼其易　朝鮮本「言」上有十七字：「君子欲訥於言敏於行，凡事言時易，行時難。」

〔七〇〕凶德者亦有凶人同之　「人」，朝鮮本作「德」。

〔七一〕問德不孤必有鄰　朝鮮本「鄰」下有一百零九字：「有德之人，必有親近之者。蓋理義，人心之所同；既有成德之人如此，則天下誰無秉彝好德之心？必以類應矣！然德之所以不孤者，乃在於『敬以直内，義以方外』。方其主敬，則其中無一豪私曲，及其隨事裁處，則事事物物截然有定理而不易。敬義既立則内外德備，所以不孤而有鄰也。」

朱子語類卷第二十八

論語十

公治長上

子謂公冶長章

問「子謂公冶長」章〔一〕。曰：「子謂『可妻』，必有以取之矣。『雖在縲紲之中』，特因而舉之，非謂以非罪而陷縲紲爲可妻也。」南升。

「南容爲人，觀其三復白圭，便是能謹其言行者。『邦有道』，是君子道長之時，南容必不廢棄；『邦無道』，是小人得志以陷害君子之時，南容能謹其言行，必不陷於刑戮。」南升。

問：「『子謂南容』章，集注云：『以其謹於言行。』如其三復白圭，固見其謹於言矣。謹於行處雖未見，然言行實相表裏，能謹於言，必能謹於行矣。」曰：「然。」燾。

問〔二〕：「公治長可妻，伊川以『避嫌之事，賢者不爲，况聖人乎』？自今人觀之，閨門中安知無合着避嫌處？」曰：「聖人正大，道理合做處便做，何用避嫌！」問：「『古人門内之治恩掩義，門外之治義斷恩』。寓恐閨門中主恩，怕亦有避嫌處？」曰：「固是主恩，亦須是當理方可。某看公浙人，多要避嫌。程子所謂『年之長幼，時之先後』，正是解或人之説，未必當時如此。大抵二人都是好人，可托。或先是見公治長，遂將女妻他；後來見南容亦是個好人，又把兄之女妻之。看來文勢，恐是孔子之女年長，先嫁；兄之女少，在後嫁，亦未可知。程子所謂『凡人避嫌者皆内不足』，實是如此。」寓。

叔蒙問程子避嫌之説。曰：「合當委曲，便是道理當如此。且如避嫌亦不能無。如做通判，與太守是親戚，也合當避嫌。第五倫之事非不見得如此，自是常有這心在，克不去。今人這樣甚多，只是徇情恁地去，少間將這個做正道理了，大是害事。所以古人於誠意、正心上更著工夫，正怕到這處。」寓。

子謂子賤章

或問「魯無君子，斯焉取斯」。曰：「便雖有聖人在，也須博取於人，方能成德。」問「魯無君子，斯焉取斯」。曰：「居鄉而多賢，其老者，吾當尊敬師事，以求其益；其行輩與吾相若者，則納交取友，親炙漸磨，以涵養德性，薰陶氣質。」賀孫。

問「子謂子賤」章〔三〕。曰：「看來聖人以子賤爲『君子哉若人』！此君子亦是大概說。如『南宮适出，子曰：「君子哉若人！」』一般。大抵論語中〔四〕說得最高者，有大概說，如言賢者之類。若言子賤爲君子，而子貢未至於不器，恐子賤未能強似子貢。又子賤因魯多君子而後有所成就，不應魯人強似子貢者如此之多。」南升。

子貢問賜也何如章

叔蒙問：「子貢通博明達，若非止於一能者，如何却以器目之？莫是亦有窮否？」曰：「畢竟未全備。」賀孫。

「子貢是器之貴者，可以爲貴用。雖與賤者之器不同，然必竟只是器，非不器也。」明作。

問〔五〕：「子貢得爲器之貴者，聖人許之。然未離乎器，而未至於不器處，不知子貢是合下無規模，抑是後來欠工夫？」曰：「也是欠工夫，也是合下稟得偏了。一般人資稟疏通明達，平日所做底工夫，都隨他這疏通底意思去。一般人稟得恁地馴善，自是隨這馴善去。恰似人喫藥，五臟和平底人，喫這藥自流注四肢八脈去。若是五臟中一處受病受得深，喫這藥都做那一邊去，這一邊自勝了，難作効。學者做工夫，正要得專去偏處理會。」寓。

或曰雍也章〔六〕

「『仁而不佞』，時人以佞爲賢。『屢憎於人』，是他說得大驚小怪，被他驚嚇者豈不惡之。」明作。

「佞，只是捷給辯口者，古人所說皆如此，後世方以『諂』字解之。」祖道。

「佞是無實之辯。」道夫。

林一之問：「孔子於仲弓『不知其仁』，如何？」曰：「孔子既不保他，必是也有病痛。然這一章是不佞要緊。佞，不是諂佞，是個口快底人。事未問是不是，一時言語便抵當得去。『子路使子羔爲費宰，子曰：「賊夫人之子！」子路曰：「何必讀書，然後爲學？」子曰：「是故惡夫佞者！」』子路未問是與不是，臨時撰得話來也好，可見是佞。」寓。

問：「『爲人君，止於仁』。若是未仁，則不能視民猶己，而不足爲君。然夫子既許仲弓南面，而又曰『未知其仁』，如何？」曰：「言仁有粗細，有只是指那慈愛而言底，有就性上説底，這個便較細膩。若有一豪不盡，不害爲未仁。只是這個仁，但是那個是淺底，這個是深底；那個是疏底，這個是密底。」義剛。

子使漆雕開仕章

陳仲卿問「子使漆雕開仕」章。曰：「此章當於『斯』字上看。『斯』，是指個甚麽？『未之能信』者，便是於這個道理見得未甚透徹，故信未及。有他意思，便把個仕都輕看了。」時舉。

「『吾斯之未能信』，他是不肯更做小底。所謂『有天民者，達可行於天下而後行之者也』。」道夫。

或問：「『吾斯之未能信』，如何？」曰：「『斯』之一字甚大。漆雕開能自言『吾斯之未能信』，則其他已高矣。『斯』，有所指而云，非只指誠意、正心之事。事君以忠，事父以孝，皆是這個道理。若自信得及，則雖欲不如此做，不可得矣。若自信不及，如何勉强做得！欲要自信得及，又須是自有所得無遺，方是信。」祖道。去僞同〔七〕。

問：「『子使漆雕開仕。對曰：「吾斯之未能信。」』斯者，此理也。漆雕開能指此理而言，便是心目之間已有所見。未能信者，未能真知其實然，而自保其不叛。以此見『漆雕開已見大意』，方欲進進而不已。蓋見得大意了，又要真知到至實無妄之地，它日成就其可量乎！此夫子所以悦其篤志也。」祖道。按：此無答語，姑從蜀本存之。

或問「吾斯之未能信」。曰：「知得深，便信得篤。理合如此者，必要如此；知道不如此，便不得如此，只此是信。且如人孝，亦只是大綱説孝，謂有些小不孝處亦未妨。又如忠，亦只是大綱説忠，謂便有些小不忠處，亦未妨。即此便是未信。此是漆雕開心上事。信與未信，聖人何緣知得。只見他其才可仕，故使之仕。他揆之於心，有一豪未得，不害其爲未信，仍更有志於學，聖人所以説之。」又問：「謝氏謂『其器不安於小成』，何也？」曰：「據他之才，已自可仕。只是他不伏如此，又欲求進。譬如一株樹，用爲椽桁，已自可矣。他不伏做椽桁，又要做柱，便是不安於小成也。」文蔚。

立之問「吾斯之未能信」。曰：「漆雕開已見得這道理是如此，但信未及。所謂信者，真見得這道理是我底，不是問人假借將來。譬如五穀可以飽人，人皆知之。須是五穀灼然曾喫得飽，方是信得及。今學者尚未曾見得，却信個甚麼！若見人説道這個善，這個惡，若不曾自見得，都不濟事，亦終無下手處矣。」時舉。

「信者，自保得過之意，知與行皆然。自保得知得，自保得行得。漆雕開只是見得分明，然亦不敢自保如此，故曰：『吾斯之未能信。』蓋其絲豪隱微之間，自知之爾。」端蒙。

問：「竊意開都見得許多道理，但未能自保其終始不易。」曰：「他於道理，已自透徹了。」又問：「他説未能信，恐是自覺行處有些勉强在。」曰：「未須説行，在目即便有些小窒礙處。」胡泳。

敬之問此章。曰：「也不是要就用處説。若是道理見未破，只且理會自身已，未敢去做他底。亦不是我信得了，便定着去做。道理自是如此。這裏見得直是分曉，方可去做。」寓因問：「明道所言『漆雕開曾點已見大意』，二子固是已見大體了。看來漆雕見得雖未甚快，却是通體通用都知了。曾點雖是見得快，恐只見體，其用處未必全也。」先生以爲然。問寓有何説，寓曰：「開之未信，若一理見未透，即是未信。」曰：「也不止説一理。要知信不過，不真知決是如此。『行一不義，殺一不辜，得天下不爲』。須是真見得有不義不辜處，便不可以得天下。若説略行不義，略殺不辜，做到九分也未甚害，也不妨，這便是未信處。這裏更須玩味省察，體認存養，亦會見得決定恁地，而不可不恁地。所謂脱然如大寐之得醒，方始是信處耳。」問：「格物、窮理之初，事事物物也要見到那裏了。」曰：「固是要見到那裏。然也約摸是見得，直到物格、知至，那時方信得及。」寓。

「漆雕開『吾斯之未能信』，斯是甚底？他是見得此個道理了，只是信未及。他眼前看得闊，只是踐履未純熟。他是見得個規模大，不入這小底窠坐。曾晳被他見得高，下面許多事皆所不屑爲。到他説時，便都恁地脱灑。想見他只是天姿高，便見得恁地，都不曾做甚工夫，却與曾子相友。曾子便是着實步步做工夫，到下梢方有所得。曾晳末流便會成莊老。想見當時聖人亦須有言語敲點他，只是論語載不全。」賀孫。

問「吾斯之未能信」。曰：「信是於這個道理上見得透，全無些疑處。他看得那仕與不仕，全無緊要。曾點亦然。但見得那日用都是天理流行，看見那做諸侯卿相不是緊要，却不是高尚要恁地説，是他自看得没緊要。今人居鄉，只見居鄉利害；居官，只見居官利害，全不見道理。他見得道理大小大了，見那居官利害，都没緊要，仕與不仕何害！」植〔八〕。

「知只是一個知〔九〕，只是有深淺。須是知之深，方信得及，如漆雕開『吾斯之未能信』是也。若説道别有個不可説之知，便是釋氏之所謂悟也。」問：「張子所謂『德性之知不萌於聞見』，是如何？」曰：「此亦只是説心中自曉會得後，又信得及耳。」廣。

問：「漆雕循守者乎？」曰：「循守是守一節之廉，如原憲之不容物是也。漆雕開却是收斂近約。」伯羽。道夫録云：「原憲不能容物，近於狷。開却是收斂近約。」

問〔一〇〕：「注謂信是『真知其如此，而無豪髮之疑』，是如何？」曰：「便是『朝聞道』意思。須是自見得這道理分明，方得。」問：「是見得吾心之理，或是出仕之理？」曰：「都是這個理，不可分別。漆雕開却知得，但知未深耳，所以未敢自信。」問：「程子云『曾點漆雕開已見大意』，如何？」曰：「也是見得這意思。漆雕開，想見他已知得八分了。」因說：「物格、知至，他只有些子未格，有些子未至耳。伊川嘗言虎傷者，曾經傷者，神色獨變，此爲真見得，信得。凡人皆知水蹈之必溺，火蹈之必焚。今試教他去蹈水火，定不肯去。無他，只爲真知。」寓。集注〔一一〕。

或問：「『吾斯之未能信』，注云：『未有以真知其實然，而保其不叛也。』聖門弟子雖曰有所未至，然何至於叛道？」曰：「如此，則曾子臨終更説『戰戰兢兢，如履薄冰』做甚麽？」或曰：「起居動作有少違背，便是叛道否？」曰：「然。」集注係舊本〔一二〕。僩。

問：「『曾點、漆雕開已見大意』。如何是『已見大意』？」曰：「是他見得大了，謙之録云：「是大底意思。」便小合殺不得。論語中説曾點處亦自可見。如漆雕開只是此一句，如何便見得他已見大意處？然工夫只在『斯』字與『信』字上。且説『斯』字如何？」僩等各以意對。曰：「斯，只是這許多道理見於日用之間，君臣父子仁義忠孝之理。信，是雖已見得如此，却自斷當恐做不盡，不免或有過差，尚自保不過。雖是知其已然，未能決其將然，故曰『吾斯之未能信』。」僩。

楊丞問：「如何謂之大意？」曰：「規模小底，易自以爲足。規模大，則功夫卒難了，所以自謂未能信。」璘。

問：「『漆雕開已見大意』，如何？」曰：「大意便是本初處。若不見得大意，如何下手作工夫。若已見得大意，而不下手作工夫，亦不可。孔門如曾點漆雕開皆已見大意。」某問：「開自謂未能信，孔子何爲使之仕？」曰：「孔子見其可仕，故使之仕。它隱之於心，有未信處。」可學。

問〔一三〕：「曾點、漆雕開已見大意。」曰：「漆雕開，想是灰頭土面，樸實去做工夫，不求人知底人，雖見大意，也學未到。若曾皙，則只是見得，往往却不曾下工夫。」時舉。

或問：「子說開意如何？」曰：「明道云：『曾點漆雕開已見大意。』又云：『孔子與點，蓋與聖人之志同，便是堯舜氣象。』看這語意是如何？看得此意，方識得聖人意。」賀孫。

王景仁問：「程子言『曾點與漆雕開已見大意』，何也？」曰：「此當某問公，而公反以問某邪？此在公自參取。」既而曰：「所謂『斯之未信』，斯者，非大意而何？但其文理密察，則二子或未之及。」又問：「大意竟是如何？」曰：「若推其極，只是『惟皇上帝降衷于下民』。」壯祖〔一四〕。

或問「曾點、漆雕開已見大意」。曰：「曾記胡明仲說『禹、稷、顏回同道』。其意謂禹、稷是就事上做得成底，顏子見道，是做未成底，此亦相類。開是着實做事，已知得此理。點見識較高，但却着實處不如開。開却進未已，點恐不能進。」銖。

直卿問程子云云。曰：「開更密似點，點更規模大。開尤縝密。」道夫。

問：「漆雕開與曾點孰優劣？」曰：「舊看皆云曾點高。今看來，却是開者實，點頗動蕩。」可學。

問：「恐漆雕開見處未到曾點。」曰：「曾點見雖高，漆雕開却確實，觀他『吾斯之未能信』之語可見。」文蔚〔一五〕。

「曾點開闊，漆雕開深穩。」方子。

「『曾點漆雕開已見大意』。若論見處，雕未必如點透徹；論做處，點又不如開着實。邵堯夫見得恁地，却又只管作弄去。」儒用〔一六〕。

「曾點已見大意，却做得有欠缺。漆雕開見得不如點透徹，而用工却密。點天資甚高，見得這物事透徹。如一個大屋，但見外面墻圍周匝，裏面間架却未見得，却又不肯做工夫。如邵康節見得恁地，只管作弄。」又曰：「曾子父子却相反。曾子初間却都不見得，只從小處做去。及至一下見得大處時，他小處却都曾做了。」賜。

「曾點見得甚高，却於工夫上有疏略處。漆雕開見處不如曾點，然有向進之意。曾點與曾參正相反。曾參却是積累做去，千條萬緒，做到九分八釐，只有這些子未透。既聞夫子一貫之旨，則前日之千條萬緒，皆有着落矣。『忠恕而已矣』，此是借學者之忠恕，以影出聖人自然之忠恕也。」人傑。

「上蔡言漆雕開『不安於小成』。是他先見大意了，方肯不安於小成。若不見大意，如何知得它不肯安於小成？若不見大意者，只安於小成耳。如人食藜藿與食芻豢，若未食芻豢，只知藜藿之美；及食芻豢，則藜藿不足食矣。」賀孫。

道不行章

「夫子浮海，假設之言，且如此說，非是必要去。所以謂子路勇，可以從行，便是未必要去。」明作。

問：「子路資質剛毅，固是個負荷容受得底人。如何却有那『聞之喜』及『終身誦之』之事？」曰：「也只緣他好勇，故凡事粗率，不能深求細繹那道理，故有此事。」廣。

孟武伯問子路仁乎章

「仲由可使治賦，才也。『不知其仁』，以學言也。」升卿〔一七〕。

「孟武伯問三子仁乎，夫子但言三子才各有所長，若仁則不是易事。夫子雖不説三子無仁，但言『不知其仁』，則無在其中矣。仁是全體不息。所謂全體者，合下全具此心，更無一物之雜。不息，則未嘗休息，置之無用處。全體似個卓子，四脚，若三脚便是不全〔一八〕。不息，是常用他。或置之僻處，又被別人將去，便是息。此心具十分道理在，若只見得九分，亦不是全了。所以息者，是私欲間之。無一豪私欲，方是不息，乃三月不違以上地位。若違時，便是息。不善底心固是私，若一等閑思慮亦不得，須要照管得此心常在。」明作。

問「孟武伯問三子之仁，而聖人皆不之許，但許其才」云云。曰：「大概是如此。」又問：「雖全體未是仁，苟於一事上能當理而無私心，亦可謂之一事之仁否？」曰：「不然。蓋纔說個『仁』字，便用以全體言。若一事上能盡仁，便是他全體是仁了。若全體有虧，這一事上必不能盡仁。纔說個『仁』字，便包盡許多事，無不當理無私了。所以三子當不得這個『仁』字，聖人只稱其才。」僩。

問：「孔門之學，莫大於爲仁。孟武伯見子路等皆孔門高第，故問之。孔子於三子者，皆許其才而不許其仁。」〔一九〕曰：「何故許其才不許其仁？」對曰：「三子之才，雖各能辦事，但未知做得來能無私心否？」曰：「然。聖人雖見得他有駁雜處，若是不就這裏做工夫，便待做得事業來，終是粗率，非聖賢氣象。若有些子偏駁，便不是全體。」南升。

林問「子路不知其仁」處。曰：「仁，譬如一盆油一般，無些子夾雜，方喚做油。一點水落在裏面，便不純是油了。渾然天理便是仁，有一豪私欲便不是仁了。子路之心，不是都不仁。『仁，人心也』。有發見之時，但是不純，故夫子以不知答之。」卓。

「『不知其仁』。仁如白，不仁如黑。白，須是十分全白，方謂之白。纔是一點墨點破，便不得謂之白了。」夔孫。

或問：「由、求所以未仁，如何？」曰：「只爲它功夫未到。」問：「何謂工夫？」先生不答。久之，乃曰：「聖門功夫，自有一條坦然路徑。諸公每日理會何事？所謂功夫者，不過居敬窮理以修身也。由、求只是這些功夫未到此田地，不若顏子，故夫子所以知其未仁。若能主敬以窮理，功夫到此，則德性常用，物欲不行，而仁流行矣。」銖。

子升〔二〇〕問：「聖人稱由也可使治賦〔二一〕，求也可使爲宰。後來求乃爲季氏聚斂，由不得其死。聖人容有不能盡知者。」曰：「大綱也只稱其材堪如此，未論到心德處。看『不知其仁』之語，裏面却煞有説話。」木之。

子謂子貢曰章

問：「『回、賜孰愈』一段，大率比較人物，亦必稱量其斤兩之相上下者。如子貢之在孔門，其德行蓋在冉、閔之下。然聖人却以之比較顏子，豈以其見識敏悟，雖所行不逮，而所見亦可幾及與？」曰：「然。聖人之道，大段用敏悟。曉得時，方擔荷得去。如子貢雖所行未實，然他却極是曉得，所以孔子愛與他說話。緣他曉得，故可以擔荷得去。雖所行有未實，使其見處更長一格，則所行自然又進一步。聖門自曾、顏而下，便用還子貢。如冉、閔非無德行，然終是曉不甚得〔一二〕，擔荷聖人之道不去。所以孔子愛呼子貢而與之語，意蓋如此。」僩。

居父問：「回也『聞一知十』，『即始見終』，是如何？」曰：「知十，亦不是聞一件定知得十件，但言知得多，知得周徧。」又問：「聖人生知，其與顏子不同處，是如何？」曰：「聖人固生知，終不成更不用理會。但聖人較之顏子又知得多。今且未要說聖人，且只就自家地位看。今只就這一件事聞得，且未能理會得恰好處，況於其他！」賀孫。集注。

胡問：「回『聞一知十』，是『明睿所照』，若孔子則如何？」曰：「孔子又在明睿上去，耳順心通，無所限際。古者論聖人，都說聰明，如堯『聰明文思』，『惟天生聰明時乂』，『亶聰明作元后』，『聰明睿智足以有臨也』。聖人直是聰明！」淳。

問：「顏子『明睿所照』，合下已得其全體，不知於金聲玉振體段俱到否？」曰：「顏子於金聲意思却得之，但於玉振意思却未盡。」賀孫問：「只是做未到，却不是見未到？」曰：「是他合下都自見得周備，但未盡其極耳。」賀孫。

「『顏子明睿所照，子貢推測而知』，此兩句當玩味，見得優劣處。顏子是真個見得徹頭徹尾。子貢只是暗度想像，恰似將一物來比並相似，只能聞一知二。顏子雖是資質純粹，亦得學力，所以見得道理分明。凡人有不及人處，多不能自知，雖知，亦不肯屈服。而〔二三〕子貢自屈於顏子，可謂高明，夫子所以與其弗如之說。」明作。

「『明〔二四〕睿所照』，如個明鏡在此，物來畢照。『推測而知』，如將些子火光逐些子照去推尋。」僩。

問：「『子貢推測而知』，亦是格物、窮理否？」曰：「然。若不格物、窮理，則我測甚底！」燾。

問：「謝氏解『女與回也孰愈』章，大抵謂材之高下，無與入德之優劣。顏子雖『聞一知十』，然亦未嘗以此自多。而子貢以此論之，乃其所以不如顏子者。夫子非以子貢之知二，爲不如顏子之知十也。此固非當時答問之旨，然詳味謝氏語勢，恐其若是。」曰：「上蔡是如此說。吳材老十說中亦如此論。」必大。集義。

吾未見剛者章〔二五〕

「子曰：『吾未見剛者。』蓋剛是堅强不屈之意，便是卓然有立，不爲物欲所累底人，故夫子以爲未見其人。或人不知剛之義，夫子以爲『棖也慾，焉得剛！』慾與剛正相反。最怕有慾！」南升。

問：「剛亦非是極底地位，聖門豈解無人？夫子何以言未見？」曰：「也是說難得。剛也是難得。」又言：「也是難得。淳録作：「無慾便是剛，真難得。」如那撑眉努眼，便是慾。申棖便是恁地，想見他做得個人也大故勞攘。」義剛問：「秦漢以下，甚麽人可謂之剛？」曰：「只看他做得如何。那拖泥帶水底便是慾，那壁立千仞底便是剛。」叔器問：「剛莫是好仁，惡不仁否？蓋剛有那勇猛底意思。」曰：「剛則能果斷，謂好惡爲剛，則不得。如這刀有此鋼，則能割物；今叫割做鋼，却不得。」又言：「剛與勇也自別。故『六言、六蔽』有『好剛不好學』，又有『好勇不好學』。」義剛。淳録略〔二六〕。

「『棖也慾』。慾者，溺於愛而成癖者也。」人傑。

「『吾未見剛者』。慾與剛正相反，若耳之欲聲，目之欲色之類，皆是欲。才有些被它牽引去，此中便無所主，焉得剛！或者以申棖爲剛，必是外面悻悻自好。聖人觀人，直從裏面看出。見得它中無所主，只是色莊，要人道好，便是欲了，安得爲剛！」南升。

問「吾未見剛者」一章。曰：「人之資質，千條萬別，自是有許多般，有剛於此而不剛於彼底，亦有剛而多慾，亦有柔而多慾，亦有剛而寡慾，亦有柔而寡慾，自是多般不同，所以只要學問。學問進則見得理明，自是勝得他。若是不學問，只隨那資質去，便自是屈於慾，如何勝得他！蓋學問則持守其本領，擴充其知識，所以能勝得他而不爲所屈也。此人之所貴者，惟學而已矣。」申棖也不是個榻翣底人，是個剛悻做事聒噪人底人。燾。

「上蔡這處最説得好〔二七〕：『爲物揜之謂慾，故常屈於萬物之下。』今人纔要貪這一件物事，便被這物事壓得頭低了。申棖想只是個悻悻自好底人，故當時以爲剛。然不知悻悻自好，只是客氣如此，便有以意氣加人之意，只此便是慾也。」時舉。集注。

或問：「剛與悻悻何異？」曰：「剛者外面退然自守，而中不詘於慾，所以爲剛。悻悻者，外面有崛强之貌，便是有計較勝負之意，此便是慾也。」時舉。

子貢曰我不欲人之加諸我章

「子貢謂此等不善底事，我欲無以加於人，此意可謂廣大。然夫子謂『非爾所及』，蓋是子貢功夫未到此田地。學者只有個『恕』字，要充擴此心，漸漸勉力做向前去。如今便説『無欲加諸人』，無者，自然而然。此等地位，是本體明淨，發處盡是不忍之心，不待勉强，乃仁者之事。子貢遽作此言，故夫子謂『非爾所及』，言不可以躐等。」南升。

問：「子貢『欲無加諸人』，夫子教之『勿施於人』，何以異？」曰：「異處在『無』字與『勿』字上。伊川説『仁也』，『恕也』，看得精。」大雅。

問：「此如何非子貢所能及？」曰：「程先生語録中解此數段，終是未剖判。唯伊川經解之言，是晚年仁熟，方看得如此分曉，説出得如此分明。兩句所以分仁恕，只是生熟、難易之間。」洽。

「子貢曰『我不欲人之加諸我也，吾亦欲無加諸人』，未能忘我故也。顔淵曰『願無伐善，無施勞』，能忘我故也。子路曰『願車馬，衣輕裘，與朋友共，敝之而無憾』，未能忘物也。『一簞食，一瓢飲，在陋巷，人不堪其憂，回也不改其樂』，能忘物也。」鎬。此條可疑。

至之問此章。曰：「正在『欲』字上，不欲時，便是全然無了這些子心。且如所不當爲之事，人若能不欲爲其所不當爲，便是這個心都無了，是甚地位？未到這地位，便自要擔當了，便不去做工夫。聖人所以答它時，且要它退一步做工夫。只這不自覺察，便是病痛。」怡〔二一八〕。亦可疑。

子貢曰夫子之文章章

「子貢『性與天道』之嘆，見得聖門之教不躐等。又見其言及此，實有不可以耳聞而得之者。」道夫。

「『性與天道』，性，是就人物上説；天道，是陰陽五行。」僩。

吉甫問「性與天道」〔二九〕。曰：「譬如一條長連底物事，其流行者是天道，人得之者爲性。乾之『元亨利貞』，天道也，人得之，則爲仁義禮智之性。」蓋卿。佐録〔三〇〕云：「天道流行是一條長連底，人便在此天道之中，各得一截子。」

「自『性與天道』言之，則天道者，以天運而言。自『聖人之於天道』言之，則天道又却以性分而言。這物事各有個頓放處。」人傑。

問「性與天道」。曰：「『天有四時，春夏秋冬，風雨霜露，無非教也。地載神氣，神氣風霆，風霆流形，庶物露生，無非教也』。此可以觀性與天道。」雉。

寓問：「集注説，性以人之所受而言，天道以理之自然而言。不知性與天道，亦只是説五常，人所固有者，何故不可得聞？莫只是聖人怕人躐等否？」曰：「這般道理，自是未消得理會。且就它威儀、文辭處學去。這處熟，性、天道自可曉。」又問：「子貢既得聞之後，嘆其不可得聞，何也？」曰：「子貢亦用功至此，方始得聞。若未行得淺近者，便〔三一〕知得他高深作甚麽！教聖人只管説這般話，亦無意思。天地造化陰陽五行之運，若只管説，要如何？聖人於易，方略説到這處。『子罕言利，與命，與仁』。只看這處，便見得聖人罕曾説及此。」又舉「子所雅言，詩、書、執禮，皆雅言也」。「這處却是聖人常説底。後來孟子方説那話較多。」寓。

問：「集注謂『天道者，天理自然之本體』，如何？」曰：「此言天運，所謂『繼之者善也』，即天理之流行者也。性者，着人而行之。」人傑。

問：「『夫子之文章〔三二〕』，凡聖人威儀言辭，皆德之著見於外者，學者所共聞也。至於性與天道，乃是此理之精微〔三三〕。蓋性者是人所受於天，有許多道理，爲心之體者也。天道者，謂自然之本體所以流行而付與萬物，人物得之以爲性者也。聖人不以驟語學者，故學者不得而聞。然子貢却説得性與天道如此分明。必是子貢可以語此，故夫子從而告之〔三四〕。」曰：「文振看得文字平正，又浹洽，若看文字，須還他平正；又須浹洽無虧欠，方得好。」南升。

問：「子貢是因文章中悟性、天道，抑後來聞孔子説邪？」曰：「是後來聞孔子説。」曰：「文章亦性、天道之流行發見處？」曰：「固亦是發見處。然他當初只是理會文章，後來是聞孔子説性與天道。今不可硬做是因文章得。然孔子這般也罕説。如『一陰一陽之謂道，繼之者善也，成之者性也』，因繫易方説此，豈不是言性與天道。又如『鼓萬物而不與聖人同憂』、『大哉乾元，萬物資始』，豈不是言性與天道。」淳。

器之問：「性與天道〔三五〕，子貢始得聞而歎美之。舊時説，性與天道，便在這文章裏，文章處即是天道。」曰：「此學禪者之説。若如此，孟子也不用説性善，易中也不須説『陰陽不測之謂神』。這道理也着知。子貢當初未知得，到這裏方始得聞耳。」寓。

問：「孔子言性與天道，不可得而聞，而孟子教人乃開口便説性善，是如何？」曰：「孟子亦只是大概説性善，至於性之所以善處，也少得説。須是如説『一陰一陽之謂道，繼之者善也，成之者性也』處，方是説性與天道爾。」時舉。

叔器問〔三六〕：「謝氏文章性、天道之説，先生何故不取？」曰：「程先生不曾恁地説。程先生説得實，他説得虚。」安卿問：「先生不取謝氏説者，莫是爲他説『只理會文章，則性、天道在其間否』？」曰：「也是性、天道只在文章中。然聖人教人也不恁地。子貢當時不曾恁地説。如『天命之謂性』，便是分明指那性。『大哉乾元，萬物資始』，便是説天道。『一陰一陽之謂道，繼之者善也，成之者性也』，便是性與天道。只是不迎〔三七〕頭便恁地説。」義剛。

校勘記

〔一〕問子謂公冶長章　朝鮮本無「章」字，「公冶長」下另有九十字：「可妻，而長之爲人無可考，但觀孔子稱其可妻時，必有以取之矣。又言其雖嘗陷於縲絏之中，而非其罪，不害其可妻也。蓋有罪無罪在我而已，豈以外至爲榮辱？若是有罪，雖不遭刑戮，乃是幸免；若是無罪，雖不幸而遭刑戮，何足爲辱？」

〔二〕朝鮮本作：寓問。

〔三〕問子謂子賤章　朝鮮本此句作另一百三十四字：「又問：『子賤之爲人，聖人以「君子」稱之，成德之士也。又言若魯無君子，則此人何所取以成就此德？以見子賤之成德，乃在於尊賢取友，又以見魯取友多君子。故蘇氏曰：「稱人之善，必本於父兄師友，厚之至也。」子貢見夫子之稱子賤，故以己爲問。夫子謂之「瑚璉」，乃宗廟盛黍稷之器，又飾之以玉乃器之，可貴重而華美者，則知子貢亦非尋常有用之才。』」

〔四〕論語中　朝鮮本此下增：說君子。

〔五〕朝鮮本作：寓問。

〔六〕或曰雍也章　朝鮮本此作「雍也仁而不佞章」。

〔七〕去僞同　「去僞」，朝鮮本作「謨録」。

〔八〕植　朝鮮本末尾小字作：原憲不能容物，近於循，開卻是收斂近約。道夫。

〔九〕知只是一個知　朝鮮本作「知不知」。

〔一〇〕問　朝鮮本作：寓問。

〔一一〕集注　朝鮮本作：賀孫録同。

〔一二〕集注係舊本　朝鮮本「係舊本」作「與今定本文不同」。

〔一三〕問 朝鮮本作：時舉問。

〔一四〕壯祖 朝鮮本作：處謙。

〔一五〕文蔚 朝鮮本此則詳細，今附如下：問：「程氏説『曾點、漆雕開已見大意，恐漆雕開見處未到曾點』。曰：『曾點見雖高，漆雕開卻確實，觀他「吾斯之未能信」之語可見。』又問：『程氏言子路只是不達，爲國以禮，道理若達，便是曾點氣象，莫是子路無曾點從容意思否？』曰：『子路見處極高，只是有些粗。緣他勇，便粗。若不是勇，又不會變得如此快，這勇卻不曾去得。如人得這個藥去病，卻不曾去得藥毒。若去得盡，即達「爲國以禮」道理。』顧文蔚曰：『子路與冉有、公西華如何？』文蔚曰：『只是小大不同。』曰：『二子終無子路所見。』問：『何以驗之？』曰：『觀他平日可見。』」文蔚。

〔一六〕儒用 朝鮮本作：元秉。

〔一七〕升卿 二字原脱，據朝鮮本、萬曆本補。

〔一八〕全體似個卓子四腳若三腳便是不全 朝鮮本作：全體似個桌子，四腳便是全。

〔一九〕問孔門之學莫大於爲仁孟武伯見子路等皆孔門高第故問之孔子於三子者皆許其才而不許其仁 朝鮮本問句詳細，作：問：「孔門之學，莫大於爲仁。孟武伯見子路等皆孔門高第，以爲盡得仁道，故直問子路仁乎。子曰：『不知也。仁道之大，非全體而不息者，不足以當之。』『顏子尚不能不違於三月之後，聖人尚不以之許仲弓，況子路之於仁。蓋日月至焉者，心之或在或亡，不能必其有無，故以不知告之。孟武伯不曉其意，又問孔子云云，三子者，皆許其才而不許其仁，則仁道之大可知也。」

〔二〇〕子升　朝鮮本此下增「兄」字。

〔二一〕聖人稱由也可使治賦　朝鮮本「也」下有「千乘之國」四字。

〔二二〕曉不甚得　朝鮮本作：曉得不甚。

〔二三〕而　朝鮮本作：如。

〔二四〕明　朝鮮本段首增：問集注「知二」、「知十」之別。曰。

〔二五〕吾未見剛者章　朝鮮本此作「棖也慾章」，且此前另有「宰予晝寢章」，計一百五十字：「問：『宰我當晝而睡。夫君子進德修業，須是志能帥氣，方終日乾乾。若當晝而睡，便是志氣昏惰，不敬莫大焉。雖有教無所施，故以朽木糞墻深責之。』又問：『始吾於人聽其言而信其行。必是宰予平日說得做工夫道理，及下手做時却昏惰如故。聖人自言而今而後當聽言觀行，乃是因宰予而致此。夫聖人洞見眉睫之間，不待是而後能言。此者既以重警宰予，又使學者謹言敏行。』曰：『皆是如此。』」

〔二六〕淳録略　朝鮮本收淳記詳細語録，今附如下：黄問吾未見剛者。曰：「無欲便是剛，真難得。拖泥涉水底不是剛，那壁立萬仞便是剛。」胡問：「好仁惡不仁，有剛底意思。」曰：「剛能好惡，不可把好惡作剛，好惡又是一件。」又問：「剛有勇決意。」曰：「剛能決，不可喚決作剛。如鋼鐵能割，不可喚割作銅鐵。剛與勇又不同。」淳。

〔二七〕上蔡這處最説得好　朝鮮本「上蔡」上有「問根也慾焉得剛曰」八字。

〔二八〕怡　朝鮮本末尾小字記作：恪。成化本「怡」應爲誤字，按語當爲後人所記。當從朝鮮本乙正。

〔二九〕吉甫問性與天道　朝鮮本「吉甫」上有「甘」字。

〔三〇〕佐録　朝鮮本相似語録，今附如下：問：「性與天道何以別？」曰：「天道流行是一條長連底，人便在此天道之中，各得一截爾。」方子。

〔三一〕便　朝鮮本此下增「要」字。

〔三二〕夫子之文章　朝鮮本「章」下有「可得而聞者」五字。

〔三三〕乃是此理之精微　朝鮮本「微」下有二十七字：「聖人教人不躐等，學者工夫未到此，聖人不以語之，恐失其下學之義。」

〔三四〕故夫子從而告之　朝鮮本「之」下有二十七字：「子貢獲聞至論，不覺嘆美，以爲學者不得聞而已得聞，但不明言之爾。」

〔三五〕性與天道　朝鮮本「性」上有「夫子之言」四字。

〔三六〕叔器問　朝鮮本「叔」上有「胡」字。

〔三七〕迎　朝鮮本作：遮。

朱子語類卷第二十九

論語十一

公冶長下

子路有聞章

問：「『子路有聞，未之能行，惟恐有聞』。因舉子路數事〔一〕，以明子路好學如此，而仕衛之出處乃如彼〔二〕。」曰：「今只當就『子路有聞』上考究〔三〕，不須如此牽二三説〔四〕。不知要就此處學子路『未之能行，惟恐有聞』，還只要求子路不是處。如此看，恐將本意失了。就此言之，見得子路勇於爲善處。他這處直是見得如此分明。到得聞其正名處，却鶻突。

學者正要看他這處，在衛又是别項説話也。」又曰：「可見古人爲己之實處。子路急於爲善，唯恐行之不徹。譬如人之飲食，有珍羞異饌，須是喫得盡方好。若喫不透，亦徒然。子路不急於聞，而急於行。今人惟恐不聞，既聞得了，寫在册子上便了，不去行處着工夫〔五〕。」賀孫。寓録略。

子貢問曰孔文子章

問：「孔文子，孔姞之事如此不好，便『敏而好學，不耻下問』，濟得甚事！而聖人取之，何也？」曰：「古人謚法甚寬，所謂『節以一惠』，言只有一善亦取之。節者，節略而取其一善也。孔文子固是不好，只節此一惠，則敏學下問，亦是它好處。」銖。

問孔文子之謚。曰：「古人有善雖多，而舉一以爲謚。如有十事皆善，只舉一善可以包之。如九事不善，只有一善，則亦可以一善爲謚。皆無一善，而後名之曰『幽』、『厲』。凡二字謚，非禮也。如『貞惠文子』、『睿聖武公』，皆是饒兩字了。周末王亦有二字謚。」淳。

問：「『勤學好問爲文』，謚之以『文』，莫是見其躬行之實不足否？」曰：「不要恁地説。不成文王便是不能武，武王便是不能文？『謚以尊名，節以一惠』，如有十事皆善，云云，同淳録。至。名之曰『幽』、『厲』。它而今是能勤學好問，便謚之以『文』，如何見得它躬行之不足？那不好底自是不好，而今既謚之以『文』，便見得它有這一長，如何便説道是將這一字來貶它！」又問：「孫宣公力言雙字謚之非，不知雙字謚起於何時？」曰：「『謚以尊名，節以一惠』，便是只以一字謚爲惠。而今若加二字，或四字，皆是分外有了。若如文王之德如此，却將幾個字謚方盡！如雙字謚，自周已是如此了，如威烈王慎靚王，皆是。」義剛。

「『孔文子何以謂之文也？』此一段專論謚，故注云：『非經天緯地之「文」也。』周禮，謚只有二十八字。如『文』字，文王謚曰『文』，周公亦謚爲『文』，今孔文子亦謚爲『文』，不成説孔文子與文王一般。蓋人有善多者，則摘其尤一事爲謚。亦有只有一善，則取一善爲謚，而隱其他惡者，如孔文子事是也。」僩。

吉甫問「經天緯地之『文』〔六〕」。曰：「經天緯地，是有文理。一横一直皆有文理，故謂之『文』。孔文子之『文』是其小者。如本朝楊文公之屬，亦謂之『文』。」蓋卿。

問「經天緯地曰『文』」。曰：「經是直底，緯是横底。理會得天下事横者直者各當其處，皆有條理分曉，便是經天緯地。其次如文辭之類，亦謂之『文』，但是文之小者耳。」直卿云：「伊川謂『倫理明順曰「文」』，此言甚好。」佐。

問：「文如何經天緯地？」曰：「如織布絹，經是直底，緯是横底。」或問：「文之大者，莫是唐、虞、成周之文？」曰：「『裁成天地之道，輔相天地之宜』，此便是經天緯地之文。」

問：「文只是發見于外者爲文？」曰：「處事有文理，是處是文。」節。

因論孔文子，曰：「聖人寬腸大度，所以責人也寬。」燾。

問：「『孔文子敏而好學』，與顏子之好學，如何？」曰：「文子與顏子所以不同者，自是顏子所好之學不同，不干『以能問於不能』事。使文子『以能問於不能』，亦只是文子之學。」伯羽。

子謂子產章

問：「子產温良慈愷，莫短於才否？」曰：「孔子稱子產『有君子之道四』，安得謂短於才？子產政事儘做得好，不專愛人。做得不是，他須以法治之。孟子所言『惠而不知爲政』者，偶一事如此耳。」僩。

問〔七〕：「『使民也義』，是教民以義？」先生應。節。

問：「『其使民也義』〔八〕，如『都鄙有章，上下有服，田有溝洫，廬井有伍』之類。謂爲之裁處得是當，使之得其定分也〔九〕。」曰：「『義』字説得未是。『義』字有剛斷之意。其養民則惠，使民則義。『惠』字與『義』字相反，便見得子產之政不專在於寬。就『都鄙有章』處，看見得『義』字在子產上，不在民上。」南升。

吉甫〔一〇〕問「都鄙有章，上下有服」。曰：「有章，是有章程條法；有服，是貴賤衣冠各有制度。鄭國人謂『取我田疇而伍之，取我衣冠而褚之』，是子產爲國時，衣服有定制，不敢着底，皆收之囊中，故曰『取而褚之』。」至〔一一〕。蓋卿録云：「有章，是一都一鄙各有規矩；有服，是衣冠服用皆有等級高卑。」〔一二〕

臧文仲居蔡章

「『山節藻棁』，爲藏龜之室，以瀆鬼神，便是不知。古人卜筮之事固有之，但一向靠那上去，便是無意智了。如祀爰居，是見一鳥飛來，便去祀它，豈是有意智！看他三不知，皆是瀆鬼神之事。山節藻棁不是僭，若是僭時，孔子當謂之不仁。臧文仲在當時既没，其言立，人皆説是非常底人，孔子直是見他不是處。此篇最好看，便見得聖人『微顯闡幽』處。」南升。時舉録見下。

文振問「臧文仲」、「季文子」、「令尹子文」、「陳文子」數段。曰：「此數段是聖人『微顯闡幽』處。惟其似是而非，故聖人便分明説出來，要人理會得。如臧文仲，人皆以爲知，聖人便説道它既惑於鬼神，安得爲知！蓋卜筮之事，聖人固欲使民信之。然藏著龜之地，須自有個合當底去處。今文仲乃爲山節藻棁以藏之，便是它心一向倒在卜筮上了，如何得爲知！古説多道它僭。某以爲若是僭，則不止謂之不知，便是不仁了。聖人今只説他不知，便是只主不知而吝也。」時舉。

問：「居蔡之説，如集注之云，則是藏龜初未爲失，而山節藻棁亦未爲僭。臧文仲所以不得爲知者，特以其惑於鬼神，而作此室以藏龜爾。」曰：「山節藻棁，恐只是華飾，不見得其制度如何。如夫子只譏其不知，便未是僭，所謂『作虚器』而已。『大夫不藏龜』，禮家乃因此立説。」必大。

「臧文仲無大段善可稱。但他不好處，如論語中言居蔡之事；左氏言『不仁不知者三』，却占頭項多了。然他是個會説道理底人，如教行父事君之禮；如宋大水，魯遣使歸言宋君之意，臧曰：『宋其興乎！成湯罪己，其興也勃焉；桀紂罪人，其亡也忽焉。』皆是他會説。」燾。

子張問曰令尹子文章

或問：「令尹子文之忠，若其果無私意，出於至誠惻怛，便可謂之仁否？」曰：「固是。然不消泥他事上説，須看他三仕三已，還是當否。以舊政告新令尹，又須看他告得是否。只緣他大體〔一三〕既不是了，故其小節有不足取。如管仲之三歸、反坫，聖人却與其仁之功者，以其立義正也。故管仲是天下之大義，子文是一人之私行耳。譬如伏節死義之人，視坐亡而立化者雖未必如他之翛然，然大義却是。彼雖去得好，却不足取也。」時舉。

「三仕三已所以不得爲仁，蓋不知其事是如何：三仕之中，是有無合當仕否？三已之中，又不知有無合當已否？」明作。

黄先之問「子文」、「文子」一節〔一四〕。曰：「今人有些小利害，便至於頭紅面赤；子文却三仕三已，略無喜愠。有些小所長，便不肯輕以告人，而子文乃盡以舊政告之新尹。此豈是容易底事！其地位亦甚高矣。今人有一豪係累，便脱灑不得，而文子有馬十乘，乃棄之如敝屣然。此亦豈是易事！常人豈能做得？後人因孔子不許他以仁，便以二子之事爲未足道，此却不可。須當思〔一五〕二子所爲如此高絶，而聖人不許之以仁者，因如何未足以盡仁。就此處子細看，便見得二子不可易及，而仁之體段實是如何，切不可容易看也。」時舉。

履之説「子文」、「文子」。〔一六〕曰：「公推求得二子太苛刻，不消如此。某注中亦説得甚平，不曾如公之説。聖人之語本自渾然，不當如此搜索他後手。今若有個人能三仕三已無喜愠，也是個甚麽樣人！這個强不得，若强得一番無喜愠，第二番定是動了。又如有馬十〔一七〕乘，也自是個巨室有力量人家，誰肯棄而違之！文子却脱然掉了去，也自是個好人，更有多少人棄捨去不得底，所以聖人亦許其忠與清，只説『未知，焉得仁』！聖人之語，本自渾然，不當如此苛刻搜人過惡，兼也未消論到他後來在。」僩。燾録別出。

或問「令尹子文」一章。曰：「如子文之三仕三已而無喜慍，已是難了，不可説他只無喜慍之色，有喜慍之心。若有喜慍之心，只做得一番過，如何做得兩三番過。舊令尹之政必告新令尹，亦不可説他所告是私意，只説未知所告者何事。陳文子有馬十乘，亦是大家，他能棄而去之，亦是大段放得下了。亦不可説他是避利害，如此割舍。且當時有萬千棄捨不得不去底，如公之論，都侵過説，太苛刻了。聖人是平説，本自渾然，不當如此搜索他後手。」燾。

問：「令尹子文之事，集注言：『未知皆出於天理而無人欲之私，故聖人但以忠許之。』切詳子文告新令尹一節，若言徒知有君而不知有天子，徒知有國而不知有天下，推之固見其不皆出於天理也。至於三仕無喜，三已無慍，分明全無私欲。先生何以識破他有私處？」曰：「也不曾便識破。但是夫子既不許之以仁，必是三仕三已之間，猶或有未善也。」壯祖〔一八〕。集注。

問：「先生〔一九〕謂『當理而無私心則仁矣』，先言當理而後言無私心者，莫只是指其事而言之歟？」曰：「然。」廣。

或問：「子文、文子未得爲仁，如何？」曰：「仁者『當理而無私心』，二子各得其一。蓋子文之無喜愠，是其心固無私，而於事則未盡善；文子潔身去亂，其事善矣，然未能保其心之無私也。仁須表裏心事一一中理，乃可言。聖人辭不迫切，只言未知如何而得仁，則二子之未仁自可見。」銖。此說可疑。

問：「集注論忠、清，與本文意似不同。」曰：「二子忠、清而未盡當〔二〇〕理，故止可謂之忠、清，而未得爲仁，此是就其事上着實研究出來。若不如此，即不知忠、清與仁有何分別。此須做個題目入思議始得，未易如此草草說過。」賜。

問：「子文之忠，文子之清，聖人只是就其一節可取。如仁，却是全體，所以不許他。」曰：「也恁地說不得。如『三仁』，聖人也只是就他一節上說。畢竟一事做得是時，自可以見其全體。古人謂觀鳳一羽，足以知其五色之備。如三子之事皆不可見，聖人當時許之，必是有以見得他透徹。若二子之事，今皆可考，其病敗亦可見。以表證裏，則其裏也可知矣。」燾。

問：「子文之忠，文子之清，『未知，焉得仁？』〔二一〕」曰：「此只就二子事上說。若比干、伯夷之忠、清，是就心上說。若論心時，比干、伯夷已是仁人，若無讓國、諫紂之事〔二二〕，亦只是仁人，蓋二子忠、清元自仁中出。若子文、文子，夫子當時只見此兩件事是清與忠，不知其如何得仁也。」又曰：「夫欲論仁，如何只將一兩件事便識得此人破！須是盡見得他表裏，方識得破。」去僞〔一二三〕。

「夷、齊之忠、清，是本有底，故依舊是仁。子文、文子之忠、清，只得喚做忠、清。」賜。

問：「子文若能止僭王猾夏，文子去就若明，是仁否？」曰：「若此却是以事上論。」曰：「注中何故引此？」曰：「但見其病耳。」可學。

師郱問云云。曰：「大概看得也是。若就二子言之，則文子資稟甚高。只緣他不講學，故失處亦大。」

「『子文、文子』一章，事上迹上是忠、清，上蔡解。見處是仁。子文只是忠，不可謂之仁。若比干之忠，見得時便是仁。也容有質厚者能之。若便以爲仁，恐子張識忠、清，而不識仁也。」方。集義。

「五峯説令尹子文、陳文子處，以知爲重。説『未知，焉得仁』，知字絶句〔一二四〕。今知言中有兩章〔一二五〕。説令尹處云：『楚乃古之建國，令尹爲相，不知首出庶物之道。』若如此，則是謂令尹爲相，徒使其君守僭竊之位，不能使其君王天下耳〔一二六〕。南軒謂恐意不如此。然南軒當時與五峯相與往復，亦只是講得個大體。南軒只做識仁體認，恐不盡領會五峯意耳。五峯疑孟之説〔一二七〕，周遮全不分曉。若是恁地分疏孟子〔一二八〕，剗地沈淪，不能得出！」僩〔一二九〕。

問：「五峯問南軒：『陳文子之清，令尹子文之忠，初無私意。如何聖人不以仁許之？』枅嘗思之，而得其説曰，仁之體大，不可以一善名。須是事事盡合於理，方謂之仁。若子文之忠，雖不加喜愠於三仕三已之時，然其君僭王竊號，而不能正救。文子之清，雖棄十乘而不顧，然崔氏無君，其惡已著，而略不能遏止之。是盡於此，而不盡於彼；能於其小，而不能於其大者，安足以語仁之體乎？」曰：「讀書不可不子細。如公之説，只是一説，非聖人當日本意。夫仁者，心之德。使二子而果無私心，則其仕已而無喜愠，當不特謂之忠而謂之仁；棄十乘而不居，當不特謂之清而謂之仁。聖人所以不許二子者，正以其事雖可觀，而其本心或有不然也。」枅。

「令尹子文、陳文子等，是就人身上説仁。若識得仁之統體，即此等不難曉矣」。或曰：「南軒解此，謂『有一豪私意皆非仁』。如令尹子文、陳文子以終身之事求之，未能無私，所以不得爲仁』。」曰：「孔子一時答他，亦未理會到他終身事。只據子張所問底事，未知是出於至誠惻怛，未知是未能無私。孔子皆不得而知，故曰：『未知，焉得仁！』非是以仕已無愠喜、與棄而違之爲非仁也。這要在心上求，然以心論之，子文之心勝文子之心。只是心中有些小不慊快處，便不是仁。」文蔚曰：「所以孔子稱夷齊曰：『求仁而得仁，又何怨！』」曰：「便是要見得到此。」文蔚。

季文子三思而後行章

問「季文子三思而後行」章。曰：「思之有未得者，須着子細去思。到思而得之，這方是一思。雖見得已是，又須平心更着思一遍。如此，則無不當者矣。若更過思，則如秤子秤物相似，推來推去，輕重却到不定了。」時舉。

「季文子三思而後行。子曰：『再，斯可矣。』」曰：「聖人也只是大概如此說。謂如明理底人，便思三兩番，亦不到得私意起。又如魯鈍底人，思一兩番不得，第三四番思得之，無定。然而多思，大率流入私意底多。雖此是聖人就季文子身上説，然而聖人之言自是渾厚，占得地位闊。『再，斯可矣』，是常法大概當如此。」燾。

「『季文子三思而後行』，程子所謂『三則私意起而反惑』，如何？」曰：「這是某當問公底。」某云：「若是思之未透，雖再三思之何害？」先生曰：「不然。且如凡事，初一上商量，已得成個體段了；再思一番，與之審處當行不當行，便自可決斷了。若於其中又要思量那個是利，那個是害，則避害就利之心便起，如何不是私？」炎。

問：「看雍也，更有何商量處？」賀孫曰：「向看公冶長一篇，如『微生高』、『季文子三思』二章，覺得於人情未甚安。」曰：「是如何未安？如今看得如何？」曰：「向看時如乞醯事，也道是着如此委曲。三思事，也道是着如此審細。如今看來，乃天理、人欲相勝之機。」曰：「便是這般所在，本是平直易看。只緣被人說得支蔓，故學者多看不見這般所在。如一件物事相似，自恁地平平正正，更不著得些子蹺欹。是公鄉里人去說這般所在，却都勞攘了。凡事固是着審細，才審一番，又審一番，這道理是非，已自分曉。少間纔去計較利害，千思百算不能得了，少間都滚得一齊没理會了〔三〇〕。」問：「這差處是初間略有些意差，後來意上生意，不能得了。」曰：「天下事那裏被你算得盡？才計較利害，莫道三思，雖百思也只不濟事。如今人須要計較到有利無害處，所以人欲只管熾，義理只管滅。横渠說：『聖人不教人避凶而趨吉，只教人以正信勝之。』此可破世俗之論。這不是他看這道理洞徹，如何說得到這裏。若不是他堅勁峭絶，如何說得到這裏。」又云：「聖人於微處一一指點出來教人。他人看此二章，也只道匹似閑。〔三一〕」賀孫。

又問「乞醯」及「三思」章。曰：「三思是亂了是非。天下事固有難易。易底，是非自易見。若難事，初間審一審，未便決得是非；更審一審，這是非便自會分明。若只管思量利害，便紛紛雜雜，不能得了。且如只是思量好事，若思得紛雜，雖未必皆邪，已自不正大，漸漸便入於邪僻。况初來原頭自有些子私意了，如乞醯，若無，便說無。若恁地曲意周旋，這不過要人道好，不過要得人情。本是要周旋，不知這心下都曲小了。若無便說無，是多少正大！至若有大急難，非己可成，明告於衆，以共濟其急難，這又自不同。若如乞醯，務要得人情，這便與孟子所謂『士未可以言而言，可以言而不言，是皆穿窬之類也』同意。易比之九五云：『顯比。王用三驅，失前禽。邑人不誡，吉。』聖人之於人，來者不拒，去者不追，如何一一要曲意周旋？纔恁地，便滯於一偏，況天理自不如此。」賀孫。

寧武子邦有道則知章

問「寧武子」章。〔三一〕曰：「武子不可不謂知。但其知，時人可得而及。」南升。

問寧武子。曰：「此無甚可疑。邦有道，安分做去，故無事可稱。邦無道，則全身退聽非難，人皆能如此。惟其不全身退聽，却似愚。然又事事處置得去，且不自表著其能，此所以謂『其愚不可及也』。」賜。

「寧俞『邦有道則智，邦無道則愚』。邦雖無道，是他只管向前做那事去，又却能沉晦不露，是非避事以免禍也。言『不可及』，亦猶莊子之『難能』，深予之之辭。」端蒙。

通老問寧武子之愚。〔三二〕曰：「愚，非愚魯之謂，但是有才不自暴露。觀衛侯爲晉文公所執，他委曲調護，此豈愚者所能爲！故文公以爲忠而免之。忠豈愚之謂！當亂世而能如此，此其所以免禍也。」可學。

「寧〔三四〕武子當衛成公出奔時，煞曾經營着力來。愚，只是沈晦不認爲己功，故不可及。若都不管國家事，以是爲愚，豈可以爲不可及也！」去僞〔三五〕。

問「寧武子其愚不可及〔三六〕」。曰：「他人於邦無道之時，要正救者不能免患，要避患者又却偷安。若寧武子之愚，既能韜晦以免患，又自處不失其正，此所以爲不可及。」因舉晉人有送酒者云：「『可力飲此，勿預時事。』如此之愚，則人皆能之也。」人傑。

寧武子「邦無道則愚」。曰：「愚有兩節，有一般愚而冒昧向前底，少間都做壞了事。如寧武子雖冒昧向前，不露圭角，只猝猝做將去；然少間事又都做得了，此其愚不可及也。」燾。

器之問：「當衛之無道，武子却不明進退之義，而乃周旋其間，不避艱險，是如何？」曰：「武子九世公族，與國同休戚，要與尋常無干涉人不同。若無干涉人，要去也得，住也得。若要去時，須早去始得。到那艱險時節却要去，是甚道理！」寓。

問：「寧武子世臣，他人不必如此。」曰：「然。又看事如何。若羈旅之臣，見幾先去則可。若事已爾，又豈可去！此事最難，當權其輕重。」可學。

問〔三七〕寧武子愚處。曰：「蓋不自表暴，而能周旋成事，伊川所謂『沈晦以免患』是也。」木之。集注。

問：「先生謂武子仕成公無道之君云云〔三八〕，『此其愚之不可及也』。後面又取程子之說曰：『邦無道，能沈晦以免患，故曰「不可及也」。亦有不當愚者，比干是也。』若所謂『亦有不當愚者』，固與先生之意合。若所謂『沈晦以免患』者，却似與先生意異。」曰：「武子不避艱險以濟其君，愚也。然卒能全其身者，知也。若當時不能沈晦以自處，則爲人所害矣，尚何君之能濟哉！故當時稱知，又稱其愚也。」廣。

周元興問寧武子。曰：「武子當文公有道之時，不得作爲，然它亦無事可見，此『其知可及也』。至成公無道失國，若智巧之士，必且去深僻處隱避不肯出來。武子竭力其間，至誠懇惻，不避艱險，卻能擺脱禍患，卒得兩全。非它能沈晦，何以致此。若比以智自免之士，武子卻似個愚底人，但其愚得來好。若使别人處之，縱免禍患，不失於此，則失於彼，此武子之愚所以不可及。若『比干諫而死』，看來似不會愚底人。然它於義却不當愚，只得如此處，又與武子不同，故伊川說：『亦有不當愚者，比干是也。』」銖。

問：「比干何以不當愚〔三九〕？」曰：「世間事做一律看不得。聖人不是要人人學寧武子，但如武子，亦自可爲法。比干却是父族，微子既去之後，比干不容於不諫。諫而死，乃正也。人當武子之時，則爲武子；當比干之時，則爲比干，執一不得也。」時舉。

子在陳章

「『斐然成章』，也是自成一家了，做得一章有頭有尾。且如狂簡，真個了得狂簡底事，不是半上落下。雖與聖賢中道不同，然必竟是他做得一項事完全，與今學者有頭無尾底不同。聖人不得中道者與之，故不得已取此等狂狷之人，尚有可裁節，使過不及歸于中道。不似如今人不曾成得一事，無下手脚裁節處。且如真個了得一個狂簡地位，已自早不易得。釋老雖非聖人之道，却被他做得成一家。」明作。

「成章，是做得成片段，有文理可觀。蓋他狂也是做得個狂底人成，不是做得一上，又放掉了。狷也是他做得狷底成〔四〇〕，不是今是今日狷，明日又不狷也。如孝真個是做得孝成，忠真個是做得忠成。子貢之辯，子路之勇，都是真個做得成了。不是半上落下，今日做得，明日又休也。」僩。

「『斐然成章』。狂簡進取，是做得透徹，有成就了。成章，謂如樂章，五聲變成文之謂，如五采成文之謂章。言其做得成就，只恐過了，所以欲裁之。若是半青半黃，不至成就，却如何裁得！」

「子在陳，曰：『歸歟！歸歟！吾黨之小子狂簡，斐然成章。』當時從行者朝夕有商量，無可憂者。但留在魯國之人，惟其狂簡，故各自成章，有頭有尾，不知裁度。若異端邪說，釋老之學，莫不自成一家，此最害義。如坐井觀天，彼目〔四一〕以爲所見之盡。蓋窟在井裏，所見自以爲足；及到井上，又却尋頭不着。寧可理會不得，却自無病。」人傑。

先之問：「孔子在陳，小子狂簡，欲歸而裁之。然至後來曾皙之徒吊喪而歌，全似老莊。不知聖人既裁之後，何故如此？」曰：「裁之在聖人，而聽不聽在他也。」時舉。

問：「孔子在陳曰：『歸歟！歸歟！』此蓋夫子歷聘諸國，見當時不能行其道也，故欲歸而傳之門人。狂簡者立高遠之志〔四二〕，但過高而忽略，恐流於異端〔四三〕。故孔子思歸，將以裁正之也。」曰：「孟子謂『不忘其初』，便是只管一向過高了。」又曰：「文振說文字，大故細。」南升。

或問：「『子在陳』一章，看得夫子行道之心，切於傳道之心。」曰：「也不消如此說。且如人而今做事，還是做目前事，還是做後面事？蓋道行於時，自然傳於後。然行之於時，而傳之於後，則傳之尤廣也。」或曰：「如今日無非堯、舜、禹、湯之道。」曰：「正此謂也。」又問：「裁之爲義，如物之不正，須裁割令正也。」曰：「自是如此。且如狂簡底人，不裁之則無所收檢，而流入於異端。蓋這般人，只管是要他身高，都不理會事，所以易入於異端。大率異端皆是遁世高尚底人，素隱行怪之人，其流爲佛老。又曰：「遯世高尚，皆是苦行底人。」而今所以無異端，緣那樣人都便入佛老去了。且如孟之反不伐，是他自占便宜處，便如老氏所謂『不爲天下先』底意思。子桑子死，琴張弔其喪而歌，是不以生死芥蒂，便如釋氏。子桑户不衣冠而處，夫子譏其「同人道於牛馬」。或問又云：「皆老氏之流也。」如此等人，雖是志意高遠，然非聖人有以裁正之，則一向狂去，更無收殺，便全不濟事了。」又云：「仁民愛物，固是好事。若流入於墨氏『摩頂放踵而利天下爲之』，則全不好了。此所以貴裁之也。」燾。

飛卿問：「孔子在陳，何故只思狂士，不説狷者？」曰：「狷底已自不濟事。狂底却有個驅殼，可以鞭策。斐，只是自有文采。詩云『有斐君子』、『萋兮斐兮』。成章，是自有個次第，自成個模樣。」賀孫問：「集注謂『文理成就而著見』，是只就他意趣自成個模樣處説？」又云：「『志大而略於細』，是就他志高遠而欠實做工夫説否？」曰：「然。狷者只是自守得些，便道是了，所謂『言必信，行必果』者是也。」賀孫。集注。

問：「先生解〔四四〕云：『斐，文貌。成章，言其文理成就，有可觀者。』不知所謂文，是文辭邪？亦指事理言之邪？」曰：「非謂文辭也，言其所爲皆有文理可觀也。」又問：「狂簡既是『志大而略於事』，又却如何得所爲成章？」曰：「隨他所見所習，有倫有序，有首有尾也。便是異端，雖與聖人之道不同，然做得成就底，亦皆隨他所爲，有倫序，有首尾可觀也。」廣。

問：「集注謂『文理成就』，如何？」曰：「雖是狂簡非中，然却做得這個道理成個物事，自有可觀，不是半上落下。故聖人雖謂其狂簡而不知所裁，然亦取其成一個道理。大率孔門弟子，隨其資質，各能成就。如子路之勇，真個成一個勇；冉求之藝，真個成一個藝。言語、德行之科皆然，一齊被它做得成就了。」銖。

符舜功問：「集注釋『狂簡』之『狂』，皆作高遠之意，不知『罔念作狂』之『狂』，與此『狂』字如何？」曰：「也不于事。」又問：「『狂而不直』如何？」曰：「此却略相近。『狂而不直』，已自是不好了，但尚不爲惡在。若『罔念作狂』，則是如桀紂樣迷惑了。」義剛。

問：「『恐其過中失正而或流於異端』。如莊列之徒，莫是不得聖人爲之依歸而無所取裁者否？」曰：「也是恁地。」又問：「子夏教門人就灑掃應對上用工，亦可謂實。然不一再傳，而便流爲莊周，何故？」曰：「也只是韓退之恁地說，漢書也說得不甚詳。人所見各不同，只是這一個道理，才看得別，便從那別處去。」義剛。

問狂簡處。先生云：「古來異端，只是遁世高尚之士，其流遂至於釋老。如子桑戶死，琴張臨其喪而歌，是不以死生芥蒂胸次。孟之反不伐，便如道家所謂三寶，『一曰不敢爲天下先』是也。似此等人，雖則志意高遠，若不得聖人裁定，亦不濟事。」枅。

伯夷叔齊章

「『伯夷、叔齊不念舊惡』，要見得他胸中都是義理。」拱壽〔四五〕。

文振問「不念舊惡，怨是用希」。曰：「此與顔子『不遷怒』意思相似。蓋人之有惡，我不是惡其人，但是惡其惡耳。到他既改其惡，便自無可惡者。今人見人有惡便惡之，固是。然那人既改其惡，又從而追惡之，此便是因人一事之惡而遂惡其人，却不是惡其惡也。」時舉。南升〔四六〕録云：「此與『不遷怒』一般。其所惡者，因其人之可惡而惡之，而所惡不在我。及其能改，又只見它善處，不見它惡處。聖賢之心皆是如此。」

「『不念舊惡』，非惡其人也，惡其人之無狀處。昨日爲善，今日爲惡，則惡之而不好矣；昨日爲惡，今日爲善，則好之而不惡矣，皆非爲其人也。聖人大率如此，但伯夷平日以隘聞，故特明之。」方子〔四七〕。

問「伯夷不念舊惡」。曰：「這個也只是恰好，只是當然。且如人之有惡，自家合當怒之。人既改了，便不當更怒之。然伯夷之清，他却是個介僻底人，宜其惡惡直是惡之。然能『不念舊惡』，却是他清之好處。」燾。

問〔四八〕：「蘇氏言：『二子之出，意其父子之間有違言焉，若申生之事歟？』『不念舊惡』，莫是父子之間有違言處否？」曰：「然。」問：「孟子所言伯夷事自是如此孤潔。諫武王伐商，又都是伯夷，而叔齊之事不可得見。未知其平時行事如何，却並以『不念舊惡』稱之。」曰：「讓國二子同心，度其當時，必是有怨惡處。」問：「父欲立叔齊，不立伯夷，在叔齊何有怨惡？」曰：「孤竹君不立伯夷而立叔齊，想伯夷當時之意亦道：『我不當立，我弟却當立。』叔齊須云：『兄當立不立，却立我！』兄弟之間，自不能無此意。」問：「兄弟既遜讓，安得有怨？」曰：「只見得他後來事。當其初豈無怨惡之心？夫子所以兩處皆説二子無怨。」問：「某看『怨是用希』之語，不但是兄弟間怨希。這人孤立，易得與世不合，至此無怨人之心，此其所以爲伯夷、叔齊歟？」曰：「是如此。」寓。或問。

問：「蘇氏〔四九〕『父子違言』之説，恐未穩否？」曰：「蘇氏之説，以爲己怨，而『希』字猶有些怨在。然所謂『又何怨』，則絶無怨矣，又不相合。恐只得從伊川説，怨是人怨。『舊惡』，如『衣冠不正，望望然去』之類。蓋那人有過，自家責他，他便生怨。然他過能改即止〔五〇〕，不復責他，便不怨矣。其所怨者，只是至愚無識，不能改過者耳。」淳。

孰謂微生高直章

「醯〔五一〕，至易得之物，尚委曲如此，若臨大事，如何？當有便道有，無便道無。才枉其小，便害其大，此皆不可謂誠實也。」去僞〔五二〕。

「只『乞諸其鄰而與之』，便是屈曲處」。又問：「或朋友間急來覓一物，自家若無，與他去鄰家覓之，却分明說與，可否？」曰：「這個便是自家要做一面人情，蓋謂是我爲你乞得。」燾。

問：「看孔子說微生高一章，雖一事之微，亦可見王霸心術之異處：一便見得皞皞氣象，一便見得驩虞氣象。」曰：「然。伊川解『顯比』一段，說最詳。」賀孫〔五三〕。

問：「微生高不過是『曲意徇物，掠美市恩』而已〔五四〕。所枉雖小，害直甚大。聖人觀人，每於微處，便察見心術不是。」曰：「所謂『曲意徇物，掠美市恩』，其用心要作甚？」南升。集注。

問〔五五〕：「范氏言『千駟萬鍾，從可知焉』，莫是說以非義而予，必有非義而取否？」曰：「不是說如此予，必如此取。只看他小事尚如此，到處千駟萬鍾，亦只是這模樣。微生高用心也是怪，醯有甚難得之物！我無了，那人有，教他自去求，可矣。今却轉乞與之，要得恩歸於己。若教他自就那人乞，恩便歸那人了，此是甚心術！淳録云：「若是緊要底物，我無，則求與之猶自可。」若曰宛轉濟人急難，則猶有說。今人危病，轉求丹藥之類，則有之。」

問：「『取予』二字有輕重否？寓以爲寧過於予，必嚴於取，如何？」曰：「如此却好。然看

『一介不以與人，一介不以取人』，本不分輕重。今看予，自是予他人，不是入己，寧過些不妨，却不干我事。取，則在己取之，必當嚴。」楊問：「文中子言：『輕施者必好奪。』如何？」曰：「此説得亦近人情。」寓〔五六〕。

問：「張子韶〔五七〕有一片論乞醯不是不直。上蔡之説亦然。」曰：「此無他，此乃要使人回互委曲以爲直爾。噫！此鄉原之漸，不可不謹。推此以往，而不爲『枉尺直尋』者幾希！」大雅。

行夫問此一章〔五八〕。曰：「人煞有將此一段做好説，謂其不如此抗直，猶有委曲之意。自張子韶爲此説，今煞有此説。昨見戴少望論語講義，亦如此説。這一段下連『巧言、令色、足恭』，都是一意。當初孔門編排此書，已從其類。只自看如今有人來乞些醯，亦是閑底事，只是與他説自家無，鄰人有之，這是多少正大，有何不可。須要自家取來，却做自底與之，是甚氣象！這本心是如何？凡人欲恩由己出，皆是偏曲之私。恩由己出，則怨將誰歸！」賀孫。

巧言令色足恭章

義剛説「足恭」，云：「只是過於恭。」曰：「所謂足者，謂本當只如此，我却以爲未足，而添足之，故謂之足。若本當如此，而但如此，則自是足了，乃不是足。凡制字如此類者，皆有兩義。」義剛。

問「足恭」。曰：「『足』之爲義，湊足之謂也。謂如合當九分，却要湊作十分，意謂其少而又添之也。才有此意，便不好。」燾。

「『足』〔五九〕，去聲讀，求足乎恭也，是加添之意。蓋能恭，則禮已止矣。若又〔六〇〕去上面加添些子，求足乎恭，便是私欲也。」僩。

「巧言〔六一〕、令色、足恭，與匿怨，皆不誠實者也。人而不誠實，何所不至！所以可恥，與上文乞醯之義相似。」去僞〔六二〕。燾録云：「這便是乞醯意思一般，所以記者類於此。」

問：「『巧言、令色、足恭』，是既失本心，而外爲諂媚底人。『匿怨而友其人』，是内懷險詖，而外與人相善底人〔六三〕。」曰：「門人記此二事相連。若是微生高之心，弄來弄去，便做得這般可恥事出來。」南升。

問：「左丘明，謝氏以爲『古之聞人』，則左傳非丘明所作。」曰：「左丘是古有此姓，名明，自是一人。作傳者乃左氏，別自是一人。是撫州鄧大著名世，字元亞。如此說，他自作一書辯此。」義剛。

「丘明所恥如此，左傳必非其所作。」

顔淵季路侍章

問：「『無伐善，無施勞』，善與勞如何分別？」曰：「善是自家所有之善，勞是自家做出來底。」燾。

問：「『施勞』之『施』，是張大示誇意否？」曰：「然。」淳。

問：「『老者安之，朋友信之，少者懷之』。孔子只舉此三者，莫是朋友則是其等輩，老者則是上一等人，少者則是下一等，此三者足以該盡天下之人否？」曰：「然。」廣。

問：「安老懷少，恐其間多有節目。今只統而言之，恐流兼愛。」曰：「此是大概規模，未說到節目也。」人傑。

「『顔淵、季路侍』一段，子路所以小如顔淵者，只是工夫粗，不及顔淵細密。工夫粗，便有不周遍隔礙處。」又曰：「子路只是願車馬、衣服與人共，未有善可及人也。」僩。

問「願車馬，衣輕裘，與朋友共」。曰：「這只是他心裹願得如此。他做工夫只在這上，豈不大段粗。」又曰：「子路所願者粗，顔子較細向裹來，且看他氣象是如何。」僩。

或問子路、顔淵言志。曰：「子路只是說得粗，若無車馬輕裘，便無工夫可做。顔子『無伐善，無施勞』，便細膩有工夫。然子路亦是無私而與物共者。」銖。

「子路〔六四〕如此做工夫，畢竟是疏。是有這個車馬輕裘，方做得工夫；無這車馬輕裘，不見他做工夫處。若顏子，則心常在這裏做工夫，然終是有些安排在。」恪〔六五〕。

「子路須是有個車馬輕裘，方把與朋友共。如顏子，不要車馬輕裘，只就性分上理會。『無伐善，無施勞』，車馬輕裘則不足言矣。然以顏子比之孔子，則顏子猶是有個善，有個勞在。若孔子，便不見有痕迹了。夫子『不厭不倦』，便是『純亦不已』。」植。

問顏子、子路優劣〔六六〕。曰：「子路粗，用心常在外。願車馬之類，亦無意思。若無此，不成不下工夫？然却不私己。顏子念念在此。」問〔六七〕：「顏、季皆是願，夫子則無『願』字。」曰：「夫子也是願。」又曰：「子路底收斂，也可以到顏子；顏子底純〔六八〕熟，可以到夫子。」節。

「子路、顏淵、夫子都是不私己，但有小大之異耳。子路只車馬衣裘之間，所志已狹。顏子將善與衆人公共，何伐之有？『施諸己而不願，亦勿施於人』，何施勞之有？却已是煞展拓。然不若聖人，分明是天地氣象！」端蒙。

問「顏淵季路侍」一章。曰：「子路與顏淵固均於無我。然子路做底都向外，不知就身己上自有這工夫。如顏子『無伐善，無施勞』，只是就自家這裏做。」恭甫問：「子路後來工夫進，如『衣弊緼袍，與衣狐貉者立而不耻』，這却見於裏面有工夫。」曰：「他也只把這個做了。自着破弊底，却把好底與朋友共，固是人所難能，然亦只是就外做。較之世上一等切切於近利者大不同。」賀孫。

問顏淵、季路、夫子言志。曰：「今學者只從子路比上去，不見子路地位煞高。是上面有顏子底一層，見(六九)子路低了；更有夫子一層，又見顏子低了。學者望子路地位，如何會做得他底。他這氣象煞大。不如是，何以爲聖門高弟？」植。

叔器曰：「子路但及朋友，不及他人，所以較小。」曰：「『願車馬，衣輕裘，與朋友共。』以朋友有通財之義，故如此説。那行道之人，不成無故解衣衣之。但所以較淺小者，他能舍得車馬輕裘，未必能舍得勞善。有善未必不伐，有勞未必不施。若能退後省察，則亦深密；向前推廣，則亦闊大。范益之云：『顏子是就義理上做工夫，子路是就事上做工夫。』」曰：「子路是就意氣上做工夫。顏子自是深潛淳粹，淳録作「縝密」。較別。子路是有些戰國俠士氣象，學者亦須如子路恁地割捨得。『士而懷居，不足以爲士矣』。若今人恁地畏首畏尾，瞻前顧後，粘手惹脚，如何做得事成！恁地莫道做好人不成，便做惡人也不成！」先生至此，聲極洪。叔器再反覆説前章。先生曰：「且粗説，人之生，各具此理。但是人不見此理，這裏都黑卒卒地。如猫兒狗子，饑便待物事喫，困便睡。到富貴，便極聲色之奉。一貧賤，便憂愁無聊。聖人則表裏精粗無不昭徹，其形骸雖是人，其實只是一團天理，所謂『從心所欲，不踰矩』。左來右去，盡是天理，如何不快活！」義剛〔七〇〕。

或問：「子路『願車馬，衣輕裘，與朋友共』，是他做功夫處否？」曰：「這也不是他做功夫。亦是他心裏自見得，故願欲如此。然必有別做功夫處。若依如此做功夫，大段粗了。」又問：「此却見他心。」曰：「固是。此見得他心之恢廣，磨去得那私意。然也只去得那粗底私意。如顏子，却是磨去那近裏底了，然皆是對物我而言。」又云：「狂簡底人，做來做去没收殺，便流入異端。如子路底人，做來做去没收殺，便成任俠去。」又問：「學者做功夫，須自子路功夫做起。」曰：「亦不可如此説。且如有顏子資質底，不成交他做子路也！」燾。

亞夫問子路言志處。曰：「就聖人上看，便如日出而爝火息，雖『無伐善、無施勞』之事，皆不必言矣。就顏子上看，便見得雖有車馬衣裘共敝之善，既不伐不施，却不當事了，不用如子路樣〔七一〕着力去做。然子路雖不以車馬輕裘爲事，然畢竟以此爲一件功能。此聖人、大賢氣象所以不同也。」時舉。

「子路有濟人利物之心，顏子有平物我之心，夫子有萬物得其所之心。」道夫。

吳伯英講子路、顏淵、夫子言志。先生問衆人曰：「顏子、季路所以未及聖人者何？」衆人未對。先生曰：「子路所言，只爲對着一個不與朋友共敝之而有憾在。顏子所言，只爲對着一個伐善施勞在。非如孔子之言，皆是循其理之當然，初無待乎有所懲創也。子路之志，譬如一病人之最重者，當其既甦，則曰：『吾當謹其飲食起居也。』顏子之志，亦如病之差輕者，及其既甦，則曰：『吾當謹其動靜語默也。』夫出處、起居、動靜、語嘿之知所謹，蓋由不知謹者爲之對也。曾不若一人素能謹護調攝，渾然無病，問其所爲，則不過曰飢則食而渴則飲也。此二子之所以異於聖人也。至就二子而觀之，則又不容無優劣。季路之所志者，不過朋友而已；顏子之志，則又廣矣。季路之所言者粗，顏子之所言者細也。」壯祖〔七二〕。閎祖録〔七三〕云：「子路、顏淵、夫子言志，伊川諸説固皆至當。然二子之所以異於夫子者，更有一意：無憾對憾而言也；無伐無施，對伐施而言也。二子日前想亦未免此病，今方不然。如人病後，始願不病，故有此言。如夫子，則更無懲創，不假修爲，此其所以異也。」

「顏淵、子路只是要克去『驕吝』二字。如謝氏對伊川云，知矜之爲害而改之，然謝氏終有矜底意。如解『孟之反不伐』，便着意去解。」人傑。

「舊或説『老者安之』一段，謂老者安於我，朋友信於我，少者懷於我。此説較好。蓋老者安於我，則我之安之必盡其至；朋友信於我，則我之爲信必無不盡；少者懷於我，則我之所以懷之必極其撫愛之道。却是見得聖人説得自然處。」義剛。集注。

或問：「集注〔七四〕云『安於我，懷於我，信於我』，何也？」曰：「如大學『君子賢其賢而親其親，小人樂其樂而利其利』一般，蓋無一物不得其所也。老者，我去安他，他便安於我；少者，我去懷他，他便懷於我；朋友，我去信他，他便信於我。」又問顏子、子路所答。曰：「此只是各説身己上病痛處。子路想平日不能與朋友共裘馬，顏子平日未能忘伐善施勞，故各如此言之。如新病安來説方病時事，如説我今日病較輕得些，便是病未曾盡去，猶有些根脚，更服藥始得。彼云願，則猶有未盡脱然底意思。又如病起時説願得不病，便是曾病來。然二子如此説時，便是去得此病了，但尚未能如夫子自然而已。如夫子則無此等了，曠然如太空，更無些滯礙。其所志但如此耳，更不消着力。」又曰：「古人揀己偏重處去克治。子路是去得個『吝』字，顏子是去得個『驕』字。」祖道。夔孫〔七五〕録云：「『二子言志，恰似新病起人，雖〔七六〕去得此病了，但須着服藥隄防〔七七〕，願得不再發作。若聖人之志，則曠然太虚，了無一物。』又曰：『古人爲學，大率體察〔七八〕病痛，就上面克治將去。』」

問：「『老者安之』云云，一説：『安者，安我也。』恭父謂兩説只一意。」先生曰：「語意向背自不同。」賀孫云：「若作安老者説，方是做去。老者安我説，則是自然如此了。」曰：「然。」因舉史記魯世家及漢書地理志云：「『魯道之衰，洙泗之間齗齗如也。』謂先魯盛時，少者代老者負荷，老者即安之。到後來少者亦知代老者之勞，但老者自不安於役少者，故道路之間只見遜讓，故曰『齗齗如也』。」注云：「『分辯之意也。』」賀孫。

問：「仲由何以見其求仁？」曰：「他人於微小物事，尚戀戀不肯捨。仲由能如此，其心廣大而不私己矣，非其意在於求仁乎？」升卿。

叔蒙問「夫子安仁，顏子不違仁，子路求仁」。曰：「就子路、顏子、聖人，只是見處有淺深大小耳，皆只是盡我這裏底。子路常要得車馬輕裘與朋友共，據他煞是有工夫了。輕財重義，有得些小潑物事，與朋友共，多少是好！今人計較財物，這個是我底，那個是你底，如此見得子路是高了。顏子常要得無伐善施勞，顏子工夫是大段縝密。就顏子分上，正恰好了，也只得如此。到聖人是安仁地位。大抵顏子『無伐善，無施勞』，也只與願車馬輕裘、與朋友共敝相似；夫子安老、懷少、信朋友，也與『無伐善，無施勞』相似，但有淺深大小不同。就子路地位更收斂近裏，便會到『無伐善，無施勞』處；就顏子地位更極其精微廣大，便到安老、懷少、信朋友爾。」寓（七九）。

問「夫子安仁，顏淵不違仁，子路求仁」。曰：「伊川云：『孔子、二子之志，皆與物共者也，有淺深小大之間耳。』子路底淺，顏子底深；二子底小，聖人底大。子路底較粗，顏子底較細膩。子路必待有車馬輕裘，方與物共，若無此物，又作麽生。顏子便將那好底物事與人共之，見得那子路底又低了，不足爲，只就日用間無非是與人共之事。顏子底儘細膩，子路底只是較粗。然都是去得個私意了，只是有粗細。子路譬如脱得上面兩件麤糟底衣服了，顏子又脱得那近裏面底衣服了，聖人則和那裏面貼肉底汗衫都脱得赤骨立了。」僩。

問：「觀〔八〇〕子路、顏子、孔子之志，皆是與物共者也。纔與物共，便是仁。然有小大之别：子路，求仁者也；顏子，不違仁者也；孔子，安仁者也。求仁者是有志於此理，故其氣象高遠，可以入道，然猶自車馬輕裘上做功夫。顏子則就性分上做功夫，能不私其己，可謂仁矣。然未免於有志，只是不違仁氣象。若孔子，則不言而行，不爲而成，渾然天理流行而不見其迹，此安仁者也。」曰：「説得也穩。大凡人有己則有私。子路『願車馬，衣輕裘，與朋友共』，其志可謂高遠，然猶未離這軀殼裏。顏子不伐其善，不張大其功，則高於子路。然『願無伐善，無施勞』，便是猶有此心，但願無之而已，是一半出於軀殼裏。孔子則離了軀殼，不知那個是己，那個是物。凡學，學此而已。」南升。時舉録云：「文振問此章。先生曰：『子路是不以外物累其心，方剥得外面一重粗皮子去。顏淵却又高一等，便是又剥得一重細底皮去，猶在軀殼子裏。若聖人，則超然與天地同體矣！』」

問〔八一〕：「孔子〔八二〕安仁，固無可言。顏子不違仁，乃是已得之，故不違，便是『克己復禮』底事。子路方有與物共之志，故曰求仁。」曰：「然。」又曰：「這般事，如今都難説。他當時只因子路説出那一段，故顏子就子路所説上説，便見得顏子是個已得底意思。孔子又就顏子所説上説，皆是將己與物對説。子路便是個捨己忘私底意思。今若守定他這説，曰此便是求仁，不成子路每日都無事，只是如此！當時只因子路偶然如此説出，故顏子、孔子各就上面説去，其意思各自不同。使子路若别説出一般事，則顔子、孔子又自就他那一般事上説，然意思却只如此。」文蔚。

「子路、顔淵、孔子言志，須要知他未言時如何。讀書須迎前看，不得隨後看。所謂『考跡以觀其用，察言以求其心』。且如公説從仁心上發出，所以忘物我，言語也無病，也説得去，只是尚在外邊。程先生言『不私己而與物共』，是三段骨體。須知義理不能已之處，方是用得。大抵道理都是合當恁地，不是過當。若到是處，只得個恰好。『事親若曾子可也。』」從周。

「顔子之志，不以己之長方人之短，不以己之能愧人之不能，是與物共。」道夫。

問〔八三〕：「伊川言：『子路勇於義者，觀其志，豈可以勢利拘之哉！』」曰：「能輕己之所有以與人共，勢利之人豈肯如此！子路志願，正學者事。」寓。

問〔八四〕：「車馬〔八五〕輕裘與朋友共，亦常人所能爲之事。子路舉此而言，却似有車馬衣裘爲重之意，莫與氣象煞遼絶否？」曰：「固則是。只是如今人自有一等鄙吝者，直是計較及於父子骨肉之間，或有外面勉强而中心不然者，豈可與子路同日而語！子路氣象，非富貴所能動矣。程子謂：『豈可以勢利拘之哉！』」木之。

問：「浴沂地位恁高。程子稱『子路言志，亞於浴沂』，何也？」曰：「子路學雖粗，然它資質也高。如『人告以有過則喜』、『有聞未之能行，惟恐有聞』，見善必遷，聞義必徙，皆是資質高；車馬輕裘都不做事看，所以亞於浴沂。故程子曰：『子路只爲不達「爲國以禮」道理；若達，便是這氣象也。』」淳。

問：「『亞於浴沂者也』，浴沂是自得於中，而外物不能以累之。子路雖未至自得，然亦不爲外物所動矣。」曰：「是。」義剛。

問：「車馬輕裘與朋友共，此是子路有志求仁，能與物共底意思，但其心不爲車馬衣裘所累耳，而程子謂其『亞於浴沂』。據先生解，曾點事煞高〔八六〕，子路只此一事，如何便亞得他？」曰：「子路是個資質高底人，要不做底事，便不做。雖是做工夫處粗，不如顏子之細密，然其資質却自甚高。若見得透，便不干事。」廣。

問：「『願聞子之志』，雖曰比子路、顏子分明氣象不同，然觀曾點言志一段，集注盛贊其雖答言志之問，而初實未嘗言其志之所欲爲。以爲曾點但知樂所樂，而無一豪好慕之心、作爲之想。然則聖人殆不及曾點邪？」曰：「聖人之言〔八七〕，雖有及物之意，然亦莫非循其理之自然，使物各得其所而已不勞焉，又何害於天理之流行哉！蓋曾點所言，却是意思；聖人所言，盡是事實。」壯祖〔八八〕。

問：「『不自私己，故無伐善；知同於人，故無施勞』，恐是互舉。」曰：「他先是作勞事之『勞』說，所以有那『知同於人』一句。某後來作功勞之『勞』，皆只是不自矜之意。『無伐善』，是不矜己能；『無施勞』，是不矜己功。」至之云：「『無施勞』，但作『己所不欲，勿施於人』意思解，也好。」曰：「易有『勞而不伐』，與『勞謙，君子有終』，皆是以勞爲功。」義剛。

問〔八九〕：「施勞與伐善，意思相類。」曰：「是相類。」問：「看來善自其平生之所能言，勞以其一時之功勞言。」曰：「亦是。勞是就事業上說。」問：「程子言：『不自私己，故無伐善；知同於人，故無施勞。』看來『不自私己』與『知同於人』，亦有些相似。」曰：「不要如此疑。以善者己之所有，不自有於己，故無伐善；以勞事人之所憚，知同於人，故無施勞。」寓。

問：「集注云〔九〇〕：『羈靮以御馬，而不以制牛。』這個只是天理，聖人順之而已。」曰：「這只是天理自合如此。炎録云：「天下事合恁地處，便是自然之理。」如『老者安之』，是他自帶得安之理來；『朋友信之』，是他自帶得信之理來；『少者懷之』，是他自帶得懷之理來。聖人爲之，初無形跡。季路、顔淵便先有自身了，方做去。如穿牛鼻、絡馬首，都是天理如此，恰似他生下便自帶得此理來。又如放龍蛇、驅虎豹，也是他自帶得驅除之理來。如剪滅蝮虺，也是他自帶得剪滅之理來。若不驅除剪滅，便不是天理。所以說道『有物必有則』。不問好惡底物事，都自有個則子。」又云：「子路更修教細密，便是顔子地位；顔子若展拓教開，便是孔子地位。子路只緣粗了。」又問：「集注云：『皆與物共者也，但有小大之差耳。』」曰：「這道理只爲人不見得全體，所以都自狹小了。最患如此。聖人如何得恁地大？人多不見道理，形骸之隔，而物我判爲二〔九一〕。」又云：「『强恕而行，求仁莫近焉』。若見得『萬物皆備於我』，如何不會開展？」又問：「顔子恐不是强恕意思。子路却是强恕否？」曰：「顔子固不是强恕，然學者須是强恕始得。且如今人有些小物事，有個好惡，自定去把了好底，却把不好〔九二〕底與人。這般意思如何得開闊？這般在學者，正宜用工。漸漸克去，便是求仁工夫。」賀孫。

「伊川令學者看聖賢氣象」。曰：「要看聖賢氣象則甚？且如看子路氣象，見其輕財重義如此，則其胸中鄙吝消了幾多。看顔子氣象，見其『無伐善，無施勞』如此，則其胸中好伐好施之心消了幾多。此二事，誰人胸中無？雖顔子亦只願無，則其胸中亦尚有之。聖人氣象雖非常人之所可能，然其如天底氣象，亦須知常以是涵養於胸中。」又云：「亦須看子路所以不及顔子處，顔子所以不及聖人處，吾所以不及賢者處，却好做工夫。」

叔器〔九三〕問：「先識聖賢氣象，如何？」曰：「也不要如此理會。聖賢等級自分明瞭，如子路定不如顔子，顔子定不如夫子。只要看如何做得到這裏。且如『願車馬，衣輕裘，敝之無憾』，自家真能如此否？有善真能無伐否？有勞真能無施否？今不理會聖賢做起處，義剛録作：「今不將他做處去切己理會，體認教分明着。」却只去想他氣象，則精神却只在外，自家不曾做得着實工夫。須是『切問而近思』。向時朋友只管愛説曾點、漆雕開優劣，亦何必如此。但當思量我何緣得到漆雕開田地，何緣得到曾點田地。若不去學他做，只管較他優劣，義剛録作：「如此去做，將久便解似他。他那優劣自是不同，何必計較。」便較得分明，亦不干自己事。如祖公年紀自是大如爺，爺年紀自是大如我，只計較得來也無益。」叔器云：「希顔録曾子書，莫亦要如此下工夫否？」曰：「曾子事雜見他書，他只是要聚做一處看。顔子事亦只要在眼前，也不須恁地起模畫樣。而今緊要且看聖人是如何，常人是如何，自家因甚後不似聖人，因甚後只似常人。就此理會得，自是超凡入聖。」淳。義剛同。

或問：「有人於此，與朋友共，實無所憾。但貧乏不能復有所置，則於所敝未能恝然忘情，則如之何？」曰：「雖無憾於朋友，而眷眷不能忘情於己敝之物，亦非賢達之心也。」道夫。附。

問：「謝氏解『顔淵季路侍』章，或問謂其以有志爲至道之病，因及其所論浴沂御風，何思何慮之屬，每每如此。竊謂謝氏論學，每有不屑卑近之意，其聖門狂簡之徒歟？集注云：『狂簡，志大而略於事也。』」曰：「上蔡有此等病，不是小，分明是釋老意思。向見其雜文一編，皆不帖帖地。如觀復堂記與謝人啓事數篇皆然。其啓内有云：『志在天下，豈若陳孺子之云乎？身寄人間，得如馬少游而足矣。』」必大。或問。

已矣乎章

問：「程子曰：『自訟不置，能無改乎！』又曰：『罪己責躬不可無，然亦不當長留在心胸爲悔。』今有學者幸知自訟矣，心胸之悔，又若何而能不留耶？」曰：「改了便無悔。」又問：「已往之失却如何？」曰：「自是無可救了。」必大。

時可問：「伊川〔九四〕云：『自訟不置，能無改乎！』譬如人爭訟，一訟未決，必至於再，必至於三，必至於勝而後已。〔九五〕有過，則亦必當攻責不已，必至於改而後已。」曰：「伊川怕人有過只恁地訟了便休，故說教着力。看來世上也自有人徒恁地訟，訟了便休。只看有多少事來，今日又恁地自訟，明日又恁地自訟，今年又恁地自訟，明年又恁地自訟。看來依舊不曾改變，只是舊時人。他也只知個自訟是好事，只是不誠於自訟。」賀孫。

十室之邑章

或問：「美底資質固多，但以聖人爲生知不可學，而不知好學。」曰：「亦有不知所謂學底。如三家村裏有好資質底人，他又那知所謂學，又那知聖人如何是聖人，又如何是生知，堯如何是堯，舜如何是舜。若如此，則亦是理會不得底了。」燾。

義剛說：「『忠信如聖人生質之美者也』。此是表裏粹然好底資質。」曰：「是。」義剛。

校勘記

〔一〕因舉子路數事　朝鮮本作：因舉子路事數件。

〔二〕而仕衛之出處乃如彼　朝鮮本「彼」下有「不知如何」四字。

〔三〕今只當就子路有聞上考究　朝鮮本「聞」下有「一段」二字。

〔四〕不須如此牽二三說　朝鮮本「說」下有二十一字：「子路未之能行，惟恐有聞，却纏做子路仕衛不是處去。」

〔五〕不去行處着工夫　朝鮮本「夫」下有七十八字：「又曰：『文字可汲汲看，悠悠不得。急看方接得前面看了底，若放慢，則與前面意思不相接矣。』先生因自謙曰：『莫學某，看文字看到六十一歲方略見得通透。今老矣，看得做甚？使學某，不濟事，公宜及早向前。』」

〔六〕吉甫問經天緯地之文　「經天緯地之文」，朝鮮本作二十字：「孔文子何以謂之文，某不曉所謂經天緯地之文理。」

〔七〕問　朝鮮本作：節問。

〔八〕其使民也義　朝鮮本「其」上有三十八字：「孔子謂子產有君子之道四：『其行己也恭』，謂遜讓；『其事上也敬』，謂謹恪；『其養民也惠』，謂有愛，利及民。」

〔九〕使之得其定分也　朝鮮本「也」下有三十八字：「有君子之道四者，必是其他猶有所未至，故特舉此四事以稱之。若能盡君子之道，則無所不善矣。」

〔一〇〕吉甫　朝鮮本作：甘吉甫。

〔一一〕至　朝鮮本作：從周。

〔一二〕皆有等級高卑　朝鮮本此下增一節：故鄭人歌曰：「取我衣冠而褚之。」

〔一三〕大體　朝鮮本作：大概。

〔一四〕黄先之問子文文子一節　朝鮮本作：問「子張問令尹子文、陳文子」一節。

〔一五〕思　朝鮮本此下增「道」字。

〔一六〕履之説子文文子　朝鮮本作：履之説令尹子文與陳文子。

〔一七〕十　朝鮮本作：千。

〔一八〕壯祖　朝鮮本末尾小字作：處謙。

〔一九〕先生　朝鮮本「先生」上增「令尹子文章」五字。

〔二〇〕當　朝鮮本作：甚。

〔二一〕問子文之忠文子之清未知焉得仁　朝鮮本問句作：問：「令尹子文之忠，陳文子之清，何如曰『未知，焉得仁』？」

〔二二〕若無讓國諫紂之事 「紂」原作「討」，據朝鮮本改。

〔二三〕去僞 朝鮮本作：祖道。

〔二四〕説未知焉得仁知字絶句 朝鮮本無此十字。

〔二五〕今知言中有兩章 朝鮮本「章」下有「在兩處一章説令尹一章説文子」十三字。

〔二六〕不能使其君王天下耳 「天下」，朝鮮本作「於楚」。

〔二七〕五峯疑孟之説 「疑孟」，朝鮮本作「二子」。

〔二八〕若是恁地分疏孟子 「孟子」，朝鮮本作「二子」。

〔二九〕畓 「畓」下原有「附此」二字，據朝鮮本、萬曆本删。又朝鮮本「畓」下有小字注一百零一字：「五峯謂子文輔佐楚成，不知首出庶物之道，安於僭竊侵陵諸夏，與齊、晉爭衡，務强大以濟私欲而已，可謂知乎？故曰：『未知。焉得仁！』又謂仁者處斯，出必思有以易天下，因汙隆而起變化，無可無不可也。文子不然，幾至無所容其身，則可謂有知乎？故曰：『未知。焉得仁！』」

〔三〇〕少間都滚得一齊没理會了 「滚」原作「衮」，據萬曆本改。

〔三一〕也只道匹似閑 朝鮮本此下增一節文字：又云：「看文字，且須平帖看他意，緣他意思本自平帖。如夜來説『不遷怒，不貳過』，且看不遷不貳這是如何。顔子到這裏，直是渾然更無些子渣滓。『不遷怒』，如鑑懸水止；『不貳過』，如冰消凍釋。如『三月不違』，又是已前事。到這裏，已自渾淪，都是道理，是甚次第！」問：「過字，是指已前底説否？」曰：「然。」問：「過是逐事上見得，如何？」曰：「固是逐事上見。也不是今日有這一件不是，此後更不做；明日又是那一件不是，此後更不做。只顏子地位高，纔是見一不善不爲，這一番改時，其餘是這一套須頓消了。當那時須頓進一番。他聞一知十，觸處貫通。他覺得這一件過，其餘若有千頭萬緒，是這一番一齊打並掃斷了。」賀孫云：「如此看『不貳過』，方始見得是『三月不違』以後事。」曰：「只這工夫原頭，卻在『非禮勿視，非禮勿聽，非禮勿言，非禮勿動』上面。若是『不遷怒』時，更無這形跡。但初學如何硬要教他『不遷怒，不貳過』得？這也便要如此不得，只是克己工夫。孔子不以告其他門人，卻獨以告顏子，可見是難事，不是顏子擔當不得這事。其他人也只逐處教理會。道無古今，且只將克己事時時就身己檢察，下梢也便會到『不遷怒，不貳過』地位，是亦顏子而已。須是子細體認他工夫是如何，然後看他氣象是如何，方看他所到地位是如何。如今要緊只是個分別是非。一心之中，便有是有非；言語，便有是有非；動作，便有是有非；以至於應接賓朋，看文字，都有是有非，須著分别教無些子不分曉，始得。中心思慮才起，便須是見得那個是是，那個是非。才去動作行事，也須便見得那個是是，那個是非。應接朋友交游，也須便見得那個是是，那個是非。看文字，也須便見得那個是是，那個是非。日用之間，若此等類，須是分別教盡，毫釐必計始得。孔子曰：『三人行，必有我師焉。擇其善者而從之，其不善者而改之。』且如今見人行事，聽人言語，便須著分別個是非。若是他做不是，説不是，雖不可誦言之，自家是非，須先明諸心始得。若只管恁地鶻突不分别，少間一齊都滚做不好處去，都不解知。孟子亦説道：『我知言：詖辭知其所蔽，淫辭知其所陷，邪辭知其所離，遁辭知其所窮。』這不是分别得分明，如何得胸次恁地了然！天下只是個分别是非。若見得這個分明，任你千方百計，胡説亂道，都著退聽，緣這個是道理端的著如此。如一段文字，才看，也便要知是非。若是七分是，還他七分是；三分不是，須還他三分不是。如公鄉里人議論，只是要酌中，這只是自家不曾見得道理分明。這個也是，那個也似是，且捏合做一片，且恁地過。若是自家見得是非分明，看他千度萬態，都無遯形。如天下分裂之時，東邊稱王，西邊稱帝，似若不復可一。若有個真主出來，一齊即見退聽，不朝者來朝，不服者歸服，不貢者入貢。如太祖之興，所謂劉、李、孟、錢，終皆受並，天下混一。如今道理個個説一様，各家自守以爲是，只是未得見這公共道理是非。前日曾説見道理不明，如『居天下之廣居，立天下之正位，行天下之大道』，是必丈夫；非若後車千乘，傳食諸侯，唤做大丈夫也。」問：「是非本吾心之固有，而萬物萬事是非之理莫不各具。所以是非不明者，只緣本心先蔽了。」曰：「固是。若知得事物上是非分明，便是自家心下是非分明。程先生所以説『才明彼，即曉此』。自家心下合有許多道理，事物上面各各也有許多道理，無古今，無先後。所以説『先聖後聖，其揆則一』下，又説道：『若合符節。』如何得恁地？只緣道理只是一個道理。一念之初，千事萬事，究竟於此。若能先明諸心，看事物如何來，只應副將去。如尺度，如權衡，設在這裏，看甚麼物事來，長底短底，小底大底，只稱量將去，可使不差毫釐。世上許多要説道理，各家理會得是非分明，少間事蹟雖不一一相合，於道理卻無差錯。一齊都得如此，豈不甚好！這個便是真同。只如今諸公都不識所謂真同，各家自理會得半截，便道是了。做事都不敢盡，且只消做四五分。這邊也不説那邊不是，那邊也不説這邊不是。且得人情不相惡，且得相和同，這如何會好！此乃所以不同。只是要得各家道理分明，也不是易。須是常常檢點，事事物物，要分別教十分分明。是非之間，有些子鶻突也不得。只管會恁地，這道理自然分明。分別愈精，則處事愈當。故書曰：『惟精惟一，允執厥中。』堯、舜、禹數聖人出治天下，是多多少少事！到末後相傳之要，卻只在這裏。只是這個精一直是難！」

〔三二〕問寧武子章　朝鮮本問句作：問：「寧武子邦有道則知，言能明曉事理，分別是非；無道則愚，言能沉晦以遠害。然就其智與愚而觀之，武子嘗仕于衛文公有道之時，無所建明，無事可見。若此之知，人皆可得而及也，惟于衛成公無道之時，武子周旋其間，畢心竭力，不避險難，雖智巧之士，所深避而不肯爲者，武子能不露圭角以濟其事，卒使其身不陷於患難，若此之愚人不可得而及也。」

〔三三〕通老問寧武子之愚　朝鮮本問句作：通老問：「寧武子所以謂之愚，如何？」

〔三四〕寧　朝鮮本段首增一節文字：問：「寧武子邦有道則智，邦無道則愚。其智可及也，其愚不可及也。」先生曰。

〔三五〕去僞　朝鮮本作：祖道。

〔三六〕不可及　朝鮮本此下增「如何」二字。

〔三七〕問　朝鮮本作：木之問。

〔三八〕先生謂武子仕成公無道之君云云　朝鮮本「君」下無「云云」二字，另有四十六字：「至於失國。而武子周旋其間，盡心竭力，不避艱險，凡其所處，皆智巧之士所深避而不肯爲者，而卒能保其身以濟其君」。

〔三九〕問比干何以不當愚　朝鮮本問句作：問：「程子曰：寧武子邦無道，沉晦以免禍，故曰不可及也。亦有不當愚者，比干是也。比干何以不當愚？」

〔四〇〕狷也是他做得狷底成　朝鮮本「得」下有「這個」二字。

〔四一〕目　朝鮮本作：自。

〔四二〕狂簡者立高遠之志　朝鮮本「志」下有四十一字：「向慕聖人之道，但簡率不精細，其躬行踐履多有疏略處。『斐然成章』，謂其言行之間亦自粲然有條理可觀。」

〔四三〕恐流於異端　朝鮮本「端」下有「不知割正以歸於中道」九字。

〔四四〕先生解　朝鮮本此下增「斐然成章」四字。

〔四五〕拱壽　朝鮮本作：壽仁。

〔四六〕南升　朝鮮本此上增一節：問：「伯夷、叔齊不念舊惡，怨是用希。觀孟子説伯夷、叔齊不立於惡人之朝，不與惡人言，立與惡人之朝，與惡人言，如以朝衣朝冠坐於塗炭，極是個清介底人，宜若爲人所怨，然以其不念舊惡，故人亦不甚怨之，不念舊惡者，所惡之人能改即止，此見其心公平廣大，尋常清底人便是迫窄，今其心如此，故伊川以爲此乃清者之量。」

〔四七〕方子　朝鮮本作：閎祖。

〔四八〕問　朝鮮本段首作：寓問：「伯夷、叔齊不念舊惡，怨是用希。」

〔四九〕蘇氏　朝鮮本「蘇氏」上增「伯夷、叔齊不念舊惡章」。

〔五〇〕然他過能改即止　「他」，朝鮮本作「聞」。

〔五一〕醯　朝鮮本段首增：問：「孰謂微生高直或醯焉，乞諸其鄰而與之。」先生曰。

〔五二〕去僞　朝鮮本作：祖道謨人傑録同。

〔五三〕賀孫　朝鮮本「孫」下又有小字注三十八字：「顯比，謂當顯明其比，道誠意待之。親己與否在人，而已不可巧言令色，曲從苟合，以求人之比己也。」

〔五四〕微生高不過是曲意徇物掠美市恩而已　朝鮮本「高」下有五十一字：「以直得名，聖人謂微生高安得爲直，嘗有人問他乞醯，有則言有，無則言無，便是直，今乃不言無，却轉而求諸鄰以與之，此心果何爲？」

〔五五〕問　朝鮮本作：寓問。此下增「微生高乞醯」五字。

〔五六〕寓　朝鮮本作：人傑。

〔五七〕張子韶　朝鮮本「張子韶」上增「孰謂微生高直一章」八字。

〔五八〕此一章　朝鮮本作：微生高此章。

〔五九〕足　朝鮮本段首增：巧言、令色、足恭。

〔六〇〕若又　朝鮮本此下增「欲」字。

〔六一〕巧言　朝鮮本此則段首增一節文字：或問：「巧言、令色、足恭。左丘明恥之，丘亦恥之，匿怨而友其人，左丘明恥之，丘亦恥之。」先生曰。

〔六二〕去僞　朝鮮本作：謨人傑去僞録同。

〔六三〕而外與人相善底人　朝鮮本「相善底人」下有四十九字：「此二樣人，皆是心術不正，故古之人有左丘明者甚耻之，我亦耻之。言丘明，亦『竊比老彭』之意，且使學者以此爲戒而立心以直。」

〔六四〕子路　朝鮮本此則段首增一節：恪問「子路、顏子言志章」。

〔六五〕恪　朝鮮本作：季札。

〔六六〕問顏子子路優劣　朝鮮本問句作：節問：「顏淵、季路侍一章。顏子、子路優劣如何分？」

〔六七〕問　朝鮮本作：節復問。

〔六八〕純　朝鮮本「純」下增「粹」字。

〔六九〕見　朝鮮本「見」上增「方」字。

〔七〇〕義剛　朝鮮本此則爲淳所録，少異，今附如下：「子路『願車馬，衣輕裘，與朋友共』，以朋友有通財之義，然子路底較小又淺，能捨得車馬輕裘，未必能捨得勞善。有善，未必不伐；有勞，未必不施，若能退後省察則亦深密，向前推廣，則亦太闊。「顔子是就義理上做深潛縝密，自別。子路是就意氣上做，有些戰國俠士氣象，學者亦須如子路恁地割捨得。『士而懷居，不足以爲士矣』。若今人恁地畏首畏尾，瞻前顧後，粘手惹脚，如何做得事成！」淳。

〔七一〕様　朝鮮本作：猛。

〔七二〕壯祖　朝鮮作：處謙。

〔七三〕閎祖　朝鮮本此則單作一則語録，末尾增小字注：按此條與前條一并所聞。

〔七四〕集注　朝鮮本「集注」以上增「老者安之一段」六字。

〔七五〕夔孫　朝鮮本作：元秉。

〔七六〕雖　朝鮮本「雖」字上增「一般」二字。

〔七七〕但須着服藥隄防　「須」字原無，據朝鮮本補。

〔七八〕體察　朝鮮本此下增「自家」二字。

〔七九〕寓　朝鮮本作：文蔚。

〔八〇〕觀　朝鮮本『觀』上增一節文字：「子路願車馬，衣輕裘，與朋友共蔽之，而無憾。看此氣象，是輕富貴而薄勢利，其志尚可謂高遠，豈物欲所能累係者。顔淵不欲誇其能，不欲張大其功，其氣象又廣大，蓋其性分上工夫已到，故不私其己，而無矜大之意。至孔子，則老者養之以安，朋友與之以信，少者懷之以恩，皆因其當然而使之當其分，如天地之於萬物，使之各得其所。」

〔八一〕問　朝鮮本作：文蔚問。

〔八二〕孔子　朝鮮本「孔子」上增：顔淵、季路侍，子曰盍各言爾志。伊川。

〔八三〕問　朝鮮本作：寓問。

〔八四〕問　朝鮮本作：木之問。

〔八五〕車馬　朝鮮本「車馬」上增「顔淵、季路言志章。看」。

〔八六〕高　朝鮮本作：好。

〔八七〕聖人之言　「之」原作「言」，據朝鮮本改。

〔八八〕壯祖　朝鮮本作：處謙。

〔八九〕問　朝鮮本作：寓問。

〔九〇〕集注云　朝鮮本作：「『孔子、顔子、季路言志』一章，集注説聖人之心，猶天地之化工，付與萬物。」又云。

〔九一〕而物我判爲二　朝鮮本此下增「義」字。

〔九二〕不好　朝鮮本作：惡。

〔九三〕叔器　朝鮮本作：胡叔器。

〔九四〕伊川　朝鮮本「伊川」上增一句：吾未見能見其過而内自訟者也。

〔九五〕必至於勝而後已　朝鮮本此下增一句：不知是如此否？

朱子語類卷第三十

論語十二

雍也篇一

雍也可使南面章

問："『寬洪簡重』，是説仲弓資質恁地？"曰："夫子既許它南面，則須是有人君之度，意其必是如此。這又無稽考，須是更將它言行去看如何。"義剛。

問〔一〕："『雍也可使南面』，伊川曰：『仲弓才德可使爲政也。』尹氏曰：『南面，謂可使爲政也。』第一章凡五説，今從伊川、尹氏之説。范氏曰『仲弓可以爲諸侯』，似不必指諸侯爲南面，不如爲政却渾全。謝氏曰：『「仁而不佞」，其才宜如此。』楊氏亦曰：『雍也仁矣。』據『仁而不佞』，乃或人之問。夫子曰『不知其仁』，則與『未知，焉得仁』之語同，謂仲弓爲仁矣。不知兩説何所據，恐『仁』字聖人未嘗輕許人。」曰：「南面者，人君聽政之位，言仲弓德度簡嚴，宜居位〔二〕。不知其仁，故未以仁許之。然謂仲弓未仁，即下語太重矣。」榦。

仲弓問子桑伯子章

「仲弓〔三〕見聖人稱之，故因問子桑伯子如何。想見仲弓平日也疑這人，故因而發問。夫子所謂可也者，亦是連上面意思説也。仲弓謂『居敬而行簡』，固是居敬後自然能簡，然亦有居敬而不行簡者。蓋居敬則凡事嚴肅，却要亦以此去律事。凡事都要如此，此便是居敬而不行簡也。」時舉。

「仲弓爲人簡重〔四〕，見夫子許其可以南面，故以子桑伯子亦是一個簡底人來問孔子，看如何。夫子云此人亦可者，以其簡也。然可乃僅可而有未盡之辭。故仲弓乃言『居敬行簡』，夫子以爲然。」南升。

行夫問子桑伯子〔五〕。曰：「行簡，只就臨民上説。此段若不得仲弓下面更問一問，人只道『可也簡』，便道了也是利害。故夫子復之曰：『雍之言然。』這亦見仲弓地步煞高，是有可使南面之基，亦見得他深沈詳密處。論來簡已是好資禀，較之繁苛瑣細，使人難事，亦煞不同。然是居敬以行之，方好。」賀孫。

問〔六〕：「『居敬行簡』之『居』，如居室之『居』？」先生應。復問〔七〕：「何謂簡？」曰：「簡是凡事據見定。」又曰：「簡靜。」復問：「『簡者不煩之謂』，何謂煩？」曰：「煩是煩擾。」又曰：「居敬是所守正而行之以簡。」節。

「居敬、行簡，是兩件工夫。若謂『居敬則所行自簡』，則有偏於居敬之意。」人傑。

問「居敬而行簡」。曰：「這個是兩件工夫。如公所言，則只是居敬了，自然心虛理明，所行自簡，這個只說得一邊。居敬固是心虛，心虛固能理明。推着去，固是如此。然如何會居敬了，便自得他理明？更有幾多工夫在。若如此說，則居敬行簡底，又那裏得來？如此，則子桑伯子大故是個居敬之人矣。世間有那居敬而所行不簡。如上蔡說，呂進伯是個好人，極至誠，只是煩擾。便是請客，也須臨時兩三番換食次，又自有這般人。又有不能居敬，而所行却簡易者，每事不能勞攘得，只從簡徑處行。如曹參之治齊，專尚清靜，及至爲相，每日酣飲不事事，隔墻小吏酣歌叫呼，參亦酣飲歌呼以應之，何有於居敬耶！據仲弓之言，自是兩事，須子細看始得。」又曰：「須是兩頭盡，不只偏做一頭。如云內外，不只是盡其內而不用盡其外；如云本末，不只是致力於本而不務乎其末。居敬了，又要行簡。

聖人教人爲學皆如此，不只偏説一邊。」僩。

問〔八〕：「注言：『自處以敬，則中有所主而自治嚴。』程子曰：『居敬則心中無物，故所行自簡。』二説不相礙否？」先生問：「如何？」曰：「看集注是就本文説，伊川就居簡處發意。」曰：「伊川説有未盡。」寓。集注。

胡問：「何謂行簡？」曰：「所行處簡要，不恁煩碎。居上煩碎，則在下者如何奉承得！故曰『臨下以簡』，須是簡。程子謂敬則自然簡，只説得敬中有簡底人。亦有人自處以敬，而所行不簡，却説不及。聖人所以曰居敬、曰行簡，二者須要周盡〔九〕。」淳。

「居敬行簡，是有本領底簡；居簡行簡，是無本領底簡〔一〇〕。程子曰：『居敬則所行自簡。』此是程子之意，非仲弓本意也。」人傑。

胡叔器問：「『居敬則心中無物，而所行自簡』，此説如何？」曰：「據某看，『居敬而行簡，以臨其民』，它説『而行簡以臨民』，則行簡自是一項，這『而』字是別喚起。今固有居敬底人，把得忒重，却反行得煩碎底。今説道『居敬則所行自簡』，恐却無此意。『臨下以簡，御衆以寬』。簡自別是一項，只要揀那緊要底來行。」又問：「看『簡』字，也有兩樣。」曰：「只是這個簡，豈有兩樣！」又曰：「看他諸公所論，只是爭個『敬』字。」義剛。

叔器問：「集注何不全用程説？」曰：「程子只説得一邊，只是説得敬中有簡底意思，也是如此。但亦有敬而不簡者，某所以不敢全依它說。不簡底自是煩碎，下面人難爲奉承。『御衆以寬，臨下以簡』。便是簡時，下面人也易爲奉承，自不煩擾。聖人所以說『居敬行簡』，二者須是兩盡。」義剛問：「敬是就心上說，簡是就事上說否？」曰：「簡也是就心上做出來。而今行簡，須是心裏安排後去行，豈有不是心做出來！」義剛。

問：「居敬則内直，内直則外自方。居敬而行簡，亦猶内直而外方歟？若居簡而行簡，則是喜靜惡動、怕事苟安之人矣。」曰：「程子說『居敬而行簡』，只作一事。今看得來，恐是兩事。居敬是自處以敬，行簡是所行得要。」廣。

問〔一一〕：「伊川〔一二〕說：『居敬則心中無物而自簡。』意覺不同。」曰：「是有些子差，但此說自不相害。若果能居敬，則理明心定，自是簡。這說如一個物相似，内外都貫通。行簡是外面說。居敬自簡，又就裏面說。看這般所在，固要知得與本文少異，又要知得與本文全不相妨。」賀孫。

問：「『仲弓問子桑伯子』章，伊川曰：『内主於敬而簡，則爲要直；内存乎簡，則爲疏略。仲弓可謂知旨者。』但下文曰：『子桑伯子之簡，雖可取而未盡善，故夫子云可也。』恐未必如此。『可也簡』，止以其簡爲可爾。想其他有未盡善，特有簡可取，故曰可也。游氏曰：『子桑伯子之可也，以其簡。若主之以敬而行之，則簡爲善。』楊氏曰：『子桑伯子爲聖人之所可者，以其簡也。』夫主一之謂敬，居敬則其行自簡，但下文『簡而廉』一句，舉不甚切。今從伊川、游氏、楊氏之說。伊川第二、第三說皆曰，居簡行簡，乃所以不簡。先有心於簡，則多却一簡，恐推說太過。既曰疏略，則太簡可知，不必云『多却一簡』。如所謂『乃所以不簡』，皆太過。范氏曰：『敬以直内，簡以臨人，故堯舜脩己以敬，而臨下以簡。』恐敬、簡不可太分說。『居』字只訓『主』字，若以爲主之敬而行之簡，則可；以爲居則敬而行則簡，則不可。若云脩己、臨下，則恐分了。仲弓不應下文又總說『以臨其民也』。」又曰：「子桑伯子其處己亦若待人。據夫子所謂『可也簡』，乃指子桑伯子說。仲弓之言乃發明『簡』字，恐非以子桑伯子爲居簡行簡也。尹氏亦曰：『以其居簡，故曰可也。』亦范氏之意。呂氏以爲引此章以證前章之說，謝氏以爲因前章以發此章之問，皆是旁說。然於正說亦無妨。謝氏又曰：『居敬而行簡，舉其大而略其細。』於『敬』字上不甚切，不如楊氏作『主一而簡自見』。」曰：「『可也簡』，當從伊川說。『剩却一「簡」字』，正是解太簡之意。『乃所以不簡』之說，若解文義，則誠有剩語；若以理觀之，恐亦不爲過也。范固有不密處，然敬、簡自是兩事，以伊川語思之可見。據此文及家語所載，伯子爲人，亦誠有太簡之病。謝氏『因上章而發明』之說是。」榦。

「徒務行簡，老子是也，乃所以爲不簡。子桑伯子，或以爲子桑户。」升卿。〔一三〕

哀公問弟子章

問：「聖人稱顏子好學，特舉『不遷怒，不貳過』二事，若不相類，何也？」曰：「聖人因見其有此二事，故從而稱之。」柄〔一四〕謂：「喜怒發於當然者，人情之不可無者也，但不可爲其所動耳。過失則不當然而然者，既知其非，則不可萌於再，所謂『頻復之吝』也。二者若不相類，而其向背實相對。」曰：「聖人雖未必有此意，但能如此看〔一五〕，亦好。」柄。

「顏子自無怒。因物之可怒而怒之，又安得遷？」

問：「『不遷怒』，此是顏子與聖人同處否？」曰：「聖人固是『不遷怒』，然『不遷』字在聖人分上說便小，在顏子分上說便大。蓋聖人合下自是無那遷了，不著說不遷。才說，似猶有商量在。若堯舜則無商量了，是無了，何遷之有，何不遷之有！」燾。

「內有私意，而至於遷怒者，志動氣也；有爲怒氣所動而遷者，氣動志也。」伯恭謂：「『不獨遷於他人爲遷，就其人而益之，便是遷。』此却是不中節，非遷也。」道夫。

「『不遷怒，不貳過』。據此之語，怒與過自不同。怒，却在那不遷上。過，才說是過，便是不好矣。」僩。

或問顏子「不貳過」。曰：「過只是過。不要問他是念慮之過與形見之過，只消看他不貳處。既能不貳，便有甚大底罪過也自消磨了。」時舉。

問「不遷怒，不貳過」。曰：「重處不在怒與過上，只在不遷、不貳上。今不必問過之大小，怒之淺深。只不遷、不貳，是甚力量！便見工夫。佛家所謂『放下屠刀，立地成佛』，若有過能不貳，直是難。貳，如貳官之『貳』，已有一個，又添一個也。」又問「守之也，非化之也」。曰：「聖人則都無這個。顏子則疑於遷貳與不遷貳之間。」賜。祖道録云：「貳不是一二，是長貳之『貳』。」餘同。

「尋常解『不貳過』，多只説『過』字，不曾説『不貳』字。所謂不貳者，『有不善未嘗不知，知之未嘗復行也』。如顏子之克己，既克己私，便更不萌作矣。」人傑。

「『不遷怒，不貳過』，一以爲克己之初，一以爲用功之處。」曰：「自非禮勿視、聽、言、動，積習之久，自見這個意思。」夔孫。

問：「學顏子，當自『不遷怒，不貳過』起？」曰：「不然。此是學已成處。」又問：「如此，當自四勿起？」曰：「是。程子云：『顏子事斯語，所以至於聖人，後之學者宜服膺而勿失也。』」過。

「不遷不貳，非言用功處，言顏子到此地位，有是効驗耳。若夫所以不遷不貳之功，不出於非禮勿視、勿聽、勿言、勿動四句耳〔二六〕。」伯羽。謨録云：「此平日克己工夫持養純熟，故有此効。」

行夫問「不遷怒，不貳過」。曰：「此是顏子好學之符驗如此，却不是只學此二件事。顏子學處，專在非禮勿視、聽、言、動上。至此純熟，乃能如此。」時舉。賀孫録云：「行夫問云云，曰：『「不遷怒，不貳過」不是學，自是說顏子一個證驗如此。』恭父云：『顏子工夫盡在「克己復礼」上。』曰：『「回雖不敏，請事斯語矣」，是他終身受用只在這上。』」

問：「不遷怒、貳過，是顏子克己工夫到後方如此，却不是以此方爲克己工夫也〔一七〕。」曰：「夫子〔一八〕說時，也只從他克己効驗上說。但克己工夫未到時，也須照管。不成道我工夫未到那田地，而遷怒、貳過只聽之耶！」義剛。

或問：「顏子工夫只在克己上，不遷不貳乃是克己効驗。」或曰：「不遷不貳，亦見得克己工夫即在其中。」曰：「固是。然克己亦非一端，如喜怒哀樂，皆當克，但怒是粗而易見者耳。」或曰：「顏子平日但知克己而已。不遷不貳，是聖人見得他効驗如此。」曰：「但看『克己復禮』，自見得。」

問：「『不遷怒』是見得理明，『不貳過』是誠意否？」曰：「此二者拆開不得，須是横看。他這個是層層趲上去，一層了，又一層。『不遷怒，不貳過』，是工夫到處。」又曰：「顏子只是得孔子說『克己復禮』，終身受用只是這四個字。『不違仁』，也只是這個；『不遷怒，不貳過』，也只是這個；『不改其樂』，也只是這個。『克己復禮』，到得人欲盡，天理明，無些查滓，一齊透徹，日用之間，都是這道理。」賀孫。

問〔一九〕：「不遷不貳，此是顏子十分熟了，如此否？」曰：「這是夫子稱他，是他終身到處。」問：「若非禮勿視、聽、言、動，這是克己工夫。這工夫在前，分外着力，與不遷不貳意思不同。」曰：「非禮勿視、聽、言、動，是夫子告顏子，教他做工夫。要知緊要工夫却只在這上。如『無伐善，無施勞』，是他到處；『不遷怒，不貳過』，也是他到處。」問：「就不遷不貳上看，也似有些淺深。」曰：「這如何淺深？」曰：「『不遷怒』是自然如此，『不貳過』是略有過差，警覺了方會不復行。」曰：「這不必如此看。只看他『不遷怒，不貳過』時心下如何。」賀孫。

又云：「看文字，且須平帖看他意，緣他意思本自平帖。如夜來說『不遷怒，不貳過』，且看不遷不貳是如何。顏子到這裏，直是渾然更無些子查滓。『不遷怒』，如鏡懸水止；『不貳過』，如冰消凍釋。如『三月不違』，又是已前事。到這裏，已自渾淪，都是天理，是甚次第！」問：「過，容是指已前底說否？」曰：「然。」問：「過是逐事上見得，如何？」曰：「固是逐事上見。也不是今日有這一件不是，此後更不做；明日又是那一件不是，此後更不做。只顏子地位高，纔見一不善不爲，這一番改時，其餘是這一套須頓消了。當那時須頓進一番。他聞一知十，觸處貫通。他覺得這一件過，其餘若有千頭萬緒，是這一番一齊打併掃斷了。」曰：「如此看『不貳過』〔二〇〕，方始見得是『三月不違』以後事。」曰：「只這工夫原頭，却在『非禮勿視，非禮勿聽，非禮勿言，非禮勿動』上面。若是『不遷怒』時，更無形迹。但初學如何須要教他『不遷怒，不貳過』得？這也便要如此不得，只是克己工夫。孔子不以告其他門人，却獨以告顏子，可見是難事，不是顏子擔當不得這事。其他人也只逐處教理會。道無古今，且只將克己事時時就身己檢察，下梢也便會到『不遷怒，不貳過』地位，是亦顏子而已。須是子細體認他工夫是如何，然後看他氣象是如何，方看他所到地位是如何。如今要緊只是個分別是非。一心之中，便有是有非；言語，便有是有非；動作，便有是有非；以至於應接賓朋，看文字，都有是有非，須着分別教無些子不分曉，始得。心中思慮纔起，便須是見得那個是是，那個是非。才去動作行事，也須便見得那個是是，那個是非。應接朋友交遊，也須便見得那個是是，那個是非。看文字，須便見得那個是是，那個是非。日用之間，若此等類，須是分別教盡，毫釐必計，始得。孔子曰：『三人行，必有我師焉。擇其善者而從之，其不善者而改之。』且如今見人行事，聽人言語，便須着分別個是非。若是他做不是，說不是，雖不可誦言之，自家是非，須先明諸心，始得。若只管恁地鶻突不分別，少間一齊都衮做不好處去，都不解知。孟子亦說道：『我知言：詖辭知其所蔽，淫辭知其所陷，邪辭知其所離，遁辭知其所窮。』這不是分別得分明，如何得胸次恁地瞭然？天下只是個分別是非。若見得這個分明，任你千方百計，胡説亂道，都着退聽，緣這個是道理端的着如此。如一段文字，纔看，也便要知是非。若是七分是，還他七分是；三分不是，還他三分不是。如公鄉里議論，只是要酌中，這只是自家不曾見得道理分明。這個似是，那個也似是，且捏合做一片，且恁地過。若是自家見得是非分明，看他千度萬態，都無遁形。如天下分裂之時，東邊稱王，西邊稱帝，似若不復可一。若有個真主出來，一齊即皆退聽，不朝者來朝，不服者歸順，不貢者入貢。如太祖之興，所謂劉、李、孟、錢，終皆受併，天下混一。如今道理個個説一樣，各家自守以爲是，只是未得見這公共道理是非。前日曾説見道理不明，如『居天下之廣居，立天下之正位，行天下之大道』，是大丈夫；若後車千乘，傳食諸侯，唤做大丈夫也得〔一二〕。」問：「是非本吾心之固有，而萬物萬事是非之理莫不各具。所以是非不明者，只緣本心先蔽了。」曰：「固是。若知得事物上是非分明，便是自家心下是非分明。程先生所以説『纔明彼，即曉此』。自家心下合有許多道理，事物上面各各也有許多道理，無古今，無先後。所以説『先聖後聖，其揆則一』。下又説道：『若合符節。』如何得恁地？只緣道理只是一個道理。一念之初，千事萬事，究竟於此。若能先明諸心，看事物如何來，只應副將去。如尺度，如權衡，設在這裏，看甚麽物事來，長底短底，小底大底，只秤量將去，可使不差豪釐。世上許多要説道理，各家理會得是非分明，少間事迹雖不一一相合，於道理却無差錯。一齊都得如此，豈不甚好！這個便是真同。只如今諸公都不識所謂真同，各家只理會得半截，便道是了。做事都不敢盡，且只消做四五分。這邊也不説那邊不是，那邊也不説這邊不是。且得人情不相惡，且得相和同，這如何會好！此乃所以爲不同。只是要得各家道理分明，也不是易。須是常常檢點，事事物物，要分別教十分分明。是非之間，有些子鶻突也不得。只管會恁地，這道理自然分明。分別愈精，則處事愈當。故書曰：『惟精惟一，允執厥中。』堯、舜、禹數聖人出治天下，是多多少少事！到末後相傳之要，却只在這裏。只是這個精一直是難！」賀孫。

問〔一二〕：「前夜承教，以『不遷怒，不貳過』乃顔子極至處，又在『三月不違仁』之後。據賀孫看，若不貳，是逐事不貳，不是統體説。而『三月不違』，乃是統説。前後淺深，殊有未曉。」曰：「不須泥這般所在。某那夜是偶然説如此，實亦不見得甚淺深，只一個是死後説，一個是在生時説。讀書且要理會要緊處。如某舊時，專揀切身要緊處理會。若偏旁有窒礙處，只恁地且放下。如看這一章，只認取『不遷怒，不貳過』意思是如何，自家合如何，便是會做工夫。如射箭，要中紅心，他貼上面煞有許多圈子，善射者不須問他外面圈子是白底，是黑底，是朱底，只是一心直要中紅心始得。『不貳過』，不須看他已前，只看他不貳後氣象。顔子固是於念慮處少差輒改。而今學者未到顔子地位，且須逐事上檢點。過也不論顯微，如大雷雨也是雨，些子雨也是雨，無大小都喚做過。只是晴明時節，青天白日，更無些子雲翳，這是甚麽氣象！」賀孫。

問：「顔子能克己，不貳過，何爲三月之外有違仁處？」曰：「孔子言其『有不善未嘗不知』，便須亦有不善時。」又問：「顔子之過如何？」曰：「伊川復卦所言自好。未到『不勉而中，不思而得』，猶常用力，便是心有未順處。只但有纖豪用意處，便是顔子之過。」甾。

敬之問：「顔子『不遷怒，不貳過』，莫只是靜後能如此否？」曰：「聖賢之意不如此。如今卒然有個可怒底事在眼前，不成說且教我去靜！蓋顔子只是見得個道理透，故怒於甲時，雖欲遷於乙，亦不可得而遷也。見得道理透，則既知有過，自不復然。如人錯喫烏喙，才覺了，自不復喫。若專守虛靜，此乃釋老之謬學，將來和怒也無了，此成甚道理？聖賢當怒自怒，但不遷耳。見得道理透，自不遷不貳。所以伊川謂顔子之學，『必先明諸心，知所往，然後力行以求至』，蓋欲見得此道理透也。」立之因問：「明道云：『能於怒時遽忘其怒，而觀理之是非。』文是怎生？」曰：「此是明道爲學者理未甚明底說，言〔二三〕於怒時且權停閣這怒，而觀理之是非，少間自然見得當怒不當怒。蓋怒氣易發難制，如水之澎漲，能權停閣這怒，則如水漸漸歸港。若顔子分上，不消恁地說，只見得理明，自不遷不貳矣。」時舉。賀孫録别出。

敬之問：「『不遷怒，不貳過』，顔子多是静處做工夫。」曰：「不然。此正是交衮頭。顔子此處無他，只是看得道理分明。且如當怒而怒，到不當怒處，要遷自不得。不是〔二四〕處便見得，自是不會貳。」敬之又問：「顔子深潛純粹，所謂不遷不貳，特其應事之陳迹。」曰：「若如此説，當這時節，此心須别有一處安頓着。看公意，只道是不應事接物，方存得此心。不知聖人教人，多是於動處説，如云『出門如見大賓，使民如承大祭』，又如告顔子『克己復禮爲仁』，正是於視、聽、言、動處理會。公意思只是要静，將心頓於黑卒卒地，説道只於此處做工夫。這不成道理，此却是佛家之説。佛家高底也不如此，此是一等低下底如此。這道理不是如此。人固有初學未有執守，應事紛雜，暫於静處少息，也只是略如此。然做個人，事至便着應，如何事至，且説道待自家去静處！當怒即怒，當喜即喜，更無定時。只當於此警省，如何是合理，如何是不合理。如何要將心頓放在閑處得？事父母，便有事父母許多酬酢；出外應接，便有出外許多酬酢。」賀孫。

問顔子不遷怒。先生因語余先生宋傑云：「怒是個難克治底。所謂『怒，逆德也』。雖聖人之怒，亦是個不好底物事，蓋是惡氣感得恁地。某尋常怒多，極長。如公性寬怒少，亦是資質好處。」燾。

問〔二五〕：「『今也則亡，未聞好學』，覺語意上句重，下句寬，恐有引進後人意否？」曰：「看〔二六〕文字，且要將他正意平直看去，只要見得正道理貫通，不須滯在這般所在。這兩句意只同。與哀公言，亦未有引進後學意，要〔二七〕緊只在『不遷怒，不貳過』六字上。看道理要得他如水相似，只要他平直滔滔流去。若去看偏旁處，如水流時，這邊壅一堆泥，那邊壅一堆沙，這水便〔二八〕不得條直流去。看文字，且把着要緊處平直看教通透，十分純熟。見得道理，如人一身從前面直望見背後，從背後直望見前面，更無些子遮蔽，方好。」賀孫。

問〔二九〕：「集注〔三〇〕『怒不在血氣則不遷』，只是不爲血氣所動否？」曰：「固是。」因舉公廳斷人，而自家元不動。又曰：「只是心平。」植。集注。

問：「『不貳過』，乃是略有便止。如韓退之説『不貳之於言行』，却粗了。」曰：「自是文義不如此。」又問：「『不貳過』，却有過在。『不遷怒』，已至聖人，只此一事到。」曰：「纔云不遷，則與聖人之怒亦有些異。」曰：「如此，則程先生引舜，且借而言。」曰：「然。」可學〔三一〕。

問：「伊川謂：『顏子地位，豈有不善？所謂「不善」，只是微有差失〔三二〕。』」曰：「如今學者且理會不遷不貳。便不遷不貳也難〔三三〕。」儒用〔三四〕。

問：「『不貳過』，集注云『過於前者，不復於後』，則是言形見之過。伊川乃云：『如顏子地位，豈有不善？所謂「不善」，只是微有差失。纔差失，便能知之；纔知之，便更不萌作。』又似言念慮之過。不知當如何看？」先生曰：「不必問是念慮之過與形見之過，但過不可貳耳。」時舉。

陳後之〔三五〕問：「顏子『不遷怒』，伊川説得太高，渾淪是個無怒了。『不貳過』，又却低。」曰：「『喜怒哀樂發而皆中節』，『天下之達道』，那裏有無怒底聖人！只聖人分上着『不遷』字不得。顏子『不遷怒』，便尚在夾界處，如曰『不改其樂』然。」曰：「『不貳過』，只是此過不會再生否？」曰：「只是不萌於再。」淳。

問：「黎兄疑張子謂『慊於己者，不使萌於再』，云：『夫子只説「知之未嘗復行」，不是説其過再萌于心。』廣疑張子之言尤加精密。至程子説『更不萌作』，則兼説『行』字矣。」曰：「萌作亦只是萌動。蓋孔子且恁大體説。至程子、張子又要人理會得分曉，故復如此説到精極處。只管如此分別，便是他不會看，枉了心力。」廣。士毅録云：「程子、張子怕後人小看了，故復説到精極處，其實則一。」

問顏子「不遷怒，不貳過」。曰：「看〔三六〕程先生顏子所好何學論説得條理，只依此學，便可以終其身〔三七〕也。」立之因問：「先生前此云：『不遷怒、貳過，是「克己復禮」底効驗。』今又以爲學即在此，何也？」曰：「『爲學是總説，『克己復禮』又是所學之目也。」又云：「天理人欲，相爲消長。克得人欲，乃能復禮。顏子之學，只在這上理會。仲弓從莊敬持養處做去，到透徹時，也則一般。」時舉問：「曾子爲學工夫，比之顏子如何？」曰：「曾子只是個守。大抵人若能守得定，不令走作，必須透徹。」時舉云：「看來曾子所守極是至約。只如守一個『孝』字，便後來無往而不通，所謂『推而放諸四海而準』；與夫居處、戰陣，無不見得是這道理。」曰：「孝者，百行之源，只爲他包得闊故也。」時舉。

蔡元思〔三八〕問好學論似多頭項。曰：「伊川文字都如此多頭項，不恁纏去，其實只是一意。如易傳包荒便用馮河，不遐遺便朋亡，意只是如此。他成四項起，不恁纏說，此論須做一意纏看。『其本也真而靜』，是說未發。真，便是不雜，無人僞；靜，便是未感。『覺者約其情，使合於中，正其心，養其性』，方是大綱說。學之道『必先明諸心，知所往，然後力行以求至』，便是詳此意。一本作『知所養』，恐『往』字爲是，『往』與『行』字相應。」淳。

問：「『天地儲精』，如何是儲精？」曰：「儲，謂儲蓄。天地儲蓄得二氣之精聚，故能生出萬物。」廣。

問〔三九〕：「何謂儲精？」曰：「儲，儲蓄；精，精氣。精氣流過，若生物時闌定。本，是本體；真，是不雜人僞；靜，是未發。」復〔四〇〕問：「上既言靜，下文又言未發，何也？」曰：「疊這一句。」復〔四一〕問：「下文『明諸心，知所養』，一本作『知所往』，孰是？」曰：「『知所往』是，應得力行求至。」節。〔四二〕

「氣散則不生，惟能住便生。消息，是消住了，息便生。」因說「天地儲精」及此。士毅。

「『得五行之秀者爲人』。只說五行而不言陰陽者，蓋做這人，須是五行方做得成。然陰陽便在五行中，所以周子云：『五行一陰陽也。』舍五行無別討陰陽處。如甲乙屬木，甲便是陽，乙便是陰；丙丁屬火，丙便是陽，丁便是陰。不須更說陰陽，而陰陽在其中矣。」或曰：「如言四時而不言寒暑耳。」曰：「然。」僩。

「『其本也真而靜，其未發也五性具焉。』五性便是真，未發時便是靜，只是疊說。」僩。

問：「程子云：『情既熾而益蕩，其性鑿矣。』性上如何說鑿？」曰：「性固不可鑿。但人不循此理，任意妄作，去傷了他耳。鑿，與孟子所謂『鑿』一般，故孟子只說『養其性』。養，謂順之而不害。」廣。

問：「顏子之所學者，蓋人之有生，五常之性，渾然一心之中。未感物之時，寂然不動而已，而不能不感於物，於是喜怒哀樂七情出焉。既發而易縱，其性始鑿。故顏子之學見得此理分明，必欲約其情以合於中，剛決以克其私。私欲既去，天理自明，故此心虛靜，隨感而應。或有所怒，因彼之可怒而怒之，而已無與焉。怒才過，而此心又復寂然，何遷移之有？所謂過者，只是微有差失。張子謂之『慊於己』，只是略有些子不足於心，便自知之，即隨手消除，更不復萌作。爲學工夫如此，可謂真好學矣〔四三〕。」曰：「所謂學者，只是學此而已。伊川所謂『性其情』，大學所謂『明明德』，中庸所謂『天命之謂性』，皆是此理。」南升。

「『明諸心，知所往』〔四四〕，窮理之事也。『力行求至』，踐復之事也。窮理，非是專要明在外之理。如何而爲孝弟，如何而爲忠信，推此類通之，求處至當，即窮理之事也。」人傑。

「聖人無怒，何待於不遷？聖人無過，何待於不貳？所以不遷不貳者，猶有意存焉，與『願無伐善，無施勞』之意同。猶今人所謂願得不如此。是固嘗如此，而今且得其不如此也。此所謂『守之，非化之也』。」人傑。

文振再説「顏子好學」一章。因説程先生所作好學論，曰：「此是程子二十歲時已做得這文好。這個説話，便是所以爲學之本。惟知所本，然後可以爲學。若不去大本上理會，只恁地茫茫然，却要去文字上求，恐也未得。」時舉。

「伊川文字，多有句相倚處，如顏子好學論。」可學。

問：「顏子短命，是氣使然。劉質夫所録一段又別。」曰：「大綱如此説。」可學。

按〔四五〕：此條集義在先進篇章。

問：「呂與叔引横渠説解遷怒事，又以『三月不違』爲氣不能守。恐是張子、呂氏皆是以己之氣質論聖人之言。」曰：「不須如此説。如説這一段，且只就這一段平看。若更生枝節，又外面討一個意思横看，都是病。」人傑因曰：「須是〔四六〕這裏過一番，既聞教誨，可造平淡。」曰：「此説又是剩了。」人傑。

「伊川曰：『顔子之怒，在物不在己，故不遷。有不善未嘗不知，知之未嘗復行，不貳過也。』游氏曰：『不遷怒者，怒適其可而止，無溢怒之氣也。傳所謂「怒於室而色於市」者，遷其怒之甚也。不遷怒，則發而中節矣。喜怒哀樂不能無也，要之，每發皆中節之爲難耳。不貳過者，一念少差而覺之早，不復見之行事也。蓋惟聖人能寂然不動，故無過。顔子能非禮勿動而已，故或有不善始萌于中，而不及復行，是其過在心，而行不貳焉。』但其間正心、脩身之説，若以不貳過作正心，不遷怒作脩身，亦可。恐不必如此。右第三章，凡八説，今從伊川、游氏之説。伊川外五説大率相類，其説皆正，故不盡録，然亦不出第一説之意。横渠第一、第二説皆曰：『怒於人者，不使遷乎其身。』吕氏亦曰：『不使可怒之惡反遷諸己，而爲人之所怒。』此説恐未安。如此，只是不貳過之意。聖人何以既曰『不遷怒』，又曰『不貳過』？若使惡不遷諸己〔四七〕，則只説得『不貳過』。又，横渠曰：『慊於己者，不使萌於再。』『萌』字説太深，不如游氏作『行不貳』，伊川作『未嘗復行』，乃正。范氏曰：『不遷怒者，性不移於怒也。』此説不可曉。若謂性不移於怒而後能不遷怒，却穩，與伊川『怒不在己』之説同。若謂不遷怒，則性不移於怒，恐未當。以『移』字訓『遷』字，則説太深。餘説亦寬。謝氏曰：『不患有過，蓋不害其爲改。』其説又太淺。顔子不應有過而後改，特知之未嘗復行爾。又與橫渠不萌之説相反，皆未爲當。楊氏不放心之説無甚差，但稍寬爾。其他皆解得，何止不放心而已。又説『今也則亡』一句，作『無』字説。不知合訓『無』字，合作死亡之『亡』？若訓『無』字，則與下句重；若作死亡之『亡』，則與上句重，未〔四八〕知孰是。尹氏用伊川説，故不録。」先生曰：「游説不貳過，乃韓退之之意，與伊川不同。伊川意却與横渠同。外書第五卷有一段正如此，可更思之。須見游氏説病處。横渠遷怒之説固未然，然與貳過殊不相似。亡，即無也，或説當讀作『無』。」榦。

校勘記

〔一〕問　朝鮮本作：榦問。

〔二〕宜居位　朝鮮本「居」下有「此」字。

〔三〕仲弓　朝鮮本段首增「諸生問雍也可使南面以下章先生云」十五字。

〔四〕仲弓爲人簡重　朝鮮本「仲弓」上有九十九字：「問：『「仲弓問子桑伯子，子曰：『可也簡。』仲弓曰：『居敬而行簡。』」蓋聖人若居之以敬，則自治甚嚴，而此心不至於走失，自然静虚而動直。凡事自有一個條理，不至繁曲細碎。若居之以簡，是不做工夫，但聽其疏略，帥意而行。

以此治民，必至於無法度，故爲太簡。』先生云」。

〔五〕行夫問子桑伯子　朝鮮本問句作：行夫問：「仲弓問子桑伯子。子曰：『可也簡。』」

〔六〕問　朝鮮本作：節問。

〔七〕復問　朝鮮「復問」上增「節」字。

〔八〕問　朝鮮本作：寓問。

〔九〕二者須要周盡　「二」原作「三」，據朝鮮本改。

〔一〇〕是無本領底簡　朝鮮本「簡」下有「此是仲弓因子桑伯子之簡而言之」十四字。

〔一一〕問　朝鮮本作：賀孫問。

〔一二〕伊川　朝鮮本「伊川」上增「居敬而行簡章」六字。

〔一三〕升卿　朝鮮本此下增一節小字：子桑户事見莊子大宗師篇。

〔一四〕柄　朝鮮本此下增「竊」字。

〔一五〕但能如此看　「此」原作「北」，據朝鮮本改。

〔一六〕不出於非禮勿視勿聽勿言勿動四句耳　「句」，朝鮮本作「者」。

〔一七〕問不遷怒貳過是顏子克己工夫到後方如此却不是以此方爲克己工夫也　朝鮮本問句較詳：義剛呈問目曰：「人之遷怒，亦非是故意。欲遷，但是義理未明，而血氣未曾消釋，當未接物時，已有個怒底種子在裏面了。又物來觸撥動着，則自遏不住，所以乘此血氣之動，惟好惡之怒，不能得休歇而至於有所移也。若顏子則是磨得心地光明，而無一毫物事雜在其間，或喜或怒，皆是物之當喜當怒，隨其來而應之，而在我初無容心，及事過則又便忘了，更不留在胸中，故不至以此動其血氣，而至於有所遷也。但此是顏子克己工夫到後方如此，卻不是以此方爲克己工夫也。不知恁地説得近否，伏乞指教。」

〔一八〕夫子　朝鮮本此下增「當時」二字。

〔一九〕問　朝鮮本作：賀孫問。

〔二〇〕曰如此看不貳過　「曰」，朝鮮本作「賀孫云」三字。

〔二一〕若後車千乘傳食諸侯喚做大丈夫也得　朝鮮本「若」上有「非」字，無「也」下「得」字。

〔二二〕問　朝鮮本作：賀孫問。

〔二三〕言　朝鮮本「言」上增「此語」二字。

〔二四〕不是　朝鮮本作：不合。

〔二五〕問　朝鮮本作：賀孫問。

〔二六〕看　朝鮮本「看」上增「如今」二字。

〔二七〕要　朝鮮本「要」上增「此意」二字。

〔二八〕便　朝鮮本此下增「自」字。

〔二九〕問　朝鮮本作：植問。

〔三〇〕集注　朝鮮本「集注」上增「顔子不遷怒」五字。

〔三一〕可學　朝鮮本「學」下又有小字注三十五字：「伊川云：『如舜誅四凶，怒在四凶，舜何與焉！蓋因人有可怒之事而怒之，聖人之心本無怒也。』」

〔三二〕只是微有差失　朝鮮本「失」下有十六字：「纔有差失，便能知之，纔知之，便更不萌作。」

〔三三〕便不遷不貳也難　「不遷」原作「大過」，據朝鮮本改。

〔三四〕儒用　朝鮮作：元秉。

〔三五〕陳後之　朝鮮本此下增小字：名易，泉州人。

〔三六〕看　朝鮮本「看」字上增「這處便好」四字。

〔三七〕終其身　朝鮮本作：盡其心。

〔三八〕蔡元思　朝鮮本此下增小字：名念誠，江州人。

〔三九〕問　朝鮮本作：節問。

〔四〇〕復　朝鮮本「復」字上增：節。

〔四一〕復　朝鮮本「復」字上增：節。

〔四二〕節　朝鮮本此下增一節小字：陳與義録云：真是不雜僞，靜是未感。

〔四三〕可謂真好學矣　朝鮮本「矣」下有四十八字：「不幸死矣。蓋顔子地位去聖人只一息，若夫假之年，則化矣。自顔子之没，真個就心性上做工夫，以求復其初者，未有其人也。」

〔四四〕明諸心知所往　朝鮮本此上增：程先生云。

〔四五〕按　朝鮮本此下無按語，然增一節小字：明道曰：「顏子短命，以一人言之，顏之不幸，可也；以大目觀之，天地之間如一家有子五人焉，三人富且貴，而二人貧且賤；以二人言之，則不足；以父母言之，則美且多矣；以孔子之至德，而又處乎盛位，則是化工之全爾；以孔、顏言之，於一人有所不足；以堯、舜、禹、湯、文、武、周公、羣聖人言之，天地之間亦云富有也。」

〔四六〕是　朝鮮本作：從。

〔四七〕若使惡不遷諸己　「使」原爲一空格，據朝鮮本、萬曆本補。

〔四八〕未　朝鮮本「未」字上增「二句」二字。

朱子語類卷第三十一

論語十三

雍也篇二

子華使於齊章

子升〔一〕問：「冉子〔二〕請粟，聖人不與之辨，而與之、益之。」曰：「聖人寬洪，『可以予，可以無予』，予之亦無害，但不使傷惠耳。」木之。

「『冉子與之粟五秉』〔三〕，聖人亦不大段責他。而原思辭祿，又謂『與爾鄰里鄉黨』，看來聖人與處却寬。」恪。

「張子曰：『於斯二者，可見聖人之用財。』雖是小處，也莫不恰好，便是『一以貫之』處。」夔孫。義剛録云：「聖人於小處也區處得恁地盡，這便是『一以貫之』處。聖人做事都着地頭。」「范氏〔四〕曰：『夫子之道，循理而已，故「周急，不繼富」，以爲天下之通義，使人可繼也。』游氏曰：『「餼廩稱事」，所以食功也。今原思爲之宰，而辭禄不受，則食功之義廢矣。蓋義所當得，則雖萬鍾不害其爲廉。借使有餘，猶可以及鄰里鄉黨。』蓋鄰里鄉黨有相賙之義。尹氏曰：『「赤之適齊也，乘肥馬，衣輕裘」，而冉求乃資之。「與之釜」者，所以示不當與也。求不達其意，而請益，與之五秉，故夫子非之。』又曰：『原思之辭常禄，使其苟有餘，則分諸鄰里鄉黨者，凡取予一適於義而已。』第〔五〕四章凡七說，今從范氏、游氏、尹氏之說。伊川謂：『師使弟子，不當有所請。』其說雖正，然恐非本意。據冉求乃爲其母請，其意欲資之也。使冉求爲子華請，則猶可責之以弟子之禮；若爲其母請，則止欲附益之，故責之以繼富。恐或外生一意，非夫子責冉求之意。范氏第二說與楊氏、謝氏之說，大率以辭受取舍順理合義爲文，只說大綱。其間曲折詳備，則不如尹氏之深切。吕氏曰：『富而與人分之，則廉者無辭於富。』造語未盡，不能無差。向使不義之富可以分人，廉者所必辭也。富之可辭與不可辭，在於義不義，而不在於分人與不分人也。謝氏曰：『「與之釜」，「與之庾」，意其禄秩所當得者。』此說恐未穩。使禄秩當得，夫子不待冉子之請而與之。禄有常數，夫子何心輕重於其間哉？『爲其母請粟』，觀其文勢，非禄秩也明矣。曰『爲其母請』，即爲子華請也。吕氏説，只據原思〔六〕辭禄而言，非謂不義之富也。」榦。

子謂仲弓章

問：「子謂仲弓曰：『犁牛之子，騂且角。』伊川謂多一『曰』字，意以仲弓爲犁牛子也。考之家語，仲弓生於不肖之父。其説可信否？」曰：「聖人必不肯對人子説人父不善。」謨。〔七〕

「『犁牛之子』，范氏、蘇氏得之。」榦。

問：「此章前後，作用人不以世類。南軒以仲弓言『焉知賢方』之故，故孔子教之用人。此説〔八〕牽合，然亦似有理脈。」曰：「横渠言：『大者苟立，雖小未純，人所不棄也。』〔九〕今欽夫此説無他，只是要回互，不欲説仲弓之父不肖爾。何不虚心平氣與他看，古人賢底自賢，不肖底自不肖。稱其賢，可以爲法；語其不肖，可以爲戒。」或曰：「恐是因仲弓之父不肖，而微其辭。」曰：「聖人已是説了，此亦何害？大抵人被人説惡不妨，但要能改過。過而能改，則前愆頓釋。昔日是不好底人，今日自好〔一〇〕。事自不相干，何必要回互？〔一一〕然又要除却『曰』字。此『曰』字，留亦何害？如『子謂顔淵曰：「吾見其進也。」』不成是與顔淵説！況此一篇，大率是論他人，不必是與仲弓説也。只蘇氏却説此乃論仲弓之德，非是與仲弓言也。」大雅。

子曰回也章

問「三月不違仁[一二]」。曰：「仁與心本是一物。被私欲一隔，心便違仁去，却爲二物。若私欲既無，則心與仁便不相違，合成一物。心猶鏡，仁猶鏡之明。鏡本來明，被塵垢一蔽，遂不明。若塵垢一去，則鏡明矣。顔子三個月之久無塵垢。其餘人或日一次無塵垢，少間又暗；或月一次無塵垢，二十九日暗，亦不可知。」南升。

問「三月不違仁」[一三]。曰：「三月，只是言久爾，非謂三月後必違也。此言顔子能久於仁爾，雖念慮之間間有不善處，却能『知之而未嘗復行也』。」去僞[一四]。

問：「『三月不違仁』，三月後亦有違否？」曰：「畢竟久亦有間斷。」曰：「這間斷亦甚微否？」曰：「是。如『不貳過』，過便是違仁。非禮勿視、聽、言、動四句，照管不到便是過。」淳。

問「日月至焉」。曰：「日至，是一日一次至此；月至，是一月一次至此，言其疏也。閑時都思量別處。」又問：「思量事不到不好，然却只是閑事，如何？」曰：「也不是。視便要思明，聽便思聰。纔思量便要在正理上，如何可及閑事！」銖。

問：「如何是日至、月至？·〔一五〕」曰：「某舊説，其餘人有一日不違仁，有一月不違仁者。近思之，一日不違仁，固應有之；若一月不違，似亦難得。近得一説：有一日一番見得到，有一月一番見得到。比之一日，猶勝如一月之遠。若顔子方能三月不違，天理純然，無一毫私僞間雜，夫子所以獨稱之。」寓〔一六〕。

義剛説：「『回也，其心三月不違仁。』集注云：『仁者，心之德。』切推此義，以爲天生一人，只有一心。這腔子裏面更無些子其他物事，只有一個渾全底道理，更無些子欠缺，所謂仁也。〔一七〕」曰：「莫只將渾全底道理説，雖看教那仁親切始得。」義剛。

「顔子三月不違，只是此心常存，無少間斷。自三月後，却未免有毫髮私意間斷在。但顔子纔間斷便覺，當下便能接續將去。雖當下便能接續，畢竟是曾間斷來。若無這些子，却便是聖人也。『日月至焉』，看得來却是或一日一至，或一月一至，這亦難説。今人若能自朝至暮，此心洞然，表裏如一，直是無纖毫私意間斷，這地位豈易及！惟實曾去下工夫，方自見得。横渠内外賓主之説極好。『三月不違』，那個是主人，是長在家裏坐底，三月後或有一番出去，却便會歸來。『日月至焉』，那個是客，是從外面到底。然亦是徹底曾到一番，却不是髣髴見得個恁地。或日一到這裏，或月一到這裏，便又出去。以月較日，又疏到了。」

正卿問：「集注『不知其仁也』云：『雖顏子之賢，猶不能不違於三月之後。』如何？」曰：「不是三月以後一向差去。但於這道理久後，略斷一斷，便接續去。只是有些子差，便接了。若無些子間斷，便全是天理，便是聖人。所以與聖人一間者，以此。舊説只做有一月至者，有一日至者，與顏淵三月至者有次第。看來道理不如此。顏子地位比諸子煞有優劣，如『賜也聞一以知二，回也聞一以知十』，此事爭多少！此是十分爭七八分。張子云，云云〔一八〕。這道理譬如一屋子，是自家爲主，朝朝夕夕時時只在裏面。如顏子三月不能不違，只是略暫出去，便又歸在裏面，是自家常做主。若日至者，一日一番至，是常在外爲客，一日一番暫入裏面來，又便出去。月至亦是常在外爲客，一月一番入裏面來，又便出去。」又云：「『三月不違』者，如人通身都白，只有一點子黑。『日月至焉』者，如人通身都黑，只有一點白。」又云：「顏子一身，已自不見其身；日用之間，只見許多道理。」賀孫。今集注「不知其仁」章無此説。

問：「如〔一九〕今之學者，一日是幾遍存省。當時門人乃或日一至焉，或月一至焉，不應如是疏略。恐仁是渾然天理，無纖毫私欲處。今之學者雖曰存省，亦未到這境界。他孔門弟子至，便是至境界否？」曰：「今人能存得，亦是這意思。但觸動便不得，被人叫一聲便走了。他當那至時，應事接物都不差。又不知至時久近如何，那裏煞有曲折。日至者却至得頻數，恐不甚久。月至者或旬日，或一二日，皆不可知。」又問：「横渠云云〔二〇〕，文蔚竊謂『三月不違』者，天理爲主，人欲爲賓；『日月至焉』者，人欲爲主，天理爲賓。學者工夫只得勉勉循循，以克人欲、存天理爲事。其成與不成，至與不至，則非我可必矣。」曰：「是如此。」文蔚。

問：「伊川〔二一〕言不違是無纖毫私欲〔二二〕，横渠言要知内外賓主之辨。」曰：「前後説是如此。」劉仲升云：「與久而不息者，氣象迥别。」大雅云：「久而不息，自是聖人事。」曰：「『三月不違』，是自家已有之物，三月之久，忽被人借去，自家旋即取回了。『日月至焉』，是本無此物，暫時問人借得來，便被人取去了。」大雅。

至之問：「横渠言，始學之要，當知『三月不違』止，過此幾非在我者。」曰：「且以屋喻之：『三月不違』者，心常在内，雖間或有出時，然終是在外不穩便，纔出即便入。蓋心安於内，所以爲主。『日月至焉』者，心常在外，雖間或有入時，然終是在内不安，纔入即便出。蓋心安於外，所以爲賓。日至者，一日一至此；月至者，一月一至此，自外而至也。不違者，心常存；日月至者，有時而存。此無他，知有至、未至，意有誠、未誠。知至矣，雖驅使爲不善，亦不爲。知未至，雖軋勒使不爲，此意終迸出來。故貴於見得透，則心意勉勉循循，自不能已矣。『過此幾非在我者』，猶言『過此以往，未之或知』。言過此則自家着力不得，待他自長進去。」又曰：「『三月不違』之『違』，猶白中之黑；『日月至焉』之『至』，猶黑中之白。今須且將此一段反覆思量，渙然冰釋，怡然理順，使自會淪肌浹髓。夫子謂『君子上達，小人下達』，只在這些子。若拗不轉，便下達去了。」又曰：「此正如『誠意』章相似。知善之可好，而好之極其篤；知不善之可惡，而惡之極其深，以至於慊快充足，方始是好處。」道夫。

問〔二三〕「三月不違仁」。先生曰：「如何是心？如何是仁？」曰〔二四〕：「心是知覺底，仁是理。」曰：「耳無有不聽，目無有不明，心無有不仁。然耳有時不聽，目有時不明，心有時不仁。」問〔二五〕：「莫是心與理合而爲一？」曰：「不是合，心自是仁。然私欲一動，便不仁了。所以『仁，人心也』。學，理會甚麼事？只是理會這些子。」又問：「張子之說，莫是『三月不違』者，是仁常在内，常爲主；『日月至焉』者，是仁常在外，常爲賓？」曰：「此倒說了。心常在内，常爲主；心常在外，常爲客。如這一間屋，主常在此居，客雖在此，不久着去。」問〔二六〕：「如此則心不違仁者，是心在仁内？」曰：「不可言心在仁内，略略地是恁地意思。」又曰：「便是難說。」問〔二七〕：「『過此幾非在我者』，如何？」曰：「不用着力，如決江河，水至而舟自浮。如說學，只說到說處住，以上不用說。至說〔二八〕處，則自能尋將上去。不到說處，是不曾時習。時習，則相將自然說。」又曰：「人只是一個不肯學。須是如喫酒，自家不愛喫，硬將酒來喫，相將自然要喫，不待强他。如喫藥，人不愛喫，硬强他喫。」節。

問：「橫渠說〔二九〕內外賓主之辨，若以顏子爲內與主，不成其他門人之所學便都只在外？」曰：「他身已是都在道外，恰似客一般。譬之一個屋，聖人便常在屋裏坐。顏子也常在屋裏，只有時誤行出門外，然便覺不是他住處，便回來。其他却常在外面，有時入來，不是他活處，少間又自出去了。而今人硬把心制在這裏，恰似人在路上做活計，百事都安在外，雖是他自屋舍，時暫入來，見不得他活處，亦自不安，又自走出了。雖然，也須漸漸把捉，終不成任他如何。」又曰：「『日月至焉』者，是有一日得一番至，有一月得一番至。」賀孫。

問「日月至焉」一句。曰：「看得來，日却是久底，月却是暫時底。」因說橫渠內外賓主之辨，曰：「顏子一似主人，長在家裏，三月以後或有出去時節，便會回歸。其餘是賓，或一日一至，或一月一至。以日較月，月又却疏。」又曰：「不違者，是在內；至焉者，是自外來。〔三〇〕」又問「幾非在我者」。曰：「舍三月不違去做工夫，都是在我外，不在我這裏了。」謙之〔三一〕。

問橫渠內外賓主之說。曰：「主是仁，賓却是己身。『不違仁』者，已住在此屋子內了。『日月至焉』者，時暫到此又出去，是乃賓也。」後數日，又因一學者舉此段爲問，而曰：「仁，譬如此屋子。顏子在此裏面住，但未免間有出去時。他人則或入來住得一日，或入來住得一月，不能久處此，此即內外賓主之辨。『過此幾非在我者』，謂學者但當勉勉循循做工夫而已，舍是則他無所事也。」必大。

或問：「横渠『内外賓主之辨』一段云：『仁在内而我爲主，仁在外而我爲客。』如何？」曰：「此兩句又是後人解横渠之語。蓋『三月不違』底是仁爲主，私欲爲客。諸子『日月至焉』者，是私欲爲主，仁知爲客。譬如人家主人常在屋中，出外時少，便出去，也不久要歸來。『日月至焉』者，則常常在外做客，暫時入屋來，又出去。出去之時多，在屋之時少，或一月一番至，或一日一番至，終是不是主人，故常在外。然那客亦是主人，只是以其多在外，故謂之客。敬則常在屋中住得，不要出外，久之亦是主人。既是主人，自是出去時少也。佛經中貧子寶珠之諭亦當。」

「『三月不違』者，我爲主而常在内也；『日月至焉』者，我爲客而常在外也。仁猶屋，心猶我。常在屋中則爲主，出入不常爲主，則客也。『過此幾非在我者』，如水漲船行，更無着力處。」銖。

問横渠内外之説〔三二〕。曰：「譬如一家有二人，一人常在家，一人常在外。在家者出外常少；在外者常不在家，間有歸家時，只是在外多。」謨。

「『三月不違仁』，是在屋底下做得主人多時。『日月至焉』〔三三〕，是有時從外面入來屋子底下。横渠所謂内外賓主之辨者是也。」又曰：「學者須是識得屋子是我底，始得。」儒用〔三四〕。

問「內外賓主之辨」〔三五〕。曰：「『不違仁』者，仁在內而爲主，然其未熟，亦有時而出於外。『日月至焉』者，仁在外而爲賓，雖有時入於內，而不能久也。」廣。

「『三月不違』，主有時而出；『日月至焉』，賓有時而入。人固有終身爲善而自欺者。不特外面，蓋有心中欲爲善，而常有一個不肯底意，便是自欺。」從周。

叔器未達「內外賓主之辨」，曰：「『日月至焉』底，便是我被那私欲挨出在外面，是我勝那私欲不得。」又問「使心意勉勉循循不能已」一句。曰：「不能已，是爲了又爲，爲得好後，只管爲，如『欲罷不能』相似。」蔡仲默云：「如『生則惡可已也』之類。」曰：「是。」義剛。

問「三月不違仁」。曰：「仁即是心。心如鏡相似，仁便是個鏡之明。鏡從來自明，只爲有少間隔，便不明。顏子之心已純明了，所謂『三月不違』，只緣也曾有間隔處。」又問：「張子謂『使心意勉勉循循而不能已，過此幾非在我者』，是如何？」曰：「學者只要勉勉循循而不能已，才能如此，便後面雖不用〔三六〕大段着力，也自做去。如推個輪車相似，才推得轉了，他便滔滔自去。所謂『學而時習之，不亦說乎』者，正謂說後不待着力，而自不能已也。」時舉。

「張子言『勉勉循循而不能已』，須是見得此心自不能已，方有進處。『過此幾非在我』，謂過『三月不違』，非工夫所能及。如『末由也已』，真是着力不得」。又云：「勉勉循循之說，須是真個到那田地，實知得那滋味，方自不能已，要住不得，自然要去。『過此幾非在我』，言不由我了。如推車子相似，才着手推動輪子了，自然運轉不停。如人喫物，既得滋味，自然愛喫。『日月至焉』者，畢竟也是曾到來，但不久耳。」明作。

或問張子「幾非在我者〔三七〕」。曰：「既有循循勉勉底工夫，自然住不得。『幾非在我者』，言不待用力也。如易傳中說『過此以往，未之或知也』之意。爲學正如推車子相似，在用力推得動了，便自轉將去，更不費力。故論語首章只說個『學而時習之，不亦說乎』，便言其效驗者，蓋學至說處，則自不容已矣。」廣。南升録别出。

問「幾非在我」之義〔三八〕。曰：「非在我，言更不着得人力也。人之爲學，不能得心意勉勉循循而不已。若能如是了，如車子一般，初間着力推得行了，後來只是滾將去。所謂『學而時習之，不亦說乎』，若得說了，自然不能休得。如種樹一般，初間栽培灌溉，及既成樹了，自然抽枝長葉，何用人力？」南升。

味道問：「『過此幾非在我者』，疑横渠止謂始學之要，唯當知内外賓主之辨，此外非所當知。」曰：「不然。學者只要撥得這車輪轉，到循循勉勉處，便無着力處，自會長進去。如論語首章言學，只到『不亦說乎』處住，下面便不說學了。蓋到說時，此心便活。」因言：「韓似他下工夫到豁然貫通處否？」可學。

退之、蘇明允作文，只是學古人聲響，盡一生死力爲之，必成而後止。今之學者爲學，曾有

周貴卿問「幾非在我者」〔三九〕。曰：「如推車子樣，初推時須要我着力。及推發了後，却是被他車子移將去，也不由在我了。某嘗說『學而時習之，不亦說乎』，若是做到這裏後，自不肯住了，而今人只是不能得到說處。」義剛。

問「過此幾非在我者」〔四〇〕。曰：「過此，即是『過此以往，未之或知』底意思。若工夫到此，蓋有用力之所不能及，自有不可已處。雖要用力，亦不能得。」又問「內外賓主之辨」。曰：「『三月不違』爲主，『日月至焉』爲賓。主則常在其中，賓則往來無常，蓋存主之時少，在外之時多。『日月至焉』，爲其時暫而不能久。若能致其賓主之辨而用其力，則工夫到處自有不可息者。」寓。

問：「何謂『幾非在我者』〔四一〕？」曰：「此即『過此以往，未之或知』之意。蓋前頭事皆不由我，我不知前面之分寸，也不知前面之淺深。只理會這裏工夫，使內外賓主之辨常要分曉，使心意勉勉循循不已。只如此而已，便到顏子『既竭吾才，如有所立卓爾』之地。『雖欲從之，末由也已』，也只恁地。」淳。

「『過〔四二〕此幾非在我者』，到此則進進不能已，亦無着力處。」拱壽〔四三〕。

子升問：「『過此幾非在我』，莫是過此則聖人之意否？〔四四〕」曰：「不然。蓋謂工夫到此，則非我所能用其力，而自然不能已。如車已推而勢自去，如船已發而纜自行。若不能辨内外賓主，不能循循不已，則有時而間斷矣。孟子所謂『夫仁，亦在乎熟之而已矣』，此語説得盡了。」木之。

問：「『過〔四五〕此幾非在我者』，莫只見許多道理，不見自身己，如何？」曰：「這只是説循循勉勉，便自住不得，便自不由自身己。只是這個關難過，纔過得，自要住不得〔四六〕，如顏子所謂『欲罷不能』。這個工夫入頭都只在窮理，只這道理難得便會分明。」又云：「今學者多端，固有説得道理是，却自不着身，只把做言語用了。固有要去切己做工夫，却硬理會不甚進者。」又云：「看得道理透，少間見聖賢言語，句句是爲自家身己設。」又云：「内外賓主，只是如今人多是不能守得這心。如一間屋，『日月至焉』者，是一日一番入裏面來，或有一月一番入裏面來，他心自不着這裏，便又出去了。若説在内，譬如自家自在自屋裏作主，心心念念只在這裏，行也在這裏，坐也在這裏，睡卧也在這裏。『三月不違』，是時復又暫出外去，便覺不是自家屋，便歸來。今舉世日夜營營於外，直是無人守得這心。若能收這心常在這裏，便與一世都背馳了。某嘗説，今學者别無他，只是要理會這道理。此心元初自具萬物萬事之理，須是理會得分明。」賀孫。

問：「『三月不違仁』，伊川舉『得一善則拳拳服膺』。仁乃全體，何故以善稱？」曰：「仁是合衆善。一善尚不棄，況萬善乎！」可學。集義。

問〔四七〕：「『不違仁』〔四八〕，是此心純然天理，其所得在内。『得一善則服膺而弗失』，恐是所得在外？」曰：「『得一善則服膺弗失』，便是『三月不違仁』處。」又問：「是如何？」曰：「所謂善者，即是收拾此心之理。顔子『三月不違仁』，豈直恁虚空湛然，常閉門合眼静坐，不應事，不接物，然後爲不違仁也！顔子有事亦須應，須飲食，須接賓客，但只是無一毫私欲耳。」道夫。

問〔四九〕：「伊川謂：『「日月至焉」與久而不息者，所見規模雖略相似，其意味迥別。』看〔五〇〕來日月至與不息者全然别，伊川言『略相似』，何也？」曰：「若論到至處，却是與久而不息底一般。只是日月至者，至得不長久；不息者，純然無間斷。」寓。

問：「伊川〔五一〕曰：『三月言其久，天道小變之節。』蓋言顔子經天道之變，而爲仁如此，其終久於仁也。又曰：『「三月不違仁」，蓋言其久，然非成德事。』范氏曰：『回之於仁，一時而不變，則其久可知。其餘則有時而至焉，不若回愈久而弗失也。夫子之於仁，慎其所以取與人者至矣。「有能一日用其力於仁矣乎」，猶不得見焉。惟獨稱顔子三月不違，其可謂仁也已。』謝氏曰：『回之爲人，語其所知，雖出於學，然鄰於生知矣。語其成功，雖未至於從容，亦不可謂勉强矣。「三月不違仁」，仁矣，特未可以語聖也，亦未達一間之稱耳。三月，特以其久故也。古人「三月無君則弔」，去國三月則復，詩人以「一日不見，如三月兮」，夫子聞韶，「三月不知肉味」，皆久之意。』右第六章，凡九説，今從伊川、范氏、謝氏之説。伊川第二説以『得一善則服膺弗失』，作『三月不違仁』，未甚切。第二説曰：『三月言其久，過此則聖人也。』吕氏亦曰：『以身之，而未能信性，久則不能不懈。』又曰：『至於三月之久，猶不能無違。』又曰：『至於三月之久，其氣不能無衰，雖欲勉而不違仁，不可得也。』楊氏曰：『「三月不違仁」，未能無違也。』侯氏亦曰：『「三月不違仁」，便是不遠而復也。過此則通天通地，無有間斷。』尹氏亦曰：『三月言其久，若聖人，則渾然無間矣。』此五説皆同，而有未安，惟吕氏爲甚。竊謂此章論顔子『三月不違仁』，其立言若曰，能久不違仁而已。其餘『日月至焉』者，亦若曰，至於仁而不久而已。若以爲顔子『三月不違』，既過三月則違之，何以爲顔子？此吕氏之説爲未安。楊氏亦此意。伊川、侯氏、尹氏之説，亦與吕氏、楊氏相類，特不顯言之耳。故愚以三月特以其久，不必泥『三月』字。顔子視孔子爲未至者，聖人則不思不勉，顔子則思勉也。諸子視顔子爲未至者，則以久近不同耳。若謂顔子三月則違，恐未安。伊川第三説與横渠同，皆説學者事。但横渠『内外賓主』四字，不知如何説。恐只是以『三月不違』者爲有諸己，故曰内、曰主；『日月至焉』者若存若亡，故曰外、曰賓否〔五二〕？游氏説『仁』字甚切，恐於本文不甚密。」先生曰：「能久不違仁，不知能終不違耶，亦有時而違耶？顔子若能終不違仁，則又何思勉之有！易傳復之初九爻下有論此處，可更思之。游氏引『仁，人心也』，則仁與心一物矣，而曰『心不違仁』，何也？」榦〔五三〕。

季康子問仲由章

問〔五四〕：「求之藝可得而聞否〔五五〕？」曰：「看他既爲季氏聚歛，想見是有藝。」問：「龜山解，以爲『知禮、樂、射、御、書、數，然後謂之藝。』」曰：「不止是禮、樂、射、御、書、數。」寓。

「『求也藝』，於細微上事都理會得。緣其材如此，故用之於聚歛，必有非他人所及者。惜乎，其有才而不善用之也！」僩。

問：「集注以從政例爲大夫，果何所據？然則子游爲武城宰，仲弓爲季氏宰之類，皆不可言政歟？」曰：「冉子退於季氏之朝，夫子曰：『其事也。如有政，雖不吾以，吾其與聞之。』亦自可見。」壯祖。

「吕氏曰：『果則有斷，達則不滯，藝則善裁，皆可使從政也。』右第七章，凡六説，今從吕説〔五六〕。伊川曰：『人各有所長，能取其長，皆可用也。』尹氏亦用此意。若謂從政，則恐非人人可能。范氏惟説三子之失〔五七〕，恐就〔五八〕本文解，則未須説失處。謝氏論季氏之意，以謂『陋儒所短正在此』，亦恐季氏未必有此意。其問至於再三，乃是有求人才之意。使季氏尚疑其短，則其問不必至〔五九〕反覆再三也。楊氏論果、藝、達三德，不如呂氏謹嚴。」曰：「此段所説得之。但破范説非是。」榦。

正淳問范氏解「季康子問」三子「可使從政」章，曰：「人固有病，然不害其爲可用；其材固可用，然不掩其爲有病。」必大曰：「范氏之説，但舉三子具臣貨殖之病，却不言其材之爲可用者。」曰：「范氏議論多如此，説得這一邊，便忘却那一邊。唐鑑如此處甚多。以此見得世間非特十分好人難得，只好書亦自難得。」必大。

問謝氏「三子於克己獨善，雖季氏亦知其有餘」之説。曰：「世間固有一種號爲好人，然不能從政者。但謝氏言『克己獨善』，説得太重。當云『脩己自好』可也。」必大。

季氏使子騫爲費宰章

或問：「閔子不仕季氏，而由、求仕之。」曰：「仕於大夫家爲僕。家臣不與大夫齒，那上等人自是不肯做。若論當時侯國皆用世臣，自是無官可做。不仕於大夫，除是終身不出如曾、閔，方得。」燾。

「第〔六〇〕八章五説，今取謝氏之説。伊川、范、楊、尹氏四説大率皆同，只略説大綱。」

曰：「謝氏固好，然辭氣亦有不平和處。」榦。

「謝氏說得也粗。某所以寫放這裏，也是可以警那懦底人。若是常常記得這樣在心下，則可以廉頑立懦不至倒了。今倒了底也多。」義剛。

伯牛有疾章〔六一〕

「侯氏曰：『夫子嘗以「德行」稱伯牛矣。於其將亡也，宜其重惜之，故再歎曰：「亡之，命矣夫！斯人也，而有斯疾也！斯人也，而有斯疾也！」言非可愈之疾，亦不幸短命之意。』尹氏曰：『牖，牖下也。包氏謂有惡疾，不欲人知，恐其不然也。』右第九章，五說，今從尹氏、侯氏之說。范氏曰：『冉伯牛盡其道而死，故曰命。』楊氏亦曰：『不知謹疾，則其疾有以致之而至者，伯牛無是也，故曰「命矣夫」。』此說於義理正當。但就本文看，說『命矣夫』較深。聖人本意只是惜其死，歎之曰命也，若曰無可奈何而安之命爾。方將問人之疾，情意悽愴，何暇問其盡道與否也？況下文以爲『斯人』『有斯疾』，則以爲不當有此疾也。豈有上文稱其盡道而死，下文復歎其不當疾而疾？文勢亦不相聯屬。謝氏同。尹氏謹嚴。」先生曰：「此說非是，更思之。」榦。

賢哉回也章

問：「顏子『不改其樂』，莫是樂個貧否？」曰：「顏子私欲克盡，故樂，却不是專樂個貧。須知他不干貧事，元自有個樂，始得。」時舉。

伯豐問：「顏子之樂，不是外面別有甚事可樂，只顏子平日所學之事是矣〔六二〕。見得既分明，又無私意於其間，自然而樂，是否？」曰：「顏子見得既盡，行之又順，便有樂底滋味。」𦳝。

問：「顏子樂處，恐是工夫做到這地位，則私意脱落，天理洞然，有個樂處否？」曰：「未到他地位，則如何便能知得他樂處？且要得就他實下工夫處做，下梢亦須會到他樂時節。」寓。

叔器問：「顏子樂處，莫是樂天知命，而不以貧窶累其心否？」曰：「也不干那樂天知命事，這四字也拈不上。」淳録云：「又加却『樂天知命』四字，加此四字又壞了這樂。顏子胸中自有樂地，雖在貧窶之中而不以累其心，不是將那不以貧窶累其心底做樂〔六三〕。」義剛問：「這樂，正如『不如樂之者』之『樂』？」曰：「那説從樂天知命上去底，固不是了。這説從『不如樂之』上來底，也不知那樂是樂個什麽物事。『樂』字只一般，但要人識得，這須是去做工夫，涵養得久，自然見得。」因言：「通書數句論樂處也好。明道曰：『百官萬務，金革百萬之衆，曲肱飲水，樂亦在其中。』觀它有扈游山詩，是甚麽次第！」陳安卿云：「它那時也未甚有年。」曰：「也是有個見成底樂。」義剛。淳録此下云：「『樂只是恁地樂，更不用解。只去做工夫，到那田地自知道。』讀〔六四〕一小集，見李偲祭明道文，謂明道當初欲著樂書而不及。因笑曰：『既是樂，自用書説甚〔六五〕！』」

問：「顔子之樂，只是天地間至富至貴底道理，樂去求之否？」曰：「非也。此一下未可便知，須是窮究萬理要極徹。」已而曰：「程子謂：『將這身來放在萬物中一例看，大小大快活！』又謂：『人於天地間並無窒礙，大小大快活！』此便是顔子樂處。這道理在天地間，須是真窮到底，至纖至悉，十分透徹，無有不盡，則與萬物爲一，無所窒礙，胸中泰然，豈有不樂？」淳。

問：「顔子『不改其樂』，是私欲既去，一心之中渾是天理流行，無有止息。此乃至富至貴之理，舉天下之物無以尚之，豈不大有可樂〔六六〕？」曰：「周子所謂至富至貴，乃是對貧賤而言。今引此説，恐淺。只是私欲未去，如口之於味，耳之於聲，皆是欲。得其欲，即是私欲，反爲所累，何足樂？若不得其欲，只管求之，於心亦不樂。惟是私欲既去，天理流行，動靜語默日用之間無非天理，胸中廓然，豈不可樂？此與貧窶自不相干，故不以此而害其樂。」直卿云：「與浩然之氣如何？」曰：「也是此意。但浩氣之氣説得較粗。」又問：「『説樂道，便不是』，是如何？」曰：「才説樂道，只是冒罩説，不曾説得親切。」又云：「伊川所謂『「其」字當玩味』，是如何？」曰：「是元有此樂。」又云：「『見其大，則心泰』，周子何故就見上説？」曰：「見便是識此味。」南升〔六七〕。

問：「『不改其樂』與『樂在其中矣』，二者輕重如何？」曰：「不要去孔、顔身上問，只去自家身上討。」敬仲。以下論孔、顔之樂。

恭父問：「孔、顔之分固不同。其所樂處莫只一般否？」曰：「聖人都忘了身，只有個道理〔六八〕。若顔子，猶照管在。」恪。

行夫問「不改其樂」。曰：「顔子先自有此樂，到貧處亦不足以改之。」曰：「夫子自言蔬食飲水，樂在其中，其樂只一般否？」曰：「雖同此樂，然顔子未免有意，到聖人則自然〔六九〕。」賀孫。

子善謂：「夫子之樂，雖在飯蔬食飲水之中，而忘其樂。顔子不以簞瓢陋巷改其樂，是外其簞瓢陋巷。」曰：「孔、顔之樂，大綱相似，難就此分淺深。唯是顔子止説『不改其樂』，聖人却云『樂亦在其中』。『不改』字上，恐與聖人略不相似，亦只爭些子。聖人自然是樂，顔子僅能不改。如云得與不失，得是得了，若説不失，亦只是得。但説不失，則僅能不失耳，終不似『得』字是得得穩。此亦有内外賓主之意。」或問：「與『不違仁』如何？」曰：「僅能不違。」賀孫。

呈「回也不改其樂」與「樂在其中矣」一段問目〔七〇〕。先生曰：「説得雖巧，然子細看來，不須如此分亦得。向見張欽夫亦要如此説，某謂不必如此。所謂樂之深淺，乃在『不改』上面。所謂『不改』，便是方能免得改，未如聖人從來安然。譬之病人方得無病，比之從來安樂者，便自不同。如此看其深淺，乃好。」時舉。

叔器問：「『不改其樂』與『不能改其樂』如何分？」曰：「『不改其樂』者，僅能不改其樂而已。『不能改其樂』者，是自家有此樂，它無奈自家何。以此見得聖賢地位。某嘗謂：『明道之言，初見便好，轉看轉好；伊川之言，初看似未甚好，久看方好。』某作六先生贊，伯恭云：『伊川贊尤好。』蓋某是當初見得個意思恁地，所謂『布帛之文，菽粟之味，知德者希，孰識其貴』也。被伯恭看得好。」又云：「伯恭、欽夫二人使至今不死，大段光明！」義剛〔七一〕。

「聖人之樂，且粗言之，人之生，各具此理。但是人不見此理，這裏都黑窣窣地。如貓子狗兒相似，飢便求食，困便思睡。一得富貴，便極聲色之娛，窮四體之奉；一遇貧賤，則憂戚無聊。所謂樂者，非其所可樂；所謂憂者，非其所可憂也。聖人之心，直是表裏精粗，無不昭徹，方其有所思，都是這裏流出，所謂德盛仁熟，『從心所欲，不踰矩』，莊子所謂『人貌而天』。蓋形骸雖是人〔七二〕，其實是一塊天理，又焉得而不樂！」又曰：「聖人便是一片赤骨立底天理。顏子早是有個物包裹了，但其皮薄，剥去容易。聖人一爲指出這是天理，這是人欲，他便洞然都得了。」夔孫。

問顏子樂處。曰：「顏子之樂，亦如曾點之樂。但孔子只説顏子是恁地樂，曾點却説許多樂底事來。點之樂，淺近而易見；顏子之樂，深微而難知。點只是見得如此，顏子是工夫到那裏了〔七三〕。從本原上看，方得。」賜。

「顏子之樂平淡，曾點之樂已勞攘了。至邵康節云『真樂攻心不奈何』，樂得大段顛蹶。」或曰：「顏子之樂，只是心有這道理便樂否？」曰：「不須如此説，且就實處做工夫。」學蒙。

問「自有其樂」之「自」字。曰：「『自』字對『簞瓢陋巷』言。言簞瓢陋巷非可樂，蓋自有其樂耳。」節。集注。

問〔七四〕：「周子令程子尋顏子所樂何事，而周子、程子終不言。不審先生以爲所樂何事？」曰：「人之所以不樂者，有私意耳。克己之私，則樂矣。」節。

問〔七五〕：「程子云：『周茂叔令尋顏子、仲尼樂處，所樂何事。』竊〔七六〕意孔、顏之學，固非若世俗之着於物者。但以爲孔、顏之樂在於樂道，則是孔、顏與道終爲二物。要之，孔、顏之樂，只是私意淨盡，天意昭融，自然無一毫繫累耳。」曰：「然。但今人説樂道説得來淺了。要之，説樂道亦無害。」道夫曰：「觀周子之問，其爲學者甚切。」曰：「然。」頃之，復曰：「程子云：『人能克己，則心廣體胖，仰不愧，俯不怍，其樂可知；有息則餒矣。』」道夫。

問：「濂溪教程子尋孔、顏樂處，蓋自有其樂，然求之亦甚難。」曰：「先賢到樂處，已自成就向上去了，非初學所能求。況今之師，非濂溪之師；所謂友者，非二程之友，所以説此事却似莽廣，不如且就聖賢着實用工處求之。如『克己復禮』，致謹於視聽言動之間，久久自當純熟，充達向上去。」寓〔七七〕。

義剛説：「程子曰：『周子每令求顏子樂處，所樂何事。』夫天理之流行，無一毫間斷，無一息停止，大而天地之變化，小而品彙之消息，微而一心之運用，廣而六合之彌綸，混融通貫，只是這一個物事。顏子博文約禮，工夫縝密，從此做去，便能尋得個意脈。至於竭盡其才，一旦豁然貫通，見得這個物事分明只在面前，其樂自有不能已者。」曰：「也不要説得似有一個物事樣。道是個公共底道理，不成真個有一個物事在那裏，被我見得？只是這個道理，萬事萬物皆是理，但是安頓不能得恰好。而今顏子便是向前見不得底今見得，向前做不得底今做得，所以樂。不是説把這一個物事來恁地快活。」義剛。

堯卿問：「『不改其樂』注，『克己復禮』，改作『博文約禮』，如何？」曰：「説博文時，和前一段都包得。『克己復禮』，便只是約禮事。今若是不博文時便要去約，也如何約得住！」義剛。

問：「叔器〔七八〕看文字如何？」曰：「兩日方思量顏子樂處。」先生疾言曰：「不用思量。他只是『博我以文，約我以禮』後，見得那天理分明，日用間義理純熟後，不被那人欲來苦楚，自恁地快活。你而今只去博文約禮，便自見得。今却去索之於杳冥無朕之際，你去何處討？將次思量得人成病〔七九〕。而今一部論語說得恁分明，自不用思量，只要着實去用工。如前日所說人心道心，便只是這兩事。只去臨時思量那個是人心，那個是道心。便顏子也只是使得人心聽命於道心後，不被人心勝了道心。你而今便須是常揀擇教精，使道心常常在裏面，如個主人，人心如客樣。常常如此無間斷，則便能『允執厥中』。」義剛。

「鮮于侁言，顏子以道爲樂。想侁必未識道是個何物，且如此莽莽對，故伊川答之如此。」必大。集義。

問〔八〇〕：「昔鄒道卿論伊川所見極高處，以謂鮮于侁問於伊川曰：『顏子「不改其樂」，不知所樂者何事？』伊川曰：『尋常道顏子所樂者何事？』曰：『不過說顏子所樂者道。』伊川曰：『若有道可樂，便不是顏子。』豈非〔八一〕顏子工夫至到，道體渾然與之爲一，顏子之至樂自默存於心，人見顏子之『不改其樂』，而顏子不自知也？〔八二〕」曰：「正謂世之談經者，往往有前所説之病：本卑，而抗之使高；本淺，而鑿之使深；本近，而推之使遠；本明，而必使之至於晦。且如『伊尹耕於有莘之野，由是以樂堯舜之道』，未嘗以樂道爲淺也。直謂顔子爲樂道，有何不可。」蓋卿。

或問：「程先生不取樂道之説，恐是以道爲樂，猶與道爲二物否？」曰：「不消如此説。且説不是樂道，是樂個甚底？説他不是，又未可爲十分不是。但只是他語拙，説得來頭撞。公更添説與道爲二物，愈不好了。而今且只存得這意思，須是更子細看，自理會得，方得。」燾。去僞録云：「謂非以道爲樂，到底所樂只是道。非道與我爲二物，但熟後便樂也。」〔八三〕

問：「伊川〔八四〕謂『使顔子而樂道〔八五〕，不足爲顔子』，如何？」曰：「樂道之言不失，只是説得不精切，故如此告之。今便以爲無道可樂，走作了。」問：「鄒侍郎聞此，謂『吾今始識伊川面』，已入禪去。」曰：「大抵多被如此看。」因舉張思叔問「子在川上」，曰：「便是無窮？」伊川曰：「如何一個『無窮』便了得他？」曰：「『無窮』之言固是。但爲渠道出不親切，故以爲不可。」可學。

劉黻問：「伊川〔八六〕以爲『若以道爲樂，不足爲顔子』。又却云：『顔子所樂者仁而已。』不知『道』與『仁』何辨？」曰：「非是樂仁，唯仁故能樂爾。是他有這仁，日用間無些私意，故能樂也。而今却不要如此論，須求他所以能不改其樂者是如何。緣能『非禮勿視，非禮勿聽，非禮勿言，非禮勿動』，這四事做得實頭工夫透，自然至此〔八七〕。」

問〔八八〕：「程子謂：『使顏子以道爲樂，則非顏子。』通書〔八九〕『顏子』章又却似言以道爲樂。」曰：「顏子之樂，非是自家有個道，至富至貴，只管把來弄後樂。見得這道理後，自然樂。故曰『見其大，則心泰；心泰，則無不足；無不足，則富貴貧賤處之一也。』」節。

問：「明道〔九〇〕曰：『簞瓢陋巷非可樂，蓋自有其樂耳。「其」字當玩味，自有深意。』伊川曰：『顏子之樂，非樂簞瓢陋巷也。不以貧窶累其心而改其所樂也，故夫子稱其賢。』又曰：『天下有至樂，惟反身者得之，而極天下之欲不與存焉。』又曰：『顏子簞瓢非樂也，忘也。』呂氏曰：『禮樂悦心之至，不知貧賤富貴可爲吾之憂樂。』右第十章，八說，今從明道、伊川、呂氏之說。明道第二說，伊川第二、第三、第七說，范氏說，皆是推說，於本文未甚密。伊川第四說答鮮于侁曰：『使顏子以道爲樂而樂之，則非顏子矣。』竊意伊川之說，謂顏子與道爲一矣。若以道爲可樂，則二矣。不知然否？謝氏曰：『回也心不與物交，故無所欲。』不與物交，恐說太深。游氏用伊川說。楊氏之說亦穩，但無甚緊要發明處。尹氏謂『不以衆人之所憂改其樂』，不如伊川作『不以貧窶累其心而改其所樂』。蓋聖人本意，在簞瓢陋巷上見得顏子賢處。『人不堪其憂』，特輔一句。伊川之說，乃其本意。而尹氏乃取其輔句，說顏子賢處未甚緊。」曰：「所論答鮮于侁語，大概得之，而未子細。更就實事上看，

「心不與物交」，非謂太深，蓋無此理，雖大聖人之心，亦不能不交物也。」榦。

校勘記

〔一〕子升　朝鮮本作：子升兄。

〔二〕冉子　朝鮮本「冉子」上增「子華使齊」四字，下增「爲」字。

〔三〕冉子與之粟五秉　朝鮮本「冉」上有「行夫問冉子請粟曰」八字。

〔四〕范氏　朝鮮本段首增「子華使齊至原思爲之宰一段」十二字。

〔五〕第　朝鮮本此上增「右」字。

〔六〕原思　朝鮮本作：原憲。

〔七〕謨　朝鮮本此下增一節小字：家語弟子解篇載：「仲弓、伯牛之族，生於不肖之父，以德行著名也。」

〔八〕此説　朝鮮本此下增「雖」字。

〔九〕大者苟立雖小未純人所不棄也　朝鮮本作：大者既立，則其小者所不棄也。

〔一〇〕今日自好　萬曆本「自」作「有」，連下讀。

〔一一〕何必要回互　朝鮮本此下增：若不能改過，徒與回互，反益其惡爾，至伊川卻不回互。

〔一二〕問三月不違仁　朝鮮本「仁」下有一百四十一字：「心猶穀種也，仁猶生理也，生理所以爲穀種之妙，穀種所以爲生理之舍，實非二物也。故曰『仁者心之德』，言心之得乎？此理無有虧欠也。若無私欲，則一心之中生理流行，無有止息。回心三月不違仁者，其久矣。過此只是聖人無有間斷，其餘門人或日一至，或月一至。蓋此心或在或亡，至者自外而至。此理本在内而爲一身之主，今自外至，若爲客然，言至而不能久也。」

〔一三〕問三月不違仁　朝鮮本此下增「如何」二字。

〔一四〕去僞　朝鮮本作：祖道謨録同。

〔一五〕問如何是日至月至　朝鮮本問句作：寓問：「回也其心三月不違仁云云，如何是日至月至？」

〔一六〕寓　朝鮮本作：賀孫。

〔一七〕所謂仁也　朝鮮本此下增一節：天生斯人，皆有些德，然自外物有以觸其形，其中動而其情始生，既有此情則私欲由之，而長終有私欲便是此心雜了，其他物事終是雜了，其他物事則所謂渾全者便爲有欠缺，終是有些子欠缺，便不是本來道理而爲不仁矣。顔子所以平日用工於非禮勿視、聽、言、動者，所以禁絶此私意也，惟其用工，切近而縝密，如此故其用力之至，至於無纖毫私欲，少有間斷而所謂渾全者，不違於心，至於如此之久也。

〔一八〕張子云云云　朝鮮本作：張氏内外賓主之辨。

〔一九〕如　朝鮮本此上增「回也其心三月不違仁，其餘則日月至焉而已矣。且」。

〔二〇〕橫渠云云　「云云」二字，朝鮮本作四十字：「云：『始學之要當知三月不違與日月至焉、內外賓主之辨，使心意勉勉循循而不能已。過此幾非在我者』。」

〔二一〕伊川　朝鮮本「伊川」上增：回也其心三月不違仁，其餘則日月至焉而已矣。

〔二二〕伊川言不違是無纖毫私欲　「無」原作「有」，據朝鮮本改。

〔二三〕問　朝鮮本作：節問。

〔二四〕曰　朝鮮本作：節對云。

〔二五〕問　朝鮮本作：節問。

〔二六〕問　朝鮮本作：節復問。

〔二七〕問　朝鮮本作：節問。

〔二八〕至説　朝鮮本此下增小字「悦」。

〔二九〕橫渠説　朝鮮本此下增「始學之要，當知三月不違與日月至焉」。

〔三〇〕不違者是在内至焉者是自外來　朝鮮本作：不違者，是内；至焉者，是外。

〔三一〕謙之　朝鮮本末尾記作：希遜。

〔三二〕問橫渠内外之説　朝鮮本問句作：問：「三月不違仁，與日月至焉而已矣。橫渠有内外之説，如何？」

〔三三〕日月至焉　朝鮮本此下增「其餘則」三字。

〔三四〕儒用　朝鮮本作：元秉。

〔三五〕問内外賓主之辨　朝鮮本「問」下有二十七字：「張子謂『始學之要，當知三月不違與日月至焉，内外賓主之辨』。如何是」。

〔三六〕雖不用　朝鮮本此下增「工」字。

〔三七〕或用張子幾非在我者　朝鮮本問句作：或問：「張子『幾非在我者』一句如何看？」

〔三八〕問幾非在我之義　朝鮮本問句作：問：「横渠先生云『所謂心意勉勉循循，而不能已過。此幾非在我者，不審幾非在我之義』，是如何？」

〔三九〕幾非在我者　朝鮮本此下增「意義」二字。

〔四〇〕問過此幾非在我者　朝鮮本問句作：問「横渠言始學者當知三月不違，與日月至焉，内外之辨，使心意勉勉循循，過此幾非在我者，是如何？」

〔四一〕問何謂幾非在我者　朝鮮本問句作：問：「始學之要，當知三月不違與日月至焉，内外賓主之辨，使心意勉勉循循，而不能已，過此幾非在我者，何謂幾非在我者。」

〔四二〕過　朝鮮本段首增：「『三月不違仁，則主有時而出』，『日月至焉，則實有時而入。』」

〔四三〕拱壽　朝鮮本作：仁。對比成化本與朝鮮本内容，疑此前脱字，或爲「壽仁」二字。

〔四四〕子升問過此幾非在我莫是過此則聖人之意否　朝鮮本問句作：子升兄問：「回也三月不違

仁，横渠云『過此幾非在我』，莫是過此到聖人之意否？」

〔四五〕過　朝鮮本「過」上增「横渠説」三字。

〔四六〕自要住不得　朝鮮本「住」下重一「住」字。

〔四七〕問　朝鮮本作：寓問。

〔四八〕問不違仁　朝鮮本「不」上有二十一字：「伊川解『三月不違仁』，得一善則拳拳服膺而弗失。看見」。

〔四九〕問　朝鮮本作：寓問。

〔五〇〕看　朝鮮本「看」上增「寓」字。

〔五一〕伊川　朝鮮本「伊川」上增「子曰『回也其心三月不違仁』一章」。

〔五二〕曰賓否　朝鮮本「賓」下有「未審然」三字。

〔五三〕榦　朝鮮本此下增一節小字：易傳曰：「此未能不勉而中，所欲不逾矩，是有過也。然其明而剛，故一有不善，未嘗不知，既知，未嘗不遽改，故不至於悔，乃不遠復也。」

〔五四〕問　朝鮮本作：寓問。

〔五五〕求之藝可得而聞否　朝鮮本「求」上有十八字：「季康子問仲由從政，由之果、賜之達可見，不知」。

〔五六〕今從呂説　「今」字原爲空格，據朝鮮本、萬曆本補。

〔五七〕范氏惟説三子之失 「失」原作「夫」，據朝鮮本、萬曆本改。下「未須説失處」之「失」字同。

〔五八〕就 朝鮮本作：非。

〔五九〕不必至 朝鮮本作：必不至。

〔六〇〕第 朝鮮本段首增一節：謝氏曰：學者能知内外之分，則皆可以樂道而忘勢，況閔子親得聖人爲之依歸，彼其視季氏不義之富貴，不啻犬彘，又從而臣之，豈其心哉？下文推得亦穩。右。

〔六一〕伯牛有疾章 「牛」原作「午」，據朝鮮本、萬曆本改。

〔六二〕只顔子平日所學之事是矣 「學」，朝鮮本作「樂」。

〔六三〕做樂 朝鮮本此下增小字：「明道曰：『百官萬務，金革百萬之衆，曲肱飲水，樂亦在其中。』觀它有扈游山詩，是甚麽次第！」淳説：「明道那時未有年齒。」曰：「亦是他自有個見成底樂。」淳。

〔六四〕讀 朝鮮本「讀」上增「近」字。

〔六五〕自用書説甚 朝鮮本作：何用書説甚底。

〔六六〕豈不大有可樂 朝鮮本「樂」下有二十字：「故顔子雖貧，處之泰然，不以貧窶而害此心之樂也」。

〔六七〕南升 朝鮮本作「畓」。

〔六八〕道理　朝鮮本作：天理。

〔六九〕自然　朝鮮本作：不然。

〔七〇〕呈回也不改其樂與樂在其中矣一段問目　朝鮮本作：讀「回也不改其樂」與「樂在其中矣」一段。

〔七一〕義剛　朝鮮本作：夔孫。

〔七二〕蓋形骸雖是人　「骸」原作「骵」，據朝鮮本、萬曆本改。

〔七三〕顔子是工夫到那裏了　「夫」原作「未」，據朝鮮本改。

〔七四〕問　朝鮮本作：節問。

〔七五〕問　朝鮮本作：道夫問。

〔七六〕竊　朝鮮本「竊」上增：道夫。

〔七七〕寓　朝鮮本作：賀孫。

〔七八〕叔器　朝鮮本作：胡叔器。

〔七九〕今却去索之於杳冥無朕之際你去何處討將次思量得人成病　朝鮮本作：將次思量得人成病，皆只由索之於杳冥無朕之際，作去何處討這樂處！

〔八〇〕問　朝鮮本作：初八日，留四洲之驛舍，蓋卿問。

〔八一〕豈非　朝鮮本「豈」上增：蓋卿以爲。

〔八二〕不自知也　朝鮮本此下增：以此而言，未知是否？

〔八三〕但熟後便樂也　朝鮮本此則語録少異，作：問「伊川説顔子非樂道」。蓋謂非以道爲樂，到底所樂只是道，蓋非道與我爲二物，但熟後便樂也。祖道。

〔八四〕伊川　朝鮮本「伊川」上增：顔子樂道。

〔八五〕使顔子而樂道　「而樂道」，朝鮮本作「以道爲樂而樂之」。

〔八六〕伊川　朝鮮本「伊川」上增：顔子不改其樂。

〔八七〕自然至此　朝鮮本「此」下有小字注「辛」。

〔八八〕問　朝鮮本作：節問。

〔八九〕通書　朝鮮本此上增「周子」二字。

〔九〇〕明道　朝鮮本「明道」上增「『子曰賢哉回也』一章」。

朱子語類卷第三十二

論語十四

雍也篇三

冉求曰非不説子之道章

問：「力不足者〔一〕，非干志否？」曰：「雖非志，而志亦在其中。所見不明，氣質昏弱，皆力不足之故。冉求乃自畫耳。力不足者，欲爲而不能爲；自畫者，可爲而不肯爲。」寓。

「『力不足者，中道而廢』。廢，是好學而不能進之人，或是不會做工夫，或是材質不可勉者。『今女畫』。畫，是自畫，乃自謂材質不敏而不肯爲學者。」必大。

「中道而廢，與半途而廢不同。半途是有那懶而不進之意；中道是那只管前去，中道力不足而止。他這中道説得好。」高。

問冉求自畫。曰：「如駑駘之馬，固不可便及得騏驥，然且行向前去，行不得死了，没奈何。却不行，便甘心説行不得，如今如此者多。」問：「自畫與自棄如何？」曰：「也只是一般。只自畫是就進上説，到中間自住了；自棄是全不做。」賀孫。

「伊川曰：『冉求言：「非不説子之道，力不足也。」夫子告以爲學爲己，未有力不足者。所謂力不足者，乃中道而自廢耳。今汝自止，非力不足也。』自廢與自止，兩「自」字意不同。自廢則罪不在己，自止乃己之罪。謝氏曰：『欲爲而不能爲，是之謂力不足；能爲而不欲爲，是之謂畫。以畫爲力不足，其亦未知用力與！使其知所以用力，豈有力不足者？其亦未知説夫子之道與！使其知説夫子之道，豈肯畫也。』第〔二〕十一章凡六説。伊川、謝氏之説，范氏、楊氏之説，亦正，但無甚緊切處。吕氏發明伊川之説，以中道而廢作『不幸』字，甚親切；『廢』字作『足廢』，大鑿。不知伊川只上一『自』字，便可見。尹氏用伊川之説，但於『廢』字上去一『自』字，便覺無力。」曰：「伊川兩『自』字恐無不同之意。觀其上文云『未有力不足者』，則是所謂力不足者，正謂其人自不肯進爾，非真力不足也。此説自與本文不合，而來説必令牽合爲一，故失之耳。謝氏與伊川不同，却得本文之意〔三〕。」榦。

子謂子夏曰章

問：「『汝爲君子儒，無爲小人儒』。君子於學〔四〕，只欲得於己；小人於學〔五〕，只欲見知於人〔六〕。」曰：「今只就面前看便見。君子儒、小人儒，同爲此學者也。若不就己分上做工夫，只要説得去，以此欺人，便是小人儒。」南升。

問孔子誨子夏勿爲小人儒。曰：「子夏是個細密謹嚴底人，中間忒細密，於小小事上不肯放過，便有委曲周旋人情、投時好之弊，所以能流入於小人之儒也。子游與子夏絶不相似。子游高爽疏暢，意思闊大，似個蕭散底道人。觀與子夏爭『灑掃應對』一段可見。如爲武城宰，孔子問：『女得人焉爾乎？』他却説個澹臺滅明。及所以取之，又却只是『行不由徑，未嘗至於偃之室』兩句，有甚干涉？可見這個意思好。他對子夏説：『本之則無，如之何？』它資禀高明，須是識得這些意思，方如此説。」又問：「子張與子夏亦不同。」曰：「然。子張又不及子游。子游却又實。子張空説得個頭勢太大了，裏面工夫都空虚，所以孔子誨之以『居之無倦，行之以忠』，便是救其病。子張較聒噪人，愛説大話而無實〔七〕。」

問〔八〕：「謝氏説：『子夏之學雖有餘，意其遠者、大者或昧焉。』子張篇中載子夏言語如此，豈得爲『遠者、大者或昧』？」曰：「上蔡此説，某所未安。其説道子夏專意文學，未見個遠大處，看只當如程子『君子儒爲己，小人儒爲人』之說。」問：「或以夫子教子夏爲大儒，毋爲小儒，如何？」曰：「不須說子夏是大儒小儒，且要求個自家使處。聖人爲萬世立言，豈專爲子夏設？今看此處，正要見得個義與利分明。人多於此處含糊去了，不分界限。君子儒上達，小人儒下達，須是見得分曉始得，人自是不覺察耳。今自道已會讀書、看義理，做文章，便道別人不會；自以爲說得行，便謂强得人，此便是小人儒。毫釐間便分君子小人，豈謂子夏？決不如此。」問：「五峰言：『天理人欲，同體而異用，同行而異情。』先生以爲『同體而異用』說未穩，是否？」曰：「亦須是實見此句可疑，始得。」又曰：「今人於義利處皆無辨，只恁鶻突去。是須還他是；不是還他不是。若都做得是，猶自有淺深，況於不是？」寓。集義。

「第十二章凡五說〔九〕，今從謝氏之說。伊川、尹氏以爲爲人爲己，范氏以爲舉內徇外，治本務末，楊氏以義利爲君子小人之別，其說皆通。而於淺深之間，似不可不別。竊謂小人之得名有三，而爲人爲利，徇外務末，其過亦有淺深。蓋有直指其爲小人者，此人也其陷溺必深。有對大人君子而言者，則特以其小於大人君子而得是名耳，與溺者不同。雖均於爲人爲利，均於徇外務末，而過則有淺深也。夫子告子夏以『無爲小人儒』，乃對君子大人而小者耳。若只統說，則與世俗之真小人者無異，尚何以儒爲哉？」曰：「伊川意可包衆說。小人固有等第，然此章之意却無分別。」榦〔一〇〕。

子游爲武城宰章

「聖人之言寬緩，不急迫。如『焉爾乎』三個字，是助語。」節。

問「子游爲武城宰」章〔一一〕。曰：「公事不可知。但不以私事見邑宰，意其鄉飲、讀法之類也。」南升。

問〔一二〕：「楊氏曰：『爲政以人才爲先。如子游爲武城宰，縱得人，將焉用之？』似説不通。」曰：「古者士人爲吏，恁地説，也説得通。更爲政而得人講論，此亦爲政之助。恁地説，也説得通。」節。

問〔一三〕：「集注取楊氏説云：『觀其二事之小，而正大之情可見矣。』」曰：「看這氣象，便不恁地猥碎。」問：「非獨見滅明如此，亦見得子游胸懷也恁地開廣，故取得這般人。」曰：「子游意思高遠，識得大體。」問：「與琴張、曾晳、牧皮相類否？」曰：「也有曾晳氣象。如與子夏説：『抑末也，本之則無，如之何！』此一着固是失了，只也見得這人是曠闊底。人如問孝，則答以『今之孝者，是謂能養；不敬，何以別？』見得他於事親愛有餘而敬不足。又如説『事君數，斯辱矣；朋友數，斯疏矣』，與『喪至乎哀而止』，亦見得他不要如此苦切。〔一四〕子之武城，聞絃歌，子游舉『君子學道愛人』等語，君子是大人，小人是小民。昨日丘子服出作論題，皆曉不得子游意。謂君子學道，及其臨民則愛民；小民學道，則知分知禮，而服事其上。所以絃歌教武城，孔子便説他説得是。這也見子游高處。」賀孫問：「檀弓載子游、曾子語，多是曾子不及子游。」曰：「人説是子游弟子記，故子游事詳。」問：「子游初間甚高，如何後來却不如曾子之守約？」曰：「守約底工夫實。如子游這般人，却怕於中間欠工夫。」問：「子謂子夏曰：『女爲君子儒，無爲小人儒。』看子夏煞緊小，故夫子恐其不見大道，於義利之辨有未甚明。」曰：「子游與子夏全相反。只子夏灑掃應對事，却自是切己工夫。如子夏促狹。如子游説：『抑末也，本之則無，如之何！』是他見得大源頭，故不屑屑於此。如孔子答問孝於子夏曰：『色難。』與子游全是兩樣。子夏能勤奉養，而未知愉色婉容之爲美。」賀孫。

問：「謝氏曰云云〔一五〕。右第十三章，凡五説。伊川兩説。伊川、尹氏解『行不由徑』作『動必從正道』，楊氏謂『直道而行』，皆是疑『行不由徑』爲非中理。竊意滅明之爲人未至成德，但有一節一行可取。如非公事不至偃室，自成德者觀之，此特其一行爾。而子游尚稱之，則『行不由徑』，亦但以其不欲速而遵大路可知也。伊川兩説，蓋權時者之事也。范氏乃就推人君説。」曰：「來説得之。」榦〔一六〕。

孟之反不伐章

問「孟之反不伐」。曰：「孟之反資禀也高，未必是學。只世上自有這般人，不要爭功。胡先生說：『莊子所載三子云：孟子反、子桑户、子琴張。子反便是孟之反。子桑户便是子桑伯子，「可也簡」底。子琴張便是琴張，孔子所謂「狂者」也。但莊子說得怪誕。』但他是與這般人相投，都自恁地没檢束。」賀孫。

立之問此章。曰：「人之矜伐，都從私意上來。才有私意，便有甚好事，也做不得。孟之反不伐，便是克、伐不行，與顏子無伐善、施勞底意思相似。雖孟之反別事未知如何，只此一節，便可爲法。人之私意多端。聖人所以言此者，正提起與人看，使人知所自克也。」時舉。

問：「凡人〔一七〕所以矜伐者，其病根在甚處？只爲有欲上人之心。才有欲上人之心，則人欲日長，天理日消，凡可以矜己夸人者，無所不至。故學者當去其欲上人之心，則天理自明矣〔一八〕。」曰：「欲上人之心，便是私欲。聖人四方八面提起向人說，只要人去得私欲。孟之反其他事不可知，只此一事，便可爲法也。」南升。

問：「孟之反不伐。人之伐心固難克，然若非先知得是合當做底事，則臨事時必消磨不去。諸葛孔明所謂『此臣所以報先帝而忠陛下之職分也』。若知凡事皆其職分之所當爲，只看做得甚麽樣大功業，亦自然無伐心矣。」曰：「也不是恁地。只是個心地平底人，故能如此。若使其心地不平，有矜伐之心，則雖十分知是職分之所當爲，少間自是走從那一邊去，遏捺不下。少間便説，我却盡職分，你却如何不盡職分！便自有這般心。孟之反只是個心地平，所以消磨容〔一九〕得去。」僩。

讀「孟之反不伐」章，曰：「此與馮異之事不同。蓋軍敗以殿爲功，殿於後，則人皆屬目其歸。它若不恁地説，便是自承當這個殿後之功。若馮異乃是戰時有功，到後來事定，諸將皆論功，它却不自言也。」時舉。

問：「呂氏謂人之不伐，能不自言而已。孟之反不伐，則以言以事自揜其功，加於人一等矣。第十四章凡六説，今從呂説。范、楊、侯、尹論其謙讓不伐，只統説大綱，於聖人所稱孟之反之意有未盡，不如呂氏説得『馬不進也』之意出。謝氏説學者事甚緊切，於本文未密。」曰：「若不自揜，即是自居其功矣。恐不必如呂氏説。」榦〔二〇〕。

不有祝鮀之佞章

問此章〔二一〕。曰：「此孔子歎辭也。言衰世好諛悦色，非此不能免，蓋深傷之。當只從程先生之說。」謨。

「第〔二二〕十五章凡七說。伊川三說。今從伊川此說。伊川第二、第三說，吕、范、尹之說，皆一意，與伊川第一說同。范氏曰：『有朝之令色，無鮀之巧言，猶難免於當世。』據范氏主意，乃在疾時之好佞，故曰『猶難免於當世』。非加一『猶』字，則其説不通，文意恐不如此。謝氏曰：『善觀世之治亂者如此。』乃推説。侯氏曰：『「而」字，疑爲「不」字説。』恐未必是文錯，或文勢如此。」曰：「當從伊川説。」榦〔二三〕。

誰能出不由户章

「『誰能出不由户！』何故人皆莫由此道也？」振。

問「何莫由斯道也」。曰：「但才不合理處，便是不由道。」

問：「吕氏曰：『出而不能不由户，則何行而非達道也哉！』楊氏曰：『道無適而非也，孰不由斯乎？猶之出必由户也，百姓日用而不知耳。』尹氏曰：『道不可離，可離非道，猶出入必由户也。』第〔二四〕十六章凡六説，今從吕、楊、尹之説。伊川、范氏、謝氏皆正。但伊川『事必由其道』一句未粹，范、謝説稍寬。」曰：「此言人不能出不由户，何故却行不由道？怪而歎之之辭也。伊川雖不如此説，然『事必由其道』一句，不見其失，不可輕議，更宜思之。」榦。

質勝文則野章

「史，掌文籍之官。如『二公及王乃問諸史』，并周禮諸屬，各有史幾人。如内史、御史，皆掌文籍之官。秦有御史大夫，亦掌制度文物者也。」僩。

「『質勝文則野，文勝質則史』，是不可以相勝。纔勝，便不好。龜山云：『則可以相勝。』『則』字怕誤，當作『不』字。」賀孫。

「夫子言『文質彬彬』，自然亭當恰好，不少了些子意思。若子貢『文猶質，質猶文』，便說得偏了。」端蒙。

問：「伊川曰：『君子之道，文質得其宜也。』范氏曰『凡史之事』云云〔二五〕。第十七章凡七說，今從伊川、范氏之說。伊川第二說，吕氏說論『史』字，皆通。謝氏專指儀容說，恐未當。大綱且論文質，故有野與史之别。若專以爲儀容，則說『史』字不通，史無與儀容事。楊氏自『質之勝文』以下，皆推說，與本文不類。尹氏曰：『史文勝而理不足。』『理』字未安。如此，則野可謂之理勝也。既謂之勝，則理必不足。野與史，皆可謂之理不足也。」曰：「史既給事官府，則亦習於容止矣。謝說之失不在此。却是所說全以觀人爲言，無矯揉着力處，失却聖人本旨。楊說推得却有功。『文勝則理不足』，亦未有病。野，固理勝而文不足也。」榦。

人之生也直章

「生理本直。人不爲直，便有死之道，而却生者，是幸而免也。」夔孫。

「『罔之生也』之『生』〔二六〕，與上面『生』字微有不同。此『生』字是生存之『生』。人之絶滅天理，便是合死之人。今而不死，蓋幸免也。」人傑。

或問「人之生也直」。曰：「人之生，元來都是直理。罔，便是都背了直理。當仁而不仁，當義而不義，皆是背了直理。既如此，合是死。若不死時，便是幸而免。」燾。

「天地生生之理，只是直。纔直，便是有生生之理。不直，則是枉天理，宜自屈折也，而亦得生，是幸而免耳。如木方生，須被折了，便不直，多應是死。到得不死，幸然如此。」賀孫。

問「人之生也直」〔二七〕。曰：「『生理本直。』順理而行，便是合得生；若不直，便是不合得生，特幸而免於死耳。」亞夫問：「如何是『生理本直』？」曰：「如父子，便本有親；君臣，便本有義。」南升。

「『人之生也直』，如飢食渴飲，是是非非，本是曰直，自無許多周遮。如『敬以直内』，只是要直。」又曰：「只看『生理本直』四字。時舉録云：「只玩味此四字，便自有味。」如見孺子入井，便自有怵惕之心。時舉録云：「即便是直。」見不義底事，便自有羞惡之心。是本有那個當爲之理。若是内交要譽，便是不直。」時舉録云：「才有内交要譽之意，便是曲了。」〔一八〕

林恭甫說「生理本直」未透。曰：「如水有源便流，這只是流出來，無阻滯處。如見孺子將入井，更有個惻隱之心。見一件可羞惡底事，便有個羞惡之心。這都是本心自然恁地發出來，都遏不住。而今若順這個行，便是。若是見入井後不惻隱，見可羞惡而不羞惡，便是拗了這個道理，這便是罔。」義剛。

「罔，只是脱空作僞，做人不誠實，以非爲是，以黑爲白。如不孝於父，却與人說我孝；不弟於兄，却與人說我弟，此便是罔。據此等人，合當用死，却生於世，是幸而免耳。『生理本直』，如耳之聽，目之視，鼻之嗅，口之言，心之思，是自然用如此。若纔去這裏着些屈曲支離，便是不直矣。」又云：「凡人解書，只是這一個粗近底道理，不須别爲高遠之說。如云不直，只是這個不直。却云不是這個不直，别有個不直，此却不得。所謂淺深者，是人就這明白道理中，見得自有粗細。不可說這說是淺底，别求一個深底。若論不直，其粗至於以鹿爲馬，也是不直；其細推至一念之不實，惡惡不『如惡惡臭』，好善不『如好好色』，也是不直。只是要人自就這個粗說底道理中，看得越向裏來教細耳，不是别求一樣深遠之說也。」僩。

問〔二九〕：「或問云：『上「生」字爲始生之生，下「生」字爲生存之生。雖若不同，而義實相足。』何也？」曰：「後日生活之生，亦是保前日之生。所以人死時，此生便絶。」節。

問：「明道云：『「民受天地之中以生」，「天命之謂性」也。「人之生也直」，亦是此意。』莫微有差別否？」曰：「如何有差別！便是這道理本直。孔子却是爲欲説『罔之生也』，所以説個『直』字，與『民受天地之中』義理一般。」僩。義集。

問：「伊川曰：『人類之生，以直道也；欺罔而免者，幸耳。』謝氏曰云云〔三〇〕。第十八章凡九説，楊氏兩説。今從伊川、謝氏之説。明道曰：『生理本直。』范氏曰：『人之性善，故其生直。』尹氏曰：『直，性也。』此三説者，皆以『生』字作始生之生，未安。據此章，正如禮所謂『失之者死，得之者生』，乃生存之生。若以爲生本直，性本直，則是指人之始生言之〔三一〕。人之始生，固可謂之直，下文又不當有始生而罔者。下句若作生存之『生』，則上句不應作始生之『生』。横渠解『幸而免』，似鑿。本文上句却無吉凶莫非正之意。吕氏曰：『罔，如綱，無常者也。』『罔』字，只對『直』字看便可見，似不必深説。游氏雖説有未盡〔三二〕，大綱亦正。楊氏曰：『人者，盡人道者。』其意以『人』字作一重字解，似對『罔』字言之，未當。『人』字只大綱説。第二説大略。」曰：「此兩『生』字，上一字是始生之『生』，下一字是生存之『生』。當以明道之説求之，則得之矣。」榦。

知之者不如好之者章

「『知之者不如好之者。』人之生，便有此理。然被物欲昏蔽，故知此理者已少〔三三〕。好之者是知之已至，分明見得此理可愛可求，故心誠好之〔三四〕。樂之者是好之已至，而此理已得之於己。凡天地萬物之理皆具足於吾身，則樂莫大焉。知之者，如五穀之可食；好之者，是食而知其味；樂之者，是食而飽。」南升。

問：「若是真知，安得不如好之？若是真好，安得不如樂之？」曰：「不説不是真知與真好，只是知得未極至，好得未極至。如數到九數，便自會數過十與十一去；數到十九數，便自會數過二十與二十一去。不着得氣力，自然如此。若方數得六、七，自是未易過十；數得十五，自是未易過二十數，這都是未極至處。如行到福州，須行到福州境界極了，方到興化界；這邊來，也行盡福州界了，方行到南劍界。若行未盡福州界，自是未到得別州境界。〔三五〕『樂則生矣，生則惡可已』也。」賀孫。

問：「明道曰：『篤信好學，未如自得之樂。好之者，如游他人園圃；樂之者，則已物耳。然只能信道，亦是人之難能也。』伊川曰：『非有所得，安能樂之？』又曰：『知之者，在彼，而我知之也；好之者，雖篤，而未能有之；至於樂之，則爲己之所有。』第十九章凡七說，伊川三說。今從明道、伊川之說。伊川第二說，推說教人事，曰：『知之必好之，好之必求之，求之必得之。古人此個學，是終身底事。果能造次顛沛必於是，豈有不得之理？』范氏曰『樂則生矣』，吕氏亦曰『樂則不可已』，皆推説樂以後事。若原其所以樂，則須如伊川之說。吕氏曰：『知之則不惑。』據此章『知』字，只謂好學者耳，未到不惑地位，其説稍深。楊氏曰：『「夫婦之愚，可以與知焉」，則知之非艱矣。』此說『知』字又太淺。人而知學者亦不易得。夫婦之知，習之而不察者耳，未足以爲知。二説正相反，吕氏過，楊氏不及。謝氏曰：『樂則無欣厭取捨。』謂之無厭無捨則可，若謂之無所欣、無所取，則何以謂之樂？尹氏大綱與伊川同意，但以『安』字訓『樂』字，未緊。」曰：「所論『知』字，甚善。但此亦謂知義理之大端者耳。謝說大抵太過。」榦。

中人以上章

叔器問：「中人上下是資質否？」曰：「且不粧定恁地。或是他工夫如此，或是他資質如此。聖人只說『中人以上』、『中人以下』時，便都包得在裏面了。聖人說『中人以下』，不可將那高遠底說與它，怕它時下無討頭處。若是就它地位說時，理會得一件，便是一件，庶幾漸漸長進，一日强似一日，一年强似一年。不知不覺，便也解到高遠處。」義剛。

問〔三六〕：「聖人教人，不問智愚高下，未有不先之淺近，而後及其高深。今中人以上之資，遽以上焉者語之，何也？」曰：「他本有這資質，又須有這工夫，故聖人方以上者語之。今人既無這資質，又無這工夫，所以日趨於下流。」寓。

正淳問：「『中人以下，不可以語上』，是使之下學而未可語以上達否？」曰：「如此，則下學、上達分而爲二事矣。況上達亦如何說得與他！須是待他自達。此章只是說智識未理會得此義理者，語之無益爾。」必大。

行夫問此章。曰：「理只是一致。譬之水，也有把與人少者，有把與人多者。隨其質之高下而告之，非謂理有二致也。」時舉。

或說此一段。曰：「正如告顏淵以『克己復禮』，告仲弓以『持敬行恕』，告司馬牛以言之訒。蓋清明剛健者自是一樣，恭默和順者自是一樣，有病痛者自是一樣，皆因其所及而語之也。」僩。

問：「謝氏既以分言，又以操術言，豈非謂貴賤異等，執業不同，故居下者不可語之以向上者之事否？」曰：「也只是論學術所至之淺深而已。」必大。集義。

問：「明道曰：『上智高遠之事，非中人以下所可告，蓋踰涯分也。』橫渠曰云云〔三七〕。

此説得之呂監廟所編，其説似正，不知載在何集録。第〔三八〕二十章凡六説。伊川兩説。横渠説在外。伊川第二説曰：『「中人以上」，「中人以下」，皆謂才也。』第一説與尹氏之説同。此意謂之才者，以爲禀受然爾。楊氏亦曰：『有中人上下者，氣禀異也。』此三説皆以其上、中、下爲係所禀受。范氏則曰：『由學與不學故也。』謝氏亦曰：『特語其操術淺深，非不移之品。』此二説，又以其上、中、下爲係於學術。五説正相反。據本文，只大綱論上、中、下，初未嘗推原其所以然也。若推原其所以然，則二者皆有之。或以其禀受不同，或以其學術有〔三九〕異，不可偏舉。」曰：「伊川第二説，已具二者之意矣。」榦。

樊遲問知章

問：「『務民之義，敬鬼神而遠之』，諸家皆作兩事説〔四〇〕。」曰：「此兩句恐是一意。民者，人也；義者，宜也。如詩所謂『民之秉彝』，即人之義也。此則人之所宜爲者，不可不務也。此而不務，而反求之幽冥不可測識之間，而欲避禍以求福，此豈謂之智者哉！『先難後獲』，即仲舒所謂『仁人明道不計功』之意。呂氏説最好，辭約而義甚精〔四一〕。」去僞。

問：「樊遲問知，當專用力於人道之所宜，而不惑於鬼神之不可知，此知者之事也。若不務人道之所宜爲，而褻近鬼神，乃惑也。須是敬而遠之，乃爲知。『先難而後獲』，謂先其事之所難，而後其效之所得，此仁者之心也。若方從事於克己，而便欲天下之歸仁，則是有爲而爲之，乃先獲也。若有先獲之心，便不可以爲仁矣。」曰〔四二〕：「何故有先獲之心，便不可以爲仁？」曰：「方從事於仁，便計較其效之所得，此便是私心。」曰：「此一句説得是〔四三〕。克己〔四四〕，正是要克去私心，又却計其效之所得，乃是私心也。只此私心，便不是仁。」又曰：「『務民之義』，只是就分明處用力，則一日便有一日之效。不知『務民之義』，褻近鬼神，只是枉費心力。今人褻近鬼神，只是惑於鬼神，此之謂不知，如臧文仲居蔡。古人非不用卜筮，今乃褻瀆如此，便是不知。呂氏『當務之爲急』，説得好；『不求於所難知』一句，説得鶻突。」南升。

問：「『敬鬼神而遠之』，莫是知有其理，故能敬；不爲他所惑，故能遠？」曰：「人之於鬼神，自當敬而遠之。若見得那道理分明，則須著如此。如今人信事浮圖以求福利，便是不能遠也。又如卜筮，自伏羲、堯、舜以來皆用之，是有此理矣。今人若於事有疑，敬以卜筮決之，有何不可？如義理合當做底事，却又疑惑，只管去問於卜筮，亦不能遠也。蓋人自有人道所當爲之事。今若不肯自盡，只管去諂事鬼神，便是不智。」因言：「夫子所答樊遲問仁知一段，正是指中間一條正當路與人。人於所當做者〔四五〕，却不肯去做；才去做時，又便生個計獲之心，皆是墮於一偏。人能常以此提撕，則心常得其正矣。」廣。

問「敬鬼神而遠之」。曰：「此鬼神是指正當合祭祀者。且如宗廟山川，是合當祭祀底，亦當敬而不可褻近泥着。才泥着，便不是。且如卜筮用龜，所不能免。臧文仲却爲山節藻棁之室以藏之，便是不智也。」銖。

問：「『敬鬼神而遠之』，如天地山川之神與夫祖先，此固當敬。至如世間一種泛然之鬼神，果當敬否？」曰：「他所謂『敬鬼神』，是敬正當底鬼神。『敬而遠之』，是不可褻瀆、不可媚。如卜筮用龜，此亦不免。如臧文仲山節藻棁以藏之，便是媚，便是不知。」節。

問：「程子說鬼神，如孔子告樊遲，乃是正鬼神。如說今人信不信，又別是一項，如何滚同說？」曰：「雖是有異，然皆不可不敬遠。」可學。

「『先難後獲』，只是無期必之心。」時舉。

問「仁者先難而後獲」。曰：「獲，有期望之意。學者之於仁，工夫最難。但先爲人所難爲，不必有期望之心可也。」去僞〔四六〕。

「只是我合做底事，便自做將去，更無下面一截。才有計獲之心，便不是了。」愷。

「『先難後獲』，仁者之心如是，故求仁者之心亦當如是。」

「須『先難而後獲』。不探虎穴，安得虎子！須是捨身入裏面去，如搏寇讎，方得之。若輕輕地說得，不濟事。」方子。

問：「『仁者先難而後獲』。難者，莫難於去私欲。私欲既去，則惻然動於中者，不期見而自見。」曰：「仁畢竟是個甚形狀？」曰：「仁者與天地萬物爲一體。」曰：「此只是既仁之後，見得個體段如此。方其初時，仁之體畢竟是如何？要直截見得個仁底表裏。若不見它表裏，譬猶此屋子，只就外面貌得個模樣，縱說得着，亦只是籠罩得大綱，不見屋子裏面實是如何。須就中實見得子細，方好。」又問：「就中間看，只是惻然動於中者，無所係纍昏塞，便是否？」曰：「此是已動者。若未動時，仁在何處？」曰：「未動時流行不息，所謂那活潑潑底便是。」曰：「諸友所說仁，皆是貌模。今且爲老兄立個標準，要得就這上研磨，將來須自有個實見得處。譬之食糖，據別人說甜，不濟事。須是自食，見得甜時，方是真味。」大雅。

或問此章。曰：「常人之所謂知，多求知人所不知。聖人之所謂知，只知其所當知而已。自常人觀之，此兩事若不足以爲知。然果能專用力於人道之宜，而不惑於鬼神之不可知，却真個是知。」燾。集注。

問集注「仁之心，知之事」。曰：「『務民之義，敬鬼神』，是就事上說。『先難後獲』，是就處心積慮處說。『仁』字說較近裏，『知』字說較近外。」夔孫。

叔器問集注心與事之分。曰：「這個有甚難曉處？事，便是就事上說；心，便是就裏面說。『務民之義，敬鬼神而遠之』，這是事。『先難後獲』，這是仁者處心如此。事也是心裏做出來，但心是較近裏說。如一間屋相似，說心底是那房裏，說事底是那廳上。」義剛。

問：「『仁者先難而後獲』，『後』字，如『未有義而後其君』之『後』否？」曰：「是。」又問：「此只是教樊遲且做工夫，而程子以爲仁，如何？」曰：「便是仁。這一般，外面恁地，然裏面通透，也無界限。聖人說話，有一句高、一句低底，便有界限。若是儱侗說底，才做得透，便是。如『克己復禮』，便不必說只是爲仁之事，做得透便是。又如『我欲仁，斯仁至矣』，才欲仁，便是仁。」因言：「先儒多只是言『後有所得』，說得都輕。淳録云：「『後』字說得輕了。」唯程先生說得恁地重，這便煞爭事說得有力。如『事君敬其事而後其食』、『先事後得』之類，皆是此例。」義剛言：「若有一毫計功之心，便是私欲。」曰：「是。」義剛。淳同〔四七〕。

問：「明道曰：『「先難」，克己也。』伊川曰：『以所難爲先，而不計所獲，仁也。』又曰：『民，亦人也。務人之義，知也。鬼神不敬，則是不知；不遠，則至於瀆。敬而遠之，所以爲知。』又曰：『有爲而作，皆先獲也，如利仁是也。古人惟知爲仁而已，今人皆獲也。』右第二十一章，凡七說，明道三說。伊川四說。今從明道、伊川之說。明道第一說曰：『民之所宜者，務之。所欲，與之聚之。』第三說亦曰：『「務民之義」，如項梁立義帝，謂從民望者是也。』伊川第一說亦曰：『能從百姓之所義者，知也。』尹氏用伊川說。此三說，皆以『務民之義』，作從百姓之所宜，恐解『知』字大寬。問知，而告以從百姓之所宜，恐聖人告樊遲者，亦不至如是之緩。竊意『民』字不當作『百姓』字解。只伊川第二説曰『民，亦人也』，似穩。所謂『知』者，見義而爲之者也。不見義，則爲不知。『務』，如『齊不務德』之『務』。然必曰『民之義』者，己亦民也。通天下只一義耳，何人我之別？所謂『務民之義』者，與務己之義無異。孟子曰『居天下之廣居』，則亦與己之廣居無異。故伊川謂『民，亦人也』，恐有此意。若以『民』字作『百姓』字解，復以『義』字作『宜』字，恐説『知』字太緩。伊川第三説鬼神事。范作『振民育德』，其説寬。振民之意，亦與明道、伊川從百姓之所宜之意同，皆恐未穩否。呂氏曰：『當務爲急，不求所難知。』似將『務民之義，敬鬼神而遠之』作一句解。看此兩句，正與『非其鬼而祭之〔四八〕，諂也。見義不爲，無勇也』相類。兩句雖連説，而文意則異。謝氏曰：『「敬鬼神而遠之」，知鬼神之情狀也。』伊川第三説似未須説到如此深遠，正以其推言之耳。楊氏曰：『樊遲學稼圃，務民之事而已，非義也。』莫非事也，而曰事而非義，則不可。但有義、不義之異，事與義本無異。」曰：「民之義，謂人道之所宜也，來説得之。但所謂『「居天下之廣居」，與己之廣居無異』，則天下只有此一廣居，何必更説無人我之異乎？呂氏説，詞約而義甚精。但伊川説『非其鬼而祭之』，兩説相連，却費力。若如范氏説，則可以相因矣。楊氏所引，本無意義，然謂事即是義，則不可。且如物，還可便謂之理否？」榦。

知者樂水章

胡問此章。曰：「聖人之言，有淺説底，有深説底，這處只是淺説。『仁』只似而今重厚底人，『知』似而今靈利底人，然亦在人看。」淳。義剛録云：「胡問：『仁是指全體而言否？』曰：『聖人説仁，固有淺深，這個也是大概説。』云云。」

正卿〔四九〕問：「『知者樂水，仁者樂山』，是以氣質言之，不知與『仁者安仁，知者利仁』，有高下否？」曰：「此『仁』、『知』二字，亦説得淺，不可與『安仁』、『利仁』較優劣。如中庸説『知仁勇』，這個『仁知』字，説得煞大。」賀孫。

問：「『知者樂水，仁者樂山』，是就資質上説，就學上説？」曰：「也是資質恁地。但資質不恁地底，做得到也是如此。這只説個仁、知地位，不消得恁地分。資質好底，固是合下便恁地，若是資質不好，後做得到時，也只一般。」義剛。

「『知者樂水，仁者樂山』，不是兼仁、知而言，是各就其一體而言。如『仁者見之謂之仁，知者見之謂之知』。」人傑問：「『樂』字之義，釋曰『喜好』。是知者之所喜好在水，仁者之所喜好在山否？」曰：「且看水之爲體，運用不窮，或淺或深，或流或激；山之安靜篤實，觀之儘有餘味。」某謂：「如仲尼之稱水曰：『水哉！水哉！』『子在川上曰：逝者如斯夫！』皆是此意否？舊看伊川説『非體仁、知之深者，不能如此形容之』，理會未透。自今觀之，真是如此。」曰：「不必如此泛濫。且理會樂水、樂山，直看得意思窮盡，然後四旁莫不貫通。苟先及四旁，却終至於與本説都理會不得也。」人傑。

子善問「知者樂水，仁者樂山」。曰：「看聖人言，須知其味。如今只看定『樂山』、『樂水』字，將仁知來比類，凑合聖言而不知味也。譬如喫饅頭，只喫些皮，元不曾喫餡，謂之知饅頭之味，可乎？今且以『知者樂水』言之，須要子細看這水到隈深處時如何，到峻處時如何，到淺處時如何，到曲折處時如何。地有不同，而水隨之以爲態度，必至於達而後已，此可見知者處事處。『仁者樂山』，亦以此推之。」洽。

「惟聖人兼仁知，故樂山、樂水皆兼之。自聖人而下，成就各有偏處。」

魏問此章〔五〇〕。曰：「此一章，只要理會得如何是仁，如何是知。若理會這兩個字通透，如動、靜等語自分曉。」賀孫。

問：「『知者動〔五一〕，仁者靜』，動是運動周流，靜是安靜不遷，此以成德之體而言也。若論仁知之本體，知則淵深不測，衆理於是而斂藏，所謂『誠之復』，則未嘗不靜；仁者包藏發育，一心之中，生理流行而不息，所謂『誠之通』，則未嘗不動〔五二〕。」曰：「知者動意思常多，故以動爲主；仁者靜意思常多，故以靜爲主。今夫水淵深不測，是靜也；及滔滔而流，日夜不息，故主於動。山包藏發育之意，是動也；而安重不遷，故主於靜。今以椀盛水在此，是靜也，畢竟它是動物。故知動仁靜，是體段模樣意思如此也，當以心體之便見。」南升。

問：「仁智動靜之說，與陰陽動靜之說同否？」曰：「莫管他陽動陰靜，公看得理又過了。大抵看理只到這處便休，又須得走過那邊看，便不是了。然仁主於發生，其用未嘗不動，而其體却靜。知周流於事物，其體雖動，然其用深潛縝密，則其用未嘗不靜。其體用動靜雖如此，却不須執一而論，須循環觀之。蓋仁者一身混然全是天理，故靜而樂山，且壽，壽是悠久之意；知者周流事物之間，故動而樂水，且樂，樂是處得當理而不擾之意。若必欲以配陰陽，則仁配春，主發生，故配陽動；知配冬，主伏藏，故配陰靜。然陰陽動靜，又各互爲其根，不可一定求之也。此亦在學者默而識之。」祖道。

或問：「『知者動，仁者靜。』如太極圖說，則知爲靜而仁爲動，如何？」曰：「且自體當到不相礙處，方是。」儒用録云：「觀書且就當下玩索文意，不須如此牽引，反生枝蔓。」良久，曰：「這物事直看一樣，横看一樣。儒用録云：「道理不可執着，且逐件理會。」子貢説學不厭爲知〔五三〕，教不倦爲仁。子思却言成己爲仁〔五四〕，成物爲知。仁固有安靜意思，然施行却有運用之意。」又云：「知是伏藏、祖録作「潛伏」。淵深底道理，至發出則有運用。然至於運用各當其理而不可易處，又不專於動。」人傑〔五五〕。

「仁靜知動。易中説『仁者見之』，陽也；『知者見之』，陰也。這様物事大抵有兩様。仁配春，知配冬。中庸説：『成己，仁也；成物，知也。』仁在我，知在物。孟子説：『學不厭，知也；教不倦，仁也。』又却知在我，仁在物。見得這様物事皆有動靜。」泳。

「仁知動靜。自仁之靜、知之動而言，則是『成己，仁也；成物，知也』。自仁之動、知之靜而言，則是『學不厭，知也；教不倦，仁也』。」恪。

「『仁者靜』，或謂寂然不動爲靜，非也。此言仁者之人，雖動亦靜也。喜怒哀樂，皆動也，仁者之人豈無是數者哉！蓋於動之中未嘗不靜也。靜，謂無人慾之紛擾，而安於天理之當然耳。若謂仁有靜而不動，則知者亦常動而不靜乎？」謨。

通老問：「仁知動靜，合二者如何？」曰：「何必合？此亦言其多耳。不成仁者便愚，知者便一向流蕩？要之，安靜中自有一個運動之理，運動中自有一個安靜之理方是。」可學。

「知便有個快活底意思，仁便有個長遠底意思。故曰：『知者樂，仁者壽。』」

問：「『知者樂水』一章，看這三截，却〔五六〕倒似動、靜是本體，山水是説其已發，樂、壽是指其效。」曰：「然。倒因上二句説到他本體上。『知者動』，然他自見得許多道理分明，只是行其所無事，其理甚簡；以此見得雖曰動，而實未嘗不靜也。『仁者靜』，然其見得天下萬事萬理皆在吾心，無不相關，雖曰靜，而未嘗不動也。動，不是恁地勞攘紛擾；靜，不是恁地塊然死守。這與『樊遲問仁知』章相連，自有互相發明處。」朱飛卿問是如何。曰：「專去理會人道之所當行，而不惑於鬼神之不可知，便是見得日用之間流行運轉，不容止息，胸中曉然無疑，這便是知者動處。心下專在此事，都無別念慮繫絆，見得那是合當做底事，只恁地做將去，是『先難後獲』，便是仁者靜。如今人不靜時，只爲一事至，便牽惹得千方百種思慮。這事過了，許多夾雜底却又在這裏不能得了。頭底已自是過去了，後面帶許多尾不能得了。若是仁者，逐一應去，便没事。一事至，便只都在此事上。」飛卿問：「先生初說『仁者樂山』，仁者是就成德上說；那『仁者先難後獲』，仁者是就初學上說。」曰：「也只一般，只有個生熟。聖賢是已熟底學者，學者是未熟底聖賢。」飛卿問：「『先難後獲』，意如何？」曰：「後，如『後其君，後其親』之意。『哭死而哀，非爲生者；經德不回，非以干禄；言語必信，非以正行』，這是熟底『先難後獲』，是得仁底人。『君子行法以俟命』，是生底『先難後獲』，是求仁底人。」賀孫問：「上蔡所說『先難，謂如射之有志，若跣之視地，若臨深，若履薄』，皆其心不易之謂。」曰：「說得是。先難是心只在這裏，更不做別處去。如上嶺，高峻處不能得上，心心念念只在要過這處，更不思量別處去。過這難處未得，便又思量到某處，這便是求獲。」賀孫。

問：「仁知動靜，集注說頗重疊。」曰：「只欠轉換了一個『體』字。若論來，仁者雖有動時，其體只自靜；知者雖有靜時，其體只自動。」賀孫。集注。

或問：「『動靜以體言』，如何？」曰：「『以體言』，是就那人身上說。」燾。

問：「『知者動』，集注以動爲知之體；『智者樂水』，又曰『其用周流而不窮』；言體、用相類，如何？」曰：「看文字須活着意思，不可局定。知對仁言，則仁是體，知是用。只就知言，則知又自有體、用。如『乾道成男，坤道成女』，豈得男便都無陰？女便都無陽？這般須相錯看。然大抵仁都是個體，知只是個用。」淳。

「知者動而不靜，又如何處動？仁者靜而不動，又死殺了。是則有交互之理。但學者且只得據見在看，便自見得不要如此紛紛也。所舉程子曰『非體仁知之深者，不能如此形容』，此語極好看。儘用玩味，不是常說。如『子語魯太師樂處』，亦云『非知樂之深者不能言』，皆此類也。極用子細玩味看！」明作。

「伊川『樂山、樂水』處，言『動靜皆其體也。』此只言體段，非對用而言。」端蒙。集義。

「『仁者壽』，是有壽之理，不可以顏子來插看。如『罔之生也幸而免』，罔亦是有死之理。」淳。

問謝氏仁知之說。曰：「世間自有一般渾厚底人，一般通曉底人，其終亦各隨其材有所成就。夫子以仁者、知者對而言之，誠是各有所偏。如曰『仁者安仁，知者利仁』，及所謂

『好仁者，惡不仁者』，皆是指言兩人。如孔門，則曾子之徒是仁者，子貢之徒是知者。如此章，亦只是泛說天下有此兩般人爾。」必大。

問：「伊川曰：『樂，喜好也。知者樂於運動，若水之通流；仁者樂於安靜，如山之定止。知者得其樂，仁者安其常也。』『樂喜』、『樂於』，恐皆去聲。又曰：『「知者樂」，凡運用處皆樂；「仁者壽」，以靜而壽。』又曰：『樂山、樂水，氣類相合。』范氏曰：『知者運而不息，故樂水；仁者安於山，故樂山。動則能和，故樂；動則自樂，恐不必將「和」作「樂」字。靜則能久，故壽。非深於仁、知者，不能形容其德。』右第二十二章凡七說，伊川四說。今從伊川、范氏之說。伊川第二說曰：『樂水樂山，與夫動靜，皆言其體也。』第三章亦曰：『動、靜，仁知之體也。』『體』字只作形容仁、知之體段則可，若作體用之體則不可。仁之體可謂之靜，則知之體亦可謂之靜。所謂體者，但形容其德耳。呂氏乃以爲『山水言其體，動靜言其用』，此說則顯然以爲體用之體。既謂之樂山樂水，則不專指體，用亦在其中。動可謂之用，靜不可謂之用。仁之用，豈宜以靜名之？謝氏曰：『自非聖人，仁、知必有所偏，故其趨向各異，則其成功亦不同也。』據此章，乃聖人形容仁、知以教人，使人由是而觀，亦可以知其所以爲仁、知也。謝氏以爲指仁、知之偏，恐非聖人之意。謝氏又曰：『以其成物，是以動；以其成己，是以靜。』楊氏曰：『利之，故樂水；安之，故樂山。利，故動；安，故靜。』竊謂聖人論德，互有不同。譬如論日，或曰如燭，或曰如銅盤。説雖不同，由其一而觀之，皆可以知其爲日。然指銅盤而謂之燭，指燭而謂之銅盤，則不可。聖人論仁、知，或以爲『成己、成物』，或以爲『安仁、利仁』，或以爲『樂山、樂水』，各有攸主，合而一之，恐不可也。游氏推説仁壽，尹氏問伊川，故不録。」曰：「所論體、用甚善。謝氏説未有病，但末後句過高〔五七〕，不實耳。『成己、成物』，『安仁、利仁』，『樂山、樂水』，意亦相通。如『學不厭，教不倦』之類，則不可强通耳。」榦。

校勘記

〔一〕力不足者　朝鮮本「力」上有十九字：「夫子告冉求云：『力不足者，中道而廢，今汝畫。』所謂。」

〔二〕第　朝鮮本此上增「右」字。

〔三〕意　朝鮮本作：説。

〔四〕君子於學　朝鮮本「君子」下有「儒」字，「君子」上有「儒學者之稱也」六字。

〔五〕小人於學　朝鮮本「小人」下有「儒」字。

〔六〕只欲見知於人　朝鮮本「人」下有二十三字：「子夏文學雖有餘，而爲己工夫有所未至，故夫子以是語之。」

〔七〕愛説大話而無實　朝鮮本「實」下有小字注「個」。

〔八〕問　朝鮮本作：寓問。

〔九〕第十二章凡五説　朝鮮本「第」上有一百零五字：「問：『子謂子夏曰女爲君子儒』一章，謝氏曰：『志於義則大，是以謂之君子；志於利則小，是以謂之小人。君子、小人之分，義與利之間也。然所謂利者，豈必殖貨利之謂？以私滅公，適己自便，凡可以害天理者皆利也。子夏文學雖有餘，而意其遠者大者或昧焉，是以夫子語之以此。』

〔一〇〕榦　朝鮮本作：幹。

〔一一〕問子游爲武城宰章　朝鮮本問句作：又問：「子游爲武城宰，子曰：『女得人焉耳乎。』爲政以得人爲先，故孔子以得人爲問曰：『有澹臺滅明者，行不由徑，非鄉飲鄉射之類，未嘗至於偃之室。』以此二事觀之，則滅明之爲人，動必由正道而無見小欲速之意，又有以自守而無枉己徇人之私，其正大之情亦可見矣。凡人持身，當以滅明爲法，則無苟賤之羞取人，當以子游爲法，則無邪媚之惑。」

〔一二〕問　朝鮮本作：節問。

〔一三〕問　朝鮮本「問」下有「子游喜滅明」五字。

〔一四〕苦切　朝鮮本作：若孔。下屬，作「若孔子之武城」。據句意此處當從朝鮮本。

〔一五〕問謝氏曰云云　朝鮮本作：「『子游爲武城宰』一章，謝氏曰善觀人者，於小事猶足以觀之，如觀水之瀾，可以知其有源也。行不由徑，非公事。未嘗至於偃之室，亦可以知滅明之賢矣。行不由徑，蓋其意不爲呴濡以媚悦人，觀此，則澹臺滅明簡易正大之情可見矣。」

〔一六〕榦　朝鮮本作：幹。

〔一七〕凡人　朝鮮本「凡人」前增：軍敗而殿其後，此功也。乃曰非敢後，乃馬不進，以此言自揜其功，乃不伐也。

〔一八〕則天理自明矣　朝鮮本此下增：凡可以矜己夸人者，自消矣。此聖人所以稱孟之反也。

〔一九〕容　朝鮮本此下增「受」字。

〔二〇〕榦　朝鮮本末尾增小字作：集義。

〔二一〕問此章　朝鮮本問句詳細，作：「不有祝鮀之佞，而有宋朝之美，難乎？免於今之毋矣。程伊川曰：『祝鮀佞，所謂口才，宋朝美，所謂令色當哀，毋非此難免。』夫巧言令色，聖人之所深惡，豈遂以爲非此不免于毋哉。夫妄者，才也。若左氏傳所稱不妄皆不才也。衛靈公之無道，得仲叔圉祝鮀，王孫賈而不喪，然則祝子鮀，衛之賢大夫也。孔子謂其能治宗廟，必忠信誠恪人也，豈巧言者哉？宋公子朝姿容之美，通于南子，實亂衛國。或者謂使當毋不由祝鮀之才，而徒有宋朝之美，則令公將不免於今其説可從否？」

〔二二〕第　朝鮮本段首增：問此章：伊川曰：無祝鮀之巧言與宋朝之令色，難乎免於今之世必見憎疾也。右。

〔二三〕斡 朝鮮本作：幹。

〔二四〕第 朝鮮本「第」上增「右」字。

〔二五〕凡史之事云云 「云云」，朝鮮本作：「皆文勝質者也。失其義，陳其數者，史也。國有史記，主於文而已，無取於質也。野人則曰：『質而已矣，何以文爲？』故野與史，文質之反也。庶人之在官亦曰史，則與野人異矣。不野不史，然後謂之君子。」凡七十四字。

〔二六〕罔之生也之生 朝鮮本「罔」上有二十字：「程明道曰：『生理本直。罔，不直也，而亦生者，幸而免耳。』」

〔二七〕問人生也直 朝鮮本問句作：問：「人之生也直，蓋理本直，自本至末，皆是直下之正理，無些子私曲，故人受此理，以生未有不直者，如此罔之生也，幸而免。若或不直，便是被私意隔了，不見所謂生。理只是一個頑物，故不直，而亦生者，特幸而免耳。然與死亦何異？」

〔二八〕便是曲了 朝鮮本此則少異，作：讀「人之生也直」一章，曰：「未見所謂本直底意思，只玩味。程先生『生理本直』四字，便自有味。如見孺子入井，便自有怵惕之心。只便是直，才有内交要譽之意，便是曲了。仁者，先難而後獲，只是無期必之心」。

〔二九〕問 朝鮮本作：節問。

〔三〇〕謝氏曰云云 「云云」，朝鮮本作「順理爲直，天地神人之所共好也。人有一不慊於理義，則仰不愧，俯不怍，不見非於明，不見責於幽，其血氣亦將安佚恬愉，此其所以能生與！罔則不直而生者，不惟内焦勞於血氣，亦天地人神之所共怒也。此其不死，亦幸矣！」凡八十六字。

〔三一〕則是指人之始生言之　「始」原作「於」，據朝鮮本、萬曆本改。

〔三二〕游氏雖説有未盡　「游氏」，朝鮮本作「謝氏」。

〔三三〕故知此理者已少　朝鮮本「少」下有「及能知之又不如好之者」十字。

〔三四〕故心誠好之　朝鮮本「之」下有「雖能好之然又不如樂之者」十一字。

〔三五〕自是未到得别州境界　朝鮮本無「境界」二字。然增：自南劍行，盡南劍界，建寧府自到。

〔三六〕問　朝鮮本作：寓問。

〔三七〕横渠曰云云　「云云」，朝鮮本作：「中人以上可與語上，中人以下不可以語上，此只就上中下而言也。語，告語之語。上只謂上等之事。下愚者不可以語上，則是人生有不可勉者乎？何有是也！乃若其情則可以爲善矣，其人心願爲善，斯善矣。所以不語上者，爲躐等也。下愚進至於中人，由中人然後可以語上也。」一百零六字。

〔三八〕第　朝鮮本「第」上增「右」字。

〔三九〕有　朝鮮本此下增「甚」字。

〔四〇〕問務民之義敬鬼神而遠之諸家皆作兩事説　朝鮮本問句作：問：「樊遲問知，孔子説『敬鬼神而遠之，可謂智矣』，諸家皆作兩事説。」

〔四一〕朝鮮本此下增一節：呂氏曰：「當務爲急，不求所難，知力行所知，不憚所難爲此。樊遲可進於知與仁之實也」。

〔四二〕曰　朝鮮本作：南升云。

〔四三〕此一句說得是　「是」原作「大」，據朝鮮本、萬曆本改。

〔四四〕克己　「克」原作「文」，據朝鮮本、萬曆本改。

〔四五〕人於所當做者　朝鮮本「人」上有「大凡」二字。

〔四六〕去僞　朝鮮本末尾小字作：祖道。按周謨録同。

〔四七〕淳同　朝鮮本所收「淳」録分作兩則，今附如下：

古注「先其事之難，而後有所獲」，「後」字說得輕了。程先生把「後」字作重說，較有力。「後獲猶先事後得」及「事君敬其事而後其食」之「後」同。淳。

黄問：「『先難後獲』，未是仁，只是仁者之心否？」曰：「此等外面恁地，然裏面通透也無界限。先儒多只是言『後有所得』，即先難後獲便是仁，如克己復禮爲仁之事。然即克己復禮便是仁，我欲仁，斯仁至矣。即欲仁便是仁，聖人之言有個階級底一句，上面說高，下面說低，有平直勆說底，若此等句是也。」淳。

〔四八〕非其鬼而祭之　「祭」原作「發」，據朝鮮本、萬曆本改。

〔四九〕正卿　朝鮮本作：林正卿。

〔五〇〕魏問此章　朝鮮本作：問「仁者樂山智者樂水」一章。舉東坡之説。

〔五一〕知者動　朝鮮本「知」上有四十一字：「智者淵深不測而周流無滯，有似於水，故樂水；仁者包藏發育而安重不遷，有似於山，故樂山。各以類相合也。」

〔五二〕則未嘗不動　朝鮮本「動」下有四十四字：「今此言智者動仁者靜，是就君子成德之體而言也。動而不括，自是樂；靜而有常，則有必得其壽之理。此以效言也。」

〔五三〕子貢説學不厭爲知　「知」原作「却」，據朝鮮本改。

〔五四〕子思却言成己爲仁　「却」原作「知」，據朝鮮本改。

〔五五〕人傑　朝鮮本所收語録少異，今附如下：問：「『仁者靜，知者動』。太極圖説仁是陽動，智是陰靜，如何？」曰：「大兄觀書且就當下玩索文意，不消如此牽引，反生枝蔓。如孟子説學不厭者也，教不倦仁也。中庸又卻説：『成己，仁也，成物，智也。』道理不可執著，這物事直看一樣，横看一樣，且逐件理會。」元秉。

〔五六〕却　朝鮮本此下增「似」字。

〔五七〕但末後句過高　朝鮮本「句」上有「數」字。

朱子語類卷第三十三

論語十五

雍也篇四

齊一變至於魯章

問：「齊尚功利，如何一變便能至魯？」曰：「功利變了，便能至魯。魯只是大綱好，然裏面遺闕處也多。」淳。

行父問「齊一變至魯，魯一變至道」。曰：「太公之封於齊也，舉賢而尚功，孔子曰：『後世必有篡弒之臣。』周公治魯，親親而尊尊，孔子曰：『後世寖微矣！』齊自太公初封，已自做得不大段好。至後桓公、管仲出來，乃大變亂拆壞一番。魯雖是衰弱不振，元舊底却不大段改換。欲變齊，則須先整理了已壞底了，方始如魯，方可以整頓起來，這便隔了一重。變魯，只是扶衰振弱而已。若論魯，如左傳所載，有許多不好事，只是恰不曾被人拆壞。恰似一間屋，魯只如舊弊之屋，其規模只在；齊則已經拆壞了。這非獨是聖人要如此損益，亦是道理合當如此。」賀孫。

「齊經小白，法度盡壞。今須一變，方可至魯；又一變，方可至道。魯却不曾變壞，但典章廢墜而已。若得人以脩舉之，則可以如王道盛時也。」謨。

「『齊一變，至於魯』，是他功利俗深。管仲稱伯，齊法壞〔一〕盡，功利自此盛。然太公治齊尚功時，便有些小氣象，尚未見得，只被管仲大段壞了。」又云：「管仲非不尊周攘夷，如何不是王道？只是功利駁雜其心耳。」明作。

語及「齊一變至於魯」，因云：「齊生得桓公、管仲出來，它要『九合諸侯，一正天下』，其勢必至變太公之法。不變，便做不得這事。若聖人變時，自有道理。大抵聖賢變時，只是興其滯、補其弊而已。如租庸調變爲彍騎長征之兵，皆是變得不好了。今日變時，先變熙豐之政，以復祖宗忠厚之意，次變而復於三代也。」

問〔二〕：「伊川謂：『齊自桓公之霸，太公遺法變易盡矣。魯猶存周公之法制。』看來魯自桓公以來，閨門無度，三君見弒，三家分裂公室，昭公至於客死，以至不視朔，不朝聘，與夫稅畝、丘甲、用田賦，變亂如此，豈得是周公法制猶存乎？」曰：「齊、魯初來氣象，已自不同。看太公自是與周公別，到桓公、管仲出來，又不能遵守齊之初政，却全然變易了，一向盡在功利上。魯却只是放倒了，畢竟先世之遺意尚存。如哀公用田賦，猶使人來問孔子。他若以田賦爲是，更何暇問。惟其知得前人底是，所以來問。若桓公、管仲却無這意思，自道他底是了，一向做去不顧。」寓〔三〕。集注。

問：「注謂『施爲緩急之序〔四〕』，如何？」曰：「齊自伯政行，其病多。魯則其事廢墜不舉耳。齊則先須理會他許多病敗了，方可及魯。魯則修廢舉墜而已，便可復周公之道。」問：「孔子治齊，則當於何處下手？」曰：「莫須先從風俗上理會去。然今相去遠，亦不可細考。但先儒多不信史記所載太公、伯禽報政事。然細考來，亦恐略有此意，但傳者過耳。」廣。

問集注云云。曰〔五〕：「不獨齊有緩急之序，魯亦有緩急之序。如齊功利之習所當變，便是急處。魯紀綱所當振，便是急處。」或問：「功利之習，爲是經桓公、管仲所以如此否？」曰：「太公合下便有這意思，如『舉賢而尚功』，可見。」恪。

問：「『施爲緩急之序』如何？」〔六〕曰：「齊變只至於魯，魯變便可至道。」問：「如此則是齊變爲緩，而魯變爲急否？」曰：「亦不必恁分。如變齊，則至魯在所急，而至道在所緩。

至魯，則成個樸子，方就上出光采。」淳。

讀「齊、魯之變」一章。曰：「各有緩急。如齊功利之習，若不速革，而便欲行王化；魯之不振，若不與之整頓，而却理會甚功利之習，便是失其緩急之序。如貢禹諫元帝令節儉，元帝自有這個，何待爾説！此便是不知其所急者也。」時舉。

問：「伊川曰：『夫子之時，齊强魯弱云云〔七〕。』吕氏曰：『齊政雖脩，未能用禮。魯秉周禮，故至於道。』第二十三章凡八説，伊川三説。今從伊川、吕氏之説。伊川第二説曰：『此只説風俗。』以『至於道』觀之，則不專指風俗，乃論當時政治，風俗固在其中，然又别一節事。又第三説曰：『言魯國雖衰，而君臣父子之大倫猶在。』以魯觀之，其大倫之不正久矣。然禮記明堂位以魯爲君臣未嘗相弒，而注家譏其近誣，則此説亦恐未穩。横渠、謝、游、楊、尹大抵同伊川，故不録。范氏曰：『齊一變可使如魯之治時。』其意謂齊、魯相若，故以謂治時。齊之氣象乃伯政，魯近王道，不可疑其相若，看魯秉周禮可見。」曰：「所疑范氏説，亦無病。」榦〔八〕。

觚不觚章

「古人之器多有觚。如酒器，便如今花瓶中間有八角者。木簡是界方而六面，即漢所謂『操觚之士』者也。今淮上無紙，亦用木寫字，教小兒讀〔九〕，但却圓了，所謂『觚不觚』。古人所以恁地方時，緣是頓得穩。」義剛。

「第〔一〇〕二十四章凡六說〔一一〕，伊川兩説。今從尹氏之說。尹氏乃合伊川二說而爲一說。范、呂、楊氏說亦正。伊川、范氏謂不合法制，呂氏、楊氏謂失其名，其實一也。失其制，則失其名可知矣。謝氏是推說學者事。」榦。無答語〔一二〕。

井有仁焉章

問：「『可欺』是繼『可逝』而言，『不可罔』是繼『不可陷』而言否？」曰：「也是如此。但『可逝不可陷』，是就這一事說；『可欺不可罔』，是總說。不特此事如此，他事皆然。」義剛。

叔器曰：「宰我只知有個公共底道理，却不知有義。」曰：「不惟不曉義，也不曉那智了。若似他說，却只是個獃人。」因云：「宰我見聖人之行，聞聖人之言，却尚有這般疑，是怎生地？緣自前無人說這個物事，到夫子方說出來，所以時下都討頭不着。似而今學者時，便無這般疑了。」叔器又云：「聖人只說下學，不說上達，所以學者不曉。」曰：「這也無難曉處。這未是說到那性命之微處，只是宰我鈍。如子貢便是個曉了通達底，所以說從那高遠處去。」義剛。

問：「伊川曰：『宰我問，仁者好仁，不避難，雖告之以赴井爲仁，亦從之乎？夫子謂，不然。君子可使之有往，不可陷於不知；可欺以其方，不可罔以非其道。』呂氏曰：『「井有仁焉」，猶言自投陷穽以施仁術也。己已自陷，仁術何施！當是時也，君子可往以思救，不能自陷以求救；可欺之以可救，不可罔之使必救。』第二十五章凡七說。明道兩說。明道曰：『知井有仁者，當下而從之否？』此說恐未當。君子雖不逆詐，而事之是非曉然者未嘗不先見也。豈有仁者而在井乎？雖有之，君子不往也。范氏亦曰：『井有仁，則將入井而從之。』蓋此意也。『其從之也』，只合作『從』或者『之』言，不宜作『從井中之仁』也。謝氏謂宰我疑仁者之用心。觀宰我之言，亦足以見其好仁之切，不宜深責之也。楊氏謂宰我疑君子之不逆詐，故問。觀宰我之意，好仁之切，以謂仁者好仁，雖患難不避，故問。非謂疑其不逆詐也。尹氏用伊川說，故不録。范氏解『逝』字極未安，與下句『可欺也』不類。」謂君子見不善，可逝而去。曰：「所論得之。但此章文義，諸先生說不甚明，更詳考之爲佳。」榦〔一三〕。

君子博學於文章

「『博學於文』，考究時自是頭項多。到得行時，却只是一句，所以爲約者。博學而不約之以禮，安知不畔於道？徒知要約而不博學，則所謂約者，未知是與不是，亦或不能不畔於道也。」僩。

「博文約禮，就這上進去，只管是長進。蓋根脚已是了，所以不畔道。」燾。

行夫問「博文約禮」。曰：「博文條目多，事事着去理會。禮却只是一個道理，如視也是這個禮，聽也是這個禮，言也是這個禮，動也是這個禮。若博文而不約之以禮，便是無歸宿處。如讀書、讀詩、學易、學春秋，各自有一個頭緒。若只去許多條目上做工夫，自家身己都無歸着，便是離畔於道也。」恪。

問「博學於文，約之以禮」。曰：「禮是歸宿處。凡講論問辯，亦只是要得個正當道理而有所歸宿爾。」銖。

國秀問「博文約禮」。曰：「如講明義理，禮、樂、射、御、書、數之類，一一着去理會。學須博，求盡這個道理。若是約，則不用得許多說話，只守這一個禮。日用之間，禮者便是，非禮者便不是。」恪。

「『博文約禮』，聖門之要法。博文所以驗諸事，約禮所以體諸身。如此用工，則博者可以擇中而居之不偏〔一四〕；約者可以應物而動皆有則。如此，則內外交相助，而博不至於泛濫無歸，約不至於流遁失中矣。」大雅。

「『君子博學於文，約之以禮。』聖人教人，只是說個大綱。顏子是就此上做得深，此處知説得淺。」夔孫。

問：「『博學於文』，『文』謂詩書六藝之文否？」曰：「詩書六藝，固文之顯然者。如眼前理會道理，及於所爲所行處審别是否，皆是。」必大。

「只是『博文約禮』四字。博文是多聞、多見、多讀。及收拾將來，全無一事，和『敬』字也没安頓處。」夔孫。

「博學，亦非謂欲求異聞雜學方謂之博。博之與約，初學且只須作兩途理會。一面博學，又自一面持敬守約，莫令兩下相靠。作兩路進前用工，塞斷中間，莫令相通。將來成時，便自會有通處。若如此兩下用工〔一五〕，成甚次第！」大雅。

「博文上〔一六〕欠工夫，只管去約禮上求，易得生煩。」升卿。

「孔子之教人，亦『博學於文』，如何便約得？」嵤。

或問「君子博學於文，約之以禮」。曰：「此是古之學者常事，孔子教顔子亦只是如此。且如『行夏之時』以下，臨時如何做得，須是平時曾理會來。若『非禮勿視』等處，方是約之以禮。及他成功，又自别有説處。」大雅。

「博文工夫雖頭項多，然於其中尋將去，自然有個約處。聖人教人有序，未有不先於博者。孔門三千，顔子固不須説，只曾子、子貢得聞一貫之誨。謂其餘人不善學固可罪，然夫子亦不叫來罵一頓，教便省悟，則夫子於門人，告之亦不忠矣！是夫子亦不善教人，致使宰我、冉求之徒後來狼狽也！要之，無此理。只得且待他事事理會得了，方可就上面欠闕處告語之。如子貢亦不是許多時只教他多學，使它枉做工夫，直到後來方傳以此秘妙。正是待它多學之功到了，可以言此耳。」必大〔一七〕。

或問：「『博之以文，約之以禮，亦可以弗畔』，與顏子所謂『博我以文，約我以禮』，如何？」曰：「此只是一個道理，但功夫有淺深耳。若自此做功夫，到深處，則亦顏子矣。」燾。

問〔一八〕：「『博學於文，約之以禮』，與『博我以文，約我以禮』，固有淺深不同。如孟子『博學而詳說之，將以反說約也』，似又一義，如何？」曰：「論語中『博約』字，是『踐履』兩字對說。孟子中『博約』字，皆主見而言。且如學須要博，既博學，又詳說之，所以如此者，將以反說約也。是如此後，自然却說得約。謂如博學詳說，方有貫通處，下句當看『將以』字。若『博學於文，約之以禮』與『博我以文，約我以禮』，聖人之言本無甚輕重，但人所造自有淺深。若只是『博學於文』，能『約之以禮』，則可以弗畔於道。雖是淺底，及至顏子做到『欲罷不能』工夫，亦只是這個『博文約禮』。如梓匠輪輿，但能斲削者，只是這斧斤規矩；及至削鐻之神，斲輪之妙者，亦只是此斧斤規矩。」㽦。

問〔一九〕：「博文不約禮，必至於汗漫，如何？」曰：「博文而不約禮，只是徒看得許多，徒記得許多，無歸宿處。」節。以下集注、集義。

問〔二〇〕：「明道言：『「博學於文」，而不「約之以禮」，必至於汗漫。所謂「約之以禮」者，能守禮而由於規矩也，未及知之也。』既能守禮而由規矩，謂之未及於知，何也？」曰：「某亦不愛如此說。程子說『博我以文，約我以禮』爲已知，不須將知說，亦可。顔子亦只是這個博文約禮。但此説較粗，顔子所説又向上，然都從這工夫做來。學者只此兩端，既能博文，又會約禮。」問：「約禮，只是約其所博者否？」曰：「亦不須如此説。有所未知，便廣其知，須是博學。學既博，又須當約禮。到約禮，更有何事？所守在此理耳。」寓。

或問「博學於文，約之以禮，亦可以弗畔」。曰：「博學是致知，約禮則非徒知而已〔二一〕，乃是踐履之實。明道謂此一章與顔子説博文約禮處不同，謂顔子約禮是知要，恐此處偶見得未是。約禮蓋非但知要而已也。此兩處自不必分别。」時舉。

問：「伊川言：『「博學於文，約之以禮」，此言善人君子「多識前言往行」，而能不犯非禮者爾，非顔子所以學於孔子之謂也。』恐博文約禮只是一般，未必有深淺。」曰：「某曉他説不得，恐記録者之誤。」正叔曰：「此處須有淺深。」曰：「畢竟博只是這博，約只是這約，文只是這文，禮只是這禮，安得不同！」文蔚。

問：「横渠謂：『「博學於文」，只要得「習坎心亨」。』何也？」曰：「難處見得事理透，便處斷無疑，行之又果決，便是『習坎心亨』。凡事皆如此。且以看文字一節論之〔一二〕，見這說好，見那說又好；如此說有礙，如彼說又有礙，便是險阻處。到這裏須討一路去方透，便是『習坎心亨』。」淳。

「『博學於文』，又要得『習坎心亨』。如應事接物之類皆是文，但以事理切磨講究，自是心亨。且如讀書，每思索不通處，則翻來覆去，倒橫直豎，處處窒塞，然其間須有一路可通。只此便是許多艱難險阻，習之可以求通，通處便是亨也。」謨。

「『博學於文』，只是要『習坎心亨』。不特有文義。且如學這一件物事，未學時，心裏不曉；既學得了，心下便通曉得這一事。若這一事曉不得，於這一事上心便黑暗。」僩。

問：「橫渠曰：『博文約禮，由至著入至簡，故可使不得畔而去。』尹氏曰：『「博學於文，約之以禮」，亦可以弗畔違於道。』第二十六章凡八說，伊川三說。今從橫渠、尹氏之說。明道曰：『「博學於文」，而不「約之以禮」，必至於汗漫。』范氏亦曰：『「博學於文」而不「約之以禮」，猶農夫之無疆埸也，其不入於異端邪說者鮮矣。』楊氏亦曰：『「博學於文」而「不知所以裁之」，則或畔矣。』此三說，皆推不約禮之失。謝氏曰：『不由博而徑欲趍約者，恐不免於邪遁也。』此則不博文之失。二者皆不可無，偏舉則不可。明道又曰：『所謂「約之以禮」者，能守禮而由於規矩也。』伊川第一說曰：『博學而守禮。』第二說曰：『此言善人君子「多識前言往行」，而能不犯非禮。」『約』字恐不宜作『守』字訓，若作『守禮』，則與博學成二事。非博文則無以爲約禮，不約禮則博文爲無用。約禮云者，但前之博而今約之，使就於禮耳。伊川之説，文自文，禮自禮，更無一貫説。看『博約』字與『之以』字有一貫意。伊川又説：『顔子博約，與此不同。』亦似太過。博文約禮，本無不同。始乎由是以入德，斯可以不畔；終乎由是以成德，欲罷而不能。顔子與此不同處，只在『弗畔』與『欲罷不能』上，博約本無異。伊川以顔子之約爲知要，以此章之約作約束之『約』，恐未安。此『約』字亦合作知要。伊川第三説與第一、第二説同，但説大略耳。」曰：「此説大概多得之。但此『約』字與顔子所言『約』字，皆合只作約束之意耳。又看顔子『博我以文，約我以禮』，既連着兩『我』字，而此章『之』字亦但指其人而言，非指所學之文而言也。」榦。

子見南子章

「諸先生皆以『矢』爲『陳』，『否』爲否塞之『否』，如此亦有甚意思？孔子見南子，且當從古注説：『矢，誓也。』」或問：「若作『誓』説，何師生之間不相信如此？」曰：「只爲下三句有似古人誓言，如左氏言『所不與舅氏』之説，故有誓之氣象。」謨。

或問此章。曰：「且依集注説。蓋子路性直，見子去見南子，心中以爲不當見，便不說。夫子似乎發呪模樣。夫子大故激得來躁，然夫子却不當如此。古書如此等〔二三〕曉不得處甚多。古注亦云可疑。」祖道曰：「横渠說，以爲『予所否厄者，是天厭棄之』。此說如何？」曰：「大抵後來人講經，只爲要道聖人必不如此，須要委曲遷就，做一個出路，却不必如此。横渠論看詩，教人平心易氣求之，到他說詩，又却不然。」祖道。

問：「夫子欲見南子〔二四〕，而子路不說，何發於言辭之間如此之驟？」曰：「這般所在難說。如聖人須要見南子是如何，想當時亦無必皆見之理。如『衛靈公問陳』，也且可以款款與他說，又却明日便行。齊景公欲『以季、孟之間待之』，也且從容不妨，明日又便行。季桓子受女樂，也且可以教他不得受，明日又便行。看聖人這般所在，其去甚果。不知於南子須欲見之，到子路不說，又費許多說話，又如此指誓。只怕當時如這般去就，自是時宜。聖人既以爲可見，恐是道理必有合如此。『可與立，未可與權』。吾人見未到聖人心下，這般所在都難說。」或問：「伊川以『矢』字訓『陳』，如何？」曰：「怕不是如此。若說『陳』，須是煞鋪陳教分明，今却只恁地直指數句而已。程先生謂『予所以否而不見用，乃天厭斯道』，亦恐不如此。」賀孫。

問「子見南子」。曰：「此是聖人出格事，而今莫要理會它。向有人問尹彦明：『今有南子，子亦見之乎？』曰：『不敢見。』曰：『聖人何爲見之？』曰：『能磨不磷、涅不緇，則見之不妨。』」夔孫。

「仕於其國，有見其小君之禮。當夫子時，想是無人行，所以子路疑之。若有人行時，子路也不疑了。孟子說『仲尼不爲已甚』，這樣處便見。」義剛。夔孫録云：「孟子〔二五〕說『仲尼不爲已甚』，說得好。」集注。

問：「『予所否者，天厭之！』謂不合於禮，不由於道，則天實厭棄之。」曰：「何以謂不合於禮，不由於道？」曰：「其見惡人，聖人固謂在我者有可見之禮，而彼之不善，於我何與焉。惟聖人道大德全，方可爲此。」曰：「今人出去仕宦，遇一惡人，亦須下門狀見之。它自爲惡，何與我事？此則人皆能之，何必孔子。」子善〔二六〕云：「此處當看聖人心。聖人之見南子，非爲利禄計，特以禮不可不見。聖人本無私意。」曰：「如此看，也好。」南升。植録云：「先生難云：『「子見南子」，既所謂合於禮，由其道，夫人皆能，何須夫子爲然？』子善答云：『「子見南子」，無一豪冀望之心。他人則有此心矣。』曰：『看得好。』」

「第二十七章凡七說〔二七〕，伊川六說。楊氏二說。今從謝氏之說。伊川第一說曰：『子路以夫子之被强也，故不說。』第二說曰：『子路不說，以孔子本欲見衛君行道，反以非禮見迫。』竊謂夫人有見賓之禮，孔子之見南子，禮也。子路非不知也。子路之不說，非以其不當見，特以其不足見耳。使其不當見，夫子豈得而迫哉？被强見迫，恐未穩。伊川第三說曰：『孔子之見南子，禮也。子路不説，故夫子矢之。』第四説、第六説同。竊謂南子，妾也，無道也，衛君以爲夫人。孔子不得不見，其辱多矣！子路以其辱也，故不説。夫子矢之曰：『使予之否塞至此者，天厭之也！』使天不與否，則衛君將致敬盡禮，豈敢使夫子以見夫人之禮而見其無道之妾哉！則子路不説之意，蓋以其辱夫子，非以其禮不當見也。使子路以南子之不當見，則更須再問，何至坐視夫子之非禮！雖不説，何益？而夫子告之，亦須別有説，豈有彼以非禮問，而此獨以天厭告？則夫子受非禮之名而不辭，似不可也。蓋子路知其禮所當見，特以其辱夫子也，故不説。謝氏以爲『浼夫子』之説極正。伊川第四説設或人之問曰：『子路不説，孔子何以不告之曰「是禮也」，而必曰「天厭之」乎？』曰：『使孔子而得志，則斯人何所容也！』楊氏兩説亦然，恐非聖人意。聖人但傷道之否在於衛君不能致敬盡禮，未必有欲正之之意，恐成別添説。伊川第五説穩，但説大略。横渠亦只説大略。范氏以『矢』爲『誓』，非聖人氣象。呂氏大意亦通，但以爲『使我不得見賢小君，天厭乎道也』，此亦非聖人意。合只作『使我見無道之小君，天厭乎吾道也』，却穩。尹氏同伊川，故不辨。」曰：「以文義求之，當如范氏之説。但諸公避呪誓之稱，故以『矢』訓『陳』耳。若猶未安，且闕以俟他日。」榦。

中庸之爲德章

問「中庸之爲德其至矣乎」。曰：「『中庸』之『中』，是指那無過、不及底說。如中庸曰：『君子之中庸也，君子而時中。』『時中』便是那無過不及之『中』。本章之意是如此。」又問：「『中者，天下之正道；庸者，天下之定理』，恐『道』是總括之名，『理』是道裏面又有許多條目。如天道又有日月星辰、陰陽寒暑之條理，人道又有仁義禮智、君臣父子之條理。」曰：「這二句緊要在『正』字與『定』字上。蓋『庸』是個常然之理，萬古萬世不可變易底。『中』只是個恰好道理，爲見不得是亘古今不可變易底，故更着個『庸』字。」燾。

「『中庸之爲德』，此處無過、不及之意多。庸是依本分，不爲怪異之事。堯、舜、孔子只是庸。夷齊所爲，都不是庸了。」夔孫。

問「中庸之爲德其至矣乎」章。曰：「只是不知理，隨他偏長處做將去。謹願者則小廉曲謹；放縱者則跌蕩不羈。所以中庸說『道之難明』，又說『人莫不飲食，鮮能知味』，只爲是不知。」植。

問：「此章，尹氏曰：『中庸，天下之正理，德合乎中庸，可謂至矣。人知擇乎中庸，而不能期月守也，故曰「民鮮久矣」！』右第二十八章，凡柒說，伊川兩說。楊氏三說。今從尹氏之説。伊川第一説説『久』字不出。第二説雖盡，而非本章意。尹氏合而解之。范氏説『久』字不出。吕氏説寬。謝氏曰：『中不可過，是以謂之至德。』楊氏第三説亦曰：『出乎中則過，未至則不及，故惟中爲至。』第一、第二説同。謝氏、楊氏之説皆以『至』字對『過、不及』説。謂無過、不及，則爲至也。『過』、『不及』，只對『中庸』説，不可對『至』字説。『至』字只輕説，如曰『其大矣乎』，不宜説太深。楊氏第二、第三説推説高明、中庸處，亦不能無疑〔二八〕。侯氏説大略。」曰：「當以伊川解爲正：『中庸，天下之正理也。德合乎中庸，可謂至矣。自世教衰，民不興於行，鮮有中庸之德也。』『自世教衰』，此四字正是説『久』字。意謝、楊皆以『過』、『不及』對『中』字，而以中爲至耳，恐非如來説所疑也。所破楊氏『高明』、『中庸』，亦非是，當更思之。」榦。

子貢曰如有博施於民章

「子貢問仁，是就功用籠罩説，孔子是就心上答。」可學。

「『博施』『濟衆』，便唤做仁，未得。仁自是心。」端蒙。

「『何事於仁』，猶言何待於仁。『必也聖乎』連下句讀。謙之録云：「便見得意思出〔二九〕。」雖堯、舜之聖，猶病其難徧。」德明。

「『何事於仁』，猶言那裏更做那仁了〔三〇〕。」僩。

問：「『何事於仁』，先生以爲恰似今日説『何消得恁地』一般？」〔三一〕曰：「『博施』、『濟衆』，何消得更説仁。」節。

問：「『何事於仁』作『何止於仁』，是如何？」曰：「只得作『何止於仁』。今人文字如此使者甚多。何事，亦如何爲之意。被子貢説得『博施』、『濟衆』高似於仁了，故孔子言：『何爲於仁，必也聖人乎！堯、舜其猶病諸！』是子貢問得不親切。若如子貢之説，則天下之爲仁者少矣。一介之士，無復有爲仁之理。『夫仁者，己欲立而立人，己欲達而達人』。己才欲立，便也立人；己才欲達，便也達人。立是存立處，達則發用處。於此純是天理，更無些子私意，便是仁之體。若『能近取譬』，則私欲日消，天理日見，此爲仁之方也。」南升。

「『何事於仁』，只作豈但於仁。」㽦謂：「『必也聖乎』，聖如堯舜，其尚有不足於此。」曰：「薛士龍論語解此亦是如此，只是渠遣得辭澀。蓋仁以道理言，聖以地位言，自是不同。如『博施』、『濟衆』爲仁，而利物愛人小小者亦謂之仁。仁是直看，直上直下只一個道理。『聖』字便横看，有衆人，有賢人，有聖人，便有節次，只豈但於仁？蓋『博施』、『濟衆』，雖聖如堯舜，猶以爲病耳。」㽦。

問〔三二〕：「子貢問『博施』、『濟衆』，恐仁之極處與聖之功用本不可分大小。今言『何止於仁』，則仁、聖若有小大之分〔三三〕。」曰：「此處不恁地讀『必也聖乎』，語意未是殺處，當急連下文讀去。仁以理言，聖以事業言。子貢所問『博施』『濟衆』，必有聖人之德，有天子之位，而後可以當此，堯舜恁地尚以爲病。仁本切己事，大小都用得。他問得空浪廣不切己了，却成疏闊。似此看『仁』字，如何用得？如何下得工夫？中間着得一句，常人固是做不得，雖聖人尚以此爲病。此須活看。」寓。

周兄問「何事於仁，必也聖乎」。曰：「『必也聖乎』是屬下文。仁通乎上下。聖是行仁極致之地。言『博施』『濟衆』之事，何止於仁！必是行仁極致之人，亦有不能盡，如堯舜之病諸是也。『必也聖乎』，蓋以起下。」銖。

問「必也聖乎，堯舜其猶病諸」。曰：「此兩句當連看。蓋云，便是聖人，也有做不得處。且如堯舜，雖曰『比屋可封』，然在朝亦有四凶之惡。又如孔子設教，從游者甚衆，孔子豈不欲人人至於聖賢之極？然而人人亦各自皆有病痛。」燾。

亞夫問此章〔三四〕。曰：「『博施』『濟衆』，是無盡底地頭，堯舜也做不了。蓋仁者之心雖無窮，而仁者之事則有限，自是無可了之理。若要就事上說，便儘無下手處。」時舉。

敬之問：「欲立，立人；欲達，達人〔三五〕。苟有此心，便有『博施』『濟衆』底功用。」曰：「『博施』『濟衆』，是無了期底事，故曰：『堯舜其猶病諸！』然若得果無私意，已有此心，仁則自心中流出來，隨其所施之大小自可見矣。」時舉。

衆朋友說「博施」「濟衆」章。先生曰：「『仁以理言』，是個徹頭徹尾物事，如一元之氣。『聖以地言』，也不是離了仁而爲聖，聖只是行仁到那極處。仁便是這理，聖便是充這理到極處，不是仁上面更有個聖。而今有三等：有聖人，有賢人，有衆人。仁是通上下而言，有聖人之仁，有賢人之仁，有衆人之仁，所以言『通乎上下』。『仁』字直，『聖』字横。『博施』『濟衆』，是做到極處，功用如此。」義剛言：「此章也是三節：前面說仁之功用，中間說仁之體，後面說仁之方。」曰：「是如此。『己欲立而立人，己欲達而達人』，仁者之存心常如此，便未『博施』『濟衆』時，這物事也自在裏面。」叔器問：「此兩句也是帶下面說否？」曰：「此是兩截。如黄毅然適間說是三節，極是。『夫仁者』，分明是唤起說。『己欲立而立人，己欲達而達人』，是仁者能如此。若是『能近取譬』，則可以爲『仁之方』。子貢也是意思高遠，見得恁地，却不知劃地尋不着。」義剛。〔三六〕

「仁就心上說，如一事仁也是仁，如一理仁也是仁，無一事不仁也是仁。聖是就地位上說。聖却是積纍得到這田地，索性聖了。」佐。

「子貢問『博施』『濟衆』」章，先生以「何事於仁」爲一節，以「必也聖乎，堯舜其猶病諸」爲一節。其說以謂：「『博施』『濟衆』，此固是仁，然不是人人皆能做底事。若必以聖人爲能之，則堯舜亦嘗以此爲病。此非是言堯舜不能盡仁道，蓋勢有所不能爾。人之所能者，下二節事是也：己欲立，便立人；己欲達，便達人。此仁者之事也。『能近取譬』，此爲『仁之方』也。今人便以『己欲立』、『己欲達』爲『能近取譬』，則誤矣。蓋『己欲立而立人，己欲達而達人』，此不待施諸己而後加諸人也。『能近取譬』，却是施諸己之意。故上二句直指仁者而言，而下一句則止以爲『仁之方』〔三七〕。」謨。

「『博施』『濟衆』，這個是盡人之道，極仁之功，非聖人不能。然聖人亦有所不足在。仁固能『博施』『濟衆』，然必得時得位，方做得這事。然堯舜雖得時得位，亦有所不足。己欲立，便立人；己欲達，便達人。此仁者之心自然如此，不待安排，不待勉強。『能近取譬』，則以己之欲立，譬人之欲立；以己之欲達，譬人之欲達，然後推己所欲以及於人，使皆得其立，皆得其達，這便是爲仁之術。立是立得住〔三八〕，達是行得去。此是三節，須逐節詳味，看教分明。」

林問：「『己欲立而立人』，與『己所不欲，勿施於人』，地位如何？」曰：「且看道理，理會地位作甚麽！他高者自高，低者自低，何須去比並！」問「博施」「濟衆」。曰：「此是仁者事。若把此爲仁，則只是『中天下而立』者方能如此，便都無人做得仁了。所以言『己欲立而立人』，使人人皆可盡得道理。『必也聖乎』，當連下句說，意在『猶病』上。蓋此何但是仁，除是聖人方做得。然堯舜猶病，尚自做不徹。」寓。

「『夫仁者，己欲立而立人，己欲達而達人』，分明唤起『仁者』字，自是仁者之事。若下面『能近取譬』，方是由此而推將去，故曰『仁之方』。『何事於仁，必也聖乎』，不是聖大似仁。仁只是一條正路，聖是行到盡處。『欲立』『欲達』，是仁者之心如此；『能近取譬』，是學做仁底如此，深淺不同。仁通上下，但克去己私，復得天理，便是仁，何必『博施』而後爲仁。若必待如此，則有終身不得仁者矣！孔、顔不得位，不成做不得？山林之士，更無緣得仁也。『欲立』『欲達』，即絜矩之義。子貢凡三問仁，聖人三告之以推己度物。想得子貢高明，於推己處有所未盡。仁者欲立，自然立人；欲達，自然達人。如『無加諸人』，更不待譬。下截方言求仁之方，蓋近取諸身以爲譬。」明作。

問〔三九〕：「『己欲立而立人，己欲達而達人』，『立』、『達』二字，以事推之如何？」曰：「二者皆兼内外而言。且如脩德，欲德有所成立；做一件事，亦欲成立。如讀書，要理會得透徹；做事，亦要做得行。」又曰：「『立』是安存底意思，『達』是發用底意思。」植。

「『仁者，己欲立而立人，己欲達而達人』，與『我不欲人之加諸我，吾亦欲無加諸人』意思一般，學者須是强恕而行。」燾。

「『己欲立而立人，己欲達而達人』，是以己及人，仁之體也。『能近取譬』，是推己及人，『仁之方』也。」德明。〔四〇〕

致道說：「『仁者，己欲立而立人，己欲達而達人』。己纔要立，便立別人；己纔要達，便達別人，這更無甚着力。下云：『能近取譬，可謂仁之方。』這又是一意，煞着比方安排，與仁者異。『己欲立而立人，己欲達而達人』，與『我不欲人加諸我，吾亦欲無加諸人』一般，都是以己及物事。『能近取譬，可謂仁之方』，與『己所不欲，勿施於人』一般，都是推己及物事。」曰：「然。」賀孫。

「凡己之欲，即以及人，不待譬彼而後推之者，仁也。以我之不欲譬之，而知其亦不欲者，恕也。」端蒙。

問：「只仁之方，亦可謂之仁否？」曰：「看得透時，便是仁。若循循做去，到得至處，回頭看前日所爲，亦喚做仁。」人傑。

或問：「『博施』、『濟衆』一章，言子貢馳鶩高遠，不從低處做起，故孔子教之從恕上求仁之方。」曰：「理亦是如此，但語意有病。且試說子貢何故揀這個來問？」或云：「恐是子貢見孔子說仁多端，又不曾許一個人是仁，故揀個大底來說否？」曰：「然。然而夫子答子貢曰：『己欲立而立人，己欲達而達人。』至於答顏子，則曰：『克己復禮爲仁。』分明一個仁，說兩般。諸公試說這兩般說是如何？」或曰：「恐『克己復禮』占得地位廣否？」曰：「固是包得盡，須知與那個分別，方得。」或曰：「一爲心之德，一爲愛之理。」曰：「是如此。

但只是一個物事，有時説這一面，又有時説那一面。人但要認得是一個物事。耕録云：「孔子説仁，亦多有不同處。向顔子説，則以克己爲仁。此處又以立人、達人爲仁。一自己上説，一自人上説。須於這裏看得一般，方可。」如『已欲立而立人，已欲達而達人』，便有那『克己復禮』底意思；『克己復禮』，便包那『已欲立而立人，已欲達而達人』底意思。只要人自分别而已。然此亦是因子貢所問而説。」又問「立」字、「達」字之義。曰：「此是兼粗細説。立是自家有可立，達是推將去。聖人所謂『立之斯立，動之斯來，綏之斯和』，亦是這個意也。凡事，不出立與達而已。謂如在此住得穩，便是立；如行便要到，便是達。如身要成立，亦是立；學要通達，亦是達。事事皆然。」又問：「『博施』、『濟衆』如何分别？」曰：「『博施』，是施之多，施之厚；『濟衆』，是及之廣。」燾。

問〔四一〕「仁以理言，通乎上下」。曰：「一事之仁也是仁，全體之仁也是仁，仁及一家也是仁，仁及一國也是仁，仁及天下也是仁。只是仁及一家者是仁之小者，仁及天下者是仁之大者。如孔子稱管仲之仁，亦是仁，只是仁之功。」復問：「上是大，下是小？」曰：「只是高低。」又曰：「這個是兼愛而言，如『博施』、『濟衆』，及後面説手足貫通處。」復問貫通處。曰：「才被私意截了，仁之理便不行。」節。集注。

問仁通上下而言。曰：「有聖人之仁，有賢人之仁。仁如酒好，聖如酒熟。」問：「仁是全體，如『日月至焉』乃是偏。」曰：「當其至時，亦備。」問：「孟武伯問三子，却說其才，何意？」曰：「只爲未仁。」問：「管仲仁之功，如何？」曰：「匡天下亦仁者之事。如趙韓王一言，至今天下安。謂韓王爲仁則不可，然其所作乃仁者之功。」可學。

子上問〔四二〕：「仁通上下，如何？」曰：「仁就處心處說。一事上處心如此，亦是仁。商三仁未必到聖人處，然就這處亦謂之仁。『博施』『濟衆』，何止於仁！必聖人能之，然堯舜尚自有限量，做不得〔四三〕。仁者誠是不解做得此處，病在求之太遠。『己欲立而立人，己欲達而達人』，只教他從近處做。」淳。

問：「仁通上下，如何？」曰：「聖是地位，仁是德。」問：「如此，則一事上仁，亦可謂之仁，此之謂『通上下』。其與全體之仁，無乃不相似？」曰：「此一事純於仁，故可謂之仁。殷有三仁，亦未見其全體。只是於去就之際，純乎天理，故夫子許之。」可學。

問：「仁通上下而言，聖造其極而言否？」曰：「仁或是一事仁，或是一處仁。仁者如水，有一杯水，有一溪水，有一江水。聖便是大海水。」僩。

「『仁者己欲立而立人』一章，某當初也只做一統看。後來看上面說『夫仁者』，下面說『可謂仁之方』，却相反，方分作兩段說。」燾。

或問：「『博施』、『濟衆』一段，程子作一統說，先生作二段，如何？」曰：「某之說，非異於程子，蓋程子之説足以包某之説。程子之説如大屋一般，某之説如在大屋之下分别廳堂房室一般，初無異也。公且道子貢所問，是大小大氣象！聖人却只如此説了。如是爲仁必須『博施』、『濟衆』，便使『中天下而立，定四海之民』如堯舜，也做不得，何況筆門圭竇之士！聖人所以提起『夫仁者，己欲立而立人，己欲達而達人』，正指仁之本體。蓋己欲立，則思處置他人也立；己欲達，則思處置他人也達。放開眼目，推廣心胸，此是甚氣象！如此，安得不謂仁之本體！若『能近取譬』者以我之欲立，而知人之亦欲立；以己之欲達，而知人之亦欲達。如此，則止謂之『仁之方』而已。此爲仁則同，但『己欲立而立人』、『欲達而達人』，是已到底；能取譬，是未到底。其次第如此。彼子貢所問，是就事上説，却不就心上説。龜山云：『雖「博施」、「濟衆」，也須自此始。』某甚善其説。」先生曰：「又某所説過底，要諸公有所省發，則不枉了。若只恁地聽過，則無益也。」賜録云：「説許多話，曉得底自曉得。不曉得底，是某自説話了。」久之，云：「如釋氏説如標月指，月雖不在指上，亦欲隨指見月，須恁地始得。」久之，云：「二三子以我爲隱乎？吾無隱乎爾。吾無行而不與二三子者，是丘也。」又云：「天有四時，春秋冬夏，風雨霜露，無非教也。地載神氣，神氣風霆，風霆流形，庶物露生，無非教也。」久之，又曰：「昔有人問話於一僧，僧指面前花示之曰：『是甚麽？』其人云：『花也。』僧云：『吾無隱乎爾。』此不是他無見處，但見説得來粗了。孔子所謂『吾無隱乎爾』者，居鄉黨，便恂恂；在宗廟、朝廷，便便便，唯謹；與上大夫言，便誾誾；與下大夫言，便侃侃，自有許多實事可見。」又曰：「程子說：『莊子說道體，儘有妙處，如云「在谷滿谷，在坑滿坑」。不是他無見處，只是說得來作怪。』大抵莊、老見得些影，便將來作弄矜詫。」又曰：「『黃帝問於廣成子』云云，『吾欲官陰陽以遂群生』。東坡注云云。是則是有此理，如何便到這田地！」久之，又云：「昔在一山上坐看潮來，凡溪澗小港中水，皆如生蛇走入，無不通透，甚好看。識得時，便是一貫底道理。」又曰：「『日月有明，容光必照焉』，如日月，雖些小孔竅，無不照見，此好識取。」祖道。賜録云：「問：『博施濟衆，程子全做仁之體，先生却就上面分別個體用，便有用力處。』曰：『某說非破程子之說（四四），程子之說却兼得某說。程說似渾淪一個屋子，某說如屋下分間架爾。仁之方，不是仁之體，還是什麼物事？今且看子貢之言，與夫子之言如何地。』」餘同而略。

林聞一問「博施」「濟衆」章。曰：「『博施』『濟衆』，無下手處，夫子故與之言仁。『夫仁者，己欲立而立人，己欲達而達人』，是能以己之所欲立者而立他人，以己之所欲達者而達他人，其所爲出於自然，此乃是仁之體。『能近取譬』者，近取諸身，知己之欲立、欲達，則亦當知人之欲立、欲達，是乃求仁之方也。伊川全舉此四句而結之曰：『欲令如是觀仁，可以得仁之體。』亦可以如此說，與某之說初不相礙。譬之於水，江海是水，一勺亦是水。程先生之説譬之一片大屋，某却是就下面分出廳堂房室，其實一也。」又云：「子貢所問，以事功而言，於本初無干涉，故聖人舉此心之全體大用以告之。以己之欲立者立人，以己之欲達者達人，以己及物，無些私意。如堯之『克明俊德，以親九族；九族既睦，平章百姓；百姓昭明，協和萬邦，黎民於變時雍』，以至於『欽若昊天，曆象日月星辰，敬授人時』，道理都擁出來。」又曰：「如周禮一書，周公所以立下許多條貫，皆是廣大心中流出。某自十五六時，聞人説這道理，知道如此好，但今日方識得。如前日見人説鹽鹹，今日食之，方知是鹹；説糖甜，今日食之，方知是甜。」人傑。

問：「『己欲立而立人，己欲達而達人』，所謂『以己及人』；『能近取譬』、『近取諸身』、『己所不欲，勿施於人』，所謂『推己及人』，如何？」曰：「夫子分明説『夫仁者』，則是言仁之道如此；『可謂仁之方也已』，則是言求仁當如此。若以爲滾説，則既曰『夫仁者』矣，不當以『可謂仁之方』結之也。」又問：「程子説『仁至難言』，至『欲令如是觀仁，可以得仁之體』一段，却是滾説。」曰：「程子雖不曾分説，然其意亦無害。大抵『己欲立而立人，己欲達而達人』，是自然工夫。至於『能近取譬』，則是着力處，所以不同。」人傑。

問：「『己欲立而立人，己欲達而達人』，注云：『於此可以得仁之體。』是此處見得人與己相關甚切，便是生意相貫處否？」曰：「亦是。只無私意，理便流通。然此處也是己對人說，便恁地。若只就自己說，此又使不得，蓋此是仁之發出處。若未發之前，只一念之私，便不是仁。」淳。

問：「遺書中取醫家言仁。又一段云：『醫家以不識痛癢爲不仁。』人以不知覺、不認義理爲不仁，又却從知覺上說。」曰：「覺是覺於理。」問：「與上蔡說同異？」曰：「異。上蔡說覺，纔見此心耳。」問：「南軒云：『上蔡說覺，與佛家不同。』如何？」曰：「上蔡云：『自此心中流出。』與佛亦不大段異。今說知痛癢、能知覺，皆好。只是說得第二節，說得用。須當看如何識痛癢，血脈從何而出？知覺從何而至？」某云：「若不究見原本，却是不見理，只說得氣。」曰：「然。伊川言穀種之性一段，最好。」可學。

「明道云：『認得爲己，何所不至。』認得個什麼？夫仁者，己欲立，便立人；己欲達，便達人，此即仁之體也。『能近取譬』，則是推己之恕，故曰『可謂仁之方』。『夫仁者』與『可謂仁之方』正相對說。」明道云：「欲令如是觀仁，可以得仁之體。」先生再三舉似曰：「這處極好看仁。」又曰：「『博施』『濟衆』，固仁之極功，譬如東大洋海同是水。但不必以東大洋海之水方爲水，只瓶中傾出來底，亦便是水。『博施』『濟衆』固是仁，但那見孺子將入井時有怵惕惻隱之心，亦便是仁。此處最好看。」道夫。

林安卿問：「『仁者以天地萬物爲一體』，此即人物初生時驗之可見。人物均受天地之氣而生，所以同一體，如人兄弟異形而皆出父母胞胎，所以皆當愛。故推老老之心，則及人之老；推幼幼之心，則及人之幼。惟仁者其心公溥，實見此理，故能以天地萬物爲一體否？」曰：「不須問他從初時，只今便是一體。若必用從初説起，則煞費思量矣。猶之水然，江河池沼溝渠，皆是此水。如以兩碗盛得水來，不必教去尋討這一碗是那裏酌來，那一碗是那裏酌來。既都是水，便是同體，更何待尋問所從來。如昨夜莊仲説人與萬物均受此氣，均得此理，所以皆當愛，便是不如此。『愛』字不在同體上説，自不屬同體事。他那物事自是愛。這個是説那無所不愛了，方能得同體。若愛，則是自然愛，不是同體了方愛。惟其同體，所以無所不愛。所以愛者，以其有此心也；所以無所不愛者，以其同體也。」僩。

問：「明道曰『醫書以手足痿痺爲不仁』云云〔四五〕，『可以得仁之體』。又曰：『「能近取譬」，反身之謂也。』又曰：『「博施濟衆」，非聖人不能，何干仁事！故特曰夫仁者立人、達人，「能近取譬，可謂仁之方也已」。使人求之自反，便見得也。雖然，聖人豈不盡仁？然教人不得如此指殺。』或問『堯舜其猶病諸』。伊川曰：『聖人之心，何時而已？』又曰：『聖乃仁之成德。謂仁爲聖，譬如雕木爲龍。木乃仁也，龍乃聖也，指木爲龍，可乎？故「博施」「濟衆」，乃聖人之事。舉仁而言之，則「能近取譬」是也。』謝氏曰：『「博施」「濟衆」，亦仁之功用。然仁之名，不於此得也。子貢直以聖爲仁，則非特不識仁，併與聖而不識。故夫子語之曰「必也聖乎」，又舉「仁之方也」。「己欲立而立人，己欲達而達人」，亦非仁也，仁之方所而已。知方所，斯可以知仁。猶觀「天地變化，草木蕃」，斯可以知天地之心矣。』第二十九章凡八說，明道五說。伊川十七說今從明道、伊川。謝氏之說大意與第一說同，故不録。明道第五說與伊川第二、第十三說，皆以恕爲仁之方，大意皆正，但非解本文，故不録。伊川第一說曰：『惟聖人能盡仁道，然仁可通上下而言，故曰：「何事於仁，必也聖乎！」』又第五說曰：『聖則無小大，至於仁，則兼上下小大而言之。』又第八說曰：『孔子見子貢問得來事大，故曰：「何止於仁，必也聖乎！」蓋仁可以通上下言之，聖則其極也。』又第十二說曰：『博施而能濟衆，固仁也，而仁不足以盡之，故曰：「必也聖乎！」』又第十四章曰：『仁在事，不可以爲聖。』此五說，皆以『何事於仁』作『何止於仁』，故以仁爲有小大上下。若既是有小大上下，則以此章爲子貢指其大與上者問之，亦可也，又何以答之曰『何事於仁』乎？若聖人以仁爲未足以盡『博施』『濟衆』，則下文當别有說。今乃論爲『仁之方』，恐上下意不貫。伊川五說，只說得到『其猶病諸』處住，則下文論『仁之方』不相接，不如木龍之說，却與明道之意合。明道以『何事於仁』

只作『何干仁事』，則下文『仁之方』自相貫，又『功用』字分明。伊川第三説、第四説、第五説、第六説、第十五説，皆推説『博施濟衆猶病』，即聖人之心何時而已之意，故不録。伊川第九、第十一説，皆論『仁之方』，與謝氏『方所』之説相類。此章，聖人恐子貢便指作仁看，故但以爲若能由此而求之，乃可以知仁，故曰『仁之方』。伊川第十七説乃統説『仁』字大意，與明道第一説同，故不録。横渠曰：『必聖人之才能弘其道。』恐本文無『能弘其道』之意。范氏曰：『以大爲小。』是以仁爲小，聖爲大也，恐未穩。餘説亦寬。吕氏以博施爲仁，濟衆爲聖，未當。楊氏之説亦正，但謂『仁者何事於「博施」「濟衆」』，又恐太過。則明道所謂『教人不得如此指殺』者，但以仁、聖須分説，方見仁之體，非以仁無與於聖也。尹氏與伊川餘説同，故不辨。」曰：「『何事於仁』，何止於仁也。『必也聖乎，堯舜其猶病諸。』此兩句相連讀，言雖聖人亦有所不能也。『己欲立而立人，己欲達而達人』，仁也；『能近取譬』，恕也。」榦。集義。

問：「程子曰：『謂仁爲聖，譬猶雕木爲龍。木乃仁也，龍乃聖也，指木爲龍，可乎？』此喻如何？」曰：「亦有理。木可雕爲龍，亦可雕而爲狗，此仁所以可通上下而言者也。龍乃物之貴者，猶聖人爲人倫之至也。」必大。

校勘記

〔一〕壞　朝鮮本作：毀。

〔二〕問　朝鮮本作：寓問。

〔三〕寓　朝鮮本末尾小字作：畚。

〔四〕注謂施爲緩急之序　朝鮮本無「注謂」二字，另作：「先生謂二國之俗唯聖人能變之而不得試。然即其言而考之，則其施爲緩急之序可知矣。敢問」。凡三十七字。

〔五〕曰　朝鮮本作：恪問。

〔六〕問施爲緩急之序如何　朝鮮本問句作：問「齊、魯一變」章：「注謂『施爲緩急之序』如何？」

〔七〕齊强魯弱云云　朝鮮本無「云云」二字，另作：「孰不以爲齊勝魯也？然魯猶存周公之法制，齊由桓公之伯，爲從簡尚功之治，太公之遺法變易盡矣，故一變乃能至魯。魯則脩墜舉廢而已，一變至於先王之道也。」凡六十三字。

〔八〕榦　朝鮮本此下增小字「集義」。

〔九〕教小兒讀　「教」原作「數」，據萬曆本改。

〔一〇〕第　朝鮮本段首增：問：「尹氏曰：『觚之不觚，不得爲觚矣。』猶爲君必盡君道，爲臣必盡臣道。推之事物，亦如是而已。右」。

〔一一〕第二十四章凡六説　朝鮮本「第」上有三十六字：「問：尹氏曰：『觚之不觚，不得爲觚矣，猶爲君必盡君道，爲臣必盡臣道，推之事物亦如是而已。』右」。

〔一二〕無答語　朝鮮本無此三字，另作：「謝曰：『猶學者一不中節，雖賢者猶爲過之也。』則非禮之禮，非義之義，雖禮非禮也，雖義非義也！」凡三十六字。

〔一三〕榦　此字原無，據朝鮮本、萬曆本補。

〔一四〕則博者可以擇中而居之不偏　朝鮮本作：則博者可以擇善而居中不偏。

〔一五〕若如此兩下用工　朝鮮本作：若不如此兩不用工。

〔一六〕上　朝鮮本作：尚。

〔一七〕必大　朝鮮本作：伯豐。

〔一八〕問　朝鮮本作：礬問。

〔一九〕問　朝鮮本作：節問。

〔二〇〕問　朝鮮本作：寓問。

〔二一〕約禮則非徒知而已　「則」原作「到」，據朝鮮本、萬曆本改。

〔二二〕且以看文字一節論之　朝鮮本此下增「如到那一處」。

〔二三〕等　朝鮮本作：篇。

〔二四〕夫子欲見南子　朝鮮本「夫子」上有「天厭之天厭之」六字。

〔二五〕孟子　朝鮮本「孟子」上增：子見南子，乃聖人不爲己甚處。

〔二六〕子善　朝鮮本作：潘子善。

〔二七〕第二十七章凡七説　朝鮮本「第」上有九十七字：「問：謝氏曰：『南子在當時君臣宣淫，豈以爲非禮。在子路之意，直以爲浼夫子，是以不説。孟子嘗謂夫子於衛靈公有際可之任，至於此則行道之意其亦已矣，故於子路不説也直其理而語之曰：「我之所否者非人也，天之所厭者。」胡爲不悦哉？樂天而已矣！』」

〔二八〕亦不能無疑　朝鮮本「疑」下有一百九十四字：「或者曰：高明所以處己，中庸所以處人，如此則是聖賢所以自待者當過，而以所賤事君親也。或人之言，固非有識者。然楊氏亦不當如此答。據禮記，所謂極高明而道中庸，皆互言之。不極高明，無以道中庸；不道中庸，則亦不足爲高明。高明不可謂之過，中庸不可謂之淺。中庸者，不偏不易之正理。不偏不易，非高明而何？大抵楊氏之意以高明爲至大，而中庸乃其常行，故又曰極高明而不道中庸，則賢智之過；道中庸而不極高明，則愚不肖之不及。此似未當，既曰高明，又安有過？既曰中庸，又安有不及？」

〔二九〕謙之録云便見得意思出　朝鮮本收完整語録，作：問：「何事於仁，必也聖乎。」曰：「必也聖乎。卻按堯、舜病諸便見得意思出。聖如堯、舜，猶以爲病。」希遜。

〔三〇〕猶言那裏更做那仁了　「了」原作「子」，據朝鮮本、萬曆本改。

〔三一〕問何事於仁先生以爲恰似今日説何消得恁地一般　朝鮮本問句作：節問：「『何事於仁』，先生前日以爲恰似而今人説『何消得恁地』一般。節將來合上下文推之説不通。」

〔三二〕問　朝鮮本作：寓問。

〔三三〕則仁聖若有小大之分　朝鮮本「分」下有「否」字。

〔三四〕亞夫問此章　朝鮮本作：問「如有博施濟衆於民而能濟衆」一章。

〔三五〕欲立立人欲達達人　朝鮮本上八字作「己欲立而立人己欲達而達人」。

〔三六〕義剛　朝鮮本此則語録少異，今附如下：「『仁以理言』，是個徹頭徹尾底物，如一元之氣。『聖以地言』，非離了仁而爲聖，乃行仁到那極處，則爲聖也。蓋有衆人之仁，有賢人之仁，有聖人之仁，所以言『通乎上下』。『仁』字直，『聖』字横。」夔孫。

〔三七〕仁之方　朝鮮本此下增：其言豈不甚明哉，學者當自玩味之。

〔三八〕立是立得住　下「立」字，原作「主」，據朝鮮本、萬曆本改。

〔三九〕問　朝鮮本作：子貢問「博施濟衆」一段。植問。

〔四〇〕德明　朝鮮本語録少異，今附如下：「己欲立而立人，己欲達而達人」，仁也。「能近取譬」，恕也，所以説可謂仁之方也。泳。

〔四一〕問　朝鮮本作：節問。

〔四二〕子上問　朝鮮本「子上」上有「鄭」字。

〔四三〕做不得　朝鮮本此下增「此處病在求遠，博施濟衆」。

〔四四〕某説非破程子之説　「破」原爲一殘字，似非「破」，今據朝鮮本、萬曆本改。

〔四五〕醫書以手足痿痺爲不仁云云　朝鮮本無「云云」二字，另作：「此言最善名狀。仁者以天地萬物爲一體，莫非己也。認得爲己，何所不至！若不屬己，自不與己相干。如手足不仁，氣已不貫，皆不屬己。故博施濟衆，乃聖人之功用。仁至難言，故止曰：『己欲立而立人，己欲達而達人，能近取譬，可謂仁之方也已。』欲令如是觀仁」。凡九十八字。

朱子語類卷第三十四

論語十六

述而篇

述而不作章

徐兄問：「『述而不作』，是制作之『作』乎？」曰：「是。孔子未嘗作一事，如删詩，定書，皆是因詩、書而删定。」又問：「聖人不得時得位，只如此。聖人得時得位時，更有制作否？」曰：「看聖人告顏子四代禮樂，只是恁地，恐不大段更有制作。亦因四代有此禮樂，而因革之，亦未是作處。」又問：「如何『作春秋』？恐是作否？」曰：「『其事則齊桓、晉文，其文則史，其義則丘竊取之矣。』看來是寫出魯史，中間微有更改爾。某嘗謂春秋難看，平生所以不敢説着。如何知得上面那個是魯史舊文，那個是夫子改底字？若不改時，便只依魯史，如何更作春秋做甚？」先生徐云：「『知我者其惟春秋乎！罪我者其惟春秋乎！』又公羊、穀梁傳云：『其辭，則丘有罪焉耳。』這是多少擔負！想亦不能不是作，不知是如何。」賀孫録，意同。

飛卿問「信而好古」。曰：「既信古，又好古。今人多是信而不好，或好而不信。如好之者，則曰：『他也且恁地説。』信之者雖知是有個理恁地，畢竟多欠了個篤好底意思。」道夫。

行夫問「述而不作」章。曰：「雖説道其功倍於作者，論來不知所謂删者，果是有删否？要之，當時史官收詩時，已各有編次，但到孔子時已經散失，故孔子重新整理一番，未見得删與不删。如云：『吾自衛反魯，然後樂正，雅頌各得其所。』云『各得其所』，則是還其舊位。」賀孫。集注。

默而識之章

宜久問「默而識之」章。曰：「此雖非聖人極致，然豈易能？『默而識之』，若不是心與理契，念念不忘者不能。『學不厭』，如人之爲學有些小間斷時，便是厭。『教不倦』，如以他人之事爲不切於己，便是倦。今學者須是將此三句時時省察，我還能默識否？我學還不厭否？我教還不倦否？如此乃好。」時舉。

『默〔一〕而識之』至『誨人不倦』，是三節。雖非聖人之極致，在學者亦難。如平時講貫，方能記得。或因人提撕，方能存得。若『默而識之』，乃不言而存諸心，非心與理契，安能如此！『學不厭』，在學者久亦易厭。視人與己若無干涉，誨之安能不倦！此三者亦須是心無間斷方能如此〔二〕。」植。

問「默而識之」。曰：「是得之於心，自不能忘了，非是聽得人說後記得。」節。

問「默而識之」。曰：「如顏子『得一善則拳拳服膺而弗失』，猶是執捉在。這個却是『聞一善言，見一善行』，便如己有而弗失矣。」燾。

「『默而識之』者，默不言也，不言而此物常在也。今人但說着時在，不說時不在。『非禮勿視』，要和根株取，不是只禁你不看，聽、言、動皆然。」祖道。

鄭問「何有於我哉」。曰：「此語難說。聖人是自謙，言我不曾有此數者。聖人常有慊然不足之意。衆人雖見它是仁之至熟，義之至精，它只管自見得有欠闕處。」賀孫〔三〕。

讀「默而識之」章，曰：「此必因人稱聖人有此，聖人以謙辭答之。後來記者却失上面一節，只做聖人自話記了。『默而識之』，便是得之於心；『學不厭』，便是更加講貫；『誨不倦』，便是施於人也。」時舉。

問：「『何有於我哉』，恐是聖人自省之辭。蓋聖人以盛德之至，猶恐其無諸己而自省如此，亦謙己以勉人之意。」曰：「此等處須有上一截話。恐是或有人說夫子如何，故夫子因有此言。如達巷黨人所言如此，故夫子曰：『吾何執？執御乎？執射乎？吾執御矣。』今此章却只是記録夫子之語耳。如曰：『二三子以我爲隱乎？吾無隱乎爾。』亦必因門人疑謂有不盡與他說者，故夫子因有是言也。」必大。

德之不脩章

或問此章。曰：「須實見得是如何。德是甚麽物事？如何喚做脩？如何喚做不脩？人而無欲害人之心，這是德，得之於吾心也。然害人之心，或有時而萌者，是不能脩者也。德者，道理得於吾心之謂；脩者，好好脩治之之謂，更須自體之。須把這許多說話做自家身上說，不是爲別人說。」問：「『徙義』與『改不善』兩句，意似合掌。」曰：「聖人做兩項說在。試剖析令分明：徙義，是做這件事未甚合宜，或見人說，見人做得恰好，自家遷在合宜處；不善，便是全然不是，這須重新改換方得。」賀孫。

叔器問：「『德之不脩』，可以包下三句否？」曰：「若恁地，夫子但說一句便了，何用更説四句？徙義改過，略似脩德裏面事，然也别是個頭項。講學自是講學，脩德自是脩德。如致知、格物是講學，誠意、正心、脩身是脩德；博學、審問、謹思、明辨是講學，篤行是脩德。若徙義、改不善，如何地分？」叔器未及對。曰：「不善，是自家做得淫邪非僻底事。徙義，是雖無過惡，然做得未恰好，便是不合義，若聞人説如何方是恰好，便當徙而從之。聖人説這幾句，淺深輕重盡在裏面。『聞義不能徙』底罪小，『不善不能改』底罪大。但聖人不分細大，都説在裏面，學者皆當着工夫。」義剛。

「此四句，脩德是本。爲要脩德，故去講學。下面徙義、改過，即脩德之目也。」㽦。

行父問：「先知德不可不脩〔四〕，方知學不可不講。能講學，方能徙義；能徙義，方能改不善。如此看，如何？」曰：「脩德是本。脩德，恰似説『入則孝，出則悌，謹而信，泛愛衆而親仁』。學不可不講，恰似説『行有餘力，則以學文』。」或問徙義、改不善之别。曰：「徙義不是説元初做不是。元初本心自是好，但做得錯了，做得不合宜，如所謂『皆以善爲之，而不知其義』。才移教合義理，便是全好。若不善，則是元初便做得不是，須都改了方得。徙義是過失，不善是罪犯。」賀孫。恪録别出。

行父問「德之不脩」一段。曰：「須先理會孝弟忠信等事，有個地位，然後就這裏講學。『聞義不能徙』，這一件事已是好事，但做得不合義。見那人説如此方是義，便移此之不義，

以從彼之義。不善，則已是私意了。上面是過失，下面是故犯。」恪。〔五〕

「『德之不脩』，如有害人之心，則仁之德不脩；有穿窬之心，則義之德不脩。仁之德脩，則所言無不仁之言，所行無不仁之行；義之德脩，則所言無不義之言，所行無不義之行。淵錄云：「實得仁於心，則發出來爲仁之言，做出來爲仁之行；實得義於心，則發出來爲義之言，做出來爲義之行。」『聞義不能徙，不善不能改』，二句雖似合掌，却有輕重深淺。聞義者，尚非有過，但不能徙義耳。至於不善，則是有過而不能改，其爲害大矣！」植。南升録别出。

「『德之不脩』，如無害人之心，則仁之德脩；無穿窬之心，則義之德脩。『聞義不能徙』，是見得自家事未合宜，及聞合宜事，便徙而就之。不善，則是有過惡了。如此説，方不合掌。」南升。

或問「德之不脩」一章。曰：「遷善、改過，是脩德中緊要事。蓋只脩德而不遷善、改過，亦不能得長進。」又曰：「遷善、改過是兩項，不是説改其過而遷於善。遷善便是有六七分是，二三分不是，自家却見得那二三分是處，即遷而就之，要教十分是着。改過則是十分不好，全然要改。此遷善、改過之别。如通書中云：『君子乾乾不息於誠。』便是脩德底事。下面便是接説遷善、改過底事，意正相類。」燾。

立之問此章。曰：「德是理之既得於吾心者，便已是我有底物事了。更須日日磨礲，勿令間斷，始得。徒義與改不善，一似合掌，然須着與他分別，蓋義是事之宜處。我做這一件事，覺得未甚合宜，便着徙令合宜，此却未見得有不善處。至不善，便是有過惡，須着速改，始得。此所以有輕重之别。」又問：「此四句若要連續看，如何？」曰：「才要連續，便是説文字，不是要着實做工夫。若着實做工夫，便一句自是一句。」時舉。

李問此章〔六〕。曰：「此四句是四件事〔七〕，不可一滚説了。下面兩句，粗看只是一件事一般，然此兩句自有輕重。蓋『見義不能徙』，此只是些子未合宜處，便當徙而從宜。『不善不能改』，則大段已是過惡底事，便當改了。此一句較重。」雉。

讀「德之不脩」章，曰：「此自是四句。若要合説，便是德須着脩於己，講學便更進其德。到徙義、改過，始是見之於行事時，須時要點檢〔八〕。如此説，却相連續也。」時舉。

問〔九〕：「『聞義不能徙，不善不能改。』先生云有輕重，其意如何？」曰：「義，宜也。事須要合宜。不能徙，未爲不是，却不合宜。那不善底却乖，須便打并了。」叔重云〔一〇〕：「『聞義不能徙』較輕。」曰：「那個大體却無邪惡。」又曰：「『聞義不能徙』，較密於『不善不能改』；『不善不能改』，較重於『聞義不能徙』。」節。

「『德之不脩』至『是吾憂也』，這雖是聖人以此教人，然『學不厭』之意多見於此。使有一毫自以爲聖，任其自爾，則雖聖而失其聖矣。」賀孫。

又曰：「此是聖人自憂也。聖人固無是四者之憂，所以然者，亦自貶以教人之意。」謨。

子之燕居章

叔器問「申申、夭夭」之義。曰：「申申，是言其不局促，是心廣體胖後，恁地申申舒泰。夭夭，好貌。觀『桃之夭夭』是少好之貌，則此亦是恁地。所謂色愉，只是和悅底意思。但此只是燕居如此，在朝及接人又不然。」義剛。

問：「『申申、夭夭』，聖人得於天之自然。若學者有心要收束，則入於嚴厲；有心要舒泰，則入於放肆。惟理義以養其氣，養之久，則自然到此否？」曰：「亦須稍嚴肅則可。不然，則無下手處。」又曰：「但得身心收斂，則自然和樂。」又曰：「不是別有一個和樂。才整肅，則自和樂。」恪〔一二〕。

甚矣吾衰章

「據文勢時，『甚矣，吾衰也』是一句，『久矣，吾不復夢見周公』是一句。惟其久不夢見，所以見得是衰。若只是初不夢見時，也未見得衰處。此也無大義理，但文勢當是如此。」義剛。

「孔子固不應常常夢見周公。然亦必曾夢見來，故如此說。然其所以如此說之意，却是設詞。」必大。

蜚卿問：「孔子夢周公，若以聖人欲行其道而夢之耶，則是心猶有所動。若以壯年道有可行之理而夢之耶，則又不應虛有此兆朕也。」曰：「聖人曷嘗無夢，但夢得定耳。須看他與周公契合處如何。不然，又不見別夢一個人也。聖人之心，自有個勤懇惻怛不能自已處，自有個脱然無所繫累處，要亦正是以此卜吾之盛衰也。」砥。

問〔一二〕：「夢周公，是真夢否？」曰：「當初思欲行周公之道時，必亦是曾夢見。」曰：「恐涉於心動否？」曰：「心本是個動物，怎教他不動。夜之夢，猶寢之思也。思亦是心之動處，但無邪思可矣。夢得其正，何害！心存這事，便夢這事。常人便胡夢了。」寓録此下云：「孔子自言老矣，以周公之道不可得行，思慮亦不到此，故不復夢。甚歎其衰如此。」居甫舉莊子言「至人無夢」〔一三〕。曰：「清浄者愛恁地說。佛老家亦說一般無夢底話。」淳。寓同。

「『吾不復夢見周公』，自是個徵兆如此。當聖人志慮未衰，天意難定，八分猶有兩分運轉，故他做得周公事，遂夢見之，非以思慮也。要之，聖人精神血氣與時運相爲流通。到鳳不至、圖不出、明王不興，其徵兆自是恁地。胡文定公謂春秋絶筆於獲麟，爲『志一則動氣』，意思說得也甚好。但以某觀之，生出一個物事爲人所斃，多少是不好，是亦一徵兆也。」道夫問：「設當孔子晚年，時君有能用之，則何如？」曰：「便是不。且如孔子請討陳恒時，已〔一四〕年七十一，到此也做得個甚？」又問：「程子謂孔子之志，必將正名其罪，上告天子，下告方伯，而率與國以討之。不知天子果能從乎？」曰：「當時惟在下者難告。」問：「果爾，則告命稽違，得無有不及事之悔乎？」曰：「使哀公能從，則聖人必一面行將去，聞于周王，使知之耳。」道夫。

問「甚矣吾衰也」。〔一五〕曰：「不是孔子衰，是時世衰。」又曰：「與天地相應。若天要用孔子，必不教他衰。如太公、武王皆八九十歲。夫子七十餘，想見纍垂。」節。

戴少望謂：「顏淵、子路死，聖人觀之人事；『鳳鳥不至，河不出圖』，聖人察之天理；『不復夢見周公』，聖人驗之吾身，夫然後知斯道之果不可行，而天之果無意於斯世也。」曰：「這意思也發得好。」道夫。

「『夢周公』，『忘肉味』，『祭神如神在』，見得聖人真一處。理會一事，便全體在這一事。」道夫。

問：「孔子夢周公，却是思。」曰：「程先生如此說，意欲說孔子不真見周公。然見何害。」可學。

問：「伊川〔一六〕以爲不是夢見人，只是夢寐常存行周公之道耳。集注則以爲如或見之。不知果是如何？」曰：「想是有時而夢見。既分明説『夢見周公』，全道不見，恐亦未安。」又問：「夫子未嘗識周公，夢中烏得而見之？」曰：「今有人夢見平生所不相識之人〔一七〕，却云是某人某人者，蓋有之。夫子之夢，固與常人不同，然亦有是理耳。」莊祖〔一八〕。

集注、集義。

問：「此章曰孔子未衰以前〔一九〕，嘗夢見周公矣。伊川却言不曾夢見，何也？」曰：「聖人不應日間思量底事，夜間便夢見。如高宗夢傅説，却是分明有個傅説在那裏，高宗不知。所以夢見，亦是朕兆先見者如此。孔子夢奠兩楹事，豈是思慮後方夢見？此説甚精微。但於此一章上説不行，今且得從程子説。」去僞〔二〇〕。

志於道章

問「志於道」。曰：「思量講究，持守踐履，皆是志。念念不舍，即是總説，須是有許多實事。」夔孫。

吉甫説「志於道」處〔二一〕。曰：「『志於道』，不是只守個空底見解。須是至誠懇惻，念念不忘。所謂道者，只是日用當然之理。事親必要孝，事君必要忠，以至事兄而弟，與朋友交而信，皆是道也。『志於道』者，正是謂志於此也。」時舉〔二二〕。

「道理也是一個有條理底物事，不是鶻淪一物，如老莊所謂恍惚者。『志於道』，只是存心於所當爲之理，而求至於所當爲之地，非是欲將此心繫在一物之上也。」端蒙。

「『志於道』，如講學、力行，皆是。『據於德』，則是這個物事已成個坯璞子了。」義剛。

問「據於德」。曰：「如孝，便是自家元得這孝道理，非從外旋取來。據於德，乃是得這基址在這裏。」植。

「『據於德』。德者，得之於身。然既得之，守不定，亦會失了。須常照管，不要失〔一三〕了。須是據守，方得。」明作。

問「據於德」云云〔一四〕。曰：「德者，吾之所自有，非自外而得也。以仁、義、禮、智觀之，可見。韓退之云：『德，足乎己，無待乎外。』說得也好。」南升。

「道者，人之所共由，如臣之忠、子之孝，只是統舉理而言。德者，己之所獨得，如能忠、能孝，則是就做處言也。依仁，則又所行處每事不違於仁。」端蒙。

「『志於道』，方有志焉。『據於德』，一言一行之謹，亦是德。『依於仁』，仁是衆善總會處。」德明。

「道是日用常行合做底，德是真個有得於己，仁謂有個安頓處。」季札。

先生問正淳：「曾聞陸子壽『志於道』之說否？」正淳謂：「子壽先令人立志。」曰：「只做立志，便虛了。聖人之說不如此，直是有用力處。且如孝於親，忠於君，信於朋友之類，便是道。所謂志，只是如此知之而已，未有得於己也。及其行之盡於孝，盡於忠，盡於信，有以自得於己，則是孝之德，忠之德，信之德。如此，然後可據。然只志道據德，而有一息之不仁，便間斷了，二者皆不能有。却須『據於德』後，而又『依於仁』。」正淳謂：「這個仁，是據發見說。」曰：「既見於德，亦是發見處。然仁之在此，却無隱顯皆貫通，不可專指爲發見。」㽦。人傑録云：「『志於道』，道是君臣、父子、夫婦、兄弟、朋友之道。明得此理，得之於身，斯謂『據於德』。然而不『依於仁』，則二者皆爲無用矣。依仁不止於發見。凡内外隱顯，莫非仁也。」

正卿問「志道、據德、依仁」。曰：「『志於道』，猶是兩件物事。『據於德』，謂忠於君則得此忠，孝於親則得此孝，是我之得於己者也，故可據。依仁，則是平日存主處，無一念不在這裏，又是據於德底骨子。」時舉。

正卿問「志道、據德、依仁」。曰：「德，是自家心下得這個道理，如欲爲忠而得其所以忠，如欲爲孝而得其所以孝。到得『依於仁』，則又不同。依仁，則是此理常存於心，日用之間常常存在。據德、依仁，雖有等級，不比志道與據德、依仁，全是兩截。志只是心之所之，與有所據、有所依不同也。」賀孫。

問「據於德，依於仁」。曰：「德只是做這一件事底意思，據而勿失。仁又親切。」又問：「仁是全體，德只是一事之德否？」曰：「然。」又曰：「事父母則爲孝德，事兄長則爲悌德。德是有得於心，是未事親從兄時，已渾全是孝悌之心。此之謂德。」必大。

先生問學者：「據德、依仁，如何分別？」學者累日説皆不合。乃曰：「德是逐件上理會底，仁是全體大用，常依靠處。」又曰：「據德，是因事發見底；如因事父有孝，因事君有忠。依仁，是本體不可須臾離底。據德，如着衣喫飯；依仁，如鼻之呼吸氣。」僩。

「德是道之實，仁是德之心。」道夫。

行夫問「志道、據德、依仁、游藝」。曰：「『志於道』，方是要去做，方是事親欲盡其孝，事兄欲盡其弟，方是恁地。至『據於德』，則事親能盡其孝，事兄能盡其弟，便自有這道理了，却有可據底地位。才説盡其孝，便是據於孝。雖然如此，此只是就事上逐件理會。若是不依於仁，不到那事親、事兄時，此心便没頓放處。『依於仁』，則自朝至暮，此心無不在這裏。連許多德，總攝貫穿都活了。『志於道』，方要去做。『據於德』，則道方有歸着。雖有歸着，猶是在事上。『依於仁』，則德方有本領。雖然，藝亦不可不去理會。如禮、樂、射、御、書、數，一件事理會不得，此心便覺滯礙。惟是一一去理會，這道理脉絡方始一一流通，無那個滯礙。因此又却養得這個道理。以此知大則道無不包，小則道無不入。小大精粗，皆無滲漏，皆是做工夫處。故曰：『語大，天下莫能載；語小，天下莫能破。』」恪。

「志於道，據於德，依於仁，游於藝。」先生曰：「志者，心之所之。道者，當爲之理，爲君有君之理，爲臣有臣之理。『志於道』者，留心於此理而不忘也。德者，得也。既得之，則當據守而弗失。仁者，人之本心也。依，如『依乎中庸』之依，相依而不捨之意。既有所據守，又當依於仁而不違，如所謂『君子無終日之間違仁』是也。『游於藝』一句，比上三句稍輕，然不可大段輕說。如上蔡云『有之不害爲小人，無之不害爲君子』，則是太輕了。古人於禮、樂、射、御、書、數等事，皆至理之所寓。游乎此，則心無所放，而日用之間本末具舉，而内外交相養矣。」或言：「『志於道』，正如顔子仰高鑽堅，以求至乎聖人之地否？」曰：「若如此說，便是要將此心寄在道裏面底說話。道只是人所當行之道，自有樣子。如『爲人父，止於慈；爲人子，止於孝』，只從實理上行，不必向渺茫中求也。」謨。

叔器說「志於道」云：「知得這個道理，從而志之。」曰：「不特是知得時方志，便未知而有志於求道，也是志。德，是行其道而有得於心。雖是有得於心而不失，然也須長長執守，方不失。如孝，行之已得，則固不至於不孝；若不執守，也有時解走作。如忠，行之已得，則固不至於不忠；若不執守，也有時解有脱落處。這所以下一『據』字。然而所以據此德，又只要存得這心在。存得這心在時，那德便自在了，所以說『依於仁』。工夫到這裏，又不遺小物，而必『游於藝』。」叔器因言：「禮、樂、射、御、書、數，自秦漢以來皆廢了。」曰：「射，如今秀才自是不曉。御，是而今無車。書，古人皆理會得，如偏旁、義理皆曉，這也是一事。數，是算數，而今人皆不理會。六者皆實用，無一可缺。而今人是從頭到尾，皆無用。小兒子教他做詩對，大來便習舉子業，得官，又去習啓事、雜文，便自稱文章之士。然都無用處，所以皆不濟事。漢時雖不以射取士，然諸生却自講射，一年一次，依儀禮上說，會射一番，却尚好。今世以文取士，如義，若教它依經旨去說些道理，尚得。今却只是體貼字子，就這兩三句題目上說去，全無義理。如策，若是着實論些時務，也尚得。今却只是虛說，說得好底，剗地不得。」包顯道言：「向前義是先引傳、注數條，後面却斷以己意，如東坡數篇，却尚得。」先生然之。義剛。

或問「志道、據德、依仁、游藝」。曰：「德是行來行去，行得熟，已成個物事了，惟這個物事已得於我。故孝也是這物事流出來做孝，忠也是這物事流出來做忠。若只說爲子盡孝，爲臣盡忠，這只說得盡，說德不得。蓋德是得這物事於我，故事親必孝，必不至於不孝；事君必忠，必不至於不忠。若今日孝，明日又不孝；今日忠，明日又不忠，是未有得於我，不可謂之德。惟德是有得於我者，故可據守之也。若是未有得於我，則亦無可據者。」又問：「此是成德否？」曰：「便恁地說，也不得。若做這物事未成就時，一個物事是一個物事在，孝只是孝，忠只是忠。惟做來做去，湊足成就一個物事貫通時，則千頭萬件，都只是這一個物事流出來。道家所謂『安養成胎』，蓋德是百行之胎也。所以君子以成德爲行。『依於仁』，仁是個主，即心也。『依於仁』，則不失其本心。既不失其本心，則德亦自然有所據。若失其本心，則與那德亦不見矣。『游於藝』，蓋上三句是個主腦，藝却是零碎底物事。做那個，又來做這個，是游來游去之謂也。然亦不可游從別處去，須是『游於藝』，方得。」又云：「說行時，只可言『志於道』，不可謂之德。」又云：「成德，只是要成此德。」燾。

問〔二五〕：「自『志於道』到『依於仁』，工夫到這處縝密，較易些否？」曰：「似恁地都是難。」問：「此是顏子不違仁地位否？」先生問：「如何知得顏子能如此，它人不能？」曰〔二六〕：「顏子亞聖之資，固易爲力。若它人用工深，亦須到這處。」曰：「這處先要就『志於道』上理會。『志於道』，便恁地利，恁地好。這須知是個生死路頭。」因以手指分作兩邊去，云：「這一邊是死路，那一邊去是生路。這去便善，那去便惡，知得此路是了，只管向此路去，念念不忘。處己也在是，接人也在是，講論也在是，思索也在是。今人把捉不定，要做這邊去，又要做那邊去，一出一入，或東或西。以夫子『十五志于學，三十而立，四十而不惑，五十而知天命』，皆是從志學做來着工夫，須看得聖人『志于學』處是如何。這處見得定，後去節節有下工夫處。『據於德』。德者，得也，便是我自得底，不是徒恁地知得便住了。若徒知得，不能得之於己，似說別人底，於我何干。如事親能孝，便是我得這孝；事君能忠，便是我得這忠。說到德，便是成就這道，方有可據處。但『據於德』，固是有得於心，是甚次第，然亦恐怕有走作時節。其所存主處，須是『依於仁』，自得於心，不可得而離矣。到游藝，猶言學文〔二七〕，雖事未甚要緊，然亦少不得。須知那個先，那個後，始得，亦所以助其存主也。」寓。

問：「若是『志於道，據於德』，則雖初學便可如此下功。且如『據於德』，則得寸守寸，得尺守尺。若是『依於仁』，則仁是指全體而言，如何便解依得它？」曰：「所謂『據於德』，亦須是真個有是德，方可據守。如事親時自無不孝，方是有孝之德，其餘亦然，亦非初學遽可及也。依仁，只是此心常在，不令少有走作也。」因言：「周禮先說『知、仁、聖、義、忠、和』，『孝、友、睦、婣、任、恤』，此是教萬民底事。又說教國子以三德，曰：『至德以爲道本』，『敏德以爲行本』，『孝德以知逆惡』。至德，謂德之全體，天下道理皆由此出，如所謂存心養性之事是也，故以此教上等人。若次一等人，則教以敏德爲行本。敏，是强敏之謂。以敏德教之，使之見善必遷，有過必改，爲學則强力，任事則果決，亦是一等特立獨行之人。若又次一等，則教以孝德以知逆惡，使它就孝上做將去，熟於孝，則知逆惡之不可爲。夫是三者必相兼。若能至德，則自兼那兩事；若自下做去，亦可以到至德處；若只理會個至德，而無下二者，則空疏去。」又曰：「自『志於道』至『依於仁』，是從粗入精；自『依於仁』至『游於藝』，是自本兼末。能『依於仁』，則其『游於藝』也，蓋無一物之非仁矣。」因舉橫渠語云：「『天體物而不遺，猶仁體事無不在也。「禮儀三百，威儀三千」，無一物之非仁也。「昊天曰明，及爾出王；昊天曰旦，及爾游衍。」無一物之不體也。』此是橫渠赤心片片說與人。如荀、揚，何嘗有這樣說話。」廣。

「『志於道』，『志』之一字，不徒是知，已是心中放它不下。『據於德』，是行道而得之於己。然此都且就事上說。至『依於仁』，則無物欲之累，而純乎天理，道至此亦活，德至此亦活，却亦須『游於藝。』」問：「小學禮、樂、射、御、書、數之文，是藝否？」曰：「此雖小學，至『依於仁』既熟後，所謂小學者，至此方得他用。」夔孫。

「『據於德』。德，謂得之於心，有這個物事了，不待臨時旋討得來。且如仁義禮知有在這裡，不待臨時旋討得來。」又曰：「德是自家有所得處在這裡。且如事親孝，則孝之理得；事兄弟，則弟之理得〔二八〕，所謂在這裏，但得有淺深。」又曰：「『志於道，據於德』，說得尚粗。到『依於仁』，方是工夫細密。『游於藝』者，乃是做到這裏，又當養之以小物。」植。

「『據於德』，有時也會失了。必『依於仁』，此心常存，則照管得到，能守是德矣。『游於藝』，似若無緊切底事。然能如此，則是工夫大故做得到了，所謂『庸言之信，庸行之謹』也。」夔孫。

「讀書，須將聖賢言語就自家身上做工夫，方見字字是實用。如『志道，據德，依仁，游藝』，將來安排放身上看。看道是甚麼物事？自家如何志之？以至『據德，依仁，游藝』，亦莫不然，方始有得。」道夫。

子升〔二九〕問：「上〔三〇〕三句皆有次序，至於藝，乃日用常行，莫不可後否？」曰：「藝是小學工夫。若說先後，則藝爲先，而三者爲後。若說本末，則三者爲本，而藝其末，固不可徇末而忘本。習藝之功固在先。游者，從容潛玩之意，又當在後。文中子說：『聖人志道，據德，依仁，而後藝可游也。』此說得自好。」木之。

或問：「『游者，玩物適情之謂。』玩物適情，安得爲善？」曰：「『游於藝』一句是三字，公却只說得一字。」人傑。集注。

自行束脩章

「古人空手硬不相見。束脩是至不直錢底，羔雁是較直錢底。真宗時，講筵說至此，云：『聖人教人也要錢。』」義剛。

不憤不啓章

問「憤悱」。曰：「此雖聖人教人之語，然亦學者用力處。」敬仲。

「學者至憤悱時，其心已略略通流。但心已喻而未甚信，口欲言而未能達，故聖人於此啓發之。舉一隅，其餘三隅須是學者自去理會。舉一隅而不能以三隅反，是不能自用其力者，孔子所以不再舉也。」謨。

「憤悱是去理會底。若不待憤悱而啓發之，不以三隅反而復之，則彼不惟不理會得，且聽得亦未將做事。」燾。

「悱，非是全不曉底，也曉得三五分，只是説不出。」問：「伊川謂：『必待誠至而後告之。』」曰：「憤悱，便是誠意到；不憤悱，便是誠不到。」節。

「凡物有四隅，舉一隅，則其三隅之理可推。若不能以三隅反，則於這一隅，亦恐未必理會得在。」

「舉一隅以三隅反，只是告往知來否？」曰：「只是。凡方者，一物皆有四隅〔三一〕。」植。

或問：「程子曰：『待憤悱而後發，則沛然矣。』如何是沛然底意思？」曰：「此正所謂時雨之化。譬如種植之物，人力隨分已加，但正當那時節欲發生未發生之際，却欠了些子雨。忽然得這些子雨來，生意豈可禦也！」

子食於有喪者之側章

「『子食於有喪者之側未嘗飽』,『子於是日哭則不歌』,此是聖人天理。」燾。

問:「食於有喪之側而未嘗飽,亦以其哀傷之極,足以感動人心,自不能飽也。」曰:「哀,是哀死者,不干生人事。所謂『哭死而哀,非爲生者也』。若喪家極哀,又能使人愈哀耳。又有喪家人全不以死者爲念,視之若無,反使人爲之悲哀者。」司元德記。燾。

「『子食於有喪者之側,未嘗飽也』,有食不下咽之意。」謨。

「『子於是日哭則不歌』,不要把一個『誠』字包却。須要識得聖人自然重厚、不輕浮底意思。」時舉。

問〔三二〕:「博文亦可以學道。而上蔡解『哭則不歌』,謂:『能識聖人之情性,然後可以學道。』」曰:「聖人情性便是理。」又曰:「博文約禮,亦是要識得聖人情性。『思曰睿』,只是思會睿。」節。集義。

「『子於是日哭則不歌』,上蔡説得亦有病。聖人之心,如春夏秋冬,不遽寒燠,故哭之日,自是不能遽忘。」又曰:「聖人終不成哭了便驟去歌得!如四時,也須漸漸過去。」道夫録云:「其變也有漸。」且如古者喪服,自始死至終喪,中間節次漸漸變輕。不似如今人直到服滿，一頓除脱了〔三三〕，便着華采衣服。」賀孫。道夫同。

問謝氏之説。曰：「謝氏之學大抵習忘，如以『三月不知肉味』反是病，和韶樂都忘之方是。」必大。

子謂顔淵曰章

讀「用之則行，舍之則藏」章，曰：「專在『則』字上，如『可以仕則仕』、『可以久則久』之類是也。」時舉。

「此八字，極要人玩味。若他人，用之則無可行，舍之則無可藏。唯孔子與顔淵先有此事業在己分内，若用之，則見成將出來行；舍之，則藏了，它人豈有是哉！故下文云：『唯我與爾有是夫。』『有是』二字，當如此看。」謨。

問「尹氏曰：『命不足道也』。」〔三四〕曰：「如常人，『用之則行』，乃所願；『舍之則藏』，非所欲。『舍之則藏』，是自家命恁地，不得已，不奈何。聖人無不得已底意思。聖人用我便行，舍我便藏，無不奈何底意思，何消更言命。」又曰：「『命不足道也』，命不消得更説。」又曰：「知命不足道也。」節。

問「命不足道也」。曰：「到無可奈何處，始言命。如云『道之將行也與，命也；道之將廢也與，命也』，此爲子服景伯說。時舉録〔三五〕云：「聖人説命，只是爲中人以下説。聖人欲曉子服景伯，故以命言。」如曰『有命』，是爲彌子瑕說。聖人『用之則行，舍之則藏』，未嘗到那無可奈何處，何須説命〔三六〕！如一等人不知有命。又一等人知有命，猶自去計較。中人以上，便安於命。到得聖人，便不消得言命。」夔孫。

問「用舍行藏」章。曰：「聖人於用舍甚輕，没些子緊要做。用則行，舍則藏，如晴乾則着鞋，雨下則赤脚。尹氏云：『命不足道。』蓋不消言命也。」植。

義剛曰：「用舍係乎道之盛衰，行藏以道而舒卷。己之窮達非所計，故曰『命不足道』。」曰：「用舍是由在別人，不由得我；行藏是由在那人，用舍亦不由得我。」仲默問：「這命，只是『君子不謂命也』之『命』否？」曰：「是。」義剛。

「『用舍無預於己〔三七〕，行藏安於所遇，命不足道也。』蓋只看義理如何，都不問那命了。雖使前面做得去，若義去不得，也只不做；所謂『殺一不辜，行一不義，而得天下，有所不爲』。若中人之情，則見前面做不得了方休，方委之於命；若使前面做得，它定不肯已；所謂『不得已而安之命』者也。此固賢於世之貪冒無耻〔三八〕者，然實未能無求之心也。聖人更不問命，只看義如何。貧富貴賤，惟義所在，謂安於所遇也〔三九〕。如顔子之安於陋巷，它那曾計較命如何。陶淵明説盡萬千言語，説不要富貴，能忘貧賤，其實是大不能忘，它只是硬將這個抵拒將去。然使它做那世人之所爲，它定不肯做，此其所以賢於人也。」或云：「看來，淵明終只是晉、宋間人物。」曰：「不然。晉、宋間人物，雖曰尚清高，然個個要官職，這邊一面清談，那邊一面招權納貨。淵明却真個是能不要，此其所以高於晉、宋人也。」或引伊川言「晉、宋清談，因東漢節義一激而至此」者曰：「公且説，節義如何能激而爲清談？」或云：「節義之禍，在下者不知其所以然，思欲反之，所以一激而其變至此。」曰：「反之固是一説。然亦是東漢崇尚節義之時，便自有這個意思了。蓋當時節義底人，便有傲睨一世，汙濁朝廷之意。這意思便自有高視天下之心，少間便流入於清談去。如皇甫規見鴈門太守曰：『卿在鴈門，食鴈肉，作何味？』那時便自有這意思了。少間那節義清苦底意思，無人學得，只學得那虛驕之氣。其弊必至於此。」僩。〔四〇〕

問「用舍行藏」。曰：「此有數節，最好子細看。未説到用舍行藏處，且先看個『毋意、毋必』底意。此是甚底心？渾然是個天理。尹氏謂『命不足道』，此本未有此意，亦不可不知也。蓋『知命』者，不得已之辭。人要做這事，及至做不得，則曰命，是心裏猶不服它。若聖賢『用之則行，舍之則藏』，更不消得説命。到説『臨事而懼，好謀而成』八字，雖用舍行藏地位遠了，然就此地頭看，也自好。某嘗謂聖人之言，好如荷葉上水珠，顆顆圓。這『臨事而懼』，便是戒謹恐懼底心。若有所恐懼，心驚膽畏，便不得了。孟子説：『禹惡旨酒，而好善言』；湯『立賢無方』；文王『望道而未之見』；『武王不泄邇，不忘遠』；『周公思兼三王』。許多事，皆是聖人事，然有小大不同，如『惡旨酒』，乃是事之小者；『思兼三王』，乃是事之大者。然亦都是一個戒謹恐懼底心。人心多縱弛，便都放去。若是聖人行三軍，這便是不易之法。非特行軍如此，事事皆然。莊子庖丁解牛神妙，然每到族，心必怵然爲之一動，然後解去。心動，便是懼處，豈是似醉人恣意胡亂做去！韓文鬬雞聯句云：『一噴一醒然，再接再礪乃！』謂都困了，一以水噴之，則便醒。『一噴一醒』所謂懼也。此是孟郊語，也說得好。」又問：「觀此處，則夫子與顔子一般了。」曰：「到此地位，大節也同了。如孟子說伯夷、伊尹與夫子『是則同』處。看伯夷、伊尹與夫子，豈是一樣人！但是此大節處同。若此處不同，則不足爲聖人矣。」夔孫。義剛録别出。

叔器說「用之則行」章。曰：「命，是有個必得底意；及不得，則委之於命。聖人只是『用之則行，舍之則藏』。如孟子所說『求之有道，得之有命』，此却是爲中才發，聖人自是不論到這裡。然此只是尹氏添此一脚，本文非有此意。『臨事而懼，好謀而成』，比『用之則行，舍之則藏』，固是大相遠；但這裡面道理也自完具，無欠無剩。某嘗說，聖人言語如荷葉上水珠子，一顆一顆圓。」叔器問：「顔子與聖人同否？」曰：「大節目也同。如孟子說伯夷、伊尹、孔子『得百里之地而君之，皆能以朝諸侯、有天下；行一不義、殺一不辜而得天下，皆不爲也，是則同』。這便是大節目處皆同。若是這個不同時，便不喚做聖人了。只是纖細縝密論來，却有不同處。」又曰：「這一章，有四五節道理。」義剛。

「子路說：『子行三軍，則誰與？』雖無私意，然猶有固必之心。」人傑。

「『子行三軍，則誰與？』宜作相與之『與』，非許與之『與』。『好謀而成』，人固有好謀者；然疑貳不決，往往無成者多矣。孔子行三軍，其所與共事者，必『臨事而懼，好謀而成者也』。」謨。

亞夫問「子行三軍，則誰與」。曰：「三軍要勇，行三軍者要謀。既好謀，然須要成事。蓋人固有好謀而事不成者，却亦不濟事。」時舉因云：「謀在先，成在後。成非勇亦不能決。」曰：「然。」〔四一〕時舉。〔四二〕

「『好謀而成』，既謀了，須是果決去做教成。若徒謀而不成，何益於事？所謂『作舍道旁，三年不成』者也。『臨事而懼』，是臨那事時，又須審一審。蓋閑時已自思量都是了，都曉得了，到臨事時又更審一審。這『懼』字，正如『安而後能慮』底『慮』字相似。」又曰：「而今只是據本子看，說行三軍是如此。試把數千人與公去行看，好皇恐！」僩。

問：「『用之則行，舍之則藏』，竊意漆雕、曾、閔亦能之。」曰：「『舍之則藏』易，『用之則行』難。若開，用之未必能行也。聖人規模大，藏時不止藏他一身，煞藏了事。譬如大船有許多器具寶貝，撑去則許多物便都住了，衆人便没許大力量。然聖人行藏，自是脱然無所係累。救世之心雖切，然得做便做，做不得便休。他人使有此，若未用時則切切於求行，舍之則未必便藏。耿直之向有書云：『三代禮樂制度盡在聖人，所以用之則有可行。』某謂此固其可行之具，但本領更全在無所係累處。有許大本領，則制度點化出來，都成好物，故在聖人則爲事業。衆人没那本領，雖盡得他禮樂制度，亦只如小屋收藏器具，窒塞都滿，運轉都不得。」砥。

問：「楊氏曰：『「樂則行之，憂則違之」，孔、顔之所同；「天下文明」，則孔子而已矣。』其義如何？」曰：「龜山解經，常有個纏底病。如解『苗而不秀』章云：『「必有事焉，而勿正，勿忘，勿助長」，則苗斯秀，秀斯實矣。』初亦不曉其説，徐觀之，乃是因『苗』字牽引上『揠苗』，又纏上『勿忘、勿助』耳。此章取易來如此比並，固亦可通。然於本旨無所發明，却外去生此議論。」必大。集義。

富而可求章

讀「富而可求」章，曰：「須要子細看『富而可求也』一句。上面自是虛意。言『而可求』，便是富本不可求矣。」因舉「君子贏得做君子，小人枉了做小人」之説，又云：「此章最見得聖人言語渾成底氣象，須要識得。」時舉。

子在齊聞韶章

「史記：子在齊『聞韶音，學之三月，不知肉味』。『三月』當作一點。蓋是學韶樂三月耳，非三月之久不知肉味也。」去僞〔四三〕。

「夫子之心與韶樂相契，所以不知肉味，又有習之三月之説。」泳。

「子〔四四〕聞韶音，學之三月，不知肉味。『學之』一節，不知如何，今正好看其忘肉味處。這裏便見得聖人之樂，如是之美；聖人之心，如是之誠。」又曰：「聖人聞韶，須是去學，不解得只恁休了；學之亦須數月方熟。三月，大約只是言其久，不是真個足頭九十日，至九十一日便知肉味。想見韶樂之美，是能感動人，是能使人視端而行直。某嘗謂，今世人有目不得見先王之禮，有耳不得聞先王之樂，此大不幸也！」道夫。

問：「孔子聞韶，學之三月，不知肉味。若常人如此，則是『心不在焉』；而聖人如此，何也？」曰：「此其所以爲聖人也，公自思量看。」久之，又曰：「衆人如此，則是溺於物欲之私；聖人則是誠一之至，心與理合，不自知其如此。」又問：「聖人存心如此之切，所以至於忘味。」曰：「也不是存心之切，恁地又説壞了聖人。它亦何嘗切切然存心，要去理會這事。

只是心自與那道理契合，只覺得那個好，自然如此耳。」僩。

吳伯英問：「孔子聞韶，學之三月，不知肉味。聖人〔四五〕殆亦固滯不化，當食之時，又不免『心不在焉』之病，若何？」曰：「『主一無適』，是學者之功。聖人行事，不可以此求之也。更是舜之樂盡善盡美，而孔子聞之，深有所契于心者，所謂『得志行乎中國，若合符節』，是以學之三月，而不自知其忘味也。」壯祖〔四六〕。建別録見下。

吳伯英問：「心不在焉，則食而不知其味，是心不得其正也。然夫子聞韶，何故三月不知肉味？」曰：「也有時如此。所思之事大，而飲食不足以奪其心也。且如『發憤忘食』，『吾嘗終日不食』，皆非常事。以其所憤所思之大，自不能忘也。」壯祖。

先生嘗讀它傳云：「孔子居齊，聞韶音，見齊國之人亦皆視端而形聳。蓋正音所感如此。」升卿。

石丈問：「齊何以有韶〔四七〕？」曰：「人説公子完帶來，亦有甚據？」淳問：「伊川以『三月不知肉味』爲聖人滯於物〔四八〕。今添『學之』二字，則此意便無妨否？」曰：「是。」石又引「三月」之證。曰：「不要理會『三月』字。須看韶是甚麽音調，便使得人如此；孔子是如何聞之便恁地。須就舜之德、孔子之心處看」。淳。集義。

問〔四九〕：「伊川疑『三月』即是『音』字，如何？」曰：「此處最要看他『不知肉味』處，最有意思。蓋夫子知韶之美，一聞之，則感之至深，學之三月，故至於不知肉味。若道一聞之便三月不知肉味，恐無此道理，伊川疑得自是。但史記上有『學之』二字，伊川恐適不曾考到此耳。觀此處須見得夫子之心與舜之心分明爲一，感之至深，故盡心以學之，念念在此而自不能忘也。」時舉。

「子在齊聞韶，『學之三月，不知肉味』。上蔡只要說得泊然處，便有些莊、老。某謂正好看聖人忘肉味處，始見聖人之心如是之誠，韶樂如是之美。」又舉□□載孔子至齊，促從者行，曰：「韶樂作〔五〇〕。」從者曰：「何以知之？」曰：「吾見童子視端而行直。」「雖是說得〔五一〕異，亦容有此理。」賀孫。

冉有曰夫子爲衛君乎章

論子貢問衛君事，曰：「若使子貢當時徑問輒事，不唯夫子或不答；便做答時，亦不能如此詳盡。若只問：『伯夷、叔齊何人也？』曰：『古之賢人也。』亦未見分曉。所謂賢人，如『君子而不仁者有矣』，亦如何便見得出處一時皆當，豈無怨悔處？只再問『怨乎』，便見得子貢善問。才說道『求仁而得仁，又何怨』，便見得夷、齊兄弟所處，無非天理；蒯、輒父子所向，無非人欲。二者相去，奚啻珷玞、美玉，直截天淵矣！」𥌓。

問：「子貢欲知爲衛君，何故問夷、齊？」曰：「一個是父子爭國，一個是兄弟讓國，此是則彼非可知。」問：「何故又問『怨乎』？」曰：「此又審一審。所以夫子言『求仁得仁』，是就心上本原處説。凡讓出於不得已，便有怨。夷、齊之讓，是合當恁地，乃天理之當然，又何怨！大綱衛君底固爲不是，到此越見得衛君没道理。」又問：「子欲正名，是公子郢否？」曰：「此又是第二節事。第一節須先正輒父子之名。」問：「輒尚在，則如何正？」曰：「上有天子，下有方伯，它不當立，如何不正！」寓〔五二〕。

「『夫子爲衛君乎？』若只言以子拒父，自不須疑而問。今冉子疑夫子爲衛君者，以常法言之，則衛公輒亦於義當立者也。以輒當立，故疑夫子必助之。『求仁而得仁』，此只是不傷其本心而已。若伯夷、叔齊，不讓而於心終不安。人之心本仁，纔傷著本心，則便是不仁矣。」謨。

問：「子貢有『怨乎』之問，何也？」曰：「夫子謂夷、齊是賢人。恐賢者亦有過之者，於是問以決之，看這事是義理合如此否。如其不必讓而讓之，則未必無怨悔之心矣。夫子告以『求仁而得仁』者，謂是合恁地。若不恁地，是去仁而失仁矣。若衛君事，則大不然矣，子貢所以知其必不爲也。」夔孫。

「夫子説：『古之賢人也。』賢人固有做得間不恰好處，便未知得夷、齊之讓是與不是。

若是不必遜，則終未免有怨悔；若有怨悔，則讓便未得爲是。如此，則未見得夫子不爲輒。所以更問『怨乎』。夫子說：『求仁而得仁，又何怨？』恁地便是要讓，讓方是合這道理。既是以讓爲合理，則始知夫子之不爲輒。」義剛。

「只『伯夷、叔齊』『古之賢人也』一句，便可知得夫子不爲衛君矣。何故更要問『怨乎』這一句？却煞有說話。子貢也是會問。」義剛。

安卿以書問夷、齊，辯論甚悉。曰：「大概是如此。但更於『求仁而得仁』上看。」道夫問：「『安』字，莫便是此意否？」曰：「然。但見他說得來不大段緊切，故教他更於此上看。」曰〔五三〕：「伯夷不敢安嫡長之分，以違君父之命；叔齊不敢從父兄之命，以亂嫡庶之義，這便是『求仁』。伯夷安於逃，叔齊安於讓，而其心舉無隉杌之慮，這便是『得仁』否？」曰：「然。衛君便是不能求仁耳。」道夫。

「孔子論伯夷，謂：『求仁而得仁，又何怨？』司馬遷作伯夷傳，但見得伯夷滿身是怨。蘇子由伯夷論却好，只依孔子說。」文蔚。

問：「子貢『衛君』之問，與『去兵、去食』之問，皆非尋常問者所及，程子固嘗稱之，而又曰：『孔門學者，獨顏子爲善問。』何也？」曰：「顏子之問，又須親切。如此事在顏子，又自理會得，亦不必問也。」必大。

問：「『夫子爲衛君』章，程子所引諫伐事，或問論非此章答問本意，當矣。今集注全載其説，不删此語，何也？」曰：「諫伐而餓，固非此章本意；然亦是伯夷不怨底事，故程子同引來説。」必大。集注。

「子貢之問，意只主讓國。諫伐之事，却在裏面事。如聖人，却是泛説。」燾。

吳伯英問：「夷、齊讓國而去，一以父命爲尊，一以人倫爲重，要各得其本心之正，而盡乎天理之公矣。所謂『孤竹君』，當時或無中子之可立，則二子將奈何？」曰：「縱二子不立，則其宗社之有賢子弟，立之可也。」壯祖〔五四〕。

或問：「伯夷、叔齊之讓，使無中子，則二子不成委先君之國而棄之！必有當立者。」曰：「伊川説，叔齊當立。看來立叔齊雖以父命，然終非正理，恐只當立伯夷。」或曰：「伯夷終不肯立，奈何？」曰：「若國有賢大臣，則必請於天子而立之，不問伯夷情願矣。看來二子立得都不安。但以正理論之，則伯夷分數稍優耳。胡文定春秋解這一段也好，説吳季札讓國事，聖人不取之，牽引四五事爲證。所以經只書『吳子使札來聘』，此何異於楚子使椒來聘之事耶？但稱名，則聖人貶之深矣云云。但近世説春秋皆太巧，不知果然否也。」僩。

因説記録之難：「如劉質夫記明道説，輒據位而拒父，則衛之臣子去之可也；輒去而從父，則衛之臣子拒蒯聵可也。是以蒯聵爲得罪於父，亦不當立也。後胡文定公引在春秋中説，如上句説却是，但下句却云輒去而從父，則衛之臣子當輔輒以拒蒯聵，則是錯了。後來胡致堂却説立郢爲是，乃是救文定前説之錯。至若楊文靖説此段，尤不可曉。文靖之意只欲破王元澤説『善兄弟之遜，必惡父子之爭』，遂有此病。要之，元澤此二句自好也。」燾。集義。

「胡家説夷、齊所爲，全性命之理。若他人謂其全性命之理猶可，若謂夷、齊要全性命之理，而後如此爲之，此大害義理！『殺身成仁』，亦只是義當殺身，即是成仁。若爲成仁而殺身，便只是利心。」楊。

飯疏食章

義剛説「樂在其中」一章。先生曰：「這有三十來個字，但看那個字是先。只『樂』字是先。他是先理會得那樂後，方見得『不義而富且貴，於我如浮雲』。吕與叔數句説得好，非是有所見，如何道得到！」義剛。

問〔五五〕：「『樂亦在其中』，聖人何爲如是之樂？」曰：「正要理會聖人之心如何得恁地。聖人之心更無些子查滓。故我之心淘來淘去，也要知聖人之心。」恪〔五六〕。

「『樂亦在其中』，此樂與貧富自不相干，是別有樂處。如氣壯底人，遇熱亦不怕，遇寒亦不怕。若氣虛，則必爲所動矣。」閎祖。

叔器說「樂在其中」，引「博文約禮」。曰：「顏子自是顏子樂，與夫子也不干事。這說得不相似。」義剛。

問：「或問謂：『夫子樂在其中，與顏子之不改者，又有間矣。』豈非謂顏子非樂於簞瓢，特不以是而改其心之所樂？至於夫子，則隨所寓而樂存焉。一曰『亦在』，文意固自不同否？然程子則曰：『非樂疏食飲水也。雖疏食飲水，不能改其樂也。』却似無甚異於所以論顏子者。今集注乃載其說，何耶？」曰：「孔、顏之樂亦不必分。『不改』，是從這頭說入來；『在其中』，是從那頭說出來。」必大。集注。餘見顏樂章。

問：「上蔡〔五七〕云：『義而得富得貴，猶如浮雲，況不義乎！』」曰：「這是上蔡說得過當。此只說不義之富貴，視之如浮雲，不以彼之輕，易吾之重。若義而得富貴，便是當得，如何掉脫得。如舜、禹有天下，固說道『不與』，亦只恁地安處之。又如『所以長守貴也，所以長守富也』，義當得之，亦自當恁地保守。堯命舜云：『天之曆數在爾躬，允執其中。四海困窮，天祿永終！』豈是不要保守！」賀孫。集義。

加我數年章

問「五十學易」一段。曰：「聖人學易，於天地萬物之理，吉凶悔吝，進退存亡，皆見得盡，自然無差失。聖人説此數句，非是謾然且恁地説。聖人必是見得是如此，方如此説。」謙之〔五八〕。

文振問「五十以學易〔五九〕」。曰：「也只就卦爻上占考其理合如何。他書一事是一理，易却説得闊也〔六〇〕。有底事説在裏，未有底事也説在裏。」又曰：「易須錯綜看，天下甚麽事，無一不出於此。如善惡是非得失，以至於屈伸消長盛衰，看是甚事，都出於此。伏羲以前，不知如何占考。至伏羲將陰陽兩個畫卦以示人，使人於此占考吉凶禍福。一畫爲陽，二畫爲陰，一畫爲奇，二畫爲耦，遂爲八卦；又錯綜爲六十四卦，凡三百八十四爻。文王又爲之彖、象以釋其義，無非陰陽消長盛衰屈伸之理。聖人之所以學者，學此而已。把乾卦一卦看，如：『乾，元亨利貞。』人要做事，若占得乾卦，乾是純陽；元者，大也；亨者，通也，其爲事必大通。然而雖説大亨，若所爲之事不合正道，則亦不得其亨。故雖云大亨，而又利於正。卦内六爻，都是如此。如説『潛龍勿用』，是自家未當出作之時，須是韜晦方始無咎。若於此而不能潛晦，必須有咎。又如上九云：『亢龍有悔。』若占得此爻，必須以亢滿爲戒。如這般處，最是易之大義。易之爲書，大抵於盛滿時致戒。蓋陽氣正長，必有消退之漸，自是理勢如此。」又云：「當極盛之時，便須慮其亢。如當堯之時，須交付與舜。若不尋得個舜，便交付與他，則堯之後，天下事未可知。」又云：「康節所以見得透，看他説多以盛滿爲戒。如云：『飲酒愛微醺，不成使酩酊。』」又云：「康節多於消長之交看。」又云：「許多道理，本無不可知之數，惟是康節體得熟。只管體來體去，到得熟後，看是甚麽事理，無不洞見。」賀孫。

因學者問「學易無大過」章，曰：「易只有『陰陽』兩字分奇偶。一畫是陽，兩畫是陰，從此錯綜，推爲六十四卦，三百八十四爻。後來文王却就畫繫之以辭。看來易元初只是畫。」又曰：「天地只是〔六二〕一個陰，一個陽，把來錯綜。大抵陽則多吉，陰則多凶，吉爲善，凶爲惡。又看所處之位，逐爻看之，陽有時而凶，陰有時而吉。」又曰：「如他經，先因其事，方有其文。如書言堯、舜、禹、成湯、伊尹、武王、周公之事。因有許多事業，方說到那裏；若無那事，亦不說到那裏。易則是個空底物事，未有是事，預先說是理，故包括得盡許多道理。看人做甚事，皆撞着也。」又曰：「『易，無思也，無爲也。』易是個無情底物事，故『寂然不動』。占之者吉凶善惡隨事著見，乃『感而遂通』。」又云：「易中多言『貞』，如『利貞』，『貞吉』，『利永貞』之類，皆是要人守正。」又云：「易如占得一爻，須是反觀諸身，果盡得那道理否？如坤六二：『直方大，不習無不利。』須看自家能直，能方，能大，方能『不習無不利』。凡皆類此。」又曰：「所謂『大過』，如當潛而不潛，當見而不見，當飛而不飛，皆是過。」又曰：「乾之一卦，純乎陽，固是好。如『元亨利貞』，蓋大亨之中，又須知利在正，非正則過矣。」又曰：「如坤之初六，須知履霜有堅冰之漸，要人恐懼脩省。不知恐懼脩省，便是過。易大概欲人恐懼脩省。」又曰：「文王繫辭，本只是與人占底書。至孔子作十翼，方説『君子居則觀其象而玩其辭，動則觀其變而玩其占』。」又曰：「『夫子讀易，與常人不同。是他胸中洞見陰陽剛柔、吉凶消長、進退存亡之理。』其贊易，即就胸中寫出這個理。」植。

問：「『學易無大過』，聖人何以有過？」曰：「只是聖人不自足之意。聖人此般話，也如『道者三，我無能』，『聖』、『仁』『吾豈敢』，不是聖人能如此，更誰能如此！程子謂『學易者無大過』，文勢不然。此章『五十』字誤。然章之大旨在『無大過』，不在『五十』上。」淳。

問「五十以學易」章，先生舉史記云〔六二〕：「是時孔子年老，已及七十，欲贊易，故發此語。若作『五十以學易』，全無意思。」問：「孔子少年不學易，到老方學易乎？」曰：「作彖、象、文言以爲十翼，不是方讀易也。」問：「伊川以八索爲過處，如何？」曰：「某不敢如此説。」寓。

問：「伊川前一説〔六三〕，則大過在八索之類；後一説，則大過在弟子之學易者，俱未有定據〔六四〕。」曰：「史記『加』作『假』，古本『五十』作『卒』字。『加』、『假』聲相近，『五十』與『卒』字相似，而併誤也。此孔子繫易之時，自謂『假我數年，卒以學易〔六五〕，可以無大過』者，爲此自謙之辭，以教學者，深以見易之道無窮也。」謨。

子所雅言章

問「子所雅言：詩、書、執禮」。曰：「古之爲儒者，只是習詩、書、禮、樂。言『執禮』，則樂在其中。如易則掌於太卜，春秋掌於史官，學者兼通之，不是正業。只這詩、書，大而天道之精微，細而人事之曲折，無不在其中；禮則節文法度。聖人教人，亦只是許多事。」僩。

「『子所雅言：詩、書、執禮』，未嘗及易。夫子常所教人，只是如此，今人便先爲一種玄妙之説。」德明。

「伊川〔六六〕云：『夫子雅素之言，止於如此。若「性與天道不可得而聞」者，則在「默而識之」。』不知性與天道，便於詩、書、執禮中求之乎？」曰：「語意不如此。觀子貢説『夫子之言性與天道』，自是有説時節，但亦罕言之。」恭父云：「觀子貢此處，固足以見子貢方聞性、天道之妙。又如説：『天何言哉？四時行焉，百物生焉，天何言哉？』這是大段警悟他處。」曰：「這般處是大段分曉。」又云：「若實能『默而識之』，則於『詩、書、執禮』上，自見得性與天道。若不實能默識得，雖聖人便説出，也曉不得。」賀孫問：「『執禮』，『執』字，恐當時自以『執』字目其禮，非夫子方爲是言？」曰：「詩、書，只是口説得底，惟禮要當執守，故孔子常説教人執禮。故云：『詩、書、執禮，皆雅言也。』不是當時自有此名。」賀孫。集注。

葉公問孔子於子路章

「『發憤忘食，樂以忘憂，不知老之將至云爾。』聖人不是有所因爲甚事了如此，只是意思有所憤發，便至於忘食，樂，便至於忘憂，至於不知老之將至。聖人不肯半上落下，直是做到底。雖是聖人若自貶下之辭，其實超詣，却非聖人做不得。憤，是感之極深；樂，是樂之極至。聖人不是胡亂説，是他真個有『發憤忘食，樂以忘憂』處。」次日再問。曰：「如今不必説是爲甚發憤，或是有所感，只理會他忘食忘憂。發憤便至於忘食，樂便至於忘憂，與聞韶不知肉味之意相似。」𥁕。

「『發憤忘食，樂以忘憂，不知老之將至云爾。』泛説若是謙辭。然聖人之爲人，自有不可及處，直要做到底，不做個半間不界底人。非是有所因，真個或有所感，發憤而至於忘食，所樂之至而忘憂。蓋有不知其然，而不自知其老之將至也。又如『好古敏以求之』，自是謙詞。『學不厭，教不倦』，亦是謙詞。當時如公西華、子貢自能窺測聖人不可及處。蓋聖人處己之謙若平易，而其所以不可及者亦在其中矣。觀聖人若甚慢，只是你趕他不上。」人傑。𥁕〔六七〕録云：「子貢、公西華亦自看得破。」

問〔六八〕「發憤忘食，樂以忘憂」。曰：「聖人全體極至，没那半間不界底事。發憤便忘食，樂便忘憂，直恁地極至。大概聖人做事，如所謂『一棒一條痕，一摑一掌血』，直是恁地！」燾。

問：「『發憤忘食』，未知聖人發憤是如何？」曰：「要知他發憤也不得。只是聖人做事超越衆人，便做到極處，發憤便忘食，樂便忘憂。若他人，發憤未必能忘食，樂處未必能忘憂。聖人直是脱灑，私欲自是惹不着。這兩句雖無甚利害，細看來，見得聖人超出乎萬物之表！」寓。

因說「發憤忘食，樂以忘憂」，曰：「觀天地之運，晝夜寒暑，無須臾停。聖人爲學，亦是從生至死，只是如此，無止法也。」僩。

「爲學要剛毅果決，悠悠不濟事。且如『發憤忘食，樂以忘憂』，是甚麼樣精神！甚麼樣骨肋！」因說胡季隨。學蒙〔六九〕。

「『其爲人也，發憤忘食，樂以忘憂，不知老之將至云爾』，與『不怨天，不尤人，下學而上達，知我者其天乎』，二章固不出乎略無人欲、渾然天理之意。要各隨其頭面，看他意思如何。譬之皆金也，做盞時是一樣，做釵時是一樣。須是隨其意思，見得分明方好。不然，亦只鶻突而已。『發憤忘食』，是發憤便能忘食；『樂以忘憂』，是樂便能忘憂，更無些小係累，無所不用其極，從這頭便點到那頭，但見義理之無窮，不知身世之可憂，歲月之有變也。衆人縱如何發憤，也有些無緊要心在；雖如何樂，終有些係累乎其中。『不怨天，不尤人』，樂天安土，安於所遇，無一毫之私意。『下學上達』，是天人事理，洞然透徹，無一毫之間隔。聖人所謂上達，只是一舉便都在此，非待下學後旋上達也。聖人便是天，人則不能如天。惟天無人許多病敗，故獨能知之。天非真有知識能知，但聖人有此理，天亦有此理，故其妙處獨與之契合。釋氏亦云：『惟佛與佛，乃能知之。』正此意也。」伯羽。

「對葉公之問，見其事皆造極，脱然無所係累，但見義理無窮，不知歲月之有改。『莫我知』之歎，見其樂天安土，無入而不自得，天人事理，洞然無毫髮之間。苟有一毫之私，則無以窺此境之妙，故曰：『知我者其天乎！』」道夫。

「學者做得事不是，須是悔；悔了，便不要做，始得。若悔了，第二番又做，是自不能立志，又干別人甚事？」因問「集注有『未得則發憤忘食』之説」。曰：「聖人未必有未得之事，且如此説。若聖人便有這般事，是他便發憤做將去。學者當悔時，須是學聖人，始得。豈可自道我不似聖人，便休却！」明作。集注。

叔器問：「『發憤忘食，樂以忘憂』，何以便見『全體至極，有非聖人不能及者』？」曰：「這樣處也難説，可以意曉。但是見得聖人事事透徹，事事做到那極致處。」叔器問：「看聖賢説話，也須先識聖人是甚麼樣人，賢人是甚麼樣人，方見得他説得淺深。」曰：「夫子説『聖人、君子、善人、有常』，等級甚分明。要見等級，只是孟子『六謂』之説。如『可欲之謂善』，便是那善人；如『充實之謂美』等，便皆是那賢人事；如『大而化之』以上，方是聖人事。」義剛。

問橫渠「仲尼憤一發而至於聖」之説。曰：「聖人緊要處，自生知了。其積學者，却只是零碎事，如制度文爲之類，其本領不在是。若張子之説，是聖人全靠學也。大抵如所謂『我非生而知之』，『好古，敏以求之』，皆是移向下一等説以教人。亦是聖人看得地步廣闊，自視猶有未十全滿足處，所以其言如此。非全無事實，而但爲此詞也。」必大。集義。

「『發憤忘食』章，東坡云：『實言則不讓，貶言則非實，故常略言之，而天下之美莫能加焉。』此説非不好，但如此，則是聖人已先計較，方爲此説，似非聖人之意。聖人言語雖是平易，高深之理即便在這裏。學者就中庸處看，便見得高明處。」夔孫。

我非生而知之者章

問〔七〇〕：「『我非生而知之者，好古，敏以求之者。』聖人之敏求，固止於禮樂名數。然其義理之精熟，亦敏求之乎？」曰：「不然。聖人於義理，合下便恁地。『固天縱之將聖，又多能也。』敏求，則多能之事耳。其義理完具，禮樂等事，便不學，也自有一副當，但力可及，故亦學之。若孟子於此等，也有學得底，也有不曾學得底，然亦自有一副當，但不似聖人學來尤密耳。」仲思問：「何以言之？」曰：「如班爵祿、井田、喪禮之類，只是説得大概。然亦是去古遠，無可考處。但他大綱正，制度雖有不備處，亦不妨。」伯羽。

「『好古，敏以求之』，聖人是生知而學者。然其所謂學，豈若常人之學也！『聞一知十』，不足以盡之。」義剛。

子不語怪力亂神章

問：「『子不語怪、力、亂、神。』集注言：『鬼神之理，難明易惑，而實不外乎人事。』鬼神之理，在人事中如何見得？」曰：「鬼神只是二氣之屈伸往來。就人事中言之，如福善禍淫，便可以見鬼神道理。論語中聖人不曾説此。」寓問：「如動靜語默，亦是此理否？」曰：「固是。聖人全不曾説這話與人，這處無形無影，亦自難説。所謂『敬鬼神而遠之』，只恁地説。」集注舊文。寓。〔七二〕

三人行章

「聖人之學，異夫常人之學。才略舉其端，這裏便無不昭徹。然畢竟是學。人若以自修爲心，則舉天下萬物，凡有感乎前者，無非足以發吾義理之正。善者固可師，不善者這裏便恐懼修省，恐落在裏面去，是皆吾師也。」夔孫。

天生德於予章

讀「天生德於予」一章，曰：「纔做聖人自反無愧説時，便小了聖人。須知道天生德於聖人，桓魋如何害得！故必其不能違天害己也。」時舉。

恭父問：「『必不能違天害己』，不知當時聖人見其事勢不可害己，還以理度其不能害耶？」曰：「若以勢論，則害聖人甚易，唯聖人自知其理有終不能害者。」賀孫。

問：「『天生德於予，桓魋其如予何！』孔子既如此説了，却又微服而過宋者，乃是天理、人事之交盡否？」曰：「然。所謂『知命者不立乎巖墻之下』。若知命者，便立乎巖墻之下，也何害！却又不立。而今所謂知命者，只是捨命。」燾。

魏問：「謝氏云：『聖人不敢必其不我害也。使其能爲我害，亦天也。』是如何？」曰：「這説是聖人必其不能害己，如：『匡人其如予何！』皆是斷然害聖人不得。聖人説出，自恁地直截。如説：『道之將行也與？命也；道之將廢也與？命也。公伯寮其如命何？』這是未定之辭。如孟子説：『吾之不遇魯侯，天也。臧氏之子焉能使予不遇哉！』遇不遇，看天如何，亦是未定之辭。」賀孫。

二三子以我爲隱乎章

子善說：「『吾無隱乎爾』。此在弟子自見得如何。如顏子只見得『所立卓爾』，冉子自見得『力不足，中道而廢』。聖人以學者不能自去用力，故以此警之。」曰：「要緊意思，都在『吾無行而不與二三子』處，須去子細認聖人無不與二三子處在那裏。時舉録云：「須要看聖人如何是『無行不與二三子』處。」凡日用飲食居處之間，認得聖人是如何，自家今當如何。」或問：「鄉黨所得，亦足以見聖人之動靜。」曰：「『與上大夫言，誾誾如也』之類，這亦可見。但夫子所以與二三子又不止此，須是實認得意思是如何。」賀孫。

「夫子嘗言『中人以下，不可以語上也』，而『言性與天道，則不可得而聞』。想是不曾得聞者疑其有隱。而不知夫子之坐作語默，無不是這個道理。『風霆流形，庶物露生，無非教也。』聖人雖教人灑掃應對，這道理也在裏面。」義剛。

問：「伊川言：『聖人教人常俯就。』若是掠下一着教人，是聖人有隱乎爾。何也？」曰：「道有小大精粗。大者、精者，固道也；小者、粗者，亦道也。觀中庸言『大哉聖人之道！洋洋乎發育萬物，峻極于天』，此言道之大處；『優優大哉！禮儀三百，威儀三千』，是言道之小處。聖人教人，就其小者近者教人，便是俯就。然所謂大者精者，亦只在此，初無二致。要在學者下學上達，自見得耳，在我則初無所隱也。」銖。

子以四教章

「教〔七二〕人之道，自外約入向裏去，故先文後行。而忠信者，又立行之方也。」謨。

子善說〔七三〕：「『文行忠信』，恐是教人之序，當先博以文，使之躬行，方教之忠信。」曰：「此是表裏互說在這裡，不是當學文修行時，不教之存忠信。在教人，當從外說入。」又云：「學者初來，須是先與他講說。不然，是行個甚麼？忠是甚物事？信是甚物事？到得爲忠爲信時，自是說不得。若平日講說到忠信，且只是文。到得盡此忠、信二節，全在學者自去做。如講說如何是孝，如何是弟，這都只是文。去行其所謂孝，所謂弟，方始是實事。」賀孫。

「『文行忠信』，如說事親是如此，事兄是如此，雖是行之事，也只是說話在。須是自家體此而行之，方是行；蘊之於心無一毫不實處，方是忠信。可傳者只是這『文』。若『行、忠、信』，乃是在人自用力始得。雖然，若不理會得這個道理，不知是行個甚麼，忠信個甚麼，所以文爲先。如『入孝、出弟，謹信，泛愛，親仁』，非謂以前不可讀書。以前亦教他讀書，理會許多道理。但必盡得這個，恰好讀書。」又曰：「到這裏，却好讀書。」

讀「子以四教」，曰：「其初須是講學。講學既明，而後脩於行。所行雖善，然更須反之於心，無一毫不實處，乃是忠信。」時舉。

「『文行忠信』。教不以文，無由入。説與事理之類，便是文。小學六藝，皆文也。」「『子以四教』。且如小學，子能食食，教以右手；能言，教之男唯女俞。是先教他做個伎倆，這都是文底事。而後教他識義理。」夔孫。

問：「『文行忠信』，恐是『博文約禮』之意？」曰：「然。忠信只是約禮之實。」燾。

問：「行是就身上説，忠信是就心上説否？」曰：「是。」義剛。

問：「『文行爲先，忠信爲次』之説如何？」曰：「世上也自有初問難曉底人，便把忠信與説，又教如何理會！也須且教讀書，漸漸壓伏這個身心教定，方可與説。」問：「『行有餘力，則以學文』，是如何？」曰：「讀書最不要如此比並。如上説怕入卒急難理會，須先將文開發他，如詩、書、禮、樂，射、御、書、數，都是文，這自是説務本意不同。」賀孫。

先生因或者講「子以四教」，問「何以有四者之序」。或者既對，先生曰：「文便是窮理，豈可不見之於行。然既行矣，又恐行之有未誠實，故又教之以忠信也。所以伊川言以忠信爲本，蓋非忠信，則所行不成故耳。」因問：「『行有餘力〔七四〕，則以學文』，何也？」曰：「彼將教子弟，而使之知大概也，此則教學者深切用工也。」問：「然則彼正合小學之事歟？」

曰：「然。」壯祖〔七五〕。

或問：「此章是先文而後行。『行有餘力，則以學文』，是先行而後文。何以不同？」曰：「『文行忠信』，是從外做向內；『則以學文』，是從內做向外。聖人言此類者，多要人逐處自識得。」銖因問：「中庸末章自『衣錦』說至『無聲無臭』，是從外做向內；首章自『天命之性』說至『萬物育』，是從內做向外。」曰：「不特此也。『惟天下聰明睿知』，說到『溥博淵泉』，是從內說向外；『推天下至誠，經綸天下之大經』，至『肫肫其仁』，『聽明聖智達天德』，是從外說向內。聖人發明內外本末，小大巨細，無不周徧，學者當隨事用力也。」銖。

聖人吾不得而見之章

「聖人也只是這個道理。但是他理會得爛熟後，似較聖樣，其實只是這道理。君子是事事做得去，所謂『君子不器』。善人則又不及君子，只是知得有善有惡，肯爲善而不肯爲惡耳。有常者又不及善人，只是較依本分」。義剛。

問：「善人是資質大，故粹美〔七六〕，其心常在於善道，所以自不至於有惡。有常者，則是個確實底人否？」曰：「是。有常底也不到事事做得是；只是有志於爲善，而不肯爲惡耳。善人則從來恁地好，事事依本分。但人多等級。善人雖是資質好，雖是無惡，然『不踐迹，亦不入於室』。緣不甚曉得道理，不可以到聖人，只是恁地便住了〔七七〕」。義剛。

「善人是資質自好底人，要做好事，而自然無惡者也。有恒，則只是把捉得定，又未到善人自然好處在。善人，正如上文所謂聖人；有恒，正如所謂君子。然而善人、有恒者，皆未知學問者也。」僩。

問善人、有恒者之別。曰：「善人已無惡，但不入道。有恒者惟守常分而已。論語中此等皆泛問，非切於日用之急者〔七八〕。此等皆置之後面，前面自有緊切處。若緊切處通，餘處自理會得。」賀孫。

寶問〔七九〕：「『善人、有恒』一章，有恒者之去聖人，高下固懸絶矣。然未有不自有恒而能至於聖人者。天下事大概既是有恒，方做得成。嘗觀分水嶺之水，其初甚微；行一兩日，流漸大；至到建陽，遂成大溪。看來爲學亦是有恒方可至於聖人。」曰：「最是古人斷機，譬喻最切。緣是斷時易，接時難，一斷了，便不可接。」泳。

吳伯英解「亡而爲有」章。曰：「正謂此皆虛夸之事，不可以久，是以不能常，非謂此便是無常也。」壯祖〔八〇〕。

問：「『亡而爲有』等，與『難乎有恒矣』不相似。」曰：「蓋如此則不實矣。只是外面虛張做，安能有常乎？」寓〔八一〕。

「『亡而爲有，虛而爲盈，約而爲泰』，此是說無恒以前事。若是以亡爲有，以虛爲盈，以約爲泰，則不能常。謂如我窮約，却欲作富底舉止，縱然時暫做得，將來無時又做不得，如此便是無常。亡對有而言，是全無。虛是有，但少。約是就用度上說。」義剛。

問「難乎有恒矣」。曰：「這不是說他無常。只是這人恁地有頭無尾了，是難乎有常矣，是不會有常。卓録云：「此等人不可謂有常之人矣。」言此三病皆受於無常之前。」又曰：「如說『居上不寬，爲禮不敬，臨喪不哀，吾何以觀之哉』，不是不去觀他，又不是不足觀。只爲他根源都不是了，更把甚麽去觀他！重在『以』字上。」又云：「將甚底物事去看他居上寬，爲禮敬，臨喪哀？就裏面方可看他個深淺過不及。卓録云：「如有其寬，有其敬，有其哀時，即觀其淺深當否如何。今既無此，則吾復以何者而觀之！言更不可觀之矣。」他都無這個了，更將何以觀之！如考試一般，若文字平平，尚可就中看好惡。若文理紕繆，更將甚麽去考得。論語如此處多。今人都只粗淺滚說過，也自說得，只是聖人本意不如此。只是看得熟了，少間自分別得出。」賀孫。卓録小異〔八二〕。

蓋有不知而作之者章

楊問：「『不〔八三〕知而作』，作是述作？或只是凡所作事？」曰：「只是作事。」又問：

「『多聞，擇其善者而從之，多見而識之』，不知可以作『多聞而識之，多見，擇其善者而從之』，得否？」曰：「聞、見大略爭〔八四〕不多。較所聞畢竟多。聞須別識善惡而從。見則見得此爲是，彼爲非，則當識之，他日行去不差也。」寓。

或問此章之義〔八五〕。曰：「聞是聞前言往行，見是見目今所爲。聞之，須要擇其善者而從之，必有得於己。不是聞詳見略，亦不是聞淺見深，不須如此分『聞』、『見』字。」蓋卿。

問「多聞」、「多見」之別。曰：「聞，是都聞得好說話了。從之，是又擇其尤善者而從之。見，只是泛泛見得，雖未必便都從他，然也着記他終始首尾得失。」燾。

「多聞，已聞得好話了，故從中又揀擇。多見，只是平日見底事，都且記放這裏。」燾。

「『多見而識之』。見，又較切實。」

「多見〔八六〕，姑且識之。如沒要緊底語言文字，謾與他識在，不識也沒要緊。要緊却在『多聞，擇善而從之』。如今人却只要多識，却無擇善一着。」賀孫。因坐客雜記而言。

讀「多聞擇其善者而從之」章，云：「聞、見亦是互相發明。」此下見「千祿」章〔八七〕。時舉。

問「多聞」。曰：「聞，只是聞人說底，己亦未理會得。」問：「知，有聞見之知否？」曰：「知，只是一樣知，但有真不真，爭這些子，不是後來又別有一項知。所知亦只是這個事，如君止於仁，臣止於敬之類。人都知得此，只後來便是真知。」淳。

問：「『擇善而從之』，是已知否？」曰：「未擇時則未辨善惡，擇了則善惡別矣。譬如一般物，好惡來雜在此，須是擇出那好底，擇去那惡底。擇來擇去，則自見得好惡矣。」燾。

「『知〔八八〕之次也』，知以心言。得於聞見者次之。」謨。

問〔八九〕：「多聞多見，不同如何？」曰：「聞是耳聞，見是目見。」問：「『多聞擇其善者而從之』，多見如何不擇？呂氏說『聞愈於見，從愈於識，知愈於從』，如何？」曰：「多聞，便有所當行，故擇而行之。多見雖切，然未必當行，姑識在。」賀孫。

仁遠乎哉章

「人之爲學也是難。若不從文字上做工夫，又茫然不知下手處。若是字字而求，句句而論，而不於身心上着切體認，則又無所益。且如說：『我欲仁，斯仁至矣！』何故孔門許多弟子，聖人竟不曾以仁許之？雖以顏子之賢，而尚或違於三月之後，而聖人乃曰：『我欲斯至！』盍亦於日用體驗我若欲仁，其心如何？仁之至，其意又如何？又如說非禮勿視、聽、言、動，盍亦每事省察，何者爲禮？何者爲非禮？而吾又何以能勿視、勿聽？若每日如此讀書，庶幾看得道理自我心而得，不爲徒言也。」壯祖〔九〇〕。

或問「我欲仁，斯仁至矣」。曰：「凡人讀書，只去究一兩字，學所以不進。若要除却這個道理，又空讀書。須把自身來體取，做得去，方是無疑。若做不去，須要講論。且如『欲仁，斯仁至』，如何恁地易？至於顏子『三月不違仁』，又如何其餘更不及此？又怎生得恁地難？論語似此有三四處。讀論語，須是恁地看，方得。」銖。

吳伯英講「我欲仁，斯仁至矣」。因引「有能一日用其力於仁矣乎」以證之。且曰：「如先生固嘗注曰：『仁本固有，欲之則至。志之所至，氣亦至焉。』」先生曰：「固是(九一)。但是解『一日用力』而引此言，則是說進數步。今公言『欲仁』『仁至』，而引前言，則是放退數步地也。」以此觀先生說經，大率如此。

因正淳說「我欲仁，斯仁至矣」。曰：「今人非不知利祿之不可求，求之必不可得，及至得底，皆是非用力所至。然而有至終身求之而不止者。如何得人皆欲仁！所以後來聖賢不出，盡是庸凡，便是無肯欲仁者。如何得個道理，使人皆好仁？所以孔子謂：『吾未見好仁者。』所謂『好德如好色』，須是真個好德如好色時方可。如今須是自於這裏着意思量道：『如何不欲仁，却欲利祿？如何不好德，却只好色？』於此猛省，恐有個道理。」僩。

問「我欲仁」。曰：「才欲，便是仁在這裏。胡子知言上或問『放心如何求』，胡子說一大段，某說都不消恁地。如孟子以雞犬知求爲喻，固是。但雞犬有時出去，被人打殺烹喫了，也求不得。又其求時，也須遣人去求。這個心，則所係至大，而不可不求，求之易得，而又必得。蓋人心只是有個出入，不出則入，出乎此，則入乎彼。只是出去時，人都不知不覺。方覺得此心放，便是歸在這裏了。如戒慎恐懼，才恁地，便是心在這裏了。」又問：「程子『以心使心』，如何？」曰：「只是一個心，被他説得來却似有兩個。子細看來，只是這一個心。」夔孫。

陳司敗問昭公章

問：「昭公娶同姓之事，若天王舉法，則如何斷？」曰：「此非昭公故爲之也。當時吴盛强，中國無伯主。以齊景公，猶云：『既不能令，又不受命！』『涕出而女於吴。』若昭公亦是藉其勢，不得已之故，非貪其色而然也。天王舉法〔九二〕，則罪固不免，亦須原情自有處置。況不曰『孟姬』，而曰『吴孟子』，則昭公亦已自知其非矣。」淳。

子與人歌而善章

「『子與人歌而善，必使反之，而後和之』。今世間人與那人説話，那人正説得好，自家便從中截斷，如云已自理會得，不消説之類。以此類看，聖人是甚氣象！與人歌，且教他自歌一終了，方令再歌而後和之。不於其初歌便和，恐混雜他，不盡其意。此見聖人與人爲善。」賀孫。

「若不待其反而後和，則他有善亦不得而知。今必使之反之而後和之，便是聖人不掩人善處。」義剛。

「集注説『子與人歌』，『不掩人善』，蓋他歌既善，使他復歌，聖人未遽和以攙雜之。如今人見人説得一話好，未待人了，便將話來攙他底，則是掩善。」植。

問：「伊川云：『歌必全章，與「割不正不食」同意。』如何？」曰：「是直候歌者徹章，然後再從頭和之，不是半中間便和。恐是此意。」𣈶。

文莫吾猶人也章

「『文，莫吾猶人也』。〔九三〕莫是疑辭，猶今人云：『莫是如此否？』言文則吾與人一般，如云『聽訟，吾猶人也』。若『躬行君子，則吾未之有得』，此與『君子之道四，丘未能一焉』之意同。」謨。

若聖與仁章

「夫子固多謙辭。到得説『抑爲之不厭，誨人不倦』，公西華便識得，所以有『正唯弟子不能學也』之説，便説道聖人有不讓處。」泳。

「其他人爲之，誨人不能無厭倦時；惟聖人則不厭、不倦。『正唯弟子不能學也』，言正是弟子不能學處。這若不是公西華親曾去做來，親見是恁地，如何解恁地説！」義剛。

「『爲之不厭，誨人不倦』，他也不曾説是仁聖。但爲之，畢竟是爲個甚麽？誨人，畢竟是以甚麽物事誨人？這便知得是：爲之是爲仁聖之道，誨之是以仁聖之道誨人。」義剛。

「仁之與聖所以異者：『大而化之之謂聖』；若大而未化之，只可謂之仁。此其所以異。」明作。

子疾病章

讀此章，曰：「在臣子則可，在我則不可。聖人也知有此理，故但言我不用禱，而亦不責子路之非也。」時舉。

「『子路請禱。子曰：「有諸？」』要知子路所以請禱之意是如何，審一審，看他意思着落，再説來，却轉動不得，方好説與他。」或問：「有禱之理否？」曰：「子路説『禱爾于上下神祇』，便是有此理。子路若要禱，但在我不用禱耳。」

或問子路請禱處。曰：「子路若不當請，聖人何不直拒之，乃問『有諸』，何也？」立之對云：「聖人不直拒子路，故必問之，而後以爲無所事禱。」曰：「不然。蓋夫子疑子路禱之非正，故以『有諸』叩之。及子路舉誄，聖人知非淫祀，乃云，我無所事禱。」時舉。

「子路請禱。子曰：『有諸？』聖人不直截截他，待子路説了，然後從容和緩答他。今人才到請禱處便截了，聖人皆不如此。『必使反之，而後和之』，亦然。」

「病而禱，古亦有此理，但子路不當請之於夫子。其曰：『丘之禱久矣！』注云『孔子素行合於神明』是也。伊川云：『無過可悔，無善可遷。』此是解『素行合於神明』一句。」謨。

叔器問〔九四〕：「『子路請禱』，注下是兩個意思模樣。」曰：「是。但士喪禮那意却只是個小意思。」良久，云：「聖人便是子細。若〔九五〕其他人，便〔九六〕須叫喚駡詈，聖人却問『有諸』，待他更説，却云是『禱久矣』。這如『與人歌而善〔九七〕，必反之而後和之』樣。却不是他心裏要恁子細，聖人自是恁地子細，不恁地失枝落節，大步跳過去説。」義剛。

問：「疾病而禱，古人固行之矣。然自典禮之亡，世既莫知所當致禱之所，緇黄巫覡始以其説誣民惑衆，而淫祀日繁。今欲一切屏絶，則於君父之疾，無所用力之際，不一致禱，在臣子之心必有慊然不足者。欲姑隨世俗而勉焉爲之，然吾心既不以爲然，亦必不能於此自致其誠，況於以所賤事君親歟！然則如之何而可？」曰：「今自是無所可禱。如儀禮五祀之類，今人尋常皆不曾祀。又尋常動是越祭，於小小神物，必以爲祭之無益。某向爲郡禱旱時，如舊例醮祭之類，皆嘗至誠爲之。但纔見張天師，心下便不信了。」必大。

奢則不孫章

或問「奢則不孫」。曰：「才奢，便是不孫，他自是不戢斂也。公且看奢底人意思，儉底人意思。那奢底人便有驕敖底意思，須必至於過度僭上而後已。然却又是一節在。」燾。

問：「奢非止謂僭禮犯上之事，只是有夸張侈大之意，便是不？」曰：「勿是。」〔九八〕義剛。

君子坦蕩蕩章

「『君子坦蕩蕩』，只是意誠，『心廣體胖』耳。」

子温而厲章

「『子温而厲，威而不猛，恭而安』。須看厲，便自有威底意思；不猛，便自有温底意思。大抵曰『温』，曰『威』，曰『恭』，三字是主；曰『厲』，曰『不猛』，曰『安』，是帶説。上下二句易理會。諸公且看聖人威底氣象是如何。」久之，云：「聖人德盛，自然尊嚴。」又云：「謝氏以此說夷、惠過處，頗是。」賀孫。

叔器〔九九〕說「子温而厲」章。曰：「此雖是說聖人之德容自然如此，然學者也當如此舉偏而補弊。蓋自舜之命夔已如此，而皋陶陳九德亦然，不可不知。」義剛。

問：「『子温而厲』一章，是總言聖人容貌，鄉黨是逐事上說否？」曰：「然。此是就大體上看聖人。」燾。

問：「張子云：『十五年學個「恭而安」不成。』」曰：「『恭而安』如何學得成？安便不恭，恭便不安，這個使力不得，是聖人養成底事。顔子若是延得幾年，便是聖人。不是到此更用着力，只是養底工夫了。顔子工夫至到，只是少養。如煉丹，火氣已足，更不添火，只以暖氣養教成就耳。」明作。

魏問：「横渠言：『十五年學「恭而安」不成。』明道曰：『可知是學不成，有多少病在。』莫是如伊川說：『若不知得，只是覷却堯學他行事，無堯許多聰明睿智，怎生得似他動容周旋中禮？』」曰：「也是如此，更有多少病在。」良久，曰：「人便是被氣質局定。變得些子了，又更有些子；變得些子了，又更有些子。」又云：「聖人發憤便忘食〔一〇〇〕，樂便忘憂，直是一刀兩段，千了百當。聖人固不在說。但顔子得聖人說一句，直是傾腸倒肚，便都了，更無許多廉纖纏擾，絲來線去。」問：「橫渠只是硬把捉，故不安否？」曰：「他只是學個恭，自驗見不曾熟。不是學個恭，又學個安。」賀孫。

校勘記

〔一〕默　朝鮮本段首增：問「述而不作」至「甚矣吾衰也久矣」。先生曰。

〔二〕此三者亦須是心無間斷方能如此　「方」原作「不」，據朝鮮本改。

〔三〕賀孫　朝鮮本另有一則相似語録，僅數字少異，然末尾小字作：卓。

〔四〕先知德不可不脩　朝鮮本「先」上有：「德之不脩，學之不講，聞義不能徙，不善不能改，是吾憂也。惟是」，凡二十四字。

〔五〕恪　朝鮮本此下增小字：節問答並同。

〔六〕李問此章　朝鮮本作：李問「聞義不能徙，不善不能改」。

〔七〕此四句是四件事　朝鮮本作：此章四句是四般。

〔八〕講學便更進其德到徙義改過始是見之於行事須時時要點檢　朝鮮本作：講學便是須時要點檢。

〔九〕問　朝鮮本作：節問。

〔一〇〕叔重云　朝鮮本「叔」上有「董」字。

〔一一〕恪　朝鮮本作：季札。

〔一二〕問　朝鮮本作：淳問。

〔一三〕居甫舉莊子言至人無夢　朝鮮本作：徐居甫舉莊子謂：「至人無夢，如何？」

〔一四〕已　朝鮮本「已」上增「孔子」二字。

〔一五〕問甚矣吾衰也　朝鮮本作：節問「夫子曰甚矣吾衰也」。

〔一六〕伊川　朝鮮本「伊川」上增：吾不復夢見周公。

〔一七〕今有人夢見平生所不相識之人　朝鮮本「夢見」上有「夜間」二字。

〔一八〕壯祖　朝鮮本作「處謙」，且此下無小字。

〔一九〕此章曰孔子未衰以前　朝鮮本無「此章曰」三字，另作：「孔子曰：『甚矣吾衰也！久矣吾不復夢見周公。』如此則是」二十一字。

〔二〇〕去僞　朝鮮本作：祖道謨録同。

〔二一〕吉甫説志於道處　朝鮮本「吉甫」上有「甘」字。

〔二二〕時舉　朝鮮本作：銖時舉録同。

〔二三〕失　朝鮮本作：忘。

〔二四〕云云　朝鮮本無此二字，另作：「□心之全德，而私欲盡去，學者工夫至此，則依之而不違。

使造次顛沛必於是，則存養者熟無適，而非天理流行矣。此數句一節密似一節，學者須先立志而後能據於德，據德而後能依仁，至依於仁，則德性常用而物欲不行，工夫可謂至矣。又須游於藝者。游者，玩物適情之謂。如游於禮，所以防其躁；游於樂，所以導其和；游於射，所以正內志而直外體，是皆至理所寓而日用之不可闕者。朝夕游焉以博其義理之趣，則應務有餘而良心不放，所謂本末兼該，内外交舉，將以涵泳從容忽入於聖賢之域。」凡一百九十三字。

〔二五〕問　朝鮮本作：寓問。

〔二六〕曰　朝鮮本作：寓曰。

〔二七〕猶言學文　「學文」原爲二空格，據萬曆本補。

〔二八〕且如事親孝則孝之理得事兄弟則弟之理得　朝鮮本作：且如事親孝，則得孝之德；事兄弟，則弟之德。

〔二九〕子升　朝鮮本作：子升兄。

〔三〇〕上　朝鮮本「上」上增：此章。

〔三一〕只是凡方者一物皆有四隅　朝鮮本作：只是有四隅。

〔三二〕問　朝鮮本作：節問。

〔三三〕一頓除脱了　「了」原作「子」，據朝鮮本、萬曆本改。

〔三四〕問尹氏曰命不足道也　朝鮮本作：節問此章注下尹氏曰：「命不足道也。」

〔三五〕時舉録　朝鮮本收完整「時舉」所記語録，今附如下：至之問：「尹氏云用捨無與於己，行藏安於所遇，命不足道也。是如何？」曰：「聖人説命，只是爲中人以下説。如道之將行也，道之將廢也。故聖人欲曉子服景伯，故以命言。」時舉。

〔三六〕何須説命　「何」字原無，據萬曆本補。

〔三七〕用舍無預於己　朝鮮本「用」上有「用之則行捨之則藏注云」十字。

〔三八〕無恥　朝鮮本作：無知。

〔三九〕謂安於所遇也　朝鮮本「謂」上有「所」字。

〔四〇〕倜　朝鮮本此下增：事見東漢王符傳。

〔四一〕然　朝鮮本此下增一節文字：又問：「通書動而無動，静而無静，神也。此理如何？」曰：「譬之晝夜：晝固是屬動，然動卻來管那神不得；夜固是屬静，静亦來管那神不得。蓋神之爲物，自是超然於形器之表，貫動静而言，其體常如是而已矣。」

〔四二〕時舉　朝鮮本作：僩。時舉略同。

〔四三〕去僞　朝鮮本作：祖道謨録同。

〔四四〕子　朝鮮本段首增：史記云。

〔四五〕聖人　朝鮮本此上增「然則」二字。

〔四六〕壯祖　朝鮮本作：處謙。

〔四七〕齊何以有韶　「齊」，朝鮮本作「子在齊聞韶」。

〔四八〕爲聖人滯於物　朝鮮本「聖人」下有「不應凝」三字。

〔四九〕問　朝鮮本作：時舉問。

〔五〇〕韶樂作　「作」原爲一空格，據朝鮮本、萬曆本補。

〔五一〕説得　朝鮮本此下增「差」字。

〔五二〕寓　朝鮮本此下增小字注云：淳録略同。

〔五三〕曰　朝鮮本此上有「道夫」二字。

〔五四〕壯祖　朝鮮本作：處謙。

〔五五〕問　朝鮮本作：恪問。

〔五六〕恪　朝鮮本末尾小字作：季札。

〔五七〕上蔡　朝鮮本「上蔡」上增「不義而富且貴，於我如浮雲」。

〔五八〕謙之　朝鮮本記録者姓名作：希遜。

〔五九〕文振問五十以學易　朝鮮本「文」上有「鄭」字。

〔六〇〕易却説得闊也　「也」，朝鮮本作「如已」，當屬下讀。義優。

〔六一〕是　朝鮮本作：有。

〔六二〕先生舉史記云　朝鮮本「史記」下有「作假我數年」五字。

〔六三〕問伊川前一説　朝鮮本無「問伊川」三字，另作：「子曰：『加我數年，五十以學易，可以無大過矣。』伊川曰：『此未贊易時語也。更加我數年，五十以學易，易之道可無大過。如八索之類皆過也。』又曰：『前此學易者衆説多過矣。聖人使弟子候其贊易而後學之，其過鮮矣。』」凡八十一字。

〔六四〕俱未有定據　朝鮮本「據」下有：「若曰孔子自五十歲後始學易，可以無大過，則大害義理。是未學易之前，聖人嘗有過也。伊川後來自不取此説。竊謂天下之人凡所云爲至於大過而不知止者，皆易道不明於天下故也。聖人之意，謂候我贊易之後，庶幾易道大明，而天下之人皆有所省覺，雖不免有小小過失，然可以保其無大過矣。蓋不特爲八索與弟子之學易者言之。不知是否？」凡一百三十五字。

〔六五〕卒以學易　「卒」，朝鮮本作「五十」。

〔六六〕伊川　朝鮮本段首增：賀孫問「子所雅言」。「詩、書、執禮，皆雅言也」。

〔六七〕詧　朝鮮本收「詧」所録完整内容，今附如下：我非生而知之者，我學不厭而教不倦也。曰：「此雖聖人謙詞。觀聖人若甚慢，只是你趕他不上。所以子貢、公西華亦自看得破。」詧。

〔六八〕問　朝鮮本作：寓問。

〔六九〕因説胡季隨學蒙　朝鮮本末尾小字僅作：正卿。

〔七〇〕問　朝鮮本作：伯羽問。

〔七一〕集注舊文寓　朝鮮本末尾小字作：集注舊文已改。

〔七二〕教　朝鮮本段首增一節文字：子以四教文行忠信教。

〔七三〕子善説　朝鮮本作：子善説「文行忠信」，曰：「公意以爲如何？」曰。

〔七四〕行有餘力　朝鮮本「行」上有「然則學而所謂」六字。

〔七五〕壯祖　朝鮮本作：處謙。

〔七六〕故粹美　「粹」，原作「碎」，據萬曆本改。

〔七七〕只是恁地便住了　「恁」，原作「能」，據萬曆本改。

〔七八〕非切於日用之急者　朝鮮本「急」上有「最」字。

〔七九〕賓問　朝鮮本「賓」下有「叔」字。

〔八〇〕壯祖　朝鮮本作：處謙。

〔八一〕寓　朝鮮本此下增「伯羽録同」四字。

〔八二〕卓録小異　朝鮮本收「卓」記語録完整内容，今附如下：味道問：「亡而爲有，虚而爲盈，約而爲泰，難乎有恒矣。」先生云：「如此等人是不可謂之有常之人矣。蓋言此三病皆受于無常之前。」先生因云：「吾何以觀之哉？亦是如此言，居上者，觀其寬如何。爲禮者，觀其敬如何。臨喪者，觀其哀如何。如有其寬，有其敬，有其哀時，即觀其深淺當否如何。今既無此，則吾復以何者而觀之！言更不可觀之矣。」又云：「論語如此處甚多。今人都只粗淺滚説過，也自説得，只是聖人本意不如此。只是看得熟了，少間自分别得出。」卓。

〔八三〕不　朝鮮本「不」上增「蓋有」。

〔八四〕爭　朝鮮本作：事。

〔八五〕或問此章之義　朝鮮本問句作：或問：「多聞，擇其善者而從之，多見而識之。知之，次也。其義如何？」

〔八六〕多見　朝鮮本「多」上有「子曰多聞擇其善者而從之多見而識之」十六字。

〔八七〕朝鮮本此下增一節小字：言「多聞闕疑，謹言其餘；多見闕殆，謹行其餘」。聞固是主於言，見固是主於行，然亦有聞而行者，見而言者，不可泥而看也。此下見「干禄」章。

〔八八〕知　朝鮮本段首增：子曰：「蓋有不知而作者，我無是也多聞。擇其善者，而從多見而識之。」

〔八九〕問　朝鮮本作：賀孫問。

〔九〇〕壯祖　朝鮮本作：處謙。

〔九一〕固是　「是」字原爲空闕，據萬曆本補。

〔九二〕天王舉法　「王」，萬曆本作「子」。

〔九三〕文莫吾猶人也　朝鮮本此下增：躬行，君子則吾未之有得。先生云。

〔九四〕叔器問　朝鮮本「叔」上有「胡」字。

〔九五〕若　朝鮮本此下增：似。

〔九六〕便　朝鮮本此下增：後。

〔九七〕與人歌而善　朝鮮本「與」上有「子」字。

〔九八〕便是不曰勿是　「不曰勿」三字原似「不易」，又似「否勿」，今據文理校改。待考。

〔九九〕叔器　朝鮮本作：胡叔器。

〔一〇〇〕聖人發憤便忘食　朝鮮本「聖人」下有「發憤忘食樂以忘憂」八字。

朱子語類卷第三十五

論語十七

泰伯篇

泰伯其可謂至德章

「泰伯得稱至德，爲人所不能爲。」可學。

問「泰伯可謂至德〔一〕」。曰：「這是於『民無得而稱焉』處見，人都不去看這一句〔二〕。如此，則夫子只説至德一句便了，何必更下此六個字？公更子細去看這一句，煞有意思。」

義剛言：「夫子稱泰伯以至德，稱文王亦以至德，稱武王則曰未盡善。若以文王比武王，則文王爲至德；若以泰伯比文王，則泰伯爲至德。文王三分天下有其二，比泰伯已是不得全這一心了。」曰：「是如此。」義剛又言：「泰伯若居武王時，牧野之師也自不容已。蓋天命人心到這裏無轉側處了。」曰：「却怕泰伯不肯恁地做。聖人之制行不同，或遠或近，或去或不去。雖是說他心只一般，然也有做得不同處。」范益之問：「文王如何？」曰：「似文王也自不肯恁地做了。縱使文王做時，也須做得較詳緩。武王做得大故粗暴。當時紂既投火了，武王又却親自去斫他頭來梟起。若文王，恐不肯恁地。這也難說。武王當時做得也有未盡處，所以東坡說他不是聖人。雖說得太過，然畢竟是有未盡處。」義剛曰：「武王既殺了紂，有微子賢可立，何不立之？而必自立，何也？」先生不答〔三〕，但蹙眉。再言〔四〕：「這事也難說。」義剛。

陳仲亨說「至德」，引義剛前所論者爲疑。曰：「也不是不做這事，但他做得較雍容和緩，不似武王樣暴。泰伯則是不做底。若是泰伯當紂時，他也只是爲諸侯。太王剪商，自是他周人恁地說。若無此事，他豈肯自誣其祖！左氏分明說『泰伯不從』，不知不從甚麼事。東坡言：『三分天下有其二，文王只是不管他。』此說也好。但文王不是無思量，觀他戡黎伐崇之類時，也顯然是在經營。」又曰：「公劉時得一上做得盛，到太王被狄人苦楚時又衰了，太王又旋來那岐山下做起家計。但岐山下却亦是商經理不到處，亦是空地。當時郊也只是一片荒凉之地，所以他去那裏輯理起來。」義剛。

問〔五〕：「泰伯之讓，知文王將有天下而讓之乎？抑知太王欲傳之季歷而讓之乎？」曰：「泰伯之意却不是如此。只見太王有翦商之志，自是不合他意。且度見自家做不得此事，便掉了去。左傳謂：『泰伯不從，是以不嗣。』不從，即是不從太王翦商事耳。泰伯既去，其勢只傳之季歷，而季歷傳之文王。泰伯初來意思正是相反，至周得天下，又都是相成。就處看，周内有泰伯、虞仲，外有伯夷、叔齊，皆是一般所見，不欲去圖商。」寓。

問：「泰伯知太王有取天下之志，而王季又有聖子，故讓去。」曰：「泰伯惟是不要太王有天下。」或問：「太王有翦商之志，果如此否？」曰：「詩裏分明説『實始翦商』。」又問：「恐詩是推本得天下之由如此。」曰：「若推本説，不應下『實始翦商』。看左氏云：『泰伯不從，是以不嗣。』這甚分明。這事也難説。他無所據，只是將孔子稱泰伯『可謂至德也已矣』，是與稱文王一般。泰伯、文王、伯夷、叔齊是『行一不義、殺一不辜而得天下不爲』底道理，太王、湯、武是『弔民伐罪，爲天下除殘賊』底道理。常也是道理合如此，變也是道理合如此，其實只是一般。」又問：「堯之讓舜，禹之傳子，湯放桀，武王伐紂，周公誅管、蔡，何故聖人所遇都如此？」先生笑曰：「後世將聖人做模範，却都如此差異，信如公問。然所遇之變如此，到聖人處之皆恁地，所以爲聖人。故曰遭變事而不失其常。孔子曰：『可與適道，未可與立；可與立，未可與權。』公且就平平正正處看〔六〕。」賀孫。

吳伯英問：「泰伯知太王欲傳位季歷，故斷髮文身逃之荆蠻，示不復用，固足以遂其所志，其如父子之情何？」曰：「到此却顧恤不得。父子、君臣，一也。太王見商政日衰，知其不久，是以有剪商之意，亦至公之心也。至於泰伯，則惟知君臣之義截然不可犯也，是以不從。二者各行其心之所安，聖人未嘗說一邊不是，亦可見矣。或曰斷髮文身乃仲雍也，泰伯則端委以治吳。然吳之子孫皆仲雍之後，泰伯蓋無後也。」壯祖〔七〕。

問泰伯事〔八〕。曰：「這事便是難。若論有德者興，無德者亡，則天命已去，人心已離，便當有革命之事。畢竟人之大倫，聖人且要守得這個。看聖人反覆歎詠泰伯及文王事，而於武又曰未盡善，皆是微意。」夔孫。

因說泰伯讓，曰：「今人纔有些子讓，便惟恐人之不知。」

伯豐問：「集注云『太王因有剪商之志』。恐魯頌之說，只是推本之辭〔九〕，今遂據以爲說，可否？」曰：「詩中分明如此說。」又問：「如此，則太王爲有心於圖商也。」曰：「此是難說。書亦云：『太王肇基王迹。』」又問：「太王方爲狄人所侵，不得已而遷岐，當時國勢甚弱，如何便有意於取天下？」曰：「觀其初遷底規模，便自不同。規模才立，便張大。如文王伐崇、伐密，氣象亦可見。然文王猶服事商，所以爲至德。」𦓖。集注。

「『泰伯』章所引其心即夷、齊之心，而事之難處有甚焉者，不是説遜國事，自是説夷、齊諫武王，不信便休，無甚利害。若泰伯不從剪商之志，却是一家内事，與諫武王不同。所以謂之難處，非説遜國事也。集注説亦未分曉耳。」明作〔一〇〕。

「泰伯之心，即伯夷叩馬之心；太王之心，即武王孟津之心，二者『道並行而不相悖』。然聖人稱泰伯爲至德，謂武爲未盡善，亦自有抑揚。蓋泰伯、夷、齊之事，天地之常經，而太王、武王之事，古今之通義，但其間不無此三子高下。若如蘇氏用三五百字罵武王非聖人，則非矣。於此二者中，須見得『道並行而不悖』處，乃善。」因問：「泰伯與夷、齊心同，而謂事之難處有甚焉者，何也？」曰：「夷、齊處君臣間，道不合則去；泰伯處父子之際，又不可露形迹，只得不分不明且去。某書謂太王有疾，泰伯採藥不返，疑此時去也。」銖。

問：「泰伯讓天下，與伯夷、叔齊讓國，其事相類。何故夫子一許其得仁，一許其至德，二者豈有優劣耶？」曰：「亦不必如此。泰伯初未嘗無仁，夷、齊初未嘗無德。」壯祖〔一一〕。

問〔一二〕：「『三以天下讓』，程言：『不立，一也；逃之，二也；文身，三也。』不知是否？」曰：「據前輩説，亦難考。他當時或有此三節，亦未可知。但古人辭讓，必至再三，想此只是固讓。」寓。集義。

恭而無禮章

「禮只是理，只是看合當恁地。若不合恭，後却必要去恭，則必勞；若合當謹，後謹則不葸；若合當勇，後勇則不亂；若不當直，後却須要直，如證羊之類，便是絞。」義剛。

問〔一三〕：「『故舊不遺，則民不偷』〔一四〕，蓋人皆有此仁義之心。篤於親，是仁之所發，故我篤於親，則民興仁；篤故舊，是義之發，故不遺故舊，則民興義。是如此否？」曰：「看『不偷』字，則又似仁〔一五〕，大概皆是厚底意思。不遺故舊，固是厚。這『不偷』也是厚，却難把做義說〔一六〕。」義剛。

問〔一七〕：「『君子篤於親』，與恭、謹、勇、直處意自別。橫渠說如何〔一八〕？」曰：「橫渠這說，且與存在，某未敢決以爲定。若做一章說，就橫渠說得似好。他就大處理會，便知得品節如此。」問：「橫渠說『知所先後』，先處是『篤於親』與『故舊不遺』？」曰：「然。」問：「他却將恭、慎等處入在後段說，是如何？」曰：「就他說，人能篤於親與不遺故舊，他大處自能篤厚如此，到節文處必不至大段有失。他合當恭而恭，必不至於勞；謹慎必不至於畏縮；勇直處亦不至於失節。若不知先後，要做便做，更不問有六親眷屬，便是證父攘羊之事。」寓。集注〔一九〕。

鄭齊卿問集注舉橫渠説之意〔二〇〕。曰：「他要合下面意，所以如此説。蓋有禮與篤親，不遺故舊在先，則不葸、不勞、不亂、不絞，與興仁不偷之效在後耳。要之，合分爲二章。」又問「直而無禮則絞」。曰：「絞如繩兩頭絞得緊，都不寬舒，則有證父攘羊之事矣。」木之。

「張子之説〔二一〕，謂先且篤於親，不遺故舊，此其大者，則恭、慎、勇、直不至難用力。此説固好，但不若吳氏分作兩邊説爲是。」明作。

問：「橫渠『知所先後』之説，其有所節文之謂否？」曰：「橫渠意是如此：篤於親、不遺故舊是當先者，恭慎之類却是後。」必大。

曾子有疾謂門弟子章

正卿問曾子啓手足章。曰：「曾子奉持遺體，無時不戒謹恐懼，直至啓手足之時，方得自免。這個身已直是頃刻不可不戒謹恐懼。如所謂孝，非止是尋常奉事而已。當念慮之微有毫髮差錯，便是悖理傷道，便是不孝。只看一日之間，内而思慮，外而應接事物，是多多少少！這個心略不檢點，便差失了。看世間是多少事，至危者無如人之心。所以曾子常常恁地『戰戰兢兢，如臨深淵，如履薄冰』。」賀孫。

問曾子戰兢。曰：「此只是戒謹恐懼，常恐失之。君子未死之前，此心常恐保不得，便見得人心至危。且說世間甚物事似人心危？且如一日之間，內而思慮，外而應接，千變萬化，劄眼中便走失了，劄眼中便有千里萬里之遠。所謂『人心惟危，道心惟微』。只理會這個道理分曉，自不危。『惟精惟一』，便是守在這裏；『允執厥中』，便是行將去。」恪。

「曾子曰：『戰戰兢兢，如臨深淵，如履薄冰。』此乃敬之法。此心不存，則常昏矣。今人有昏睡者，遇身有痛癢則蹶然而醒，蓋心所不能已，則自不至於忘。中庸戒謹恐懼，皆敬之意。」洽。

時舉讀問目。曰：「依舊有過高傷巧之病，切須放令平實。曾子啓手足是如此說固好，但就他保身上面看，自極有意思也。」時舉。

曾子有疾孟敬子問之章

問：「『正顏色，斯近信矣。』此其形見於顏色者如此之正，則其中之不妄可知，亦可謂信實矣。而只曰『近信』何故？」曰：「聖賢說話也寬，也怕有未便恁地底。」義剛。

問〔二二〕：「『正顏色，斯近信』，如何是近於信〔二三〕？」曰：「近是其中有這信〔二四〕，與行處不違背〔二五〕。多有人見於顏色自恁地，而中却不恁地者。如『色厲而內荏』，『色取仁而行違』，皆是外面有許多模樣，所存却不然，便與信遠了。只將不好底對看便見。」寓〔二六〕。

「『出辭氣，斯遠鄙倍』，是脩辭立其誠意思。」賀孫。

「『出辭氣』，人人如此，工夫却在下面。如『非禮勿視，非禮勿聽』，人人皆然，工夫却在『勿』字上。」泳。

毅父問「遠暴慢」章。曰：「此章『暴慢』、『鄙倍』等字，須要與他看。暴是粗厲，慢是放肆。蓋人之容貌少得和平，不暴則慢。暴是剛者之過，慢是寬柔者之過。鄙是凡淺，倍是背理。今人之議論，有見得雖無甚差錯，只是淺近者，此是鄙。又有説得甚高，而實背於理者，此是倍。不可不辨也。」時舉。〔二七〕

仲蔚説「動容貌」章。曰：「暴慢底是大故粗。『斯近信矣』，這須是裏面正後顔色自恁地正，方是近信。若是『色取仁而行違』，則不是信了。倍，只是倍於理。出辭氣時，須要看得道理如何後方出，則不倍於理。」問：「三者也似只一般樣。」曰：「是各就那事上説。」又問：「要恁地，不知如何做工夫？」曰：「只是自去持守。」池録作：「只是隨事去持守。」義剛。

「『君子所貴乎道者三』一章，是成就處。」升卿。以下總論。

「『君子所貴乎道者三』，此三句説得太快，大概是養成意思較多。」賜。

陳寅伯問「君子所貴乎道者三」。曰：「且只看那『所貴』二字，莫非道也。如『籩豆之事』亦是道，但非所貴。君子所貴，只在此三者。『動容貌，斯遠暴慢矣』，『斯』字來得甚緊。動容貌，便須遠暴慢；正顏色，便須近信；出辭氣，便須遠鄙倍。人之容貌，只有一個暴慢。雖淺深不同，暴慢則一。如人狠戾固是暴，稍不温恭亦是暴；如人倨肆固是慢，稍或怠緩亦是慢。正顏色而不近信，却是色莊。信，實也。正顏色，便須近實。鄙，便是說一樣卑底說話。倍，是逆理。辭氣只有此二者。」因曰：「不易。孟敬子當時寫得如此好〔二八〕。」或云：「想曾子病亟，門人多在傍者。」曰：「恐是如此。」因說：「看文字，須是熟後到自然脫落處方是〔二九〕。某初看此，都安排不成。按得東頭西頭起，按得前面後面起。到熟後全不費力。要緊處却在那『斯』字、『矣』字這般閑字上。此一段，程門只有尹和靜看得出。孔子曰：『學而時習之，不亦說乎！』若熟後，真個使人說！今之學者，只是不深好後不得其味，只是不得其味後不深好。」文蔚。

敬之問此章〔三〇〕。曰：「『君子所貴乎道者三』，是題目一句。下面要得動容貌，便能遠暴慢；要得正顏色，便近信；出辭氣，便遠鄙倍。要此〔三一〕，須是從前做工夫。」植。

問「君子所貴乎道者三」。曰：「此言君子存養之至，然後能如此。一出辭氣，便自能遠鄙倍；一動容貌，便自能遠暴慢；正顏色，便自能近信：所以爲貴。若學者，則雖未能如此，當思所以如此。然此亦只是說效驗，若作工夫，則在此句之外。」雉。

楊問：「『君子所貴乎道者三』，若未至此，如何用工？」曰：「只是就容貌辭色之間用工，更無別法。但上面臨時可做，下面臨時做不得，須是熟後能如此。初間未熟時，雖蜀本淳録作「須」字。是動容貌，到熟後自然遠暴慢；雖是正顏色，到熟後自然近信；雖是出辭氣，到熟後自然遠鄙倍。」寓。淳録〔三二〕此下云：「辭是言語，氣是聲音，出是從這裏出去，三者是我身上事要得如此。籩豆雖是末，亦道之所在，不可不謹。然此則有司之事，我只理會身上事。」

「『動容貌，斯遠暴慢；正顏色，斯近信；出辭氣，斯遠鄙倍。』須要理會如何得動容貌便會遠暴慢，正顏色便會近信，出辭氣便會遠鄙倍。須知得曾子如此說，不是到動容貌、正顏色、出辭氣時，方自會恁地；須知得工夫在未動容貌、未正顏色、未出辭氣之前。」又云：「正顏色，若要相似說，合當着得個遠虛僞矣。蓋緣是正顏色，亦有假做恁地内實不然者。若容貌之動，辭氣之出，却容僞不得。」賀孫。『動』、『出』都說自然，惟『正』字却似方整頓底意思。

問「君子所貴乎道者三」。曰：「看來三者，只是『非禮勿視，非禮勿聽，非禮勿言，非禮勿動』。」又問：「要之，三者以涵養爲主？」曰：「涵養便是。只這三者，便是涵養地頭。但動容貌遠暴慢便是，不遠暴慢便不是；正顏色近信便是，不近信便不是。」燾。

「君子所貴乎道者三」。或云：「須是工夫持久，方能得如此否〔三三〕？」曰：「不得〔三四〕。人之資禀各不同，資質好者，纔知得便把得定，不改變；資質遲慢者，須大段着力做工夫方得。」因舉徐仲車從胡安定學，一日頭容少偏，安定忽厲聲云：「頭容直！」徐因思不獨頭容直，心亦要直，自此不敢有邪心。又舉小南和尚偶靠倚而坐，其師見之，厲聲叱之曰：「恁地無脊梁骨！」小南聞之聳然，自此終身不靠倚坐。「這樣人都是資質美，所以一撥便轉，終身不爲。」僩。

問：「所謂『暴慢』、『鄙倍』，皆是指在我者言否？」曰：「然。」曰：「所以動容貌而暴慢自遠者，工夫皆在先歟？」曰：「此只大綱言。人合如此，固是要平日曾下工夫，然即今亦須隨事省察，不令間斷。」廣。

叔京來問「所貴乎道者三」。因云：「正、動、出時也要整齊，平時也要整齊。」方云：「乃是敬貫動靜。」曰：「到頭底人，言語無不貫動靜者。」方。

或問：「遠與近意義如何？」曰：「曾子臨終，何嘗又安排下這字如此？但聖賢言語自如此耳。不須推尋不要緊處。」

「『動容貌，斯遠暴慢』，是爲得人好；『正顏色，斯近信』，是顏色實；『出辭氣，斯遠鄙倍』，是出得言語是。『動』、『正』、『出』三字，皆是輕說過。君子所貴於此者，皆平日功夫所至，非臨事所能捏合。『籩豆之事』，雖亦莫非道之所在，然須先擇切己者爲之。如有關雎、麟趾之意，便可行周官法度；又如盡得『皇極』之五事，便有庶證之應。以『籩豆之事』告孟敬子，必其所爲有以煩碎爲務者。」謨。

「『君子所貴乎道者三』，言道之所貴者有此三事，便對了道之所賤者，『籩豆之事』，非不是道，乃道之末耳〔三五〕。如動容貌、正顔色、出辭氣，須是平日先有此等工夫，方如此效驗。『動容貌斯遠暴慢矣』，須只做一句讀。『斯』字只是個自然意思。龜山解此一句〔三六〕，引曾子脩容『閽人避之』事，却是他人暴慢，全說不着。」人傑。

問「君子所貴乎道者三」至「籩豆之事則有司存」。曰：「以道言之，固不可謂此爲道，彼爲非道。然而所貴在此，則所賤在彼矣；其本在此，則其末在彼矣。」人傑。

「『君子所貴乎道者三』，乃是切於身者。若『籩豆之事』，特有司所職掌耳。今人於制度文爲一一致察，未爲不是。然却於大體上欠闕，則是棄本而求末也。」人傑。

問「君子所貴乎道者三」。曰：「學者觀此一段，須看他兩節。先看『所貴乎道者』是如何，這個是所貴所重者〔三七〕。至於一籩一豆，皆是理，但這個事自有人管，我且理會個大者。且如今人講明制度名器，皆是當然，非不是學，但是於自己身上大處却不曾理會，何貴於學？」先生因言：「近來學者多務高遠，不自近處着工夫。」有對者曰：「近來學者誠有好高之弊。有問伊川：『如何是道？』伊川曰：『行處是。』又問明道：『如何是道？』明道令於父子、君臣、兄弟上求。諸先生言如此，初不曾有高遠之說。」曰：「明道之說固如此。然父子、兄弟、君臣之間，各有一個當然之理，是道也。」謙之〔三八〕。

義剛說「君子所貴乎道者三」一章畢，因曰：「道雖無所不在，而君子所重，則止此三事而已。這也見得窮理則不當有小大之分，行己則不能無緩急先後之序。」先生曰：「這樣處也難說。聖賢也只大概說在這裏。而今說不可無先後之序固是，但只揀得幾件去做，那小底都不照管，也不得。」義剛因言：「義剛便是也疑，以爲古人事事致謹，如所謂『克勤小物』，豈是盡視爲小而不管？」曰：「這但是說此三事爲最重耳。若是其他，也不是不管，只是說人於身己上事都不照管，却只去理會那籩豆等小事，便不得。言這個自有司在，但責之有司便得。若全不理會，將見以籩爲豆，以豆爲籩，都無理會了。田子方謂魏文侯曰：『君明樂官，不明樂音。』此說固好。但某思之，人君若不曉得那樂，却如何知得那人可任不可任？這也須曉得，方解去任那人，方不被他謾。如籩豆之類，若不曉，如何解任那有司？若籩裏盛有汁底物事，豆裏盛乾底物事，自是不得。也須着曉始得，但所重者是上面三事耳。」義剛。

舜功問「君子所貴乎道者三」。曰：「動容貌，則能遠暴慢；正顏色，則能近信；出辭氣，則能遠鄙倍。所貴者在此。至於籩豆之事，雖亦道之所寓，然自有人管了，君子只脩身而已。蓋常人容貌不暴則多慢，顏色易得近色莊，言語易得鄙而倍理。前人愛說『動』字、

『出』字、『正』字上有工夫，看得來不消如此。」璘。

正卿問：「『正顏色』之『正』字，獨重於『動』與『出』字，何如？」曰：「前輩多就『動』『正』『出』三字上説，一向都將三字重了。若從今説，便三字都輕〔三九〕，却不可於中自分兩樣。某所以不以彼説爲然者，緣看文勢不恁地。『君子所貴乎道者三』，是指夫道之所以可貴者爲説，故云道之所以可貴者有三事焉，故下數其所以可貴之實如此。若禮文器數，自有官守，非在所當先而可貴者。舊説所以未安者，且看世上人雖有動容貌者，而便辟足恭，不能遠暴慢；雖有正顏色者，而『色取仁而行違』，多是虚僞不能近信；雖有出辭氣者，而巧言飾辭，不能遠鄙倍，這便未見得道之所以可貴矣。道之所以可貴者，惟是動容貌，自然便會遠暴慢；正顏色，自然便會近信；出辭氣，自然便會遠鄙倍，此所以貴乎道者此也。」又云：「三句最是『正顏色，斯近信』見得分明。」賀孫。

或問：「『君子所貴乎道者三』，如何？」曰：「『動容貌』、『正顏色』、『出辭氣』，前輩不合將做用工處，此只是涵養已成效驗處。『暴慢』、『鄙倍』、『近信』，皆是自己分内事。惟近信不好理會。蓋君子才正顏色，自有個誠實底道理，異乎『色取仁而行違』者也。所謂『君子所貴乎道者三』，道雖無乎不在，然此三者乃脩身之效、爲政之本，故可貴。容貌是舉一身而言，顏色乃見於面顏者而言。」又問：「三者固是效驗處，然不知於何處用工？」曰：

「只平日涵養便是。」去僞〔四〇〕。

「某病中思量：曾子當初告孟敬子『人之將死，其言也善』，只說出三事。曾子當時有多少好話，到急處都說不辦，只撮出三項如此。這三項是最緊要底。若說這三事上更做得工夫〔四一〕，上面又大段長進。便不長進也做得個聖賢坯模〔四二〕，雖不中，不遠矣。」恪。

「『所貴乎道者三。』禮亦是道，但道中所貴此三者在身上。李先生云：『曾子臨死空洞中只餘此念。』」方。

或講「所貴乎道者三」。曰：「不必如此說得巧。曾子臨死時說話，必不暇如此委曲安排。」必大。

「注云〔四三〕：『暴，粗厲也。』何謂粗厲？」曰：「粗，不精細也。」節。集注。

問〔四四〕：「先生舊解以三者爲『脩身之驗，爲政之本，非其平日莊敬誠實存省之功積之有素，則不能也。』專是做效驗說。如此，則『動』、『正』、『出』三字只是閑字。後來改本以『驗』爲『要』，『非其』以下改爲『學者所當操存省察，而不可有造次頃刻之違者也』。如此，則工夫却在『動』、『正』、『出』三字上，如上蔡之說而不可以效驗言矣〔四五〕。某疑『動』、『正』、『出』三字，不可以爲做工夫字。『正』字尚可說，『動』字、『出』字豈可以爲工夫耶？」曰：「這三字雖不是做工夫底字，然便是做工夫處。正如着衣喫飯，其着其喫，雖不是做工夫，然便是做工夫處。此意所爭，只是絲髮之間，要人自認得。舊來解以爲效驗，語似有病，故改從今說。蓋若專以爲平日莊敬持養方能如此，則不成未莊敬持養底人，便不要『遠暴慢』、『近信』、『遠鄙倍』！便是舊說『效驗』字太深，有病。」僩。

「『君子所貴乎道者三』以下三節，是要得恁地，須是平日莊敬工夫到此，方能恁地。若臨時做工夫，也不解恁地。」植因問：「明道『動容周旋中禮』、『正顔色則不妄』、『出辭氣正由中出〔四六〕』，又仍是以三句上半截是工夫，下半截是功效。」曰：「不是。所以恁地，也是平日莊敬工夫。」植。

問〔四七〕：「『動』也，『正』也，『出』也，不知是心要得如此，還是自然發見氣象？」曰：「上蔡諸人皆道此是做工夫處，看來只當作成效説，涵養莊敬得如此。工夫已在前了，此是效驗。動容貌，若非涵養有素，安能便免暴慢？正顔色，非莊敬有素，安能便近信？信是信實，表裏如一。色，有『色厲而內荏』者，『色莊』者，『色取仁而行違』者，苟不近實，安能表裏如一乎？」問：「『正』者，是着力之辭否？」曰：「亦着力不得。若不到近實處，正其顔色，但見作僞而已。」問：「『遠』之字義如何？」曰：「遠，便是無復有這氣象。」問：「正顔色既是功效到此，則宜自然而信，却言『近信』，何也？」曰：「這也是對上『遠』字説。」寓。

集義。

問：「君子道者三章，謝氏就『正』、『動』、『出』上用工。竊〔四八〕謂此三句，其要緊處皆在『斯』字上。蓋斯者，便自然如此也。才動容貌，便自然遠暴慢。非平昔涵養之熟，何以至此！此三句乃以效言，非指用功地步也。」曰：「是如此。」柄。

舜功問：「動容貌〔四九〕，如何遠暴慢？」曰：「人之容貌〔五〇〕，非暴則慢，得中者極難，須是遠此，方可。此一段，上蔡說亦多有未是處。」問：「『其言也善』，何必曾子？天下自有一等人臨死言善。」通老云：「『聖賢臨死不亂。』」曰：「聖賢豈可以不亂言？曾子到此愈極分明，易簀事可見。然此三句，亦是由中以出，不是外向鬬撰得成。」可學。

「動容貌」、「出辭氣」。先生云：「只伊川語解平平說，未有如此張筋努力意思。」謂上蔡語。方。

曾子曰以能問於不能章

陳仲亨說「以能問於不能」章。曰〔五一〕：「想是顏子自覺得有未能處，但不比常人十事曉得九事，那一事便不肯問人。觀顏子『無伐善，無施勞』，看他也是把此一件做工夫。」又問：「『君子人與』，是才德出衆之君子？」曰：「『託六尺之孤』，『寄百里之命』，才者能之；『臨大節而不可奪』，則非有德者不能也。」義剛。

舉問「犯而不校〔五二〕」。曰：「不是着意去容他，亦不是因他犯而遂去自反。蓋其所存者廣大，故人有小小觸犯處，自不覺得，何暇與之校耶？」時舉。

「『不校』是不與人比校强弱勝負，道我勝你負我强你弱。如上言『以能問於不能』之類，皆是不與人校也。」燾。

子善問〔五三〕：「『犯而不校』，恐是且點檢自家，不暇問他人。」曰：「不是如此。是他力量大，見有犯者，如蚊蟲蝨子一般，何足與校！如汪汪萬頃之陂，澄之不清，橈之不濁。」亞夫問〔五四〕：「黄叔度是何樣底人？」曰：「當時亦是衆人扛得如此，看來也只是篤厚深遠底人。若是有所見，亦須説出來。且如顔子是一個不説話底人，有個孔子説他好。若孟子，無人印證他，他自發出許多言語。豈有自孔孟之後至東漢黄叔度時，已是五六百年，若是有所見，亦須發明出來，安得言論風旨全無聞。」亞夫云：「郭林宗亦主張他。」曰：「林宗何足憑。且如元德秀在唐時也非細，及就文粹上看，他文章乃是説佛。」南升。

「顔子犯而不校，是成德事。孟子三自反，却有着力處。學者莫若且理會自反，却見得自家長短。若遽學不校，却恐儱侗都無是非曲直，下梢於自己分却恐無益。」端蒙。

或問：「『犯而不校〔五五〕。』若常持不校之心，如何？」曰：「此只看一個公私大小，故伊川云：『有當較者，順理而已。』」方子。

「大丈夫當容人，勿爲人所容。」顏子犯而不校。子蒙。

問：「如此已是無我了。集注曰：『非幾於無我者不能。』何也？」曰：「聖人則全是無我。顏子却但是不以我去壓人，却尚有個人與我相對在，聖人和人我都無。」義剛。

問：「『幾於無我』，『幾』字莫只是就從事一句上可見耶？抑併前五句皆可見耶？『犯而不校』，則亦未能無校，此可見非聖人事矣。」曰：「顏子正在着力未着力之間，非但此處可見，只就從事上看便分明，不須更説無校也。」

曾子曰可以託六尺之孤章

「聖人言語自渾全温厚。曾子便恁地剛，有孟子氣象。如『可以託六尺之孤〔五六〕，可以寄百里之命，臨大節而不可奪』等語，見得曾子直是峻厲。」淳。

問：「『可以託六尺之孤』云云〔五七〕，不知可見得伊、周事否〔五八〕？」曰：「伊、周亦未足道。此只説有才志氣節如此，亦可爲君子之事。」又問：「下此一等，如平、勃之入北軍迎代王，霍將軍之擁昭立宣，可當此〔五九〕否？」曰：「這也隨人做。聖人做出，是聖人事業；賢人做出，是賢人事業；中人以上，是中人以上事業。這通上下而言。『君子人與？君子人也。』上是疑詞。如平、勃當時，這處也未見得。若誅諸吕不成，不知果能死節否？古人這處，怕亦是幸然如此。如藥殺許后事，光後來知，却含胡過。似這般所在，解『臨大節而不奪』否？恐未必然。」因言：「今世人多道東漢名節無補於事。某謂三代而下，惟東漢人才，大義根於其心，不顧利害，生死不變其節，自是可保。未説公卿大臣，且如當時郡守懲治宦官之親黨，雖前者既爲所治，而來者復蹈其迹，誅殛竄戮，項背相望，略無所創。今士大夫顧惜畏懼，何望其如此！平居暇日，琢磨淬厲，緩急之際，尚不免於退縮。況游談聚議，習爲軟熟，卒然有警，何以得其伏節死義乎？大抵不顧義理，只計較利害，皆奴婢之態，殊可鄙厭。」又曰：「東坡議論雖不能無偏頗，其氣節直是有高人處。如説孔北海、曹操，使人凛凛有生氣。」又曰：「如前代多有幸而不敗者。如謝安，桓温入朝，已自無策，從其廢立。九錫已成，但故爲遷延，以俟其死。不幸而病小甦，則將何以處之？擁重兵上流而下，何以當之？於此看，謝安果可當伏節死義之資乎？」寓曰：「坦之倒持手板，而安從容閑雅，似亦有執者。」曰：「世間自有一般心膽大底人。如廢海西公時，他又不能拒，廢也得，不廢也得，大節在那裏？」寓。砥録略。

正卿問：「『可以託六尺之孤』至『君子人也』，此本是兼才節説，然緊要處却在節操上。」曰：「不然。三句都是一般説。須是才節兼全，方謂之君子。若無其才而徒有其節，雖死何益？如受人託孤之責，自家雖無欺之之心，却被别人欺了，也是自家不了事，不能受人之託矣。如受人百里之寄，自家雖無竊之之心，却被別人竊了，也是自家不了事，不能受人之寄矣。自家徒能臨大節而不可奪，却不能了得他事，雖能死，也只是個枉死漢，濟得甚事！如晉之荀息是也。所謂君子者，豈是斂手並脚底村人耶！故伊川說：『君子者，才德出衆之名。』孔子曰：『君子不器。』既曰君子，須是事事理會得方可，若但有節而無才，也喚做好人，只是不濟得事。」僩〔六〇〕。

正卿問「託六尺之孤」一章。曰：「『百里之命』，只是『命令』之『命』。『託六尺之孤』，謂輔幼主；『寄百里之命』，謂攝國政。」曰：「如霍光當得此三句否？」曰：「霍光亦當得上面兩句，至如許后之事，則大節已奪了。」曰：「託孤寄命，雖資質高者亦可及；臨大節而不可奪，非學問至者恐不能。」曰：「資質高底也都做得，學問到底也都做得。大抵是上兩句易，下一句難。譬如說『有猷有爲有守』，託孤寄命是有猷有爲，臨大節而不可奪，却是有守。霍光雖有爲有猷矣，只是無所守。」恪〔六一〕。

「託六尺之孤，寄百里之命，是才；臨大節不可奪，是德。如霍光可謂有才，然其毒許后事，便以愛奪了。燕慕容恪是慕容暐之霍光，其輔幼主也好，然知慕容評當去而不去之，遂以亂國。此也未是。惟孔明能之。」賜。夔孫同。

問「君子人與？君子人也」。曰：「所謂君子，這三句都是不可少底。若論文勢，却似

『臨大節不可奪』一句爲重。然而須是有上面『託六尺之孤』，『寄百里之命』，却『臨大節而不可奪』，方足以爲君子。此所以有結語也。」燾。

問：「『可以託六尺之孤，可以寄百里之命』，又能『臨大節而不可奪』，方可謂之君子，是如此看否？」曰：「固是。」又問：「若徒能臨大節不可奪，而才力短淺，做事不得，如荀息之徒，僅能死節而不能止難，要亦不可謂之君子？」曰：「也是不可謂之君子。」義剛。

問：「胡文定以荀息爲『可以託六尺之孤，寄百里之命，臨大節而不可奪』，如何？」曰：「荀息便是不可以託孤寄命了。」問：「聖人書荀息，與孔父、仇牧同辭，何也？」曰：「聖人也且是要存得個君臣大義。」夔孫。

問「君子才德出衆之名」。曰：「有德而有才，方見於用。如有德而無才，則不能爲用，亦何足爲君子。」「君子人與」章伊川說。燾。

曾子曰士不可以不弘毅章

「『弘毅』二字，『弘』雖是寬廣，却被人只把做度量寬容看了，便不得。且如『執德不弘』之『弘』，便見此『弘』字，謂如人有許多道理。及至學來，下梢却做得狹窄了，便是不弘。蓋緣只以己爲是，凡他人之言，便做説得天花亂墜，我亦不信，依舊只執己是。可見其狹小，

何緣得弘？須是不可先以别人爲不是，凡他人之善，皆有以受之，集衆善之謂弘。」伯豐

問：「是『寬以居之』否？」曰：「然。如『人能弘道』，却是以弘爲開廓，『弘』字却是作用。」

𠏉。專論「弘」。

問「『弘毅』之『弘』」。曰：「弘是寬廣，事事着得。道理也着得；事物也着得；事物逆來也着得，順來也着得；富貴也着得；貧賤也着得。看甚麽物事來，掉在裏面，都不見形影了。」僩。

「『弘』字只對『隘』字看〔六二〕，便見得。如看文字相似，只執一説，見衆説皆不復取，便是不弘。若是弘底人，便包容衆説。又非是於中無所可否。包容之中，又爲判别，此便是弘。」植〔六三〕。

「弘有耐意〔六四〕。如有一行之善，便道我善了，更不要進；能些小好事，便以爲只如此足矣，更不向前去，皆是不弘之故。如此其小，安能擔當得重任？」淳。

「所謂『弘』者，不但是放令公平寬大，容受得人，須是容受得許多衆理。若執着一見，便自以爲是，他説更入不得，便是滯於一隅，如何得弘？須是容受軋捺得衆理方得。」謙之〔六五〕。

恭甫問：「弘是心之體，毅是心之力。」曰：「心體是多少大？大而天地之理纔要思

量，便都在這裏。若是世上淺心私己底人，有一兩件事，便着不得。」賀孫。

問「如何是弘〔六六〕」。曰：「計較小小利害，小小得失，褊隘，如公欲執兩事終身行之，皆是不弘。說道自家不敢承當，說道且據自己所見，皆是不弘。」節。

「『士不可以不弘毅。』這曾子一個人，只恁地，他肚裏却着得無限。今人微有所得，欣然自以爲得。」祖道。

「毅，是立脚處堅忍强厲，擔負得去底意。」升卿。以下兼論「毅」。

敬之問：「弘是容受得衆理，毅是勝得個重任？」曰：「弘，乃能勝得重任；毅，便是能擔得遠去。弘而不毅，雖勝得任，却恐去前面倒了。」時舉。

問：「弘是寬容之義否？」曰：「固是。但不是寬容人，乃寬容得義理耳。『毅』字，曾子以任重言之。人之狹隘者，只守得一義一理便自足。既滯一隅，却如何能任重？必能容納吞受得衆理，方是弘也。」必大。

仲蔚問「弘毅」〔六七〕。曰：「弘不只是有度量能容物之謂〔六八〕，正是『執德不弘』之『弘』，是無所不容。心裏無足時，不說我德已如此便住。如無底之谷，擲一物於中，無有窮盡。若有滿足之心，便不是弘。毅是忍耐持守，着力去做。」義剛。

問「弘毅」。曰：「弘是寬廣耐事，事事都著得。道理也著得多，人物也著得多。若著得這一個，著不得那一個，便不是弘。且如有兩人相爭，須是寬著心都容得，始得。若便分別一人是，一人非，便不得。或兩人都是，或兩人都非，或是者非，非者是，皆不可知。道理自是個大底物事，無所不備〔六九〕，無所不包。若小著心，如何承載得起？弘了却要毅。弘則都包得在裏面了，不成只恁地寬廣。裏面又要分別是非，有規矩，始得。若只恁地弘，便没倒斷了。任重是擔子重，非如任天下之任〔七〇〕。」又曰：「若纔小著這心，便容兩個不得。心裏只著得一個，這兩個便相挂礙在這裏，道理也只著得一説，事事都只著得一邊。」僩。

問〔七一〕：「曾子弘毅處，不知爲學工夫久方會恁地，或合下工夫便著恁地？」曰：「便要恁地。若不弘不毅，難爲立脚。」問：「人之資禀偏駁，如何便要得恁地？」曰：「既知不弘不毅，便警醒，令弘毅，如何討道理教他莫恁地？弘毅處固未見得，若不弘不毅處亦易見。不弘，便急迫狹隘，不容物，只安於卑陋。不毅，便傾東倒西，既知此道理當恁地，既不能行又不能守；知得道理不當恁地，却又不能割捨。除却不弘便是弘，除了不毅便是毅。這處亦須是見得道理分曉，磊磊落落。這個都由我處置，要弘便弘，要毅便毅〔七二〕。如多財善賈，須多蓄得在這裏，看我要買也得，要賣也得，若只有十文錢在這裏，如何處置得去？」又曰：「聖人言語自渾全温厚。曾子便有主角，如『士不可以不弘毅』，如『可以託六尺之孤』云云，見得曾子直是恁地剛硬。孟子氣象大抵如此。」寓。淳録云：「徐問：『弘毅是爲學工夫久方能如此，抑合下便當如此？」曰：「便要弘毅，皆不可一日無。」曰：「人之資禀有偏，何以便能如此？」曰：「只知得如此，便警覺那不如此，更那裏別尋討方法去醫治他。弘毅處亦難見，不弘不毅却易見。不弘，便淺迫，便窄狹，不容物，便安於卑陋。不毅，便倒東墜西，見道理合當如此，又不能行，不能守，見道理不當如此又不能捨，不能去。只除了不弘，便是弘；除了不毅，便是毅。非別討一弘毅來。然亦須是見道理極分曉，磊磊落落在這裏，無遁情，病痛來，便都由自家處置，要弘便弘，要毅便毅。如多財善賈，都蓄在這裏，要買便買，要賣便賣。若止有十文錢在此〔七三〕，則如何處置得？」砥録云：「居父問：『士不可不弘毅。學者合下當便弘毅，將德盛業成而后至此？』曰：『合下便當弘毅，不可一日無也。』又問：『如何得弘毅？』曰：『但只去其不弘不毅，便自然弘毅。弘毅雖難見，自家不弘不毅處却易見。常要點檢〔七四〕。若卑狹淺隘，不能容物，安於固陋，便是不弘。不毅處病痛更多，知理所當爲而不爲，知不善之不可爲而不去，便是不毅。』又曰：『孔子所言，自渾全温厚。如曾子所言，便有孟子氣象。』」

問「士不可以不弘毅」。曰：「弘是事事著得，如進學也要弘，接物也要弘，事事要弘。若不弘，只是見得這一邊，不見那一邊，便是不弘。只得些了便自足，便是不弘。毅却是發處勇猛，行得來强忍，是他發用處。」問：「後面只說『仁以爲己任』，是只成就這個仁否？」曰：「然。許多道理也只是這個仁，人也只要成就這個仁。須是擔當得去。」又問：「『死而後已』，是不休歇否？」曰：「然。若不毅，則未死已前，便有時倒了。直到死方住。」又曰：

「古人下字各不同，如『剛』、『毅』、『勇』、『猛』等字，雖是相似，其義訓各微不同。如適間説『推』與『充』相似。」僩。

「『仁以爲己任，不亦重乎！死而後已，不亦遠乎！』須是認得個仁，又將身體驗之，方真個知得這擔子重，真個是難。世間有兩種：有一種全不知者，固全無摸索處；又有一種知得仁之道如此大，而不肯以身任之者。今自家全不曾擔著，如何知得他重與不重？所以學不貴徒説，須要實去驗而行之方知。」僩。

「『士不可以不弘毅』，毅者，有守之意〔七五〕。」又云：「曾子之學，大抵如孟子之勇。觀此『弘毅』之説與夫『臨大節不可奪』，與孟子『彼以其富，我以吾仁』之説，則其勇可知。若不勇，如何主張得聖道〔七六〕住？如論語載曾子之言先一章云，『以能問於不能』，則見曾子弘處；又言『臨大節不可奪』，則見他毅處。若孟子，只得他剛處，却少弘大底氣象。」謨。

「弘而不毅，如近世龜山之學者，其流與世之常人無以異。毅而不弘，如胡氏門人，都恁地撑腸拄肚，少間都没頓着處。」賀孫。

「弘，寬廣也，是事要得寬闊。毅，强忍也，如云『擾而毅』，是馴擾而却毅，强而有守底意思。『弘』字，如今講學，須大著個心，是者從之，不是者也且寬心去究。而今人才得一善，便説道自家底是了，别人底都不是，便是以先入爲主了，雖有至善，無由見得。如『執德不弘』，須是自家要弘始得。若容民蓄衆底事，也是弘，但是外面事。而今人說『弘』字，多做『容』字說了，則這『弘』字裏面無用工處。可以此意推之。」又云：「弘是開闊周遍。」夔孫。集注。

「程子說『弘』字曰『寛廣』，最說得好。此是儘耐得工夫，不急迫。如做一事，今日做未得，又且耐明日做。」夔孫。

問：「『毅』訓『强忍』，粗而言之，是硬擔當著做將去否？楊氏作力行說，正此意，但說得不猛厲明白，若不足以形容『毅』字氣象。至程子所謂『弘而無毅，則無規矩而難立』，其說固不可易。第恐『毅』字訓義，非可以有規矩言之，如何？」曰：「毅有忍耐意思。程子所云『無規矩』，是說目今，『難立』是說後來。」必大。

「士不可以不弘毅」。先生舉程先生語曰：「重擔子，須是硬着脊梁骨方擔荷得去。」燾。

興於詩章

或問「興於詩，立於禮，成於樂」。曰：「『興於詩』，便是個小底，『立於禮〔七七〕，成於樂』，便是個大底。『興於詩』，初間只是因他感發興起得來，到成處，却是自然後恁地。」又曰：「古人自小時習樂，誦詩，學舞，不是到後來方始學詩，學禮，學樂。如云『興於詩，立於禮，成於樂』，非是初學有許多次第，乃是到後來方能如此；不是説用工夫次第，乃是得效次第如此。」又曰：「到得『成於樂』，是甚次第，幾與理爲一。看有甚放僻邪侈，一齊都滌盪得盡，不留些子。『興於詩』，是初感發這些善端起來。到『成於樂』，是刮來刮去，凡有毫髮不善，都盪滌得盡了。這是甚氣象！」又曰：「後世去古既遠，禮樂蕩然，所謂『成於樂』者，固不可得。然看得來只是讀書理會道理，只管將來涵泳，到浹洽貫通熟處，亦有此意思。」賀孫。

致道云：「讀孟子熟，儘有此意。」曰：「也是。只是孟子較感發得粗，其他書都是如此。」賀孫因云：「如大學傳『知止』章及『齊家』章，引許多詩語，涵泳得熟，誠有不自已處。」賀孫。

亞夫問此章〔七八〕。曰：「詩、禮、樂，初學時都已學了，至得力時，却有次第。樂者，能動盪人之血氣，使人有些小不善之意都着不得，便純是天理，此所謂『成於樂』。譬如人之服藥，初時一向服了，服之既久，則耳聰目明，各自得力。此興詩、立禮、成樂所以有先後也。」時舉。

「古人學樂，只是收斂身心，令入規矩，使心細而不粗，久久自然養得和樂出來。」又曰：「詩、禮、樂，古人學時本一齊去學了，到成就得力處，却有先後。然『成於樂』，又見無所用其力。」升卿。

「『興於詩，立於禮，成於樂。』聖人做出這一件物事來，使學者聞之自然歡喜，情願上這一條路去，四方八面攛掇他去這路上行。」廣。

敬之問：「『興於詩，立於禮，成於樂』，覺得和悦之意多。」曰：「先王教人之法，以樂官爲學校之長，便是教人之本末都在這裏。」時舉。

正卿説「興於詩，立於禮，成於樂」。曰：「到得『成於樂』，自不消恁地淺説。成於此，是大段極至。」賀孫。

「只是這一心，更無他説。『興於詩』，興此心也；『立於禮』，立此心也；『成於樂』，成此心也。今公讀詩，是興起得個甚麽？」僩。

或問「成於樂」。曰：「樂有五音六律，能通暢人心。今之樂雖與古異，若無此音律，則不得以爲樂矣。」力行因舉樂記云：「耳目聰明，血氣平和。」曰：「須看所以『聰明』、『和平』如何，不可只如此説過。」力行。

「成於樂」。曰：「而今作俗樂聒人，也聒得人動。況先王之樂中正平和，想得足以感動人。」燾。

問〔七九〕：「『立於禮』，禮尚可依禮經服行，詩、樂皆廢，不知興詩成樂，何以致之？」曰：「豈特詩、樂無，禮也無。今只有義理在，且就義理上講究。如分别得那是非邪正，到感慨處，必能興起其善心、懲創其惡志，便是『興於詩』之功。涵養德性，無斯須不和不樂，直恁地和平，便是『成於樂』之功。如禮，古人這身都只在禮之中，都不由得自家。今既無之，只得硬做些規矩，自恁地收拾。如詩須待人去歌誦。至禮與樂，自抨定在那裏，只得自去做。荀子言：『禮樂法而不說。』更無可說，只得就他法之而已。荀子此語甚好。」又問：「『志於道，據於德，依於仁』，與此相表裏否？」曰：「也不爭多此，却有游藝一脚子。」寓。淳録云：「徐問：『「立於禮」，猶可用力。詩今難曉，樂又無，何以興成乎？』曰：『今既無此家具，只有理義在，只得就理義上講究。如分别是非，到感慨處，有以興起其善心，懲創其惡志，便是「興於詩」之功也。涵養和順，無斯須不和不樂，恁地和平，便是「成於樂」之功也。如禮，今亦無，只是便做些規矩，自恁地收斂。古人此身終日都在禮之中，不由自家。古人「興於詩」，猶有言語以諷誦。禮全無説話，只是恁地做去。樂更無説話，只是聲音節奏，使人聞之自然和平。故荀子曰：「禮樂法而不説。」』曰：『此章與「志於道」相表裏否？』曰：『彼是言德性道理，此是言事業工夫。此却是「游於藝」脚子。』」道夫録云：「居父問：『「立於禮」猶可用力。詩、樂既廢，不知今何由興成之？』曰：『既無此家具，也只得以義理養其心。若精别義理，使有以感發其善心，懲創其惡志，便是「興於詩」。涵養從容，無斯須不和不樂，便是「成於樂」。今禮亦不似古人完具，且只得自存個規矩，收斂身心。古人終日只在禮中，欲少自由亦不可得。』又曰：『詩猶有言語可以諷誦。至於禮，只是夾定做去。樂只是使它聲音節奏自然和平，更無説話。荀子又云：「禮樂法而不説。」只有法，更無説也。』或問：『此章與志道、據德、依仁、游藝如何？』曰：『不然。彼就德性上説，此就工夫上説，只是游藝一脚意思。』」

「『興於詩』，此三句上一字，謂成功而言也，非如『志於道』四句上一字以用功而言也。」椿。

仲蔚問〔八〇〕：「『興於詩』與『游於藝』先後不同，如何？」曰：「興、立、成，是言其成；志、據、依、游，是言其用功處。夔孫録云：「志、據、依，是用力處；興、立、成，是成效處。」但詩較感發人，故在先。禮則難執守，這須常常執守是得〔八一〕。樂則如太史公所謂『動盪血氣，流通精神』者，所以涵養前所得也。」問：「消融查滓如何？」曰：「查滓是他勉强用力，不出於自然，而不安於爲之之意，聞樂則可以融化了。然樂今却不可得而聞矣。」義剛。

「子壽言：『論語所謂「興於詩」，又云：「詩，可以興。」蓋詩者，古人所以詠歌情性。當時人一歌詠其言，便能了其義，故善心可以興起。今人須加訓詁，方理會得，又失其歌詠之律，如何一去看着便能興起善意？以今觀之，不若熟理會論語，方能興起善意也。』」大雅。

問〔八二〕：「注言『樂有五聲十二律』，云云。『以至於義精仁熟，而自和順於道德』，不知聲音節奏之末，如何便能使『義精仁熟，和順於道德』？」曰：「人以五聲十二律爲樂之末，淳録云：「不可謂樂之末。」若不是五聲十二律，如何見得這樂？便是無樂了。淳録云：「周旋揖遜，不可謂禮之末。若不是周旋揖遜，則爲無禮矣，何以見得禮？」五聲十二律，皆有自然之和氣。古樂不可見，要之聲律今亦難見。然今之歌曲，亦有所謂五聲十二律，方做得曲，亦似古樂一般。如彈琴亦然。只他底是邪，古樂是正，所以不同。」又問：「五聲十二律，作者非一人，不知如何能和順道德？」曰：「如金石絲竹，匏土革木，雖是有許多，却打成一片。清濁高下，長短小大〔八三〕，更唱迭和，皆相應，渾成一片，有自然底和氣。淳録云：「所以聽之自能義精仁熟，和順於道德。樂於歌舞，不是各自爲節奏。樂只是此一節奏，歌亦是此一節奏，舞亦是此一節奏。」不是各自爲節奏，歌者歌此而已，舞者舞此而已。所以聽之可以和順道德者，須是先有興詩、立禮工夫，然後用樂以成之。」問：「古者十有三年學樂，誦詩；二十而冠，始學禮。與這處不同，如何？」曰：「這處是大學終身之所得。如十歲學幼儀，十三學樂、誦詩，從小時皆〔八四〕學一番了，做個骨子在這裏，到後來方得他力。禮，小時所學，只是學事親事長之節，乃禮之小者。年到二十，所學乃是朝廷宗廟之禮，乃禮之大者。到『立於禮』，始得禮之力。樂，小時亦學了，到『成於樂』時，始得樂之力，不是大時方去學。詩却是初間便得力，説善説惡却易曉，可以勸，可以戒。禮只捉住在這裏，樂便難精。淳録云：「直是工夫至到，方能有成。」詩有言語可讀，禮有節文可守。樂是他人作，與我有甚相關？如人唱曲好底，凡有聞者，人人皆道好。樂雖作於彼，而聽者自然竦動感發，故能義精仁熟，而和順道德。舜命夔『典樂，教胄子。直而温，寬而栗，剛而無虐，簡而無傲』。定要教他恁地。至其教之之具，又却在於『詩言志，歌永言，聲依永，律和聲』處。五聲十二律，不可謂樂之末，猶揖遜周旋，不可謂禮之末。若不是揖遜周旋，又如何見得禮在那裏？」又問：「成於樂處，古人之學有可證者否？」曰：「不必恁地支離。這處只理會如何是『興於詩』，如何是『立於禮』，如何是『成於樂』。律呂雖有十二，用時只用七個，自黄鍾下生至姑洗，便住了。若更要插一個，便拗了。如今之作樂，亦只用七個。如邊頭寫不成字者，即是古之聲律。若更添一聲，便不成樂。」寓。〔八五〕集注。

問：「注云：『樂有五聲十二律，更唱迭和』，恐是迭爲賓主否？」曰：「書所謂『聲依永，律和聲』，蓋人聲自有高下，聖人制五聲以括之。宫聲洪濁，其次爲商，羽聲輕清，其次爲徵，清濁洪纖之中爲角，此五聲之別，以括人聲之高下。聖人又制十二律以節五聲，故五聲中又各有高下，每聲又分十二等。謂如以黄鍾爲宫，則是太簇爲商，姑洗爲角，林鍾爲徵，南宫爲羽。還至無射爲宫，便是黄鍾爲商，太簇爲角，中吕爲徵，林鍾爲羽。然而無射之律只長四寸六七分，而黄鍾長九寸，太簇長八寸，林鍾長六寸，則宫聲概下面商、角、羽三聲不過。故有所謂四清聲，夾鍾、大吕、黄鍾、大簇是也。蓋用其半數，謂如黄鍾九寸只用四寸半，餘三律亦然。如此則宫聲可以概之，其聲和矣。不然，則其聲不得其和。看來十二律皆有清聲，只説四者，意其取數之甚多者言之，餘少者尚庶幾焉。某人取其半數爲子聲，謂宫律之短，餘則用子聲。某人又破其説曰：『子聲非古有也。』然而不用子聲，則如何得其和？畢竟須着用子聲。想古人亦然，但無可考耳。而今俗樂多用夾鍾爲黄鍾之宫，蓋向上去聲愈清故也。」又云：「今之琴第六、七絃是清聲。如第一、二絃以黄鍾爲宫，大簇爲商，則第六、七絃即是黄鍾、太簇之清，蓋只用兩清聲故也。」燾。

正淳問：「謝氏謂『樂則存養其善心，使義精仁熟，自和順於道德，遺其音而專論其意』，如何？」曰：「『樂』字内自括五音六律了。若無五音六律，以何爲樂？」必大。集義。

民可使由之章

問「民可使由之」。曰：「所由雖是他自有底〔八六〕，却是聖人使之由。如『道之以德，齊之以禮』，『教以人倫：父子有親，君臣有義，夫婦有别，長幼有序，朋友有信。』豈不是『使之由』？」問「不可使知之」。曰：「不是愚黔首，是不可得而使之知也。呂氏謂『知之未至，適所以啓機心而生惑志』，説得是。」問：「此不知與『百姓日用不知』同否？」曰：「彼是自不知，此是不能使之知。」淳。

植云：「民可使之仰事俯育，而不可使之知其父子之道爲天性；可使之奔走服役，而不可使之知其君臣之義爲當然。」及諸友舉畢，先生云：「今晚五人看得都無甚走作。」植。

或問「民可使由之，不可使知之」。曰：「聖人只使得人孝足矣，使得人弟足矣，却無緣又上門逐個與他解説所以當孝者是如何，所以當弟者是如何，自是無緣得如此。頃年張子韶之論，以爲當事親，便當體認取那事親者是何物，方識所謂仁；當事兄，便當體認取那事兄者是何物，方識所謂義。某説若如此，則前面方推這心去事親，隨手又便去背後尋摸取這個仁；前面方推此心去事兄，隨手又便著一心去尋摸取這個義，是二心矣。禪家便是如此。其爲説曰：立地便要你究得，坐地便要你究得。他所以撐眉努眼，使棒使喝，都是立地便拶教你承當識認取，所以謂之禪機。若必欲使民知之，少間便有這般病。某嘗舉子韶之説以問李先生曰：『當事親，便要體認取個仁；當事兄，便要體認取個義，如此，則事親事兄却是没緊要底事，且姑借此來體認取個仁義耳。』李先生笑曰：『不易。公看得好。』」或問：「上蔡愛説個『覺』字，便是有此病了？」曰：「然。張子韶初間便是上蔡之説，只是後來又展上蔡之説，説得來放肆，無收殺耳。」或曰：「南軒初間也有以『覺』訓『仁』之病。」曰：「大概都是自上蔡處來。」又曰：「吕氏解『民可使由之，不可使知之』云：『「不可使知」，非以愚民，蓋知之不至，適以起機心而生惑志也。』此説亦自好。所謂機心，便是張子韶與禪機之説。方纔做這事，便又使此心去體認，少間便啓人機心，只是聖人説此語時却未有此意在。向姑舉之或問，不欲附集注。」或曰：「王介甫以爲，『不可使知』蓋聖人愚民之意。」曰：「申、韓、莊、老之説，便是此意，以爲聖人置這許多仁義禮樂，都是殃考人。淮南子有一段説武王問太公曰：『寡人伐紂，天下謂臣殺主，下伐上，吾恐用兵不休，爭鬭不已，爲之奈何？』太公善王之問，教之以繁文滋禮，以持天下。如爲三年之喪，令類不蓄；

厚葬久喪，以亶音丹。其家。其意大概説，使人行三年之喪，庶幾生子少，免得人多爲亂之意；厚葬久喪，可以破産，免得人富以啓亂之意。都是這般無稽之語。」僩。

「『民可使由之』一章，舊取楊氏説，亦未精審。此章之義，自與盤、誥之意不同。商盤只説遷都，周誥只言代商，此不可不與百姓説令分曉。況只是就事上説，聞者亦易曉解。若義理之精微，則如何説得他曉。」必大。

好勇疾貧章

「『好勇疾貧』，固是作亂。不仁之人，不能容之，亦必致亂。如東漢之黨錮。」泳。

如有周公之才之美章

「『周公之才之美』，此是爲有才而無德者言。但此一段曲折，自有數般意思。驕者必有吝，吝者必有驕。非只是吝於財，凡吝於事，吝於爲善，皆是。且以吝財言之。人之所以要吝者，只緣我散與人，使他人富與我一般，則無可矜誇於人，所以吝。某嘗見兩人，只是無緊要閑事，也抵死不肯説與人。只緣他要説自會，以是驕誇人，故如此。因曾親見人如此，遂曉得這『驕』、『吝』兩字，只是相匹配得在，故相靠得在」。池録作「相比配，相靠在這裏」。義剛。

「驕吝，是挾其所有，以誇其所無。挾其所有，是吝；誇其所無，是驕。而今有一樣人，會得底不肯與人説，又却將來驕人。」僩。

正卿問：「驕如何生於吝？」曰：「驕却是枝葉發露處，吝却是根本藏蓄處。且以淺近易見者言之。如説道理，這自是世上公共底物事，合當大家説出來。世上自有一般人，自恁地吝惜，不肯説與人。這意思是如何？他只怕人都識了，却没詫異，所以吝惜在此。獨有自家會，别人都不會，自家便驕得他，便欺得他。如貨財，也是公共底物事，合使便着使。若只恁地吝惜，合使不使，只怕自家無了，别人却有，無可强得人，所以吝惜在此。獨是自家有，别人無，自家便做大，便欺得他。」又云：「爲是要驕人，所以吝。」賀孫。

或問「驕吝」。曰：「驕是傲於外，吝是靳惜於中。驕者，吝之所發；吝者，驕之所藏。」祖道〔八七〕。

「某〔八八〕昨見一個人，學得些子道理，便都不肯向人説。其初只是吝，積蓄得這個物事在肚裏無奈何，只見我做大，便要凌人，只此是驕。」恪。

「聖人只是平説。云：如有周公之才美而有驕吝，也連得才美功業壞了，況無周公之才美而驕吝者乎？甚言驕吝之不可也。至於程子云『有周公之德，則自無驕吝』，與某所説驕吝相爲根本枝葉，此又是發餘意。解者先説得正意分曉，然後却説此，方得。」賀孫。

先生云：「一學者來問：『伊川云：「驕是氣盈，吝是氣歉。」歉則不盈，盈則不歉，如何却云「使驕且吝」？』試商量看。」伯豐對曰：「盈是加於人處，歉是存於己者。粗而喻之，如勇於爲非，則怯於遷善；明於責人，則暗於恕己，同是一個病根。」先生曰：「如人曉些文義，吝惜不肯與人說，便是要去驕人。非驕無所用其吝，非吝則無以爲驕。」㽦。

問〔八九〕：「驕氣盈，吝氣歉，氣之盈歉如何？」曰：「驕與吝是一般病，只隔一膜。驕是放出底吝，吝是不放出底驕。正如人病寒熱，攻注上則頭目疼，攻注下則腰腹痛。熱發出外，似驕；寒包縮在內，似吝。」因舉顯道克己詩：「試於清夜深思省，剖破藩籬即大家。」問：「當如何去此病？」曰：「此有甚法？只莫驕莫吝，便是剖破藩籬也。覺其爲非，從源頭處正。我要不行便不行，要坐便還我坐，莫非由我，更求甚方法。」寓。

集注云：「驕吝雖不同，而其勢常相因。」先生云：「孔子之意未必如此。某見近來有一種人如此，其說又有所爲也。」炎。

「驕〔九〇〕者，吝之枝葉；吝者，驕人根本。某嘗見人吝一件物，便有驕意，見得這兩字如此。」泳。

「吝者，驕之根本；驕者，吝之枝葉。是吝爲主。蓋吝其在我，則謂我有你無，便是驕人也。」燾。

讀「驕吝」一段，云：「亦是相爲先後。」時舉。

三年學章

問：「『不至於穀』，欲以『至』爲『及』字説，謂不暇及於禄，免改爲『志』，得否？」曰：「某亦只是疑作『志』，不敢必其然。蓋此處解不行，作『志』則略通。不可又就上面撰，便越不好了。」或又引程子説。曰：「説不行，不如莫解。解便不好，如解白爲黑一般。」淳。

問：「三年學而不至於穀，是無所爲而爲學否？」曰：「然。」燾。

篤信好學章

「學者須以篤信爲先。」劉子澄説。端蒙。

「篤信，故能好學；守死，故能善道。惟善道，故能守死；惟好學，故能篤信。每推夫子之言，多如此。」德明。

「惟篤信，故能好學；惟守死，故能善道。善如『善吾生，善吾死』之『善』，不壞了道也。然守死生於篤信，善道由於好學。徒篤信而不好學，則所信者或非所信；徒守死而不能推以善其道，則雖死無補。」升卿。

「篤信須是好學；但要好學，也須是篤信。善道須是守死，而今若是不能守死，臨利害又變了，則亦不能善道。但守死須是善道，若不善道，便知守死也無益。所以人貴乎有學。篤信，方能守死，好學，方能善道。」義剛。恪録云：「此兩句相關，自是四事。惟篤信，故能守死；惟好學，故能善道。」

「『危邦不入』〔九一〕，是未仕在外，則不入；『亂邦不居』，是已仕在内，見其紀綱亂，不能從吾之諫，則當去之。」淳。

「『危邦不入』，舊説謂已在官者，便無可去之義。若是小官，恐亦可去；當責任者，則不容去也。」必大。

或問：「危邦固是不可入，但或有見居其國，則當與之同患難，豈復可去？」曰：「然。到此無可去之理矣。然其失則在於不能早去。當及其方亂未危之時，去之可也。」僩。

「天下無道，譬如天之將夜，雖未甚暗，然此自只向暗去。知其後來必不可支持，故亦須見幾而作可也。」時舉。

不在其位章

馬莊甫問「不在其位，不謀其政」。曰：「此各有分限。田野之人，不得謀朝廷之政。

身在此間，只得守此。如縣尉，豈可謀他主簿事？纔不守分限，便是犯他疆界。」馬曰：「如縣尉，可與他縣中事否？」曰：「尉，佐官也。既以佐名官，有繁難，只得伴他謀，但不可侵他事權。」大雅。

師摯之始章

徐問：「『關雎之亂』，何謂樂之卒章？」曰：「自『關關雎鳩』至『鍾鼓樂之』，皆是亂。想其初必是已作樂，只無此詞，到此處便是亂。」淳。

或問：「『關雎之亂』，『亂』何以訓終？」曰：「既『奏以文』，又『亂以武』。」節。

「『亂曰』者〔九二〕，亂乃樂終之雜聲也。亂出國語、史記。」又曰：「關雎恐是亂聲，前面者恐有聲而無辭。」揚。

狂而不直章

「狂，是好高大，便要做聖賢，宜直。侗，是愚模樣，不解一事底人，宜謹願。悾悾，是拙模樣，無能爲底人，宜信。有是德則有是病，有是病必有是德。有是病而無是德，則天下之棄才也。」泳。

問：「『狂而不直』之『狂』，恐不可以進取之『狂』當之。欲目之以輕率可否？」曰：「此『狂』字固卑下，然亦有進取意思。敢爲大言，下梢却無收拾是也。」必大。

問：「侗者〔九三〕，同也；於物同然一律，無所識别之謂。悾者〔九四〕，空也；空而又空，無一長之實之謂。」先生以爲：「此亦因舊説，而以字義音訓推之，恐或然爾。此類只合大概看，不須苦推究也。」

學如不及章

「『學如不及，猶恐失之』，如今學者却恁地慢了。譬如捉賊相似，須是着起氣力精神，千方百計去趕捉他，如此猶恐不獲。今却只在此安坐熟視他，不管他，如何奈得他何！只恔時起來行得三兩步，懶時又坐，恁地如何做得事成〔九五〕。」

巍巍乎章

看「巍巍乎舜、禹之有天下」至「禹，吾無閒然」四章。先生云：「舜、禹與天下不相關，如不曾有這天下相似，都不曾把一毫來奉己。如今人纔富貴，便被他勾惹。此乃爲物所役，是自卑了。若舜、禹，直是高。首出庶物，高出萬物之表，故夫子稱其『巍巍』。」又曰：

「堯與天爲一處，民無能名。所能名者，事業禮樂法度而已。」植〔九六〕。

正卿問：「舜、禹有天下而不與，莫是物各付物，順天之道否？」曰：「據本文説，只是崇高，富貴不入其心，雖有天下而不與耳。巍巍，是至高底意思。大凡人有得些小物事，便覺累其心。今富有天下，一似不曾有相似，豈不是高？」恪。

「不與，只是不相干之義。言天下自是天下，我事自是我事，不被那天下來移着。」義剛。

正淳論：「不以位爲樂，恐不特舜、禹爲然。」曰：「不必如此説。如孟子論禹、湯一段，不成武王不執中，湯却泄邇、忘遠，此章之旨，與後章禹無間然之意同。是各舉他身上一件切底事言之。」必大。

因論「舜、禹有天下而不與」之義，曰：「此等處，且玩味本文，看他語意所重落向何處。明道説得義理甚闊，集注却説得小。然觀經文語意落處，却恐集注得之。」必大。

大哉堯之爲君章

「『惟天爲大〔九七〕，惟堯則之』，只是尊堯之詞，不必謂獨堯能如此，而他聖人不與也。」淳。

「惟堯則之」一章。曰：「雖蕩蕩無能名也，亦有巍巍之成功可見，又有煥乎之文章可覩。」謨。

「大哉堯之爲君」。炎謂：「吳才老書解説驩兜、共工輩在堯朝，堯却能容得他，舜便容他不得，可見堯之大處，舜終是不若堯之大。」曰：「吳解亦自有説得好處。舜自側微而興，以至即帝位，此三四人終是有不服底意，舜只得行遣。故曰：『四罪而天下咸服。』」炎。

舜有臣五人章

魏問：「集注云『惟唐、虞之際乃盛於此』，此恐將『舜有臣五人』一句閑了。」曰：「寧可將上一句存在這裏。若從元注説，則是『亂臣十人』，却多於前，於今爲盛。却是舜臣五人，不得如後來盛。」賀孫。

李問「至德」。曰：「『三分天下有其二』，天命人心歸之，自可見其德之盛了。然如此而猶且不取，乃見其至處。」雉。

問〔九八〕：「『三分天下有其二，以服事商』，使文王更在十三四年，將終事紂乎？抑爲武王牧野之舉乎？」曰：「看文王亦不是安坐不做事底人。如詩中言：『文王受命，有此武功。既伐于崇，作邑于豐，文王烝哉〔九九〕！』武功皆是文王做來。詩載武王武功却少，但卒其伐功耳。觀文王一時氣勢如此，度必不終竟休了。一似果實，文王待他十分黄熟，自落下來；武王却似生拍破一般。」寓。

或問以爲：「文王之時天下已三分服其化，使文王不死，數年天下必盡服，不俟武王征伐而天下自歸之矣。」曰：「自家心如何測度得聖人心！孟子曰：『取之而燕民不悅，則勿取，古之人有行之者，文王是也。』聖人已説底話尚未理會得，何況聖人未做底事，如何測度得？」後再有問者。先生乃曰：「若紂之惡極，文王未死，也只得征伐救民。」僩。

問：「文王受命是如何？」曰：「只是天下歸之。」問：「太王翦商，是有此事否？」曰：「此不可考矣。但據詩云：『至于太王，實始翦商。』左傳云：『泰伯不從，是以不嗣。』要之，周自日前積累以來，其勢日大；又當商家無道之時，天下趨周，其勢自爾。至文王三分有二，以服事殷，孔子乃稱其『至德』。若非文王，亦須取了。孔子稱『至德』只二人，皆可爲而不爲者也。周子曰：『天下，勢而已矣。勢，輕重也。』周家基業日大，其勢已重，民又日趨之，其勢愈重。此重則彼自輕，勢也。」璘。

因説文王事商，曰：「文王但是做得從容不迫，不便去伐商太猛耳。東坡説：『文王只是依本分做，諸侯自歸之。』」或問：「此有所據否？」曰：「這也見未得在。但是文王伐崇戡黎等事，又自顯然。書説『王季勤勞王家』，詩云太王『翦商』，都是他子孫自説，不成他子孫誣其父祖？春秋分明説『泰伯不從』，是不從甚底事？若泰伯居武王之世，也只是爲諸侯。但時措之宜，聖人又有不得已處。橫渠云：『商之中世，都棄了西方之地不管他，所以戎狄復進入中國，太王所以遷於岐。』然岐下也只是個荒涼之地，太王自去立個家計如此。」夔孫。

問：「文王『三分天下有其二』一段，據本意，只是說文王。或問中載胡氏說，又兼武王而言，以爲武王之間以服事商，如何？」曰：「也不消如此說。某也謾載放那裏，這個難說。而今都回互個聖人，說得忒好也不得。如東坡罵武王不是聖人，又也無禮。只是孔子便說得來平，如武『未盡善』。此等處未消理會，且存放那裏。」僩。

禹吾無間然章

范益之問：「五峰說『禹無間然矣』章，云是禹以鯀遭殛死，而不忍享天下之奉，此說如何？」曰：「聖人自是薄於奉己，而重於宗廟朝廷之事。若只恁地說，則較狹了。後來看知言，也不曾如此說。」義剛。

「黻，蔽膝也，以韋爲之。韋，熟皮也。有虞氏以革，夏后氏以山，『殷火，周龍章。』祭服謂之黻，朝服謂之韠。左氏：『帶裳韠舄。』」泳。

校勘記

〔一〕問泰伯可謂至德　朝鮮本「至德」下有：「切以爲泰伯之讓，略無遲疑，蓋其所見已定，而其心無一豪怨恨之私。若其隱微之地稍有些子不合天理，便不足爲至德。先生」，凡四十九字。

〔二〕人都不去看這一句　朝鮮本「人」上有「而今」二字。

〔三〕先生不答　朝鮮本「生」下有「自」字，「答」下有「無說」二字。

〔四〕再言　朝鮮本作「曰」字。

〔五〕問　朝鮮本作：寓問。

〔六〕公且就平平正正處看　朝鮮本「公」下有「今」字。

〔七〕壯祖　朝鮮本作：處謙。

〔八〕問泰伯事　朝鮮本此前另有一節，云：「方毅父問：『「泰伯可謂至德」一章，其間注云：「其心即夷齊之心處。」』先生云：『此語不是言其如夷齊之讓國，蓋謂其與夷齊諫伐之心同耳。』時舉。」凡五十三字。

〔九〕只是推本之辭　朝鮮本「辭」下有「未必太王真有是志」八字。

〔一〇〕明作　朝鮮本作：處謙。

〔一一〕壯祖　朝鮮本作：處謙。

〔一二〕問　朝鮮本作：寓問。

〔一三〕問　朝鮮本作：義剛問。

〔一四〕則民不偷　朝鮮本「偷」下有「這想是義」四字。

〔一五〕似仁　朝鮮本此下增「樣」字。

〔一六〕却難把做義説　朝鮮本「却」下有「説」字，「義」作「仁」。

〔一七〕問　朝鮮本作：問恭而無禮則勞云云：「寓看」。

〔一八〕横渠説如何　朝鮮本「説」下有：「謂人道知所先後則恭不勞，慎不葸，勇不亂，直不絞，民化而德厚矣。此説」凡二十八字。

〔一九〕集注　朝鮮本作「淳録同」。

〔二〇〕鄭齊卿問集注舉横渠説之意　朝鮮本「問」下有「恭而無禮則勞章」七字。

〔二一〕張子之説　朝鮮本作：「君子篤於親集注所載張子知所先後之説」，凡增十三字。

〔二二〕問　朝鮮本「問」上有「徐」字。

〔二三〕如何是近於信　朝鮮本此六字作「何謂近於實」。

〔二四〕近是其中有這信　朝鮮本「近」下有「只」字，「信」作「便」屬下讀。

〔二五〕與行處不違背　朝鮮本「行」作「實」，「不」下有「相」字。

〔二六〕寓　朝鮮本作：淳。

〔二七〕時舉　朝鮮本此下增小字：毅父問。

〔二八〕孟敬子當時寫得如此好　「寫」，萬曆本作「焉」。

〔二九〕須是熟後到自然脱落處方是　朝鮮本「熟」字重。

〔三〇〕敬之問此章　朝鮮本「敬」上有「黄」字，「此章」作「曾子有疾孟敬之問之一節」。

〔三一〕要此　朝鮮本作：要如此。

〔三二〕淳録　朝鮮本收「淳」記語録，内容少異，今附如下：林問：「『動容貌斯遠暴慢』章，若未到此，如何用工？」曰：「也只是説楊作就字。容貌顔色辭氣之間用工，更無別所。楊作法字。但上面可臨時做，下面非臨時做得，須是熟，然後能如此。初間未熟時，須是動容貌，至熟後，便自然遠暴慢；未熟時，須是正顔色，至熟後，自然近信。辭是言語，氣是聲音，出是從這裏出去，三者是切我身上事要得如此。籩豆雖是末，亦道之所在，不可不謹。然此則有司之事，我只理會身上事。」淳。楊至問同。

〔三三〕方能得如此否　朝鮮本無「得如此否」四字。

〔三四〕不得　朝鮮本作：如此説也不得。

〔三五〕非不是道乃道之末耳　朝鮮本作：非不足道之末耳。

〔三六〕龜山解此一句　萬曆本「龜」上有「楊」字。

〔三七〕先看所貴乎道者是如何這個是所貴所重者　朝鮮本「看」下有「上」字，無「所貴乎道者是如何這個是」十一字。

〔三八〕謙之　朝鮮本作：希遜。

〔三九〕輕　朝鮮本此下增「說」字。

〔四〇〕去僞　朝鮮本作：祖道、謨、人傑録並同。

〔四一〕若說這三事上更做得工夫　朝鮮本「說」作「就」。

〔四二〕模　朝鮮本作：樣。

〔四三〕注云　朝鮮本「注」上有「節問斯遠暴慢矣」七字。

〔四四〕問　朝鮮本「問」下有「君子所貴乎道者三」八字。

〔四五〕如上蔡之說而不可以效驗言矣　朝鮮本「上蔡」上有「謝」字。

〔四六〕明道動容周旋中禮正顔色則不妄出辭氣正由中出　朝鮮本作：「明道云：『動容貌』，舉一身而言，周旋中禮，暴慢斯遠；『正顔色』，則不妄，斯近信矣；『出辭氣』，正由中出，斯遠鄙倍。正身而不外求，故曰『籩豆之事，則有司存』。」凡增三十五字。

〔四七〕問　朝鮮本「問」下有「君子所貴乎道者三云云」十字。

〔四八〕竊謂　朝鮮本作：柄切謂。

〔四九〕動容貌　朝鮮本作：出辭氣。

〔五〇〕人之容貌　朝鮮本作：人之辭氣。

〔五一〕曰　朝鮮本作「先生曰」三字。

〔五二〕舉問犯而不校　朝鮮本作：時舉。

〔五三〕子善問　朝鮮本作：潘子善。

〔五四〕亞夫問　自此三字起，至本段末「南升」止，凡一百六十字，朝鮮本無，據文義，似亦不當位此。

〔五五〕或問犯而不校　朝鮮本無「或」「犯而不校」五字。

〔五六〕可以託六尺之孤　「尺」原作「凡」，據萬曆本及論語泰伯篇改。

〔五七〕云云　朝鮮本作：「注言其才輔幼君攝國政其節至於死生之際不可奪此處」二十五字。

〔五八〕不知可見得伊周事否　朝鮮本「不知」上增二十三字，云：「注言『其才輔幼君，攝國政，其節至於死生之際不可奪』，此處」。又「可」下有「以」字。

〔五九〕可當此　朝鮮本此下增「名」字。

〔六〇〕僩　朝鮮本作：恪。

〔六一〕朝鮮本末尾記録者姓名作：僩。

〔六二〕弘字只對隘字看　朝鮮本「弘」上有「先生又云」四字。

〔六三〕植　朝鮮本作：時舉録略同。

〔六四〕弘有耐意　朝鮮本「弘」上有「問集注非弘不能勝其重曰」十一字。

〔六五〕謙之　朝鮮本有兩則語録與此相似，均有異同部分，今附如下：讀「曾子曰士不可以不弘毅」二章，云：「所謂『弘』者，不但是放令公平寬大，容受得人，須是容受得許多衆理。若執著一見，便自以爲是，他説更入不得，便是滯於一隅，如何得弘。如何勝得重任耶！」時舉。

問弘毅。先生曰：「弘是要勝得重任，不止是容物，須容受得衆理，今之學者執德不弘，見得些子道理。它人説話，更入不得，如此則滯於一隅，如何得弘。須是容受軋捺得衆理，方得。」希遜。

〔六六〕朝鮮本問句作：節問：「士不可以不弘毅，如何是弘？」

〔六七〕仲蔚問弘毅　朝鮮本「仲」上有「陳」字。

〔六八〕弘不只是有度量能容物之謂　「謂」，朝鮮本作「弘」。

〔六九〕無所不備　「備」原作「借」，據朝鮮本、萬曆本改。

〔七〇〕任　朝鮮本作：重。

〔七一〕問　朝鮮本作：寓問。

〔七二〕要毅便毅　下「毅」原作「投」，據朝鮮本、萬曆本改。

〔七三〕若止有十文錢在此　「文」原作「來」，據萬曆本及上文改。

〔七四〕常要點檢　「點檢」，萬曆本作「檢點」。

〔七五〕毅者有守之意　朝鮮本作：或云剛毅。先生曰：「愚觀毅者，有守之意。」

〔七六〕道　朝鮮本作：人。

〔七七〕立於禮　「立」原作「成」，「禮」原作「樂」，據萬曆本改。朝鮮本無此三字。

〔七八〕亞夫問此章　朝鮮本作：亞夫問「興於詩，立於禮，成於樂」一章。

〔七九〕問　朝鮮本作：寓問。

〔八〇〕仲蔚問　朝鮮本「仲」上有「陳」字。

〔八一〕這須常常執守是得　「是」，萬曆本、朝鮮本均作「始」。

〔八二〕問　朝鮮本作：寓問。

〔八三〕長短小大　「小大」，萬曆本作「大小」。

〔八四〕皆　朝鮮本此下增「恁地」。

〔八五〕寓　朝鮮本語録間無小字，然末尾增一節小字：按此條陳淳録作三條，而微有詳略，今附於下云：徐問：「成于樂，樂有五聲六律，乃聲音節奏之末，何以能使『義精仁熟，和順于道德』？」曰：「五聲六律，不可謂樂之末。若不是五聲六律，則爲無樂矣。何以見得樂，猶周旋揖遜，不可謂禮之末。若不是周旋揖遜，則無爲禮矣，何以見得禮？古樂不可見，五聲六律今亦不可見。然今之歌曲，琴瑟等亦有所謂五聲六律，但今底是邪？不是古樂之正耳。」問：「五聲六律，作者非一人，何以能使義精仁熟，和順于道德？」曰：「如金石絲竹，匏土革木，雖是有許多，然清濁高下、長短大小、更唱迭和皆相應，渾成一片，有自然之和氣，所以聽之自能『義精仁熟，和順于道德』。樂於歌舞，不是各自爲節奏。樂只是此一節奏，歌亦是此一節奏，舞亦是此一節奏。」楊問：「古者『十有三年，學樂誦詩；二十而冠，始學禮』，與此不同，如何？」曰：「此是大學終身之所得。如十歲學幼儀，十三學樂、誦詩，從少時皆學一番過，做個骨子。到後來方得他力。禮，少時所學，只是學事親事長之節，禮之小者，二十所學，乃學朝廷宗廟之禮，禮之大者，到立於禮時，始得禮之力，不是那時方去學樂、詩，初間卻得力，説善説惡易曉，可以勸，可以戒。禮只是在這裏，樂便難精。直是工夫至到，方能有成。詩猶有言語可讀，禮有節文可守。樂是他人作，與我有何相關？蓋如唱曲好底，凡有聞者，人人皆道好。樂雖作於彼，而聽者自是竦動，所以能義精仁熟，和順于道德。如舜命夔典樂，『教胄子：要得直而温，寬而栗，剛而無虐，簡而無傲』，而其所以發之者，亦不過下面『詩言志，歌詠言』數事。」

〔八六〕所由雖是他自有底　「由」，原作「謂」，據朝鮮本改。

〔八七〕祖道　朝鮮本合併此則與後文「讀驕吝一段，云：『亦是相爲先後。』」一則語録，末尾記録者作：時舉。

〔八八〕某　朝鮮本段首增：正卿問：「如有周公之才之美，使驕且吝，其餘不足觀也已。」先生曰。

〔八九〕問　朝鮮本「問」上有「寓」字；下有「驕吝伊川言」五字。

〔九〇〕驕　朝鮮本段首增「驕是氣盈吝是氣歉驕吝雖有盈歉之殊然其勢常相因蓋」二十三字。

〔九一〕危邦不入　朝鮮本此節前另有一節，云：「篤信而不好學，是非不辨，其害却不小。既已好學，然後能守死以善其道。問：『如下文所言，莫是篤信之力否?』曰：『是。既信得過，危邦便不入，亂邦便不居；天下有道便不隱，天下無道便不見，決然是恁地做。』驤。」

〔九二〕亂曰者　朝鮮本無此段，另作：「『亂者，樂之卒章也，故楚辭有亂。』曰：『是也。前面須更有，但今不可考耳。』南升。」凡二十八字。

〔九三〕侗者　朝鮮本「侗」上有「曰切意」三字。

〔九四〕悾者　「悾」原作「倥」，據朝鮮本及論語泰伯篇改。

〔九五〕恁地如何做得事成　朝鮮本「成」下有小字「燾」。

〔九六〕植　「植」原刊作正文大字，據朝鮮本改爲小字注。朝鮮本「植」下又有「時舉録同」四小字。

〔九七〕惟天爲大　朝鮮本「惟」上有「陳與叔問」四字。

〔九八〕問　朝鮮本作：寓問。

〔九九〕文王烝哉　「文」原作「大」，據朝鮮本、萬曆本及詩大雅文王有聲改。

朱子語類卷第三十六

論語十八

子罕篇上

子罕言利章

行夫問「子罕言利與命與仁」。曰：「罕言者，不是不言，又不可多言，特罕言之耳。罕言利者，蓋凡做事，只循這道理做去，利自在其中矣。如『利涉大川』、『利用行師』，聖人豈不言利？但所以罕言者，正恐人求之則害義矣。罕言命者，凡吉凶禍福皆是命，若儘言命，恐人皆委之於命，而人事廢矣，所以罕言。罕言仁者，恐人輕易看了，不知切己上做工夫。然聖人若不言，則人又理會不得如何是利，如何是命，如何是仁，故不可不言。但雖不言利，而所言者無非利；雖不言命，而所言者無非命；雖不言仁，而所言者無非仁。」恪〔一〕。

問「子罕言利與命與仁」。曰：「這『利』字是個監平聲。界鏖糟底物事。若說全不要利，又不成特地去利而就害；若纔說著利，少間便使人生計較，又不成模樣。所以孔子於易，只說『利者義之和』，又曰『利物足以和義』，只說到這裏住。」又曰：「只認義和處，便是利，不去利上求利了。孟子只說個仁義，『未有仁而遺其親，未有義而後其君』。只說到個『義』字時，早是掉了那『利』字不說了。緣他是個裏外牽連底物事，纔牽着這一邊，便動那一邊，所以這字難說。『命』字亦是如此，也是個監界物事。孔子亦非不說，如云『不知命』之類。只是都不說着，便又使人都不知個限量；若只說着時，便又使人百事都放倒了不去做。只管說仁之弊，於近世胡氏父子見之。蹋着脚指頭便是仁，少間都使人不去窮其理是如何，只是口裏說個『仁』字，便有此等病出來。」僩〔二〕。

「『子罕言利與命與仁』，非不言，罕言之爾。利誰不要？才專說，便一向向利上去；命不可專恃，若專恃命，則一向胡做去；仁，學者所求，非不說，但不可常常把來口裏說。」泳。

問「子罕言利」。曰：「利最難言。利不是不好，但聖人方要言，恐人一向去趨利；方不言，不應是教人去就害，故但罕言之耳。蓋利者，義之和。義之和處便是利。老蘇嘗以爲義剛而不和，惟有利在其中故和。此不成議論。蓋義之和即是利，却不是因義之不和，而遂用些小利以和之。後來東坡解易亦用此說，更不成議論也。」時舉。

問：「『子罕言利』，孔子自不曾說及利，豈但『罕言』而已？」曰：「大易一書，所言多矣。利只是這個利。若只管說與人，未必曉得以義爲利之意，却一向只管營營貪得計較。孟子曰：『未有仁而遺其親，未有義而後其君。』這個是說利，但人不可先計其利。惟知行吾仁，非爲不遺其親而行仁；惟知行吾義，非爲不後其君而行義。」賀孫。

文振問「子罕言利與命與仁」。曰：「命只是一個命，有以理言者，有以氣言者。天之所以賦與人者，是理也；人之所以壽夭窮通者，是氣也。理精微而難言，氣數又不可盡委之而至於廢人事，故聖人罕言之也。仁之理至大，數言之，不惟使人躐等，亦使人有玩之之心。蓋舉口便說仁，人便自不把當事了。」時舉。

「命有二，『天命』之『命』固難說，只貴賤得喪委之於命，亦不可。仁在學者力行。利亦不是不好底物事，才專說利，便廢仁。」泳。

問：「子罕言仁，論語何以說仁亦多？」〔三〕曰：「聖人也不容易說與人，只說與幾個向上底。」淳〔四〕。

問：「子所罕言之命，恐只是指夫人之窮通者言之。今范、楊、尹氏皆以『盡性』、『知性』爲言，不求之過否？」曰：「命，只是窮通之命。」必大。集義。

問：「或曰：『罕言利，是何等利？』楊氏曰『一般』云云。竊謂夫子罕言者，乃『放於利而行』之『利』。若『利用出入』，乃義之所安處，却不可以爲一般。」曰：「『利用出入』之『利』，亦不可去尋討。尋討着，便是『放於利』之『利』。如言『利物足以和義』，只去利物，不言自利。」又曰：「只『元亨利貞』之『利』，亦不可計較。計較着即害義。爲義之人，只知有義而已，不知利之爲利。」必大。

或問：「龜山『都一般』之説似可疑？」〔五〕曰：「易所言『利』字，謂當做底。若『放於利而行』之『利』，夫子誠罕言。二『利』字豈可做一般！」㽦。

正淳問尹氏子罕一章。曰：「尹氏『命』字之説誤。此只是『不知命無以爲君子』之『命』〔六〕。故曰『計利則害義，言命則廢事』也。」必大。

麻冕禮也章〔七〕

「麻冕，緇布冠也，以三十升布爲之。升八十縷，則其經二千四百縷矣。八十縷，四十抄也。」泳。

「『純儉』，絲也，不如用絲之省約。」泳。

子絶四章

「『絶四』是徹上徹下。」

「這『意』字，正是計較底私意。」僩。

問：「意如何毋得？」曰：「凡事順理，則意自正。『毋意』者，主理而言。不順理，則只是自家私意。」可學。

「『必』，在事先；『固』，在事後。『固』只是滯不化。」德明。

「『必』，在事先；『固』，在事後。如做一件事不是了，即管固執道：『我做得是。』」植。

「『意』，私意之發；『必』，在事先；『固』，在事後；『我』，私意成就。四者相因如循環。」閎祖。

徐問「意、必、固、我」〔八〕。曰：「意，是要如此〔九〕。聖人只看理當爲便爲，不當爲便不爲，不曾道我要做，我不要做。只容一個我，便是意了。」問〔一〇〕：「『必』、『固』之私輕，『意』、『我』之私重否？」曰：「『意』、『必』、『固』、『我』，只一套去。『意』是初創如此，有私『意』便到那『必』處；『必』便到『固』滯不通處；『固』便到有『我』之私處。『意』是『我』之發端，『我』是『意』之成就。」又問〔一一〕：「『我』是有人己之私否？」曰：「人自是人〔一二〕，己自是己，不必把人對説。『我』只是任己私去做，便於我者則做，不便於我者則不做。只管就己上計較利害，與人何相闗〔一三〕？人多要人我合一〔一四〕，人我如何合得〔一五〕？呂銘曰〔一六〕：『立己與物，私爲町畦。』他們都説人己合一〔一七〕。克己只是克去己私，如何便説到人己爲一處？物我自有一等差，只是仁者做得在這裏了，要得人也如此，便推去及人。所以『親親而仁民，仁民而愛物』。人我只是理一〔一八〕，分自不同。」淳。寓同〔一九〕。

余國秀問「毋意」、「必」、「固」、「我」。曰：「意，是發意要如此；必，是先事而期必；固，是事過而執滯；到我，但知有我，不知有人。必之時淺，固之時長。譬如士人赴試，須要必得，到揭榜後，便已必不得了。但得則喜，喜不能得化；不得則愠，愠亦不能得化。以此知固時久也。意是始，我是終，必、固在中間，亦是〔二〇〕一節重似一節也。」又云：「『言必信，行必果。』言自合着信，行自合着果，何待安排。才有心去必他，便是不活，便不能久矣。」又云：「意是絲毫，我是成一山嶽也。」時舉。

「『意』、『必』、『固』、『我』，亦自有先後。凡起意作一事，便有必期之望。所期之事或未至，或已過，又執滯而留於心，故有有我之患。意是爲惡先鋒，我是爲惡成就。正如四德，貞是好底成就處，我是惡底成就處。」人傑。

「『意』者有『我』之端，『我』則『意』之效。先立是『意』，要如此而爲之，然後有『必』有『固』，而一向要每事皆己出也。聖人作事初無私意，或爲或不爲，不在己意，而惟理之是從，又何固、必、有我哉！」力行。

問：「意〔二一〕，私意也；我，私己也。看得來私己是個病根，有我則有意。」曰：「意是初發底意思，我則結撮成個物事矣。有我則又起意，展轉不已。此四事，一似那『元亨利貞』，但『元亨利貞』是好事，此是不好事。」廣。

吳仁父問「意」、「必」、「固」、「我」。曰：「須知四者之相生。凡人做事，必先起意，不問理之是非，必期欲事成而已。事既成，是非得失已定，又復執滯不化，是之謂固。三者只成就得一個我。及至我之根源愈大，少間三者又從這裏生出。我生意，意又生必，必又生固，又歸宿於我。正如『元、亨、利、貞』，元了亨，亨了又利，利了又貞，循環不已。」僩。

吳伯英問「意」、「必」、「固」、「我」〔二二〕。曰：「四者始於我，而終於我。人惟有我，故任私意；既任私意，百病俱生。做事未至，而有期必之心。事既過〔二三〕，則有固滯之患。凡若此者，又只是成就一個我耳。」壯祖〔二四〕。

「絶四」。先生曰：「此四者亦是相因底。始於有私意，有私意定是有期必，既期必又生固滯，却結裹做個有我出來。」炎。

「無『意』、『必』、『固』、『我』而凝然中立者，中也。」端蒙。

「『必』在事先，『固』在事後。有『意』、『必』、『固』三者，乃成一個『我』。如道是我恁地做，蓋固滯而不化，便成一個我。橫渠曰〔二五〕：『四者有一焉，則與天地不相似。』」植。

集注。

問〔二六〕：「橫渠謂『四者有一焉，則與天地不相似』，略有可疑。」曰：「人之爲事，亦有其初未必出於私意，而後來不能化去者。若曰絶私意則四者皆無，則曰『子絶一』便得，何用更言『絶四』？以此知四者又各是一病也。」時舉。

問〔二七〕：「意、必、固、我，有無次第？」曰：「意是私意始萌，既起此意，必是期要必行，固是既行之後滯而不化，我是緣此後便只知有我。此四者似有終始次序。必者，迎之於前；固者，滯之於後。此四者正與『元、亨、利、貞』四者相類。『元者，善之長〔二八〕』，『貞』是個善底成就處，『意』是造作始萌，『我』是個惡〔二九〕底成就處。」又問：「『敬則無己可克，若學之始，則須從『絶四』去，如何？」曰：「『敬是己成之敬〔三〇〕，可知無己可克。此四者，雖是始學，亦須便要絶去之。」又問「復於喜怒哀樂未發之前」。曰：「此語尹子已辯之，疑記録有差處。」又問：「『意、必、固、我既亡之後，學者所宜盡心』，如何？」曰：「此謂『學者所宜盡心』〔三一〕，於此事而學之，非謂意、必、固、我既亡之後始盡心耳。」又問：「橫渠云：『四者既亡，則以直養而無害。』」曰：「此『直』字說得重了。觀孟子所說處，說得㸶。『直』只是『自反而縮』，後人求之太深，說得來忒夾細了。」𦫵。集義。

問：「君子之學，在於意、必、固、我既亡之後，而復於喜、怒、哀、樂未發之前，如何？」曰：「不然。尹和靖一段好。意、必、固、我，是要得無。未發之前，衆人俱有，却是要發而中節，與此不相類。」又問：「若自學者而言，欲絕意、必、固、我，到聖人地位，無此四者，則復於未發之前，蓋全其天理耳。」曰：「固是如此。但發時豈不要全！」因命敬之取和靖語録來檢看。又云：「他意亦好，却說不好。」可學。

「君子之學，在意、必、固、我既亡之後，而復於喜、怒、哀、樂未發之前，何也？」曰：「意、必、固、我既亡之後盡心於學，此言是也。喜、怒、哀、樂，自有發時，有未發時，各隨處做工夫，如何强復之於未發？尹子語録中辨此甚詳。」必大。

「求之於喜、怒、哀、樂未發之前，而體之於意、必、固、我既亡之後。如此說著，便害義理。此二句不可相對說。喜、怒、哀、樂未發之前，固無可求；及其既發，亦有中節、不中節之異。發若中節者，有何不可？至如意、必、固、我，則斷不可有，二者烏得而對語哉！横渠謂『意、必、固、我，自始學至成德，竭兩端之教』者，謂夫子教人絕此四者，故皆以『毋』字爲禁止之辭。」或謂「意、必、固、我既亡之後，必有事焉」者。曰：「意、必、固、我既亡，便是天理流行，鳶飛魚躍，何必更任私意也。」謨。

問「意、必、固、我既亡之後必有事焉，所謂有事者如何？」曰：「橫渠亦有此說。若既無此，天理流出，亦須省着。」可學。

問：「意、必、固、我，伊川以『發而當者，理也；發而不當者，私意也』，此語是否？」曰：「不是如此。所謂『毋意』者，是不任己意，只看道理如何。見得道理是合當如此做，便順理做將去，自家更無些子私心，所以謂之『毋意』。若才有些安排布置底心，便是任私意。若元不見得道理，只是任自家意思做將去，便是私意。縱使發而偶然當理，也只是私意，未說到當理在。伊川之語，想是被門人錯記了，不可知。」僩。

「張子曰：『意，有思也。』未安。意却是個有爲底意思。爲此一事，故起此一意也。」必大。

「『我有方也』。方，所也，猶言有限隔也。」端蒙。

守約問：「橫渠說：『絕四之外，心可存處必有事焉，聖不可知也。』」曰：「這句難理會。舊見橫渠理窟，見他裏面說有這樣大意。說無是四者了，便當自有個所嚮，所謂『聖不可知』，只是道這意思難說。橫渠儘會做文章，如西銘及應用之文，如百椀燈詩，甚敏。到說話，却如此難曉，怕是關西人語言自是如此。」賀孫。

問：「張子曰云云。或問謂此條『語意簡奥，若不可曉』。竊以張子下數條語考之，似以『必有事焉』爲理義之精微處。其意大抵謂善不可以有心爲，雖夷清惠和，猶爲偏倚，未得謂之精義。故謂『絶四』之外，下頭有一不犯手勢自然底道理，方真是義。孟子之言，蓋謂下頭必有此道理，乃聖而不可知處。此説於孟子本意殊不合，然未審張子之説是如此否？」曰：「横渠此説，又拽退孟子數重，自説得深。古聖賢無此等議論。若如此説，將使讀者終身理會不得，其流必有弊。」必大。

「横渠之意〔三二〕，以『絶』爲禁止之詞。是言聖人將這四者使學者禁絶而勿爲。『毋』字亦是禁止之意。故曰：『自始學至成德，竭兩端之教也。』必，是事之未來處；固，是事之已過處。」道夫。

伯豐問：「張子曰：『毋意、必、固、我，然後能範圍天地之化。』」曰：「固是如此。四者未除，如何能範圍天地？但如此説話，終是稍寬耳。」㽦。

子畏於匡章

「『文不在兹乎』，言『在兹』，便是『天未喪斯文』。」淳。

「『後死者』〔三三〕，夫子自謂也。『死』字對『没』字。」泳〔三四〕。

問：「『天之將喪斯文』、『未喪斯文』，文即是道否？」曰：「既是道，安得有喪、未喪？文，亦先王之禮文。聖人於此，極是留意。蓋古之聖人既竭心思焉，將行之萬世而無弊者也，故常恐其喪失而不可考。」大雅。

「『後死者』是對上文『文王』言之〔三五〕，如曰未亡人之類，此孔子自謂也。與『天生德於予』意思一般。斯文既在孔子，孔子便做着天在。孔子此語，亦是被匡人圍得緊後方説出來。」又問：「孔子萬一不能免匡人之難時，如何？」曰：「孔子自見得了。」甾。

「『子畏於匡』一節，看來夫子平日不曾如此説，往往多謙抑，與此不同。」先生笑云：「此却是真個事急了，不覺説將出來。」炎。

敬之問：「明道：『「舍我其誰」，是有所受命之辭。「匡人其如予何」〔三六〕，是聖人自做着天裏。孟子是論世之盛衰，己之去就，故聽之於天。孔子言道之興衰，自應以己任之。』未審此〔三七〕説如何？」曰：「不消如此看。明道這説話，固是説未盡。如孔子云『天之將喪斯文』、『天之未喪斯文』，看此語也只看天如何。只是要緊不在此處，要緊是看聖賢所以出處大節。」賀孫。

問：「程子云〔三八〕：『夫子免於匡人之圍，亦苟脱也〔三九〕。』此言何謂？」曰：「謂當時或爲匡人所殺亦無十成。」某云：「夫子自言『匡人其如予何』，程子謂『知其必不能違天害己』，何故却復有此説？」曰：「理固如是，事則不可知。」必大。

問：「吕氏云：『文者，前後聖之所修，道則出乎天而已。故孔子以道之廢興付之命，以文之得喪任諸己。』」曰：「道只是有廢興，却喪不得。文如三代禮樂制度，若喪，便掃地。」𡌴。

太宰問於子貢章

先生曰：「太宰云：『夫子聖者歟？何其多能也！』是以多能爲聖也。子貢對以夫子『固天縱之將聖，又多能也』。是以多能爲聖人餘事也。子曰：『吾少也賤，故多能鄙事。君子多乎哉？不多也。』是以聖爲不在於多能也。三者之説不同，諸君且道誰説得聖人地位着？」諸生多主夫子之言。先生曰：「太宰以多能爲聖，固不是。若要形容聖人地位，則子貢之言爲盡。蓋聖主於德，固不在多能，然聖人未有不多能者。夫子以多能不可以律人，故言君子不多，尚德而不尚藝之意，其實聖人未嘗不多能也。」柄。

問：「太宰初以多能爲夫子之聖〔四〇〕，子貢所答，方正説得聖人體段，夫子聞之數語，却是謙辭，及有多能非所以率人之意。」曰：「固是子貢説得聖人本分底。聖人所説乃謙辭。」植。

『太宰知我乎』以下，煞有曲折意思。聖人不直謂太宰不足以知我，只說太宰也知我，這便見聖人待人恁地温厚。」又曰：「聖人自是多能。今若只去學多能，則只是一個雜骨董底人。所以說：『君子多乎哉？不多也。』」義剛。

問：「夫子多材多藝，何故能爾？」曰：「聖人本領大，故雖是材藝，他做得自別。只如禮，聖人動容周旋〔四二〕、俯仰升降，自是與它人不同。如射亦然。天生聖人，氣禀清明，自是與它人不同。列子嘗言聖人力能拓關，雖未可信，然要之聖人本領大後，事事做得出來自別。」銖。

問「吾不試，故藝」。曰：「想見聖人事事會，但不見用，所以人只見它小小技藝。若使其得用，便做出大功業來，不復有小小技藝之可見矣。」問：「此亦是聖人賢於堯、舜處否？」曰：「也不須如此說。聖人賢於堯、舜處，却在於收拾累代聖人之典章、禮樂、制度、義理，以垂於世，不在此等小小處。此等處，非所以論聖人之優劣也。横渠便是如此說，以爲孔子窮而在下，故做得許多事。如舜三十便徵庸了，想見舜於小事也煞有不會處。雖是如此，也如此說不得。舜少年耕稼陶漁，也事事去做來。所以人無緣及得聖人。聖人事事從手頭更歷過來，所以都曉得。而今人事事都不會。最急者是禮樂。樂固不識了，只是日用常行吉凶之禮，也都不曾講得。」僩。

問〔四二〕：「『天縱之將聖』，縱，猶肆也，言不爲限量。如何？」曰：「天放縱聖人做得恁地，不去限量它。」問：「如此，愚不肖是天限量之乎？」曰：「看氣象，亦似天限量它一般。如這道理，聖人知得盡得，愚不肖要增進一分不得，硬拘定在這裏。」寓。集注〔四三〕。「『將聖』，殆也。殆，庶幾也。如而今說『將次』。『將』字訓大處多。詩中『亦孔之將』之類，多訓『大』。詩裏多叶韻，所以要如此等字使。若論語中，只是平說。」泳。

吾有知乎哉章

問：「『吾有知乎哉』與『吾無隱乎爾』意一般否？」曰：「那個說得闊，這個主答問而言。」或曰：「那個兼動靜語嘿說了。」曰：「然。」燾。

林恭甫問此章。曰：「這『空空』是指鄙夫言。聖人不以其無所有而略之，故下句更用『我』字喚起。」義剛。

問〔四四〕：「竭兩端處，疑與『不憤不啓』一段相反。『不憤不啓』，聖人待人自理會，方啓發他。空空鄙夫，必着竭兩端告之，如何？」曰：「兩端，就一事而言，說這淺近道理，那個深遠道理也便在這裏。如舉一隅，以四角言。這桌子舉起一角，便有三角在。兩端，以兩頭言之。凡言語，便有兩端。文字不可類看，這處與那處說又別，須是看他語脈。論這主意，在『吾有知乎哉？無知也』。此聖人謙辭，言我無所知，空空鄙夫來問，我又盡情説與他。凡聖人謙辭，未有無因而發者。這上面必有説話。門人想記不全，須求這意始得。如達巷黨人稱譽聖人『博學而無所成名』，聖人乃曰：『吾執御矣。』皆是因人譽己，聖人方承之以謙。此處想必是人稱道聖人無所不知，誨人不倦，有這般意思。聖人方道是我無知識，亦不是誨人不倦，但鄙夫來，我則盡情向他説。若不如此，聖人何故自恁地謙？自今觀之，人無故説謙話，便似要人知模樣。」寓。

問〔四五〕：「伊川謂：『聖人之言必降而自卑，不如此則人不親；賢人之言必引而自高，不如此則道不尊。』此是形容聖賢氣象不同邪？抑據其地位合當如此？」曰：「聖人極其高大，人自難企及，若更不俯就，則人愈畏憚而不敢進。賢人有未熟處，人未甚信服，若不引而自高，則人也必以爲淺近不足爲。孟子，人皆以爲迂闊，把做無用。使孟子亦道我底誠迂闊無用，則何以起人慕心？所以與他爭辨，不是要人尊己，直使人知斯道之大，庶幾竦動，着力去做。孔子嘗言：『如有用我者，期月而已可也。』又言：『吾其爲東周乎！』只作平常閑説。孟子言：『如欲平治天下，當今之世，舍我其誰！』便説得廣，是勢不得不如此。」又問：「如程子説話，亦引而自高否？」曰：「不必如此又生枝節。且就此本文上看一段，須反覆看來看去，要爛熟，方見意味快樂。今人都不欲看别段始得。」淳。寓録云〔四六〕：

「程子曰：『聖人之言，必降而自卑，不如此，則人不親；賢人之言，必引而自尊，不如此，則道不高。』不審這處形容聖賢氣象不同，或據其地位合着如此耶？」曰：「地位當如此。聖人極其高大，人皆疑之，以爲非我所能及。若更不恁地俯就，則人愈畏憚而不敢進。孟子於道雖已見到至處，然做處畢竟不似聖人熟，人不能不疑其所未至。若不引而自高，則人必以爲淺近而不足爲。孟子，人皆以爲迂闊，把他無用了。若孟子也道是我底誠迂闊無用，如何使得？所以與人辯，與人爭，亦不是要人尊己，只要人知得斯道之大，庶幾使人竦動警覺。夫子常言：『如有用我者，期月而已可也。』又言：『吾其爲東周乎！』只平常如此說。孟子便道：『如欲平治天下，當今之世，舍我其誰也！』便說得恁地奢遮，其勢不得不如此。這話從來無人會如此說，非他程先生見得透，如何敢鑿空恁地說出來！」

正淳問：「執兩端與竭兩端，如何？」曰：「兩端也只一般，猶言頭尾也。執兩端，方識得一個中；竭兩端，言徹頭徹尾都盡也。」問：「只此是一言而盡這道理，如何？」曰：「有一言而盡者，有數言而盡者，如樊遲問仁，曰『愛人』，問知，曰『知人』。此雖一言而盡，推而遠之，亦無不盡。如子路正名之論，直說到『無所措手足』。如子路問政、哀公問政，皆累言而盡。但只聖人之言，上下本末，始終小大，無不兼舉。」端蒙。

鳳鳥不至章

「『鳳鳥不至』。聖人尋常多有謙詞，有時亦自諱不得。」泳。

子見齊衰者章

康叔臨問〔四七〕：「作與趨者〔四八〕，敬之貌也，何爲施之於齊衰與瞽者？」曰：「作與趨固是敬，然敬心之所由發則不同。見冕衣裳者，敬心生焉，而因用其敬；見齊衰者、瞽者，則哀矜之心動于中，而自加敬也。呂刑所謂『哀敬折獄』，正此意也。」蓋卿。震録疑聞同。

叔臨問：「『雖少必作，過之必趨』，欲以『作』字、『趨』字説做敬，不知如何？」曰：「固是敬，須是看這敬心所從發處。如見齊衰，是敬心生於哀；見瞽者，是敬心生於閔。」震。

問：「作與趨，如何見得聖人哀矜之心？」曰：「只見之過之，而變容動色，便是哀矜之，豈真涕泣而後謂之哀矜也！」燾。

顏淵喟然歎章

學者説「顏子喟然歎曰」一章。曰：「公只消理會顏子因何見得到這裏，是見個甚麽物事？」衆無應者。先生遂曰：「要緊只在『夫子循循然善誘人，博我以文，約我以禮』三句上。須看夫子『循循然善誘』底意思是如何。聖人教人，要緊只在『格物致知』、『克己復禮』。這個窮理，是開天聰明，是甚次第。」賀孫。

「夫子教顏子，只是博文、約禮兩事。自堯舜以來，便自如此說。『惟精』便是博文，『惟一』便是約禮。」義剛〔四九〕。

「『博我以文，約我以禮』，聖門教人，只此兩事。須是互相發明。約禮底工夫深，則博文底工夫愈明；博文底工夫至，則約禮底工夫愈密。」廣。

「『博我以文，約我以禮』，聖人教人，只此兩事。博文工夫固多，約禮只是這些子。如此是天理，如此是人欲。不入人欲，則是天理。禮者，天理之節文。節謂等差，文謂文采。等差不同，必有文以行之。鄉黨一篇，乃聖人動容周旋皆中禮處。與上大夫言，自然誾誾；與下大夫言，自然侃侃。若與上大夫言却侃侃，與下大夫言却誾誾，便不是。聖人在這地位，知這，則指莫不中節。今人應事，此心不熟，便解忘了。」又云：「聖賢於節文處描畫出這樣子，令人依本子去學。譬如小兒學書，其始如何便寫得好？須是一筆一畫都依他底，久久自然好去。」又云：「天理、人欲，只要認得分明。便喫一盞茶時，亦要知其孰爲天理，孰爲人欲。」人傑。

安卿問〔五〇〕：「博文是求之於外，約禮是求之於內否？」曰：「何者爲外？博文也是自內裏做出來。我本來有此道理，只是要去求。知須是致，物須是格。雖是說博，然求來求去，終歸於一理，乃所以約禮也。易所謂『尺蠖之屈，以求伸也；龍蛇之蟄，以存身也；

精義入神，以致用也；利用安身，以崇德也。』而今尺蠖蟲子屈得一寸，便能伸得一寸來許；他之屈，乃所以爲伸。龍蛇於冬若不蟄，則凍殺了；其蟄也，乃所以存身也。『精義入神』，乃所以致用也；『利用安身』，乃所以崇德也。『欲罷不能』，如人行步，左脚起了，不由得右脚不起。所謂『過此以往，未之或知也』。若是到那『窮神知化』，則須是『德之盛也』方能。顔子其初見得聖人之道尚未甚定，所以説『彌高』、『彌堅』、『在前』、『在後』。及博文、約禮工夫既到，則見得『如有所立卓爾』。但到此却用力不得了，只待他熟後，自到那田地。」義剛。

國秀問〔五二〕：「所以博文、約禮，格物、致知，是教顔子就事物上理會。『克己復禮』，却是顔子有諸己。」曰：「格那物，致吾之知，也便是會有諸己。」賀孫。

因論「博我以文」，曰：「固是要就書册上理會。然書册上所載者是許多，書册載不盡底又是多少，都要理會。」僩。

正淳問「顔淵喟然歎曰」一段。曰：「吾人未到他地位，畢竟未識説個甚麽。」再問，乃曰：「『瞻之在前，忽然在後』，是没捉摸處，是他顔子見得恁地。『如有所立卓爾』，是聖人已到，顔子未到處。」㽦。以下總論。

「顔淵喟然歎處，是顔子見得未定，只見得一個大物事後奈不何。」節。

「顏子『仰之彌高，鑽之彌堅，瞻之在前，忽然在後』，不是別有個物事，只是做來做去，只管不到聖人處。若做得緊，又太過了；若放慢做，又不及。聖人則動容周旋都是這道理。」義剛。

或問顏子鑽仰。曰：「顏子鑽、仰、前、後，只得摸索不着意思〔五二〕。及至盡力以求之，則有所謂卓然矣。見聖人氣象大概如此。然到此時，工夫細密，從前篤學力行底粗工夫，全無所用。蓋當此時只有些子未安樂〔五三〕，但須涵養將去，自然到聖人地位也。」力行。

「仰高鑽堅，瞻前忽後，此猶是見得未親切在。『如有所立卓爾』，方始親切。『雖欲從之，末由也已』，只是脚步未到，蓋不能得似聖人從容中道也。」閎祖。

「『瞻〔五四〕之在前，忽然在後』，是猶見得未定。及『所立卓爾』，則已見得定，但未到爾〔五五〕。只是天理自然底，不待安排。所以着力不得時，蓋爲安排着便不自然，便與他底不相似。這個『卓爾』，事事有在裏面，亦如『一以貫之』相似。」佐。

或問「瞻前忽後」章。曰：「此是顏子當初尋討不着時節。瞻之却似在前，及到着力趕上，又却在後；及鑽得一重了，又却有一重；及仰之，又却煞高，及至上得一層了，又有一層。到夫子教人者，又却『循循善誘』，既博之以文，又約之以禮。博之以文，是事事物物皆窮究；約之以禮，是使之復禮。却只如此教我循循然去下工夫，久而後見道體卓爾立在這裏。此已見得親切處。然『雖欲從之』，却又『末由也已』，此是顏子未達一間時，此是顏子說已當初捉摸不着時事。」祖道問：「顏子此說，亦是立一個則例與學者求道用力處，故程子以爲學者須學顏子，有可依據，孟子才大難學者也。」曰：「然。」祖道。

周元興問：「顏子當鑽、仰、瞻、忽時，果何所見？」曰：「顏子初見聖人之道廣大如此，欲向前求之，轉覺無下手處。退而求之，則見聖人所以循循然善誘之者，不過博文約禮，於是就此處竭力求之。而所見始親切的當，如有所立卓爾在前，而歎其峻絶着力不得也。」又問：「顏子合下何不便做博文約禮工夫？」曰：「顏子氣禀高明，合下見得聖人道大如此，未肯便向下學中求。及其用力之久，而後知其真不外此，故只於此處着力爾。」銖〔五六〕。

問：「顏子瞻、忽事，爲其見得如此，所以『欲罷不能』？」曰：「只爲夫子博之以文，約之以禮，所以『欲罷不能』。」問：「瞻、忽、前、後，是初見時事；仰高、鑽堅，乃其所用力處。」曰：「只是初見得些小，未能無礙，奈何他不得。夫子又只告以博文、約禮，顏子便服膺拳拳弗失。緊要是博文、約禮。」問：「顏子後來用力，見得『如有所立卓爾』，何故又曰『雖欲從之，末由也已』？」曰：「到此亦無所用力。只是博文、約禮，積久自然見得。」德明。

問：「顏子喟然歎處，莫正是未達一間之意？夫顏子無形顯之過，夫子稱其『三月不違仁』。所謂違仁，莫是有纖毫私欲發見否？」曰：「易傳中說得好，云：『既未能不勉而中，所欲不踰矩，是有過也。』瞻前、忽後，是顔子見聖人不可及，無捉摸處。『如有所立卓爾』，却是真個見得分明。」又曰：「顔子纔有不順意處，有要着力處，便是過。」人傑。

「夫子之教顔子，只是博文、約禮二事。至於『欲罷不能，既竭吾才，如有所立卓爾』處，只欠個熟。所謂『過此以往，未之或知也。窮神知化，德之盛也』。」人傑。

問「顔淵喟然歎」章。曰：「『仰』、『鑽』、『瞻』、『忽』四句，是一個關。『如有所立卓爾』處，又是一個關。不是夫子循循善誘，博文、約禮，便雖見得高、堅、前、後，亦無下手處。惟其如此，所以過得這一關。『欲罷不能』，非止是約禮一節，博文一節處亦是『欲罷不能』。博文了又約禮，約禮了又博文，恁地做去，所以『欲罷不能』。至於『如有所立』去處，見得大段親切了。那『末由也已』一節，却自着力不得。着力得處，顔子自着力了；博文、約禮，是着力得處也。」又曰：「顔子爲是先見得這個物事了，自高、堅、前、後做得那卓爾處，一節親切如一節了。如今學者元不曾識那個高、堅、前、後底是甚物事，更怎望他卓爾底！」植。

問「瞻之在前」四句。曰：「此段有兩重關。此處顔子非是都不曾見得。顔子已是到這裏了，比他人都不曾到。」問：「聖人教人先博文而後約禮，横渠先以禮教人，何也？」曰：「學禮中也有博文。如講明制度文爲，這都是文；那行處方是約禮也。」夔孫。

「『欲罷不能』，是住不得處。惟『欲罷不能』，故『竭吾才』。不惟見得顔子善學聖人，亦見聖人曲盡誘掖之道，使他喜歡，不知不覺得到氣力盡處。如人飲酒，飲得一杯好，只管飲去，不覺醉郎當了。」夔孫。

「大率看文字，且看從實處住。如『喟然歎』一章，且看到那『欲罷不能』處。如後面，只自家工夫到那田地自見得，都不必如此去贊詠想象籠罩。」燾。

問：「『如有所立卓爾』，只是說夫子之道高明如此，或是似有一物卓然可見之意否？」曰：「亦須有個模樣。」問：「此是聖人不思不勉、從容自中之地。顏子鑽、仰、瞻、忽，既竭其才，歎不能到。」曰：「顏子鑽、仰、瞻、忽，初是捉摸不着。夫子不就此啓發顏子，只博之以文，約之以禮，令有用功處。顏子做這工夫漸見得分曉，至於『欲罷不能』，已是住不得。及夫『既竭吾才』，如此精專，方見得夫子動容周旋無不中處，皆是天理之流行，卓然如此分曉。到這裏，只有個生熟了。顏子些小未能渾化如夫子，故曰『雖欲從之，末由也已』。」德明。

問：「『如有所立卓爾』，是聖人不思不勉，從容自中處。顏子必思而後得，勉而後中，所以未至其地。」曰：「顏子竭才，便過之。」問：「如何過？」曰：「才是思勉，便過；不思勉，又不及。顏子勉而後中，便有些小不肯底意。心知其不可，故勉强擺回。此等意義，懸空逆料不得，須是親到那地位方自知。」問：「集注解『瞻之在前，忽然在後』，作『無方體』。」

曰：「大概亦是如此。」德明。

恭父問：「顏子平日深潛沉粹，只於喟然之歎見得他煞苦切處。楊子云『顏苦孔之卓』，恐也是如此。到這裏，見得聖人直是峻極，要進這一步不得，便覺有懇切處。」曰：「顏子到這裏，也不是大段着力，只他自覺得要着力，自無所容其力。」賀孫。恪録云：「恭父問：『顏子平日深潛純粹，到此似覺有苦心極力之象。只緣他工夫到後，視聖人地位卓然只在目前，只這一步峻絶，直是難進。故其一時勇猛奮發，不得不如此。觀楊子雲言「顏苦孔之卓」，似乎下得個「苦」字亦甚親切。但顏子只這一時勇猛如此，却不見迫切，到「末由也已」，亦只得放下。』曰：『看他別自有一個道理。然兹苦也，兹其所以爲樂也。』」

「程子曰：『到此地位工夫尤難，直是峻絶，又大段着力不得。』所以着力不得，緣聖人『不勉而中，不思而得』了。賢者若着力要不勉不思，便是思勉了，此所以説『大段着力不得』。今日勉之，明日勉之，勉而至於不勉；今日思之，明日思之，思而至於不思。自生而至熟，正如寫字一般。會寫底固是會，不會寫底須學他寫，今日寫，明日寫，自生而至熟，自然寫得。」泳。集注。

問：「程子〔五七〕曰『到此地位』，至『着力不得』，何謂也？」曰：「未到這處，須是用力，到這處，自要用力不得。如孔子『六十而耳順，七十而從心〔五八〕』，這處如何用力得〔五九〕？

只熟了，自然恁地去。橫渠曰〔六〇〕：『大可爲也，化不可爲也，在熟之而已〔六一〕。』『過此以往〔六二〕，未之或知也。窮神知化，德之盛也』。」淳。寓録同。〔六三〕洽録云：「到這裏直待他自熟，且如熟，還可着力否？」

問：「『顏淵喟然歎』一段〔六四〕，『高』、『堅』、『前』、『後』，可形容否？」曰：「只是説難學，要學聖人之道，都摸索不着。要如此學不得，要如彼學又不得。方取他前，又見在後。這處皆是譬喻如此，其初恁地難。到『循循善誘』，方略有個近傍處。」吳氏以爲卓爾亦不出乎日用行事之間，問：「如何見得？」曰：「是他見得恁地定，見得聖人定體規模。此處除是顏子方見得。」問：「程子言『到此大段着力不得』，胡氏又曰『不怠所從，必欲至乎卓立之地』。何也？」曰：「『末由也已』，不是到此便休了不用力。但工夫用得細，不似初間用許多粗氣力，如博學、審問、謹思、明辯、篤行之類。這處也只是循循地養將去。顏子與聖人大抵爭些子，只有些子不自在。聖人便『不勉而中，不思而得』，這處如何大段着力得？才着力，又成思勉去也。只恁地養熟了，便忽然落在那窠窟裏。明道謂：『賢毋謂我不用力，我更着力。』淳録云：「明道謂：『賢看顥如此，顥煞用工夫。』」人見明道是從容，然明道却自有着力處。但細膩了，人見不得。」寓。

正淳問集注「顏子喟然而歎」一章，不用程子而用張子之説。曰：「此章經文自有次第。若不如張子說，須移『如有所立卓爾』向前始得。」必大。

蜚卿問：「博約之說，程子或以爲知要，或以爲約束。如何？」曰：「『博我以文，約我以禮』，與『博學以文，約之以禮』一般。但『博學於文，約之以禮』，孔子是汎言。人能博文而又能約禮，可以弗畔夫道。而顏子則更深於此耳。侯氏謂博文是『致知格物』，約禮是『克己復禮』，極分曉。而程子却作兩樣說，便是某有時曉他老先生說話不得。孟子曰：『博學而詳說之，將以反說約也。』這却是知要。蓋天下之理，都理會透到無可理會處，便約。蓋博而詳，所以方能說到要約處。約與要同。」道夫曰：「漢書『要求』字讀如『約束』。」曰：「然。」頃之，復曰：「『知崇禮卑』，聖人這四個字，如何說到那地位？」道夫曰：「知崇便是博，禮卑便是約否？」曰：「博然後崇，卑然後約。物理窮盡，卓然於事物之表，眼前都攔自家不住，如此則所謂崇。戒謹恐懼，一舉一動，一言一行，無不着力，如此則是卑。」問「卑法地」。曰：「只是極其卑爾。」又問：「知崇如天，禮卑如地，而後人之理行乎？」曰：「知禮成性，而天理行乎其間矣。」道夫。集義。

問：「橫渠說顏子三段〔六五〕，却似說顏子未到中處。」曰：「可知是未到從容中道。如『瞻之在前，忽焉在後』，便是橫渠指此做未能及中。蓋到這裏，又著力不得。才緊着便過了，稍自放慢便遠了。到此不爭分毫間，只是做得到了，却只涵養。『既竭吾才，如有所立卓爾』，便是未到『不思而得』處；『雖欲從之，末由也已』，便是未到『不勉而中』處。」㽦。

問橫渠説顔子發歎處。曰：「『高明不可窮』是説『仰之彌高』，『博厚不可極』是説『鑽之彌堅』，『中道不可識』則『瞻之在前，忽焉在後』。至其『欲罷不能，既竭吾才』，則方見『如有所立卓爾』。謂之『如』，則是於聖人中道所爭不多。才着力些便過，才放慢些便不及，直是不容着力。」人傑。

「所謂『瞻之在前〔六六〕，忽然在後』，這只是個『中庸不可能』。蓋聖人之道，是個恰好底道理，所以不可及。自家纔着意要去做，不知不覺又蹉過了。且如『恭而安』，這〔六七〕是聖人不可及處。到得自家纔着意去學時，便恭而不安了，此其所以不可能。只是難得到恰好處，不着意又失了，纔着意又過了，所以難。横渠曰：『高明不可窮，博厚不可極，則中道不可識，蓋顔子之歎也。』雖説得拘，然亦自説得好。」或曰：「伊川過不及之説，亦是此意否？」曰：「然。蓋方見聖人之道在前，自家要去趕着他，不知不覺地蹉過了，那聖人之道又却在自家後了。所謂『忽然在後』，也只是個『中庸不可能』。『夫子循循然善誘人』，非特以博文約禮分先後次序，博文中亦自有次序，約禮中亦自有次序，有個先後淺深。『欲罷不能』，便只是就這博文約禮中做工夫。合下做時，便是下這十分工夫去做。到得這歎時，便是『欲罷不能』之效。衆人與此異者，只是爭這個『欲罷不能』。做來做去，不知不覺地又住了。顏子則雖欲罷，而自有所不能，不是勉强如此，此其所以異於人也。」又曰：「顏子工夫到此，已是七八分了。到得此，是滔滔地做將去，所以『欲罷不能』。如人過得個關了，便平地行將去。」僩。

伯豐問：「顏子求『龍德正中』，而未見是『庸言之信，庸行之謹，閑邪存其誠』，聖人從容中道地位否？」曰：「然。」又問：「『極其大而後中可求』，如何？」曰：「此言『執其兩端，用其中於民』，正如程子室中、廳中、國中之説，不極其大，則不得其中也。」又問：「『止其中而後大可有』，如何？」曰：「在中間，便盡得四邊。若偏向這一邊，即照管那一邊不得。張子此語甚好。若云『未見其止』，却使得不是。『未見其止』，只是不息，非『得其所止』之『止』。」𥲤。

子疾病章

問：「『久矣哉，由之行詐』，是不特指那一事言也。」曰：「是指從來而言。」問：「人苟知未至，意未誠，則此等意慮時復發露而不自覺？」曰：「然。」廣。

問〔六八〕：「『由之行詐』，如何？」曰：「是子路要尊聖人，耻於無臣而爲之，一時不能循道理，子路本心亦不知其爲詐。然而子路尋常亦是有不明處，知死孔悝之難，是至死有見不到。只有一毫不誠，便是詐也。」饒本作「子路平日强其所不知以爲知，故不以出公爲非。」畚。

問「子路使門人爲臣」一章。曰：「世間有一種事，分明是不好，人也皆知其不好。謂如子路使門人爲臣，此等事未有不好，亦未爲欺天。但子路見不透，却把做好事去做了，不知其實却不是了。」燾。

子貢曰有美玉章

「子貢只是如此設問，若曰『此物色是只藏之，惟復將出用之』耳，亦未可議其言之是非也。」必大。

子欲居九夷章

問：「『子欲居九夷』，使聖人居之，真有可變之理否？」曰：「然。」或問：「九夷，前輩或以箕子爲證，謂朝鮮之類，是否？」曰：「此亦未見得。古者中國亦有夷狄，如魯有淮夷，周有伊雒之戎是也。」又問：「此章與『乘桴浮海』，莫是戲言否？」曰：「只是見道不行，偶然發此歎，非戲言也。」因言：「後世只管說當時人君不能用聖人，不知亦用不得。每國有世臣把住了，如何容外人來做？如魯有三桓〔六九〕，齊有田氏，晉有六卿，比比皆然，如何容聖人插手？」雉。

出則事公卿章

「『喪事不敢不勉，不爲酒困。』此等處，聖人必有爲而言。」燾。

問「不爲酒困，何有於我哉」。曰：「語有兩處如此說，皆不可曉。尋常有三般說話：一以爲上數事我皆無有，一說謂此數事外我皆復何有，一說云於我何有。然皆未安，某今闕之。」去僞。集注今有定說〔七〇〕。

正淳問〔七一〕：「『出則事公卿』一段，及范氏以『燕而不亂』爲『不爲酒困』，如何？」曰：「此說本卑，非有甚高之行，然工夫却愈精密，道理却愈無窮。故曰『知崇禮卑』，又曰『崇德廣業』。蓋德知雖高，然踐履却只是卑則愈廣。」又曰：「德言盛，禮言恭，謙也者，致恭以存其位者也。此章之義，似說得極低，然其實則說得極重。范氏似以『不爲酒困』爲不足道，故以燕飲不亂當之，過於深矣。」必大。

子在川上章

問「逝者如斯」。曰〔七二〕：「逝只訓往，『斯』字方指川流處〔七三〕。」植。

或問「子在川上曰：『逝者如斯夫，不舍晝夜。』」曰：「古説是見川流，因歎。大抵過去底物不息，猶天運流行不息，如此亦警學者要當如此不息。蓋聖人之心『純亦不已』，所以能見之。」去僞〔七四〕。

問：「注云〔七五〕：『天地之化，往者過，來者續，無一息之停，乃道體之本然也。其可指而易見者，莫如川流，故於此發以示人。』其反而求之身心，固生生而不息，氣亦流通而不息。二者皆得之於天，與天地爲一體者也。然人之不能不息者有二：一是不知後行不得，二是役於欲後行不得。人須是下窮理工夫，使無一理之不明；下克己工夫，使無一私之或作。然此兩段工夫皆歸在敬上，故明道云：『其要只在謹獨。』」曰：「固是。若不謹獨，便去隱微處間斷了。能謹獨，然後無間斷。若或作或輟，如何得與天地相似？」廣。士毅録云：「此只要常常相續，不間斷了。」集注。

或問：「『天〔七六〕地之化，往者過，來者續，此道體之本然也。』如何？」曰：「程子言之矣。『天運而不已，日往則月來』云云，『皆與道爲體』。『與道爲體』，此句極好。某嘗記得舊作觀瀾記兩句云：『觀湍流之不息，悟有本之無窮。』」人傑。祖道録別出。

或問「子在川上」。曰：「此是形容道體。伊川所謂『與道爲體』，此一句最妙。某嘗爲人作觀瀾詞，其中有兩句云：『觀川流之不息兮，悟有本之無窮。』」又問：「明道曰：『其要只在謹獨。』如何？」曰：「能謹獨則無間斷，而其理不窮。若不謹獨，便有欲來參入裏面，便間斷了也，如何却會如川流底意。」又問：「明道云：『自漢以來，諸儒皆不識此。』如何？」曰：「是他不識，如何却要道他識此事？除了孔、孟，猶是佛、老見得些形象。譬如畫人一般，佛、老畫得些模樣。後來儒者於此全無相着，如何教他兩個不做大？」祖道曰：「只爲佛、老從心上起工夫，其學雖不是，然却有本。儒者只從言語文字上做，有知此事是合理會者，亦只做一場話説過了，所以輸與他。」曰：「彼所謂心上工夫本不是，然却勝似儒者多。公此説却是。」祖道。

問：「注〔七七〕云：『此道體之本然也。』後又曰：『皆與道爲體。』向見先生説：『道無形體，却是這物事盛，載那道出來，故可見。「與道爲體」，言與之爲體也。這「體」字較粗。』如此，則與本然之體微不同。」曰：「也便在裏面。只是前面『體』字説得來較闊，連本末精粗都包在裏面；後面『與道爲體』之『體』，又説出那道之親切底骨子。恐人説物自物，道自道，所以指物以見道。其實這許多物事湊合來，便都是道之體。道之體，便在這許多物事上，只是水上較親切易見。」僩。

公晦問〔七八〕：「『子在川上』注『體』字是『體用』之『體』否？」曰：「只是這個『體道』之『體』，只是道之骨子。」節。

問：「如何是『與道爲體』〔七九〕？」曰：「與那道爲形體。這『體』字却粗，只是形體。」問：「猶云『性者，道之形體』否？」曰：「然。」僩。

問：「注云：『此道體也。』下面云：『是皆與道爲體。』『與』字其義如何？」曰：「此等處要緊。『與道爲體』，是與那道爲體。道不可見，因從那上流出來。若無許多物事，又如何見得道？便是許多物事與那道爲體。水之流而不息，最易見者。如水之流而不息，便見得道體之自然。此等處，閑峙好玩味。」炎。

「『與道爲體』，此四字甚精。蓋物生水流，非道之體，乃與道爲體也。」學蒙。

先生舉程子「與道爲體」之語示過，言：「道無形體可見。只看日往月來，寒往暑來，水流不息，物生不窮，顯顯者乃是『與道爲體』。」過。

問〔八〇〕：「伊川曰『此道體也，天運而不已』，至『皆與道爲體』，如何？」曰：「形而上者謂之道，形而下者謂之器，道本無體。此四者，非道之體也，但因此則可以見道之體耳。那『無聲無臭』便是道。但尋從那『無聲無臭』處去，如何見得道？因有此四者，方見得那『無聲無臭』底，所以說『與道爲體』。」劉用之曰：「如炭與火相似。」曰：「也略是如此。」義剛。

徐問：「程子曰『日往則月來』，至『皆與道爲體』，何謂也？」曰：「日月寒暑等不是道。寓録云：「日往月來，寒往暑來，水流不息，物生不窮未是道。」然無這道，便也無這個了。惟有這道，方始有這個。既有這個，則就上面便可見得道。這個是與道做骨子。」問：「張思叔說：『此便是無窮。』伊川曰：『一個無窮，如何便了得。』何也？」曰：「固是無窮，然須看因甚恁地無窮。須見得所以無窮處，始得。若說天只是高，地只是厚，便也無說了。須看所以如此者是如何。」淳。寓同。

周元興問「與道爲體」。曰：「天地日月，陰陽寒暑，皆『與道爲體』。」又問：「此『體』字如何？」曰：「是體質。道之本然之體不可見，觀此則可見無體之體，如陰陽五行爲太極之體。」又問：「太極是體，二五是用？」曰：「此是無體之體。」叔重曰：「如『其體則謂之易』否？」曰：「然。」又問「有天德便可語王道」。曰：「有天德，則便是天理，便做得王道；無天德，則做王道不成。」又曰：「無天德，則是私意，是計較。後人多無天德，所以做王道不成。」節。

「伊川說：『水流而不息，物生而不窮，皆與道爲體。』這個『體』字，似那形體相似。道是虛底道理，因這個物事上面方看見。如曆家說二十八宿爲天之體，天高遠，又更運轉不齊，不記這幾個經星，如何見得他？『經禮三百，曲禮三千』，無一事之非仁。經禮、曲禮，便是與仁爲體。」高。

至之問〔八一〕：「『逝者如斯夫，不舍晝夜』便是『純亦不已』意思否？」曰：「固是。然此句在吾輩作如何使？」楊曰：「學者當體之以自強不息。」曰：「只是要得莫間斷。程子謂：『此天德也。有天德，便可語王道，其要只在謹獨。』謹獨與這裏何相關？只少有不謹，便斷了。」寓。

又曰：「天理流行之妙，若少有私欲以間之〔八二〕，便如水被些障塞，不得恁滔滔地流去。」問：「程子謂『自漢以來，儒者皆不識此義』。」曰：「是不曾識得。佛氏却略曾窺得上面些個影子。」儒用〔八三〕。

問註中「有天德而後可以語王道」。先生云：「只是無些子私意。」「『子在川上』一段注：『此道體之本然也。欲學者時時省察，而無毫髮之間斷。』才不省察便間斷，此所以『其要只在謹獨』。人多於獨處間斷。」泳。

因說此章，問曰：「今不知吾之心與天地之化是兩個物事，是一個物事？公且思量。」良久乃曰：「今諸公讀書，只是去理會得文義，更不去理會得意。聖人言語，只是發明這個道理。這個道理，吾身也在裏面，萬物亦在裏面，天地亦在裏面。通同只是一個物事，無障蔽，無遮礙。吾之心，即天地之心，聖人即川之流，便見得也是此理，無往而非極致。但天命至正，人心便邪；天命至公，人心便私；天命至大，人心便小，所以與天地不相似。而今講學，便要去得與天地不相似處，要與天地相似。」又曰：「虛空中都是這個道理，聖人便隨事物上切出來。」又曰：「如今識得個大原了，便見得事事物物都從本根上發出來。如一個大樹，有個根株，便有許多芽蘖枝葉，牽一個，別千百個皆動。」夔孫。

因說「子在川上」章，問：「明道曰：『天地設位，而易行乎其中，只是敬也。敬則無間斷。』也是這意思？」曰：「固是天地與聖人一般，但明道說得寬。」夔孫。

問：「『見大水，必觀焉』，是何意？」曰：「只川上之歎，恐是夫子本語。孟、荀之言，或是傳聞之訛。」必大。

吾未見好德如好色章

至之〔八四〕問：「『好德如好色』，此即大學『如好好色』之意，要得誠如此。然集注載衛靈公事，與此意不相應，何也？」曰：「書不是恁地讀。除了靈公事，便有何發明？存靈公事在那上，便有何相礙？此皆沒緊要。聖人當初只是恁地歎未見好德如那好色者。自家當虛心去看，又要反求思量，自己如何便是好德，如何便是好色，方有益。若只管去校量他，與聖人意思愈見差錯。聖人言語，自家當如奴僕，只去隨他，教住便住，教去便去。今却如與做師友一般，只去與他校，如何得？大學之說，自是大學之意；論語之說，自是論語之意。論語只是說過去，尾重則首輕，這一頭低，那一頭昂。大學只將兩句平頭說去，說得尤力。如何要合兩處意來做一說得。」淳。蜀録作「林一之問」，文少異。

叔重問〔八五〕：「何謂招摇？」曰：「如翺翔。」節。

語之而不惰章

讀「語之而不惰」，曰：「惟於行上見得他不惰。」時舉。

陳仲亨問：「『語之而不惰』，於甚處見得？」曰：「如『得一善，則拳拳服膺而不失之矣』、『欲罷不能』，皆是其不惰處。」義剛。

問：「如何〔八六〕是不惰處？」曰：「顔子聽得夫子説話，自然住不得。若他人聽過了，半疑半信，若存若亡，安得不惰！」雉。

問「語之不惰」。曰：「看來『不惰』，只是不説没緊要底話。蓋是那時，也没心性説得没緊要底話了。」燾。

子謂顔淵章

問「未見其止」。曰：「如横渠之説，以爲止是止於中，亦説得，但死而不活。蓋只是顔子未到那極處〔八七〕，未到那成就結果處。蓋顔子一個規模許多大，若到那收因結果，必有大段可觀者也。」燾。

苗而不秀章

徐問：「『苗而不秀』、『秀而不實』，何所喻？」曰：「皆是勉人進學如此。這個道理難當，只管恁地勉强去。『苗而不秀』、『秀而不實』，大概只説物有生而不到長養處，有長養而不到成就處。」淳。

「苗須是秀，秀須是實，方成。不然，何所用？學不至實，亦何所用？」

後生可畏章

問：「『後生可畏』，是方進者也；『四十、五十而無聞』，是中道而止者也。」曰：「然。」燾。

校勘記

〔一〕恪　朝鮮本作：個。

〔二〕個　朝鮮本作：恪。

〔三〕子罕言仁論語何以説仁亦多　朝鮮本作：「論語説仁亦多，所以罕言者，其所説止如此否？」

凡十八字。

〔四〕淳　朝鮮本作：寓、淳録同。

〔五〕或問龜山都一般之説似可疑　朝鮮本作：「或問龜山：『子罕言利，是如何利？』曰：『都一般。如「利用出入」之利皆是。』此説似可疑。」凡三十字。

〔六〕尹氏命字之説誤此只是不知命無以爲君子之命　朝鮮本作：命只是窮通之命，如「不知命無以爲君子」之命。

〔七〕麻冕禮也章　朝鮮本此章前有「達巷黨人章」，章下文云：「『吾執御』只是謙詞。」德明。

〔八〕徐問意必固我　朝鮮本作：問「意是有所爲而爲否？」

〔九〕意是要如此　朝鮮本作：意是我要去主張那事要恁地。

〔一〇〕問　原作「曰」，據朝鮮本改。

〔一一〕又問　原作「曰」，據朝鮮本改。

〔一二〕人自是人　朝鮮本「人自」上有「不必説人己」五字。

〔一三〕與人何相聞　「聞」，朝鮮本作「闗」。

〔一四〕人多要人我合一　朝鮮本「要」下有「將」字。

〔一五〕人我如何合得　「得」，朝鮮本作「一」。

〔一六〕吕銘曰　朝鮮本作：吕與叔説。

〔一七〕他門都說人己合一　朝鮮本作「他們都將人己合說」。
〔一八〕人我只是理一　朝鮮本作「人我只一理」。
〔一九〕淳寓同　朝鮮本作：寓、陳淳録同。
〔二〇〕是　朝鮮本作：似。
〔二一〕意　朝鮮本「意」上有「毋意毋必毋固毋我」八字。
〔二二〕我　朝鮮本此下增「四者之異」。
〔二三〕事既過　萬曆本「既」下有「有」字。
〔二四〕壯祖　朝鮮本作：處謙。
〔二五〕横渠曰　朝鮮本作「又曰横渠先生曰」七字。
〔二六〕問　朝鮮本「問」下有「子絶四一章」五字。
〔二七〕問　朝鮮本作：謙問。
〔二八〕元者善之長　「長」原作「良」，據朝鮮本、萬曆本及周易乾文言改。
〔二九〕惡　朝鮮本作：無狀。
〔三〇〕敬是己成之敬　「己成」，萬曆本作「成己」。
〔三一〕此謂學者所宜盡心　「此」，萬曆本作「所」。
〔三二〕横渠之意　朝鮮本「横」上有「仲尼絶四」四字。
〔三三〕後死者　朝鮮本「後」上有「後死者不得與於斯文」九字。

〔三四〕泳　朝鮮本「泳」上有「文王既没」四小字。

〔三五〕後死者是對上文文王言之　朝鮮本「後」上有「後死者不得與於斯文」九字。

〔三六〕匡人其如予何　「匡」原作「康」，蓋宋人避「匡」字諱也，今改回。下同。

〔三七〕此　朝鮮本作：程。

〔三八〕程子云　朝鮮本作：明道云。

〔三九〕亦苟脱也　「脱」，朝鮮本作「免」。

〔四〇〕太宰初以多能爲夫子之聖　朝鮮本「太」上有「太宰問於子貢夫子聖者歟一章」十三字。

〔四一〕只如禮聖人動容周旋　朝鮮本作：只且如禮，則聖人動容周旋。

〔四二〕問　朝鮮本作：寓問。

〔四三〕集注　朝鮮本作：淳録同。

〔四四〕問　朝鮮本作：寓問。

〔四五〕問　此字原爲空格，據朝鮮本、萬曆本補。

〔四六〕寓録云　朝鮮本作：寓同而少異，今附於下，云。

〔四七〕康叔臨問　「康」，朝鮮本作「唐」。

〔四八〕作與趨者　朝鮮本「作」上有「子見齊衰者冕衣裳者與瞽者見之雖少必作過之必趨」二十二字。

〔四九〕義剛　朝鮮本作：寓。

〔五〇〕安卿問　朝鮮本「安」上有「陳」字。

〔五一〕國秀問　朝鮮本「國」上有「余」字。

〔五二〕只得摸索不着意思　「得」，朝鮮本作「是」。

〔五三〕未安樂　朝鮮本此下增「在」字。

〔五四〕瞻　朝鮮本段首增：顔子。

〔五五〕但未到爾　朝鮮本止此，且末尾小字作：從周。壽仁録同。

〔五六〕銖　朝鮮本此下有「潘録同」三字。

〔五七〕朝鮮本「程子」上增「集注引」三字。

〔五八〕七十而從心　朝鮮本「心」下有「所欲不踰矩」五字。

〔五九〕這處如何用力得　朝鮮本此句作「如這耳順處如何用力」。

〔六〇〕横渠曰　朝鮮本作「因舉横渠」四字。

〔六一〕在熟之而已　朝鮮本此五字位于前文「自然恁地去」下。

〔六二〕過此以往　朝鮮本「過」上有「又曰」二字。

〔六三〕淳寓録同　朝鮮本僅作：寓。

〔六四〕問顔淵喟然歎一段　朝鮮本此節前尚有兩節，其一爲：「問：『李先生謂顔子聖人體段已具，「體段」二字，莫是言個模樣否？』曰：『然。』又問：『惟其具聖人模樣了，故能聞聖人之言默識心融否？』曰：『顏子去聖人不爭多，止隔一膜，所謂「於吾言，無所不説」。其所以不及聖人者，只是須待聖人之言觸其機，乃能通曉耳。』又問：『所以如此者，莫只是渣滓化未盡否？』曰：『聖人所至處，顏子都見得，只是未到仰彌高，鑽彌堅，瞻在前，忽在後。這便是顏子不及聖人處，這便見它未達一間處。且如於道理上，纔着緊，又蹉過；纔放緩，又不及。又如聖人平日只是理會一個大經大法。可仕而仕，學它仕時又却有時而止；可止而止，學它止時又却有時而仕。無可無不可，學他不可又却有時而可；學他可又却有時而不可。終不似聖人事事做到自然恰好處。』又問：『程子説「孟子雖未敢便道他是聖人，然學已到聖處」，莫便是指此事而言否？』曰：『顏子去聖人尤近。』或云：『某於「克己復禮」、「動容貌」兩章却理會得，若是仰高、鑽堅、瞻前、忽後，終是未透。』曰：『此兩章止説得一邊，是約禮底事，到顏子便説出兩脚來。聖人之教，學者之學，不越博文、約禮兩事耳。博文是道問學之事，於天下事物之理皆欲知之；約禮是尊德性底事，於吾心固有之理無一息之不存。今見於論語者，雖只有「問仁」、「問爲邦」兩章，然觀夫子之言有曰「吾與回言終日」，想見凡天下之事，無不講究。來自視聽言動之際，人倫日用，當然之理。以至夏之時、商之輅、周之冕、舜之樂，歷代之典章文物，一一都理會得了，故於此舉其大綱以語之，而顏子便能領略得去。若元不曾講究，則於此必有疑問矣。善聖人循循善誘，人才躐到那有滋味處，自然住不得。故曰：「欲罷不能，既竭吾才，如有所立卓爾。」是聖人之大本立於此，以酬酢萬變處。顏子亦見得此甚分明，只是未能得到此耳。又却趲逼他不得，他亦大段用力不得。易曰：「精義入神，以致用也。利用安身，以崇德也。過此以往，未之或知也。窮神知化，德之盛也。」只是這一個德，非於崇德之外別有個「德之盛也」。做來做去，做到徹處便是。』廣。」凡六百七十四字。其二凡二百二十四字，即語録注中所云淳録之文，文意大致相同，茲略。

〔六五〕横渠説顏子三段　「段」原作「改」，據朝鮮本、萬曆本改。

〔六六〕所謂瞻之在前　朝鮮本此節前另有一節，云：「或問『仰之彌高，鑽之彌堅，瞻之在前，忽然在後』。先生舉横渠語云：『「高明不可窮，博厚不可極，則中道不可識」，蓋顏子之歎也。』蓋卿。」凡四十九字。

〔六七〕這　朝鮮本此下增「固」字。

〔六八〕問　朝鮮本作：畓問。

〔六九〕魯有三桓　「三」原作「二」，據朝鮮本、萬曆本改。

〔七〇〕去僞集注今有定説　此八字，朝鮮本作：祖道、謨録同。

〔七一〕正淳問　此下一節文字，朝鮮本作：「此章之義看來似説得極低，然其實則説得極重。雖非有甚高之行，然工夫却愈精密，道理却愈無窮。故曰『知崇禮卑』。范氏云：『「不爲酒困」者，燕而不亂也。』其意似以『不爲酒困』爲不足道，故以燕飲不亂當之，過於深矣。必大。」文意出入頗大。

〔七二〕曰　朝鮮本作「夫」，連上讀。

〔七三〕斯字方指川流處　朝鮮本無「處」字，「流」下有「曰是」二字。

〔七四〕去僞　朝鮮本作：祖道、謨録同。

〔七五〕問注云　朝鮮本作「問子在川上曰逝者如斯夫不捨晝夜先生解曰」一十九字。

〔七六〕天　朝鮮本「天」上增「逝者如斯夫不捨晝夜集注云」十二字。

〔七七〕注　朝鮮本「注」上增「子在川上之嘆」六字。

〔七八〕公晦問　朝鮮本「公」上有「李」字。

〔七九〕如何是與道爲體　朝鮮本「如何」上有「逝者如斯夫」五字。

〔八〇〕問　朝鮮本作「問子在川上」五字。

〔八一〕至之問　朝鮮本「至」上有「楊」字。後文「至之問好德如好色」亦同。

〔八二〕若少有私欲以間之　朝鮮本無「少」字。

〔八三〕儒用　朝鮮本作：元秉。

〔八四〕至之　朝鮮本作：楊至之。

〔八五〕叔重問　朝鮮本作：董叔重問。

〔八六〕如何　朝鮮本「如何」上增「語之而不惰其回也與」九字。

〔八七〕蓋只是顔子未到那極處　萬曆本無「只」字。

朱子語類卷第三十七

論語十九

子罕篇下

法語之言章

「『法語之言』、『巽與之言』。巽，謂巽順〔一〕。與他説，都是教他做好事，如『有言遜于汝志』。重處在『不改』、『不繹』。聖人謂如此等人，與他説得也不濟事，故曰：『吾末如之何也已。』」端蒙。

植説此章：「集注云：『法語，人所敬憚，故必從。然不改，則面從而已。』如漢武帝見汲黯之直，深所敬憚，至帳中可其奏，可謂從矣。然黯論武帝『内多慾而外施仁義』，豈非面從！集注云：『巽言無所乖忤，故必悦。然不繹，又不足以知其微意之所在。』如孟子論太王好色、好貨，齊王豈不悦。若不知繹，則徒知古人所謂好色，不知其能使『内無怨女，外無曠夫』；徒知古人所謂好貨，不知其能使『居者有積倉，行者有裹糧』。」先生因曰：「集注中舉楊氏説，亦好。」植。

三軍可奪帥章

「志若可奪，則如三軍之帥被人奪了。做官奪人志。志執得定，故不可奪；執不牢，也被物欲奪去。志真個是不可奪。」泳。

衣敝緼袍章

「『衣敝緼袍』，是裏面夾衣，有綿作胎底。」義剛。

「『衣敝緼袍』，也有一等人資質自不愛者。然如此人亦難得。」泳。

先生曰：「李閎祖云〔二〕：『忮是疾人之有，求是耻己之無。』呂氏之説亦近此意。然此説又分曉。」僩。

問「子路終身誦之」。曰：「是自有一般人〔三〕，著破衣服在好衣服中，亦不管者。子路自是不把這般當事〔四〕。」㽦問：「子路却是能克治〔五〕。如『願車馬衣輕裘與朋友共，敝之而無憾』。」曰：「子路自是恁地人，有好物事，猶要與衆人共用了。上蔡論語中説管仲小器處一段極好。」㽦。

問：「『子路終身誦之』〔六〕，此子路所以不及顏淵處。蓋此便是『願車馬衣輕裘與朋友共，敝之而無憾』底意思。然他將來自誦，便是『無那無伐善施勞』意思。」曰：「所謂『終身誦之』，亦不是他矜伐。只是將這個做好底事，『終身誦之』，要常如此，便別無長進矣。」又問呂氏「貧與富交，强者必忮，弱者必求」之語。曰：「世間人見富貴底，不是心裏妬嫉他，便羨慕他，只是這般見識爾。」僩。

謝教問：「『子路終身誦之』，夫子何以見得終其身也？」曰：「只是以大勢恁地。這處好，只不合自擔當了，便止於此，便是自畫。大凡十分好底事，纔自擔便也壞了，所謂『有其善，喪厥善』。」淳。「道怕擔了。」「何足以臧」。可學。

知者不惑章

「『知者不惑』，真見得分曉，故不惑」。泳。

道夫問「仁者不憂」。曰：「仁者通體是理，無一點私心。事之來者雖無窮，而此之應者各得其度。所謂建諸天地而不悖，質諸鬼神而無疑，百世以俟聖人而不惑，何憂之有？」驤〔七〕。

「『仁者不憂』。仁者，天下之公。私欲不萌，而天下之公在我，何憂之有？」泳。

或問：「『仁者不憂』，但不憂，似亦未是仁。」曰：「今人學問百種，只是要『克己復禮』。若能克去私意，日間純是天理，自無所憂，如何不是仁！」義剛。

陳仲亨説「仁者不憂」，云：「此非仁體，只是説夫子之事。」先生曰：「如何又生出這一項情節？恁地，則那兩句也須恁地添一説始得。這只是統説，仁者便是不憂。」義剛。

「『勇者不懼』。氣足以助道義，故不懼。故孟子説：『配義與道，無是餒也。』今有見得道理分曉而反懾怯者，氣不足也。」泳。

或問「勇者不懼」，舉程子「明理可以治懼」之説。曰：「明理固是能勇，然便接那『不懼』未得，蓋爭一節在，所以聖人曰：『勇者不懼。』」燾。

李閎祖問〔八〕：「論語所說『勇者不懼』處，作『有主則不懼』。恐有『主』字，因『勇』字不出〔九〕。」曰：「也覺是〔一〇〕是如此。多是一時間下字未穩，又且恁地備員去。」因云：「前輩言解經命字爲難。近人解經，亦間有好處，但是下語親切，說得分曉。若前輩所說，或有不大故分曉處，亦不好。如近來耿氏說易『女子貞不字』，伊川說作『字育』之『字』，耿氏說作『許嫁笄而字』之『字』，言『女子貞不字』者，謂其未許嫁也，却與昏媾之義相通，亦說得有理。」又云：「伊川易亦有不分曉處甚多，如『益之用凶事』作『凶荒』之『凶』，直指刺史郡守而言。在當時未見有刺史郡守，豈可以此說。某謂『益之用凶事』者，言人臣之益君，是責難於君之時，必以危言鯁論，恐動其君而益之。雖以中而行，然必用圭以通其信。若不用圭而通，又非忠以益於君也。」卓。

行夫說「仁者不憂」一章。曰：「『勇者不懼』，勇是一個果勇必行之意，說『不懼』也易見。『知者不惑』，知是一個分辨不亂之意，說『不惑』也易見。惟是仁如何會不憂，這須思之。」行夫云：「仁者順理，故不憂。若只順這道理做去，自是無憂。」曰：「意思也是如此，更須細思之。」久之，行夫復云云。曰：「畢竟也說得粗。仁者所以無憂者，止緣仁者之心便是一個道理。看是甚麽事來，不問大小，改頭換面來，自家此心各各是一個道理應副去。不待事來方始安排，心便是理了。不是方見得道理合如此做，不是方去恁地做。」賀孫。恪録别出。

蔡行夫問「仁者不憂」一章。曰：「知不惑，勇不懼，却易理會。『仁者不憂』，須思量仁者如何會不憂。」蔡云：「莫只是無私否？」方子録云：「或曰『仁者無私心，故樂天而不憂。』」曰：「固是無私。然所以不憂者，須看得透方得。」楊至之云：「是人欲淨盡，自然樂否？」曰：「此亦只是貌説。」洪慶問：「先生説是如何？」曰：「仁者心便是理，看有甚事來，便有道理應他，所以不憂。方子録云：「仁者理即是心，心即是理。有一事來，便有一理以應之，所以無憂。」恪録一作「仁者心與理一，心純是這道理。看甚麽事來，自有這道理在處置他，自不煩惱」。人所以憂者，只是卒然遇事，未有一個道理應他，便不免有憂。」恪録一作「今人有這事，却無這理，便處置不去〔一二〕，所以憂」。從周録云：「人所以有憂者，只是處未得。」恪。

方毅父問：「『知者不惑』，明理便能無私否？」曰：「也有人明理而不能去私慾者。然去私慾，必先明理。無私慾，則不屈於物，故勇。惟聖人自誠而明，可以先言仁，後言知。至於教人，當以知爲先。」銖。時舉少異。

先生説「知者不惑」章：「惟不惑不憂，便生得這勇來。」植。

問「知者不惑」章。曰：「有仁知而後有勇，然而仁知又少勇不得。蓋雖曰『仁能守之』，只有這勇方能守得到頭，方能接得去。若無這勇，則雖有仁知，少間亦恐會放倒了。

所以中庸説仁、知、勇三者。勇本是個没緊要底物事，然仁知不是勇則做不到頭，半塗而廢。」燾。

或問：「『仁者不憂，知者不惑，勇者不懼』，何以與前面『知者不惑，仁者不憂，勇者不懼』次序不同？」曰：「成德以仁爲先，進學以知爲先，此誠而明，明而誠也。」「中庸言三德之序如何？」曰：「亦爲學者言也。」問：「何以勇皆在後？」曰：「末後做工夫不退轉，此方是勇。」銖。

或問：「人之所以憂、惑、懼者，只是窮理不盡，故如此。若窮盡天下之理，則何憂何懼之有？因其無所憂，故名之曰仁；因其無所惑，故名之曰知；因其無所懼，故名之曰勇。不知二説孰是？」曰：「仁者隨所寓而安，自是不憂；知者所見明，自是不惑；勇者所守定，自是不懼。夫不憂、不惑、不懼，自有次第。」或曰：「勇於義，是義理之勇。如孟施舍、北宮黝，皆血氣之勇。」人傑録云：「或曰：『勇是勇於義，或是武勇之勇？』曰：『大概統言之，如孟施舍、北宮黝，皆血氣之勇。』」曰：「三者也須窮理克復，方得。只如此説，不濟事。」去僞〔一二〕。

問〔一三〕：「『知者不惑』，集注：『知以知之，仁以守之，勇以終之。』看此三句，恐知是致知格物，仁是存養，勇是克治之功。」先生首肯曰：「是。勇是持守堅固。」問：「中庸『力行近乎仁』又似『勇者不懼』意思？」曰：「交互説都是。如『或生而知之，或學而知之，或因而知之』，三知都是知；『或安而行之，或利而行之，或勉强而行之』，三行都是仁；『好學近乎知，力行近乎仁，知耻近乎勇』，三近都是勇。」寓〔一四〕。

可與共學章

「『可與共學』，有志於此；『可與適道』，已看見路脈；『可與立』，能有所立；『可與權』，遭變事而知其宜，此只是大綱如此説。」可學。

問「可與適道」章。曰：「這個只説世人可與共學底，未必便可與適道；可與適道底，未必便可與立；可與立底，未必便可與權。學時，須便教可適道；適道，便更教立去；立，便須教權去。」植。

或問：「『可與立』，是如『嫂叔不通問』；『可與權』，是『嫂溺援之以手』？」曰：「然。」燾。

問：「權，地位如何？」曰：「大賢已上。」可學。

「權是稱量〔一五〕，教子細着〔一六〕。」閎祖。

問：「權便是義否？」曰：「權是用那義底。」問：「中便是時措之宜否？」曰：「以義權之，而後得中。義似秤，權是將這秤去稱量，中是物得其平處。」僩。

「經自經，權自權。但經有不可行處，而至於用權，此權所以合經也。如湯、武事，伊、周事，嫂溺則援事。常如風和日暖，固好。變如迅雷烈風。若無迅雷烈風，則都旱了，不可以爲常。」泳。

蘇宜久問「可與權」。曰：「權與經，不可謂是一件物事。畢竟權自是權，經自是經。但非漢儒所謂權變權術之說。聖人之權，雖異於經，其權亦是事體到那時合恁地做方好。」植。時舉同〔一七〕。

「『可與立，未可與權』，亦是甚不得已，方說此話。然須是聖人方可與權。若以顏子之賢，恐也不敢議此。『磨而不磷，涅而不緇。』而今人才磨便磷，才涅便緇，如何更說權變？所謂『未學行，先學走』也。」僩。

先生因說：「『可與立，未可與權』，權處是道理上面更有一重道理。如君子小人，君子固當用，小人固當去，然方當小人進用時，猝乍要用君子，也未得。當其深根固蔕時，便要去他，適爲所害。這裏須斟酌時宜，便知個緩急淺深，始得。」或言：「本朝人才過於漢唐，而治效不及者，緣漢唐不去攻小人，本朝專要去小人，所以如此。」曰：「如此說，所謂『内君子，外小人』，古人且胡亂恁地說，不知何等議論。永嘉學問專去利害上計較，恐出此。」又曰：「正其義不謀其利，明其道不計其功。正其義則利自在，明其道則功自在。專去計較利害，定未必有利，未必有功。」寓。

叔重問：「程子云：『權者，言秤錘之義也。何物以爲權？義是也。然也只是説到義，義以上更難説，在人自看如何。』此意如何看？」曰：「此如有人犯一罪，性之剛者以爲可誅，性之寬者以爲可恕，概之以義，皆未是合宜。此則全在權量之精審，然後親切不差。欲其權量精審，是他平日涵養本原，此心虚明純一，自然權量精審。伊川嘗云：『敬以直内，則義以方外；義以爲質，則禮以行之。』」時舉。

問經權之别。曰：「經與權，須還他中央有個界分。如程先生説，則無界分矣。程先生權即經之説，其意蓋恐人離了經，然而滾來滾去〔一八〕，則經與權都鶻突没理會了。」又問：「權是秤錘也，稱衡是經否？」曰：「這個以物譬之，難得親切。」久之，曰：「稱得平，不可增加些子，是經；到得物重衡昂，移退是權。依舊得平，便是合道。故反經亦須合道也。」燾。

問經權。曰：「權者，乃是到這〔一九〕地頭，道理合當恁地做，故雖異於經，而實亦經也。且如冬月便合着綿向火，此是經。忽然一日暖，則亦須使扇當風坐，此便是權。伊川謂『權只是經』，意亦如此，但説經字太重，若偏了。漢儒『反經合道』之説，却説得『經』、『權』兩字分曉。但他説權，遂謂反了經，一向流於變詐，則非矣。」義剛〔二〇〕。

用之問：「『權也者，反經而合於道。』此語亦好。」曰：「若淺說，亦不妨。伊川以爲權便是經。某以爲反經而合於道，乃所以爲經。如征伐視揖遜、放廢視臣事，豈得是常事？但終是正也。」賀孫。

或問：「伊川云：『權即是經。』漢儒云：『反經合道。』其說如何？」曰：「伊川所說權，是說這處合恁地做便是正理，須是曉得他意。漢儒語亦未十分有病，但他意却是横說，一向不合道理，胡做了。」又曰：「『男女授受不親』，是常經合恁地。『嫂溺援之以手』，亦是道理合恁地，但不是每常底道理了。譬如冬月衣裘附火，是常理也。忽然天氣做熱，便須衣夾揮扇，然便不是每常底常理了。公羊就宋人執祭仲處說得權又怪異了。」又曰：「經是已定之權，權是未定之經。」義剛。

吴伯英問：「伊川言『權即是經』，何也〔二二〕？」曰：「某常謂不必如此說。孟子分明說：『男女授受不親，禮也；嫂溺援之以手者，權也。』權與經豈容無辨？但是伊川見漢儒只管言反經是權，恐後世無忌憚者皆得借權以自飾，因有此論耳。然經畢竟是常，權畢竟是變。」又問：「某欲以義字言權，如何？」曰：「義者，宜也。權固是宜，經獨不宜乎？」壯祖〔二三〕。

問：「經、權不同，而程子云：『經即權也。』」曰：「固是不同。經是萬世常行之道，權是不得已而用之，大概不可用時多。」又曰：「權是時中，不中，則無以爲權矣〔一三〕。」賜。

或問：「『反經合道』之說，程先生不取，乃云：『不必説權，權即是經。』如何？」曰：「某常以爲程先生不必如此説，是多説了。經者，道之常也；權者，道之變也。道是個統體，貫乎經與權。如程先生之説，則鶻突了。所謂經，衆人與學者皆能循之。至於權，則非聖賢不能行也。」燾。

或有書來問經、權。先生曰：「程子固曰：『權即經也。』人須着子細看，此項大段要子細。經是萬世常行之道，權是不得已而用之，須是合義也。如湯放桀、武王伐紂、伊尹放太甲，此是權也。若日日時時用之，則成甚世界了？」或云：「權莫是中否？」曰：「是此一時之中。不中，則無以爲權矣。然舜、禹之後六七百年方有湯，湯之後又六七百年方有武王。權也是難説，故夫子曰：『可與立，未可與權。』到得可與權時節，也是地位太煞高了也。」祖道。

或問經與權之義。曰：「公羊以『反經合道』爲權，伊川以爲非。若平看，反經亦未爲不是。且如君臣兄弟，是天地之常經，不可易者。湯、武之誅桀、紂，却是以臣弑君；周公之誅管、蔡，却是以弟殺兄，豈不是反經？但時節到這裏，道理當恁地做，雖然反經，却自合道理。但反經而不合道理，則不可。若合道理，亦何害於經乎？」又曰：「合於權，便是經在其中。」正甫謂〔二四〕：「『權義舉而皇極立』，權、義只相似。」曰：「義可以總括得經、權，不可將來對權。義當守經則守經，義當用權則用權，所以謂義可以總括得經、權。若可權、義並言，如以兩字對一字，當云『經權舉』乃可。伊川曰：『惟義無對。』伊川所謂『權便是經』，亦少分別。須是分別經、權自是兩物，到得合於權，便自與經無異，如此說乃可。」恪。

問：「『可與立〔二五〕』，如何是立？」曰：「立是見得那正當底道理分明了，不爲事物所遷惑。」又問：「程子謂『權只是經』，先生謂『以孟子援嫂之事例之，則權與經亦當有辨』。莫是經是一定之理，權則是隨事以取中，既是中，則與經不異否？」曰：「經是常行道理，權則是那常理行不得處，不得已而有所通變底道理。權得其中，固是與經不異，畢竟權則可暫而不可常。如堯、舜揖遜，湯、武征誅，此是權也。豈可常行乎？觀聖人此意，畢竟是未許人用權，故學者須當先理會那正底道理。且如朝廷之上辨別君子小人，君子則進之，小人則去之，此便是正當底道理。今人不去理會此，却說小人亦不可盡去，須放他一路，不爾，反能害人。自古固有以此而濟事者，但終非可常行之理。若是君子小人常常並進，則豈可也？」廣。

亞夫問「可與立，未可與權」。曰：「漢儒謂『反經合道』爲權，伊川謂權是經所不及者。權與經固是兩義，然論權而全離乎經，則不是。蓋權是不常用底物事。如人之病，熱病者當服涼藥，冷病者當服熱藥，此是常理。然有時有熱病，却用熱藥去發他病者；亦有冷病，却用冷藥去發他病者。此皆是不可常用者，然須是下得是方可。若有毫釐之差，便至於殺人。不是則劇然，若用得是，便是少他不得，便是合用這個物事。既是合用，兹權也，所以爲經也。大抵漢儒説權，是離了個經説；伊川説權，便道權只在經裏面。且如周公誅管、蔡與唐太宗殺建成、元吉，其推刃於同氣者雖同，而所以殺之者則異。蓋管、蔡與商之遺民謀危王室，此是得罪於天下，得罪於宗廟，蓋不得不誅之也。若太宗，則分明是爭天下。故周公可以謂之權，而太宗不可謂之權。孟子曰：『有伊尹之志則可，無伊尹之志則篡也。』故在伊尹可以謂之權，而在他人則不可也。權是最難用底物事，故聖人亦罕言之。自非大賢以上，自見得這道理合是恁地了不得也。」時舉。

因論「經」、「權」二字，曰：「漢儒謂『權者，反經合道』，却是權與經全然相反。伊川非之是矣。然却又曰『其實未嘗反經』，權與經又却是一個略無分別。恐如此又不得。權固不離於經，看『可與立，未可與權』及孟子『嫂溺援之以手』事，毫釐之間，亦當有辨。」文蔚曰：「經是常行之理，權是適變處。」曰：「大綱説固是如此。要就程子説中分別一個異同，須更精微。」文蔚曰：「權只是經之用。且如秤衡有許多星兩，一定而不可易。權往來秤物，使輕重恰好，此便是經之用。」曰：「亦不相似。大綱都是，只爭些子。伊川又云：『權是經所不及者。』此說方盡。經只是一個大綱，權是那精微曲折處。且如君仁臣忠、父慈子孝，此是經常之道，如何動得？其間有該不盡處，須是用權。權即細密，非見理大段精審，不能識此。『可與立』，便是可與經，却『未可與權』，此見經權毫氂之間分別處。莊子曰：『小變而不失其大常。』」或曰：「莊子意思又別。」曰：「他大概亦是如此，但未知他將甚做大常。」文蔚。僩録別出。

經與權之分，諸人說皆不合。曰：「若說權自權，經自經，不相干涉，固不可。若說事須用權，經須權而行，權只是經，則權與經又全無分別。觀孔子曰『可與立，未可與權』，孟子曰『嫂溺援之以手』，則權與經須有異處。雖有異，而權實不離乎經也。這裏所爭只毫氂，只是諸公心粗，看不子細。伊川說『權只是經』，恐也未盡。嘗記龜山云：『權者，經之所不及。』這說却好。蓋經者只是存得個大法，正當底道理而已。蓋精微曲折處，固非經之所能盡也。所謂權者，於精微曲折處曲盡其宜，以濟經之所不及耳。所以說中之爲實者〔二六〕。權之者，即是經之要妙處也。如漢儒說『反經合道』，此語亦未甚病。蓋事也有那反經底時節，只是不可說事事要反經，又不可說全不反經。如君令臣從、父慈子孝，此經也。若君臣父子皆如此，固好。然事有必不得已處，經所行不得處，也只得反經〔二七〕，依舊不離乎經耳！所以貴乎權也。孔子曰：『可與立，未可與權。』立便是經。『可與立』，則能守個經。有所執立矣，却説『未可與權』。以此觀之，權乃經之要妙微密處，非見道理之精密透徹純熟者，不足以語權也。」又曰：「莊子曰：『小變而不失其大常。』便是經、權之別。」或曰：「恐莊子意思又別。」曰：「他大概亦是如此，只不知他把甚麽做大常。人云事有緩急〔二八〕，理有小大，這樣處皆須以權稱之。」僩問：「『子莫執中』。程子之解經便是權，則權字又似海説。如云『時措之宜』，事事皆有自然之中，則似事事皆用權。以孟子『嫂溺援之以手』言之，則『權』字須有別。」曰：「『執中無權』，這『權』字稍輕，可以如此説。『嫂溺援之以手』之權，這『權』字却又重。亦有深淺也。」僩。

問〔二九〕：「伊川謂『權只是經』，如何？」曰：「程子説得却不活絡。如漢儒之説權，却自曉然。曉得程子説底，知得權也是常理，曉不得他説底，經、權却鶻突了。某之説，非是異程子之説，只是須與他分別經是經，權是權。且如『冬日則飲湯，夏日則飲水』，此是經也。有時天之氣變，則冬日須着飲水，夏日須着飲湯，此是權也。權是礙着經行不得處，方始用得，然却依前是常理，只是不可數數用。如『舜不告而娶』，豈不是怪差事？以孟子觀之，那時合如此處。然使人人不告而娶，豈不亂大倫？所以不可常用。」賜。夔孫録詳，别出。

問經、權。曰：「冬日則飲湯，夏日則飲水，此是經也。有時行不得處，冬日須飲水，夏日則飲湯，此是權也。此又依前是經。但經是可常之理，權是礙着經行不得處，方始用權。

然當那時，却是常理。如『舜不告而娶』，是個怪差底事，然以孟子觀之，却也是常理。只是不可常用。如人人不告而娶，大倫都亂了。因推説湯、武事。伊川説『權只是經』，却説得死了，不活。如某説，非是異伊川説，即是須爲他分别經是經，權是權。如漢儒反經之説，却經、權曉然在眼前。伊川説，曉得底却知得權也是常理，曉不得底却鶻突了。如大過卦説：『道無不中，無不常。聖人有小過，無大過。』某謂不須恁地説，聖人既説有大過，直是有此事，但云大過亦是常理，則得。」因舉晉州蒲事云：「某舊不曉文定之意，後以問其孫伯逢。他言此處有意思，但難説出。如左氏分明有稱君君無道之説。厲公信有罪，但廢之可也，欒書、中行偃直弑之則不是。然畢竟厲公有罪，故難説出。後必有曉此意者。」夔孫。

問：「『可與立，未可與權』，看來『權』字亦有兩樣。伊川以權只是經〔三〇〕，蓋每日事事物物上稱量個輕重處置，此權也，權而不離乎經也。若論堯、舜禪遜，湯、武放伐，此又是大底權，是所謂『反經合道』者也。」曰：「只一般，但有小大之異耳。如堯舜之禪遜是遜，與人遜一盆水也是遜；湯、武放伐是爭，爭一個彈丸也是爭。康節詩所謂『唐、虞玉帛煙光紫，湯、武干戈草色萋』，大小不同而已矣。堯夫非是愛吟詩，正此意也。伊川説『經』『權』字，將經做個大底物事，經却包得那個權。此説本好。只是據聖人説，『可與立，未可與權』，須是還他是兩個字。經自是經，權自是權。若如伊川説，便用廢了那『權』字始得。只是雖是權，依舊不離那經，權只是經之變。如冬日須向火，忽然一日大熱，須着使扇〔三二〕，這便是反經。今須是曉得孔子說，又曉伊川之說，方得。若相把做一說，如兩脚相併，便行不得。須還他是兩隻脚，雖是兩隻，依舊是脚。」又曰：「若不是大聖賢用權，少間出入，便易得走作。」僩。

恭父問「可與立，未可與權」。曰：「『可與立』者，能處置得常事；『可與權』者，即能處置得變事。雖是處變事，而所謂處置常事，意思只在『井以辨義，巽以行權』。此說義與權自不同。漢儒有反經之說，只緣將論語下文『偏其反而』誤作一章解，故其說相承曼衍。且看集義中諸儒之說，莫不連下文。獨是范純夫不如此說，蘇氏亦不如此說，自以『唐棣之華』爲下截。程子所說漢儒之誤，固是如此。要之，『反經合道』一句，細思之亦通。緣『權』字與『經』字對說。纔說權，便是變却那個，須謂之反可也。然雖是反那經，却不悖於道；雖與經不同，而其道一也。因知道伊川之說，斷然經自是經，權亦是經。漢儒反經之說不是此說，不可不知。然細與推考，其言亦無害，此說亦不可不知。『義』字大，自包得經與權，自在經與權過接處。如事合當如此區處，是常法如此，固是經；若合當如此，亦是義當守其常。事合當如此區處，却變了常法，恁地區處，固是權；若合當恁地，亦是義當通其變。文中子云：『權義舉而皇極立。』若云經權舉，則無害，今云『權義舉』，則『義』字下不得。何故？却是將義來當權，不知經自是義，權亦是義，『義』字兼經、權而用之。若以義對經，恰似將一個包兩物之物，對着包一物之物。」行夫云：「經便是權。」曰：「不是說經便是權。經自是經，權自是權。但是雖反經而能合道，却無背於經。如人兩脚相似。左脚自是左脚，右脚自是右脚，行時須一脚先，一脚後，相待而行，方始行得。不可將左脚便喚做右脚，右脚便喚做左脚。繫辭既說『井以辨義』，又說『井居其所而遷』。井是不可動底物事，水却可隨所汲而往。如道之正體却一定於此，而隨事制宜自莫不當。所以說『井以辨義』，又云『井居其所而遷』。」賀孫。

唐棣之華章

問「唐棣之華，偏其反而」。曰：「此自是一篇詩，與今常棣之詩別。常，音裳。爾雅：『棣，栘，似白楊，江東呼夫栘。常棣，棣，子如櫻桃，可食。』自是兩般物。此逸詩，不知當時詩人思個甚底。東坡謂思賢而不得之詩。看來未必是思賢。但夫子大概止是取下面兩句，云人但不思，思則何遠之有。初不與上面說權處是一段。『唐棣之華』而下，自是一段。緣漢儒合上文爲一章，故誤認『偏其反而』爲反經合道，所以錯了。晉書於一處引『偏』字作『翩』，『反』作平聲，言其花有翩反飛動之意。今無此詩，不可考據，故不可立爲定說。」

去僞〔三二〕。

或問「未之思也，夫何遠之有」一章。時舉因云：「人心放之甚易，然反之亦甚易。」曰：「反之固易，但恐不能得他久存爾。」時舉。

校勘記

〔一〕法語之言巽與之言巽謂巽順　此句朝鮮本作「與謂巽順」四字。

〔二〕李閎祖云　「閎」，朝鮮本作「相」字。

〔三〕是自有一般人　朝鮮本「是」下有「他把來誦來然」六字。

〔四〕子路自是不把這般當事　朝鮮本「自」作「曰」。

〔五〕子路却是能克治　「治」，朝鮮本作「己」。

〔六〕子路終身誦之　朝鮮本「子路」上有「不忮不求何用不臧」八字。

〔七〕驤　朝鮮本作：道夫。

〔八〕李閎祖問　「李」字原作空闕，據朝鮮本、萬曆本補。

〔九〕因勇字不出　「因」，朝鮮本、萬曆本均作「明」。

〔一〇〕是　朝鮮本作：見。

〔一一〕便處置不去　「去」，原字漫漶不可辨，今據朝鮮本正之。

〔一二〕去僞　朝鮮本作：祖道、謨録同。

〔一三〕問　朝鮮本作：寓問。

〔一四〕寓　朝鮮本此下增小字：淳録同。

〔一五〕權是稱量　「量」，朝鮮本作「星」。

〔一六〕教子細着　「着」，朝鮮本作「看」。

〔一七〕植時舉同　朝鮮本「植」作「宜久」，「時舉」下有「略」字。

〔一八〕然而滚來滚去　二「滚」字，原均作「衮」字，據萬曆本改。

〔一九〕這　朝鮮本此處增「田」字。

〔二〇〕義剛　朝鮮本末尾小字作：夔孫。義剛録同。

〔二一〕何也　朝鮮本作：何謂也。

〔二二〕壯祖　朝鮮本作：處謙。

〔二三〕則無以爲權矣　「矣」字原爲空格，據朝鮮本、萬曆本補。

〔二四〕正甫謂　朝鮮本作：余正甫謂。

〔二五〕可與立　朝鮮本「立」下有「未立與權」四字。

〔二六〕所以説中之爲實者　「實」，朝鮮本作「貴」。

〔二七〕只得反經　朝鮮本「經」下有「只是反經」四字。

〔二八〕人云事有緩急　「人」，朝鮮本作「又」。

〔二九〕問　朝鮮本作：「問經權。先生曰：『經是已定之權，權是未定之經。』又問」，凡增十九字。

〔三〇〕伊川以權只是經　朝鮮本「伊川」下有「先生曰」三字。

〔三一〕須着使扇　朝鮮本「扇」下有「始得」二字。

〔三二〕去僞　朝鮮本作：祖道。按周謨録同。

朱子語類卷第三十八

論語二十

鄉黨篇

總論

「鄉黨記聖人動容周旋無不中禮。」泳。

「如鄉黨説聖人容色處，是以有事觀聖人；如言『燕居』、『申申』、『夭夭』，是以無事時觀聖人。學者於此，又知得聖人無時無處而不然。」燾。

「鄉黨一篇，自『天命之謂性』，至『道不可須臾離也』，皆在裏面。許多道理，皆自聖人身上迸出來。惟聖人做得甚分曉，故門人見之熟，是以紀之詳也。」燾。

問〔一〕「看論語，及鄉黨之半」。曰：「覺公看得淺，未甚切己。終了鄉黨篇，更須從頭温一過。許多説話，盡在集注中。」賀孫。

問賀孫：「讀鄉黨已終，覺得意思如何？」曰〔二〕：「見得段段都是道理合着如此，不如此定不得。纔有些子不如此，心下便不安。」曰：「聖賢一句是一個道理，要得教人識着，都是要人收拾已放之心。所謂『學問之道無他，求其放心而已』，非是學問只在求放心，非把求放心爲學問工夫，乃是學問皆所以求放心。如『詩三百，一言以蔽之，曰：「思無邪。」』大要皆欲使人『思無邪』而已。」賀孫。

第一節　鄉黨宗廟朝廷言貌不同。

「看鄉黨篇，須以心體之。『孔子於鄉黨，恂恂如也，似不能言者。』如何是『似不能言者』？『宗廟〔三〕朝廷，便便言，唯謹。』如何是『便便言，唯謹』？『朝，與下大夫言，侃侃如也；與上大夫言，誾誾如也。』如何是『侃侃』？如何是『誾誾』？」義剛録云：「看鄉黨一篇，須是想象他恂恂是如何？誾誾是如何？不可一滚看。」問：「先生解『侃侃』、『誾誾』四字，不與古注同。古注以侃侃爲和樂，誾誾爲中正。」曰：「『衎』字乃訓和樂，與此『侃』字不同。説文以侃爲剛直，後漢書中亦云『侃然正色』。誾誾是『和説而諍』，此意思甚好，和説則不失事上之恭，諍則又不失自家義理之正。」廣。

或問鄉黨如恂恂、侃侃之類。曰：「如此類，解説則甚易。須是以心體之，真自見個氣象始得。」士毅。

問〔四〕：「『孔子於鄉黨，恂恂如也，似不能言者。』或有大是非利害，似不可不説。所謂『似不能言者』，恐但當以卑遜爲主，所以説『似不能言』。」曰：「不是全不説，但較之宗廟、朝廷爲不敢多説耳。」問：「『其在宗廟朝廷』，集注云：『宗廟，禮法之所在。』在宗廟則『每事問』，固是禮法之所在，不知聖人還已知之而猶問，還以其名物制度之非古而因訂之？」曰：「便是這處，某嘗道是孔子初仕時如此。若初來問一番了，後番番來番番問，恐不如此。『孰謂鄹人之子知禮乎』。呼曰『鄹人之子』，是與孔子父相識者。有此語，多應是孔子初年。」賀孫。

第二節在朝廷事上接下不同

亞夫問「朝，與下大夫言，侃侃如也；與上大夫言，誾誾如也」。曰：「侃侃是剛直貌，以其位不甚尊，故吾之言可得而直遂。至於上大夫之前，則雖有所諍，必須有含蓄不盡底意思。不如侃侃之發露得盡也。『閔子侍側』一章，義亦如此。」時舉。

問〔五〕：「注云：『侃侃，剛直。』『誾誾，和悦而諍。』不知『諍』意思如何？」曰：「説道和悦，終不成一向放倒了。到合辨别處，也須辨别，始得。内不失其事上之禮，而外不至於曲從。如古人用這般字，不是只説字義，須是想象這意思是如此。如『恂恂』，皆是有此意思，方下此字。如史記云：『魯道之衰，洙、泗之間齗齗如也。』齗、誾字同。這正見『和悦而諍』底意思。當道化盛時，斑白者不提挈，不負戴於道路，少壯者代其事。到周衰，少壯者尚欲執其任，而老者自不肯安，爭欲自提挈、自負戴，此正是『和悦而諍』。」賀孫。

「誾誾，説文云：『和悦而諍。』看得字義是一難底字，緣有爭義。漢志『洙泗之間齗齗』義一同，兩齒相斷。」泳〔六〕。

「漢書諸尚書爭一件事，其中有云：『誾誾侃侃，得禮之容。緘嘿邪心，非朝廷福。』」泳〔七〕。

第三節爲君擯相

問「賓不顧矣」。曰：「古者賓退，主人送出門外，設兩拜，賓更不顧而去。國君於列國之卿大夫亦如此。」燾。

問〔八〕：「『君召使擯』，擯如其命數之半。如上公九命，則擯者五人，以次傳命。」曰：「古者擯介之儀甚煩。如九命擯五人，介則如命數，是九人。賓主相見，自擯以下列兩行，行末相近。如主人說一句，主人之擯傳許多擯者訖，又交過末介傳中介，直至賓之上介，方聞之賓。」賀孫。

「古者相見之禮，主人有擯，賓有介。賓傳命於上介，上介傳之次介，次介傳之末介，末介傳之末擯，末擯傳之次擯，次擯傳之上擯，上擯傳之主人，然後賓主方相見。」又曰：「看來古人大故淳樸。人君出命不甚會說話，所以着人代他說話。」燾。

植舉注云〔九〕：「揖左人，則左其手；揖右人，則右其手。揖右人，傳命出也；揖左人，傳命入也。」曰：「然。」植。

集注引晁氏說，謂孔子無使擯執圭之事。正淳曰：「定公十年夾谷之會，孔子相。恐即擯相之相。」曰：「相自是相，擯自是擯。相是相其禮儀，擯是傳道言語。故擯用命數之半，以次傳說。」必大。今集注無。

第四節在朝之容

「『立不中門，行不履閾。』注云『棖闑之間，由闑右不踐閾』，只是自外入。右邊門邊，乃君出入之所。闑如一木拄門，如今人多用石墩當兩門中。臣傍闑右邊出入。」此「右」字，自內出而言。賀孫。

「棖，如今衮頭相似。闑，當中礙門者，今城門有之。古人常揜左扉。人君多出在門外見人，所以當棖闑之間爲君位。」泳。

問：「『立不中門』，或問謂『門之左右扉各有中』，其制可考否？」曰：「門之中有闑，扉之兩旁有棖。棖、闑之間，即中。古人常闔左扉，所謂中門者，謂右扉之中也。」必大。

蕭問：「『過位，色勃如也。』位，謂門屏之間，人君寧立之處？」曰：「古今之制不同。今之朝儀，用秦制也。古者朝會，君臣皆立。故史記謂『秦王一旦捐賓客而不立朝』。君立於門屏之間。屏者，乃門間蕭墻也，今殿門亦設之。三公九卿以下，設位於廷中，故謂之『三槐』、『九棘』者，廷中有樹處，公卿位當其下也。」雉。

「過位」，注云：「君之虛位，謂門屏之間。」曰：「如今人廳門之內，屏門之外，似周禮所謂『外朝』也。」植。

問「復其位，踧踖如也」〔一〇〕。曰：「此是到末梢又結算則個。若衆人，到末梢便撒了。聖人則始乎敬，終乎敬，故到末梢，又整頓則個。」燾。

第五節爲君聘〔一一〕

「『上如揖，下如授』，舊說亦好。但此方說升堂時其容如此。既升堂納圭於君前，即不復執之以下，故說做下堂不得，所以只用平衡之說言之。上下，謂執圭之高低也。」必大。

「執圭『上如揖，下如授』，前輩多作『上階』之『上』、『下階』之『下』。其實既下則已不用笏，往往授介者。只是高不過於揖，故如揖；下不低於授，故如授。」賀孫。

「享禮有容色。」曰：「聘但以圭，至享，則更用圭璧、庭實。」植。

問聘享之禮。曰：「正行聘禮畢，而後行享禮。聘是以命圭通信，少間仍舊退還命圭。享是獻其圭璧琮璜，非命圭也。幣皮輿馬之類，皆拜跪以獻，退而又以物獻其夫人，凡三四次方畢。所獻之物皆受，但少間別有物回之。」又問庭實。曰：「皮幣輿馬皆陳之於庭實。『私覿』，是所遣之大夫既以君命行聘享之禮畢，却行私禮參見他國之君也。」燾。

「『饗禮有容色』，儀禮謂『發氣滿容』，何故如此？」曰：「聘是初見時，故其意極於恭肅。既聘而享，則用圭璧以通信，有廷實以將其意，比聘時漸紓也。」聘禮篇〔一二〕。廣。

「私覿愉愉」。曰：「聘者享禮，乃其君之信。私覿，則聘使亦有私禮物與所聘之國君及其大臣。」植。

第六節衣服之制

「『君子不以紺緅飾，紅紫不以爲褻服。』今反以紅紫爲朝服。」賀孫。

「紺是而今深底鴉青色〔一三〕。」義剛。

「紺，深青揚赤色。揚，浮也。」植。

問：「緅『以飾練服』，緅是絳色，練服是小祥後喪服，如何用絳色以爲飾？」曰：「便是不可曉。此個制度差異。絳是淺紅色。紺是青赤色，如今之閃青也。」廣。

問：「紅紫『且近於婦人女子之服』，不知古之婦人女子亦多以紅紫爲服否？」曰：「此亦不可知，但據先儒如此說耳。」廣。

「蒨、纁、絳、朱，此紅之染數。一入爲蒨，再入爲纁，三入爲絳，四入爲朱。」子蒙。

「『當暑袗絺綌，必表而出之』，與『蒙彼縐絺』，有兩說。」泳。

「裘乃純用獸皮，而加裏衣，如今之貂裘。」或問狐白裘。曰：「是集衆狐爲之。」植。

第七節謹齋事

「『明衣』即是個布衫，長一身有半，欲蔽足爾。」又曰：「即浴衣也〔一四〕。見玉藻注〔一五〕。」植。

問：「『變食謂不飲酒，不茹葷』，而今之致齋者有酒，何也？」曰：「飲酒非也。但禮中亦有『飲不至醉』之說。」廣。

問〔一六〕「齊必變食」。曰：「葷是不食五辛。」𠙶。

第八節 飲食之制

「一言一語，一動一作，一坐一立，一飯一食，都有是非。是底便是天理，非底便是人欲。如孔子『失飪不食，不時不食，割不正不食』，『不多食』，無非天理。如口腹之人，不時也食，不正也食，失飪也食，便都是人慾，便都是逆天理。如只喫得許多物事，如不當喫，纔去貪喫不住，都是逆天理。看道理只管進，只管細，便好。只管見上面，只管有一重，方好。如一物相似，剥一重，又剥一重；又有一重，又剥一重；剥到四五重，剥得許多皮殼都盡，方見真實底。今人不是不理會道理，只是不肯子細，只守着自底便了，是是非非，一向都没分別。如詖淫邪遁之辭也不消得辨，便説道是他自陷自蔽自如此，且恁地和同過也不妨。」賀孫。

問：「『割不正不食』，與『席不正不坐』，此是聖人之心純正，故日用間纔有不正處，便與心不相合，心亦不安。」曰：「聖人之心，無毫釐之差。謂如事當恁地做時，便硬要恁地做。且如『不得其醬不食』，這一物合用醬而不得其醬，聖人寧可不喫，蓋皆欲得其當然之則故也。」又問「注云：『精，鑿也。』」曰：「是插教那米白着。」燾。

「『不得其醬不食』，『其』字正緊要。『其醬』，如魚膾芥醬之類。」閎祖。

「『不得其醬』，非今所謂醬。如禮記內則中有數般醬，隨所用而不同。」植。

「『肉雖多，不使勝食氣』。非特肉也，凡蔬果之類，皆不可勝食氣。」泳。

第十節居鄉

問〔一七〕：「『鄉人儺，朝服而立於阼階。』集注云：『庶其依己而安。』或云存室神，蓋五祀之屬。子孫之精神，即祖考之精神，故祖考之精神依於己。若門行户竈之屬，吾身朝夕之所出處，則鬼神亦必依己而存。」曰：「然。一家之主，則一家之鬼神屬焉；諸侯守一國，則一國鬼神屬焉；天子有天下，則天下鬼神屬焉。看來爲天子者，這一個神明是大。小大如何有些子差忒得！若縱欲無度，天上許多星辰，地下許多山川，如何不變怪！」蔡云：「子陵足加帝腹，便見客星侵帝座。」曰：「『殷之未喪師，克配上帝。』紂未做不好時，便與天相配，是甚細事！」賀孫。

第十一節與人交之誠意

蘇寶問「問人於他邦，再拜而送之」。曰：「古人重此禮，遣使者問人於他邦，則主人拜而送之，從背脊後拜。」潘子善因言：「浙中若納婦嫁娶盛禮時，遣人入傳語婚姻之家，亦拜送之。至反命則不拜也。」植。

問〔一八〕：「『康子饋藥，拜而受之。』看此一事，見聖人應接之間義理發見，極其周密。」曰：「這般所在，却是龜山看得子細，云：『大夫有賜，拜而受之，禮也。「未達不敢嘗」，所以慎疾。必告之，直也。直而有禮，故其直不絞。』龜山爲人粘泥，故説之較密。」賀孫。

第十二節事君之禮

「『君祭先飯』。尋常則主人延客祭，如世俗出生之類。今侍食於君，君祭則臣先自喫飯，若爲君嘗食然，不敢當客禮也。饍人取那飲食來請君祭。」泳。

問：「『疾，君視之』，方東首。常時首當在那邊？禮記自云寢常當東首矣。平時亦欲受生氣，恐不獨於疾時爲然。」曰：「常時多東首，亦有隨意卧時節。如記云：『請席何向，請衽何趾。』這見得有隨意向時節。然多是東首，故玉藻云『居常當户，寢常東首』也。常寢於北牖下，君問疾，則移南牖下。」賀孫。

問病者居北牖之義。曰：「是就北牖下安牀睡。因君來，故遷之南牖下，使以南面視己耳。」義剛。

第十三節 交朋友之義

問〔一九〕：「『朋友死，無所歸，曰：「於我殯。」朋友之饋，非祭肉不拜。』朋友之義，固當如此。後世同志者少，而泛然交處者多，只得隨其淺深厚薄，度吾力量爲之，寧可過厚，不可過薄。」曰：「朋友交游，固有淺深。若泛然之交一一要周旋，也不可。於自家情分稍厚，自着如此。須是情文相稱，若泛泛施之，却是曲意徇物。古人於這般所在自分明。如『交友稱其信也，執友稱其仁也』，自有許多樣。又如於『師，吾哭諸寢；朋友，哭諸寢門之外；所知，哭於野』，恩義自有許多節。」賀孫。

第十四節 容貌之變

問：「記云〔二〇〕：『若有疾風迅雷甚雨，雖夜必興，衣服冠而坐。』看來不如此，定是不安。但有終日之雷、終夜之雨，如何得常如此？」曰：「固當常如此。但亦主於疾風迅雷甚雨。若平平底雷風雨，也不消如此。」問：「當應接之際，無相妨否？」曰：「有事也只得應。」賀孫。

第十五節 升車之容

立之説「車中不内顧」一章。曰：「『立視五巂，式視馬尾。』蓋巂是車輪一轉之地，車輪高六尺，圍三徑一，則闊丈八，五轉則正爲九丈矣。立視雖遠，亦不過此。」時舉〔二〕。

校勘記

〔一〕問　朝鮮本作：賀孫問。

〔二〕曰　朝鮮本作：賀孫對曰。

〔三〕宗廟　朝鮮本「宗廟」二字前增：其在。

〔四〕問　朝鮮本作：賀孫。

〔五〕問　朝鮮本作「賀孫問與下大夫言侃侃如也章集」十四字。

〔六〕泳　朝鮮本此下增小字：一本史記作漢志。

〔七〕泳　朝鮮本此下增一節文字：二本「事」字下、「緘」字上云：「其中有云，誾誾侃侃，得禮之容。」

〔八〕問　朝鮮本作：賀孫問。

〔九〕植舉注云　朝鮮本此下一節文字作：「植侍坐，舉鄉黨『君召使擯』至『朝服』，而立於階説：『左右手』，注云」。

〔一〇〕問復其位踧踖如也　朝鮮本此節前尚有一節，云：「今官員笏最無道理。笏者，只是君前記事，恐事多，須以紙粘笏上，記其頭緒；或在君前不可以手指人物，須以笏指之。此笏常只插在腰間，不執在手中。夫子『攝齊升堂』，何曾手中有笏？『攝齊』者，是畏謹，恐上階時踏着裳，有顛仆之患。『執圭』者，圭自是贄見之物，只是捧至君前，如執笏。所以執圭時便足縮縮如有循，緣手中有圭，不得攝齊，亦防顛仆。明作。」凡一百三十四字。

〔一一〕爲君聘　朝鮮本作：爲君聘於鄰國之禮。

〔一二〕聘禮篇　朝鮮本此下增小字：及享發氣滿容。

〔一三〕紺是而今深底鴉青色　朝鮮本「是」上有「只」字，「鴉青色」作「雅青様色」。

〔一四〕又曰即浴衣也　朝鮮本「又」上有「植」字，「也」下有「賀孫」二字，皆注文。

〔一五〕見玉藻注　「玉」原作「王」，據萬曆本改。朝鮮本無此四字。

〔一六〕問　朝鮮本作：伯豐問。

〔一七〕問　朝鮮本作：賀孫問。

〔一八〕問　朝鮮本作：賀孫問。

〔一九〕問　朝鮮本作：賀孫問。

〔二〇〕問記云　朝鮮本「問」上有「賀孫」二字，「問」下有「迅雷風烈必變」六字。

〔二一〕時舉　朝鮮本「舉」下有增三小字：植録同。

朱子語類卷第三十九

論語二十一

先進篇上

先進於禮樂章

立之問：「先進、後進，於禮樂文質何以不同？」曰：「禮，只是一個禮，用得自不同。如升降揖遜，古人只是誠實依許多威儀行將去，後人便自做得一般樣忒好看了。古人只是正容謹節，後人便近於巧言令色。樂，亦只是一個樂，亦是用處自不同。古樂不可得而見矣。只如今人彈琴，亦自可見。如誠實底人彈，便雍容平淡，自是好聽。若弄手弄脚，撰出無限不好底聲音，只見繁碎耳。」因論樂：「黄鍾之律最長，應鍾之律最短，長者聲濁，短者聲清。十二律旋相爲宫，宫爲君，商爲臣。樂中最忌臣陵君，故有四清聲。如今響板子有十六個，十二個是正律，四個是四清聲。清聲是減一律之半。如應鍾爲宫，其聲最短而清。或蕤賓爲商，則是商聲高似宫聲，是爲臣陵君，不可用；遂乃用蕤賓律減半爲清聲以應之。雖然減半，然只是此律，故亦自能相應也。此是通典載此一項。徽宗朝作大晟樂，其聲是一聲低似一聲，故其音緩散。太祖英明不可及，當王朴造樂時，聞其聲太急，便令減下一律，其聲遂平。」時舉。

問〔一〕：「『先進於禮樂』，此禮樂還説宗廟、朝廷以至州、閭、鄉、黨之禮樂？」曰：「也不止是這般禮樂。凡日用之間一禮一樂，皆是禮樂。只管文勝去，如何合殺？須有個變轉道理。如今日事，都恁地侈靡。某在南康時，通上位書啓，只把紙封。後來做書盝，如今盡用紫羅背盝，内〔二〕用真紅。事事都如此，如何合殺！」問〔三〕：「孔子又云：『吾從周。』只是指周之前輩而言？」曰：「然。聖人窮而在下，所用禮樂，固是從周之前輩。若聖人達而在上，所用禮樂，須更有損益，不止從周之前輩。若答顔子爲邦之問，則告以四代之禮樂。」

問〔四〕：「如孔子所言：『禮，與其奢也寧儉；喪，與其易也寧戚。』又云：『禮云禮云，玉帛云乎哉！樂云樂云，鍾鼓云乎哉！』此皆欲損過就中之意。」曰：「固是。此等語最多。」又云：「觀聖人意思，因見得事事都如此，非獨禮樂。如孟子後面説許多鄉原、狂狷，亦是此意。鄉原直是不好，寧可是狂底、狷底。如今人恁地文理細密，倒未必好，寧可是白直粗疏底人。」賀孫。

「夫子於禮樂欲從先進〔五〕。今觀禮書所載燕饗之禮，品節太繁，恐亦難用。不若只如今人宴集，就中删修，使之合義。如鄉飲酒禮，向來所行，真成殭人，行之何益！所以難久。不若只就今時宴飲之禮中删改行之，情意却須浹洽。」必大。

從我於陳蔡章

問「從我於陳、蔡者皆不及門〔六〕」。曰：「此説當從明道。謂此時適皆不在孔子之門，思其相從於患難，而言其不在此耳。門人記之，因歷數顔子而下十人，并目其所長云耳。」謨。

問：「德行，不知可兼言語、文學、政事否？〔七〕」曰：「不消如此看，自就逐項上看。如顔子之德行，固可以備；若他人，固有德行而短於才者。」因云：「冉伯牛、閔子之德行亦不多見，子夏、子游兩人成就自不同。胡五峰説不知集注中載否？他説子夏是循規守矩細密底人，子游却高朗，又欠細密工夫。荀子曰：『第作其冠，神禫其辭，禹行而舜趨，是子張氏之賤儒也；正其衣冠，齊其顔色，嗛然而終日不言，是子夏氏之賤儒也；偷儒憚事，無廉恥而耆飲食，必曰『君子固不用力』，是子游氏之賤儒也。』如學子游之弊，只學得許多放蕩疏闊意思。」賀孫因舉如「喪至乎哀而止」、「事君數，斯辱；朋友數，斯疏」，皆是子游之言。如「小子當洒掃應對進退」等語，皆是子夏之言。又如子游能養而不能敬，子夏能敬而少温潤之色，皆見二子氣象不同處。曰：「然。」賀孫。

問德行、言語、政事、文學之別。曰：「德行是箇兼内外貫本末全體底物事。那三件，各是一物，見於用者也。」燾。

「德行，得之於心而見於行事者也。」燾。

回也非助我者也章

「舊曾問李先生『顔子非助我者』〔八〕處。李先生云：『顔子於聖人根本有默契處，不假枝葉之助也。如子夏乃枝葉之助。』」祖道。

南容三復白圭章

先生令接讀問目〔九〕「南容三復白圭」。云：「不是一旦讀此，乃是日日讀之，玩味此詩而欲謹於言行也。此事見家語，自分明。」時舉。

顏路請子之車章

鄭問："顏淵死，孔子既不與之車，若有錢，還亦與之否？"曰："有錢亦須與之，無害。"淳。

問："注以爲命車，何以驗之？"〔一〇〕曰："禮記言：大夫賜命車。"節。

門人厚葬章

"『門人厚葬』，是顏子之門人。『不得視猶子』，以有二三子故也。嘆不得如葬鯉之得宜。此古注說得甚好，又簡徑。"明作。

季路問事鬼神章

"『事人、事鬼』，以心言；『知生、知死』，以理言。"泳。

或問"季路問鬼神"章。曰："事君親盡誠敬之心，即移此心以事鬼神，則『祭如在，祭神如神在』。人受天所賦許多道理，自然完具無欠闕。須盡得這道理無欠闕，到那死時，乃是生理已盡，亦安於死而無愧。"時舉〔一一〕。

或問：「二氣五行〔一二〕，聚則生，散則死；聚則不能不散，如晝之不能不夜。故知所以生，則知所以死。苟於事人之道未能盡，焉能事鬼哉？」曰：「不須論鬼爲已死之物。但事人須是誠敬，事鬼亦要如此。事人，如『出則事公卿，入則事父兄』，事其所當事者。事鬼亦然，苟非其鬼而事之，則諂矣。」去僞〔一三〕。

問：「人〔一四〕鬼一理。人能誠敬，則與理爲一，自然能盡事人、事鬼之道。有是理，則有是氣。人氣聚則生，氣散則死，是如此否？」曰：「人且從分明處理會去。如誠敬不至，以之事人，則必不能盡其道，況事神乎！不能曉其所以生，則又焉能曉其所以死乎！」廣。

亞夫問「未知生，焉知死」。先生曰：「若曰氣聚則生，氣散則死，才說破，則人便都理會得。然須知道人生有多少道理，自稟五常之性以來，所以『父子有親，君臣有義』者，須要一一盡得這生底道理，則死底道理皆可知矣。張子所謂『存吾順事，没吾寧也』是也。」時舉。

問：「天地之化，雖生生不窮，然而有聚必有散，有生必有死。能原始而知其聚而生，則必知其後必散而死。能知其生也，得於氣化之日，初無精神寄寓於太虛之中；則知其死也，無氣而俱散，無復更有形象尚留於冥漠之内。」曰：「死便是都散無了。」

或問「季路問鬼神」章。曰：「世間無有聚而不散，散而不聚之物。聚時是這模樣，則散時也是這模樣。若道孔子說與子路，又不全與他說；若道不說，又也只是恁地。」義剛。

先生説「未能事人，焉能事鬼」，曾以一時趨平原者言之：「我於人之不當事者不妄事，則於鬼神亦然。所以程子云：『能盡事人之道，則能盡事鬼之道，一而二，二而一。』」過。

問〔一五〕：「伊川謂『死生人鬼，一而二，二而一』，是兼氣與理言之否？」曰：「有是理，則有是氣；有是氣，則有是理。氣則二，理則一。」賀孫。

徐問：「集注云『鬼神不外人事』，在人事中何以見？」曰：「鬼神只是二氣屈伸往來。在人事，如福善禍淫，亦可見鬼神道理。論語少説此般話。」曰：「動靜語默，亦是此理否？」曰：「亦是。然聖人全不曾説這般話與人，以其無形無影，固亦難説。所謂『敬鬼神而遠之』，只如此説而已。」淳。今集注無。

閔子侍側章

問閔子誾誾，冉有、子貢侃侃，二者氣象。曰：「閔子純粹，冉有、子貢便較粗了。侃侃，便有盡發見在外底氣象。閔子則較近裏些子。」雉〔一六〕。

問〔一七〕：「『冉有、子貢侃侃如也。』這『侃侃』字，只作剛直説，如何？」曰：「也只是剛直。閔子騫氣象便自深厚。冉有、子貢便都發見在外。」賀孫。

『冉有、子貢〔一八〕，侃侃如也。』侃侃，剛直之貌，不必泥事迹，以二子氣象觀之。賜之達，求之藝，皆是有才底人。大凡人有才，便自暴露，便自然有這般氣象。閔子純於孝，自然有誾誾氣象。」端蒙。

「誾誾，是深沉底；侃侃，是發露圭角底；行行，是發露得粗底。」夔孫〔一九〕。

問：「『誾誾、行行、侃侃』，皆是剛正之意。如冉求平日自是個退遜之人，如何也解有此意思？」曰：「三子皆意思大同小異：求、賜則微見其意，子路則全體發在外〔二〇〕，閔子則又全不外見，然此意思亦自在。三子者，皆有疑必問，有懷必吐，無有遮覆含糊之意。」曰：「豈非以卑承尊，易得入於柔佞卑諂；三子各露其情實如此，故夫子樂之？」曰：「都無那委曲回互底意思。」廣。

問「誾誾、行行、侃侃」〔二一〕。曰：「閔子於和悅中，却有剛正意思。仲由一於剛正。閔子深厚，仲由較表露。」問「子路不得其死然」。曰：「『然』者，未定之辭。聖人雖謂其『不得其死』，使子路能變其氣習，亦必有以處死。」賀孫。

吳伯英講「由也不得其死」處，問曰：「由之死，疑其甚不明於大義。豈有子拒父如是之逆，而可以仕之乎？」曰：「然。仲由之死，也有些没緊要。然誤處不在致死之時，乃在於委質之始。但不知夫子既教之以正名，而不深切言其不可仕於衛，何歟？若冉有、子貢則能問夫子爲衛君與否，蓋不若子路之粗率。」壯祖〔二二〕。

或問：「子路死於孔悝之難，死得是否？」曰：「非是，自是死得猒。出公豈可仕也〔二三〕！」又問：「若仕於孔悝，則其死爲是否？」曰：「未問死孔悝是不是，只合下仕於衞，自不是了。況孔悝亦自是不好底人，何足仕也。子路只見得可仕於大夫，而不知輒之國非可仕之國也。」問：「孔門弟子多仕於列國之大夫者，何故？」曰：「他別無科闕，仕進者只有此一門，舍此則無從可仕，所以顔、閔寧不仕耳。」僩。

「子路死孔悝之難，未爲不是；只是他當初事孔悝時錯了，到此不得其死。饒本作：「到此只得死。」衞君不正，冉有、子貢便能疑而問之，有思量，便不去事他。若子路粗率，全不信聖人說話。『必也正名』，亦是教子路不要仕衞。他更說夫子之迂。『若由也，不得其死！』聖人已見得他錯了，但不如鳴鼓攻之，責得求之深。雖有不得其死及正名之說，然終不分曉痛說與他，使之知不要事孔悝。此事不可曉，不知聖人何故不痛責之。」明作。

「子路爲人粗，於精微處多未達。其事孔悝蓋其心不以出公爲非故也。悝即出公之黨。何以見得他如此？如『衞君待子爲政』，夫子欲先正名，他遂以爲迂，可見他不以出公爲非。故其事悝，蓋自以爲善而爲之，而不知其非義也。」㽦。

子貢問師與商也章

問〔二四〕：「『師也過，商也不及。』看過與不及處，莫只是二子知見上欠工夫〔二五〕？」曰：「也不獨知見上欠，只二子合下資質是這模樣。子張便常要將大話蓋將去，子夏便規規謹守。看論語中所載子張說話，及夫子告子張處，如『多聞闕疑，多見闕殆』之類。如子張自說：『我之大賢歟，於人何所不容？我之不賢歟，人將拒我，如之何其拒人也！』此說話固是好，只是他地位未說得這般話。這是大賢以上聖人之事，他便把來蓋人，其疏曠多如此。孔子告子夏，如云『無爲小人儒』；又云『無欲速，無見小利』；如子夏自言『可者與之，其不可者拒之』；『小子當灑掃應對進退』之類，可見。」又問：「『參也，竟以魯得之。』魯，却似有不及之意。然曾參雖魯，而規模志向自大，所以終能傳夫子之道。子夏合下淺狹，而不能窮究道體之大全，所以終於不及。」曰：「魯，自與不及不相似。魯是質樸渾厚意思，只是鈍；不及底恰似一個物事欠了些子。」賀孫。

問：「伊川謂師商過、不及，其弊爲楊墨〔二六〕。」曰：「不似楊墨。墨氏之學，萌蘖已久，晏子時已有之。兼師、商之過、不及，與兼愛、爲我不關事。」必大。

季氏富於周公章

問：「以季氏之富，『而求也爲之聚斂』。」曰：「不問季氏貧富。若季氏雖富，而取於民有制，亦何害。此必有非所當取而取之者，故夫子如此說。」義剛。

問：「冉求聖門高弟，親炙聖人，不可謂無所見。一旦仕於季氏，『爲之聚斂而附益之』。蓋緣他工夫間斷，故不知不覺做到這裏，豈可不時時自點檢！」曰：「固是。只緣個公私義利界分不明，所以如此。若是常在界分内做，自然不到如此。纔出界分去，則無所不至矣。」廣。

問「季氏富於周公」一章〔二七〕。先生令舉范氏之説，歎美久之。云：「人最怕資質弱。若過於剛，如子路雖不得其死，百世之下，其勇氣英風，尚足以起頑立懦！若冉有之徒，都自扶不起。如云『可使足民』，他豈不知愛民，而反爲季氏聚斂。如范氏云：『其心術不明。』惟是心術不明，到這般所在，都不自知。」又云：「『以仕爲急。』他只緣以仕爲急，故從季氏。見他所爲如此，又拔不出，一向從其惡。」賀孫因云：「若閔子『善爲我辭』之意，便見得煞高。」曰：「然。」因云：「謝氏説閔子處最好。」因令賀孫舉讀全文。曰：「冉求路頭錯處，只在急於仕。人亦有多樣，有一等人合下只是要求進；又有一等人心性自不要如此，見此事自〔二八〕匹似閑；又有一等人雖要求進，度其不可，亦有退步之意。」賀孫〔二九〕。

柴也愚章

「『柴也愚。』他是個謹厚底人，不曾見得道理，故曰愚。」明作。

吳伯英問「柴也愚」，因說：「柴嘗避難於衛，不徑不竇。使當時非有室可入，則柴必不免，此還合義否？」曰：「此聖人所以言其愚也。若夫子畏於匡，微服過宋，料須不如此。」壯祖〔三〇〕。

用之問高子羔不竇不徑事。曰：「怕聖人須不如此。如不徑不竇，只說安平無事時節。若當有寇賊患難，如何專守此以殘其軀，此柴之所以爲愚。聖人『微服而過宋』。微服，是著那下賤人衣服。觀這意如此，只守不徑不竇之說不得，如途中萬一遇大盜賊，也須走避，那時如何要不由小徑去得！然子羔也是守得定。若更學到變通處，儘好，止緣他學有未盡處。」問：「學到時，便如曾子之易簀？」曰：「易簀也只是平常時節。」又曰：「『子路使子羔爲費宰。子曰：「賊夫人之子！」』不可爲政者，正緣他未能應變，他底却自正。」問：「子路之死，與子羔事如何？」曰：「子路事更難說。」又曰：「如聖節，就祝壽處拜四拜。張忠甫不出仕，嘗曰：『只怕國忌、聖節，去拜佛不得。』這也如不竇不徑相似。」因說：

「國家循襲這般禮數，都曉不得。往往拜佛之事，始於梁武帝，以私忌設齊，始思量聖節要寓臣子之意，又未有個所在奉安。」又曰：「尊號始於唐德宗，後來只管循襲。若不是人主自理會得，如何說。當神宗時，群臣上尊號，司馬温公密撰不允詔書，勸上不受，神宗便不受〔三一〕。這只是神宗自見得，若不自見得，雖温公也要如此不得。且如三年喪，其廢如此長遠，壽皇要行便行了〔三二〕，也不見有甚不可行處。」賀孫。

「『參也魯。』魯，是魯鈍。曾子只緣魯鈍，被他不肯放過，所以做得透。若是放過，只是魯而已。」㤭。

讀「參也魯」一段，云：「只曾子資質自得便宜了。蓋他以遲鈍之故，見得未透，只得且去理會，終要洞達而後已。若理會不得，便放下了，如何得通透，則是終於魯而已。」時舉。

「『參也，竟以魯得之。』曾子魯鈍難曉，只是他不肯放過，直是捱得到透徹了方住；不似別人，只略綽見得些小了便休。今一樣敏底見得容易，又不能堅守；鈍底捱得到略曉得處，便說道理止此，更不深求。惟曾子不肯放舍，若這事看未透，真是捱得到盡處〔三三〕，所以竟得之。」僩。

「明道謂曾子『竟以魯得之』。緣他質鈍，不解便理會得，故着工夫去看，遂看得來透徹，非他人所及。有一等伶俐人見得雖快，然只是從皮膚上略過，所以不如他。且莫說義理，只如人學做文章，非是只恁地讀前人文字了，便會做得似他底；亦須是下工夫，始造其妙。觀韓文公與李翊書，老蘇與歐陽公書，說他學做文章時，工夫甚麽細密！豈是只恁從册子上略過，便做得如此文字也。」士毅略〔二四〕。

「『參也，竟以魯得之。』不說須要魯。魯却正是他一般病，但却尚是個好底病。就他說，却是〔二五〕得這個魯底力。」義剛。

「『參也，竟以魯得之。』魯鈍則無造作。」賀孫。

「曾子以魯得之，只是魯鈍之人，却能守其心專一。明達者每事要入一分，半上落下，多不專一。」端蒙。

回也其庶乎章

敬之問：「『回也，其庶乎；屢空。』大意謂顏子不以貧窶動其心，故聖人見其於道庶幾。子貢不知貧富之定命，而於貧富之間不能無留情，故聖人見其平日所講論者多出億度而中。」曰：「據文勢也是如此。但顏子於道庶幾，却不在此。聖人謂其如此，益見其好。子貢不受命，也在平日，聖人亦不因其貨殖而言。」賀孫因問：「集注云，顏回，言其樂道，又能安貧。以此意看，若顏子不處貧賤困窮之地，亦不害其爲樂。」曰：「顏子不處貧賤，固自樂；到他處貧賤，只恁地更難，所以聖人於此數數拈掇出來。」賀孫。

「顏子屢空，説作『空中』，不是。論語中只有『空空如也』，是説無所得，别不見説虚空處。」可學。

問：「『屢空』，前輩及南軒皆作空無説，以爲『無意、必、固、我』之『無』。但顏子屢空，未至於聖人之皆無而純然天理也。及先生所解，却作屢空乏而自樂，何也？」曰：「經意當如此。不然，則連下文子貢作二段事〔三六〕。空無之説，蓋自何晏有此解。晏，老氏清淨之學也。因其有此説，後來諸公見其説得新好，遂發明之。若顏子固是意、必、固、我之屢無，只是此經意不然。顏子不以貧乏改其樂而求其富。如此説，下文見得與子貢有優劣。」寓。

問：「呂曰〔三七〕：『貨殖之學，聚所聞見以度物，可以屢中，而不能悉中〔三八〕。』嘗記前輩一説曰：『自太史公、班固列子貢於貨殖，下與馬醫、夏畦同科，謂其「所至，諸侯莫不分庭抗禮」，天下後世無不指子貢爲竪賈之事。子貢，孔門高弟〔三九〕，豈有聖人之門，而以賈竪爲先乎！屢空，無我者也，其學則自内而求。貨殖，自外而入，非出於己之所自得也。特其才高，凡接於見聞者莫不解悟，比之屢空者爲有間矣〔四〇〕。』」曰：「此説乃觀文葉公所作〔四一〕，審是集中之語，蓋呂與叔之遺意也。乍看似好，而道理恐不如是。蓋屢空者，『空乏其身』也。貨殖，則對屢空而言，不能不計較者是也。范氏曰：『顏子簞食瓢飲屢絶，而不改其樂，天下之物豈有能動其心者！』此説爲得之。」謨。

子張問善人之道章

問「善人之道」。曰：「『善人之道』，只是箇善人底道理。所謂善人者，是天資渾全一箇好人，他資質至善而無惡，即『可欲之謂善』。他所行底事，自然皆善，不消得按本子，自不至於惡。若是常人，不依本子，便有不能盡善流而爲惡。但他既天資之善，故不必循塗守轍，行之皆善。却緣只是如此而無學，故不能入聖人閫室。橫渠之解極好。」塗轍，猶言規矩尺度。𤲞。

味道問：「善人只是好資質，全未曾學。」曰：「是。」又問「不踐迹」。曰：「是古人所做底事恁地好。雖不曾學古人已做底事，做得來也恁地好。『循塗守轍』，猶言循規守矩云耳。」

「『踐迹』，迹是舊迹，前人所做過了底樣子，是成法也。善人雖不曾知得前人所做樣子，效他去做，但所爲亦自與暗合，但未能到聖人深處。」恪。

施問「不踐迹」。曰：「是他資質美，所爲無箇不是；雖不踐成法，却暗合道理。然他也自不能曉會，只暗合而已。又却不曾學問，所以『亦不入於室』。」林問：「不入室，室是神化地位否？」曰：「非也。室只是深奥處。」寓〔四二〕。

問「不踐迹」。曰：「善人質美，雖不學樣子，却做得是。然以其不學，是以不入室，到聖人地位不得。」謙之〔四三〕。

「善人乃是天資自然有善者，不待循常迹，而自然能有其善。然而不能加學，則亦不足以入聖人之室。」震。

謝教問「不踐迹」。曰：「資質美，只是暗合，不依本子做。横渠説得好。然亦只是終於此而已。」淳。

問：「『不踐迹，亦不入於室』，莫是篤行之而後可以入善之閫奥否？」曰：「若如此言，却是説未爲以前事。今只説善人只是一個好底資質，不必踐元本子，亦未入於室。須是要學，方入聖賢之域。惟横渠云：『志於仁而無惡。』此句最盡。如樂正子，自『可欲』之善入去，自可到『美、大、聖、神』地位。」去僞〔四四〕。

問：「善人莫是天資好人否？故雖不必循守舊人途轍，而自不爲惡。然其不知學問，故亦不能入於聖人之室。此可見美質有限，學問無窮否？」曰：「然。」廣。

問：「尋常解『踐迹』，猶踏故步。『不踐迹』者，亦有所進；『亦不入於室』者，所進不遠也。今集注解『踐迹』，不循樣轍之意，如何？」曰：「善人者以其心善，故不假成法，而其中自能運用，故曰『不踐迹』。據此，止説善人，未有進意。」治。

問：「不踐迹何以爲善人？」曰：「不循習前人已試之法度，而亦可以爲善，如漢文帝是也。」大雅。

魏才仲問「善人之道」一章。曰：「如所謂『雖曰未學，吾必謂之學矣』之類。」又問：「如太史公贊文帝爲善人，意思也是？」曰：「然。只爲他截斷，只到這裏，不能做向上去；所以説道不依樣子，也自不爲惡，只是不能入聖人之室。」又問：「文帝好黃、老，亦不免有慘酷處。莫是纔好清淨，便至於法度不立，必至慘酷而後可以服人？」曰：「自清淨至慘酷，中間大有曲折，却如此説不得。唯是自家好清淨，便一付之法。有犯罪者，都不消問自家，但看法何如。只依法行，自家這裏更不與你思量得，此所以流而爲慘酷。」伯謨曰：「黃、老之教，本不爲刑名，只要理會自己，亦不説要慘酷，但用之者過耳。」曰：「緣黃、老之術，凡事都先退一着做，教人不防他。到得逼近利害，也便不讓别人，寧可我殺了你，定不容你殺了我。他術多是如此，所以文、景用之如此。文帝猶善用之，如南越反，則卑詞厚禮以誘之；吳王不朝，賜以几杖等事。這退一着，都是術數。到他教太子，晁錯爲家令。他謂太子亦好學，只欠識術數，故以晁錯傳之。到後來七國之變，弄成一場紛亂。看文、景許多慈祥豈弟處，都只是術數。然景帝用得不好，如削之亦反，不削亦反。」賀孫。

子畏於匡章

或問：「『回何敢死』，伊川改『死』爲『先』，是否？」曰：「伊川此説，門人傳之恐誤，其間前後有相背處。今只作『死』字説。其曰『吾以汝爲死矣』者，孔子恐顔回遇害，故有此語。顔子答曰『子在，回何敢死』者，顔子謂孔子既得脱禍，吾可以不死矣。若使孔子遇害，則顔子只得以死救之也。」或問：「顔路在，顔子許人以死，何也？」曰：「事偶至此，只得死。此與不許友以死之意别。不許以死，在未處難以前乃可。如此處已遇難，却如此説不得。」去僞〔四五〕。

校勘記

〔一〕問　朝鮮本作：賀孫問。

〔二〕内　朝鮮本「内」上增：蓋。

〔三〕問　朝鮮本作：賀孫問。

〔四〕問　朝鮮本作：賀孫問。

〔五〕夫子於禮樂欲從先進　朝鮮本無此節文字，另有一節，文云：「『孔子既欲從周，又欲從先進。明道云：「孔子患時之文弊，而欲之以質也。」果如所言，則合便當救之以質，不應有「吾從周」之語。既從周，又從先進，何胸中擾擾而無一定之見邪？竊意聖人必不如此。伊川乃曰：「周末文弊，故以前人爲野。」不知此説然乎？』先生曰：『當從伊川説。』謨。」凡一百零四字。

〔六〕從我於陳蔡者皆不及門　朝鮮本此句下增：「也。嘗謂聖人之門室堂奧喻學者所造之淺深。皆不及門，則顏子而下莫非升堂入室者矣！龜山先生曰：『説者謂從於陳、蔡者皆不及門，無升堂者，失其旨矣。』若以不及門爲無升堂者固不可也，未審以爲皆非及門之士，則盡爲升堂入室之人，可乎」一段，凡九十五字。

〔七〕問德行不知可兼言語文學政事否　朝鮮本問句作：賀孫問：「『從我於陳、蔡』一章後列四科之目，如德行，不知可兼言語、文學、政事否？」

〔八〕顏子非助我者　朝鮮本此下增：無所不説。

〔九〕先生令接讀問目　「讀問目」，朝鮮本作「續早上」。又朝鮮此節文字後又增一節，文云：「問：『集注云以其謹於言行。如三復白圭，固見其謹於言矣。謹於行處雖未見，然言行實相表裏，能謹於言，必能謹於行矣。』曰：『然。』」凡四十八字。

〔一〇〕問注以爲命車何以驗之　朝鮮本問句作：節問：「顏路請子之車，注以下爲命車，何以驗之？」

〔一一〕時舉　朝鮮本「舉」下有「植録同」三字。

〔一二〕或問二氣五行　朝鮮本「問」下有二十六字，其文如下：「季路問事鬼神。子曰：『未能事人，焉能事鬼？』問死，曰：『未知生，焉知死？』夫」。
〔一三〕去僞　朝鮮本作：祖道、謨及人傑録同。
〔一四〕人　朝鮮本「人」前增一節文字：未能事人，焉能事鬼。未知生，焉知死。
〔一五〕問　朝鮮本作：賀孫問，且此下增「季路事鬼神」五字。
〔一六〕稚　原作「椎」，據朝鮮本改。
〔一七〕問　朝鮮本作：賀孫問。
〔一八〕冉有子貢　「冉」原作「將」，據萬曆本改。
〔一九〕夔孫　朝鮮本作：賜。
〔二〇〕外　朝鮮本此下增「面」字。
〔二一〕問誾誾行行侃侃　朝鮮本問句作：問「閔子侍側誾誾如也。子路行行如也，冉有、子貢侃侃如也」。
〔二二〕壯祖　朝鮮本作：處謙。
〔二三〕出公豈可仕也　朝鮮本作：出公輒何如主豈可仕也。
〔二四〕問　朝鮮本作：賀孫問。
〔二五〕欠工夫　朝鮮本此下增「如何」二字。

〔二六〕其弊爲楊墨　朝鮮本「墨」下有三十七字，云：「過則漸至於兼愛，不及則便至於爲我。其源同出於儒者，其末遂至於楊墨。失之毫釐，謬以千里。」

〔二七〕問季氏富於周公一章　朝鮮本作：賀孫問「季氏富於周公，求也爲之聚斂」一章。

〔二八〕自　朝鮮本作：似。

〔二九〕賀孫　朝鮮本此下另有小字云：「謝氏云：學者能少知内外之分，皆可以樂道而忘人之勢，况閔子得聖人爲之依歸！彼其視季氏不義之富貴，不啻犬彘。從而臣之，豈其心哉！居亂邦見惡人，在聖人則可，自聖人以下，剛則必取禍，柔則必取辱。閔子豈不能早見而豫待之乎！如由也不得其死，求也爲季氏附益，豈其本心哉？蓋既無先見之知，又無克亂之才故也。」凡一百二十七字。又朝鮮本此後有兩節文字，其一爲一百零一字，文云：「問：『冉求聖門高弟，親炙聖人，不可謂無所見。一旦仕於季氏，爲之聚斂而附益之。蓋緣他工夫間斷，故不知不覺做到這裏，豈可不時時自點檢？』先生曰：『固是。只緣個公私義利界分不明，所以如此。若是常在界分内做，自然不到如此。纔出界分去，則無所不至矣！』廣。」其二五十三字，文云：「問『以季氏之富而求也爲之聚斂』。曰：『不問季氏貧富。若季氏雖富而取於民有制，亦何害？此必有非所當取而取之者，故夫子如此説。』義剛。」

〔三〇〕壯祖　朝鮮本作：處謙。

〔三一〕受　朝鮮本此下增小字：自後並不用此。

〔三二〕壽皇要行便行了 朝鮮本作：壽皇按行了。

〔三三〕真是捱得到盡處 「真」，朝鮮本作「直」。

〔三四〕士毅略 朝鮮本此則語録收録於卷九，末尾無「士毅略」三字，然又有小字記作：廣。

〔三五〕却是 朝鮮本「却是」之前增「則它」二字。

〔三六〕二段事 朝鮮本此下增：不可。

〔三七〕問吕曰 朝鮮本無「問」字，「曰」下增八十六字，文云：「『回也其庶乎，屢空。賜不受命，而貨殖焉。億則屢中。』明道先生曰：『顔子虚心受道，子貢不受天命而貨殖，億則屢中，役聰明億度而知此子貢始時事。』伊川先生曰：『屢空兼兩意，惟其能虚中，所以能屢空，貨殖便生計較，便不受命。』」

〔三八〕而不能悉中 朝鮮本此下增六十四字，作：「謝曰：『子貢非轉販者，要之於貨殖不能忘意爾。』楊曰：『所謂貨殖，非若後世之營營，特於物未能忘耳。』四先生之説，皆以貨殖爲財貨。吕與叔以爲聚聞見而未詳其説焉。」

〔三九〕孔門高弟 朝鮮本此下增二十六字，作：「聞一而知二，可與從政。至言性與天道，則其所至蓋不在諸子之後。」

〔四〇〕比之屢空者爲有間矣 朝鮮本此下增四十三字，作：「此其所以爲億則屢中。億則以意測，而非真知者也。然則吕曰聚聞見者，蓋得其旨，而言之未盡然，不審然可從否？」

〔四一〕此説乃觀文葉公所作　「此」原作「比」，據朝鮮本、萬曆本改。

〔四二〕寓　朝鮮本作空格，其下有「陳淳録同」四字。

〔四三〕謙之　朝鮮本作：泳。

〔四四〕去僞　朝鮮本作：祖道、謨、人傑録略同。

〔四五〕去僞　朝鮮本作：祖道、去僞、謨録同。

朱子語類卷第四十

論語二十二

先進篇下

季子然問仲由冉求章〔一〕

問〔二〕：「據〔三〕賀孫看來，仲由、冉求氣質不同，恐冉求未必可保，仲由終是不屈。」曰：「不要論他氣質。只這君臣大義，他豈不知。聖人也是知他必可保。然死於禍難是易事，死於不可奪之節是難事。纔出門去事君，這身已便不是自家底，所謂『事君能致其身』是也。如做一郡太守，一邑之宰，一尉之任，有盜賊之虞，這不成休了！便當以死守之，亦未爲難。惟卒遇君臣大變，利害之際只爭些子，這誠是難。今處草茅，說這般事，似未爲切己。看史策所載，簒易之際，直是難處。簒弒之賊，你若不從他，他便殺了你；你從他，便不死。既是貪生惜死，何所不至！」賀孫〔四〕。

問：「孔門弟子如由、求皆仕於季氏，何也？」曰：「只仕，便是病了。儘高底便不肯仕，如閔子、曾子是也。但當時不仕則已，仕則必出於季氏。蓋當時魯君用舍之權，皆歸於季氏也。」又問：「子路未易屈者，當時亦仕於季氏；蓋他雖不能行其道，亦稍知尊敬之。」曰：「說道他尊敬不得。才不當仕時，便教他尊敬，也不當仕。」次日見先生，先生又曰：「夜來說尊敬話，這處認不得，當下便做病。而今說被他敬，去仕他。若是個賊來尊敬自家，自家還從他不從他？但看義如何耳。」夔孫。

因說：「仕於季氏之門者，仲弓爲季氏宰。亦未是叛臣。只是乘魯之弱，招權聚財歸己而已。然終不敢簒，如曹操。故昭公出許多時，季氏卒不敢取。至於三卿分晉，亦必俟天子之命乃安。只是當時魯君自做不行。弱則常如此，强則爲昭公。若孔子處之，則必有道矣。如墮三都，是乘他要墮而墮之，三都墮而三家之所恃者失矣，故其勢自弱。如羅崇勳殺牙兵，初惡其爲亂，既殺之，又自弱。」璘因言：「三家自不相能，如鬬雞之事可見。」曰：「三家，急之則合；緩之，又自不相能。」璘。

問：「『以道事君，不可則止』；『忠告而善道之，不可則止』〔五〕。張子韶解此，謂『當其微有不可，則隨即止之；無待其事之失，過之形，而後用力以止之也』。」曰：「子韶之説不通，與上下文義不相貫。近世學者多取此説，愛其新奇，而不察其不當於理。此甚害事，不可不知也。」謨。

子路使子羔爲費宰章

問「何必讀書，然後爲學」〔六〕。曰：「子路當初使子羔爲費宰，意不知如何。本不是如此，只大言來答，故孔子惡其佞。」問：「此恐失之偏否？」曰：「亦須是講學，方可如此做。左傳子産説『學而後從政，未聞以政學』一段，説得好。如子路，却是以政學者也。」淳〔七〕。

子路曾晳冉有公西華侍坐章

讀「曾晳言志」一章，曰：「此處正要理會。如子路説：『比及三年，可使有勇。』冉有云：『可使足民。』不知如何施設得便如此。曾晳意思固是高遠，須是看他如何得如此。若子細體認得這意思分明，令人消得無限利禄鄙吝之心。須如此看，方有意味。」時舉。

「冉求、公西赤言皆退讓，却是見子路被哂後，計較如此説。子路是真。此四人氣象好看。」升卿〔八〕。

「曾點之志，如鳳凰翔于千仞之上，故其言曰：『異乎三子者之撰。』」道夫。

「曾點是見他個道理大原了，只就眼前景致上説將去〔九〕。其行有不掩者，是他先見得大了，自然是難揜。」廣。

「曾點見得事事物物上皆是天理流行。良辰美景，與幾個好朋友行樂。他看那幾個説底功名事業，都不是了。他看見日用之間，莫非天理，在在處處，莫非可樂。他自見得那〔一〇〕『春服既成，冠者五六人，童子六七人，浴乎沂，風乎舞雩，詠而歸』處，此是可樂天理。」植。

林恭甫問浴沂事。曰：「想當時也真是去浴。但古人上巳祓禊，只是盥濯手足，不是解衣浴也。」義剛。

恭父問〔一一〕：「曾點『詠而歸』，意思如何？」曰：「曾點見處極高，只是工夫疏略。他狂之病處易見，却要看他狂之好處是如何。緣他日用之間，見得天理流行，故他意思常恁地好。只如莫春浴沂數句，也只是略略地説將過。」又曰：「曾點意思，與莊周相似，只不至如此跌蕩。莊子見處亦高，只不合將來玩弄了。」時舉。

敬之又問「曾點」章。曰：「都不待着力説。只是他見得許多自然道理流行發見，眼前觸處皆是，點但舉其一事而言之耳。只看他『鼓瑟希，鏗爾，舍瑟而作』，從容優裕、悠然自得處，無不是這個道理。此一段都是這意思。今人讀之，只做等閑説了。當時記者亦多少子細。曾點見子路、冉有、公西華幾個所對，都要着力出來做，他肚裏自覺得不足爲。若以次對，當於子路對後便問他。聖人見他鼓瑟，意思恁地自得，且問從別人上去，待都説了，却問他。」又曰：「這道理處處都是：事父母，交朋友，都是這道理；接賓客，是接賓客道理；動静語默，莫非道理；天地之運，春夏秋冬，莫非道理。人之一身，便是天地，只緣人爲人欲隔了，自看此意思不見。如曾點，却被他超然看破這意思，夫子所以喜之。日月之盈縮，晝夜之晦明，莫非此理。」賀孫。

「曾點之志，夫子當時見他高於三子，故與之。要之，觀夫子『不知所以裁之』之語，則夫子正欲共他理會在。」道夫。

「曾點言志，當時夫子只是見他説幾句索性話，令人快意，所以與之。其實細密工夫却多欠闕，便似莊、列。如季武子死，倚其門而歌，打曾參仆地，皆有些狂怪。」人傑。

恭父問：「曾點説『詠而歸』一段，恐是他已前實事，因舉以見志。」曰：「他只是説出個意思要如此。若作已前事説，亦不可知。人只見説曾點狂，看夫子特與之之意，須是大段高。緣他資質明敏，洞然自見得斯道之體，看天下甚麽事能動得他！他大綱如莊子。明道亦稱莊子云：『有大底意思。』又云：『莊生形容道體，儘有好處。』邵康節晚年意思正如此〔一二〕，把造物世事都做則劇看。曾點見得大意，然裏面工夫却疏略。明道亦云：『莊子無禮，無本。』」賀孫。

或問：「『如或知爾，則何以哉？』待諸子以可用對，而曾點獨不答所問，夫子乃許之，何也？」曰：「曾點意思見得如此，自與諸子別。看他意思若做時，上面煞有事在。」或問：「如何煞有事？」曰：「曾點見得如此時，若子路、冉求、公西華之所爲，曾點爲之有餘。」又曰：「只怕曾點有莊、老意思。」或問：「曾點是實見得如此，還是偶然說着？」曰：「這也只是偶然說得如此。他也未到得便做莊、老，只怕其流入於莊、老。」又問：「東萊說『曾點只欠「寬以居之」』，這是如何？」曰：「他是太寬了，却是工夫欠細密。」因舉明道說康節云：「堯夫豪傑之士，根本不貼貼地。」又曰：「今人却怕做莊、老，却不怕做管、商，可笑！」賀孫。

問：「夫子令四子言志〔一三〕，故三子皆言用。夫子卒不取，而取無用之曾點，何也？」曰：「三子之志趣，皆止於所能；而曾點氣象又大，志趣又別，極其所用，當不止此也。」又曰：「曾點雖是如此，於用工夫處亦欠細密。」卓。

「子路、曾皙等言志，觀其所對，只住在所做工夫上，故聖人與點，又以進諸子。如告子路『何足以臧』，亦此意。」端蒙。

問四子言志。曰：「曾點與三子，只是爭個粗細。曾點與漆雕開，只是爭個生熟。曾點説得驚天動地，開較隱貼。三子在孔門豈是全不理會義理？只是較粗，不如曾點之細。」又曰：「子路使民，非若後世之孫、吳；冉有足民，非若後世之管、商〔一四〕。」賜。

「子路品格甚高，若打疊得些子過，謂粗暴。便是曾點氣象。」升卿〔一五〕。

「曾點於道，見其遠者、大者，而視其近小皆不足爲。故其言超然，無一毫作爲之意，唯欲樂其所樂，以終身焉耳。」道夫。

敬之問：「曾點言志，見得天理流行，獨於其間認取這許多，作自家受用。」曰：「不用恁地説。曾點只是見得許多都是道理發見，觸處是道理，只緣這道理本來到處都是。」賀孫。

或問：「曾點之言如何？」曰：「公莫把曾點作面前人看，縱説得是，也無益。須是自家做曾點，便見得曾點之心。」學蒙〔一六〕。

問：「曾點浴沂氣象，與顔子樂底意思相近否？」曰：「顔子底較恬靜，無許多事。曾點是自恁説，却也好；若不已，便成釋、老去，所以孟子謂之狂。顔子是孔子稱他樂，他不曾自説道我樂。大凡人自説樂時，便已不是樂了。」淳。

或問：「曾晳言志，既是知得此樂，便如顔子之樂同。曾晳行又不掩，何也？」曰：「程子説：『曾點、漆雕開已見大意。』他只是見得這大綱意思，於細密處未必便理會得。如千兵萬馬，他只見得這個，其中隊伍未必知。如佛氏，不可謂他無所見，但他只見得個大渾淪底道理；至於精細節目，則未必知。且君臣、父子、夫婦、兄弟，他知道理發出來。然至『爲人君，止於仁；爲人臣，止於敬；爲人子，止於孝』之類，却未必知也。」植。

林正卿問：「曾點只從高處見破，却不是次第做工夫來。」曰：「某以爲頗與莊、列之徒相似，但不恁地跌蕩耳。」又問：「『曾點、漆雕開已見大意』，開却實用工夫。」曰：「開覺得細密。」恪。

漢卿舉叔重疑問曰：「曾點『已見大意』。或謂點無細密工夫，或謂點曾做工夫而未至，如何？」曰：「且只理會曾點如何見得到這裏。不須料度他淺深，徒費心思也。」人傑。

或問曾晳。曰：「是他見得到日用之間，無非天理流行。如今便是不能得恁地，充其見，便是孔子『老者安之，朋友信之，少者懷之』意思。聖賢做出，便只是這個物事，更不用安排。如今將文字看，也說得是如此，只是做不能得恁地。」漢卿再請〔一七〕：「前所問『必有事焉』，蒙教曰：『人須常常收斂此心，但不可執持太過，便倒塞了。然此處最難，略看差了，便是禪。』此意如何？」曰：「這便是難言。」正淳謂，云云。先生曰：「固是如此，便是難。學者固當尋向上去，只是向上去，便怕易差。只吾儒與禪家說話，其深處止是毫忽之爭。到得不向上尋，又只畫住在淺處。須是就源頭看。若理會得，只是滔滔地去。如操舟，尋得大港水脈，便一直溜去，不問三尺船也去得，五尺船也去得，一丈二丈船也去得。若不就源頭尋得，只三五尺船子，便只閣在淺處，積年過代，無緣得進。」賀孫。

先生令叔重讀江西嚴時亨、歐陽希遜問目，皆問「曾點言志」一段。以爲學之與事，初非二致，學者要須涵養到「清明在躬，志氣如神」之地，則無事不可爲也。先生曰：「此都説得偏了。學固着學，然事亦豈可廢也！若都不就事上學，只要便如曾點樣快活，將來却恐狂了人去也。學者要須常有三子之事業，又有曾點襟懷，方始不偏。蓋三子是就事上理會，曾點是見得大意。曾點雖見大意，却少事上工夫；三子雖就事上學，又無曾點底脱灑意思。若曾子之學，却與曾點全然相反。往往曾點這般説話，曾子初問却理會不得他。但夫子説東便去學東，説西便去學西，説南便去學南，説北便去學北。到學來學去，一旦貫通，却自得意思也。」時舉。

蕭問「曾點言志」章，程子云云。先生曰：「集注内載前輩之説於句下者，是解此句文義；載前輩之説於章後者，是説一章之大旨及反覆此章之餘意。今曾點説底不曾理會得，又如何理會得後面底！」雉。以下集注。

「所謂『天理流行』一句，須是先自盡於一心，然後及物，則能隨寓而樂。如曾點，只是他先自分内見得個道理，如『莫春』以下是無可説，只就眼前境界，便説出來也得。」又曰：

「曾點、曾參父子却相背。曾點是先見得大了，曾參却細。孔子見他着細工夫到，遂告以『一貫』，那時參言下一『唯』，見得都實。如曾點則行有不掩。是他先見得大了，自然是難掩。」士毅。

問：「集注云：『曾點之學，有以見乎日用之間，莫非天理流行之妙，日用之間，皆人所共。』曾點見處，莫是於饑食渴飲、冬裘夏葛以至男女居室之類，在曾點見則莫非天理，在他人則只以濟其嗜欲？」曰：「固是。同是事，是者便是天理，非者便是人欲。如視聽言動，人所同也。非禮勿視、聽、言、動，便是天理；非禮而視、聽、言、動，便是人欲。」植曰：「即是五峰所謂『天理人欲，同行異情』否？」曰：「是。」植。

周貴卿問：「先生教人，每令就下學上用功，而『子路、曾晳、冉有、公西華侍坐』一章，乃云『其視三子區區於事爲之末者有間矣』，如何？」曰：「三子於事爲上也見不曾透。如『爲國以禮』，他正緣見那『爲國以禮』底道理未透，所以後來恁地。今觀三子雖不可盡見，然大概也可知。如子路，便是那些子客氣未消磨得盡。冉求畢竟有才，要做事爲仕意重。公西華較細膩得些子，但也見不透。」又問：「曾晳似説得高遠，不就事實？」曰：「某嘗説，曾晳不可學。他是偶然見得如此，夫子也是一時被他説得恁地也快活人，故與之。今人若要學他，便會狂妄了。他父子之學正相反。曾子是一步一步踏着實地去做，直到那『參乎！吾道一以貫之。」曾子曰：「唯。」』方是。夔孫録作：「已是得了。」然他到這裏，也只是唯而已，也不曾恁地差異。從此後，也只是穩穩帖帖恁地去。到臨死，尚曰『而今而後，吾知免夫小子』，也依舊是戰戰兢兢，不曾恁地自在。夔孫録云：「未死以前，戰戰兢兢，未嘗少息。豈曾如此狂妄顛蹶！」曾皙不曾見他工夫，只是天資高後自說着。如夫子說『吾黨之小子狂簡，斐然成章，不知所以裁之』，這便是狂簡。如莊、列之徒，皆是他自說得恁地好，夔孫録云：「也是他見得如此。」所以夫子要歸裁正之。若是不裁，只管聽他恁地，今日也浴沂詠歸，明日也浴沂詠歸，却做個甚麽合殺！」義剛。夔孫略。

「夫子與點，以其無所係著，無所作爲，皆天理之流行。『夫何爲哉？恭己正南面而已。』『天叙有典，勑我五典五惇哉！天秩有禮，自我五禮有庸哉！』『天命有德，五服五章哉！天討有罪，五刑五用哉！』即此氣象。夫子以其所見極高明了，所以與之。如今人見學者議論拘滯，忽有一個說得索性快活，亦須喜之。然未見得其做事時如何。若只如此忽略，恐却是病，其流即莊、老耳。如季武子之死，倚門而歌事，及家語所載芸瓜事，雖未必然，但如此放曠，九伯事何故都當入聲。在他身上？所以孟子以之與琴張、牧皮同稱『狂士』。又莊子載子桑户、孟子反、子琴張事，雖是寓言未足憑，然何故不別言一人？孔門如曾點，只見識高，未見得其後成就如何。如曾參，却是篤實細密，工夫到。程子論『三子言志自是實事』一段甚好，及論『夫子與點』一段，意却少異，所以集注兩載之。」必大。

「孔子『與點』、『與聖人之志同』者，蓋都是自然底道理。安老、懷少、信朋友，自是天理流行。天理流行，觸處皆是。暑往寒來，川流山峙，『父子有親，君臣有義』之類，無非這理。如『學而時習之』，亦是窮此理；『孝弟仁之本』，亦是實此理。所以貴乎格物者，是物物上皆有此理。此聖人事，點見得到。蓋事事物物，莫非天理，初豈是安排得來！安排時，便凑合不着。這處更有甚私意來？自是着不得私意。聖人見得，只當閑事，曾點把作一件大事來説。他見得這天理隨處發見，處處皆是天理，所以如此樂〔一八〕。」植。

植舉曾點言志，明道云：「蓋與聖人之志同。」先生詰云：「曾點與聖人志同在那裏？」植云：「曾點浴沂詠歸，樂而得其所，與聖人安老、懷少、信朋友，使萬物各遂其性處同。」曰：「也未凑盡得。」因座中諸友皆不合，先生曰：「『立之底只爭這些子。』潘子善以爲：『點只是樂其性分而已。』日用間見得天理流行，才要着私意去安排，便不得。」曰：「他不是道我不要着私意安排，私意自着不得。這個道理，是天生自然，不待安排。蓋道理流行，無虧無欠，是天生自然如此。與聖人安老、懷少、信朋友底意思相似。聖人見老者合安，便安之；朋友合信，便信之；少者合懷，便懷之。惟曾點見得到這裏，聖人做得到這裏。」植。時舉略。

問：「『曾點言志，如何是有『堯舜氣象』？」曰：「明道云：『萬物各遂其性。』此一句正好看『堯舜氣象』。且看莫春時物態舒暢如此，曾點情思又如此，便是各遂其性處。堯舜之心，亦只是要萬物皆如此爾。孔子之志，欲得『老者安之，少者懷之，朋友信之』，亦是此意。」又問：「上蔡云：『子路、冉有、公西華皆未免有意、必之心；曾點却不願仕，故孔子與之。』此說如何？」曰：「亦是。但此意逼窄爾。」又問：「曾點之狂如何？」曰：「他雖知此理，只是踐履未至。」謨。

「曾點之志，所謂『達可行於天下而後行之』。程子謂『便是堯舜氣象』。爲他見處大，故見得世間細小功業，皆不足以入其心。」道夫。

問〔一九〕：「程子謂『便是堯舜氣象』，如何？」曰：「曾點却只是見得，未必能做得堯舜事。孟子所謂『狂士』，『其行不掩焉者也』。其見到處，直是有堯舜氣象。如莊子亦見得堯舜分曉。」或問天王之用心何如，便說到：「『天德而出寧，日月照而四時行，若晝夜之有經，雲行而雨施』。以是知他見得堯舜氣象出。曾點見識儘高，見得此理洞然，只是未曾下得工夫。曾點、曾參父子正相反。以點如此高明，參却魯鈍，一向低頭捱將去，直到一貫，方始透徹。是時見識方到曾點地位，然而規模氣象又別。」寓。

問：「集注謂曾點『氣象從容』，便是鼓瑟處；詞意灑落，便是下面答言志，『雖堯舜事業亦優爲之』處否？」曰：「且道堯舜是甚麽樣事？何不說堯舜之心，恰限說事業？蓋

『富有之謂大業』，至如『平章百姓』，明目達聰，納大麓，皆是事也。此分明說事業。緣曾點見得道理大，所以『堯舜事業優爲之』，『視三子規規於事爲之末』，固有間矣。是他見得聖人氣象如此，雖超乎事物之外，而實不離乎事物之中。是個無事無爲底道理，却做有事有爲之功業〔二〇〕。天樣大事也做得，針樣小事也做得，此所謂大本，所謂忠，所謂一者，是也。點操得柄欛，據看源頭；諸子則從支派〔二一〕上做工夫。諸子底做得小，他底高大。曾點合下便見得聖人大本是如此，但於細微工夫却不曾做得，所以未免爲狂。緣他資稟高，見得這個大，不肯屑屑做那小底工夫。是他合下一見便了，於細微節目工夫却有欠闕，與後世佛、老近似，但佛、老做得忒無狀耳〔二二〕。」又云：「曾參、曾點父子兩人絶不類。曾子隨事上做，細微曲折，做得極爛熟了，才得聖人指撥，一悟即了當。點則不然，合下便見得如此，却不曾從事〔二三〕曲折工夫。所以聖人但說『吾與點』而已；若傳道，則還曾子也。學者須是如曾子做工夫，點自是一種天資，不可學也。伊川說『曾點、漆雕開已見大意』。點則行不掩，開見此個大意了，又却要補填滿足，於『未能信』一句上見之。此與『一貫』兩處是大節目，當時時經心始得。」又曰：「只看『異乎三子者之撰』一句，便是從容灑落處了。」又曰：「諸子之欲爲國，也是他實做得，方如此說。」明作。集注非定本。

吳兄問曾子言志一段。先生曰：「何謂『視其氣象，雖堯舜事業亦可爲』？」吳兄無對。

先生曰：「曾點但開口説一句『異乎三子者之撰』時，便自高了。蓋三子所志者雖皆是實，然未免局於一君一國之小，向上更進不得。若曾點所見，乃是大根大本。使推而行之，則將無所不能，雖其功用之大，如堯舜之治天下，亦可爲矣。蓋言其所志者大而不可量也。譬之於水，曾點之所用力者，水之源也；三子之所用力者，水之流也。用力於派分之處，則其功止於一派；用力於源，則放之四海亦猶是也。然使點遂行其志，則恐未能掩其言，故以爲狂者也。某嘗謂，曾點父子爲學，每每相反。曾點天資高明，用志遠大，故能先見其本，往往於事爲之間，有不屑用力者焉。是徒見其忠之理，而不知其恕之理也。曾子一日三省，則隨事用力，而『一貫』之説，必待夫子告之而後知。是先於恕上得之，而忠之理則其初蓋未能會也。然而一『唯』之後，本末兼該，體用全備，故其傳道之任，不在其父，而在其子。則其虚實之分，學者其必有以察之！」壯祖〔二四〕。

問「曾點言志，雖堯舜事業亦優爲之」。曰：「曾點爲人高爽，日用之間，見得這天理流行之妙，故堯舜事業亦不過自此做將去。然有不同處：堯舜便是實有之，踏實做將去；曾點只是偶然綽見在。譬如一塊寶珠，堯舜便實有在懷中，曾點只看見有，然他人又不曾見得。某嘗説曾點父子正相拗。曾子先未曾見得個大統體，只是從事上積累做將去，後來方透徹。曾點都未曾去做，却先曉得了，更教他如曾子恁地細密做將去，何可比也？只緣他見得快後不將當事，所以只見得了便休。故他言志，亦不是要去做事底，只是心裏要恁地快活過日而已。」又云：「學者須如曾子逐步做將去，方穩實。」燾。

或問曾點氣象。曰：「曾點氣象，固是從容灑落。然須見得他因甚得如此，始得。若見得此意，自然見得他做得堯舜事業處。」銖。

廖子晦、李唐卿、陳安卿共論三子言志，及顏子喟然之歎，録其語質諸先生。先生曰：「覺見諸公都説得枝蔓。此等處不通如此説，在人自活看方得。若云堯舜事業非曾點所能，又逐一稱述堯舜來比並，都不是如此。曾點只是個高爽底人，他意思偶然自見得，只見得了便休，堯舜則都見得了，又都踏着這個物事行，此其不同處耳。要之，只説得個見得天理明，所以如此。只説得到此住，已上説不去了，要人自見得。只管推説，已是枝蔓。」或問：「程子云：『子路只緣曉不得「爲國以禮」底道理。若曉得，便是此氣象。』如公西、冉求二子，語言之間亦自謙遜，可謂達禮者矣，何故却無曾點氣象？」曰：「二子只是曉得那禮之皮膚，曉不得那裏面微妙處。他若曉得，便須見得『天高地下，萬物散殊，而禮制行矣；流而不息，合同而化，而樂興焉』底自然道理矣。曾點却有時見得這個氣象，只是他見得了便休。緣他見得快，所以不將當事。他若見得了，又從頭去行，那裏得來！曾參則元來未見這個大統體，先從細微曲折處行都透了，見得個大體。曾氏父子二人極不同。世間自有一樣人如此高灑，見得底，學不得也。學者須是學曾子逐步做將去，方穩實。」又問：「子路氣象須較開闊如二子？」曰：「然。」又曰：「看來他們都是合下不曾從實地做工夫去，却只是要想象包攬，説個形象如此，所以不實。某嘗説學者只是依先儒注解，逐句逐字與我理會，着實做將去，少間自見。最怕自立説籠罩，此爲學者之大病。世間也只有這一個方法路徑，若纔不從此去，少間便落草，不濟事。只依古人所説底去做，少間行出來便是我底，何必别生意見。此最是學者之大病，不可不深戒！」僩。

問：「論語只有個顏子、曾子傳聖人之學，其大概既得聞命矣。敢問：『曾點浴沂處』，注云『有堯舜氣象』，夫子固於此子點矣；而子路『爲國以禮』處，亦注云『達得時便是這氣象』，如何？」曰：「子路所言底，他亦是無私意，但是不遜讓時，便不是也。曾點見處豈不曰『與堯舜同』，但是他做不得此事。如今人在外看屋一般，知得有許大許高，然其中間廊廡廳館，户牖房闥，子細曲折，却是未必看得子細也。然看到此，也是大，故難。」或曰：「程子云：『曾點、漆雕開已見得大意』，如何？」曰：「曾點見得較高。開只是樸實，其才雖不及點，然所見也是不苟。」或曰：「曾點既見得天理流行，胸中灑落矣，而行有不掩，何也？」曰：「蓋爲他天資高，見得這物事透徹，而做工夫却有欠闕。如一個大屋樣，他只見得四面墻壁，高低大小都定，只是裏面許多間架，殊不見得。如漆雕開，見大意則不如點，然却是他肯去做。點雖見得，却又不肯去做到盡處。且如邵康節，只緣他見得如此，便把來做幾大作弄，更不加細密工夫。某嘗謂，曾子父子正相反。曾參初頭都不會，只從頭自一事一物上做去，及四方八面都做了，却到大處。及他見得大處時，其他小處，一一都了也。點合下見得大處，却不肯去做小底，終不及他兒子也。」祖道。賜録一條見「漆雕開」章，疑同聞。

問：「使子路知禮〔一二五〕，如何便得似曾晳氣象？」曰：「此亦似乎隔驀，然亦只爭個知不知、見不見耳。若達得，則便是這氣象也。曾點只緣他見得個大底意思了。據他所說之分，只得如此說。能如此，則達而在上，便可做得堯舜事業，隨所在而得其樂矣。」又曰：「公且更說曾點意思。」廣云：「點是已見得大意，其所言者無非天理之流行，都不爲事物所累。」曰：「亦不必說不爲事物所累。只是緣他高明，自見得個大底意思。」曰：「既見得這意思，如何却行有不掩？」曰：「緣他見得了，不去下工夫，所以如此。譬如人須以目見，以足行，見得方能行得。然亦有見得了不肯行者；亦有未見得後强力以進者。如顏子，則見與行皆到也。」又曰：「曾點父子，學問却如此不同。曾點是未行而先見得此意思者。曾子其初却都未能見，但一味履踐將去。到得後來真積力久，夫子知其將有所得，始告之以『一貫』之說，曾子方領略得。然緣他工夫在先，故一見便了，更無窒礙處。若是曾晳，則須是更去行處做工夫始得；若不去做工夫，則便入於釋、老去也。觀季武子死，曾點倚其門而歌；他雖未是好人，然人死而歌，是甚道理！此便有些莊、老意思。程子曰：『曾點、漆雕開已見大意。』看得來漆雕開爲人却有規矩，不肯只恁地休，故曰『吾斯之未能信』。」廣。

問：「『子路若達，便是曾點氣象。』莫是子路無曾點從容意思否？〔二六〕」曰：「子路見處極高，只是有些粗。緣他勇，便粗。若不是勇，又不會變得如此快，這勇却不曾去得。如人得這個藥去病，却不曾去得藥毒。若去得盡，即達『爲國以禮』道理。」顧文蔚曰：「子路與冉有、公西華如何？」文蔚曰：「只是小大不同。」曰：「二子終無子路所見。」問：「何以驗之？」曰：「觀他平日可見。」文蔚。

陳仲亨說：「『子路只是不達「爲國以禮」道理』數句，未明。」先生曰：「子路地位高，品格亦大故高，但其病是有些子粗。緣如此，所以便有許多粗暴疏率處。他若能消磨得這些子去，却能恁地退遜，則便是這個氣象了。蓋是他資質大段高，不比冉求、公西華，那二子雖如此謙退，然却如何及得子路？譬之如一個坑，跳不過時，只在這邊；一跳過，便在那邊。若達那『爲國以禮』道理，便是這般氣象，意正如此。『求也退，故進之。』冉求之病，乃是子路底藥；子路底病，乃是冉求底藥。」義剛。

李守約問：「『子路達時〔二七〕，便是此氣象。』意謂禮是天理，子路若識得，便能爲國，合得天理？」曰：「固是。只更有節奏難說。聖人只爲他『其言不讓』，故發此語。如今看來，終不成纔會得讓底道理，便與曾點氣象相似！似未會如此。如今且平看，若更去説程子之説，却又是説上添説。子思言『鳶飛魚躍』，與孟子言『勿忘、勿助長』，此兩處皆是喫緊爲人處，但語意各自別。後人因『喫緊爲人』一句，却只管去求他同處，遂至牽合。」木之。

問：「孔子語子路『爲國以禮』，只是以子路不遜讓，故發此言。程先生云云，如何？」曰：「到『爲國以禮』分上，便是理明，自然有曾點氣象。」可學。

「伊川謂『子路之志亞於曾點』。蓋子路所言却是實。他二子却鑒他子路爲夫子所哂，故退後説。」道夫。

問：「再看『浴沂』章，程子云：『曾點，狂者也，未必能爲聖人之事，而能知夫子之志。故曰「浴乎沂，風乎舞雩，詠而歸」，言樂而得其所也。孔子之志在於「老者安之，朋友信之，少者懷之」，使萬物莫不遂其性。曾點知之。故孔子喟然歎曰：「吾與點也！」』若如程子之説看，則事皆切實。若只從曾點見得個大底意思看，恐易入於虚無。」先生曰：「此一段，唯上蔡見得分曉。蓋三子只就事上見得此道理，曾點是去自己心性上見得那本原頭道理。使曾點做三子事，未必做得。然曾點見處，雖堯舜事業亦不過以此爲之而已。程子所説意思固好，但所録不盡其意。看得來上面須別有説話在。必先説曾點已見此道理了，然後能如此，則體用具備。若如今恁地説，則有用無體，便覺偏了。」因説：「一貫之旨，忠恕之説，程先生門人中，亦只上蔡領略得他意思，餘皆未曉。『浴沂』一章解，向來亦曾改過，但今尋未見在。」問：「先生謂三子從事上見得此道理，必如此說，然後見得程子所謂『只緣子路不達「爲國以禮」道理，若達，則便是這氣象』之說。三子皆是去事上見得此道理，而子路之言不讓，則便是不知不覺違了這個道理處，故夫子哂之也。」曰：「然。二子亦因夫子之哂子路，故其言愈加謙讓，皆非其自然，蓋有所警也。」廣。

上蔡說「鳶飛魚躍」，因云：「知『勿忘，勿助長』，則知此；知此，則知夫子與點之意。看來此一段好，當入在集注中『舞雩』後。」僩。以下集義。

問〔二八〕：「前輩說，『鳶飛魚躍』與曾點浴沂一事同。不知曾點之事何緣與子思之說同？」曰：「曾點見日用之間莫非天理。」問〔二九〕：「何以見曾點見日用之間莫非天理？」曰：「若非見得日用之間無非天理，只恁地空樂，也無意思。」又曰：「諸子有安排期必，至曾點，只以平日所樂處言之。曾點不說道欲做那事，不做那事。」又曰：「曾點以樂於今日者對，諸子以期於異日者對。」又曰：「某今日見得又別。」節次日問：「節取先生所注一段看，不見與昨日之說異。」曰：「前日不曾說諸子有安排期必，至曾點無之。」節。

校勘記

〔一〕季子然問仲由冉求章　「問」，原作「同」，據論語先進篇改。

〔二〕問　朝鮮本作：賀孫問。

〔三〕據　朝鮮本「據」上增「『季子然問仲由、冉求可謂大臣』一章」。

〔四〕賀孫　朝鮮本此下另有一節文字，作：「問『閔子不仕季氏而由求仕焉』。曰：『仕於大夫家爲僕家臣，不與大夫齒，那上等人自是不肯做。若論當時，侯國宗臣世臣自是無官可做，不仕於大夫，除是終身不出如曾閔，方得。』」凡六十九字。

〔五〕朝鮮本此下增一節文字：「夫以道事君不可則止者，謂道不合則去也，以責善爲友不可則止者，謂言不從則已也。如是，則聖人于事君交友之間，一有不可則去之已之而已，恐非聖人所以盡君臣朋友之義也。嘗記張子韶解此，謂：『不可則止者，當其微有不可，則隨即止之；無待其事之失，過之形，而後用力以止之也。』此說似廣大未審是否？」

〔六〕問何必讀書然後爲學　朝鮮本「問」下有「有民人焉有社稷焉」八字；「學」下有「此語說得如何」六字。

〔七〕淳　朝鮮本此下有「事見左傳襄公三十一年」十小字。

〔八〕升卿　朝鮮本作：處謙。

〔九〕只就眼前景致上説將去　朝鮮本「去」下有「如暮春以下是也」七字。

〔一〇〕那　朝鮮本作：暮春。

〔一一〕恭父問　朝鮮本「恭」上有「因閎子善記二月二十四日趙」十二字。

〔一二〕邵康節晚年意思正如此　朝鮮本「正」作「不」，「如此」下有「見處亦高只是不合將來玩弄」十二字。

〔一三〕夫子令四子言志　朝鮮本此下增二十五字，作：「曰：『汝於平時則曰人不我知也。若人果我知，則以何者而用之哉？』」

〔一四〕商　朝鮮本作：晏。

〔一五〕升卿　朝鮮本作：處謙、升卿録同。

〔一六〕學蒙　朝鮮本作：正卿。

〔一七〕漢卿再請　朝鮮本作：輔漢卿再懇請。

〔一八〕如此樂　朝鮮本此下增一節文字：又云：「恒是個一條物事，徹頭徹尾不是尋常字，古字作恒，其説象一隻船兩頭尾，岸可見頭尾徹。」

〔一九〕問　朝鮮本作：寓問，此下增「吾與點處」。

〔二〇〕却做有事有爲之功業　「之」，朝鮮本、萬曆本均作「底」。

〔二一〕支派　朝鮮本作：支流。

〔一二〕但佛老做得忒無狀耳　「佛」原作「他」，據朝鮮本、萬曆本改。

〔一三〕從事　朝鮮本此下增「上下」二字。

〔一四〕壯祖　朝鮮本作：處謙。

〔一五〕問使子路知禮　朝鮮本「問」下有四十二字，文云：「子路曾晳冉有公西華侍坐章，程子曰：『子路只緣不達爲國以禮道理，故夫子哂之，若達，却便是這氣象也。』政。」

〔一六〕問子路若達便是曾點氣象莫是子路無曾點從容意思否　朝鮮本作：問：「程氏説『曾點、漆雕開已見大意，恐漆雕開見處未到曾點』。」曰：「曾點見雖高，漆雕開卻確實。觀他『吾斯之未能信』之語可見。」又問：「程氏言：『子路只是不達，爲國以禮，道理若達，便是曾點氣象。』莫是子路無曾點從容意思否？」

〔一七〕子路達時　朝鮮本「子路」上有「言志章集注説子路只爲不達爲國以禮道理若」十七字。

〔一八〕問　朝鮮本作：節問。

〔一九〕問　朝鮮本作：節復問。

朱子語類卷第四十一

論語二十三

顏淵篇上

顏淵問仁章

「顏子生平，只是受用『克己復禮』四個字。」不遷，不貳。三月不違。不改其樂。道夫。

「顏子克己，如紅爐上一點雪。」道夫。

「『克己復禮』，間不容髮。無私便是仁。」道夫。

「『克己復禮』，如通溝渠壅塞，仁乃水流也。」可學。

「『克己復禮』，『如火烈〔一〕烈，則莫我敢遏！』」若海。

「克己亦別無巧法，譬如孤軍猝遇强敵，只得盡力舍死向前而已，尚何問哉！」謨。

龔郯伯說：「克去己私後，却方復禮。」曰：「『克己復禮』，一如將水去救火相似。又似一件事，又似兩件事。」時舉。植同〔二〕。

「克己，則禮自復；閑邪，則誠自存。非克己外別有復禮，閑邪外別有存誠。」賀孫。此非定說。

「『克己復禮』。所以言禮者，謂有規矩則防範自嚴，更不透漏。」必大。

「『克己復禮爲仁』，與『可以爲仁矣』之『爲』，如『謂之』相似；與『孝弟爲仁之本』、『爲仁由己』之『爲』不同。」節。

「一於禮之謂仁。只是仁在内，爲人欲所蔽，如一重膜遮了。克去己私復禮，乃見仁。仁、禮非是二物。」可學。

問〔三〕：「『克己復禮』，『如見大賓』之時，指何者爲仁？」曰：「存得心之本體。」節。

因說克己，或曰：「若是人欲則易見。但恐自說是天理處，却是人欲，所以爲難。」曰：「固是如此。且從易見底克去，又却理會難見底。如剥百合，須去了一重，方始去那第二重。今且將『義利』兩字分個界限，緊緊走從這邊來。其間細碎工夫，又一面理會。如做屋柱一般，且去了一重粗皮，又慢慢出細。今人不曾做得第一重，便要做第二重工夫去。如中庸說『戒謹乎其所不睹，恐懼乎其所不聞。莫見乎隱，莫顯乎微，故君子謹其獨』。此是尋常工夫都做了，故又說出向上一層工夫，以見義理之無窮耳。不成『十目所視，十手所指』處不謹，便只去謹獨？無此理也。」雉。

元翰問：「克去己私，最是難事。如今且於日用間每事尋個是處。只就心上驗之，覺得是時，此心便安。此莫是仁否？」曰：「此又似說義，却未見得仁。又況做事只要靠着心。但恐己私未克時，此心亦有時解錯認了。不若日用間只就事上子細思量體認，那個是天理，那個是人欲。着力除去了私底，不要做，一味就理上做去，次第漸漸見得，道理自然純熟，仁亦可見。且如聖賢千言萬語雖不同，都只是說這道理。且將聖賢說底看，一句如此說，一句如彼說，逐句把來凑看，次第合得，都是這道理。」或說：「如今一等非理事，固不敢做。只在書院中時，亦自有一般私意難識。所謂『孜孜爲善，孜孜爲利』，於善利之中，却解錯認。」曰：「且做得一重，又做一重，大概且要得界限分明。」遂以手畫扇中間云：「這一邊是善，這一邊是利。認得善、利底界限了，又却就這一邊體認纖悉不是處克將去。聖人所以下個『克』字，譬如相殺相似，定要克勝得他。大率克己工夫，是自着力做底事，與他人殊不相干。緊緊閉門，自就身上子細體認，覺得才有私意，便克去，故曰：『爲仁由己，而由人乎哉！』夫子說得大段分曉。呂與叔克己銘却有病。他說須於與物相對時克。若此，則是併物亦克也。己私可克，物如何克得去？己私是自家身上事，與物未相干在。」明作。

林安卿問：「克復工夫，全在『克』字上。蓋是就發動處克將去，必因有動，而後天理、人欲之幾始分，方知所決擇而用力也。」曰：「如此，則未動以前不消得用力，只消動處用力便得。如此得否？且更子細。」次早問：「看得如何？」林舉注中程子所言「『克己復禮』乾道，主敬行恕坤道」爲對。曰：「這個也只是微有些如此分。若論敬，則自是徹頭徹尾要底。如公昨夜之說，只是發動方用克，則未發時，不成只在這裏打瞌睡懵懂，等有私欲來時，旋捉來克！如此得否？」又曰：「若待發見而後克，不亦晚乎！發時固是用克，未發時也須致其精明，如烈火之不可犯，始得。」僩。

或問：「克己之私有三：氣禀，耳目鼻口之欲，及人、我是也。不知那個是夫子所指者？」曰：「三者皆在裏。然非禮勿視、聽、言、動，則耳目口鼻之欲較多。」又問：「『克者，勝也』，不如以克訓治較穩。」曰：「治字緩了。且如捱得一分，也是治；捱得二分，也是治。勝，便是打疊殺了他。」學蒙。

或曰：「克己，是勝己之私之謂克否？」曰：「然。」曰：「如何知得是私後克將去？」曰：「隨其所知者，漸漸克去。」或曰：「南軒〔四〕作克己齋銘，不取子雲之說，如何？」曰：

「不知南軒何故如此説。恐只是一時信筆寫將去，殊欠商量。」曰：「聞學中今已開石〔五〕。」曰〔六〕：「悔不及矣！」去僞〔七〕。

「『克己復禮』，不可將『理』字來訓『禮』字。克去己私，固即能復天理。不成克己後，便都没事。惟是克去己私了，到這裏恰好着精細底工夫，故必又復禮，方是仁。聖人却不只説克己爲仁，須説『克己復禮爲仁』。見得禮，便事事有個自然底規矩準則。」

「克己，須着復於禮。」賀孫問：「非天理，便是人欲。克盡人欲，便是天理。如何却説克己了，又須着復於禮？」曰：「固是克了己便是理。然亦有但知克己而不能復於禮，故聖人對説在這裏。却不只道『克己爲仁』，須着個『復禮』，庶幾不失其則。下文云：『非禮勿聽，非禮勿視，非禮勿言，非禮勿動。』緣本來只有此禮，所以克己是要得復此禮。若是佛家，儘有能克己者，雖謂之無己私可也，然却不曾復得禮也。聖人之教，所以以復禮爲主。若但知克己，則下梢必墮於空寂，如釋氏之爲矣。」亞夫又問。曰：「如『坐如尸，立如齊』，此是理；如箕踞跛倚，此是非理。去其箕踞跛倚，宜若便是理。然未能『如尸如齊』，尚是己私。」賀孫。此下三條疑聞同録異，而植録尤詳。

亞夫〔八〕問「克己復禮」章。曰：「今人但説克己，更不説復禮。夫子言非禮勿視、聽、言、動，即是『克己復禮』之目也。顔子會問，夫子會答，答得來包括得盡。『己』字與『禮』字正相對說。禮，便有規矩準繩。且以坐、立言之：己便是箕踞，禮便是『坐如尸』；己便是跛倚，禮便是『立如齊』。但如此看便見。」又曰：「克己是大做工夫，復禮是事事皆落腔窠。克己便能復禮，步步皆合規矩準繩；非是克己之外，別有復禮工夫也。釋氏之學，只是克己，更無復禮工夫，所以不中節文，便至以君臣爲父子，父子爲君臣，一齊亂了。吾儒克己便復禮，見得工夫精細。聖人說得來本末精粗具舉。下面四個『勿』字，便是克與復工夫，皆以禮爲準也。『克己復禮』，便是捉得病根，對證下藥。仲弓主敬行恕，是且涵養將去，是非猶未定。涵養得到，一步又進一步，方添得許多見識。『克己復禮』，便剛決克除將去。」南升。

亞夫問：「『克己復禮』，疑若克己後便已是仁，不知復禮還又是一重工夫否？」曰：「『己』與『禮』對立。克去己後，必復於禮，然後爲仁。若克去己私便無一事，則克之後，須落空去了。且如坐當如尸，立當如齊，此禮也。坐而倨傲，立而跛倚，此己私也。克去己私，則不容倨傲而跛倚；然必使之如尸如齊，方合禮也。故克己者必須復此身於規矩準繩之中，乃所以爲仁也。」又問：「若以『禮』與『己』對看，當從禮說去。禮者，天理之節文，起居動作，莫非天理。起居動作之間，莫不渾全是禮，則是仁。若皆不合節文，便都是私意，不可謂仁。」曰：「不必皆不合節文。但才有一處不合節文，便是欠闕。若克去己私，而安頓不着，便是不入他腔窠。且如父子自是父子之禮，君臣自是君臣之禮。若把君臣做父子，父子做君臣，便不是禮。」又問「克己復禮」與「主敬行恕」之別。曰：「仲弓方始是養在這裏，中間未見得如何。顏子『克己復禮』，便規模大，精粗本末一齊該貫在這裏。」又問：「『克己復禮』如何分精粗？」曰：「若以克去己私言之，便克己是精底工夫，到禮之節文有所欠闕，便是粗者未盡。然克己又只是克去私意，若未能有細密工夫，一一入他規矩準繩之中，便未是復禮。如此，則復禮却乃是精處〔九〕。」時舉因問：「夜來先生謂『坐如尸，立如齊』是禮，倨傲跛倚是己。有知倨傲跛倚爲非禮而克之，然乃未能『如尸』『如齊』者，便是雖已克己而未能復禮也。」曰：「跛倚倨傲，亦未必盡是私意，亦有性自坦率者。伊川所謂『人雖無邪心，苟不合正理，乃邪心也』。佛氏之學，超出世故，無足以累其心，不可謂之有私意。然只見他空底，不見實理，所以都無規矩準繩。」曰：「佛氏雖無私意，然源頭是自私其身，便〔一〇〕是有個大私意了。」曰：「他初間也未便盡是私意，但只是見得偏了。」時舉曰：「先生向所作克齋記云〔一一〕：『克己者，所以復禮；非克己之外，別有所謂復禮之功。』是如何？」曰：「便是當時也說得忒快了。明道謂：『克己則私心去，自能復禮〔一二〕；雖不學文，而禮意已得。』如此等語，也說忒高了。孔子說『克己復禮』，便都是實。」曰：「如此，則『克己復禮』，分明是兩節工夫。」曰：「也不用做兩節看。但不會做工夫底，克己了，猶未能復禮；會做工夫底，才克己，便復禮也。」先生因言：「學者讀書，須要體認。靜時要體認得親切；動時要別白得分明。如此讀書，方爲有益。」時舉。

晏問「克己復禮」。曰：「人只有天理、人欲兩途，不是天理，便是人欲。即無不屬天理又不屬人欲底一節。且如『坐如尸』是天理，跛倚是人欲。克去跛倚而未能如尸，即是克得未盡；却不是未能如尸之時，不係人欲也。須是立個界限，將那未能復禮時底都把做人欲斷定。」先生又曰：「禮是自家本有底，所以説個『復』，不是待克了己，方去復禮。克得那一分人欲去，便復得這一分天理來；克得那二分己去，便復得這二分禮來。且如箕踞非禮，自家克去箕踞，稍稍端坐，雖未能如尸，便復得這些個來。」又問：「如磨昏鏡相似，磨得一分塵埃去，復得一分明。」曰：「便是如此。然而世間却有能克己而不能復禮者，佛、老是也。佛、老不可謂之有私欲。只是他元無這禮，克己私了，却空蕩蕩地。他是見得這理元不是當。克己了，無歸着處。」又問：「所以唤做禮，而不謂之理者，莫是禮便是實了，有準則，有着實處？」曰：「只説理，却空去了。這個禮，是那天理節文，教人有準則處。佛、老只爲元無這禮，克來克去，空了。只如曾點見處，便見這意思。」又問：「曾點見得了，若能如顔子實做工夫去，如何？」曰：「曾點與顔子見處不同：曾點只是見他精英底，却不見那粗底。顔子天資高，精粗本末一時見得透了，便知得道合恁地下學上達去。只是被他一時見透，所以恁做將去。曾點但只見得這向上底道理，所以胸中自在受用處從容。」因問：「曾點資質，莫是與顏子相反〔一三〕？」曰：「不是與顏子相反，却與曾參相反。他父子間爲學大不同。曾參是逐些子捱〔一四〕將去，曾點是只見得向上底了，便不肯做。」又問：「子路若達『爲國以禮』道理，如何便是這氣象？」曰：「若達時，事事都見得是自然底天理。既是天理，無許多費力生受〔一五〕。」又問：「子路就使達得，却只是事爲之末，如何比得這個？」曰：「理會得這道理，雖事爲之末，亦是道理。『暮春者，春服既成』，何嘗不是事爲來。」又問：「三子皆事爲之末，何故子路達得便是這氣象？」曰：「子路才氣去得，他雖粗暴些，纔理會這道理，便就這個『比及三年，可使有勇且知方』上面，却是這個氣象。求、赤二子雖似謹細，却只是安排來底，又更是他才氣小了。子路是甚麼樣才氣！」先生又曰：「曾點之學，無聖人爲之依歸，便是佛、老去。如琴張、曾晳〔一六〕，已做出這般事來。」又曰：「其克己，往往吾儒之所不及，但只他無那禮可復。」夒再舉「未能至於復禮以前，皆是己私未盡克去」。曰：「這是旋克將去。」夒因說：「夜來說『浴乎沂』等數句，意在言外。本爲見得此數句，只是見得曾點受用自在處，却不曾見得曾點見那道理處。須當分明先從這數句上體究出曾點所以如此灑落，因個甚麼。」曰：「這數句，只是見得曾點從容自在處，見得道理處却不在此，然而却當就這看出來。」又曰：「只爲三子見得低了，曾點恁地說出來，夫子所以與之。然而終不似説顔子時，説他只説是狂者，正爲只見得如此，做來却不恁地。」又曰：「『爲國以禮』之『禮』，却不只是繁文末節。」夔問：「莫便是那『克己復禮』之『禮』？」曰：「禮是那天地自然之理。理會得時，繁文末節皆在其中。『禮儀三百，威儀三千』，却只是這個道理。千條萬緒，貫通來只是一個道理。夫子所以説『吾道一以貫之』，曾子曰『忠恕而已矣』是也。蓋爲道理出來處，只是一源。散見事物，都是一個物事做出底。一草一木，與他夏葛冬裘，渴飲饑食，君臣父子，禮樂器數，都是天理流行。活潑潑地，那一件不是天理中出來！見得透徹後，都是天理。理會不得，則一事各自是一事，一物各自是一物，草木各自是草木，不干自己事。倒是莊、老有這般説話〔一七〕。莊子云：『言而足，則終日言而盡道；言而不足，則終日言而盡物。』」夔因問：「這『禮』字恁地重看？」曰：「只是這個道理，有説得開朗底，有説得細密底。『復禮』之『禮』，説得較細密。『博文、約禮』，『知崇、禮卑』，『禮』字都説得細密。知崇是見得開朗，禮卑是要確守得底。」又曰：「早間與亞夫説得那『克己復禮』，是克己便是復禮，不是克己了，方待復禮，不是做兩截工夫。就這裏克將去，這上面便復得來。明道説那『克己則私心去，自能復禮；雖不學禮文，而禮意已得』。這個説得不相似。」又曰：「『克己復禮』，是合掌説底。」植〔一八〕。

「孔子告顔淵，只説『克己復禮』，若是克得己，復得禮，便自見仁分曉。如往長安，元不曾説與長安有甚物事如何。但向説向西去，少間他到長安，自見得。」夔孫。

因論「克己復禮」，洽歎曰：「爲學之艱，未有如私欲之難克也！」先生曰：「有奈他不何時，有與他做一片時。」洽。謙之録云：「有言私欲難去。曰：『難。有時忘了他，有時便與人爲一片了！』」

「非禮即己，克己便復禮。『克己復禮』，便是仁。『天下歸仁』，天下以仁歸之。」閎祖。

問：「『克己復禮』即仁乎？」曰：「『克己復禮』當下便是仁，非復禮之外別有仁也。此間不容髮。無私便是仁，所以謂『一日克己復禮，天下歸仁』。若真個一日打併得淨潔，便是仁。如昨日病，今日愈，便是不病。」伯羽。

「一日『克己復禮』，則一日『天下歸仁』；二日『克己復禮』，則二日『天下歸仁』。」夔孫。

或問「天下歸仁」〔二九〕。曰：「『一日克己復禮』，使天下於此皆稱其仁。」又問：「一日之間，安能如此？」曰：「非是一日便能如此，只是有此理。」節。

或問：「『一日克己復禮』，天下何故以仁與之？」曰：「今一日克己復禮，天下人來點檢他，一日內都是仁底事，則天下都以仁與之；一月能克己復禮，天下人來點檢他，一月內都無不仁底事，則一月以仁與之。若今日如此，明日不如此，便不會以仁與之也。」銖。

問：「『一日克己』，『天下歸仁』。若是聖人，固無可克；其餘則雖是大賢，亦須著工夫。如何一日之間便能如此？雖顔子亦須從事於『四勿』。」曰：「若是果能『克己復禮』了，自然能如此。呂氏曰：『一日有是心，則一日有是德。』」廣。

因問「一日克己復禮」，曰：「呂氏説得兩句最好云：『一日有是心，則一日有是德。』蓋一日真個能克己復禮，則天下之人須道我這個是仁，始得。若一日之内事事皆仁，安得天下不以仁歸之！」雉。祖道録云：「事事皆仁，故曰『天下歸仁』。」

「一日存此心，則一日有此德。『一日克己復禮，天下歸仁』，不是恁地略用工夫，便一日自能如此，須是積工夫到這裏。若道是『一日克己復禮』，天下便一向歸其仁，也不得。若『一日克己復禮』，則天下歸其仁；明日若不『克己復禮』，天下又不歸仁。」賀孫〔二〇〕。

問：「『天下歸仁』〔二一〕，先生言一日能『克己復禮』，天下皆以仁之名歸之，與前説不同，何也？」曰：「所以『克己復禮』者，是先有爲仁之實，而後人以仁之名歸之也。」卓。

問：「『一日克己復禮』〔二二〕，如何使天下便能歸仁？」曰：「若真能『一日克己復禮』，則天下有歸仁之理。這處亦如『在家無怨，在邦無怨』意思。『在家無怨』，一家歸其仁；『在邦無怨』，一邦歸其仁。就仲弓告，止於邦家。顔子體段如此，便以其極處告之。」又曰：「歸，猶歸重之意。」寓〔二三〕。

問「克己復禮爲仁」。曰：「克去己私，復此天理，便是仁。只『克己復禮』，如以刀割物。刀是自己刀，就此便割物，不須更借別人刀也。『天下歸仁』，天下之人以仁稱之也。解釋經義，須是實歷其事，方見着實。如説『反身而誠，樂莫大焉』，所謂誠者，必須實能盡得此理。仁、義、禮、智，無一些欠闕他底，如何不樂！既無實得，樂自何而生？天下歸仁之義，亦類此。既能『克己復禮』，豈更有人以不仁見稱之理？」謨。

或問「『克己復禮』，則事事皆仁」。曰：「人能克己，則日間所行，事事皆無私意而合天理耳。」

問：「顏淵問仁，孔子對以『克己復禮』。顏淵請問其目，則對以『非禮勿視、聽、言、動』。看得用力只在『勿』字上。」曰：「亦須是要睹當得是禮與非禮。」文蔚。

「『非禮勿視』，説文謂『勿』字似旗脚。此旗一麾，三軍盡退，工夫只在『勿』字上。纔見非禮來，則以『勿』字禁止之；纔禁止，便克己；纔克去，便能復禮。」又云：「顏子力量大，聖人便就他一刀截斷。若仲弓，則是閉門自守，不放賊入來底，然敬恕上更好做工夫。」明作。

或問「非禮勿視、聽、言、動」。曰：「目不視邪色，耳不聽淫聲，如此類工夫却易。『視遠惟明』，才不遠，便是不明；『聽德惟聰』，才非德，便是不聰，如此類工夫却難。視、聽、言、動，但有些個不循道理處，便是非禮。」

「『非禮勿視，勿聽』，『姦聲亂色，不留聰明；淫樂慝禮〔二四〕，不接心術』。非是耳無所聞，目無所視。」寓。

元翰問：「非禮勿視、聽、言、動，看來都在視上。」曰：「不專在視上，然聽亦自不好。只緣先有視聽，便引惹得言、動，所以先說視、聽，後說言、動。佛家所謂視、聽，甚無道理。且謂物雖現前〔二五〕，我元不曾視，與我自不相干。如此，却是將眼光逐流入鬧可也。聽亦然。天下豈有此理！」坐間舉佛書亦有克己底說話。先生曰：「所以不可行者，却無『復禮』一段事。既克己，若不復禮，如何得？東坡說『思無邪』，有數語極好。他說：『纔有思，便有邪；無思時，又只如死灰。却要得無思時不如死灰，有思時却不邪〔二六〕。』」明作。

敬之問：「上面『克己復禮』〔二七〕，是要克盡己私；下面『四勿』，是嚴立禁制，使之用力。」曰：「此一章，聖人說只是要他『克己復禮』。『一日克己復禮，則天下歸仁』，是言『克己復禮』之效。『爲仁由己，而由人乎哉』，是言『克己復禮』工夫專在我而不在人。下面『請問其目』，則是顔子更欲聖人詳言之耳。蓋『非禮勿視』，便是要在視上『克己復禮』；『非禮勿聽』，是要在聽上『克己復禮』；『非禮勿言』，是要在言上『克己復禮』；『非禮勿動』，是要在動上『克己復禮』。前後反復，只說這四個字。若如公說，却是把做兩截意思看了！」時舉。

問：「顔淵問仁，子曰『非禮勿視、聽、言、動』。嘗見南軒云：『「勿」字雖是禁止之辭，然中須要有主宰，始得。不然，則將見禁止於西，而生於東；禁止於此，而發於彼，蓋有力不暇給者矣。主宰云何？敬而已矣。』」先生曰：「不須更添字，又是兩沓了。」先生問祖道曰：「公見南軒如何？」曰：「初學小生，何足以窺大賢君子！」曰：「試一言之。」曰：「南軒大本完具，資稟粹然，却恐玩索處更欠精密。」曰：「未可如此議之。某嘗論『未發之謂「中」』字，以爲在中之義，南軒深以爲不然。及某再書論之，書未至，而南軒遺書來，以爲是。南軒見識純粹，踐行誠實，使人望而敬畏之，某不及也。」祖道。

問：「顔淵，孔子未告以『克己復禮』，當如何用工夫？」曰：「如『博我以文，約我以禮』等，可見。」又問，云云。曰：「只消就『克己復禮』上理會便了，只管如此説甚麽〔二八〕！」賀孫。

問：「論語顔淵問仁，與問爲邦，畢竟先是問仁，先是問爲邦？」曰：「看他自是有這『克己復禮』底工夫後，方做得那四代禮樂底事業。」卓。

曰：「顔子聞『克己復禮』，又問其目，直是詳審。曾子一『唯』悟道，直是直截。如何？」曰：「顔子資質固高於曾子。顔子問目却是初學時；曾子一『唯』，年老成熟時也。」謨。

「人須會問始得。砥録作「爲學須善問」。聖門顔子也是會問。他問仁，曰：『克己復禮爲仁。』聖人恁地答他。若今人到這裏，須問如何謂之克己，如何謂之復禮。顏子但言請問其目。到聖人答他『非禮勿視，非禮勿聽，非禮勿言，非禮勿動』，他更不再問非禮是如何，勿視是如何，勿聽是如何，勿言、勿動又是如何，但言『回雖不敏，請事斯語矣』。這是個答問底樣子。到司馬牛問得便乖。聖人答他問仁處，他說：『「其言也訒」，斯謂之仁已乎？』他心都向外去，未必將來做切己工夫，所以問得如此。又謂『「不憂不懼」，斯謂之君子已乎？』恰似要與聖人相拗底說話。砥錄云：「却不向裏思量，只管問出外來。正明道所謂『塔前說塔』也。」這處亦是個不會問樣子。」寓。

「孔門弟子如『仁』字『義』字之說，已各各自曉得文義。但看答問中不曾問道如何是仁，只問如何行仁；夫子答之，亦不曾說如何是仁，只說道如何可以至仁。如顏子之問，孔子答以『克己復禮』；仲弓之問，孔子答以『出門如見大賓，使民如承大祭，己所不欲，勿施於人』；司馬牛之問，孔子答以『仁者其言也訒』；樊遲之問，孔子答以『居處恭，執事敬，與人忠』。想是『仁』字都自解理會得，但要如何做。」賀孫。

國秀問：「聖人言仁處，如『克己復禮』一句，最是言得仁之全體否？」曰：「聖人告人，如『居處恭，執事敬，與人忠』之類，無非言仁。若見得時，則何處不是全體？何嘗見有半體底仁？但『克己復禮』一句，却尤親切。」時舉。

曹問：「『一日克己復禮』，便是仁否？」曰：「今日『克己復禮』，是今日事；明日『克己復禮』，是明日事。『克己復禮』有幾多工夫在，須日日用工〔二九〕。聖人告顏淵如此，告仲弓如此，告樊遲，又曰：『居處恭，執事敬，與人忠。』各隨人說出來，須着究竟。然大概則一聖人之意，千頭萬緒，終歸一理〔三〇〕。」

林正卿問〔三一〕：「夫子答顏淵『克己復禮爲仁』之問，說得細密。若其他弟子問，多是大綱說，如語仲弓以『己所不欲，勿施於人』之類。」先生大不然之，曰：「以某觀之，夫子答群弟子却是細密，答顏子者却是大綱。蓋顏子純粹，無許多病痛，所以大綱告之。至於『請問其目』答以『四勿』，亦是大綱說。使答其他弟子者如此，必無入頭處。如答司馬牛以『其言也訒』，是隨其病處使之做工夫。若能訒言，即牛之『克己復禮』也。至於答樊遲，答仲弓之類，由其言以行之，皆『克己復禮』之功也。」人傑。

或問：「仁之全體，在克己上？」曰：「若論全體，是處可見。且如『其言也訒』，若於此理會得透徹，亦見得全體。須是知得那親切處。如『求生以害仁，殺身以成仁』，須理會得害個甚麽，成個甚麽。」趙師夏云：「莫只要不失這道理，而滿足此心？」先生曰：「如『求生以害仁』，言身雖生，已是傷壞了這個心；『殺身以成仁』，身雖死，這個心却自完全得在。」

「孔子告顏子以『克己復禮』，語雖切，看見不似告樊遲『居處恭，執事敬，與人忠』更詳細〔三二〕。蓋爲樊遲未會見得個己是甚，禮是甚，只分曉説教恁地做去。顔子便理會得，只未敢便領略，却問其目。待説得上下周匝了，方承當去。」賀孫。

子壽言：「孔子答群弟子所問，隨其材答之，不使聞其不能行之説，故所成就多。如『克己復禮爲仁』，唯以分付與顔子，其餘弟子不得與聞也。今教學者，説着便令『克己復禮』，幾乎以顔子望之矣！今釋子接人，猶能分上、中、下三根，云：『我則隨其根器接之。』吾輩却無這個。」先生曰：「此説固是。如克己之説，却緣衆人皆有此病，須克之乃可進；使肯相從，却不誤他錯行了路。今若教他釋子輩來相問，吾人使之『克己復禮』，他還相從否？」子壽云：「他不從矣。」曰：「然則彼所謂根器接人者，又如何見得是與不是？解後却錯了，不可知。」大雅。

或問顔子「克己復禮」。曰：「公且未要理會顔子如何『克己復禮』，且要理會自家身己如何須着『克己復禮』。這也有時須曾思量到這裏，顔子如何若死要『克己復禮』？自家如何不要『克己復禮』？如今説時，也自説得儘通〔三三〕，只是不曾關自家事。也有被別人只管説，説來説去，無奈何去克己，少間又忘了。這裏須思量顔子如何心肯意肯要『克己復禮』？自家因何不心肯意肯去『克己復禮』。這處須有病根，先要理會這路頭，方好理會所以克之之方。須是識得這病處，須是見得些小功名利達真個是輕，『克己復禮』事真個是重，真個是不恁地不得〔三四〕。」

梁謙問「克己復禮」。曰：「莫問顔子『克己復禮』，且就自家己身上説。顔子當時却不解做别事，只恁地『克己復禮』作甚？顔子聞一知十，又不是個不聰明底人。而今須是獨自做工夫，説要自家己身見得。便如上蔡聞程先生之言，自然面赤汗流。却是見得他從前不是處，而今却能遷善改過，這個便是透處。」卓。

問：「『一日克己復禮，天下歸仁。』向來徐誠叟説，此是克己工夫積習有素，到得一日果能『克己復禮』，然後『天下歸仁』。如何？」曰：「不必如此説，只是一日用其力之意。」問：「有人一日之中『克己復禮』，安得天下便歸仁？」曰：「只爲不曾『克己復禮』。『一日克己復禮』，即便有一日之仁。顔子『三月不違仁』，只是『拳拳服膺而弗失』。『惟聖罔念作狂，惟狂克念作聖』。今日克念，即可作聖；明日罔念，即爲狂矣。」曰：「到顔子地位，其德已成，恐不如此。」曰：「顔子亦只是『有不善未嘗不知，知之未嘗復行』。除是夫子『七十而從心所欲，不踰矩』，方可説此。」德明。

問：「顔子已是知非禮人，如何聖人更恁地向他説？」曰：「也只得恁地做。〔三五〕」榦。

黄達才問：「顔子如何尚要克己？」先生厲聲曰：「公而今去何處勘驗他不用克己！既是夫子與他説時，便是他要這個工夫，却如何硬道他不用克己！這只是公那象山先生好恁地說道，『顔子不似他人樣有偏處；要克，只是心有所思』，便不是了。嘗見他與某人一書說道：『才是要克己時，便不是了。』這正是禪家之説，如杲老說『不可說，不可思』之類。他說到那險處時，又却不說破，却又將那虚處説起來。如某所説克己，便是説外障；如他說，是說裏障。他所以嫌某時，只緣是某捉着他緊處。別人不曉禪，便被他謾；某却曉得禪，所以被某看破了。夫子分明說：『非禮勿視，非禮勿聽，非禮勿言，非禮勿動。』顔子分明是『請事斯語』，却如何恁地說得？」又問：「上蔡『先從偏處克將去』，其說如何？」曰：「也不特恁地。夫子說非禮勿視、聽、言、動，便盡包得了。如偏底固是要克，也有不偏而事爲有不穩當底，也當克。且如偏於嚴，克而就寬，那寬中又有多少不好處要克。今看顔子說：『夫子循循然善誘人，博我以文，約我以禮。』便是也要博文。博文又是前一段事。博文須是窮究得個事理都明，方解去『克己復禮』。若不博文，則自家行得是與不是，皆不知。所以大學先要致知、格物，方去正心、誠意。『博學之，審問之，謹思之，明辨之，篤行之』，前面四項，只是理會這物事；理會得後，方去行。今若不博文，只要撮個尖底，也不解說得親切，也只是大概綽得，終不的當。」又問「天下歸仁」。曰：「只是天下稱其仁。而今若能『克己復禮』，天下自是稱他是仁人，這也不須理會，只去理會那頭一件。如喫飯相似，只管喫，自解飽；若不去喫，只想個飽，也無益。」義剛。

問：「『天下歸仁』，集注云：『歸，猶與也。』謂天下皆與其仁。後面却載伊川語『天下歸仁謂事事皆仁』，恰似兩般，如何？」曰：「爲其『事事皆仁』，所以『天下歸仁』。」文蔚。集注。

問：「『克己復禮爲仁』，這『爲』字，便與子路『爲仁』之『爲』字同否？」曰：「然。」又問：「程先生云：『須是克盡己私，皆歸於禮，方始是仁。』恐『是仁』字與『爲仁』字意不相似。」曰：「克去那個，便是這個。蓋克去己私，便是天理，『克己復禮』所以爲仁也。仁是地頭，『克己復禮』是工夫，所以到那地頭底。」又問「天下歸仁」。曰：「自家既事事是仁，則天下之人見自家事事合仁，亦皆曰是仁。若自家設有一事未是仁，有一個人來説不是仁時，便是天下不曾皆與以仁在。」又問：「孔子答問仁之説甚多，惟此説『克己復禮』，恐是僩録作「説得」。仁之全體。」曰：「只見得破，做得徹，都是全體。若見不破，做不徹時，便是『克己復禮』，也是閑説。」僩録云：「若真見得，則孔子所答無非是全體；若見不得，雖是『克己復禮』，也只没理會。」燾。

問：「程先生云：『克己復禮，則事事皆仁，故曰天下歸仁。』如何？」曰：「不若他更有一説云，『一日克己復禮，則天下稱其仁』爲是。」大雅。

問：「程子曰〔三六〕：『事事皆仁，故曰「天下歸仁」。』一日之間，如何得事事皆仁？」

曰：「『一日克己復禮』了，雖無一事，亦不害其爲『事事皆仁』；雖不見一人，亦不害其爲『天下歸仁』。」植。

「聖人説話甚實，不作今人談空。故伊川説『天下歸仁』，只作天下之人以仁與之。此是微言，惟顔子足以當之。」浩。

問：「謝氏説：『克己，須從性偏難克處克將去。』此性是氣質之性否？」曰：「然。然亦無難易。凡氣質之偏處，皆須從頭克去。謝氏恐人只克得裏面小小不好底氣質，而忘其難者，故云然。」僩。

問「勿者，勝私復禮之機」。曰：「主在『勿』字上。纔覺非禮意思萌作，便提却這『勿』字，一刀兩段，己私便可去。私去，則能復禮而仁矣。都是自用着力，使他人不着，故曰『爲仁由己，而由人乎哉？』」或問：「顔子地位，有甚非禮處？何待下此『四勿』功夫？」曰：「只心術間微有些子非禮處，也須用浄盡截斷了。他力量大，聖人便教他索性克去。譬如賊來，顔子是進步與之厮殺。教仲弓以敬恕，是教他堅壁清野，截斷路頭，不教賊來。」銖因問：「『「克己復禮」，乾道也；主敬行恕，坤道也。』乾道是健決意，坤道是確守意？」曰：「顔子是近前與他一刀兩斷；仲弓是一面自守，久而賊自遁去。此亦只是一個道理。聖人教人，因其資之高下，故不同。要之，用功成德則一耳。」先生因曰：「今人只爭個『勿』字。

常記胡侍郎云：『我與顔子，只爭一個「勿」字。顔子非禮便勿視，我非禮亦視，所以不及顔子。』因舉説文云，『勿』字勢似旗。旗是揮止禁約之物。勿者，欲人揮止禁約其私欲也。」銖。

問伊川四箴〔三七〕。曰：「這個須着子細去玩味。」因言：「工夫也只恁地做將去，也別無道理拘迫得他。譬如做酒〔三八〕，只是用許多麯，時日到時，便自迸酒出來。凡看文字，只要『温故知新』。只温個故底，便新意自出。若捨了故底，別要討個新意，便不得也。」時舉。

「『由乎中而應乎外』，這是勢之自然；『制於外所以養其中』，這是自家做工夫處。」道夫。

「『由乎中而應乎外，制於外所以養其中。』上句是説視、聽、言、動皆由中出，㽦録作：「自此心形見。」下句是用功處。」㽦録作：「即是克己工夫〔三九〕。」問：「須是識別得如何是禮，如何是非禮？」曰：「固是用分別得。然緊要在『勿』字上，不可放過。」閎祖。㽦略。

讀伯豐克己復禮爲仁説，曰：「只克己，便是復禮。『克己復禮』，便似『著誠去僞』之類。蓋己私既克，無非天理，便是禮。大凡才有些私意，便非禮。若截爲兩段，中間便有空闕處。必大録此云：「『著誠去僞』，不彼即此。非克己之後，中間又空一節，須用復禮也。」伊川説『由乎中而應乎外』，是説視、聽、言、動四者皆由此心；『制乎外所以養其中』，却是就視、聽、言、動上克去己私做工夫。必大録此云：「上句言其理，下句是工夫。」如尹彦明書四箴，却云：『由乎中所以應乎外。』某向見傳本，上句初無『所以』字。」㽦。

先生顧炎曰：「程子曰『制於外所以養其中』，這一句好看。」炎。

直卿問：「『制於外所以養其中』，此是説仁之體而不及用？」曰：「『制於外』，便是用。」又曰：「視、聽自外入，言、動自内出，聖人言語緊密如此。聖人於顔子、仲弓都是就綱領上説，其他則是就各人身上説。」道夫。

問：「『由乎中而應乎外〔四〇〕，制於外所以養其中。』克己工夫從内而做去，反説『制於外』，如何？」曰：「制却在内。」又問：「視箴何以特説心？聽箴何以特説性？」曰：「互换説，也得。然諺云：『開眼便錯。』視所以就心上説。『人有秉彝，本乎天性。』道理本自好在這裏，却因雜得外面言語來誘化，聽所以就理上説。」植。

「『操之有要，視爲之則』，只是人之視、聽、言、動，視最在先，爲操心之凖則。此兩句未是不好。至『蔽交於前』，方有非禮而視；故『制之於外，以安其内』，則克己而復禮也。如是工夫無間斷，則久而自從容不勉矣，故曰『久而誠矣』。」端蒙。

或問：「非禮勿視、聽、言、動，程子以爲『制之於外，以安其内』，却是與『克伐怨欲不行』底相似。」曰：「克己工夫，其初如何便得會自然？也須着禁制始得。到養得熟後，便私意自漸漸消磨去矣。今人須要揀易底做，卻不知若不自難處入，如何得到易處。所謂『非禮勿』者，只要勿爲耳。眼前道理，善惡是非，阿誰不知？只是自冒然去做。若於眼前底識得分明，既不肯去做，便卻旋旋見得細密底道理。蓋天下事有似是而實非者，亦有似非而實是者，這處要得講究。若不從眼前明白底做將來，這個道理又如何得會自見。」時舉。

李問：「伊川云：『制乎外以安其内。』顏子心齋坐忘都無私意〔四一〕，似更不必制於外。」曰：「顏子若便恁地，聖人又何必向他説『克己復禮』！便是他也更有些私意。莫把聖人令做一個人看，便只是這樣人。『如有周公之才之美，使驕且吝』，若驕吝，便不是周公。『惟聖罔念作狂』。若使堯、舜爲桀、紂之行，便狂去，便是桀、紂！」賀孫。

問四箴。曰：「視是將這裏底引出去，所以云『以安其内』；聽是聽得外面底來，所以云『閑邪存誠』。」又問：「四者還有次第否？」曰：「視爲先，聽次之。」又曰：「『哲人知幾，誠之於思』，此是動之於心；『志士勵行，守之於爲』，此是動之於身。」雉。

問：「聽箴『人有秉彝』，云云，前面亦大概説。至後兩句言『閑邪存誠，非禮勿聽』，不知可以改『聽』字作視箴用得否？」曰：「看他視箴説又較力。視最在先，開眼便是，所以説得力。至於聽處，卻又較輕也。」寓。

問〔四二〕：「『知誘物化，遂忘其正』，這個『知』是如何？」曰：「樂記云：『人生而靜，天之性也；感於物而動，性之欲也。物至知知，然後好惡形焉。好惡無節於內，知誘於外，不能反躬，天理滅矣！』人莫不有知，知者，所當有也。物至，則知足以知之而有好惡，這是自然如此。到得『好惡無節於內，知誘於外』，方始不好去。」賀孫。

賀孫說「顏淵問仁」章集注之意。曰：「如此只就上面說，又須自家肚裏實理會得，始得。固是說道不依此說，去外面〔四三〕生意不可。若只誦其文，而自不實曉認得其意，亦不可。」又曰：「且依許多說話，常常諷詠，下稍自有得。」又曰：「四箴意思都該括得盡。四個箴，有說多底，有說少底，多底減不得，少底添不得。如言箴說許多，也是人口上有許多病痛。從頭起，至『吉凶榮辱，惟其所召』，是就身上謹；『傷易則誕』，至『出悖來違』，是當謹於接物間，都說得周備。『哲人知幾，誠之於思；志士勵行，守之於爲。』這說兩般人：哲人只於思量間，便見得合做與不合做；志士便於做出了，方見得。雖則是有兩樣，大抵都是順理便安裕，從欲便危險。集注所録，都說得意思盡了，此外亦無可說。只是須要自實下工夫，實見是如何。看這意思，都克去己私。無非禮之視，無非禮之聽，無非禮之言，無非禮之動，這是甚麼氣象？這便是渾然天理，這便是仁，須識認得這意思。」賀孫問：「視聽之間，或明知其不當視，而自接乎目；明知其不當聽，而自接乎耳，這將如何？」曰：「視與看見不同，聽與聞不同。如非禮之色，若過目便過了，只自家不可有要視之之心；非禮之聲，若入耳也過了，只自家不可有要聽之之心。然這般所在也難。古人於這處，亦有以禦之。如云：『姦聲亂色，不留聰明；淫樂慝禮，不接心術。』」賀孫。

問：「承誨，言箴自『人心之動，因言以宣』至『吉凶榮辱，惟其所召』，是謹諸己；以下是説接物許多病痛。」曰：「上四句是就身上最緊物處須是不躁妄，方始靜專。纔不靜專，自家這心自做主不成，如何去接物？下云『矧是樞機，興戎出好』四句，都是説謹言底道理。下四句却説四項病：『傷易則誕，傷煩則支，己肆則物忤，出悖則來違。』」賀孫問：「如今所以難克，也是習於私欲之深。今雖知義理，而舊所好樂，未免沉伏於方寸之間，所以外物纔誘，裏面便爲之動，所以要緊只在『克』字上。克者，勝也。日用之間，只要勝得他。天理纔勝，私欲便消；私欲纔長，天理便被遮了。要緊最是勝得去，始得。」曰：「固是如此。如權衡之設，若不低便昂，不昂便低。凡天地陰陽之消長，日月之盈縮，莫不皆然。」又云：「這『克己復禮』，事體極大。非顔子之聰明剛健，不足以擔當，故獨以告顔子。若其他所言，如『出門如見大賓，使民如承大祭』，如『仁者其言也訒』，又如『居處恭，執事敬』，都是克己事，都是爲仁事。但且就一事説。然做得工夫到，也一般。」問「仲弓問仁」一章。曰：「看聖人言，只三四句，便説得極謹密。説『出門如見大賓，使民如承大祭』，下面便又説『己所不欲，勿施於人』，都無些闕處。尋常人説話，多是只説得半截。」問：「看此意思，則體、用兼備。」曰：「是如此。自家身已上常是持守，到接物又如此，則日用之間無有間隙，私意直是何所容！可見聖人説得如此極密。」問：「集注云：『事斯語而有得，則固無己之可克矣。』此固分明。下云：『學者審己而自擇焉可也。』未審此意如何？」曰：「看自家資質如何。夫子告顏淵之言，非大段剛明者不足以當之。苟惟不然，只且就告仲弓處着力。告仲弓之言，只是淳和底人皆可守。這兩節一似易之乾，一似易之坤。聖人於乾説『忠信，所以進德也；脩辭立其誠，所以居業也』，説得煞廣闊。於坤，只説『敬以直内，義以方外』。止緣乾是純剛健之德，坤是純和柔之德。」又云：「看集義聚許多説話，除程先生外，更要揀幾句在集注裏，都拈不起。看諸公説，除是上蔡説得猶似。如游、楊説，直看不得！」賀孫。

問：「『哲人知幾，誠之於思；志士勵行，守之於爲』，此是兩般人否？」曰：「非也。只是『誠之於思』底，却覺得速；『守之於爲』者，及其形於事爲，早是見得遲了。此却是覺得有遲速，不可道有兩般，却兩脚做功夫去。」端蒙。

尹叔問：「『哲人知幾，誠之於思；志士勵行，守之於爲』，四句莫有優劣否？」曰：寓録云：「只是兩項。」「思是動之微，爲是動之著。這個是該動之精粗。爲處動，思處亦動；思是動於内，爲是動於外。蓋思於内，不可不誠；爲於外，不可不守。然專誠於思，而不守於爲，不可；專守於爲，而不誠於思，亦不可。」又曰：「看文字須是得個骨子。諸公且道這動箴那句是緊要？」道夫云：「『順理則裕』，莫是緊要否？」曰：「更連『從欲則危』，兩句都是。這是生死路頭！」又曰：「四者惟視爲切，所以先言視；而視箴之説，尤重於聽也。」道夫〔四四〕。

「程子曰：『人能克己，則仰不愧，俯不怍，心廣體胖，其樂可知。有息，則餒矣。』如今見得直如此説得好！」儒用。閎祖録云：「此説極有味。」集義。

問：「『克己復禮』章〔四五〕，外書有曰：『不能克己，是爲楊氏之爲我；不能復禮，是爲墨氏之兼愛。故曰：「親親而仁民，仁民而愛物〔四六〕。」』」曰：「『克己復禮』，只是一事。外書所載，殊覺支離，此必記録之誤。向來所以別爲一編，而目之曰『外書』者，蓋多類此故也。伊川嘗曰：『非禮處，便是私意。既是私意，如何得仁？須是克盡己私，皆歸於禮，方始是仁。』此説最爲的確。」謨。

正淳問：「程子曰：『禮，即理也。不是天理，便是人欲。』尹氏曰：『禮者，理也。去人欲，則復天理。』或問不取尹説，以爲失程子之意，何也？」曰：「某之意，不欲其只説復理而不説『禮』字。蓋説復禮，即説得着實；若説作理，則懸空，是個甚物事？如謝氏曰：『以我視，以我聽，以我言，以我動。』夫子分明説是『非禮勿視、聽、言、動』，謝氏却以『以我』言之，此則自是謝氏之意，非夫子所以告顔淵者矣。又如游氏曰：『顔淵「事斯」語，至於「非禮勿動」，則不離於中，其誠不息而可久。』將幾個好字總聚在此，雖無甚病，終不是本地頭話。」問：「游氏專説『非禮勿動』，遺却視、聽、言三事。」曰：「此却只是提此一語，以概其餘。」又問：「謝氏前篇謂『曾點胸中無一事』，此章乃云：『仁者心與事一，無一忘一助之失。』」曰：「『心與事一』，只是做此一事，則主在此一事，如此説亦無礙。惟其『心與事一』，故能『胸中無一事』也。」必大。

「聖人只説做仁，如『克己復禮爲仁』，是做得這個模樣，便是仁。上蔡却説『知仁』，『識仁』，煞有病。」節。

問「天下歸仁」。曰：「只是天下以仁稱之。」又問：「謝説如何？」曰：「只是他見得如此。大抵謝與范，只管就見處，却不若行上做工夫。只管扛，扛得大，下梢直是没著處。如夫子告顔子『非禮勿視、聽、言、動』，只是行上做工夫。」去僞（四七）。

「『天下歸仁』，言天下皆與其仁。伊川云『稱其仁』是也。此却説得實。至楊氏以爲『天下皆在吾之度内』，則是謂見得吾仁之大如此，而天下皆囿於其中，則説得無形影。呂氏克己銘，如『洞然八荒，皆在我闥』之類同意。」端蒙。

問：「『克己復禮，天下歸仁。』南軒謂：『克盡己私，天理渾然，斯爲仁矣。天下歸仁者，無一物之不體也。故克己銘謂「洞然八荒，皆在我闥。」』近得先生集注却云：『「一日克己復禮」，則天下之人皆與其仁。』似與諸公之意全不相似。程子曰：『「克己復禮」，則事事皆仁，故曰：「天下歸仁。」』此意又是如何？」曰：「某向日也只同欽夫之説，看得來文義不然，今解却是從伊川説。孔子直是以二帝三王之事許顏子。此是微言，自可意會。孔子曰：『雍也，可使南面。』當其問仁，亦以『在邦無怨，在家無怨』告之。」浩。

某解「顏淵問仁」章畢，先生曰：「克，是克去己私。己私既克，天理自復。譬如塵垢既去，則鏡自明；瓦礫既掃，則室自清。如呂與叔克己銘，則初未嘗説克去己私。大意只説物我對立，須用克之。如此，則只是克物，非克己也。」枅。

「克己銘〔四八〕不合以己與物對説。」謨。

「呂與叔説克己，從那己、物對處克。此説雖好，然不是夫子與顏子説底意。夫子説底，是説未與物對時。若與物對時方克他，却是自家已倒了幾多。所謂己，只是自家心上不合理底便是，不待與物對方是。」又曰：「呂與叔克己銘只説得一邊。」佐。

包詳道言：「克去勝心、忌心。」先生曰：「克己有兩義：物我亦是己，私欲亦是己。呂與叔作克己銘，只説得一邊。」方子。

問：「公便是仁否？」〔四九〕曰：「非公便是仁，盡得公道所以爲仁耳。求仁處，聖人説了：『克己復禮爲仁。』須是克盡己私，以復乎禮，方是公；公，所以能仁。」問：「克己銘〔五〇〕：『痒痾疾痛，舉切吾身。』不知是這道理否？」曰：「某見前輩一項議論説忒高了，不只就身上理會，便説要與天地同其體，同其大，安有此理！如『初無吝驕，作我蟊賊』，云云，只説得克己一邊，却不説到復禮處。須先克己私，以復于禮，則爲仁。且仁譬之水，公則譬之溝渠，要流通此水，須開浚溝渠，然後水方流行也。」寓。

問：「或問〔五一〕深論克己銘之非，何也？」曰：「『克己』之『己』，未是對人物言，只是對『公』字説，猶曰私耳。呂與叔極口稱揚，遂以『己既不立，物我並觀』，則雖天下之大，莫不皆在於吾仁之中，説得來恁大，故人皆喜其快。纔不恁説，便不滿意，殊不知未是如此。」道夫云：「如此，則與叔之意與下文克己之目全不干涉。此自是自修之事，未是道著外面在。」曰：「須是恁地思之。公且道，視、聽、言、動干人甚事！」又問「天下歸仁」。曰：「『克己復禮』，則事事皆是，天下之人聞之見之，莫不皆與其爲仁也。」又曰：「有幾處被前輩説得來大，今收拾不得。謂如『君子所過者化』，本只言君子所居而人自化；『所存者神』，本只言所存主處便神妙。横渠却云：『性性爲能存神，物物爲能過化。』至上蔡便道：『唯能「所存者神」，是以「所過者化。」』此等言語，人皆爛熟，以爲必須如此説。纔不如此説，便不快意矣。」道夫。

林正卿問「天下歸仁」。曰：「『痒痾疾痛，舉切吾身』，只是存想『天下歸仁』。恁地，則不須克己，只坐定存想月十日，便自『天下歸仁』〔五二〕，豈有此理！」時舉問：「程先生曰：『事事皆仁，故曰天下歸仁。』是如何？」曰：「『事事皆仁』，所以『天下歸仁』。於這事做得恁地，於那事亦做得恁地，所以天下皆稱其仁。若有一處做得不是，必被人看破了。」時舉。

林正卿問：「呂與叔云：『痒痾疾痛，舉切吾身。』不知此語說『天下歸仁』如何？」曰：「聖人尋常不曾有這般說話。近來人被佛家說一般大話，他便做這般底話去敵他。此『天下歸仁』，與『在邦無怨，在家無怨』一般，此兩句便是歸仁樣子。」又問：「怨，是人怨己怨？」曰：「人怨。」恪。

問：「克己銘只說得公底意思？」曰：「克己銘不曾說着本意。楊子雲曰：『勝己之私之謂克。』『克』字本虛，如何專以『勝己之私』爲訓？『鄭伯克段于鄢』，豈亦勝己之私耶！」閎祖。

「上蔡說『先難』，便生受。如伊川，便說『制之於外，以安其內』，其說平。」方。

「『以我視，以我聽。』若以爲心先有主，則視聽不好事亦得，大不便也。」方。

「『以我視，以我聽』，恐怕我也没理會。」方。

「游定夫有論語要旨。『天下歸仁』，引龐居士，云云。黄簡肅親見其手筆。」閎祖。

「曾天游見陳幾叟，曰：『「克己復禮」，舊曉不得。因在京師委巷中下轎涉泥看謁，方悟有個快活處。後舉以問薛丈。薛昂，曾之外甥。薛云：「情盡性復，正是如此。」』陳曰：『又問薛丈做甚？』曾又曰：『又嘗以問游丈，亦以爲然。』陳復曰：『又更問那游丈！』蓋定夫以『克己復禮』與釋氏一般〔五三〕，只存想此道理而已。舊南本游氏語解中全用佛語解此一段，某已削之。若只以想像言克復，則與下截『非禮勿視』四句有何干涉？」僩。

校勘記

〔一〕如火烈　朝鮮本此下增「火」字，句讀作：如火烈，火烈則莫我敢遏。

〔二〕植同　朝鮮本作：植録同。

〔三〕問　朝鮮本作：節問。

〔四〕南軒　朝鮮本此下增「張公」二字。

〔五〕聞學中今已開石　「聞」原作「開」，據朝鮮本、萬曆本改。

〔六〕曰　朝鮮本作：先生笑曰。

〔七〕去僞　朝鮮本作：祖道、謨、人傑同。

〔八〕亞夫　朝鮮本作：晏亞夫。

〔九〕精處　朝鮮本作：精義。

〔一〇〕便　朝鮮本此下增：乃。

〔一一〕先生向所作克齋記云　朝鮮本「克」上有「石先生」三字。

〔一二〕自能復禮　朝鮮本「禮」下有「便是實如曰」。

〔一三〕相反　朝鮮本此下增：所見處如此。

〔一四〕捱　朝鮮本作：推。

〔一五〕生受　朝鮮本此下增：灑落，因個甚麽。曰：「這數句，只是見得曾點從容自在處，見得道理處卻不在此，然而卻當就這看出來。」又曰：「只爲三子見得低了，曾點恁地説出來，夫子所以與之。然而終不似説顏子時。説他只説是狂者，正爲只見得如此，做來卻不恁地。」又曰：「『爲國以禮』之『禮』，卻不只是繁文末節。」成化本此節内容位於下文，順序不同。

〔一六〕如琴張曾晳　「晳」，朝鮮本作「點」。

〔一七〕倒是莊老有這般説話　朝鮮本「倒」上有「如今」二字。

〔一八〕植　朝鮮本此則分作十一則，末尾小字作：植。時舉録同而略。

〔一九〕或問天下歸仁　朝鮮本「天」上有「一日克己復禮」六字。

〔二〇〕賀孫　朝鮮本末尾記作：時舉。

〔二一〕問天下歸仁　朝鮮本「天」上有「顏子克己」四字。

〔二二〕問一日克己復禮　朝鮮本「禮」下有「天下歸仁」四字。

〔二三〕寓　朝鮮本作：淳録同。

〔二四〕淫樂慝禮　「慝」，原作「忒」，據禮記樂記原文改。

〔二五〕且謂物雖現前　「現」原作「視」，據朝鮮本改。

〔二六〕有思時却不邪　朝鮮本「邪」下有「此數語亦自好」六字。

〔二七〕敬之問上面克己復禮　朝鮮本「上面」上有「克己復禮一章謂」七字。

〔二八〕只管如此説甚麽　朝鮮本作：只管如此説做甚。

〔二九〕須日日用工　「日日」原作「日月」，據朝鮮本、萬曆本改。

〔三〇〕終歸一理　朝鮮本「理」下有小字注「辛」字。

〔三一〕林正卿問　朝鮮本「卿」下有注云「名學蒙」。

〔三二〕詳細　朝鮮本作：詳密。

〔三三〕如今説時也自説得儘通　朝鮮本作：如今若説時，也自會説得儘通。

〔三四〕真個是不恁地不得　朝鮮本「得」下有注云「賀孫」。

〔三五〕也只得恁地做　朝鮮本此下增一節文字，作：「横渠教人道：『夜間自不合睡，只爲無可應接，他人皆睡了，己不得不睡。』他做正蒙時，或夜間默坐徹曉。他直是恁地勇，方做得。」因舉曾子「任重道遠」一段，曰：「子思、曾子直恁地，方被他打得透。」邵武江元益問：「今日門人勇者爲誰？」曰：「未見勇者。」

〔三六〕問程子曰　朝鮮本「問」下有「顔淵問仁一條一日克己復禮天下歸仁」十六字。

〔三七〕問伊川四箴　朝鮮本作：時舉問伊川先生四箴。

〔三八〕譬如做酒　朝鮮本此下增：相似。

〔三九〕畓録作即是克己工夫　「畓」字原爲一空格，據萬曆本補。

〔四〇〕問由乎中而應乎外　朝鮮本「問」下有「伊川先生箴序」六字。

〔四一〕顔子心齋坐忘都無私意　朝鮮本「顔子」上有「看」字。

〔四二〕問　朝鮮本作：賀孫問。

〔四三〕去外面　朝鮮本作：卻在外面。

〔四四〕道夫　朝鮮本作：道夫、寓同。

〔四五〕問克己復禮章　朝鮮本「章」上有「一」字，「章」下有文云：「嘗謂克己至難能也，能克己，是爲仁矣！聖人不以克己爲仁，而以克己復禮爲仁者，豈非視、聽、言、動一有非禮，則不足以盡克己之道乎？因嘗求其説而謂不能復禮以得夫仁。及讀西銘，始見仁之道若是其大，而龜山始有兼愛之疑。伊川辨之曰：『西銘明理一而分殊，分立而推理一以止私勝之流，仁之方也。』於是知聖人之仁蓋未嘗以仁而違其分也。及讀。」凡一百三十六字。

〔四六〕仁民而愛物　朝鮮本「物」下有二十一字，其文如下：「則所謂復禮爲仁，其不爲墨氏兼愛之仁乎？不知是否？」

〔四七〕去僞　朝鮮本作：祖道。

〔四八〕克己銘　朝鮮本「克己銘」前增「吕與叔」三字。

〔四九〕問公便是仁否　朝鮮本問句作：問：「仁便是公做去否？」

〔五〇〕克己銘　朝鮮本「克己銘」上增「吕與叔」三字。

〔五一〕或問　朝鮮本「或問」上增「向見」二字。

〔五二〕便自天下歸仁　朝鮮本「仁」下有注云「歐陽録止此」五字。

〔五三〕蓋定夫以克己復禮與釋氏一般　「禮與」原作「復其」，據萬曆本改。

朱子語類卷第四十二

論語二十四

顔淵篇下

仲弓問仁章

文振説「仲弓問仁」，謂：「上四句是主敬行恕，下兩句是以效言。」曰：「此六句，又須作一片看始得。若只以下兩句作效驗説，却幾乎閑了這兩句。蓋内外無怨，是個應處，到這裏方是充足飽滿。如上章説『天下歸仁』，亦是如此。蓋天下或有一人不許以仁，便是我爲仁工夫有所未至。如此看〔一〕，方見『出門、使民』兩句綴個『己所不欲，勿施於人』兩句，這兩句，又便綴着個『無怨』兩句，上下貫通，都無虧欠，方始見得告顏淵、仲弓問仁規模。只依此做工夫，更不容别閑用心矣。」時舉。植同。

「『己所不欲，勿施於人』，緊接着那『出門』、『使民』；『在邦無怨，在家無怨』，緊接着那『己所不欲，勿施於人』。直到這裏，道理方透徹。似一片水流注出來，到這裏方住，中間也間斷不得。效驗到這處，方是做得透徹，充足飽滿，極道體之全而無虧欠。外内間纔有一人怨它，便是未徹。便如『天下歸仁』底，纔有一個不歸仁，便是有未到處。」又云：「内外無怨，便是應處。如關雎之仁，則有麟趾之應；鵲巢之仁，則有騶虞之應。問仁者甚多，只答顏子、仲弓底，説得來大。」又曰：「顏子天資明，便能於幾微之間，斷制得天理人欲了。」植。

或問「推己及物之謂恕」。曰：「『推己及物』，便是『己所不欲，勿施於人』，然工夫却在前面。『出門如見大賓，使民如承大祭』，須是先主於敬〔二〕，然後能行其恕。」或問：「未出門、使民之前，更有工夫否？」曰：「未出門、使民之時，只是如此。惟是到出門、使民時易得走失，故愈着用力也。」時舉。

問：「『己所不欲，勿施於人』，如己欲爲君子，則欲人皆爲君子；己不欲爲小人，則亦不欲人爲小人。」曰：「此兩句亦是大綱説。如富壽康寧，人之所欲；死亡貧苦，人之所惡。所欲者必以同於人，所惡者不以加於人。」必大。

先生自唐石歸，曰：「路上有人問：『「己所不欲，勿施於人」，是恕。如以刑罰加人，豈其人之所欲！便是不恕，始得。』且說如何？」衆人各以意對。先生曰：「皆未分明。伊川云：『「恕」字，須兼「忠」字說。』此說方是。蓋忠是盡己也，盡己而後爲恕。以刑罰加人，其人實有罪，其心亦自以爲當然，故以刑加之，而非强之以所不欲也。其不欲被刑者，乃其外面之私心。若其真心，既已犯罪，亦自知其當刑矣。今人只爲不理會忠，而徒爲恕，其弊只是姑息。張子韶中庸有云：『聖人因己之難克，而知天下皆可恕之人。』即此論也。今人只爲不能盡己，故謂人亦只消如此，所以泛然亦不責人，遂至於彼此皆自恕而已。」璘。可學録：「云云〔三〕。『如刑人殺人之事，己亦不欲，到其時爲之則傷恕，如何？』可學云：『但觀其事之當理，則不欲變爲欲。』曰：『設如人自犯罪，至於死。到刑時，其心欲否？』諸友皆無以答。曰：『此當合「忠」字看。忠者，盡己之謂。若看得己實有是罪，則外雖不欲，而亦知其當罪。到此，則「不欲」字使不著。若不看「忠」字，只用一「恕」字，則似此等事放不過，必流而爲姑息。張子韶解中庸云：「以己之難克，而知天下皆可恕之人。」因我不會做，皆使天下之人不做，如此則相爲懈怠而已。此言最害理！』」

問：「在家、在邦之怨，是屬己？屬人？」曰：「如何說得做在己之怨！聖人言語，只要平看。儒者緣要切己，故在外者，多拽入來做内說；在身上者，又拽來就心上說。」必大。

問「在家無怨，在邦無怨」。曰：「此以效驗言。若是主敬行恕，而在家、在邦皆不能無怨，則所謂『敬恕』者未是敬恕。」問：「怨有是有非，如何都得他無怨？」曰：「此且説怨得是底，未説到不是底。」雉。

問：「『在邦無怨，在家無怨』，或以爲其怨在己，或以爲其怨在人。」曰：「若以爲己自無怨，却有甚義理？此言能以敬爲主而行之恕，則人自不怨也。人不我怨，此仁之效。如孔子告顔淵『克己』，則言『天下歸仁』；告仲弓以『己所不欲，勿施於人』，則言『在邦無怨，在家無怨』。此皆以效言，特其效有小大之異耳。」去僞〔四〕。

希遜問夫子答顔子、仲弓「問仁」之異。曰：「此是各就它資質上説。然持敬行恕，便自能克己；克己，便自能持敬行恕，亦不必大段分別。」時舉。以下通論二章。

曰：「『克己復禮』，是剛健勇決，一上便做了。若所以告仲弓者，是教他平穩做去，慢慢地消磨了。譬如服藥，克己者，要一服便見效；敬恕者，漸漸服藥，磨去其病也。」人傑。

「持敬行恕，雖不曾着力去『克己復禮』〔五〕，然却與『克己復禮』只一般〔六〕。蓋若是把這個養來養去，那私意自是着不得。『出門如見大賓，使民如承大祭』時，也着那私意不得；『己所不欲，勿施於人』時，也着那私意不得」。義剛。

問：「克己工夫與主敬行恕如何？」曰：「『克己復禮』，是截然分別個天理人欲，是則行之，非則去之。敬恕，則猶是保養在這裏，未能保它無人欲在。若將來保養得至，亦全是天理矣。『克己復禮』，如撥亂反正；主敬行恕，如持盈守成，二者自有優劣。」雉。

「『克己復禮』，如内修政事，外攘夷狄；『出門、使民』，如上策莫如自治。」問：「程先生説：『學質美者明，得盡查滓，便渾化；其次惟莊敬持養。及其成功，一也。』此可以分顏子、仲弓否？」曰：「不必如此説。」賀、傑〔七〕。

「仲弓『出門如見大賓』爲仁，如把截江淮；顏子『克己』爲仁，便如欲復中原。」燾。

「讀書〔八〕，須要將聖賢言語體之於身。如『克己復禮』與『出門如見大賓』，須就自家身上體看我實能克己與主敬行恕否？件件如此，方始有益。」又因睎遜問「克己復禮」，曰：「人之私意，有知得便克去者，有忘記去克他者，有不獨是忘記去克他，却反與他爲朋者。」時舉。

問朱飛卿：「讀書何所疑？」曰〔九〕：「論語切要處在言仁。言仁處多，某未識門路。日用至親切處，覺在告顏子一章。答仲弓又却别。集注云：『仲弓未及顏子，故特告以操存之要。』不知告顏子者亦只是操存否？」曰：「這須子細玩味。所告二人氣象自不同。」顧問賀孫：「前夜曾如何説？」賀孫舉先生云：「告仲弓底是防賊工夫，告顏淵底是殺賊工夫。」飛卿問：「如何？」曰：「且子細看，大意是如此。告顏子底意思，是本領已自堅固了，未免有些私意，須一向克除教盡。告仲弓底意思，是本領未甚周備，只是教他防捍疆土，爲自守計。」賀孫。

問：「孔子答顏淵、仲弓問仁處，旨同否？」曰：「不爭多〔一〇〕，大概也相似。只答顏子處是就心上說，工夫較深密爲難。」問：「二條在學者則當並行不悖否？」曰：「皆當如此做。當『克己』，則須『克己』；當『出門如見大賓』，則須『出門如見大賓』。『克己復禮』，不是克己了，又復禮。只克去己私，便是禮。有是有非，只去了非，便是是。所以孔子只說非禮勿視、聽、言、動。只克去那非，便是禮。」曰：「呂銘『痒痾疾痛，皆切吾身』句，是否？」曰：「也說得。只是不合將己對物說，一篇意都要大同於物。克，只是克這個。孔子當初本意，只是說克自己私欲。」淳。

伯羽問：「持敬、克己，工夫相資相成否乎？」曰：「做處則一。但孔子告顏子、仲弓，隨他氣質地位而告之耳。若不敬，則此心散漫，何以能克己。若不克己，非禮而視、聽、言、動，安能爲敬。」仲思問：「『敬則無己可克』，如何？」曰：「鄭子上以書問此。」因示鄭書，曰：「說得也好。」鄭書云：「孔子惟顏子、仲弓實告之以爲仁之事，餘皆因其人而進之。顏子地位高，擔當得克己矣，故以此告之。仲弓未至此，姑告以操存之方，涵養之要。克己之功難爲，而至仁也易；敬恕之功易操，而至仁也難。其成功則一。故程子云『敬則無己可克』，是也。但學者爲仁，如謝氏云『須於性偏處勝之』，亦不可緩。特不能如顏子深於天理人欲之際，便可至仁耳。非只敬恕而不克己也。」又曰：「鄭言學者克己處，亦好。大抵告顏子底便體、用全似仲弓底。若後人看不透，便只倒歸裏去，做仲弓底了，依舊用做顏子底。克己，乾道也；敬恕，坤道也。『忠信進德』，『脩辭立誠』，表裏通徹，無一豪之不實，何更用直内。坤卦且恁地守。顏子如將百萬之兵，操縱在我，拱揖指揮如意。仲弓且守本分。敬之至，固無己可克，克己之至，亦不消言敬。『敬則無己可克』者，是無所不敬，故不用克己。此是大敬，如『聖敬日躋』，『於緝熙敬止』之『敬』也。」伯羽。道夫略。

李時可問：「仲弓問仁，孔子告之以『出門如見大賓』，云云〔一一〕。伊川只說作敬，先生便說『敬以持己，恕以及物』。看來須如此說，方全。」曰：「程子不是就經上說，是偶然摘此兩句，所以只說做敬。」又問：「伊川曰：『孔子言仁，只說「出門如見大賓，使民如承大祭」，觀其氣象，便須「心廣體胖」，「動容周旋中禮」自然。』看來孔子方是教仲弓就敬上下工夫。若是言仁，亦未到得這處。」曰：「程子也不是就經上說，公今不消得恁地看。但且就他這二句上，看其氣象是如何。」又問：「孔子告顏子以『克己復禮爲仁』。若不是敬，也如何克得己，復得禮？」曰：「不必如此說。聖人說話，隨人淺深。克己工夫較難，出門、使民較易。然工夫到後，只一般，所謂『敬則無己可克』也。」賀孫。集注。

程子言仁，只說：「『出門如見大賓，使民如承大祭』〔一二〕，看其氣象，便須『心廣體胖』，

『動容周旋中禮』。」問：「孔子告仲弓，方是持敬底事。程子如此說，豈不有自然勉强之異乎？」曰：「程子之言，舉敬之極致而言也。」又，程子云：「『敬以直內，義以方外』，仁也。」問：「言敬義內外〔一三〕，方是做工夫，而程子又何以遽言仁也？」曰：「此亦言『敬以直內』，則無一豪私意，仁自在其中爾。大抵這般處要寬看，識得他意，不可迫切求之。」端蒙。

或問：「伊川云：『孔子言仁，只說「出門」云云，至「中禮」〔一四〕。惟謹獨便是守之之法。』」曰：「亦須先見得個意思，方謹獨以守之。」又曰：「此前面說敬而不見得。此便是見得底意思，便是見得敬之氣象功效恁地。若不見得，即黑淬淬地守一個敬，也不濟事。」賀孫。

問：「程先生說：云云，『看其氣象，便須「心廣體胖」，「動容周旋中禮」。』看來也是平日用功，方能如此。非一旦『出門如見大賓，使民如承大祭』，便能如此。」曰：「自這裏做去，方能如此。只是常能存得此心，便能如此。」又問：「『克己復禮』，乾道；『主敬行恕』，坤道。」曰：「乾道者，是見得善惡精粗分明，便一刀兩段斬截了。坤道，便順這一邊做將去，更不犯着那一邊。」又云：「乾道是創業之君，坤道是繼體守成之君。」燾。

「或問伊川：『未出門，未使民時如何？』曰：『此「儼若思」時也。』聖人之言，得他恁地說也好。但使某答那人，則但云：『公且去「出門如見大賓，使民如承大祭」。』」因曰：「那未出門、使民時，自是當敬。不成未出門、使民時不敬，却待出門時，旋旋如見大賓；使民時，旋旋如承大祭，却成甚舉止！聖人所以只直説『出門如見大賓，使民如承大祭』，更不説那未出門、使民時如何。如今恁地説，却較淡了。」義剛。夔孫録云：「伊川答此問固好，足以明聖人之説，見得前面有一段工夫。但當初正不消恁地答他，却好與他説：『今日〔一五〕就出門、使民時做去。若是出門、使民時果能如見大賓，承大祭，則未出門、使民以前，自住不得了。』」

子升問：「『克己復禮』，乾道也。』此莫是知至已後工夫否？」曰：「也不必如此説。只見得一事，且就一事上克去，便是克己。終不成説道我知未至，便未下工夫！若以大學之序言之，誠意固在知至之後，然亦須隨事脩爲，終不成説知未至，便不用誠意、正心！但知至已後，自不待勉强耳。」木之。

袁子節問：「『克己復禮』，何以謂之乾道？『主敬行恕』，何以謂之坤道？」曰：「乾道奮發而有爲，坤道靜重而持守。」一作「有守」。時舉。

或問：「『克己復禮』者乾道，莊敬持守者坤道，如何分别？」曰：「乾道奮發而有爲，如『庸言之信，庸行之謹』、『閑邪存其誠』之類是也。『忠信，所以進德；脩辭立其誠，所以居業』。坤道靜重而持守，如『敬以直内，義以方外〔一六〕』之類是也。觀夫子告二子氣象，各有所類。」洽。

或問：「顔、冉之學，何以有乾道、坤道之别？」曰：「顔子是奮發而有爲，冉子是謙退而持守。顔子高明强毅，夫子故就其資質而教以『克己復禮』之學。冉子温厚靜重，故以持敬行恕教之。」必大。

問：「『「克己復禮」，乾道；主敬行恕，坤道』，如何？」曰：「仲弓資質温粹，顏子資質剛明。『克己復禮，天下歸仁。爲仁由己，而由人乎哉！』顏子之於仁，剛健果決，如天旋地轉，雷動風行做將去！仲弓則斂藏嚴謹做將去。顏子如創業之君，仲弓如守成之君。顏子如漢高祖，仲弓如漢文帝。伊川曰：『質美者明得盡，查滓便渾化，却與天地同體。其次惟莊敬以持養。』顏子則是明得盡者也，仲弓則是莊敬以持養之者也，及其成功一也。」潛夫曰：「舊曾聞先生説：『顏、冉二子之於仁，譬如捉賊，顏子便赤手擒那賊出！仲弓則先去外面關防，然後方敢下手去捉他。』」廣。

周貴卿問「『克己復禮』乾道，『持敬行恕』坤道」。曰：「乾道是『見群龍无首吉』。既變則成坤，故『先迷失道，後順得常』，『西南得朋，東北喪朋』。坤則都無頭，但『利牝馬之貞』而已。所以乾卦自『君子進德修業』，以至於『知至至之，可與幾也；知終終之，可與存義也』，從知處説來。如坤，則但説『敬以直内，義以方外』，只就持守處説，只説得一截。如顏子『克己復禮』工夫，却是從頭做起來，是先要見得後却做去，大要着手脚。仲弓却只是據見成本子做，只是依本畫葫蘆，都不問着那前一截了。仲弓也是和粹，但精神有所不及。顏子是大故通曉。向時陸子靜嘗説，顏子不如仲弓。而今看着，似乎是『克己復禮』底較不如那『持敬行恕』底較無事，但『克己復禮』工夫較大。顔子似創業之君，仲弓似守成之君。仲弓不解做得那前一截，只據見在底道理持守將去。」又一條云：「『克己復禮』，是要見得天理後，才做將去。仲弓却只是據見在持將去。」又問：「『仲弓寬洪簡重』，如何見得？」曰：「也只想得是恁地。夫子許他南面，非如此不可。如『不佞』等處，也見得他簡重。而今觀他説『居敬行簡』之類，見得他工夫也大故細密。」義剛。夔孫録云：「坤是個無頭底。其繇辭曰『利牝馬之貞』，『先迷後得』。乾爻皆變而之坤，其辭曰：『見羣龍无首吉。』乾便從知處説起，故云：『知至至之，知終終之。』坤只是從持守處説，故云：『敬以直内，義以方外。』『克己復禮』，也是有知底工夫在前。主敬行恕，只是據見定依本分做將去。或説仲弓勝似顔淵，謂『出門如見大賓，使民如承大祭』，勝如克己底費脚手。然而顔子譬如創業底，仲弓是守成底。顔子極聰明警悟，仲弓儘和粹。」

問：「顔子問仁與仲弓問仁處，看來仲弓才質勝似顔子。」曰：「陸子靜向來也道仲弓勝似顔子，然却不是。蓋『克己復禮』，乾道也，是喫一服藥便效。主敬行恕，坤道也，是服藥調護，漸漸消磨去。公看顔子大小大力量，一『克己復禮』便了！仲弓只是循循做將去底，如何有顔子之勇！」祖道曰：「雖是如此，然仲弓好做中人一個準繩。至如顔子，學者力量打不到，不如且學仲弓。」曰：「不可如此立志，推第一等與別人做。顔子雖是勇，然其着力下手處也可做。」因舉釋氏云，有一屠者「放下屠刀，立地成佛」底事。或曰：「如『不遷』、『不貳』，却是學者難做底。」曰：「重處不在『怒』與『過』，只在『遷』與『貳』字上看。今不必論『怒』與『過』之大小，只看『不遷』、『不貳』是甚模樣。」又云：「貳，不是一二之『二』，是長貳之『貳』。蓋一個邊又添一個，此謂之貳。」又問：「『守之也，非化之也』，如何？」曰：「聖人則却無這個。顏子則疑於遷、貳與不遷、貳之間。」又問：「先生適說：『「克己復禮」，是喫一服藥便效。』可以着力下手處，更望力爲開發。」曰：「非禮勿視、勿聽、勿言、勿動處，便是克己。蓋人只有天理人欲。日間行住坐卧，無不有此二者，但須自當省察。譬如『坐如尸，立如齊』，此是天理當如此。若坐欲縱肆，立欲跛倚，此是人欲了。至如一語一默，一飲一食，盡是也。其去復禮，只爭這些子。所以禮謂之『天理之節文』者，蓋天下皆有當然之理。今復禮，便是天理。但此理無形無影，故作此禮文，畫出一個天理與人看，教有規矩可以憑據，故謂之『天理之節文』，有君臣，便有事君底節文；有父子，便有事父底節文；夫婦長幼朋友，莫不皆然，其實皆天理也。天理人欲，其間甚微。於其發處，子細認取那個是天理，那個是人欲。知其爲天理，便知其爲人欲。既知其爲人欲，則人欲便不行。譬如路然，一條上去，一條下去，一條上下之間。知上底是路，便行；下底差了，便不行。此其所操豈不甚約，言之豈不甚易，却是行之甚難。學者且恁地做將去，久久自然安泰。人既不隨私意，則此理是本來自有底物，但爲後來添得人欲一段。如『孩提之童，無不知愛其親；及長，無不知敬其兄』，豈不是本來底。却是後來人欲肆時，孝敬之心便失了。然而豈真失了？於静處一思念道，我今日於父兄面上孝敬之心頗虧，則此本來底心便復了也。只於此處牢把定其功，積久便不可及。」祖道。

問：「『出門如見大賓，使民如承大祭』，伊川謂：『大賓、大祭，只是敬也。』今若專主於大賓、大祭之心，而不容其私欲之害，亦可爲仁否？」曰：「下一節所謂『不欲、勿施』與『無怨』，此乃以接物而言。敬是此心，接物亦以此心。」佐。集義。

問〔一七〕「仲弓問仁」。曰：「能敬能恕，則仁在其中。」問：「吕氏之説却是仁在外？」曰：「説得未是。」又問：「只用敬否？」曰：「世有敬而不能恕底人，便只理會自守，却無温厚愛人氣象。若恕而無敬，則無以行其恕。」問：「『在家、在邦『無怨』，諸説不同。」曰：「覺得語脈不是。」又問：「伊川謂怨在己，却是自家心中之怨？」曰：「只是處己既能敬，而接人又能恕，自然是在邦、在家人皆無得而怨之。此是爲仁之驗，便如『天下歸仁』處一般。」㽦。

司馬牛問仁章

或問「仁者其言也訒」。曰：「仁者常存此心，所以難其言〔一八〕。不仁者已不識痛癢，得説便説，如人夢寐中讝語，豈復知是非善惡！仁者只知『爲之難』，『言之得無訒乎』！」寓。

宜久問「仁者其言也訒」。曰：「仁者心常醒在，見個事來，便知道須要做得合個道理，不可輕易；便是知得道『爲之難』，故自不敢輕言。若不仁底人，心常如瞌睡底相似，都不見個事理，便天來大事，也敢輕輕做一兩句説了。」時舉〔一九〕。

仲蔚問：「『仁者其言也訒』，只是『訥於言』意思否？」曰：「『訥於言而敏於行』。是怕人説得多後，行不逮其言也。訒，是説持守得那心定後，説出來自是有斟酌，恰似肚裏先商量了方説底模樣。而今人只是信口説，方説時，它心裏也自不知得。」義剛。

「仁者之人，言自然訒。在學仁者，則當自謹言語中，以操持此心。且如而今人愛胡亂説話，輕易言語者，是他此心不在，奔馳四出，如何有仁！」明作。

「『仁者其言也訒』，這是司馬牛身上一病。去得此病，方好將息充養耳。」道夫。

「『爲之難，言之得無訒乎』！心存，則自是不敢胡亂説話。大率説得容易底，便是他心放了，是實未嘗爲之也。若不敢胡亂做者，必不敢容易説，然亦是存得這心在。」或曰：「言行常相表裏。」又曰：「人到得少説話時，也自是心細了。」燾。僩録略。

問：「聖人答司馬牛『其言也訒』，此句通上下言否？」曰：「就他身上説，又較親切。人謹得言語不妄發，即求仁之端。此心不放，便存得道理在這裏〔二〇〕。」

「學者千章萬句，只是理會一個心。且如『仁者其言也訒』，察其言，便可知其本心之存與不存，天理人欲之勝負。」端蒙。

或問：「顔子、仲弓、司馬牛問仁，雖若各不同，然克己工夫，也是主敬；『其言也訒』，也是主敬。」曰：「司馬牛如何做得顔子、仲弓底工夫，須是逐人自理會。仁譬之屋，克己是大門，打透便入來；主敬行恕是第二門；言訒是個小門。雖皆可通，然小門更迂迴得些，是它病在這裏。如『先難後獲』，亦是隨它病處説。」銖。

司馬牛問君子章

「『不憂不懼』，司馬牛將謂是塊然頑然，不必憂懼。不知夫子自説是『内省不疚』，自然憂懼不來。」明作。

「爲學須先尋得一個路徑，然後可以進步，可以觀書。不然，則書自書，人自人。且如孔子説『内省不疚，夫何憂何懼！』須觀所以『不憂不懼』，由『内省不疚』。學者又須觀所以『内省不疚』如何得來。」可學。

司馬牛憂曰章

「『死生有命』，是合下稟得已定，而今着力不得。『富貴在天』，是你着力不得。」僩。

「『富貴在天』，非我所與，如〔二一〕有一人爲之主宰然。」升卿。

「『死生有命，富貴在天。』子夏之意，只說是死生是禀於有生之初，不可得而移；富貴是眼下有時適然遇着，非我所能必。若推其極，固是都禀於有生之初。」因問伊川、横渠命、遇之說。曰：「所謂命者，如天子命我作甚官，其官之閑易繁難，甚處做得，甚處做不得，便都是一時命了，自家只得去做。故孟子只說『莫非命也』，却有個正與不正。所謂正命者，蓋天之始初命我，如事君忠，事父孝，便有許多條貫在裏。至於有厚薄淺深，這却是氣禀了；然不謂之命不得，只不是正命。如『桎梏而死』，喚做非命不得。蓋緣它當時禀得個乖戾之氣，便有此，然謂之『正命』不得。故君子戰兢，如臨深履薄，蓋欲『順受其正』者，而不受其不正者。且如說當死於水火，不成便自赴水火而死！而今只恁地看，不必去生枝節、說命說遇、說同說異也。」夔孫。

問「敬而無失」。曰：「把捉不定，便是失。」雉。

或言：「司馬牛所憂，人當兄弟如此，也是處不得。」曰：「只是如子夏說『敬而無失，與人恭而有禮』。若大段着力不得，也不奈何〔二二〕。若未然底可諫，尚可着力；做了時，也不奈何得。」明作。

問〔二三〕：「『四海』『皆兄弟』，胡氏謂『意圓語滯』，以其近於二本否？」曰：「子夏當初之意，只謂在我者『敬而無失』，與人又『恭而有禮』，如此則四海之内皆親愛之，何患乎無兄弟！要去開廣司馬牛之意。只不合下個『皆兄弟』字，便成無差等了。」淳。

子張問明章

問「浸潤之譖，膚受之愬」。曰：「譖，是譖人，是不干己底事。才説得驟，便不能入他，須是閑言冷語，掉放那裏，説教來不覺。愬，是逆，是切己底事。方説得緩慢，人便不將做事，須是説得緊切，要忽然間觸動他。如被人罵，便説被人打；被人打，便説人要殺。蓋不如此，不足以觸動他也。」又問：「明而遠，是見得到否？」曰：「是。『明』字説不足，又添個『遠』字贊之。」燾。

或問：「『膚受之愬』，『切近災也』。若他父兄有急難，其事不可緩，來愬時，便用周他。若待我審究得實，已失事了，此當如何〔二四〕？」曰：「不然。所以説明，又説遠，須是眼裏識個真僞始得，若不識個真僞，安得謂之明遠！這裏自有道理，見得過他真僞，却來瞞我不得。譬識藥材，或將假藥來賣，我識得過；任他説千言萬語，我既見破僞了，看如何説也不買。此所以謂之明遠。只是這些子。」明作。

問：「浸潤、膚受之説，想得子張是個過高底資質，於此等處有不察，故夫子語之否？」

曰：「然。」廣。

子貢問政章

文振問「足食、足兵，民信之矣」。曰：「看來此只是因足食、足兵而後民信，本是兩項事，子貢却做三項事認了。『信』字便是在人心不容變底事也。」時舉。

問：「『民無信不立』，是民自不立，是國不可立？」曰：「是民自不立。民不立，則國亦不能以立矣。」問：「民如何是不立？」曰：「有信則相守而死。無信，則相欺相詐，臣棄其君，子棄其父，各自求生路去。」淳。

棘子成曰章

問「惜乎！夫子之說，君子也」。曰：「此說君子，與說『其爭也君子』同，蓋說得話來也君子。」燾。

問：「『惜乎！夫子之說，君子也。』古注只作一句說，先生作兩句說，如何？」曰：「若作一句說，則『惜乎』二字無着落。」廣。

問：「『文猶質也，質猶文也；虎豹之鞟，猶犬羊之鞟。』如何以文觀人？」曰：「無世間許多禮法，如何辨得君子小人？ 如老、莊之徒，絶滅禮法，則都打個没理會去。 但子貢之言似少差别耳，如孔子説『禮與其奢也寧儉』、『與其不遜也寧固』，便説得好。」雉。

「棘子成全説質，固未盡善； 子貢全説文以矯子成，又錯。 若虎皮、羊皮，雖除了毛，畢竟自别，事體不同。 使一個君子與一個屠販之人相對坐，並不以文見，畢竟兩人好惡自别。大率固不可無文，亦當以質爲本，如『寧儉』、『寧戚』之意。」明作。

哀公問於有若章

問「盍徹乎」。曰：「徹，是八家皆通出力合作九百畝田，收則計畝均收，公取其一； 如助，則八家各耕百畝，同出力共耕公田，此助、徹之别也。」燾。

問「百姓足，君孰與不足」。曰：「『未有府庫財非其財者也。』百姓既足，不成坐視其君不足，亦無此理。 蓋『有人斯有土，有土斯有財』。 若百姓不足，君雖厚斂，亦不濟事。」雉。

或問有若對哀公「盍徹乎」之説云云。曰：「今之州郡，盡是於正法之外，非泛誅取。且如州郡倍契一項錢，此是何名色？ 然而州縣無這個，便做不行。 當初經、總制錢，本是朝廷去賴取百姓底，州郡又去瞞經、總制錢，都不成模樣！ 然不如此，又便做不行〔二五〕。」

或曰：「今州郡有三項請受，最可畏： 宗室、歸正、添差使臣也。」曰：「然。 歸正人今却漸少，宗室則日盛，可畏。小使臣猶不見得，更有那班裏换受底大使臣，這個最可畏，每人一月自用四五百千結裹它！」僩。

子張問崇德辨惑章

問「主忠信，徙義」。曰：「『主忠信』者，每事須要得忠信。且如一句話不忠信，便是當得没這事了。『主』字須重看。唤做『主』，是要將這個做主。『徙義』，是自家一事未合義，遷徙去那義上；見得又未甚合義，須更徙去，令都合義。『主忠信』，且先有本領了，方『徙義』，恁地便德會崇。若不先『主忠信』，即空了，徙去甚處？如何會崇！『主忠信』而不『徙義』，却又固執。」植。

「『主忠信』是劄脚處，『徙義』是進步處。漸漸進去，則德自崇矣。」方子〔二六〕。

問：「易只言『忠信所以進德』，而孔子答子張崇德之問，又及於『徙義』者，是使學者於所存、所行處兩下都做工夫否？」曰：「『忠信』是個基本，『徙義』又是進處。無基本，徒進不得；有基本矣，不『徙義』，亦無緣得進。」廣。

問：「『子張問「崇德、辨惑」』，孔子既答之矣，末又引『我其行野』之詩以結之。『誠不以富，亦祇以異』。伊川言：『此二句當冠之「齊景公有馬千駟」之上，後之傳者因齊景公問政而誤之耳。』至范氏則以爲人之成德不以富，亦衹以行異於野人而已。此二説如何？」曰：「如范氏説，則是牽合。如伊川説，則是以『富』言『千駟』，『異』言夷、齊也。今只得如此説。」謨。

齊景公問政章

問：「齊景公問政，孔子告以『君君，臣臣，父父，子子』。然當時陳氏厚施於國，根株盤據如此。政使孔子爲政，而欲正其君臣父子，當於何處下手？」曰：「此便是難。據晏子之説，則曰：『惟禮可以已其亂。』然當時舉國之人皆欲得陳氏之所謀成，豈晏子之所謂禮者可得而已之！然此豈一朝一夕之故？蓋其失在初，履霜而至堅冰，亦末如之何也已。如孔子相魯，欲墮三家，至成則爲孟氏所覺，遂不可墮。要之，三家孟氏最弱，季、叔爲强。强者墮之，而弱者反不可墮者，强者不覺，而弱者覺之故也。」問：「成既不可墮，夫子如何别無處置了便休？」曰：「不久夫子亦去魯矣。若使聖人久爲之，亦須别有個道理。」廣。

問：「『齊景公問政』與『待孔子』二章，想是一時説話。觀此兩段，見得景公是個年老志衰，苟且度日，不復有遠慮底人。」曰：「景公平日自是個無能爲底人，不待老也。」廣。

子路無宿諾章

問「子路無宿諾」。曰：「子路許了人，便與人去做這事。不似今人許了人，却掉放一壁不管。」雉。

子張問政章

亞夫問「居之無倦，行之以忠」。曰：「『居之無倦』，在心上説；『行之以忠』，在事上説。『居之無倦』者，便是要此心長在做主，不可放倒，便事事都應得去。『行之以忠』者，是事事要着實。故某集注云：『以忠則表裏如一。』謂心裏要如此，便外面也如此，事事靠實去做也。」時舉。

問〔二七〕「居之無倦，行之以忠」。曰：「若是有頭無尾底人，便是忠也不久，所以孔子先將個『無倦』逼截它。」賀孫。

問「居之無倦，行之以忠」。曰：「『所居』，是自己事，要終始如一。『行之以忠』，是對人言之，謂應接時恐有不誠處。」必大。

「子張是個有鋭氣底人。它做事初頭乘些鋭氣去做，少間做到下梢，多無殺合，故告以

『居之無倦』。又且不樸實，故告之以『行之以忠』，欲其盡心力也。」燾。

亞夫問：「『居，謂存諸心；無倦，謂始終如一。行，謂施諸事；以忠，謂表裏如一。』此固分明。然〔二八〕行固是行其所居，但不知居是居個甚物事？」曰：「常常恁地提省在這裏，若有頃刻放倒，便不得。」賀孫。

君子成人之美章

問：「『君子成人之美，不成人之惡。』『成』字如何？」曰：「『成』字只是『欲』字。」𣿅。

季康子患盜章

問：「楊氏謂：『欲民之不爲盜，在不欲而已。』橫渠謂〔二九〕：『欲生於不足，則民盜。能使無欲，則民自不爲盜。假設以子不欲之物賞子使竊，子必不竊。故爲政在乎足民，使無所欲而已。』如橫渠之説，則是孔子當面以季康子比盜矣。孔子於季康子雖不純於爲臣，要之孔子必不面斥之如此。聖人氣象，恐不若是。如楊氏所説，只是責季康子之貪，然氣象和平，不如此之峻厲。今欲且從楊説，如何？」曰：「善。」謨。

季康子問政章

或問「子爲政，焉用殺」。曰：「尹氏謂：『殺之爲言，豈爲人上之語哉！』此語固好。然聖人只説『焉用殺』三字，自是不用解了。蓋上之人爲政欲善，則民皆善，自是何用殺。聖人之言混成如此。」時舉。

子張問士章

問「何如斯可謂之達」。曰：「行得無窒礙謂之『達』。『在家必達，在邦必達』，事君則得乎君，治民則得乎民，事親則孝，事長則弟，無所不達。」植録云：「如事親則得乎親，事君則得乎君之類。」又曰：「『色取仁而行違，居之不疑』，正是指子張病痛處。」謙之〔三〇〕。

周問聞、達之别。曰：「達，是退一步底；聞，是近前一步做底。退一步底卑遜篤實，不求人知，一旦工夫至到，却自然會達。聞是近前一步做，惟恐人不知，故矜張誇大，一時若可喜，其實無足取者。」雉。

問「達」字之義〔三一〕。曰：「此是聞達之『達』，非明達之『達』。但聞只是求聞於人，達却有實，實方能達。」晉。

「達者，實有而不居；聞者，却是要做這模樣。」端蒙。

「『質直而好義』，便有個觸突人底意思。到得『察言觀色，慮以下人』，便又和順低細，不至觸突人矣。慮，謂思之詳審，常常如此思慮，恐有所不覺知也。聖人言語，都如此周徧詳密。」僩。

問「察言而觀色」。曰：「此是實要做工夫。蓋察人之言，觀人之色，乃是要驗吾之言是與不是。今有人自任己意説將去，更不看人之意是信受它，還不信受它？如此，則只是自高，更不能謙下於人，實去做工夫也。大抵人之爲學，須是自低下做將去；才自高了，便不濟事。」時舉。

問：「『察言觀色』，想是子張躐等，爲大賢『於人何所不容』之事，於人不辨别邪正與賢不肖，故夫子言此以箴之。」曰：「子張是做個大底意思包他人。」至之問：「『堂堂乎張也』，它是有個忽略底意思否？」曰：「他做個大底意思包人，便是忽略。」時舉〔三二〕。

「『色取仁而行違』，這是占外面地位闊了，裏面填不足。」植。

問子張問達與聞一章。曰：「達者，是自家實去做，而收斂近裏底。如『質直好義』，便是自去做。『察言觀色』，便是察人辭色而與之言。又『慮以下人』，惟恐其不收斂也。若是只據自家意只管説去，更不問人聽與不聽，便是不『察言觀色』。然而能如此，則德脩於己，而自孚於人，所行自無窒礙矣，故曰達。聞者，是個做作底，專務放出，外求人知而已。如『色取仁而行違』，便是不務實而專務外。『居之不疑』，便是放出外而收斂不得，只得自擔當不放退。蓋才放退，則連前面都壞，只得大拍頭居之不疑，此其所以駕虛而無實行也。某向來未曉『聞達』二字。因見鄉中有人，其傳揚説好者甚衆，以至傳揚於外，莫不皆然。及細觀其所爲，皆不誠實。以此方見得聖人分達與聞之別意思，如此段形容得達與聞極精。」又云：「『色取仁而行違』，不惟是虛有愛憐之態，如『正顔色』而不『近信』，『色厲而内荏』，皆『色取仁而行違』也。」燾。

問：「子張問聞與達一章，達是躬行實踐做出來底，聞是沽名要譽底。」曰：「然。達是常自貶損，不求名而名自達者。聞是向前求名底。」又云：「『慮以下人』，慮是子細思量，謂如做一事，便思量惟恐有觸突人處。」又云：「『質直好義』，是質直好底。有那質直粗底，又不好義。」燾。

「質，是質實。直，又自是一字。質，就性資上説；直，漸就事上説。到得好義，又多在事上。直，固是一直做去，然至於好義，則事事區處要得其宜。這一項都是詳細收斂工夫。如『色取仁而行違，居之不疑』，這只是粗謾將去。世上有此等人，專以大意氣加人。子張平日是這般人，故孔子正救其病。此章大意，不出一個是名，一個是實。」賀孫。

問：「『色取仁而行違，居之不疑，在邦必聞，在家必聞』，與鄉原如何？」曰：「却不同。那『在邦必聞，在家必聞』底，是大拍頭做，要壓倒人。鄉原却是不做聲，不做氣，陰沉做罪過底人。」義剛言：「二者皆是要譽，而天理都不存了。」曰：「固是如此。但一個是向前去做，一個是退來做。」義剛。

問：「子張以聞爲達，伊川以爲明達之『達』，上蔡以爲令聞四達之『達』，尹氏以爲『充於内而發於外爲達』。三説如何？」曰：「此所謂達者，只是言所行要無窒礙。如事君必得乎上，治民必得乎下，而無所不行，無所不通，與子張問行大抵相似。呂氏謂『德孚於人者必達，矯行求名者必聞』，此説却是好。」去僞〔三三〕。集義。

楊問：「『質直而好義』，質直是質性之直，或作兩件説？」曰：「質與直是兩件。」「『察言觀色』，龜山説：『察言故不失口於人，觀色故不失色於人。』如何？」曰：「自家色如何觀得？只是察人言，觀人色。若照管不及，未必不以辭氣加人。此只做自家工夫，不要人知。既有工夫，以之事親則得乎親，以之事君則得乎君，以之交朋友而朋友信，『雖蠻貊之邦行矣』。此是在邦、在家必達之理。子張只去聞處着力，聖人此語正中其膏肓。『質直好義』等處，專是就實；『色取仁而行違』，專是從虚。」寓。

問〔三四〕：「『質直而好義』，和靖謂『立志質直』，如何？」曰：「這個莫不須説立志質直，但只是無華僞。質是樸實，直是無偏曲，而所行又合宜。觀人之言而察人之色，審於接物，慮以下人，只是一個謙。如此便做得去。達是做得去。」又問：「仁如何以顏色取？」曰：「此處與前説相反，只是顏色雖做仁者舉止，而所行又却不如此。此恐是就子張身上説。」驤〔三五〕。

樊遲從遊舞雩之下章

問：「如何『先事後得』，便可以崇德？」曰：「人只有這一個心，不通着兩個物事。若一心做事，又有一個求得之心，便於這上不專，如何有積累之功！這一條心路只是一直去，更無它岐；纔分成兩邊，便不得。且如今做一事，一心在此做，一心又去計較功勞，這一件事定是不到頭，不十分精緻。若是做一事，只是做一事。要做這個，又要做那個，便自不得。雖二者皆出於善也不得，况於不善者乎！」賀孫。

陳希真問「先事後得，非崇德與」。曰：「今人做事，未論此事當做不當做，且先計較此事有甚功效。既有計較之心，便是專爲利而做，不復知事之當爲矣。德者，理之得於吾心者也。凡人若能知所當爲，而無爲利之心，這意思便自高遠〔三六〕。才爲些小利害，討些小便宜，這意思便卑下了。所謂崇者，謂德自此而愈高起也。」時舉〔三七〕。

問「先事後得」。曰：「但做自家合做底事，不必望他功效。今做一件好事，便望它功效，則心便兩岐了。非惟是功效不見，連那所做底事都壞了。而今一向做將去，不望他功效，則德何緣不崇！」時舉。

論「先事後得」，曰：「正如韓信背水陣，都忘了反顧之心，戰必勝矣。」又云：「當思『先事後得』，如何可以崇德。蓋不可有二心。一心在事，則德自崇矣。」方子〔三八〕。

亞夫問：「『先難而後獲』，『先事後得』，莫是因樊遲有計較功利之心，故如此告之？」曰：「此是後面道理。而今且要知『先事後得』如何可以崇德。蓋做合做底事，便純是天理。才有一豪計較之心，便是人欲。若只循個天理做將去，德便自崇。才有人欲，便這裏做得一兩分，却那裏缺了一兩分，這德便消削了，如何得會崇。聖人千言萬語，正要人來這裏看得破。」時舉。

「『攻其惡，無攻人之惡』。須是截斷了外面它人過惡，只自檢點，方能自攻其惡。若纔去檢點它人，自家這裏便疏，心便粗了。」僩。

問：「子張、樊遲『崇德、辨惑』之問，何故答之不同？」曰：「子張是矜張不實底人，故夫子於崇德，則告之以『主忠信，徙義』，欲收斂着實做工夫。常人之情，好人惡人，只是好之惡之而已，未至於必欲其生，必欲其死處。必是子張平日於喜怒之間用心過當，故又告之以此。樊遲爲人雖無所考，以學稼、學圃及夫子答問觀之，必是個鄙俗粗暴底人，故夫子告之以『先難後獲』，此又以『先事後得』告之。蓋鄙俗則有近利之意，粗暴則有因忿忘身之患，皆因其失而救之也。」雉。

樊遲問仁章

「樊遲未達者，蓋愛人且是泛愛，知人則有所擇，二者相反，故疑之。夫子曰：『舉直錯諸枉，能使枉者直。』『能使枉者直』，便是仁。樊遲誤認二句只是知，故見子夏而問之〔三九〕，子夏遂言之。至於『不仁者遠』，然後仁、知之義皆備。」德明。

「樊遲問仁，孔子答以『愛人』；問知，答以『知人』。有甚難曉處？樊遲因甚未達？蓋愛人則無所不愛，知人則便有分別，兩個意思自相反，故疑之。只有曾吉甫説得好：『「舉直錯諸枉」，便是知人；「能使枉者直」，便是愛人。』曾解一部論語，只曉得這一段〔四〇〕。」

每常說：「仁、知，一個是慈愛，一個是辨別，各自向一路。惟是『舉直錯諸枉，能使枉者直』，方見得仁、知合一處，仁裏面有知，知裏面有仁。」僩。

「『愛人、知人』，自相爲用。若不論直與枉，一例愛他，也不得。大抵惟先知了，方能頓放得個仁也。聖人只此兩句，自包上下。後來再與子夏所言，皆不出此兩句意，所以爲聖人之言。」時舉。

文振説「樊遲問仁，曰：『愛人』」一節。先生曰：「愛人、知人，是仁、知之用。聖人何故但以仁、知之用告樊遲，却不告之以仁、知之體？」文振云：「聖人説用，則體在其中。」曰：「固是。蓋尋這用，便可以知其體，蓋用即是體中流出也。」時舉。

或問：「愛人者，仁之用；知人者，知之用。孔子何故不以仁、知之體告之，乃獨舉其用以爲説？莫是仁、知之體難言，而樊遲未足以當之，姑舉其用，使自思其體？」曰：「『體』與『用』雖是二字，本未嘗相離，用即體之所以流行。」賀孫。

問：「『不仁者遠矣』，謂不仁者皆爲仁，則不仁之事無矣。」曰：「是。」雉。

問：「『樊遲問仁、知』一章，燾看來，不惟治天下國家如此。而今學者若在一家一鄉而處置得合義時，如此。」如「不仁者遠矣」之類。曰：「這『仁』、『知』兩字相須。但辨别得分曉，舉措得是當，便是仁之事。且如人在鄉曲處置得事是當，教一鄉之人不至於爭鬬，即所以仁之也。」燾。

子貢問友章

問「忠告」、「善道」。曰：「告之之意固是忠了，須又教道得善，始得。」雉。

問「忠告」、「善道」。曰：「『善道』，是以善道之。如有人雖敢忠言，未必皆合道理者，則是未善也。」時舉〔四一〕。

校勘記

〔一〕如此看　朝鮮本「如此看」上增「惟」字。

〔二〕須是先主於敬　朝鮮本作：須是先立個敬。

〔三〕云云　朝鮮本詳作：先生言：「自唐石歸，有一同人問『己所不欲勿施於人，爲恕』」。

〔四〕去僞　朝鮮本作：祖道、謨同。

〔五〕雖不曾着力去克己復禮　朝鮮本作：若是着力去做。

〔八〕雖不曾着力去克己復禮然却與克己復禮只一般　朝鮮本「雖不曾」作「若是」，「去克己復禮」作「去做」，「却」作「亦」。

〔七〕賀傑　朝鮮本末尾小字作：賀孫。

〔八〕讀書　朝鮮本段首增：又問：「仕而優則學，學而優則仕，如何仕而復學？」曰：「如古者，世族子弟有少年便仕者，到職事了辦後也着去。」

〔九〕曰　朝鮮本作「答云」，其上增十八字，文云：「答云：『讀論語，所疑已録呈先生。』曰：『且舉大疑處。』」

〔一〇〕不爭多　朝鮮本「不爭多」上增「二處」二字。

〔一一〕孔子告之以出門如見大賓云云　朝鮮本作：「孔子告之以『出門如見大賓，使民如承大祭。己所不欲勿施於人』」。

〔一二〕使民如承大祭　「祭」原作「發」，據萬曆本及論語顏淵篇改。

〔一三〕言敬義内外　「言」原爲空格，據萬曆本補。

〔一四〕只説出門云云至中禮　朝鮮本無「云云至」三字，另作：「如見大賓，使民如承大祭。觀其氣象，使須心廣體胖，動容周旋」，凡二十四字。

〔一五〕今日　朝鮮本此則爲「寓」録，「日」作「且」。

〔一六〕義以方外　「以」原脱，據易坤文言補。

〔一七〕問　朝鮮本作：呇問。

〔一八〕所以難其言　「言」原作「出」，據朝鮮本改。

〔一九〕時舉　朝鮮本作：時舉。植同。

〔二〇〕便存得道理在這裏　朝鮮本此下有注云：「萬淳同。」

〔二一〕如　朝鮮本此下增「自」字。

〔二二〕也不奈何　朝鮮本作：也不察。

〔二三〕問　朝鮮本作：淳問。

〔二四〕此當如何　朝鮮本作：此意如何。

〔二五〕又便做不行　朝鮮本作：又便做不成。

〔二六〕方子　朝鮮本作：可學。

〔二七〕問　朝鮮本作：賀孫問。

〔二八〕然　朝鮮本「然」下增「不知」二字。

〔二九〕横渠謂　朝鮮本「横渠」上有十四字，云：「謝氏謂『反身以善俗』，此與楊相類。獨」。

〔三〇〕朝鮮本此則語録中無小字，然末尾小字作：希遜。時舉、植並同。

〔三一〕問達字之義　朝鮮本問句作：問：「『子張問何如斯可謂之達矣』，『達』字之義。」

〔三二〕時舉　朝鮮本末尾小字作：希遜。時舉同。

〔三三〕去僞　朝鮮本作：謨。

〔三四〕問　朝鮮本「問」上有「驤」字。

〔三五〕驤　朝鮮本作：道夫。

〔三六〕這意思便自高遠　朝鮮本作：這意思便自此愈高起也。

〔三七〕時舉　朝鮮本作：時舉。希遜録同。

〔三八〕方子　朝鮮本作：可學。

〔三九〕故見子夏而問之　朝鮮本「之」下有注云：「張子曰：『既問諸師，又辨諸友，當是時學者之務實也如此。』」凡二十二字。

〔四〇〕只曉得這一段　朝鮮本「段」下有小字注云：「辛」。

〔四一〕時舉　朝鮮本「舉」下有「希遜同」三字。又朝鮮本此後又增一節，文云：「『以道事君，不可則止。』『忠告而善道之，不可則止。』夫以道事君，不可則止者，謂道不合則去也。以責善爲友，不可則止者，謂言不從則已也。如是，則聖人於事君、交友之間，一有不可則去之、已之而已，恐非聖人所以盡君臣朋友之義也。嘗記張子韶解此，謂『不可則止者，當其微有不可，則隨而止之，無待其事之失過之形而後用力以正之也』。此説似廣大，未審是否？』曰：『子韶之説不通，與上下文義自不相貫。近世學者多取子韶之説，愛其新奇，而不審其不當於理。此甚害事，不可不知也。』謨。」凡一百八十七字。

朱子語類卷第四十三

論語二十五

子路篇

子路問政章

問〔一〕：「『先之，勞之』，『勞』字既有兩音，有兩説否？」曰：「勞之以身，勤之以事，亦須是自家喫些辛苦，方能令得他。詩所謂『星言夙駕，説于桑田』。古人戴星而出，戴星而入，必是自耐勞苦，方能率得人。欲民之親其親，我必先之以孝；欲民之事其長，我必先之以弟。子路請益，聖人告之『無倦』。蓋勞苦亦人之難事，故以『無倦』勉之。」寓。

問：「『勞之』恐是以言語勸勉他？」曰：「如此說，不盡得爲政之理。若以言語勸勉它，亦不甚要緊，亦是淺近事。聖人自不用說，亦不見得無倦底意。勞是勤於事，勤於事時，便有倦底意〔二〕，所以教它勞。東坡下『行』字與『事』字，最好。」或問：「『愛之能勿勞乎』，有兩個勞字？」曰：「這個『勞』，是使它勞。」謙之。

文振問：「注云〔三〕：『凡民之事，以身先之，則雖勞不怨。』如何？」曰：「凡是以勞苦之事役使人，自家須一面與它做，方可率得它。如勸課農桑等事，也須是自家不憚勤勞，親履畎畝，廣録作「循行阡陌」〔四〕。與他勾當，方得。」賀孫。集注。

問：「蘇説『勞』字未甚明。」曰：「先，是率他；勞，是爲他勤勞。」銖。

問：「『先之，勞之』，諸説孰長？」曰：「横渠云：『必身爲之唱，且不愛其勞，而又益之以不倦。』此説好。」又問：「以身爲之唱者果勞乎？」曰：「非是之謂也。既以身爲之唱，又更不愛其勞，而終之以無倦，此是三節事。」去僞〔五〕。集義。

仲弓爲季氏宰章

潘立之問「先有司」。曰：「凡爲政，隨其大小，各自有有司。須先責他理會，自家方可要其成。且如錢穀之事，其出入盈縮之數，須是教它自逐一具來，自家方可考其虚實之成。

且如今做太守，人皆以爲不可使吏人批朱。某看來，不批不得。如詞訴反覆，或經已斷，或彼處未結絶，或見在催追，他埋頭又來下狀；這若不批出，自家如何與它判得？只是要防其弊。若既如此後，或有人詞訴，或自點檢一兩項，有批得不實，即須痛治，以防其弊。」賀孫。

問：「程子曰：『便見仲弓與聖人用心之大小。推此義，一心可以興邦，一心可以喪邦，只在公私之間。』所謂公私者，豈非仲弓必欲人材皆由己舉，聖人則使人各得而舉之否？」曰：「仲弓只是見不到。纔見不到，便陷於私。學者見程子説『興邦』、『喪邦』，説得甚險，故多疑於此，然程子亦曰推其義爾。」必大。集注。

問：「程子謂：『觀仲弓與聖人，便見其用心之小大。』以此知『樂取諸人以爲善』，所以爲舜之聖，而凡事必欲出乎己者，真成小人之私矣。」曰：「於此可見聖賢用心之大小。仲弓只緣見識未極其開闊，故如此。人之心量本自大，緣私故小。蔽固之極，則可以喪邦矣。」廣。

問：「『先有司，赦小過，舉賢才』，各是一事。蘇氏、楊氏乃相須而言之。」曰：「論語中有一二處，如『道千乘之國，敬事而信，節用而愛人，使民以時』，雖各是一事，然有相須之理。」必大。集義。

子路曰衛君待子章

亞夫問「衛君待子爲政」章。曰：「其初只是一個『名不正』，便事事都做不得。『禮樂不興，刑罰不中』，便是個大底『事不成』。」問：「『禮樂不興』，疑在『刑罰不中』之後，今何故却云『禮樂不興』而後『刑罰不中』？」曰：「禮之所去，刑之所取。禮樂既不興，則刑罰宜其不中。」又曰：「禮是有序，樂是和樂。既事不成，如何得有禮樂耶？」時舉。

文振問：「何以謂之『事不成則禮樂不興』？」曰：「『事不成』，以事言；『禮樂不興』，以理言。蓋事不成，則事上都無道理了，說甚禮樂！」亞夫問：「此是禮樂之實，還是禮樂之文？」曰：「實與文元相離不得。譬如影便有形，要離那形說影不得。」時舉。

「『事不成』〔六〕，是粗說那事做不成。『禮樂不興』，是和這理也没了。事，只是說它做出底；禮樂，却是那事底理。禮樂只是一件物事。安頓得齊齊整整，有次序，便是禮；無那乖爭底意思，便是樂。」植。

或問：「如何是事不成後禮樂便不興？禮樂不興後却如何便刑罰不中？」曰：「大凡事須要節之以禮，和之以樂。事若不成，則禮樂無安頓處。禮樂不興，則無序不和。如此，則用刑罰者安得不顛倒錯亂？諸家說各有所長，可會而觀之。」去僞〔七〕。

楊問：「注謂：『言不順，則無以考實而事不成。』此句未曉。」曰：「實，即事也。」又問：「言與事，似乎不相涉。」曰：「如何是不相涉？如一人被火，急討水來救始得，却教它討火來，此便是『言不順』，如何濟得事！又如人捉賊，走東去，合從東去捉，却教它走從西去，如何捉得。皆言不順做事不成。若就衛論之，輒，子也，蒯聵是父。今也，以兵拒父，是以父爲賊，多少不順！其何以爲國，何以臨民？事既不成，則顛沛乖亂，禮樂如何會興，刑罰如何會中？明道所謂『一事苟，其餘皆苟』，正謂此也。」又問：「子路之死於衛，其義如何？」曰：「子路只見得下一截道理，不見上一截道理。孔悝之事，它知道是『食焉不避其難』，却〔八〕不知食出公之食爲不義。東坡嘗論及此。」問：「如此，是它當初仕衛便不是？」曰：「然。」寓〔九〕。集注。總論。

問：「衛君欲召孔子爲政，而孔子欲先正名。孔子既爲之臣，復欲去出公，亦豈人情？」曰：「惟孔子而後可。」問：「靈公既逐蒯聵，公子郢辭不立，衛人立輒以拒蒯聵。論理，輒合下便不當立，不待拒蒯聵而後爲不當立也。」曰：「固是。輒既立，蒯聵來爭必矣。」僩。

「『必也正名乎！』孔子若仕衛，必先正其君臣父子之名。如蒯聵不當立，輒亦不當立，當去輒而別立君以拒蒯聵。晉趙鞅欲立蒯聵。聖人出時，必須大與他剖判一番，教它知個是與不是。」亞夫問：「論道理，固是去輒，使國人自拒蒯聵。以事情論之，晉人正主蒯聵，勢足以壓魯，聖人如何請于天子，請于方伯？天子既自不奈何，方伯又是晉自做，如何得？」曰：「道理自是合如此了。聖人出來，須自能使晉不爲蒯聵。」賀孫因問：「如請討陳常之事，也只是據道理，不論事情。」曰：「如這一兩件大事，可惜聖人做不透。若做得透，使三綱五常既壞而復興，千條萬目自此而更新。聖人年七八十歲，拳拳之心，終做不成。」賀孫。

吴伯英問：「若〔一〇〕使夫子爲衛政，不知果能使出公出從蒯聵否？」曰：「聖人行事，只問義之合與不合，不問其能與不能也。若使每事只管計較其能與不能，則豈不惑於常情利害之私乎？此在學者尤宜用力，而況聖人乎！」壯祖〔一一〕。

問：「夫子得政於衛，須有所廢立否？」曰：「亦只是説與他，令自爲去就，亦難爲迫逐之。」必大。

「胡文定説輒事，極看得好。」可學。

問：「胡氏之説〔一二〕，只是〔一三〕論孔子爲政正名，事理合如此〔一四〕。設若衛君用孔子，孔子既爲之臣而爲政，則此説〔一五〕亦可通否？」曰：「聖人必不肯北面無父之人。若輒有意改過遷善，則孔子須先與斷約，如此〔一六〕方與他做。以姚崇猶先以十事與明皇約，然後爲之相，而況孔子乎！若輒不能然，則孔子決不爲之臣矣。」淳。

問：「胡氏云云。使孔子得政，則是出公用之也，如何做得此等事？〔一七〕」曰：「據事理言之，合當如此做耳。使孔子仕衛，亦必以此事告之出公。若其不聽，則去之耳。」廣。

「蒯聵與輒，若有一人識道理，各相避就去了。今蒯聵欲入衛，輒不動，則所以處其事者當如何？後世議者皆以爲當立郢，不知郢不肯做。郢之不立，蓋知其必有紛爭也。若使夫子爲政，則必上告天子，下告方伯，拔郢而立之，斯爲得正。然夫子固不欲與其事也。」

或謂：「春秋書『晉趙鞅納世子蒯聵于戚』。稱『世子』者，謂其當立。」曰：「若不如此書，當如何書之？說春秋者多穿鑿，往往類此。」人傑。

叔器問：「子郢不肯立，也似不是。」曰：「只立輒時，只是蒯聵一個來爭。若立它時，則又添一個來爭，愈見事多。人以千乘之國與之而不肯受，它畢竟是看得來惹手難做後，不敢做。」義剛。

樊遲請學稼章

「樊遲學稼，當時須自有一種說話，如有爲神農之言許行『君民並耕』之說之類。」炎。

誦詩三百章

亞夫問：「『誦詩三百』，何以見其必達於政？」曰：「其中所載可見。如小夫賤隸閭巷之間，至鄙俚之事，君子平日耳目所不曾聞見者，其情狀皆可因此而知之。而聖人所以修德於己，施於事業者，莫不悉備。於其間所載之美惡，讀誦而諷詠之，如是而爲善，如是而爲惡；吾之所以自修於身者，如是是合做底事，如是是不合做底事。待得施以治人，如是而當賞，如是而當罰，莫不備見，如何於政不達？若讀詩而不達於政，則是不曾讀也。」又問：「如何使於四方必能專對？」曰：「於詩有得，必是於應對言語之間，委曲和平。」賀孫。

子謂衛公子荆章

問：「『公子荆善居室』，也無甚高處，聖人稱善，何也？」曰：「公子荆所爲正合道理恰好處。常人爲屋室，不是極其華麗，則墻崩壁倒全不理會。子荆自合而完，完而美，循循有序，而又皆曰苟而已，初不以此累其心。在聖人德盛，此等事皆能化了，不足言。在公子荆能如此，故聖人稱之。」謙之〔一八〕。時舉録小異〔一九〕。

問：「衛公子荆，夫子止稱其居室之善，如何？」曰：「此亦姑舉其一事之善而稱之，又安知其他無所長乎？」必大。

子適衛章

宜久說「子適衛」一章。先生因言：「古者教人有禮樂，動容周旋，皆要合他節奏，使性急底要快也不得，性寬底要慢也不得，所以養得人情性。如今教人既無禮樂，只得把兩册文字教他讀。然而今未論人會學，喫緊自無人會教。所以明道欲得招致天下名儒，使講明教人之方，其德行最高者，留以爲太學師，却以次分布天下，令教學者。須是如此，然後學校方成次第也。」時舉。

「衣食不足，則不暇治禮義；而飽暖無教，則又近於禽獸，故既富而教之。」燾。

苟有用我章

立之說「苟有用我者」一章。曰：「聖人爲政，一年之間，想見以前不好底事都革得盡。到三年，便財足兵强，教行民服。」時舉。

「『如有用我者，期月而已可也。』聖人做時，須一切將許多不好底撤換了，方做自家底。所以伊川云，紀綱布置，必三年方可有成也。」賀孫〔二〇〕。

善人爲邦章

安卿問：「集注云：『民化於善，可以不用刑殺。』恐善人只是使風俗醇朴〔二一〕。若化於善，恐是聖君之事？」曰：「大概論功效是如此〔二二〕。其深淺在人，不必恁地粘皮着骨去説。不成説聖人便得如此，善人便不得如此？不必恁地分別。善人是他做百年工夫，積累到此，自是能使人興善，人自是不陷於刑辟。如文、景恁地，後來海内富庶，豈不是『勝殘去殺』。如漢循吏，許多人才循良，也便有效。如陳太丘、卓茂、魯恭只是縣令，也能如此〔二三〕。不成説你不是聖人，如何做得這個！只〔二四〕看他功效處，又何必較量道聖人之效是如此，善人之效是如彼？聖人比善人自是不同。且如『綏之斯來，動之斯和』；『殺之而不怨，利之而不庸，民日遷善而不知爲之』，善人定是未能到這田地。但是有這般見識，有這般心胸，積累做將去，亦須有效。且如而今寬刑薄賦，民亦自能興起而不陷於刑〔二五〕。聖人論功效亦是大概如此。只思量他所以致此效處如何便了，何必較他優劣。便理會得，也無甚切己處。」義剛〔二六〕。

問：「『善人爲邦百年』，又『教民七年』，又『必世後仁』，與『期月可也，三年有成』之義，如何？」曰：「此須有聖人作用，方得如此。今大概亦自可見。惟明道文集中一策答得甚詳，與今人答策專是謾策題者甚别。試讀之可見。」去僞〔二七〕。

如有王者章

或問：「『三年有成』，『必世後仁』，遲速不同，何也？」曰：「伊川曰：『三年，謂法度紀綱有成而化行也。』漸民以仁，摩民以義，使之浹於肌膚，淪於骨髓，天下變化，風移俗易，民歸于仁，而禮樂可興，所謂仁也。此非積久何以能致？」又曰：「自一身之仁而言之，這個道理浸灌透徹；自天下言之，舉一世之仁，皆是這個道理浸灌透徹。」植。

苟正其身章

問：「范氏以先正其身，爲王者以德行仁之事；不能正其身而正人，爲以力假仁之事。」曰：「王者霸者，只是指王霸之道。范氏之説，緩而不切。」必大。

定公問一言興邦章

「聖人説話，無不子細，磨稜合縫，盛水不漏。如説『以德報怨』，如説『一言興邦』。其他人便只説『予無樂乎爲君，惟其言而莫予違也』，便可以喪邦，只此一句便了。聖人則須是恁地子細説，方休。如孟子説得便粗，如『今之樂猶古之樂』，大王、公劉好色好貨之類。故横渠説：『孟子比聖人自是粗。顏子所以未到聖人，亦只是心尚粗。』」義剛。

葉公問政章

曾問：「『近者悦，遠者來。』夫子答葉公之問政者，專言其效，與答季康子、子夏等不同，如何？」曰：「此須有施爲之次第。葉公老成，必能曉解也。」人傑。

「近者悦而遠者來，則大小强弱，非所論矣。」燾。

樊遲問仁章

「孔門教人，多以數語能使人自存其心。如『居處恭』，纔恭，則心不放也。如此之類。」

問「雖之夷狄不可棄」。曰：「上三句散着，下一句方擐得緊。」謙之（二八）。

亞夫問：「如何『雖之夷狄不可棄』？」曰：「『道不可須臾離，可離非道。』須是無間斷方得。若有間斷，此心便死了。在中國是這個道理，在夷狄也只是這個道理。」子善云：「若『居處恭，執事敬，與人忠』時，私心更無着處。」曰：「若無私心，當體便是道理。」南升。

或問：「『樊遲問仁』一段，聖人以是告之，不知樊遲果能盡此否？」曰：「此段須反求諸己，方有工夫。若去樊遲身上討，則與我不相干矣。必當思之曰，居處恭乎？執事敬乎？與人忠乎？不必求諸樊遲能盡此與否也。又須思『居處恭』時如何，不恭時如何；『執事敬』時如何，不敬時如何；『與人忠』時如何，不忠時如何，方知須用恭敬與忠也。今人處於中國，飽食暖衣，未至於夷狄，猶且與之相忘；而不知其不可棄，而況之夷狄，臨之以白刃，而能不自棄者乎！」履孫。

「大凡讀書，須是要自家日用躬行處着力，方可。且如『居處恭，執事敬，與人忠，雖之夷狄不可棄也』，與那『言忠信，行篤敬，雖蠻貊之邦行矣；言不忠信，行不篤敬，雖州里行乎哉』，此二事須是日日粘放心頭，不可有些虧欠處。此最是爲人日下急切處，切宜體之！」椿。

亞夫問「居處恭，執事敬」一章。曰：「這個道理，須要到處皆在，使生意無少間斷，方好。譬之木然，一枝一葉，無非生意。才有一豪間斷，便枝葉有不茂處。」時舉云：「看來此三句，動靜出處，待人接物，無所不該，便私意自無容處。」因兼「仲弓問仁」一章說曰：「大抵學問只要得個門户子入。若入得門了，便只要理會個仁。其初入底門户，不必只說道如何如何。若纔得個門户子入，須便要入去。若只在外面說道如何，也不濟事。」時舉。

或問：「胡氏謂：『樊遲問仁者三：此最先，「先難」次之，「愛人」其最後乎！』何以知其然？」曰：「雖無明證，看得來是如此。若未嘗告之以恭、敬忠之說，則所謂『先難』者，將何從下手？至於『愛人』，則又以發於外者言之矣。」廣。

子貢問士章

問：「『行己有恥，使於四方，不辱君命』，兩句似不連綴。恐是『行己有恥』，則足以成其身；推是心以及職分，則『不辱君命』，又可以成其職分之所當爲。」曰：「『行己有恥』，則不辱其身；『使於四方』，能盡其職，則『不辱君命』。」廣。

「『宗族稱孝，鄉黨稱弟』，是能守一夫之私行，而不能廣其固有之良心。」賀孫。

文振舉程子曰〔二九〕：「子貢欲爲皎皎之行聞於人者，夫子告之皆篤實自得之事。」謂子貢發問節次正如此〔三〇〕。曰：「子貢平日雖有此意思，然這一章却是他大段平實了。蓋渠見『行己有恥，使於四方』，不是些小事，故又問其次。至『宗族稱孝，鄉黨稱弟』，他亦未敢自信，故又問其次。凡此節次，皆是他要放平實去做工夫，故每問皆下。到下面問『今之從政者何如』，却是問錯了。聖人便云『何足算也』，乃是爲他截斷了也。此處更宜細看。」時舉。

「子貢問士，都是退後說。子貢看見都不是易事，又問其次。子貢是着實見得那說底也難，故所以再問其次。這便是伊川所謂『子貢欲爲皎皎之行，夫子告之皆篤實自得之事』底意。」植。

或說某人可奉使。云：「子貢問士，孔子告之，云云。伊川云『篤實自得之事』。謂如有耻不辱，其次常行，又其次雖小人亦可，只是退步意思。如『使乎使乎』意，則是深厚足有爲者。又如行三軍，『臨事而懼，好謀而成』，此八字極有意。然言之謙謙氣象，正如出軍之『憂心悄悄』也。若軒然自表於衆人之上，安可爲將！如孔明用兵如此，然未嘗謂精。又如曹公賞諫烏桓者。至如徐禧云『左縈右拂，直前刺之，一步三人』，則其死可見矣。狄青殺伐，敗之而已。『至于太原』，出境而止。段熲則不然。」方。

不得中行而與之章

「狂者，知之過；狷者，行之過。」僩。

問「不得中行而與之」一段。曰：「謹厚者雖是好人，無益於事，故有取於狂狷。然狂狷者又各墮於一偏。中道之人，有狂者之志，而所爲精密；有狷者之節，又不至於過激，此極難得。」時舉〔三一〕。

「人須是氣魄大，剛健有立底人，方做得事成。而今見面前人都恁地衰，做善都做不力；便做惡，也做不得那大惡，所以事事不成。故孔子歎『不得中行而與之，必也狂狷乎』，人須有些狂狷，方可望。」僩。

「聖人不得中行而與之，必求狂狷者，以狂狷者尚可爲。若鄉原，則無説矣。今之人，纔説這人不識時之類，便須有些好處；纔説這人圓熟識體之類，便無可觀矣。」楊。

問〔三二〕「狂狷」集注云：「善人胡爲亦不及狷者？」曰：「善人只循循自守，據見定，不會勇猛精進；循規蹈矩則有餘，責之以任道則不足。淳録下云：「故無可望。」狷者雖非中道，然這般人終是有筋骨。淳録〔三三〕作「骨肋」。其志孤介，知善之可爲而爲之，知不善之不可爲而不爲，直是有節操。狂者志氣激昂。聖人本欲得中道而與之，晚年磨來磨去，難得這般恰好底人，如狂狷，尚可因其有爲之資，裁而歸之中道。道夫録云：「得聖人裁抑之，則狂者不狂，狷者不狷矣。」淳録云：「末年無奈何，方思得此等人，可見道之窮矣。問：『何謂狷？』曰：『介然有守也。』」且如孔門只一個顔子如此純粹。道夫録作：「台下天資純粹。」到曾子，道夫録有「氣質」字。便過於剛，與孟子相似。世衰道微，人欲横流，若不是剛介有脚跟底人，定立不住。漢文帝謂之善人，武帝却有狂底氣象。陸子静省試策：『世謂文帝過武帝，愚謂武帝勝文帝。』其論雖偏，容有此理。文帝天資雖美，然止此而已。道夫録云：「若責之以行聖人之道，則必不能，蓋他自安於世。觀其言曰：『卑之，無甚高論，令今可行也。』」武帝多有病痛，然天資高，足以有爲。使合下得真儒輔佐它，豈不大可觀！惜夫輔非其人，不能勝其多欲之私，做從那邊去了。末年天下虛耗，其去亡秦無幾。然它自追悔，亦其天資高也。如與衛青言：『若後世又如朕所爲，是襲亡秦之迹。太子厚重好静，欲求守文之主，安有賢於太子者乎！』見得它知過處。胡氏謂：『武帝能以仲舒爲相，汲黯爲御史大夫，豈不善乎？』」寓。道夫録、淳録同。

南人有言章

問〔三四〕「不占而已矣」。曰：「如只是不讀書之意。」𣈶。

或問「或承之羞」。曰：「承，如奉承之『承』，如人送羞辱與之也。」燾。

君子和而不同章

問：「諸説皆以『和』如『和羹』爲義，如何？」曰：「不必專指對人説。只君子平常自處亦自和，自然不同。大抵君子小人只在公私之間，淳録云：「君子小人只是這一個事，而心有公私不同。孔子論君子小人，皆然。」和是公底同，同是私底和。如『周而不比』，亦然。周是公底比，比是私底周，同一事而有公私。五峰云：『天理人欲，同體異用，同行異情。』説『同行異情』，却是。所謂同體者，却只是言同一事〔三五〕。但既犯了『體用』字，却成同體〔三六〕，則是體中亦有人欲〔三七〕。五峰只緣錯認了性無善惡，便做出無限病痛。知言中節節如此。」𣈶〔三八〕。

立之問：「『君子和而不同』，如温公與范蜀公議論不相下之類。不知『小人同而不和』，却如誰之類？」曰：「如呂吉甫、王荆公是也。蓋君子之心，是大家只理會這一個公當底道理，故常和而不可以苟同。小人是做個私意，故雖相與阿比，然兩人相聚也便分個彼己了；故有些少利害，便至紛爭而不和也。」時舉。

君子易事而難説章

問「君子易事而難説」。曰：「君子無許多勞攘，故易事。小人便愛些便宜，人便從那罅縫去取奉他，故易説。」燾。

君子泰而不驕章

問「君子泰而不驕」。曰：「泰是從容自在底意思，驕便有私意。數負他無，欺負他理會不得，是靠我這些子，皆驕之謂也。如漢高祖有個粗底泰而不驕。他雖如此胡亂罵人之屬，却無許多私意。唐太宗好作聰明，與人辯，便有驕底意思。」燾。

剛毅木訥近仁章

問：「『剛毅木訥近仁』，剛與毅如何分別？」曰：「剛是體質堅强，如一個硬物一般，不軟不屈；毅却是有奮發作興底氣象。」寓。

「仁之爲物難説，只是個惻隱、羞惡未發處。這個物事，能爲惻隱、羞惡，能爲恭敬、是非。剛毅木訥，只是質樸厚重，守得此物，故曰『近仁』。」震。

子路問士章

問「何如斯可謂之士」一段。曰：「聖人見子路有粗暴底氣象，故告之以『切切』『怡怡』。又恐子路一向和説去了，又告之以『朋友切切偲偲』，『兄弟』則『怡怡』。聖人之言是恁地密。」謙之〔三九〕。

問：「胡氏説：『切切，懇到也；偲偲，詳勉也。』如何是懇到詳勉意思？」曰：「古人多下聯字去形容那事，亦難大段解説，想當時人必是曉得這般字。今人只是想象其聲音，度其意是如此耳。『切切、偲偲』，胡氏説爲當。懇到，有苦切之意。然一向如此苦切，而無浸灌意思，亦不可。又須着詳細相勉，方有相親之意。」寓。

善人教民七年章

問：「『善人教民七年，亦可以即戎矣。』如何恰限七年？」曰：「如此等，他須有個分明界限。如古人謂『三十年制國用，則有九年之食』，至班固，則推得出那三十年果可以有九年食處。料得七年之類亦如此。」廣。

問：「孔子云：『善人教民七年，亦可以即戎矣。』晉文公自始入國至僖公二十七年，教民以信，以義，以禮，僅得四年，遂能一戰而霸。此豈文公加善人一等也耶？」曰：「大抵霸者尚權譎，要功利，此與聖人教民不同。若聖人教民，則須是七年。」謨。

問：「集注先只云：『教民者，教之孝悌忠信。』後又添入『務農講武之法』。」曰：「古人政事，大率本末兼具。」因說：「向來此間有盜賊之害，嘗與儲宰議起保伍，彼時也商量做一個計畫。後來賊散，亦不成行。後來思之，若成行，亦有害。蓋纔行此，便着教他習武事。然這裏人已是殺人底，莫更教得他會越要殺人。如司馬温公嘗行保伍之法，春秋教習，以民爲兵。後來所教之人歸，更不去理會農務生事之屬，只管在家作鬧，要酒物喫，其害亦不淺。古人兵出於民，却是先教之以孝悌忠信，而後驅之於此，所以無後來之害。」燾。

以不教民戰章

或疑：「『不教民戰。』善人教民也七年，固是教之以孝弟忠信，不須兼戰法而教之否？」曰：「不然，戰法自不用了。孔子却是爲見春秋時忒會戰，故特説用教之以孝悌忠信之意。」伯羽。

校勘記

〔一〕問　朝鮮本作：寓問。

〔二〕便有倦底意　朝鮮本作：後來便有個倦底意。

〔三〕文振問注云　朝鮮本作：「鄭文振問先之勞之集注云」增凡六字。

〔四〕廣録作循行阡陌　朝鮮本另有廣録一條，凡三十八字，云：「或問：『「子路問政」章，集解取東坡「以身勞之」之説，如何是「以身勞之」？』曰：『如循行阡陌，勸課農桑之類。』廣。」

〔五〕去僞　朝鮮本作：祖道。謨同。

〔六〕事不成　「事」原爲空格，據朝鮮本、萬曆本補。

〔七〕去僞　朝鮮本作：祖道。謨同　又，朝鮮本此節後又有一節，文云：「『衛輒，子也，蒯聵，父也。今也子以兵拒父，以父爲賊，是多少不順！其何以爲國？何以臨民？事既不成，則顛倒乖亂。禮樂如何而興？刑罰如何而中？程子所謂「一事苟，則其餘皆苟」，正謂此也。』道夫。」凡七十二字。

〔八〕却　朝鮮本「却」上增一句：這合當如此。

〔九〕寓　朝鮮本分録三則，末尾小字記作：道夫。

〔一〇〕若　朝鮮本此上增：衛君侍子而爲政。

〔一一〕壯祖　朝鮮本作：處謙。

〔一二〕胡氏之説　朝鮮本「説」下增三十二字，文云：「『正名』章，謂：『必將具其事之本末告諸天王，請於方伯，命公子郢而立之，則人倫正。』此」。

〔一三〕只是　朝鮮本作：正是。

〔一四〕事理合如此　朝鮮本作：合當如此。

〔一五〕此説　朝鮮本作：胡氏所説。

〔一六〕如此　朝鮮本作：恁地做。

〔一七〕問胡氏云云使孔子得政則是出公用之也如何做得此等事　朝鮮本問句作：問：「『衛君待子爲政』章，胡氏云：『夫子爲政，而以正名爲先，必將具其事之本末告諸天王，請于方伯。命公子郢而立之。』據衛君即是出公，使孔子得政，則是出公用之也，如何做得此等事？」

〔一八〕謙之　朝鮮本作：希遜。

〔一九〕時舉録小異　朝鮮本有時舉録一節，凡八十八字，文云：「正卿謂：『「公子荆善居室」一段，也無甚高處，聖人稱善何也？』曰：『且如今人不治家，則墻崩壁倒，全不理會；又有人專去治家，則汲汲於致富。惟公子荆自合而完，完而美，循循有序，而又皆曰苟而已，則又不以此累其心，聖人所以美之。』」

〔二〇〕賀孫　朝鮮本此後又有一節，文云：「『孔子之志在乎尊周，然「苟有用我者」，亦視天命如何耳。聖人胸中自有處置，非可執定本以議之也。』人傑。」凡四十字。

〔二一〕醇朴　朝鮮本此下增：未能化於善。

〔二二〕大概論功效是如此　朝鮮本「大概」在「功效」下。

〔二三〕也能如此　朝鮮本作：也能有此效。

〔二四〕只　朝鮮本「只」上增「此等緊要」四字。

〔二五〕刑　朝鮮本作：罪戾。

〔二六〕義剛　朝鮮本作：義剛。淳同。

〔二七〕去僞　朝鮮本末尾小字作：謨。祖道、人傑同。

〔二八〕謙之　朝鮮本末尾小字作：希遜。

〔二九〕文振舉程子曰　朝鮮本作：文振説「子貢問士」一章，舉程先生曰。

〔三〇〕正如此　朝鮮本此下增「去」字。

〔三一〕時舉　朝鮮本作：時舉。希遜同。

〔三二〕問　朝鮮本作：寓問。

〔三三〕淳録　朝鮮本收「淳」記完整語録，今附如下：楊問：「善人何以不及狷者？」曰：「善人只循循自守，據見定，更不向上去，不解勇猛精進；做不得事，循規蹈矩則有餘，責之以任道則不足，故無可望。狷者雖非中道，然此等人終是有骨肋。有節操，可以振拔而有爲得聖人裁，抑而激昂之，則狂便不狂，狷便不狷。皆歸於中矣。聖人本欲得中道，而與之磨來磨去，難得這般恰好底人。末年無柰何，方思得此等人，可見道之窮矣。問：『何謂狷？』曰：『介然有守也。』」淳。

〔三四〕問　朝鮮本作：謩問。

〔三五〕却只是言同一事　「同一事」，朝鮮本作「一事而各用」。

〔三六〕却成同體　原無「同體」二字，據朝鮮本補。

〔三七〕則是體中亦有人欲　「則」字原無，據朝鮮本補。

〔三八〕謩　朝鮮本作：廣。

〔三九〕謙之　朝鮮本末尾記録者姓名作：希遜。

朱子語類卷第四十四

論語二十六

憲問篇

憲問耻章

問：「集注云：『憲之狷介，其於「邦無道穀」之可耻，固知之；至於「邦有道穀」之可耻，恐未必知。』何也？」曰：「邦有道之時，不能有爲，只小廉曲謹，濟得甚事？且如舊日秦丞相當國，有人壁立萬仞，和宮觀也不請，此莫是世間第一等人！及秦既死，用之爲臺諫，則不過能論貪污而已，洽録云：「爲侍從，不過做得尋常事，此不免蹈聖人所謂耻也。」於國家大計，亦無所建立。且如『子貢問士』一段，『宗族稱孝，鄉黨稱弟』之人，莫是至好；而聖人必先之以『行己有恥，不辱君命』爲上。蓋孝弟之人，亦只是守得那一夫之私行，不能充其固有之良心。然須是以孝弟爲本，無那孝弟，也做不得人，有時方得恰好。須是充那固有之良心，到有恥、不辱君命處，方是。」謙之〔一〕。洽録云：「子貢問士，必先答以『行己有恥，使於四方不辱君命』。自今觀之，宗族鄉黨皆稱孝弟，豈不是第一等人？然聖人未以爲士之至行者，僅能行其身無過，而無益於人之國，不足深貴也。」

問：「『邦有道穀，邦無道穀，恥也。』諸家只解下一脚爾，上一句却不曾説着。此言『邦有道穀，邦無道穀』，而繼之以『恥也』者，豈非爲世之知進不知退者設耶？」曰：「『穀』之一字，要人玩味。穀有食禄之義。言有道無道，只會食禄，略無建明，豈不可深恥！」謨。

克伐怨欲不行章

「『克、伐、怨、欲』，須從根上除治。」閎祖。

「『克、伐、怨、欲不行』，只是遏殺得在。此心不問存亡，須是克己。」祖道。

「『克、伐、怨、欲不行』，所以未得爲仁者，如面前有一事相觸，雖能遏其怒，畢竟胸中有怒在，所以未得爲仁。」蓋卿。

晞遜問：「『克、伐、怨、欲不行』，如何？」曰：「此譬如停賊在家，豈不爲害。若便趕將出去，則禍根絶矣。今人非是不能克去此害，却有與它打做一片者。」人傑。

問：「『克、伐、怨、欲不行』，孔子不大段與原憲。學者用工夫，且於此不行焉亦可。」曰：「須是克己，涵養以敬，於其方萌即絶之。若但欲不行，只是遏得住，一旦決裂，大可憂〔二〕！」可學。

問「可以爲難矣」。曰：「這個也是他去做功夫，只是用功淺在。」燾。

問「克、伐、怨、欲不行」。曰：「不行，只是遏在胸中不行耳，畢竟是有這物在裏。才說無，便是合下掃去，不容它在裏。譬如一株草，剗去而留其根，與連其根剗去，此個意思如何？而今人於身上有不好處，須是合下便〔三〕剗去。若只是在人面前不行，而此個根苗常留在裏，便不得。」又問：「而今覺得身上病痛，閑時自謂都無之，才感物時便自發出，如何除得？」曰：「閑時如何會發？只是感物便發。當其發時，便剗除去，莫令發便了。」又問：「而今欲到無欲田地，莫只是剗除熟後，自會如此否？」曰：「也只是剗除熟。而今人於身上不好處，只是常剗去之。才發便剗，自到熟處。」夔孫。

問：「『克、伐、怨、欲不行』，此是禁制之，未能絶去根苗也。」曰：「說也只是恁地說。但要見得那絶去根苗底是如何用功，這禁制底是如何用功，分別這兩般功夫是如何。」又問：「恐絶去根苗底，如顔子克己否？」曰：「如『勿』字，也是禁止之。公更去子細思量。只恁地如做時文様抵説，不濟事。」燾。

問〔四〕：「『克、伐、怨、欲』須要無。先生前日令只看大底道理，這許多病自無。今看來莫是見得人己一體，則求勝之心自無；見得事事皆己當爲，則矜伐之心自無；見得『死生有命，富貴在天』，則忿怨貪欲之心自無否〔五〕？」曰：「固是如此，這已是第二着了。」問：「莫是見得天地同然公共底道理否？」曰：「這亦是如此，亦是第二着。若見得本來道理，亦不待説與人公共不公共。見得本來道理只自家身己上，是勝個甚麽？是伐個甚麽？是怨、欲個甚麽？所以夫子告顔子，只是教他『克己復禮』。能恁地，則許多病痛一齊退聽。『出門如見大賓，使民如承大祭』，這是防賊工夫。『克己復禮』，這是殺賊工夫。」賀孫。

「『克己』底是一刀兩段，而無『克、伐、怨、欲』了。『克、伐、怨、欲不行』底，則是忍着在内，但不放出耳。」燾。

「『克、伐、怨、欲不行』，只是禁止不使之行；其要行之心，未嘗忘也。『克己復禮』，便和那要行之心都除却。此『克己』與『克、伐、怨、欲不行』，所以氣象迥别也。」枅。

問：「『克、伐、怨、欲不行』，何以未足爲仁？必『克己復禮』乃得爲仁？」曰：「『克己』者，一似家中捉出個賊，打殺了便没事。若有『克、伐、怨、欲』而但禁制之，使不發出來，猶關閉所謂賊者在家中；只是不放出去外頭作過，畢竟窩藏。」必大。

問「克己」與「克、伐、怨、欲不行」。曰：「『克己』是拔去病根。『不行』是捺在這裏，且教莫出，然這病根在這裏。譬如捉賊，『克己』便是開門趕出去，索性與它打殺了，便是一頭事了。『不行』是閉了門，藏在裏面，教它且不得出來作過。」謙之〔六〕。

「『克己』，如誓不與賊俱生；『克、伐、怨、欲不行』，如『薄伐玁狁，至于大原』，但逐出境而已。」僩。

安卿說「克、伐、怨、欲不行」。先生問曰：「這個禁止不行，與那非禮勿視、聽、言、動底『勿』字，也只一般。何故那個便是爲仁？這個禁止却不得爲仁？必有些子異處，試說看。」安卿對曰：「非禮勿視、聽、言、動底，是於天理人欲之幾，既曉然判別得了，便行從天理上去。『克、伐、怨、欲不行』底，只是禁止不行這個人欲，却不知於天理上用功，所以不同。」曰：「它本文不曾有此意。公何據輒如此說？」久之，曰：「有一譬喻：如一個人要打人，一人止之曰：『你不得打！才打他一拳，我便解你去官裏治你。』又一人曰：『你未要打它。』此二者便是『克己』與『不行』之分。『克己』是教它不得打底，『不行』是教它未要打底。教它不得打底，便是從根源上與它說定不得打。未要打底，是這裏未要打，及出門去，則有時而打之矣。觀此，可見『克己』者是從根源上一刀兩斷，便斬絕了，更不復萌；『不行』底只是禁制它不要出來，它那欲爲之心未嘗忘也。且如怨個人，却只禁止說莫要怨它，及至此心欲動，又如此禁止。雖禁止得住，其怨之之心則未嘗忘也。如自家飢，見餅餈在前，心中要喫，却忍得不喫。雖强忍住，然其欲喫之心未嘗忘。『克己』底，則和那欲喫之心也打疊殺了。」僩。

李閎祖問目中有「『克、伐、怨、欲不行』及『非禮勿視、聽、言、動』」一段。先生問德明云：「謂之『勿』，則與『不行』者亦未有異，何以得仁？」德明對曰：「『勿』者，禁止之詞。顏子工夫只是積漸克將去，人欲漸少，天理漸多；久之則私意剝盡，天理復全，方是仁。」曰：「雖如是，終是『勿』底意猶在，安得謂之仁？」再三請益。曰：「到此說不得。只合實下工夫，自然私意留不住。」德明。

問「『克伐』與『克復』，只是一個『克』字，用各不同。竊謂『克己』是以公勝私，『克伐』是有意去勝人。」曰：「只是個出入意。『克己』是入來勝己，『克伐』是出去勝人。」問：「楊敬仲說：『「克」字訓能。此己，元不是不好底。「爲仁由己」，何嘗不好？「克己復禮」，是能以此己去復禮也』。」曰：「艾軒亦訓克作能，謂能自主宰。此說雖未善，然猶是着工夫。若敬仲之言，是謂無己可克也。」德明。

問：「『克、伐、怨、欲』章，不知原憲是合下見得如此，還是他氣昏力弱，沒奈何如此？」

曰：「是他從來只把這個做好了，只要得不行便了，此所以學者須要窮理。只緣他見得道理未盡，只把這個做仁。然較之世之沉迷私欲者，他一切不行，已是多少好。惟聖道廣大，只恁地不濟事，須着進向上去。『克伐怨欲』，須要無始得。若藏蓄在這裏，只是做病。」問：「憲本原也不是要藏蓄在這裏〔七〕。」曰：「這也未見他要藏蓄在。只是據他説，便不是了。公不消如此看。只那個是是，那個是不是。聖人分明説這個不是仁，公今只看合要無，合要有了不行。若必定要無，下梢猶恐未能盡去。若合下只要不行便了，下梢道如何？」問：「孔子既云『不知其仁』，原憲却不問仁，何也？」曰：「這便是他失問。這也是他從來把自見做好了如此。明道亦説：『原憲承當不得，所以不復問。』他非獨是這句失問，如『邦有道穀，邦無道穀，耻也』，也失問。邦無道，固不當受禄；若有道，如何也不可受禄？當時未見得意思，也須着較量。蓋邦無道而受禄，固不可；有道而苟禄，亦不可。」問：「原憲也不是個氣昏力弱底人，何故如此？」曰：「他直是有力。看他孤潔節介，卒未易及，只是見識自如此。若子路見識較高，他問時須問到底。然教原憲去爲宰從政，未必如子路、冉求之徒。若教子路、冉求做原憲許多孤介處，也〔八〕做不得。孟子曰：『人有不爲也，而後可以有爲。』原憲却似只要不爲，却不理會有爲一節。如今看道理，也恁地漸漸看將去。不可説道無所見，無所得，便放倒休了；也不可道有些小所見，有些小所得，便自喜道：『只消如此。』這道理直是無窮。」賀孫。

問：「原憲强制『克、伐、怨、欲』，使之不行，是去半路上做工夫，意思與告子相似。觀其辭所合得之粟，亦是此意。」曰：「憲是個狷者。傳中説憲介狷處亦多。」廣。

或説：「憲問仁，是原憲有所感。」〔九〕曰：「不必如此説。凡觀書，且論此一處文義如何，不必它説。」可學。

有德者必有言章

問范氏之説。曰：「以心譬仁，以四肢譬勇，此説亦無甚病。若欲以勇爲義之屬，則是夫子亦不合説『仁者必有勇』也。范氏之失却在首句所謂『仁之爲力，舉者莫能勝』上。蓋欲以此形容『勇』字，却不知其不類也。」必大。

南宫适問於孔子章

「南宫适大意是説德之可貴，而力之不足恃。説得也好，然説不透，相似説堯、舜賢於桀、紂一般。故聖人不答，也是無可説。蓋他把做不好，又説得是；把做好，又無可説，只得不答而已。亦見孔子不恁地作鬧，得過便過。」淳。

問：「如何見得以禹、稷比夫子？」曰：「舊説如此。觀夫子不答，恐有此意，但問得鶻突。蓋适意善而言拙，擬人非其倫爾。太史公亦以盗跖與伯夷並説。伯夷傳乃史遷自道之意。」必大。

問〔一〇〕：「明道謂适以禹、稷比夫子，故夫子不答。上蔡以爲首肯之意，非直不答也。龜山以爲禹、稷有天下不止躬稼，夫子未盡然其言，故不答。三説孰是〔一一〕？」曰：「适之言亦不爲不是，問得也疏。禹、稷是好人，羿、奡自是不好底人，何消恁地比並説。夫子也只是不答，緣問得騃。正如仲尼賢於盗跖，這般説話，豈不是騃！然它意思却好，所以出而聖人稱美之曰：『君子哉若人！尚德哉若人！』如孟子所謂『孳孳爲善者，舜之徒也』云云，『不以舜之所以事堯事君』云云，這般言語多少精密！适之問如何似得這般話。」舉似某人詩云云。「何似仲尼道最良。張僧、范寇知何物？却與宣尼較短長！」寓。

問：「夫子不答南宫适之問，似有深意。」曰：「如何？」過謂：「禹、稷之有天下，羿、奡不得其死，固是如此。亦有德如禹、稷而不有天下者，孔子終身爲旅人是也；亦有惡如羿、奡而得其終者，盗跖老死於牖下是也。凡事應之必然，有時而或不然。惟夫子之聖，所以能不答。君子之心，亦爲其所當爲，而不計其效之在彼。」蜀録云：「必然之中，或有不然者存。學者之心，惟知爲善而已，他不計也。夫子不答，固有深意，非聖人不能如是。」曰：「此意思較好。」過。

君子而不仁者章

問〔一二〕：「此君子莫只是輕説，不是指那成德者而言否？」曰：「『君子而不仁者有矣夫』，他只是用這般見成句。」義剛。

問此章。曰：「君子譬如純白底物事，雖有一點黑，是照管不到處。小人譬如純黑底物事，雖有一兩點白處，却當不得白也。」燾。

愛之能勿勞乎章

至之問「愛之能勿勞乎」。曰：「愛之而弗勞，是姑息之愛也。凡人之愛，多失於姑息。如近有學者持服而來，便自合令他歸去。却念他涉千里之遠，難爲使他徒來而徒去，遂不欲却他。此便是某姑息處，乃非所以爲愛也。」時舉。

爲命章

問「爲命，裨諶草創之。」曰：「春秋之辭命，猶是説道理。及戰國之談説，只是説利害〔一三〕，説到利害的當處便轉。」謙之〔一四〕。

或問子産章

「子産心主於寬，雖説道『政尚嚴猛』，其實乃是要用以濟寬耳，所以爲惠人。」賀孫。

「『問管仲，曰：「人也。」』范、楊皆以爲盡人道，集注以爲『猶云，此人也』，如何？」曰：「古本如此説，猶詩所謂『伊人』，莊子所謂『之人』也。若作盡人道説，除管仲是個人，他人便都不是人！更管仲也未盡得人道在，『奪伯氏駢邑』，正謂奪爲己有。」問：「集注言管仲、子産之才德。使二人從事於聖人之學，則才德可以兼全否？」曰：「若工夫做到極處，也會兼全。」寓。

問〔一五〕：「孔子所稱管仲奪伯氏邑，『没齒無怨言』，此最難，恐不但是威力做得。」曰：「固是。雖然，亦只是霸者事。」問：「武侯於廖立、李平是如何？」曰：「看武侯事迹，儘有駁雜去處；然事雖未純，却是王者之心。管仲連那心都不好。程先生稱武侯『有王佐之才』，亦即其心而言之，事迹間有不純也。然其要分兵攻魏，先主將一軍入斜谷，關羽將荆州之衆北向，則魏首尾必不相應，事必集矣。蜀人材難得，都是武侯逐旋招致許多人，不似高祖、光武時雲合響應也。」賀孫。

問：「集注云：『管仲之德，不勝其才；子産之才，不勝其德。其於聖人之道，概乎其未有聞也。』若據二子所成之事迹，則誠未知聖人之學。然觀管仲『非鬼神通之，精神之極也』之語，與子産論伯有事，其精思察理如此，恐亦未可謂全不知聖人之學。」曰：「大處他不知，如此等事，他自知之。且使子路爲鄭國，必須强似子産。觀其自謂三年爲國，『可使有勇，且知方也』，則必不爲强國所服屬矣。」廣。

貧而無怨章

問「貧而無怨難，富而無驕易」。曰：「貧則無衣可着，無飯可喫，存活不得，所以無怨難。富則自有衣着，自有飯喫，但略知義理，稍能守本分，便是無驕，所以易。二者其勢如此。」燾。「『貧而無怨』，不及於『貧而樂』者，又勝似『無諂』者。」

子路問成人章

至之問：「『子路問成人』一章，曰『知』，曰『不欲』，曰『勇』，曰『藝』，有是四德，而『文之以禮樂』，固『可以爲成人』。然聖人却只舉臧武仲、公綽、卞莊子、冉求，恐是就子路之所及而言。」曰：「也不是揀低底説，是舉這四人，要見得四項。今有人知足以致知，又無貪欲，又勇足以決，又有才能，這個亦自是甚麽樣人了！何況又『文之以禮樂』，豈不足爲成人。」又問：「集注謂『才全德備，渾然不見一善成名之迹，粹然無復偏倚駁雜之弊』，雖聖人亦不過如此。後面又説：『若論其至，則非聖人盡人道不足以語此。』然則聖人之盡人道，事體似又別？」曰：「若聖人，則不用件件恁地説。」〔一六〕又問：「下面説：『見利思義，見危授命，久要不忘平生之言。』覺見子路也盡得此三句，不知此數語是夫子説，是子路説？」曰：「這一節難説。程先生説『有忠信而不及於禮樂』，也偏。」至之云：「先生又存胡氏之説在後，便也怕是胡氏之説是，所以存在後。」倪。時舉録略，別出。

至之問「子路問成人」一章。曰：「有知而不能不欲，則無以守其知；能不欲而不能勇，則無以決其爲知。不欲且勇矣，而於藝不足，則於天下之事有不能者矣。然有是四者，而又『文之以禮樂』，茲其所以爲成人也。」又問：「若聖人之盡人道，則何以加此？」曰：「聖人天理渾全，不待如此逐項説矣。」時舉。

或問「文之以禮樂」。曰：「此一句最重。上面四人所長，且把做個樸素子，唯『文之以禮樂』，始能取四子之所長，而去四子之所短。然此聖人方以爲『亦可爲成人』，則猶未至於踐形之域也。」時舉。

亞夫問「子路成人」章。曰：「這一章，最重在『文之以禮樂』一句上。『今之成人者』以下，胡氏以爲是子路之言，恐此説却是，蓋聖人不應只説向下去。且『見利思義』至『久要不忘平生之言』三句，自是子路已了得底事，亦不應只恁地説。蓋子路以其所能而自言，故胡氏以爲『有「終身誦之」之固』也。」亞夫云：「若如此，夫子安得無言以繼之？」曰：「恐是他退後説，也未可知。」時舉。

楊尹叔問：「『今之成人』以下，是孔子言，抑子路言？」曰：「做子路説方順。此言亦似子路模様。然子路因甚如此説？畢竟亦未見得。」又問：「公綽不欲等，可以事證否？」曰：「亦不必證。此只是集衆善而爲之，兼體用、本末而言。」淳。

子問公叔文子章

『時然後言』者，合説底不差過它時節。」植。

問「子問公叔文子」章〔一七〕。曰：「且説這三個『不厭』字意思看。」或云：「緣它『時然後言』，『樂然後笑』，『義然後取』〔一八〕，所以人不厭之。」曰：「惟其人不厭之，所以有『不言、不笑、不取』之稱也。蓋其言合節拍，所以雖言而人不厭之，雖言而實若不言也。這『不厭』字意，正如孟子所謂『文王之囿，方七十里，民猶以爲小』相似。」僩。

魏才仲問：「『子問公叔文子』一段，當時亦未必是誇。」曰：「若不是誇，便是錯説了。

只當時人稱之已過當，及夫子問之，而賈所言又愈甚，故夫子不信。」可學。

「如『不言，不笑，不取』，似乎小，却難。若真能如此，只是一偏之行。然公明賈却說『以告者過也』。『時然後言』，『樂然後笑』，『義然後取』，似乎易，却說得大了。蓋能如此，則是『時中』之行也。」燾。

晉文公譎而不正章〔一九〕

因論桓、文譎正〔二〇〕，曰：「桓公是較本分得些子。文公所爲事，却多有曲折處，左傳所載可見，蓋不特天王狩河陽一事而已。」義剛。

問：「晉文公『譎而不正』，諸家多把召王爲晉文之譎。集注謂『伐衛以致楚師，而陰謀以取勝』，這說爲通〔二一〕。」曰：「晉文舉事，多是恁地，不肯就正做去。吕伯恭博議論此一段甚好，然其說忒巧。逐節看來，却都是如此。晉文用兵，便是戰國孫、吳氣習。」寓。

「東萊博議中論桓、文正譎甚詳，然說亦有過處。」又曰：「桓公雖譎，却是直拔行將去，其譎易知。如晉文，都是藏頭没尾，也是蹺蹊。」驤〔二二〕。

子路曰桓公殺公子糾章

「周衰，王道不振，管仲乃能『九合諸侯，不以兵車』，功被當時，澤流後世，誰得如他之仁！『如其仁』，夫子許其有仁之事功也。」砥。

江彝叟問：「管仲，『如其仁』，顔潰説作管仲之仁如召忽，是否？」曰：「聖人於上面豈曾許召忽仁來。聖人分明直許管仲云：『九合諸侯，不以兵車，管仲之力也。如其仁！』『如其仁』者，誰得似他這仁！」又云：「公且子細看他是許管仲，不是許管仲？聖人上面既説得管仲如此大了，後面却如何只恁地小結殺得？且如公做文字，上面就幾句重了，下面如何恁地輕去得？」江兄又問：「顔潰之意，以召忽之意爲仁，而管仲似之。」曰：「聖人於上面已自説『自經於溝瀆』一項，已結之矣，豈得更如此？」先生因説：「楊雄言：『爰變丹青，如其智！』這句便是不許他底説話。且如易中所謂『又誰咎也』自有三個，而其義則有兩樣：如『不節之嗟』與『自我致寇』言之，則謂咎皆由己，不可咎諸人；如『出門同人』言之，則謂人誰有咎之者矣。以此見古人立言，有用字雖同而其義則不同。」卓。賀孫疑同聞別出。

江問：「『如其仁』，或説如召忽之仁。」曰：「公且道此是許管仲，是不許管仲？看上面如此説，如何喚做不許他？上面説得如此大了，下面豈是輕輕説過。舊見人做時文，多做似仁說，看上文是不如此。公且道自做數句文字，上面意如此，下面意合如何？聖人當時舉他許多功，故云誰如得他底仁。終不成便與許顏子底意相似。管仲莫說要他『三月不違仁』，若要他三日，也不會如此。若子貢、冉求諸人，豈不强得管仲！」賀孫〔一三〕。

亞夫問：「管仲之心既已不仁，何以有仁者之功？」曰：「如漢高祖、唐太宗，未可謂之仁人。然自周室之衰，更春秋、戰國以至暴秦，其禍極矣！高祖一旦出來平定天下，至文、景時幾致刑措。自東漢以下，更六朝、五胡〔一四〕以至于隋，雖曰統一，然煬帝繼之，殘虐尤甚，太宗一旦掃除以致貞觀之治。此二君者，豈非是仁者之功耶！若以其心言之，本自做不得這個功業。然謂之非仁者之功，可乎？管仲之功，亦猶是也。」時舉。

才仲問：「南軒解子路、子貢問管仲，疑其『未仁』、『非仁』，故舉其功以告之。若二子問『管仲仁乎』，則所以告之者異。此說如何？」先生良久曰：「此說却當。」可學。

問：「集注說：『子路疑管仲忘君事讎，忍心害理，不得爲仁。』此忍心之『忍』，是殘忍之『忍』否？方天理流行時，遽遏絶之使不得行，便是忍心害理矣。」曰：「傷其惻隱之心，便是忍心。如所謂『無求生以害仁』，害仁便是忍心也。故謝子說『三仁』云：『三子之行，同出於至誠惻怛之意。』此說甚好。」廣。

子貢曰管仲非仁者章

安卿問：「伊川言：『仲始與之同謀，遂與之同死，可也。知輔之爭爲不義，將自免以圖後功，亦可也。』竊謂天下無兩可之理，一是則一非，如兩可之説，恐亦失之寬否？」曰：「雖無兩可，然前説亦是可。但自免以圖後功，則可之大者。」淳曰：「孟子『可以死，可以無死』，是始者見其可以死，後細思之，又見其可以無死，則前之可者爲不可矣。」曰：「即是此意。」安卿又問：「集注謂：『王、魏先有罪而後有功，不可以相揜。』只是論其罪則不須論其功，論其功則不須論其罪否？」曰：「是。」堯卿〔二五〕問：「管仲功可揜過否？」曰：「他義不當死。」久之，又曰：「這般處也説得不分曉。大抵後十篇不似前十篇。如『子路問成人』處，説得也粗。」安卿云：「只是臧武仲之知等〔二六〕，皆不是十分底事。」曰：「是。」義剛。淳録同。

問：「集解云：『管仲有功而無罪，故聖人獨稱其功。王、魏先有罪而後有功，則不以相掩可也。』其視程子説，固平實矣。然人之大節已失，其餘莫不足觀否？」曰：「雖是大節已失，畢竟他若有功時，只得道他是有功，始得。」廣。

「管仲不死子糾，聖人無説，見得不當死。後又有功可稱，不是後功可以償前不死之罪也。伊川有此意，亦恐看得不曾子細。魏鄭公則是前仕建成矣，不當更仕太宗，後却有功。温公論嵇紹、王裒，謂紹後有死節之功，須還前不是。後既策名委質，只得死也，不可以後功掩前過。王、魏二公謂功可以補過，猶可。管仲則前無過而後有功也。」楊。

「管仲，孔子自有説他過處，自有説他功處，過不能以揜功。如唐之王、魏亦然。」或問：「設有弑父弑君不可贖之罪，雖有功，亦在所不説矣。」曰：「如此，則無可言者。」文蔚。

問：「聖人分明是大管仲之功，而孟子硬以爲卑，如何？」曰：「孟子是不肯做他底，是見他做得那規模來底〔二七〕。」因云：「若仲輔其君，使佐周室以令天下，俾諸侯朝聘貢賦皆歸於王室，而盡正名分，致周之命令復行於天下，己乃退就藩臣之列，如此乃是。今仲糾合諸侯，雖也是尊王室，然朝聘貢賦皆是歸己，而命令皆由己出。我要如此便如此，初不禀命於天子。不過只是要自成霸業而已，便是不是。」義剛。

陳成子弑簡公章

問：「『陳成子弑簡公』一章。」曰：「『哀公若委之孔子，孔子須有計畫以處之，必不空言而但已也。謂須有後手。意孔子，若哀公委之以權，必有道理以制三子，但有些罅縫，事便可成。』謂舉國不從，而三子內一個動，便得。又問：「程子云：『左氏記孔子之言曰：「陳恒弑其君，民之不與者半。以魯之衆，加齊之半，可克也。」此非孔子之言。誠若此言，是以力不以義也。』」曰：「聖人舉事，也不會只理會義理，都不問些利害，事也須是可行方得。但云『以魯之衆，加齊之半』，須是先得魯之衆，方可用齊之半。蓋齊之半雖未必難動，而魯之衆却未便得他從。然此事聖人亦必曾入思慮，但却不專主此也〔二八〕。」燾。

問：「『陳成子弒簡公』章云：『三子有無君之心，夫子所以警之。』」曰：「須先看得聖人本意。夫子初告時，真個是欲討成子，未有此意。後人自流泝源，知聖人之言可以警三子無君之心，非是聖人托討成子以警三子。聖人心術，不如此枉曲。」雉。

子路問事君章

亞夫問「勿欺也，而犯之」。曰：「犯，只是『有犯無隱』之『犯』。如『三諫不聽』之類，諫便是犯也。」時舉。

徐問：「『勿欺也，而犯之。』子路豈欺君者？莫只是他勇，便解恁地否？」曰：「是恁地。子路性勇，凡言於人君，要他聽，或至於説得太過，則近乎欺。如唐人諫敬宗遊驪山，謂驪山不可行，若行必有大禍。夫驪山固是不可行，然以爲有大禍，則近於欺矣。要之，其實雖不失爲愛君，而其言則欺矣〔二九〕。」

問：「如何是欺？」曰：「有意瞞人，便是欺。」曰：「看得子路不是瞞人底人。」曰：「『無臣而爲有臣』，乃欺也。」廣。

君子上達章

「『君子上達』，一日長進似一日；『小人下達』，一日沉淪似一日。」賀孫。

問：「注云：『君子循天理〔三〇〕，故日進乎高明；小人徇人欲，故日究乎污下。』『究』字之義如何？」曰：「究者，究竟之義，言究竟至於極也。此段本横渠、吕與叔之言，將來湊說，語意方備。小人徇人欲，只管被它墜下去，只見沈了，如人墜水相似。」因又言究竟之義：「今人多是如此。初間只是差些子，少間究竟將去，越見差得多。如說道理亦是如此。初間錯些子，少間只管去救，救來救去，越弄得大。無不如此。如人相訟，初間本是至没緊要底事，喫不過，胡亂去下一紙狀。少間公吏追呼，出入搔擾，未稍計其所費，或數十倍於所爭之多。今人做錯一件事，說錯一句話，不肯當下覺悟便改，却只管去救其失，少間救得過失越大。無不是如此。」僩。

問〔三一〕「君子上達，小人下達」。曰：「伊川之說爲至〔三二〕，其次則吕氏得之〔三三〕。達，只是透向上去。君子只管進向上，小人只管向下。横渠說亦是〔三四〕。尹氏之所謂達，却只是説得『君子喻於義』之意，却只是喻曉之義。楊氏之説舜、跖，却是伊川之意。謝氏之説，大段遠了，不干事。范氏之説，初是喻於義利，次是達於上下，其末愈上愈下，却有伊川之意。大抵范氏説多如此，其人最好編類文字，觀書多匆遽，不子細。好學而首章〔三五〕，説得亂董董地，覺得他理會這物事不下。大抵范氏爲人宏博純粹，却不會研窮透徹。如唐鑑，只是大體好，不甚精密；議論之間，多有説那人不盡。如孫之翰唐論雖淺，到理會一事，直窮到底，教他更無轉側處。」僩。

古之學者爲己章

立之問「古之學者爲己，今之學者爲人」。曰：「此只是初間用心分豪之差耳。所謂『上達』、『下達』者，亦只是自此分耳。下達者只因這分豪有差，便一日昏蔽似一日。如人入爛泥中行相似，只見一步深似一步，便渾身陷没，不能得出也。君子之學既無所差，則工夫日進，日見高明，便一日高似一日也。」因言秦檜之事云云：「其所以與張魏公有隙之由，乃因魏公不薦他作宰相，而薦趙丞相。故後面生許多怨惡，蓋皆始於此耳。」時舉。

問：「伊川云：『爲己，欲得之於己也；爲人，欲見知於人也。』後又云：『「古之學者爲己」，其終至於成物；「今之學者爲人」，其終至於喪己。』兩説不同，何也？」曰：「此兩段意思自別，前段是低底爲人，後段是好底爲人。前爲人，只是欲見知於人而已。後爲人，却是真個要爲人。然不曾先去自家身己上做得工夫，非唯是爲那人不得，末後和己也喪了！」雉〔三六〕。

蘧伯玉使人於孔子章

問：「莊子說：『蘧伯玉行年五十，而知四十九年之非。』此句固好。又云：『行年六十而六十化。』化是如何？」曰：「謂舊事都消忘了。」又曰：「此句亦說得不切實。伯玉却是個向裏做工夫人，莊子之說，自有過當處。」廣。

李公晦問「行年六十而六十化」。曰：「只是消融了，無固滯〔三七〕。」蓋卿。

君子耻其言過其行章

「『君子耻其言而過其行。』過，猶『行過恭，喪過哀』之『過』，謂力行也。」潘叔恭。端蒙。

子貢方人章

「『賜〔三八〕也賢乎哉！夫我則不暇。』學者須思量不暇個甚麼，須於自己體察方可見。」友仁。

不逆詐章〔三九〕

問「不逆詐」章。曰：「雖是『不逆詐，不億不信』，然也須要你能先覺方是賢。蓋逆詐，億不信，是才見那人便逆度之。先覺，却是他詐與不信底情態已露見了，自家這裏便要先覺。若是在自家面前詐與不信，却都不覺時，自家却在這裏做什麼？理會甚事？便是昏昧呆底相似。此章固是要人不得先去逆度，亦是要人自着些精采看，方得。」又問楊氏「誠則明矣」之說。曰：「此說大了，與本文不相干。如待誠而後明，其爲覺也後矣。蓋此章人於日用間便要如此。」燾。

或問：「『不逆詐，不億不信』，如何又以先覺爲賢？」曰：「聰明底人，便自覺得。如目動言肆，便見得是將誘我。燕王告霍光反，漢昭帝便知得霍光不反。燕在遠，如何知得？便是它聰明見得，豈非賢乎！若當時便將霍光殺了，安得爲賢！」銖。

才仲問：「南軒解『不逆詐』一段，引孔注：『先覺人情者，是能爲賢乎！』此說如何？」曰：「不然。人有詐、不信，吾之明足以知之，是之謂『先覺』。彼未必詐，而逆以詐待之；彼未必不信，而先億度其不信，此則不可。周子曰：『明則不疑。』凡事之多疑，皆生於不明。如以察爲明，皆至暗也，唐德宗之流是也。如放齊稱『胤子朱啓明』，而堯知其嚚，堯之明有以知之，是先覺也。凡『抑』字，皆是挑轉言語。舊見南軒用『抑』字，多未安。」可學。

微生畝謂孔子章

「微生畝蓋晨門之徒。當時多有此般人，如棘子成亦此類。」淳。

驥不稱其力章

問：「『驥不稱其力』一章，謂『有德者必有才，有才者不必有德』。後世分才、德爲二者，恐失之。」曰：「世固有有才而無德者，亦有有德而短於才者，夫子亦自以德與力分言矣。」必大。

以德報怨章

亞夫問「以德報怨」章。曰：「『以德報怨』，不是不好，但上面更無一件可以報德。譬如人以千金與我，我以千金酬之，便是當然。或有人盜我千金，而吾亦以千金與之，却是何理！視與千金者更無輕重，斷然是行不得也！」時舉。

「『以直報怨』，則無怨矣。『以德報怨』，亦是私。」璘。

問「以直報怨，以德報德」。曰：「聖人答得極好。『以德報怨』，怨乃過德。以怨報德，豈是人情？『以直報怨』，則於彼合爲則爲，是無怨也，與孟子『三反』於『不校』同。禮記云：『以德報怨，寬身之仁也。』言如此亦是寬身，終不是中道。」可學問：「禮記注改『仁』作『人』。」曰：「亦不必改。」通老問：「在官遇故舊，有公事，如何？」曰：「亦權其輕重，只看此心。其事小，亦可周旋；若事大，只且依公。」某問：「蘇章夜與故人飲，明日按之，此莫太不是？」曰：「此是甚人？只是以故人爲貨！如往時秦檜當國，一日招胡明仲飲極歡；歸則章疏下，又送路費甚厚，殷勤手簡。秦檜有數事，往日親聞之胡侍郎及籍溪先生：太上在河北爲虜騎所逐，禱於崔府君廟，歸而立其祠於郊壇之旁。檜一日奏事，因奏：『北使將來，若見此祠而問，將何以對？』遽命移於湖上。」可學。

問「以德報德，以直報怨」。曰：「『以德報德』，蓋它有德於我，自是着饒潤它些子。所謂公法行於上，私義伸於下也。『以直報怨』，當賞則賞之，當罰則罰之，當生則生之，當死則死之，怨無與焉。不說自家與它有怨，便增損於其間。」問：「如此，所以『怨有不讎，德無不報』。」曰：「然。」又云〔四〇〕：「『以德報怨』，是着意要饒他。如呂晦叔爲賈昌朝無禮，捕其家人坐獄。後呂爲相，適值朝廷治賈事，呂乃乞寬賈之罪，『恐渠以爲臣與有私怨』。後賈竟以此得減其罪。此『以德報怨』也。然不濟事，於大義都背了。蓋賞罰出於朝廷之公，豈可以己意行乎其間？」又問：「『以德報怨，寬身之仁也；以怨報怨，刑戮之民也。』此有病否？」曰：「此也似説得好。『以德報怨』，自家能饒人，則免得人只管來怨自家，故曰『寬身之仁』也。如『以怨報怨』，則日日相搥鬭打，幾時是了？故曰『刑戮之民』也。」燾。

問：「『以德報怨』章，注謂『旨意曲折反覆，微妙無窮』，何也？」曰：「『以德報怨』本老氏語。『以德報怨』，於怨者厚矣，而無物可以報德，則於德者不亦薄乎！呂申公爲相，曾與賈種民有怨，却與之郡職，可謂『以德報怨』，厚於此人矣，然那裏人多少被其害！賈素無行，元豐中在大理爲蔡確鷹犬，申公亦被誣搆。及公爲相，而賈得罪，公復爲請知通利軍。『以直報怨』則不然，如此人舊與吾有怨，今果賢邪，則引之薦之；果不肖耶，則棄之絶之，是蓋未嘗有怨矣。老氏之言死定了。孔子之言意思活，移來移去都得。設若不肖者後能改而賢，則吾又引薦之矣。」淳。

莫我知也夫章

問：「孔子告子貢曰『莫我知也夫』一段，子貢又不曾問，夫子告之，必有深意。莫是警子貢否？」曰：「論語中自有如此等處，如告子路『知德者鮮』，告曾子『一以貫之』，皆是一類。此是大節目，要當自得。這却是個有思量底事，要在不思量處得。」文蔚。

問「莫我知也夫」。曰：「夫子忽然説這一句做甚？必有個落着處。當時不特門人知孔子是聖人，其它亦有知之者，但其知處不及門人知得較親切。然孔子當是時説這話，他人亦莫知着落。惟是子貢便知得這話必有意思在，於是問説：『是人皆知夫子是聖人，何爲説道莫之知？』夫子於是説出三句，大抵那是退後底説話〔四一〕，這個不喚不響。在這裏但説是『不怨天』，於天無所怨；『不尤人』，於人無所忤。『下學而上達』，自在這裏做，自理會得〔四二〕。如水無石，如木無風，貼貼地在這裏〔四三〕，人亦無緣知得。而今人所以知於人者，都是兩邊作得來張眉努眼，大驚小怪。『知我者其天乎』！便是人不及知，但有天知而已，以其與天相合也。此與對葉公之語略相似，都是放退一步説。大概聖人説話平易。若孟子，便早自不同。」夔孫。義剛録云：「子曰：『莫我知也夫！』當時不惟門人知夫子，别人也知道是聖人。今夫子却恁地説，是如何？如子貢之聰明，想見也大故知聖人。但尚有知未盡處，故如此説。子貢曰：『何爲其莫知子也？』子貢説是他不爲不知夫子，所以怪而問之。夫子便説下面三句。這三句，便似葉公問孔子於子路處樣，皆是退後一步説。『不怨天』，是於天無所逆；『不尤人』，是於人無所違忤。『下學』，是只恁地去做；『上達』，是做後自理會得。這個不響不喚，如水之無石，木之無風，只帖帖地在這裏，宜其人不能知。若似其他人撑眉努眼，恁地叫喚去做，時人却便知。但聖人却不恁地，只是就平易去做。只這平易，便是人不能及處。便如『發憤忘食，樂以忘憂』，看着只是恁地平説，但是人自不可及。人既不能知，則只有天知。所以只有天知者，是道理與天相似也。」

問：「『不怨天，不尤人。』此二句，體之於身，覺見『不尤人』易，『不怨天』難。何以能『不怨天』？」曰：「此是就二句上生出意。看了且未論恁地，且先看孔子此段本意，理會得本意便了。此段最難看。若須要解如何是『不怨天』，如何是『不尤人』，如何是『下學』，如何是『上達』，便粘滯了。天又無心無腸，如何知得？孔子須是看得脱灑，始得。此段只渾淪一意。寓録云：「此段語意自是零亂星散，難捉摸，只渾崙一意。」蓋孔子當初歎無有知我者，子貢因問：『何爲莫知子？』夫子所答辭只是解『何爲莫知子』一句。大凡不得乎天，則怨天；不得乎人，則尤人。我不得乎天，亦不怨天；不得乎人，亦不尤人，與世都不相干涉。方其下學人事之卑，與衆人所共，寓録云：「畢竟是尋常事，人所能共。」又無奇特聳動人處。及其上達天理之妙，忽然上達去，人又捉摸不着，如何能知得我。知我者畢竟只是天理與我默契耳。以此見孔子渾是天理。」伯羽録云：「所謂下學人事者，又不異常人，而無可得知，至上達天理處，而人又不能知。以此兩頭蹉過了，故人終不知，獨有個天理與聖人相契耳。彼天畢竟知之。」久之，又曰：「聖人直是如此瀟洒，正如久病得汗，引箭在手，忽然破的也。」又曰：「孔子當初説這般話與子貢時，必是子貢有堪語這道理模樣。然孔子説了，子貢又無以承之，畢竟也未曉得。寓録云：「問：『集注言：「惜乎子貢猶有所未達也。」若子貢能達之，如何？』曰：『他若達之，必須有説，惜乎見夫子如此説，便自住了。聖門自顔、曾以下，惟子貢儘曉得聖人，多是將這般話與子貢説。他若未曉，聖人豈肯説與？但他只知得個頭耳。』」若曉得，亦必有語。如『予欲無言』、『予一以貫之』，也只如此住了。如曾子聞『一貫』語，便曰『唯』。是他曉得。」童問：寓録作「寓問」。伯羽録作「仲思問」。「子貢後來聞性與天道，如何？」曰：「亦只是方聞得，畢竟也未見得透徹。」又曰：「『不怨天，不尤人，下學而上達』這三句，與『發憤忘食，樂以忘憂，不知老之將至』三句，以爲夫子自譽，則又似自貶；以爲自貶，則又似自譽。」淳。寓録、伯羽録少異。饒録殊略。

問：「『不怨天，不尤人，下學而上達，知我者其天乎！』知，恐是與天契合，不是真有個知覺否？」先生曰：「又似知覺，又不似知覺，這裏也難説。『不怨天，不尤人』，聖人都不與己相干。聖人只是理會下學，而自然上達。下學是立脚只在這裏，上達是見識自然超詣。到得後來，上達便只是這下學，元不相離。下學者，下學此事；上達者，上達此理。」問：「聖人亦有下學，如何？」曰：「聖人雖是生知，亦何嘗不學。如『入太廟，每事問』、『吾十有五而志于學』，便是學也。」銖。

「『下學而上達』，每學必自下學去。」泳。

「未到上達，只有下學。」芝。

「下學、上達，雖是二事，只是一理。若下學得透，上達便在這裏。」道夫。

「下學者，事也；上達者，理也。理只在事中。若真能盡得下學之事，則上達之理便在此。」道夫。

「下學只是事，上達便是理。下學、上達，只要於事物上見理，使邪正是非各有其辨。若非子細省察，則所謂理者，何從而見之。」謨。

「下學是低心下意做。到那做得超越，便是上達。」佐。

「道理都在我時，是上達。譬如寫字，初習時是下學，及寫得熟，一點一畫都合法度，是上達。」明作。

問「下學而上達」。曰：「學之至，即能上達，但看着力不着力。十五而志乎學，下學也；能立，則是上達矣。又自立而學，能不惑，則上達矣。層層級級達將去，自然日進乎高明。」洽。

問：「『下學上達』，聖人恐不自下學中來。」曰：「不要説高了聖人。高後，學者如何企及？越説得聖人低，越有意思。」季札。

蔡問：「有一節之上達，有全體之上達〔四四〕。」曰：「不是全體。只是這一件理會得透，那一件又理會得透，積累多，便會貫通。不是别有一個大底上達，又不是下學中便有上達。

須是下學，方能上達。今之學者於下學便要求玄妙，則不可。『洒掃應對，從此可到形而上，未便是形而上』，謝氏説過了。」鄭曰：「今之學者，多説文章中有性、天道。南軒亦如此説。」曰：「它太聰敏，便説過了。」淳。

「須是下學，方能上達。然人亦有下學而不能上達者，只緣下學得不是當。若下學得是當，未有不能上達。釋氏只説上達，更不理會下學。然不理會下學，如何上達！」道夫。

問「不怨天」一段。曰：「如此，故天知。」可學。

問：「『知我者其天乎！』只是孔子自知否？」曰：「固然。只是這一個道理。」廣。

問「莫我知也夫」一節。曰：「此語乃是提撕子貢。『不怨天，不尤人，下學』處，聖人無異於衆人；到那『上達』處不同，所以衆人却莫能知得，惟是天知。」又曰：「中庸：『苟不固聰明聖知達天德者，其孰能知之！』古注云：『惟聖人能知聖人。』此語自好。所謂天知者，但只是他理一般而已。樂天，便是『不怨天』；安土，便是『不尤人』。人事、天理間，便是那下學、上達底。」植。

先生顧義剛云〔四五〕：「公前日看『知我者，其天乎』，説得也未分曉。這個只管去思量不得，須時〔四六〕復把起來看。若不曉，又且放下。只管恁地，久後自解曉得〔四七〕。這須是自曉，也十分着説不得。」義剛。

問：「『莫我知也夫』與『予欲無言』二段，子貢皆不能復問，想是不曉聖人之意。」曰：「非是不曉聖人語意，只是無默契合處。不曾有默地省悟，觸動他那意思處。若有所默契，須發露出來，不但已也。」僩。

問：「『方其爲學，雖上智不容於不下；及其爲達，雖下愚不容於不上。』此與『上智下愚不移』，不相梗否？」曰：「不干那事。若恁地比並理會，將間都没理會了。且看此處直意。方其學時，雖聖人亦須下學。如孔子問禮，問官名，未識須問，問了也須記。及到達處，雖下愚也會達，便不愚了。某以學者多不肯下學，故下此語。」問：「何謂達？」曰：「只是下學了，意思見識，便透過上面去。」淳。

問〔四八〕：「明道言：『「下學而上達」，意在言表。』」曰：「『意在言表』，如下學只是下學，如何便會上達？自是言語形容不得。下學、上達雖是兩件，理會得透徹，厮合只一件。下學是事，上達是理。理在事中，事不在理外。一物之中，皆具一理。就那物中見得個理，便是上達，如『大而化之之謂聖，聖而不可知之之謂神』。然亦不離乎人倫日用之中，但恐人不能盡所謂學耳。果能學，安有不能上達者！」寓。

「程子曰『「下學上達」，意在言表』，何也？」曰：「因其言以知其意，便是『下學上達。』」淳。

問：「『意在言表』是如何？」曰：「此亦無可説。説那『下學上達』，便是『意在言表』

了。」廣。

公伯寮愬子路章

問「公伯寮其如命何」。曰：「這『命』字，猶人君命人以官職，是交你做這事。天之命人，亦是交你去做這個，但做裏面自有等差。」燾。

「聖人不自言命。凡言命者，皆爲衆人言也。『道之將行也與？命也。』爲公伯寮愬子路言也。『天生德於予』，亦是門人促之使行，謂可以速矣，故有是説。『不知命無以爲君子』，亦是對衆人言。」燾。

問：「呂氏曰：『道出乎天，非聖人不興，無聖人，則廢而已。故孔子以道之廢興付之命，以文之得喪任諸己。』」曰：「道，只是有廢興，却喪不得。文，如三代禮樂制度，若喪，便掃地。」㽦。

賢者辟世章

問「賢者辟世」一章。曰：「凡古之隱者，非可以一律看。有可以其時之所遇而觀之者，有可以其才德之高下而觀之者。若長沮、桀溺之徒，似有長往而不返之意。然設使天下有道而出，計亦無甚施設，只是獨善其身，如老、莊之徒而已。大抵天下有道而見，不必待其十分太平，然後出來；天下無道而隱，亦不必待其十分大亂，然後隱去。天下有道，譬如天之將曉，雖未甚明，然自此只向明去，不可不出爲之用。天下無道，譬如天之將夜，雖未甚暗，然自此只向暗去，知其後來必不可支持，故亦須見幾而作可也。」時舉。

「『賢者辟世』，浩然長往而不來，舉世棄之而不顧，所謂『遯世不見知而不悔』者也。」

問：「沮、溺、荷蓧之徒，可以當此否？」曰：「可以當之。」或云：「集注以太公、伊尹之徒當之，恐非沮、溺之徒可比也。」曰：「也可以當，只是沮、溺之徒偏耳。伊、吕平正。」僩。

子路宿於石門章

問：「『石門』章，先生謂聖人『無不可爲之時』。且以人君言之，堯之所以處丹朱而禪舜，舜之處頑父、嚚母、傲弟之間，與其所以處商均而禪禹；以人臣言之，伊尹之所以處太甲，周公之所以處管、蔡，此可見聖人無不可爲之時否？」曰：「然。」廣。

子擊磬於衛章

「子擊磬於衛。」先生云：「如何聞擊磬而知有憂天下之志？」或對曰：「政如聽琴而知其心在螳螂捕蟬耳。」久之，先生曰：「天下固當憂，聖人不應只管憂。如『樂亦在其中』，亦自有樂時。」或云：「聖人憂天下，其心自然如此，如天地之造化萬物，而憂不累其心。」曰：「然則擊磬之時，其心憂乎，樂乎？」對曰：「雖憂而未嘗無樂。」又有曰：「其憂世之心，偶然見於擊磬之時。」先生皆不然之，曰：「此是一個大題目，須細思之。」拱壽〔四九〕。

問：「荷蕢聞磬聲，如何便知夫子之心不忘天下？」曰：「他那個人煞高，如古人於琴聲中知有殺心者耳。」因説：「泉州醫僧妙智大師後來都不切脈，只見其人，便知得它有甚病。又後來雖不見其人，只教人來説，因其説，便自知得。此如『他心通』相似。蓋其精誠篤至，所以能知。」又問：「『硜硜乎』是指磬聲而言否？」曰：「大約是如此。」廣〔五〇〕。

問「子擊磬於衛」一章。曰：「荷蕢亦是出乎世俗數等底人，在鄭子產、晏平仲之上。」或問：「如蘧伯玉，又知學。」或曰：「蘧伯玉恐未爲知道。」曰：「謂之知道之全，亦不可；謂之全不知道，亦不可。」燾。

或問：「荷蕢、沮、溺之徒，賢於世俗之人遠矣！不知比蘧伯玉如何？」曰：「荷蕢之徒，高於子產、晏平仲輩，而不及伯玉，蓋伯玉知爲學者也。」僩。

上好禮章

「『禮達而分定』。達，謂達於下。」廣。

子路問君子章

陳仲卿問「修己以敬」。曰：「敬者，非但是外面恭敬而已，須是要裏面無一豪不直處，方是所謂『敬以直内』者是也。」時舉。或録詳，别出。

陳仲卿問「修己以敬」、「修己以安人」、「修己以安百姓」。曰：「須看『敬以直内』氣象。敬時内面一齊直，徹上徹下，更無些子私曲。若不敬，則内面百般計較，做出來皆是私心。欲利甲，必害乙；利乙，必害丙，如何得安！」

或問：「修己如何能安人？」曰：「且以一家言之，一人不修己，看一家人安不安？」節。

「『惟上下一於恭敬』，這却是上之人有以感發興起之。『體信』是忠，『達順』是恕。『體信』是無一豪之僞，『達順』是發而皆中節，無一物不得其所。『聰明睿知皆由此出』，這便是自誠而明。」礪。賀孫録云：「是自誠而明意思。『體信』是真實無妄，『達順』是使萬物各得其所。」集注。

因問「上下一於恭敬」。上之人下之人也。「同寅協恭」出。「聖人之敬熏天炙地，不是獨脩於九重，而天下之人侮慢自若也，如漢廣之化可見。」方。

問「體信達順」。曰：「『體信』，是實體此道於身；『達順』，是發而中節，推之天下而無所不通也。」燾。

問：「『體信』是體其理之實，『達順』是行其理之宜否？」曰：「如『忠恕』二字之義。」廣。

問「體信達順」。曰：「信，只是實理；順，只是和氣。『體信』是致中底意思，『達順』是致和底意思。燾録云：「『體信達順』，如『致中和』之謂。」此是禮記中語言，能恭敬則能『體信達順』。『聰明睿智由此出』者，言能恭敬，自然心便開明。」銖。

問：「如何是『體信達順[五二]』？」曰：「『體信』只盡這至誠道理，順即自此發出，所謂『和者天下之達道』，『體信達順』即是『主忠行恕』。」問：「『聰明睿智皆由是出』，是由恭敬出否？」曰：「是。心常恭敬，則常光明。」先生又贊言：「『脩己以敬』一句，須是如此。這處差，便見顛倒錯亂。詩稱成湯『聖敬日躋』。聖人所以爲聖人，皆由這處來。這處做得工夫，直是有功。」寓。道夫録略。

亞夫問：「程先生説『脩己以敬』，因及『聰明睿知皆由此出』，不知如何？」曰：「且看敬則如何不會聰明！敬則自是聰明。人之所以不聰不明，止緣身心惰慢，便昏塞了。敬則虛靜，自然通達。」賀孫因問：「周子云『靜虛則明，明則通』，是此意否？」曰：「意亦相似。」賀孫。

「『體信』〔五二〕是體這誠信，『達順』是通行順道〔五三〕。『聰明睿智皆由是出』者，皆由敬出。『以此事天饗帝』，『此』即敬也。」植。

「程子〔五四〕曰君子『脩己以安百姓』，『篤恭而天下平』，至『以此事天享帝』，此語上下不難曉。惟中間忽云『聰明睿智皆由此出』，則非容易道得，是他曾因此出些聰明睿智來。」夔卿〔五五〕。

楊至之問：「如何程氏說到『祀天享帝』了，方說『聰明睿智皆由此出』？」曰：「如此問，乃見公全然不用工夫。『聰明睿智』如何不由敬出？且以一國之君看之：此心纔不專靜，則姦聲佞辭雜進而不察，何以爲聰？亂色諛說之容交蔽而莫辨，何以爲明？睿智皆出於心。心既無主，則應事接物之間，其何以思慮而得其宜？所以此心常要肅然虛明，然後物不能蔽。」又云：「『敬』字，不可只把做一個『敬』字說過，須於日用間體認是如何。此心常卓然公正，無有私意，便是敬；有些子計較，有些子放慢意思，便是不敬。故曰『敬以直內』，要得無些子偏邪。」又與文振說：「平日須提掇精神，莫令頹塌放倒，方可看得義理分明。看公多恁地困漫漫地，『則不敬莫大乎是』！」賀孫。

原壤夷俟章

「原壤無禮法。淳于髡是個天魔外道，本非學於孔、孟之門者，陸子靜如何將來作學者並説得！」道夫。

問：「原壤登木而歌，『夫子爲弗聞也者而過之』，待之自好。及其夷俟，則以杖叩脛，近於太過。」曰：「這裏説得却差。如原壤之歌，乃是大惡，若要理會，不可但已，且只得休。至於夷俟之時，不可教誨，故直責之，復叩其脛，自當如此。若如正淳之説，則是不要管他，却非朋友之道矣。」人傑〔五六〕。

闕黨童子將命章

『欲速成者』，是越去許多節次，要到至處。無是理也。」方。

校勘記

〔一〕謙之　朝鮮本末尾小字作：希遜。寓同。

〔一〕大可憂　朝鮮本此下有增十六字，文云：「又問：『「可以爲難矣。」如何？』曰：『到此，過之極難。』」

〔三〕便　朝鮮本此下增「連根」二字。

〔四〕問　朝鮮本作：賀孫問。

〔五〕則忿怨貪欲之心自無否　朝鮮本「否」上有「不知如此看得」六字。

〔六〕謙之　朝鮮本作：晞遜。

〔七〕憲本原也不是要藏蓄在這裏　「原」，朝鮮本作「意」。

〔八〕也　朝鮮本此下增「只是」。

〔九〕或說憲問仁是原憲有所感　朝鮮本作：因舉「或說憲問仁」，謂：「此是原憲有所感。」

〔一〇〕問　朝鮮本作：寓問。

〔一一〕三說孰是　朝鮮本「三」上有「未知」二字。

〔一二〕問　朝鮮本作：義剛問。

〔一三〕只是說利害　朝鮮本「害」下有「而已」二字。

〔一四〕謙之　朝鮮本作「晞遜」，此節後另有一節云：「洪氏曰：『鄭，小國也，能謹重辭命而信任賢者如此。爲天下者辭命宜益重矣，而反輕之；討論潤色宜益衆矣，而獨任於一官。何哉？且古之賢者，求辭命之善爾，不有其己也。故世叔討論，而裨諶不以爲嫌；子産潤色，而子羽不以爲羞。後世爲命者反是，此辭命所以有愧於古也。』『此説亦善。子産爲政，擇能而使之，衆賢各盡其用者，子産之功也。』」凡一百三十字。

〔一五〕問 朝鮮本作：賀孫問。

〔一六〕若論其主則不用件件恁地説 朝鮮本此則語録止此，末尾小字作：植。

〔一七〕問子問公叔文子章 朝鮮本問句作：問：「子問公叔文子於公明賈。曰：『信乎？夫子至，豈其然乎？』」

〔一八〕樂然後笑義然後取 「樂」、「義」原皆作「時」，據論語憲問篇改。

〔一九〕晉文公譎而不正章 朝鮮本此章前有「臧武仲以防求爲後章」，内有一節，文云：「或以爲『時人以武仲能存祀爲賢，故夫子正之』。曰：『味本文意，但以時人不知其據邑有請之爲要君爾，初不爲存先祀發也。或又謂武仲恃齊以請，亦非也。夫子但言以防求爲後，不言以齊求爲後也，安得捨其據邑之顯罪，而逆探其挾齊之微意乎？』」凡九十五字。

〔二〇〕因論桓文譎正 朝鮮本無此節，另有一節，文云：「或問桓文之正譎。曰：『伊川之説密矣。晉文實有勤王之心，而不知召王之爲不順，是以譎而掩其正也。齊桓伐楚責包茅，雖其心未必尊天子，而其事則正，是以正而掩其譎也。孔子言之以爲戒。正者行其事爾，非大正也，亦猶管仲之仁止以事功而言也。』」凡九十七字。

〔二一〕這説爲通 朝鮮本「説」下有「皆」字，「通」下有「否」字。

〔二二〕驤　朝鮮本作：道夫。

〔二三〕賀孫　朝鮮本末尾作：葉賀孫。

〔二四〕五胡　朝鮮本作：亂胡。

〔二五〕堯卿　朝鮮本作：李丈。且所收語録爲「淳」所記，且分録三則。

〔二六〕只是臧武仲之知等　朝鮮本「只是」作「如」，「等」作「公綽之不欲卞莊子之勇冉求之藝」。

〔二七〕做得那規模來底　「底」原作「低」，據萬曆本改。

〔二八〕但却不專主此也　朝鮮本此下增一節文字，作：「故伊川又云：『借使言行，則亦上有天子，下有方伯，謀而後行。』然則聖人亦非不量力而浪戰也，明君臣之大義以見弒，逆之大惡，天下所不容，人人得誅之，以天下之兵討天下之賊，彼雖衆亦奚以爲哉，固不當區區較齊、魯之强弱也，左氏所記，蓋傳聞之謬，以衆人之腹爲聖人之心者爾。」

〔二九〕則欺矣　朝鮮本此下增小字：辛。張權輿諫幸驪山事見寶曆元年。

〔三〇〕君子循天理　「循」原作「反」，據萬曆本及論語集注改。

〔三一〕問　朝鮮本作：畚問。

〔三二〕伊川之説爲至　朝鮮本「伊川」下有十七字，文云：「君子爲善，只有上達；小人爲不善，只有下達」。

〔三三〕其次則吕氏得之　朝鮮本「吕氏」下有十七字，文云：「『君子日進乎高明，小人日究乎汙下』

之説亦」。

〔三四〕橫渠説亦是　朝鮮本「説」下有「上達反天理下達徇人欲者歟」十二字。

〔三五〕好學而首章　「好」，朝鮮本作「如」。

〔三六〕雉　朝鮮本此章另有七節文字，爲原刊所無。其一云：「『學者只是不爲己，故日間安頓此心在義理上時少，安頓在閑事上時多，於義理却生，於閑事却熟。』方子。」凡四十字。其二云：「『學者須是爲己。聖人教人，只在大學第一句「明明德」上。以此立心，則如今端容亦爲己也，讀書窮理亦爲己也，做得一件事是實亦爲己也。聖賢教人持敬，只是須着從這裏地説去。其實若知爲己後，則自然着敬。』方子。」凡八十三字。其三云：「與馮德英説『爲己』『爲人』。曰：『若不爲己，看做甚事都只是爲别人，雖做得好，亦不關己。自家去從師，也不是要理會身己；自家去取友，也不是自要理會身己。自家只是漫恁地，只是要人説道也曾如此，只要人説道理好。自家又識得甚麼人？自家又有幾個朋友？這都是徒然。説道看道理不曾看自家身己，如何會曉得世上如此。爲學者多只看爲己底是如何，它直是苦切。事事都是自家合做底事，如此方可。不如此，定是不可。今有人苦學者，他因甚恁底苦？他只爲見這個物事是自家合做底事。如人喫飯，是緣自家肚饑，定是要得喫。又如人做家主要錢使，他在外面百方做計，壹錢也要將歸。這是爲甚如此？這只是爲自家自身上事。若如此爲學，如何會無所得？』賀孫。」凡二百五十七字。

其四云：「行夫問：『南軒云：「爲己者，無所爲而然也。」這是見得凡事皆吾所當爲，非求人知，不求人譽，無倚無靠之謂否？』曰：『有所爲者，是爲人也。這須是見得天下之事實是己所當爲，非吾性分之外所能有，然後爲之，則無爲人之弊耳。且如哭死而哀，非爲生者也。今人吊喪，以亡者平日與我善厚，真個可悼，哭之發於中心，此固出於自然者。有一般人，欲亡者家人知我如此哭，便不是。這便是爲人。又如做一善事，是自家自肯去做，非待人教自家做，方勉强做，此便不是爲人也。』」凡一百七十九字。

其五云：「問『爲己』。答曰：『這須要自看。逐日之間小事、大事，只是道「我合當做，便如此行」，這便是無所爲。且如讀書，只道「自家合當如此讀，合當如此理會身己」。才說要人知，便是有所爲。如世上人才讀書，便安排這個好做時文，此又爲人之甚者。』賀孫。」凡九十一字。

其六云：「『學者須是爲己。譬如喫飯，寧可遂些喫飯令飽爲是乎？寧可鋪攤放門外報人道「我家有許多飯」爲是乎？近來學者，多是以自家合做底事報與人知，又言此間學者多好高，只是將義理略從肚裏過，却糊出許多說話。舊見此間人做婚書，亦說天命人倫。男婚女嫁，自是常事。蓋緣有厭卑近之意，亦須將日用常行底事裝荷起來。如此者，只是不爲己，不求益，只是好名，圖好看，亦聊以自誑。如南越王黄屋左纛以自娱爾。』方子。」凡一百六十三字。

其七云：「『今人都是爲人而學。某所以教諸公讀大學，且看古人爲學是如何？是理會甚事？諸公願爲古人之學乎，願爲今人之學乎？』敬仲。」凡四十九字。

〔三七〕無固滯　朝鮮本「滯」下有「百神享之如祈晴得晴祈雨得雨之類」十五字。又朝鮮本此節後又有一節，文云：「蘧伯玉使者之言極有味，學者所宜熟玩而深省焉者。范氏謂：『君子之患在於未能寡過。能寡其過，益莫大焉。』楊氏謂：『欲寡其過，非克己能如是乎？使者對之無溢辭，而伯玉之賢益彰，故夫子善之。』謝氏謂：『世蓋有欲言人之賢而未知所以言者，使者以此稱伯玉，亦可謂知言矣。』尹氏謂：『語謙卑而事美，善稱其主者也。』胡氏謂：『未能寡過，乃伯玉心事，而使者知之，雖伯玉克己日新之符著見於外，而使者亦可謂知德而能言矣。』」凡一百六十三字。

〔三八〕賜　朝鮮本段首增「聖人説」三字。

〔三九〕不逆詐章　朝鮮本此章前有「不患人之不己知章」，凡九十九字，文云：「侯氏謂：『君子修己而已，人知不知，非所患也。』尹氏謂：『反求諸己，不願乎其外也。』此二説得其要矣。張敬夫之説亦善，謂：『四端五典，雖聖人不自以爲能盡也，而况於學者，其不能之患何有極乎！而何所願乎外也？若有一毫患人不己知之心萌於中，則其害甚矣！』」

〔四〇〕又云　朝鮮本作：問：表記云。

〔四一〕大抵那是退後底説話　「那」，朝鮮本、萬曆本均作「都」。

〔四二〕自在這裏做自理會得　朝鮮本「自在」作「是在」，「做自」作「貼貼地」，無「得」字。

〔四三〕貼貼地在這裏　朝鮮本無此六字。

〔四四〕上達　朝鮮本此下增「否」字。

〔四五〕先生顧義剛云　朝鮮本作：精舍朋友退，義剛及黄直卿、范益之侍坐，先生各有評論。語畢，顧義剛云。

〔四六〕須時　朝鮮本作：但當時。

〔四七〕曉得　朝鮮本此下增：曉得這個也無甚説。

〔四八〕問　朝鮮本作：寓問。

〔四九〕拱壽　朝鮮本末尾記作：壽仁。

〔五〇〕廣　朝鮮本此下增一節小字：東漢蔡邕至主人之門，潛聽琴聲而知有殺心，乃鼓琴者。見螳螂捕蟬，惟恐其失之，遂形於聲也。

〔五一〕問如何是體信達順　朝鮮本問句作：寓問：「子路問君子，伊川説：『此體信達順之道，聰明睿智皆由是出。』如何是『體信達順』？」

〔五二〕體信　朝鮮本段首增：問「修己」。注中云云。龜龍麟鳳。

〔五三〕達順是通行順道　「通」，朝鮮本作「適」。

〔五四〕程子　朝鮮本「程子」前增「因説」二字。

〔五五〕夔卿　朝鮮本作：儒用。

〔五六〕人傑　朝鮮本此下增小字：字正淳。

朱子語類卷第四十五

論語二十七

衛靈公篇

衛靈公問陳章

問：「『明日遂行。在陳絶糧。』想見孔子都不計較，所以絶糧。」曰：「若計較，則不成行矣。」燾。

周問：「『固窮』有二義，不知孰長？」曰：「固守其窮，古人多如此説。但以上文觀之，則恐聖人一時答問之辭，未遽及此。蓋子路方問：『君子亦有窮乎？』聖人答之曰：『君子固是有窮時，但不如小人窮則濫爾。』以『固』字答上面『有』字，文勢乃相應。」雉。

子曰賜也章

「孔子告子貢曰：『女以予爲多學而識之者與？』『予一以貫之。』蓋恐子貢只以己爲多學，而不知一以貫之之理。後人不會其意，遂以爲孔子只是一貫，元不用多學。若不是多學，却貫個甚底！且如錢貫謂之貫，須是有錢，方貫得；若無錢，却貫個甚！孔子實是多學，無一事不理會過。若不是許大精神，亦吞不得許多。只是於多學中有一以貫之耳。」文蔚。

問「子貢一貫」章。曰：「聖人也不是不理會博學多識。只是聖人之所以聖，却不在博學多識，而在『一以貫之』。今人有博學多識而不能至於聖者，只是無『一以貫之』。然只是『一以貫之』，而不博學多識〔一〕，則又無物可貫。」夔孫。

問「子貢一貫」章〔二〕。曰：「『一以貫之』，固是以心鑒照萬物而不遺。然也須『多學而識之』始得，未有不學而自能一貫者也。」時舉。

「夫子謂子貢曰：『女以予爲多學而識之者與？』曰：『然。非與？』聖人說此一句，不是且恁地虛說。故某嘗謂：子貢曰：『然。非與？』『然』字也是，『非與』也是。而今只管懸想説道『一貫』，却不知貫個甚麽。聖人直是事事理會得。如云『好古敏以求之』，不是驀直恁地去貫得它。如曾子問許多曲折，它思量一一問過，而夫子一一告之，末云：『吾聞諸老聃云。』是聖人當初都曾事事理會過，知天下之理。説道事親，事親中間有多少事？説道事君，事君中間有多少事？而今正患不能一一見個恰好處，如何便説『一貫』？近見永嘉有一兩相識，只管去考制度，却都不曾理會個根本。一旦臨利害，那個都未有用處，却都不濟事。吕伯恭向來教人亦云：『論語皆虚言，不如論實事。』便要去考史。如陸子静又只説個虚静，云：『全無許多事。顔子不會學，「擇乎中庸，得一善則拳拳勿失」。善則一矣，何用更擇？「子路有聞，未之能行，唯恐有聞。」一聞之外，何用再聞？』便都與禪家説話一般了。聖人道理，都不恁地，直是周徧。」夔孫。

問：「謝氏謂『如天之於衆形〔三〕，非物刻而雕之』，是如何？」曰：「天只是一氣流行，萬物自生自長，自形自色，豈是逐一粧點得如此？聖人只是一個大本大原裏發出，視自然明，聽自然聰，色自然温，貌自然恭，在父子則爲仁，在君臣則爲義。從大本中流出，便成許多道理。只是這個一，便貫將去。所主是忠，發出去無非是恕。」寓。淳同。

問：「謝氏解云：『聖人豈務、博者哉！如天之於衆形，匪物刻而雕之也。故曰：「予一以貫之。」「德輶如毛」，毛猶有倫；「上天之載，無聲無臭」，至矣！』所以引此詩者，莫只是贊其理之密否？」曰：「固是。到此則無可得說了。然此須是去涵泳，只恁地說過，亦不濟事。『多學而識之』，亦不是不是。故子貢先曰『然』，又曰『非與』。學者固有當『多學而識之』者，然又自有個一貫底道理。但『多學而識之』，則可說；到『一以貫之』，則不可說矣！」廣。

子張問行章〔四〕

「『言忠信，行篤敬。』去其不忠信、篤敬者而已。」方。

問「行篤敬」〔五〕。曰：「篤者，有重厚深沉之意。敬而不篤，則恐有拘迫之患。」時舉。

「忠信篤敬，立則見其參前，在輿則見其倚衡，如此念念不忘。伊川謂：『只此是學。』」銖。

至之問：「『學要鞭辟近裏』，『鞭辟』如何？」曰：「此是洛中語，一處說作『鞭約』，大抵是要鞭督向裏去。今人皆不是鞭督向裏，心都向外。明道此段下云『「切問近思」，「言忠信，行篤敬」』，云云，何嘗有一句說做外面去。學要博，志須要篤。志篤，問便切，思便近，只就身上理會。伊川言：『「仁在其中」，即此是學。』元不曾在外，這個便是『近裏着己』。今人皆就外面做工夫，恰似一隻船覆在水中，須是去翻將轉來便好，便得使。吾輩須勇猛着力覆將轉。」先生轉身而言曰：「須是翻將轉來，始得。」寓。集注。

楊問：「『學要鞭辟近裏』，何謂『鞭辟』？」曰：「『辟』如驅辟一般。」又問：「『質美者明，得盡查滓，便渾化與天地同體』，是如何？」曰：「明得透徹，查滓自然渾化。」又問：「查滓是甚麽？」曰：「查滓是私意人欲。天地同體處是義理之精英。查滓是私意人欲之未消者。人與天地本一體，只緣查滓未去，所以有間隔。若無查滓，便與天地同體。『克己復禮爲仁』，己是查滓，復禮便是天地同體處。『有不善未嘗不知』，不善處是查滓。顏子『三月不違仁』，既有限，此外便未可知。如曾子『爲人謀而不忠，與朋友交而不信，傳而不習』，是曾子查滓處。漆雕開言『吾斯之未能信』，皆是有些查滓處。只是質美者，也見得透徹，那查滓處都盡化了。若未到此，須當莊敬持養，旋旋磨擦去教盡。」寓。

問〔六〕：「『學〔七〕要鞭辟近裏』，至『莊敬持養』。竊謂如顏子『克己復禮』，天理人欲便截然兩斷，此所謂『明得盡查滓，便渾化』。如仲弓『出門如見大賓，使民如承大祭』，便且是『莊敬持養』。」曰：「然。顏子『克己復禮』，不是盲然做，却是他先見得分曉了。便是聖人說話渾然。今『克己復禮』一句，近下人亦用得。不成自家未見得分曉，便不克己？只得克將去。只是顏子事與此別。」又曰：「知得後，只是一件事。如適間說『博學篤志，切問近思』，亦只是本體上事。又如『博我以文，約我以禮』，亦是本體上事。只緣其初未得，須用如此做功夫；及其既得，又只便是這個。」文蔚曰：「且如『博學於文』〔八〕，人心自合要無所不知。只爲而今未能如此，須用博之以文。」曰：「人心固是無所不知，若未能如此，却只是想像。且如釋氏説心，亦自謂無所不知。他大故將做一個光明瑩徹底物事看，及其問他，他便有不知處。如程先生説窮理，却謂『不必盡窮天下之理，只是理會得多後，自然貫通去』。某嘗因當官，見兩家爭産，各將文字出拖照。其間亦有失却一兩紙文字，只將他見在文字推究，便自互換見得出。若是都無文字，只臆度説，兩家所競須有一曲一直，便不得。元不曾窮理，想像説我這心也自無所不知，便是如此。」文蔚。

「『學要鞭辟近裏』一段。明得盡者，一見便都明了，更無查滓。其次惟是莊敬持養，以消去其查滓而已。所謂持養，亦非是作意去穿鑿以求其明。但只此心常敬，則久久自明矣。」廣。

因歐兄問「質美者明，得盡查滓，便渾化」，洽〔九〕曰：「尹和靖以『查滓』二字不當有，如何？」曰：「和靜議論每如此。所謂查滓者，私意也。質美者明得盡，所以查滓一齊渾化無了。」洽。

問：「程子曰：『質美者明，得盡查滓，便渾化與天地同體。』求之古人，誰可當之？顔子，孔門高第，猶或有違仁時，不知已上別有人否？」曰：「想須有之。」曰：「湯、武如何？」

先生却問：「湯、武與顔子孰優？」未及對。先生徐曰：「吕與叔云：『論成德，顔子不若湯、武之廣大；論學，則湯、武不若顔子之細密。』湯、武功夫誠恐不若顔子細密。如湯『聖敬日躋』，猶是密切處。至武王，並不見其切己事。」必大。

直哉史魚章

正淳問：「『直哉，史魚！君子哉，蘧伯玉！』諸儒以爲史魚不及蘧伯玉，如何？」曰：「試將兩人對换説，看如何？直固是好，然一向直，便是偏，豈得如蘧伯玉之君子？」必大。

志士仁人章

或問仁。曰：「仁者，只是吾心之正理。『志士仁人無求生以害仁，有殺身以成仁。』須知道求生害仁時，雖以無道得生，却是抉破了我個心中之全理；殺身成仁時，吾身雖死，却得此理完全也。」時舉。

余正叔謂：「殺身者，只是要成這仁。」曰：「若説要成這仁，却不是，只是行所當行而已。」文蔚。

問：「『無求生以害仁，有殺身以成仁』一章，思之，死生是大關節；要之，工夫却不全在那一節上。學者須是於日用之間，不問事之大小，皆欲即於義理之安，然後臨死生之際，庶幾不差。若平常應事，義理合如此處都放過，到臨大節，未有不可奪也！」〔一○〕曰：「然。」賀孫。

「曾見人解『殺身成仁』，言殺身者所以全性命之理。人當殺身時，何暇更思量我是全性命之理？只爲死便是，生便不是，不過就一個是。故伊川説『生不安於死』。至於全其性命之理，乃是旁人看他説底話，非是其人殺身時有此意也。」直卿云：「若如此，則是『經德不回』，所以『干祿也』〔一一〕。」方子。

子貢問爲仁章

問〔一二〕「子貢問爲仁」章。曰：「大夫必要事其賢者，士必友其仁者，便是要琢磨、勉厲以至於仁。如欲克己而未能克己，欲復禮而未能復禮，須要更相勸勉，乃爲有益。」因云：「時舉説文字，見得也定，然終是過高而傷巧。此亦不是些小病痛，須要勇猛精進，以脱此科臼，始得。」又云：「且放令心地寬平，不要便就文字上起議論。」時舉。

問：「『子貢問爲仁』，何以答以『事其大夫之賢者，友其士之仁者』？」曰：「也是個入德之方。」又問：「事與友孰重？」曰：「友爲親切。賢只是統言；友徑指仁上説。」銖。

顏淵問爲邦章

「『行夏之時』，行夏小正之事。」德明。

才仲問「行夏之時」。曰：「夏時，人正也，此時方有人；向上，人猶芒昧。子時，天正也，此時天方開〔一三〕。丑時，地正也，言地方萌。夫子以正月人可施功，故從其一，此亦是後來自推度如此。如曆家説，則以爲子起於林鍾，寅起於太蔟。」又問「輅」注云：「禮文有異。」曰：「有制度與車不同〔一四〕。以前只謂之車，今南郊五輅，見説極高大。」問：「何不作車，與行事官乘？著法服騎馬亦不好看。」曰：「在中原時，亦有乘車者。若舊制，亦有着法服騎馬，如散騎常侍在於輅之左右是也。」因舉上蔡論語舉王介甫云：「『事衰世之大夫，友薄俗之士，聽淫樂，視慝禮，皦然不惑於先王之道〔一五〕，難矣哉！』此言甚好。」楊通老問：「既如此言，後來何故却相背？」曰：「只是把做文章做，不曾反己求之。璘録云：「介甫此語，只是做文字説去，不曾行之於身。聞其身上極不整齊，所以明道對神宗『王安石聖人』之問，引『亦舄几几』。」見説平日亦脱冠露頂地臥，然當初不如此。觀曾子固送黄生序，以其威儀似介卿。介卿，渠舊字也，故名其序曰『喜似』。渠怪誕如此。何似之有！璘録云：「恐介甫後生時不如此。恐是後來學佛了，禮法一時掃去。」渠少年亦不喜釋、老，晚年大喜，不惟錯説了經書，和佛經亦錯解了。『揭諦揭諦，波羅僧揭諦』，此胡語也。渠注云：『揭真諦之道以示人。』大可笑。」可學。璘録略。

問「行夏之時」。曰：「前輩説多不同，有説三代皆建寅，又説只是建子與寅，無建丑者。劉和夫書解又説自五帝以來，便迭建三正，不止於三代。其引證甚詳。據皇極經世，亦起於子。他以幾萬幾千年爲一會，第一會起於子，第二會起於丑，第三會起於寅，至寅上方始注一『開物』字。恐是天氣肇於子，至丑上第二會處，地氣方凝結；至寅上第三會，人物始生耳。蓋十一月斗指於子，至十二月斗雖指於丑，而日月乃會於子，故商正、周正皆取於此。然以人事言之，終不若夏正之爲善也。」雉。

楊尹叔問：「『天開於子，地闢於丑，人生於寅』，如何？」曰：「康節説，一元統十二會，前面虚却子丑兩位，至寅位始紀人物，云人是寅年寅月寅時生。以意推之，必是先有天，方有地，有天地交感，方始生出人物來。」淳「夏時」注。

問「天開於子，地闢於丑，人生於寅〔一六〕」。曰：「此是皇極經世中説，今不可知〔一七〕。他只以數推得是如此。他説寅上生物，是到寅上方有人物也。有三元、十二會、三十運、十二世。十二萬六百九十年爲一元。歲月日時，元會運世，皆自十二而三十，自三十而十二。至堯時會在巳、午之間，今則及未矣。至戌上説閉物，到那裏則不復有人物矣。」問：「不知人物消靡盡時，天地壞也不壞？」曰：「也須一場鶻突。既有形氣，如何得不壞？但一個壞了，又有一個。」廣。

至之問：「康節説『天開於子，地闢於丑，人生於寅』，是否？」曰：「模樣也是如此。經世書以元統會，十二會爲一元，一萬八百年爲一會。初間一萬八百年而天始開，又一萬八百年而地始成，又一萬八百年而人始生。初間未有物，只是氣塞。及天開些子後，便有一塊查滓在其中，初則溶軟，後漸堅實。今山形自高而下，便似澇義剛録作「傾瀉」。出來模樣」。淳曰：「每常見山形如水漾沙之勢，想初間地未成質之時，只是水，後來漸漸凝結，勢自如此。凡物皆然。如鷄子殼之類，自氣而水，水而質，尤分曉。」曰：「是。」淳問：「天有質否？抑只是氣？」曰：「只似個旋風，下面軟，上面硬，道家謂之『剛風』。世説天九重，分九處爲號，非也。只是旋有九重，上轉較急，下面氣濁，較暗。上面至高處，至清且明，與天相接。」淳問：「晉志論渾天，以爲天外是水，所以浮天而載地，是否？」曰：「天外無水，地下是水載。某五六歲時，心便煩惱個天體是如何〔一八〕？外面是何物？」淳。義剛同。

周問：「三正之建不同，如何？」曰：「『天開於子，地闢於丑，人生於寅。』蓋至子始有天，故曰『天正』；至丑始有地，故曰『地正』；至寅始有人，故曰『人正』。康節分十二會，言到子上方有天，未有地；到丑上方有地，未有人；到寅上方始有人。子、丑、寅，皆天、地、人之始，故三代即其始處建以爲正。康節十二會，以堯、舜時在午，今在未，至戌則人物消盡。」銖〔一九〕。

問：「顏子問爲邦，孔子止告之以四代之禮樂，却不及治國平天下之道。莫是此事顏子平日講究有素，不待夫子再言否？」曰：「固是如此。只是他那『克己復禮』，陋巷簞瓢，便只是這事。窮時是恁地着衣喫飯，達時亦只是恁地着衣喫飯〔二〇〕。他日用間是理會甚事，想每日講論甚熟。三代制度却是不甚曾説處，却是生處。如堯、舜、禹却只是就事上理會，及到舉人事，却提起那本領處説。」謂「精一執中」等語。又問：「聖人就四代中各舉一事，亦只是立一個則例，教人以意推之，都要如此否？」曰：「固是。凡事皆要放此。」文蔚。

問「顏淵問爲邦」。曰：「顏子於道理上不消説，只恐它這制度尚有欠闕，故夫子只與説這個。他這個問得大，答得大，皆是大經大法。莊周説顏子『坐忘』，是他亂説。」又曰：「顏子着力做將去，如『克己復禮』，非禮勿視、聽、言、動，在它人看見是没緊要言語，它做出來多少大一件事〔二一〕！」植。

問「顏淵問爲邦」〔二二〕。曰：「顏淵爲政，其他如『敬事而信，節用愛人』，與夫『居之無倦，行之以忠』之類，更不用説，所以斟酌禮樂而告之也。」時舉。

亞夫問「顏淵問爲邦」。曰：「顏子事事了得了，只欠這些子。故聖人斟酌禮樂而告之。近有學者欲主張司馬遷，謂渠作漢高祖贊『黃屋左纛，朝以十月』，是他惜高祖之不能

『行夏之時，乘商之輅』；謂他見識直到這裏，與孔子答顏淵之意同。某謂漢高祖若『行夏之時，乘商之輅』，也只做得漢高祖，却如何及得顏子！顏子平日是多少工夫？今却道漢高祖只欠這一節，是都不論其本矣！」時舉。

恭父問：「『顏淵問爲邦』，此事甚大，不知使其得邦家時，與聖人如何？」曰：「終勝得孟子，但不及孔子些子〔二三〕。」問：「莫有『綏之斯來，動之斯和』底意思否？」曰：「亦須漸有這意思。」又問：「『文、武之道，未墜於地』，此是孔子自承當處否？」曰：「固是。惟是孔子便做得，它人無這本領，當不得。且如四代之禮樂，惟顏子有這本領，方做得。若無這本領，禮樂安所用哉！所謂行夏時，乘商輅，服周冕，舞韶舞，亦言其大略耳。」愔。賀孫錄「又問」以下不同，云：「正卿問：『顏子涵養之功多？曾子省察之功多？』曰：『固不可如此說。然顏子資稟極聰明，凡是涵養得來都易。如「聞一知十」，如「於吾言無所不說」，如「亦足以發」，如「問爲邦」，一時將許多大事分付與他，是他大段了得。看問爲邦，而孔子便以四代禮樂告之，想是所謂夏時、商輅、周冕、韶舞當「博我以文」之時都理會得了。』」

或問：「孔子答顏淵之問，欲用四代禮樂。至論『郁郁乎文』，則曰『吾從周』，何故？」曰：「此正適來說，心小則物物皆病。賢心中只著得上一句，不著得下一句。」可學。

賜〔二四〕問：「『顏淵問爲邦』章，程子謂發此以爲之兆。」曰：「兆，猶言準則也。非謂爲邦之道盡於此四者。略説四件事，做一個準則，則餘事皆可依倣此而推行之耳。」雉。

子曰已矣乎章

楊至之問：「『好德如好色』，即是大學『如惡惡臭，如好好色』，要得誠如此。然集注載衛靈公事，與此意不相應，恐未穩否？」曰：「書都不恁地讀。除了衛靈公，便有何發明？在衛靈公上便有何相礙？此皆没緊要，較量他作甚〔二五〕？聖人當初只是恁地歎未見好德如那好色者〔二六〕，自家當虚心去看。又要反來思量自己如何便是好德，如何便是好色，如此方有益。若只管去較量他，與聖人意思愈見差錯。聖人言語，自家當如奴僕，只去隨他。他教住便住，他教去便去。而今却與他做師友，只是去較量他。大學之説，自是大學之意；論語之説，自是論語之意。論語只是説過去，尾重則首輕，這一頭低，那一頭便昂。大學是將兩句平頭説得尤力，如何合得來做一説？」淳。寓録少異。

躬自厚章

問：「『躬自厚而薄責於人』，自責厚，莫是周備篤切意思否？」曰：「厚是自責得重，責了又責，積而不已之意。」賀孫。或録云：「只是責己要多，責人要少。」

不曰如之何章

林問「不曰如之何」。曰：「只是要再三反覆思量。若率意妄行，雖聖人亦無奈何。」淳。

君子義以爲質章

問「君子義以爲質」一章。曰：「『義以爲質』，是制事先決其當否了；其間節文次第須要皆具，此是『禮以行之』；然徒知盡其節文，而不能『孫以出之』，則亦不可。且如人知尊卑之分，須當讓他。然讓之之時，辭氣或不能婉順，便是不能孫而出之〔二七〕。『信以成之』者，是終始誠實以成此一事，却非是『孫以出之』後，方『信以成之』也。」時舉。

或問「君子義以爲質」一章。曰：「義，只是合宜。義有剛決意思，然不可直撞去。禮有節文度數，故用『禮以行之』。『孫以出之』，是用『和爲貴』。義不和，用『禮以行之』，已自和。然禮又嚴，故『孫以出之』，使從容不迫。信是朴實頭做，無信則義、禮、孫皆是僞。」甘吉父問：「行與出何別？」曰：「行，是當恁地行；出，是做處。」賀孫。

問：「『君子義以爲質』一章，看來有義以爲本，必有下面三者，方始成就得。」曰：「然。『義以爲質』，是應事處。」又問：「以敬爲主，則義爲用；以義爲本，則下面三者爲用。」曰：

「然。」燾。

周貴卿問：「義是就事上説。蓋義則裁斷果決，若不行之以節文，出之以退遜，則恐有忤於物。『信以成之』，這一句是繳上三句，言若不誠實，則義必不能盡，禮必不能行，而所謂孫特是詐僞耳。」曰：「也是恁地。」義剛。

問：「禮行、孫出，何以別？」曰：「行是安排恁地行，出是從此發出。禮而不遜，則不免矯世以威嚴加人。」拱壽〔二八〕。

問：「『義以爲質』至『信以成之』章，如孔子之對陽貨，孟子之不與王驩言，莫全得此理否？」曰：「然。」問：「行與出如何分？」曰：「行，是大綱行時；出，則始自此出去也。人固有行之合禮而出之不遜者。」廣。

至之問：「明道謂：『君子「敬以直內」，則「義以方外」；「義以爲質」，則「禮以行之，孫以出之，信以成之」。』」曰：「只是一個義。『義以爲質』，便是自『義以方外』處説起來。若無『敬以直內』，也不知義之所在。」時舉〔二九〕。

君子矜而不爭章

問「矜而不爭」。曰：「矜是自把捉底意思，故書曰：『不矜細行，終累大德。』」雉。

或問：「『不矜細行』與『矜而不爭』之『矜』，如何？」曰：「相似，是個珍惜持守之意。」人傑。

子貢問有一言可以終身行之章

「恕可以終身行之，是行之無窮盡。」問：「孔子言恕必兼忠，如何此只言恕？」曰：「不得忠時，不成恕；說恕時，忠在裏面了。」榦。

問：「可以終身行之之恕，恐推到極處，便是『以己及物爲仁』否？」曰：「這未説那一邊，只說推在。」燾。

問：「『終身行之』，『其恕乎』。『絜矩之道』，是恕之端否？」曰：「絜矩正是恕。」浩。

問：「『終身行之』，『其恕乎』。如〔三〇〕何只說恕，不說忠？看得『忠』字尤爲緊要。」曰：「分言忠、恕，有忠而後恕；獨言恕，則忠在其中。若不能恕，則其無忠可知。恕是忠之發處，若無忠，便自做恕不出。」問：「忠恕，看來也是動靜底道理。如靜是主處，動是用處，不知是否？」曰：「聖人每就用處教人，亦不是先有靜而後有動。」問：「看來主靜是做工夫處。」曰：「雖說主靜，亦不是棄事物以求靜。既爲人，亦須着事君親，交朋友，綏妻子，御僮僕。不成捐棄了，閉門靜坐，事物來時也不去應接，云『且待我去靜坐，不要應』。又不可只茫茫隨他事物中走。二者中，須有個商量倒斷，始得。這處正要着力做工夫，不可皮膚說過去。」又曰：「動靜亦不是截然動截然靜。動時，靜便在這裏。如人來相問，自家去答他，便是動。才答了，便靜。這裏既靜，到事物來便着去應接。不是靜坐時守在這裏，到應接時便散亂了去。然動靜不出是一個理。知這事當做，便順理做去，便見動而靜底意思。故曰：『知止而後有定，定而後能靜。』事物之來，若不順理而應，則雖塊然不交於物，心亦不能得靜。惟動時能順理，則無事時始能靜；靜而能存養，則應接處始得力。須動時做工夫，靜時也做工夫，兩莫相靠，莫使工夫間斷，始得。若無間斷，靜時固靜，動時心亦不動。若無工夫，動時固動，靜時雖欲求靜，亦不可得而靜矣。動靜恰似舡一般，須隨他潮去，始得。浪頭恁地高，船也隨他上；浪頭恁地低，船也隨他下。動靜只是隨他去，當靜還他靜，當動還他動。又如與兩人同事相似，這人做得不是，那人便着救他；那人做得不是，這人便着去救他。終不成兩人相推，這人做不是，却推說不干我事，是那人做得如此；那人做不是，推說不干我事，是他做得如此？便不是相爲底道理。」又曰：「所以程子言『未有致知而不在敬者』，又言『涵養當用敬，進學則在致知』。若不能以敬養在這裏，如何會去致得知？若不能致知，又如何成得這敬？」寓。

吾之於人也章〔三二〕

問「吾之於人也，誰毀誰譽？如有所譽者，其有所試矣」。曰：「毀者，那人本未有十分惡，自家將做十分説他，便是毀。若是只據他之惡而稱之，則不可謂之毀。譬如一物本完全，自家打破了，便是毀。若是那物元來破了，則不可謂之毀。譽亦是稱獎得來過當。『其有所試矣』，那人雖未有十分善，自家却遂知得他將來如此。毀人則不可如此也。」燾。

先生忽問王子合曰：「『吾之於人也，誰毀誰譽？如有所譽者，其有所試矣。斯民也，三代之所以直道而行也。』尋常作如何説？」子合對曰：「三代之時，公道行，不妄毀譽人。如有毀譽，須先試得其實方言之。」曰：「便是看錯了。下面只言『如有所譽者，其有所試』，如何不説『如有所毀』？須知道是非與毀譽不同，方説得。蓋當其實曰是非，過其實曰毀譽。當時公道行，是言是，非言非，而無有過其實者。然亦忠厚褒借而譽者，容或有之，然亦已試其實矣。其過實而毀者必無也。」浩。

先生説「如有所譽者，其有所試矣」數句。季通在坐，證曰：「『雍也可使南面』之類是也。」先生然之。過。

「聖人之言，與後世別。如『斯民也，三代之所以直道而行也』，有合下底字，無乃便不成文，此句全在『所以』上。言三代之直道行於斯民也。古亦此民，今亦此民，三代能行之耳。『誰毁誰譽』者，凡人未至於惡而惡之，故謂之毁；未至於善而善之，故謂之譽。聖人於下又曰：『如有所譽，其有所試矣。』此一句却去了毁。蓋以不得已而譽，亦嘗試之。此乃『善人之意長，惡人之意短』之意。」可學問：「若到於合好惡處，却不用此二字。」先生曰：「然。」可學。

伯豐問三代直道而行。曰：「此緊要在『所以』字上。民是指今日之民，即三代之民。三代蓋是以直道行之於民，今亦當以直道行之於民。直是無枉，不特不枉毁，雖稱譽亦不枉也。舊嘗有此意。因讀班固作景帝贊引此數語起頭，以明『秦、漢不易民而化』之意，曰：『孔子稱「斯民也，三代之所以直道而行也」，信哉！』其意蓋謂民無古今，周、秦網密文峻，故姦軌不勝；到文、景恭儉，民便醇厚。只是此民，在所施何如耳，此政得之。」𡎴。

問「斯民也，三代之所以直道而行也」。「斯民，是主當時之人言之。言三代所以直道而行，只是此民。言毁人固不可過實，譽人亦不可過實。言吾所以不敢妄加毁譽之民，只是三代行直道之民。班固舉此贊漢景帝，甚好。」人傑。

問「斯民」〔三二〕。「是今此之民，即三代之時所以爲善之民，如説『高皇帝天下』相似。嘗怪景帝贊引此一句，不曉他意。蓋是説周、秦雖網密文峻，而不勝其弊；到文、景，黎民醇厚，亦只是此民也。聖人説一句話，便是恁地闊，便是從頭説下來。」義剛。

問：「『所以』字本虚，然意味乃在此。如云斯民也，三代嘗以此行直道矣。」「聖人知毁譽之非正，於人無所毁，而猶有所譽，蓋將以試其人。所以見聖人至公之道，又以見聖人進人之爲善也。」璘。

亞夫問三代直道而行。曰：「此民乃是三代時直道而行之民〔三三〕。我今若有所毁譽，亦不得迂曲而枉其是非之實。」且舉漢景帝贊所引處云：「意却似不同。」時舉。

巧言亂德章

問「小不忍則亂大謀」。曰：「『忍』字有兩説，只是一意。『有忍乃有濟』，王介甫解作强忍之忍，前輩解作慈忍之忍，某謂忍是含忍不發之意。如婦人之仁，是不能忍其愛；匹夫之勇，是不能忍其忿。二者只是一意。」雉。

問：「『小不忍』，如婦人之仁、匹夫之勇，似是兩意，皆説得。婦人之仁是姑息，匹夫之勇是不能涵容。」曰：「只是一意。婦人之仁，不能忍於愛；匹夫之勇，不能忍於忿。皆能亂大謀，如項羽是也。」夔孫。閎祖録略〔三四〕。

人能弘道章

問「人能弘道」。曰：「道不可須臾離，可離非道。是故君子戒慎乎其所不睹，恐懼乎其所不聞。莫見乎隱〔三五〕，莫顯乎微，故君子慎其獨。」又曰：「天下之達道五，所以行之者三。君臣、父子、兄弟、夫婦、朋友，古今所共底道理，須是知知、仁守、勇決。」繼又曰：「『人者，天地之心。』没這人時，天地便没人管。」植。

問「人能弘道」。先生以扇喻曰〔三六〕：「道如扇，人如手。手能摇扇，扇如何摇手？」夔孫〔三七〕。

吾嘗終日不食章

問：「聖人真個『終日不食，終夜不寢，以思』否？」曰：「聖人也曾恁地來。聖人説『發憤忘食』，却是真個。惟横渠知得此意，嘗言：『孔子煞喫辛苦來！』横渠又言：『堯不曾喫辛苦，舜喫辛苦。』但三十徵庸，後來便享富貴。孔子一生貧賤，是事都去理會過來。」問：「堯不曾喫辛苦做工夫，依舊聰明聖知。」曰：「堯固是聰明聖知，無欠缺，但不如孔子於事理又周匝詳盡。」德輔。

「『吾嘗終日不食，終夜不寢，以思，無益，不如學也。』某注云：『蓋勞心以必求，不如遜志而自得。』思，是硬要自去做底；學，是依這本子去做，便要小著心，隨順個事理去做。而今人都是硬去做，要必得，所以更做不成。須是軟着心，貼就它去做。孟子所謂『以意逆志』，極好。逆，是推迎它底意思。」僩〔三八〕。

問：「注云『遜志而自得』〔三九〕，如何是遜志？」曰：「遜志，是卑遜其志，放退一着，寬廣以求之；不忒恁地迫窄，便要一思而必得。」雉。

君子謀道不謀食章

問「君子謀道不謀食」。曰：「上面説『君子謀道不謀食』，蓋以『耕也，餒在其中矣；學也，禄在其中矣』。又恐人錯認此意，却將學去求禄，故下面又繳一句。謂君子所以爲學者，所憂在道耳，非憂貧而學也。」雉。

「學固不爲謀禄，然未必不得禄。如耕固不求餒，然未必得食。雖是如此，然君子之心，却只見道，不見禄。如『先難後獲』、『正義不謀利』，睹當不到那裏。」閎祖。

「論語凡言『在其中矣』，當以『餒』字推之。蓋言不必在其中而在焉者矣。」方。

因言：「近來稍信得命及。孔子説『君子謀道不謀食』，『憂道不憂貧』。觀此一段，則窮達當付之分定，所當謀者惟道爾。」曰：「此一段，不專爲有命，蓋專爲學者當謀道而設。只說一句，則似緩而不切，故又反覆推明，以至『憂道不憂貧』而止。且君子之所急，當先義。語義，則命在其中。如『行一不義，殺一不辜，而得天下，不爲』，此只說義。若不恤義，惟命是恃，則命可以有得，雖萬鍾有『不辨禮義而受之』矣。義有可取，如爲養親，於義合取，而有不得，則當歸之命爾。如『澤無水，困』，則不可以有爲，只得『致命遂志』，然後付之命可也。」大雅。

知及之章

問「知及之，仁能守之」。曰：「此是說講學。『莊以涖之』以後說爲政。」時舉。

亞夫問：「『知及之，仁不能守之』一章，上下文勢相牽合不來相似。」曰：「『知及之，仁能守之』，是明德工夫，下面是新民工夫。」亞夫云：「『克己復禮爲仁』，到仁便是極了。今却又有『莊以涖之』與『動之以禮』底工夫，是如何？」曰：「今自有此心純粹，更不走失，而於接物應事時，少些莊嚴底意思，闒闒翣翣底，自不足以使人敬他，此便是未善處。」宜久問：「此便是要本末工夫兼備否？」曰：「固是。但須先有『知及之，仁能守之』做個根本了，却方好生去點檢其餘，便無處無事不善。若根本不立，又有何可點檢處？」時舉。

「『知及之』，如大學『知至』；『仁守之』，如『意誠』；蒞不莊，動不以禮，如所謂『不得其正』，與所謂『敖惰而辟』之類。到仁處，大本已好，但小節略略有些未善。如一個好物，只是安頓得略傾側，少正之則好矣，不大故費力也。」夔孫。

問「知及之」一章。曰：「『莊以蒞之』，是自家去臨民。『動之不以禮』，這『動』字不是感動之動，是使民底意思。謂如使民去做這件事，亦有禮，是使之以禮，下梢『禮』字歸在民身上。」又問：「是使他做事，要他做得來合節拍否？」曰：「然。」又問：「是合禮底事，便以使之；不合禮底事，便不以使之？」曰：「然。看那『動之』字，便是指那民說。使他向善，便是『以禮』；不使他向善，便是『不以禮』。如古所謂『蒐田獮狩』，就其中教之少長有序之事，便是使之以禮。蓋是使他以此事，此事有禮存也。」燾。

或問此章。曰：「此一章當以仁爲主〔四〇〕。所謂『知及之』，所以求吾仁；『蒞之』、『動之』，所以持養吾仁者，得之矣。」謨。

或問：「『不莊以蒞之』一章，上兩句集注以爲氣質之小疵。」曰：「固有生成底，然亦不可專主氣質，蓋亦有學底。」燾。

君子不可小知章

問：「『小知』，是小有才；『大受』，是大有德。如盆成括小有才，未聞大道是也。」曰：「却如何説『可』、『不可』字義理？且看他本文正意是如何説。今不合先以一説横着胸中，便看不見。」必大。

當仁不讓於師章

或問：「『當仁不讓於師』，這『當』字是承當之當否？」曰：「然。亦是『任』字模樣。」燾。

子善問：「直卿云：『當仁，只似適當爲仁之事。』集注似以『當』爲擔當之意。」曰：「如公説『當』字，謂值爲仁則不讓。如此，恐不值處煞多，所以覺得做『任』字説是。恐這『仁』字是指大處、難做處説。這般處須着擔當，不可説道自家做不得，是師長可做底事。」賀孫。

君子貞而不諒章

亞夫問「貞而不諒」。曰：「貞者，正而固也。蓋見得道理是如此，便須只恁地做，所謂知斯二者，弗去是也。爲『正』字説不盡，故更加『固』字，如易所謂『貞固足以幹事』。若諒者，是不擇是非，必要如此。故貞者，是正而固守之意；諒則有固必之心也。」時舉。

「『諒』字，論語有三個，『匹夫之諒』、『貞而不諒』是不好，『友諒』却是好。以貞對諒，則諒爲不好〔四一〕。若是友，與其友無信之人，又却不如友諒也。諒，信之小者。孟子所謂『亮』，恐當訓『明』字。」廣。

辭達而已矣章

「『辭達而已矣』，也是難。」道夫。

校勘記

〔一〕而不博學多識 「博」原作「恃」，據萬曆本改。

〔二〕問子貢一貫章 朝鮮本問句作：時舉問「夫子告子貢以予一以貫之」一章。

〔三〕問謝氏謂如天之於衆形 朝鮮本此節前另有一節，文云：「『子貢尋常自知識而入道，故夫子警之曰：「汝以予爲多學而識之者歟？」對曰：「然。非與？」曰：「非也，予一以貫之。」蓋言吾之多識，不過一理爾。曾子尋常自踐履入，事親孝則真個行此孝，爲人謀則真個忠，朋友交則真個信，故夫子警之曰：「汝平日之所行者，皆一理耳。」惟曾子領略於片言之下，故曰：「忠恕而已矣。」以吾夫子之道無出於此也，我所得者忠，誠即此理，安頓在事物上則爲恕，無忠則無恕，蓋本末體用也。』祖道。去僞、謨同。」凡一百六十二字。

〔四〕子張問行章　朝鮮本此章前有「無爲而治章」，内有一節，文云：「『老子所謂無爲，只是間忽；聖人所謂無爲，却是付之當然之理。如曰：「無爲而治者，其舜也與？夫何爲哉？恭己正南面而已。」這是甚麽樣本領，豈可與老氏同日而語！』賀孫。」凡六十四字。

〔五〕問行篤敬　朝鮮本作：問「言忠信行篤敬」處。

〔六〕問　朝鮮本作：文蔚問。

〔七〕學　朝鮮本「學」前增：明道嘗謂。

〔八〕且如博學於文　「於」字原漫漶不可辨，據萬曆本正之。

〔九〕洽　朝鮮本作：某。

〔一〇〕朝鮮本問句少異，今附如下：味道問：「死生是大關節處。須是日用間雖小事亦不放過，一一如此用工夫，當死之時，方打得透。」

〔一一〕所以干禄也　朝鮮本作：所以正行也。

〔一二〕問　朝鮮本作：時舉又問。

〔一三〕此時天方開　朝鮮本「天」下有「門」字。

〔一四〕有制度與車不同　「有」，朝鮮本作「其」。
〔一五〕皦然不惑於先王之道　「皦然」，朝鮮本作「欲其」。
〔一六〕人生於寅　朝鮮本此下增「是如何」三字。
〔一七〕今不可知　「知」原作「如」，據朝鮮本、萬曆本改。
〔一八〕心便煩惱個天體是如何　「便煩惱個」，朝鮮本作「便思量」。
〔一九〕銖　朝鮮本此則末尾小字作：明作。
〔二〇〕達時亦只是恁地着衣喫飯　「地」字原無，據朝鮮本補。
〔二一〕它做出來多少大一件事　「多少大」，朝鮮本作「大大」。
〔二二〕問顔淵問爲邦　朝鮮本作：時舉問「顔淵問爲邦」一章。
〔二三〕但不及孔子些子　「子」字原無，據朝鮮本補。
〔二四〕賜　朝鮮本作：林賜。
〔二五〕較量他作甚　朝鮮本此下增一節文字：恁地讀書都不濟事，都向别處去，不入這路來。
〔二六〕好色者　朝鮮本此下增：意只是如此。
〔二七〕便是不能孫而出之　「孫而出之」，萬曆本作「孫以出之」。
〔二八〕拱壽　朝鮮本作：壽仁。
〔二九〕時舉　原作「時學」，據朝鮮本、萬曆本改。

〔三〇〕如　朝鮮本「如」上增「孔子當時」四字。

〔三一〕吾之於人也章　朝鮮本作「三代直道而行章」，且無前三節文字。

〔三二〕問斯民　朝鮮本無此三字，然段首增一節文字，作：斯民也，三代之所以直道而行也。斯民。

〔三三〕此民乃是三代時直道而行之民　「乃」原作「了」，據朝鮮本改。

〔三四〕夔孫閎祖録略　朝鮮本無夔孫之録，而載閎祖之録，文云：「『婦人之仁，不忍其愛；匹夫之勇，不忍其忿。皆小不忍也，如項羽是也。』閎祖。處謙同。」凡三十一字。

〔三五〕莫見乎隱　「隱」原作「聽」，據朝鮮本、萬曆本改。

〔三六〕先生以扇喻曰　朝鮮本作：先生以手中扇子喻之曰。

〔三七〕夔孫　朝鮮本作：賜。

〔三八〕僩　原作「澗」，據朝鮮本、萬曆本改。

〔三九〕問注云遜志而自得　朝鮮本「注」上有「吾嘗終日不食一章集」九字，「云」下有「勞心以必求不如」七字。

〔四〇〕或問此章曰此一章當以仁爲主　朝鮮本無「或問此章」四字，「曰」上有二百二十八字，文云：「問：『夫仁之爲道，無所不包。知也，禮也，莊也，皆仁之一事也。夫仁以守之，則何患不敬而未善乎？若是則是莊與禮反在仁之上矣。伊川謂：「仁則安矣。固善揆之人情，豈有安於此而不能使民敬與盡善乎！苟曰『民未敬而未盡善』，則我之仁未至也。」故謝顯道曰：「此非仁智之盡也。若知之盡，豈有不能守之之理？若仁之盡，豈有不能莊、不以禮者乎？莊與禮，亦所以養仁。」其説雖善，亦未能別白詳盡。南軒謂：「仁能守其知之所及而已，非仁之全也。仁之全，則其有不莊者乎？」此説簡當。而全與不全，又非本文之意。愚竊以爲「知及之」者，所以求吾仁。莊以涖，動以禮，所以持養吾仁。不識是否？』」

〔四一〕則諒爲不好　「好」原爲「如」，據朝鮮本、萬曆本改。

朱子語類卷第四十六

論語二十八

季氏篇

季氏將伐顓臾章

問「焉用彼相」。曰：「看『扶持』兩字，恐只是相瞽者之義。舊見一人亦如此說。」又問「相夫子」之義。曰：「相亦是贊相之義。瞽者之相，亦是如此。」𦳣。

問：「集注顓臾『在魯地七百里之中』，從孟子『百里』之說，則魯安得七百里之地？」曰：「七百里是禮記如此說，封周公曲阜之地七百里。如左傳也有一同之說。某每常疑：

此處若是百里，無此間龍溪漳浦縣地大，如何做得侯國？如何又容得顓臾在其中？所謂『錫之山川，土田附庸』，其勢必不止於百里。然此處亦難考究，只得且依禮記恁地說。」寓。砥録云：「周禮、國語皆説五百里，禮記説七百里。若如孟子説百里，則未若今之一邑，何以爲國，又如何容得一個顓臾在肚裏？」

問：「諸家多把『虎兕』喻季氏，『龜玉』喻公室，是否？」曰：「文義未有此意。且是答他『二臣者皆不欲』之意。虎在山上，龜玉在他處，不干典守者事。今在柙中走了，在櫝中毁了，便是典守者之過。上面冉求分疏，言『夫子欲之，吾二臣者皆不欲也』。孔子責他，以此乃守者之過。此伐顓臾，實二子與謀之過。答問間方且隨話恁地説，未説到季氏、公室處，不必又生枝蔓。」仲思問：「獨責求，何也？」曰：「想他與謀較多，一向倒在他身上去，亦可知也。」寓〔二〕。

問：「『蕭墻』，『蕭』字爲義如何？」曰：「也不曾考究。但據舊説云，諸侯至屏内，當有肅敬之意，亦未知是否。」燾。

益者三樂章

問「樂節禮樂」。曰：「此説得淺。只是去理會禮樂，理會得時，自是有益。」燾。

味道〔二〕問「損者三樂」。曰：「惟宴樂最可畏，所謂『宴安酖毒』是也。」時舉。

問：「三者損益相反〔三〕。『佚遊則傲惰而惡聞善〔四〕』，如何與『樂道人之善』相反？」曰：「『樂道人之善』，則心常汲汲於好善。若是佚遊，則是放蕩閑過了日子。雖所損稍輕，亦非是小害。」又問：「『樂道人之善』則有勉思企及之意。佚遊，則一向懶惰，無向善之心。此所以見其相反。」曰：「三者，如驕樂只是放恣侈靡，最害事；到得宴樂，便須狎近小人，疏遠君子。」賀孫。

侍於君子有三愆章

問〔五〕：「『未見顏色而言謂之瞽』，莫是未見事實否？」曰：「『未見顏色』，是不能察言觀色。」曰：「如此，則顏色是指所與言者。」曰：「向時范某每奏事，未嘗看着聖容。時某人爲宰相，云：『此公必不久居此。』未幾，果以言不行而去。人或問之，云：『若看聖容，安能自盡其言？』自是說得好〔六〕。但某思之，不如此。對人主言，也須看他意思是如何，或有至誠傾聽之意，或不得已貌爲許可。自家這裏也須察言觀色，因而盡誘掖之方。不可泛然言之，使泛然受之而已。固是有一般小人，伺候人主顏色，迎合趨凑，此自是大不好。但君子之察言觀色，用心自不同耳。若論對人主要商量天下事，如何不看着顏色，只恁地說將去便了？」賀孫。

君子有三戒章

或問君子三戒。曰：「血氣雖有盛衰，君子常當隨其偏處警戒，勿爲血氣所役也。」因論血氣移人，曰：「疾病亦能移人。呂伯恭因病後讀『躬自厚而薄責於人』，忽有見，遂一意向這下來。」大雅。

問注引范氏說血氣、志氣之辨〔七〕。曰：「到老而不屈者，此是志氣。」時舉。

問：「『君子有三戒』章，謝曰：『簞食豆羹，呼爾而與之，有所不就；蹴爾而與之，有所不屑。此非義心勝，血氣壯故也。』恐是義心之勝，非血氣之壯。謝又曰：『萬鍾與不得則死，遠矣。有不辨禮義而受之者，血氣衰故也。』恐是不辨禮義則受，奚必血氣之衰？」曰：「謝說只是傷急，闕三數字。當云：『此非特義心自勝，亦血氣之狀故也。』蓋血氣助得義心起來。人之血氣衰時，則義心亦從而衰。夫子三戒，正爲血氣而言。」又問「謝氏以血氣爲氣質」。曰：「氣，只是一個氣。便浩然之氣，也只是這個氣，但只是以道義充養起來。及養得浩然，却又能配助義與道也。」必大。

君子有三畏章

「『畏天命』三字好。是理會得道理，便謹去做，不敢違，便是畏之也。如非禮勿視、聽、言、動，與夫戒謹恐懼，皆所以畏天命也。然亦須理會得天命是恁地，方得。」燾。

問〔八〕：「『大人』，是指有位者言之否？」曰：「不止有位者，是指有位、有齒、有德者，皆謂之『大人』。」問：「此三句，要緊都在『畏天命』上？」曰：「然。纔畏天命，自是於大人、聖言皆畏之。」問：「固是當先畏天命，但要緊又須是知得天命。天命即是天理，若不先知這道理，自是懵然，何由知其可畏？此小人所以無忌憚。」曰：「要緊全在『知』上。纔知得，便自不容不畏。」問：「知有淺深，大抵纔知些道理，到得做事有少差錯，心也便惕然。這便見得不容於不畏。」曰：「知固有淺深，然就他淺深中，各自有天然不容已者。且如一件事是合如此，是不合如此，本自分曉，到臨事又却不如此，道：『如此也不妨，如此也無害』，又自做將去。這個是雖知之而不能行。然亦是知之未盡，知之未至，所以如此。聖人教人，於大學中劈初頭便說一個格物致知。『物格而後知至』，最〔九〕是要知得至。人〔一〇〕有知不善之不當爲〔一一〕，及臨事又爲之，只是知之未至。人知烏喙之殺人不可食，斷然不食，是真知之也。知不善之不當爲，而猶或爲之，是特未能真知也。所以未能真知者，緣於道理上只就外面理會得許多，裏面却未理會得十分瑩淨，所以有此一點黑。這不是外面理會不得，只是裏面骨子有些見未破。所以大學之教，使人即事即物，就外面看許多，一一教周遍；又須就自家裏面理會體驗，教十分精切也。」賀孫。恪録云〔一二〕：「味道問：『「畏天命」是個總頭否？』曰：『固是。人若不畏這個道理，以下事無緣會做得。』又問：『若不知得這個道理，如何會畏？』曰：『須是先知得，方會畏。但知得有深淺，工夫便隨深淺做去。事事物物皆有個天命，若知得盡，自是無所不畏，惟恐走失。』」

君子有九思章

問「九思〔一三〕」。曰：「不是雜然而思。當這一件上，思這一件。」𥅆。

或問「君子有九思」。曰：「公且道〔一四〕，色與貌，可以要得他温，要得他恭。若是視聽，如何要得他聰明？」曰：「這只是意誠了〔一五〕，自會如此。」曰：「若如公説，都没些事了。便是聖人教人意思不如此。有物必有則，只一個物，自各家有個道理。況耳目之聰明得之於天，本來自合如此，只爲私欲蔽惑而失其理。聖人教人，不是理會一件，其餘自會好。須是逐一做工夫，更反復就心上看，方知得外面許多費整頓，元來病根都在這裏。這見聖人教人，内外夾持起來，恁地積累成熟，便會無些子滲漏。如公所説，意誠便都無事。

今有人自道心正了，外面任其箕踞無禮，是得不得？亦有人心下已自近正，外面視聽舉止自大段有病痛，公道如何視會明、聽會聰？也只是就視聽上理會。『視遠惟明，聽德惟聰。』如有一件可喜底物事在眼前，便要看他，這便被他蔽了。到這時節，須便知得有個義理，在所可喜，此物在所不當視。這便是見得道理，便是見得遠，不蔽於眼前近底，故曰『視遠惟明』。有無益之言，無稽之言，與夫諂諛甘美之言；有仁義忠信之言。仁、義、忠、信之言，須是將耳常常聽着；那許多不好説話，須莫教他入耳，故曰『聽德惟聰』。」賀孫。

問：「程子曰：『九者各專其一。』」曰：「專一者，非雜然而思也。」或曰：「是『主一』之義否？」曰：「然。」又云：「『忿思難』，如『一朝之忿，亡其身，及其親』，此不思難之故也。」燾。

見善如不及章

「『行義以達其道』，所行之義，即所達之道也。未行，則蘊諸中；行，則見諸事也。」燾。

問：「『行義以達其道』，莫是所行合宜否？」曰：「志，是守所達之道；道，是行所求之志。隱居以求之，使其道充足。行義，是得時得位而行其所當爲。臣之事君，行其所當爲而已。行所當爲，以達其所求之志。」又問：「如孔明，可以當此否？」曰：「也是。如『伊尹耕於有莘之野，而樂堯、舜之道』，是『隱居以求其志』。及幡然而起，『使是君爲堯、舜之君』，『使是民爲堯、舜之民』，是『行義以達其道』。」蜚卿曰：「如漆雕開之未能自信，莫是求其志否？」曰：「所以未能信者，但以『求其志』，未説『行義以達其道』。」又曰：「須是篤信。如讀聖人之書自朝至暮，及行事無一些是，則曰：『聖人且如此説耳！』這却是不能篤信。篤信者，見得是如此，便決然如此做。孔子曰：『篤信好學，守死善道。』學者須是篤信。」驤曰：「見若鹵莽，便不能篤信。」曰：「是如此。須是一下頭見得是。然篤信又須好學，若篤信而不好學，是非不辨，其害却不小。既已好學，然后能守死以善其道。」又問：「如下文所言，莫是篤信之力否？」曰：「既是信得過〔一六〕，危邦便不入，亂邦便不居；天下有道便不隱，天下無道便不見，決然是恁地做。」驤〔一七〕。

問〔一八〕：「『見善如不及，見不善如探湯。』上一截是進德之事，下一截是成德之事。兼出處有非人力所能爲者，故曰『未見其人』。」曰：「公只管要粧兩句恁地好做甚麽？這段緊要却不在『吾見其人』、『未見其人』上。若將『見善如不及，見不善如探湯』，與『隱居以求其志，行義以達其道』這幾句意思涵泳，是有多少意思！公看文字有個病，不只就文字裏面看，却要去别生閑意。大抵看文字，須是只就他裏面看，儘有意思。公今未見得本意是如何，却將一兩句好言語，裹了一重没理會在裏面，此是讀書之大病。須是且就他本文逐字剔碎了，見這道理直透過，無此子窒礙，如此，兩段淺深自易見。」賀孫。

問：「楊氏引『達可行於天下』解『隱居以求其志，行義以達其道』，或問以爲未穩，何也？」曰：「解經當取易曉底句語解難曉底句，不當反取難曉底解易曉者。『隱居以求其志，行義以達其道』，此兩句本自易理會。今引『達可行於天下』解之，則所引之句反爲難曉。『天民者，達可行於天下而後行之者也。』橫渠所謂：『必德覆生民而後出，伊、呂是也。』若只是澤被一國，道行一鄉，此人亦不輕出。謂之天民者，蓋謂不是尋常之人，乃天之民耳。天民之云，亦猶曰『天下之善士』云爾，與『隱居以求其志，行義以達其道』者又不同。」必大。

校勘記

〔一〕寓　朝鮮本作：寓。陳淳同。

〔二〕味道　朝鮮本作：葉味道。

〔三〕三者損益相反　「反」原作「友」，據朝鮮本、萬曆本改。朝鮮本「三」上有「益者三樂損者三樂」八字。

〔四〕佚遊則傲惰而惡聞善　朝鮮本「佚」上有「驕樂則侈肆而無節」八字。

〔五〕問　朝鮮本作：賀孫問。

〔六〕自是説得好　朝鮮本「自」上有「看來」二字。

〔七〕問注引范氏説血氣志氣之辨　朝鮮本「問」上有「時舉」二字，下有「君子有三戒處」六字。

〔八〕問　朝鮮本作：賀孫問「畏天命、畏大人、畏聖人之言」一章。

〔九〕最　朝鮮本此下增：緊。

〔一〇〕人　朝鮮本作：今人。

〔一一〕人有知不善之不當爲　朝鮮本「人」上有「今」字。

〔一二〕恪録云　朝鮮本作：按林恪録此略，今附於下云。

〔一三〕問九思　朝鮮本作：蕃問「君子有九思」。

〔一四〕公且道　「道」原作「這」，據朝鮮本改。

〔一五〕這只是意誠了　「這」原作「道」，據朝鮮本、萬曆本改。

〔一六〕既是信得過　「既是」，朝鮮本作「是既」。

〔一七〕驤　朝鮮本作：道夫。

〔一八〕問　朝鮮本作：賀孫問。

朱子語類卷第四十七

論語二十九

陽貨篇

陽貨欲見孔子章

或問："陽貨矙亡以饋孔子，孔子矙亡而往拜之。陽貨之矙亡，此不足責。如孔子亦矙亡而往，則不幾於不誠乎？"曰："非不誠也，據道理合當如此。彼人矙亡來，我亦矙亡往；一往一來，禮甚相稱。但孔子不幸遇諸塗耳。"去僞〔一〕。

亞夫問："揚子雲謂孔子於陽貨，『敬所不敬』，爲『詘身以信道』，不知渠何以見聖人爲詘身處？」曰：「陽貨是惡人，本不可見，孔子乃見之，亦近於詘身。却不知聖人是禮合去見他，不爲詘矣。到與他説話時，只把一兩字答他，辭氣温厚而不自失，非聖人斷不能如此也。」時舉。

性相近章

「『性相近』，以氣質言；『性善』，以理言。」祖道。

問〔二〕：「『性相近』〔三〕，是本然之性？是氣質之性？」曰：「是氣質之性。本然之性一般，無相近。程子曰：『性與聖，不可一概論。』」節。

「『性相近』，唤做近，便是兩個物事，這便是説氣質之性。若是降衷底，便是没那相近了，個個都只一般。」佐。

「『性相近』，是通善惡智愚説。『上智』、『下愚』，是就中摘出懸絶者説。」僩。

問：「『性相近習相遠』，『惟上智與下愚不移』，書中謂『惟聖罔念作狂，惟狂克念作聖』，又有移得者〔四〕，如何？」曰：「上智、下愚不移。如狂作聖，則有之。既是聖人，決不到得作狂。此只是言其人不可不學。」又問：「或言：『人自不移耳。』此説如何？」曰：「此亦未是。有一般下愚底人，直有不可移者。」問：「『雖愚必明』，又是如何？」曰：「那個是做甚次第工夫。人一能之，己百之；人十能之，己千之。」去僞〔五〕。

問此章〔六〕。曰：「此所謂性，亦指氣質之性而言。性習遠近，與上智下愚，本是一章。『子曰』二字，衍文也。蓋習與性成而至於相遠，則固有不移之理。然人性本善，雖至惡之人，一日而能從善，則爲一日之善人，夫豈有終不可移之理？當從伊川之說，所謂『雖强戾如商辛之人，亦有可移之理』是也。」謨。

先生問木之：「前日所説氣質之性，理會得未？」對曰：「雖知其説，終是胸中未見得通透。兼集注『上智下愚』章，先生與程子説，未理會得合處。」曰：「便是莫要只管求其合，且看聖人所説之意。聖人所言，各有地頭。孔子説『相近』至『不移』，便定是不移了。人之氣質，實是有如此者，如何必説道變得！所以謂之下愚。而其所以至此下愚者是怎生？這便是氣質之性。孔子説得都渾成。伊川那一段却只説到七分，不説到底。孟子却只説得性善。其所言地頭，各自不同。正如今喫茶相似，有喫得盡底，有喫得多底，少底，必要去牽合，便成穿鑿去。」木之。

問〔七〕：「集注謂：『氣質相近之中，又有一定而不可易者。』復舉程子『無不可移』之説，似不合。」曰：「且看孔子説底。如今却自有不移底人，如堯、舜之不可爲桀、紂，桀、紂之不可使爲堯、舜。夫子説底只如此，伊川却又推其説，須知其異而不害其爲同。」因説：

「氣化有不可曉之事。但終未理會得透,不能無疑。釋氏之學,只是定靜,少間亦自有明識處。」或問:「他〔八〕有靈怪處,是如何?」曰:「多是真僞相雜。人都貪財好色〔九〕,都重死生,却被他不貪財,不好色,不重死生,這般處也可以降服得鬼神。如六祖衣鉢,説移不動底,這只是胡説。果然如此,何不鳴鼓集衆,白晝發去?却夜間發去做甚麽?」曰:「如今賢者都信他向上底説,下愚人都信他禍福之説〔一〇〕。」曰:「最苦是世間所謂聰明之人,却去推演其説,説到神妙處。如王介甫、蘇東坡,一世所尊尚,且爲之推波助瀾多矣。今若得士大夫間把得論定,猶可耳。」木之。

子之武城章

問「君子學道則愛人,小人學道則易使。」曰:「君子學道,是曉得那『己欲立而立人,己欲達而達人』,與『乾稱父,坤稱母』底道理,方能愛人。小人學道,不過曉得孝弟忠信而已,故易使也。」燾。

公山弗擾章

「夫子曰:『吾其爲東周乎!』興東周之治也。孔子之志在乎東周。然苟有用我者,亦視天命如何爾！聖人胸中自有處置，非可執定本以議之也。」人傑。

問：「『吾其爲東周乎！』使聖人得行其志，只是就齊、魯東方做起否？」曰：「也只得就這裏做。」又問：「其如周何？」曰：「這般處難說，只看挨到臨時事勢如何。若使天命人心有個響合處，也自不由聖人了。使周家修其禮物，作賓于王家，豈不賢於赧王之自獻其邑而滅亡乎！」問：「孔子猶說着周，至孟子則都不說了。」曰：「然。只是當時六國如此强盛，各自擡夯得個身已如此大了，勢均力敵，如何地做？不知孟子奈何得下，奈何不下？想得也須滅一兩個，方做得。看來六國若不是秦始皇出來從頭打疊一番，做甚合殺！」問：「王者雖曰不殺一不辜、行一不義，事勢到不得已處，也只得如此做。」曰：「然。湯東征西怨，南征北怨，武王滅國五十，便是如此。只是也不喚做殺不辜，行不義。我這裏方行仁義之師，救民於水火之中，你却抗拒不服，如何不伐得？聖人做處如此，到得後來，都不如此了。如劉先主不取劉琮而取劉璋，更不成舉措。當初劉琮孱弱，爲曹操奪而取之。若乘此時，明劉琮之孱弱將爲曹操所圖，起而取之，豈不正當！到得臨了，却淬淬地去取劉璋，全不光明了。當初〔一〕孔明便是教他先取荆州，他却不從。」或曰：「終是先主規模不大，索性或進或退，所以終做事不成。」曰：「然。」又曰：「唐太宗殺諸盜，如竇建德猶自得猶殺之，惟不殺王世充，後却密使人殺之，便不成舉措。蓋當初王世充立越王於東都，高祖立代王於關中，皆是叛煬帝，立少主以輔之。事體一般，故高祖負愧而不敢明殺世充也。此最好笑。負些子曲了，更擡頭不起。」又曰：「漢高祖之起，與唐太宗之起不同。高祖是起自匹夫，取秦，所以無愧；唐却是爲隋之官，因其資而取之，所以負愧也。要之，自秦、漢而下，須用作兩節看。如太宗，都莫看他初起一節，只取他〔一二〕濟世安民之志，他這意思又却多。若要檢點他初起時事，更不通看。」或曰：「若以義理看，太宗更無三兩分人。」曰：「然。」僩。

問：「諸家皆言不爲東周〔一三〕。集注却言『興周道於東方』，何如？」曰：「這是古注如此說。『其』字、『乎』字，只是閑字。只是有用我者，我便也要做些小事，如釋氏言『竿木隨身，逢場作戲』相似。那處是有不爲東周底意？這與『二十年之後，吳其爲沼乎』辭語一般，亦何必要如此翻轉？文字須寬看，子細玩味，方見得聖人語言。如『小人之中庸』，分明這一句是解上文。人見他偶然脫一個『反』字，便恁地硬説去，小人中庸做小人自爲中庸〔一四〕，下面文勢且直解兩句。未有那自以爲中庸底意，亦何必恁地翻轉！」寓〔一五〕。

問：「公山弗擾果能用夫子，夫子果往從之，亦不過勸得他改過自新，舍逆從順而已，亦如何能興得周道？」曰：「便是理會不得。」良久，却曰：「聖人自不可測。且是時名分亦未定，若謂公山弗擾既爲季氏臣，不當畔季氏，所謂『改過』者，不過令其臣順季氏而已。此只是常法，聖人須别有措置。」問：「如此，則必大有所更張否？」曰：「聖人做時，須驚天動地。然卒於不往者，亦料其做不得爾。夫子爲魯司寇，齊人來歸女樂，夫子便行。以人情論之，夫子何不略説令分曉，却只默默而去？此亦不可曉處。且説齊人歸女樂，夫子所以便行者，何也？説論語者謂，受女樂則必怠於政事。然以史記觀之，又似夫子懼其讒毁而去。如曰：『彼婦之口，可以出走！』是以魯仲連論帝秦之害，亦曰：『彼又將使其子女讒妾爲諸侯妃，處梁之宫，梁君安得晏然而已乎？』想當時列國多此等事，夫子不得不星夜急走。」又曰：「夫子墮三都，亦是瞞着三家了做。如季氏已墮術中，及圍成，公斂處父不肯，曰：『若無成，是無孟氏也。』遂連季氏唤醒，夫子亦便休。且説聖人處事，何故亦有做不成者？」必大以「夫子之得邦家」爲對。曰：「有土有民，便伸縮在我。若靠他人，則只是羈旅之臣。若不見信用，便只得縮手而退。」又曰：「陽虎云：『吾欲張公室也。』人曰：『家臣而欲張公室，罪莫大焉！』此是當時一種議論。」必大。人傑録頗異，别出。

伯豐問：「夫子欲從公山之召，而曰：『如有用我者，吾其爲東周乎！』如何？」曰：「理會不得，便是不可測度處。」人傑問：「墮三都事，費、郈已墮，而成不可墮，是不用夫子至於此否？」曰：「既不用，却何故圍成？當時夫子行乎？季孫三月不違，則費郈之墮，出於不意。及公斂處父不肯墮成，次第唤醒了叔、季二家，便做這事不成。又齊人以女樂歸之，遂行。不然，當别有處置也。」問：「女樂既歸，三日不朝，夫子自可明言於君相之前，討個分曉，然後去亦未晚，何必忽遽如此？」曰：「此亦難曉。然據史記之説，却是夫子恐其害己，故其去如此之速。魯仲連所謂『秦將使其子女讒妾爲諸侯妃』，則當時列國蓋有是事也。」又云：「夫子能墮費、郈，而不能墮成，雖聖人，亦有做不成底事。」伯豐謂：「如『夫子之得邦家者，所謂「立之斯立」』云云。」曰：「固是。須是有土有民，方能做得。若羈旅之臣，靠着他人，便有所牽制，做事不成。」又問：「是時三家衰微，陪臣執命，故陽虎奔齊，有『吾欲張公室』之語。或謂：『家臣而欲張公室，罪莫大焉！』」曰：「便是當時有此一種議論，視大夫專命，以爲固然。」又問：「舊見人議論子産、叔向輩之賢，其議論遠過先軫、咎犯之徒，然事實全不及它。」曰：「如元祐諸臣愛説一般道理相似。」又云：「衛靈公最無道，夫子何故戀戀其國，有欲扶持之意？更不可曉。」人傑。

子張問仁章

問〔二六〕：「恭寬信惠〔二七〕，固是求仁之方，但『敏』字於求仁功夫似不甚親切。莫是人之爲事才悠悠，則此心便間斷之時多，亦易得走失。若能勤敏去做，便此心不至間斷，走失之時少，故敏亦爲求仁之一。是如此否？」曰：「不止是悠悠。蓋不敏於事，則便有怠忽之意。才怠忽，便心不存而間斷多，便是不仁也。」時舉。

或問「信則人任焉」。曰：「任，是人靠得自家。如謂任俠者，是能爲人擔當事也。」燾。

「任〔一八〕，是堪倚靠。」僩。

佛肸召章

「『焉能繫而不食』，古注是。」𥳑。

「夫子於佛肸之召，但謂其不能浼我而已；於公山之召，却真個要去做。」必大。

味道問：「佛肸與公山弗擾召孔子，孔子欲往，此意如何？」曰：「此是二子一時善意，聖人之心適與之契，所以欲往。然更思之，則不往矣。蓋二子暫時有尊賢向善之誠心，故感得聖人欲往之意。然違道叛逆，終不能改，故聖人亦終不往也。譬如重陰之時〔一九〕，忽略開霽，有些小光明，又被重陰遮閉了。」曰：「陽貨欲見孔子，却終不許他，是如何？」曰：「陽貨全無善意，來時便已不好了，故亦不能略感聖人也。」時舉。賀孫録詳，别出。

「聖人見萬物不得其所，皆陷於塗炭，豈不爲深憂？思欲出而救之。但時也，要出不得，亦只得且住。聖人於斯世，固不是苟且枉道以徇人。然世俗一種説話，便謂聖人泊然不以入其心，這亦不然。如孔子云：『天下有道，丘不與易也。』這個是十分要做不得，亦有不能自已之意。如說聖人無憂世之心固不可，謂聖人視一世未治，常恁戚戚憂愁無聊過日，亦非也。但要出做不得，又且放下。其憂世之心要出仕者，聖人愛物之仁。至於天命未至，亦無如之何。如云：『君子之仕也，行其義也。道之不行，已知之矣。』若就『道之不行，已知之矣』上看，恰似一向没理會，明知不可以行道，且漫去做看，這便不得。須看『行其義也』，便自是去就。出處之大義，亦在這裏。」賀孫因舉公山、佛肸之召，皆欲往而終不往者，度得是時終不可爲，其人終不可與有爲。「如南軒云：『守身之常法，體道之大權。』又云：『欲往者，愛物之仁；終不往者，知人之智。』這處都說得分明〔二〇〕。」曰：「然。但聖人欲往之時，是當他召聖人之時，有這些好意來接聖人。聖人當時亦接他這些好意思，所以欲往。然他這個人終是不好底人，聖人待得重理會過一番，他許多不好又只在，所以終於不可去。如陰雨蔽翳，重結不解，忽然有一處略略開霽，雲收霧斂，見得青天白日，這處自是好。」賀孫。

子曰由也章

問「好信不好學，其蔽也賊」。曰：「只爲不擇是，我要恁地便恁地，終是害事。」燾。

揚問〔二一〕：「『好信不好學』，何故便到賊害於物處？」曰：「聖人此等語多有相類，如

『恭而無禮則勞』處一般。此皆是就子路失處正之。昔劉大諫從温公學，温公教之誠，謂『自不妄語始』。劉公篤守其說。及調洛州司法時，運使吴守禮至州，欲按一司户贓，以問劉公。公對以不知，吴遂去。而公常心自不足，謂此人實有贓，而我不以誠告，其違温公教乎！後因讀揚子『避礙』通諸理，始悟那處有礙，合避以通之。若只『好信不好學』，固守『不妄語』之說，直說那人有贓，其人因此得罪，豈不是傷害於物？」李謂：「亦有自賊之理。」淳。道夫録云：「問：『「好信不好學」，如何便至於相賊害？』曰：『「其父攘羊而子證之」是也。昔劉忠定云云〔二二〕。』」

「『六言、六蔽、五美』等話，雖其意亦是，然皆不與聖人常時言語一樣。家語此樣話亦多。大抵論語後數篇間不類以前諸篇〔二三〕。」淳。

問：「集注云：『剛者，勇之體；勇者，剛之發。』」曰：「春秋傳云：『使勇而無剛者嘗寇。』則勇者，發見於外者也。」人傑謂：「以五常揆之，則專言勇者，勇屬於義；言剛柔，則剛屬於仁。」曰：「便是這個物事，着〔二四〕他用處如何，不可以一定名之。揚子雲說：『君子於仁也柔，於義也剛。』亦只是一說。」人傑謂：「以仁爲柔，以義爲剛，止說得個情狀體段耳。」曰：「然。」人傑。

小子何莫學夫詩章

『詩可以興』，須是反覆熟讀，使書與心相乳入，自然有感發處〔二五〕。」問〔二六〕：「詩如何可以興？」曰：「讀詩，見其不美者，令人羞惡；見其美者，令人興起。」節。

子謂伯魚章

問「爲周南、召南」。曰：「『爲』字如『固哉，高叟之爲詩』之『爲』，只是謂講論爾。横渠所謂『近試令家人爲周南、召南之事』，不知其如何地爲？」必大。

亞夫問「不爲周南、召南，其猶正墻面而立」。曰：「不知所以脩身齊家，則不待出門，便已動不得了。所以謂之『正墻面』者，謂其至近之地亦行不得故也。」時舉。

問「正墻面而立」。曰：「脩身齊家，自家最近底事，不待出門，便有這事。去這個上理會不得，便似那當墻立時，眼既無所見，要動也行不去。」植。

問：「先生解『正墻面而立』，曰：『言即其至近之地，而一物無所見，一步不可行。』人若不知脩身齊家，則自然推不去，是『一步不可行』也。如何是『一物無所見』？」曰：「自家一身一家，已自都理會不得，又况其遠者乎？」問：「此可見知與行相須之義否？」曰：

「然。」廣。

「明道謂：『二南，人倫之本，王化之基。苟不爲之，「其猶正墻面而立」。』是才出門，便不知，便錯了。」士毅。

色厲內荏章

問：「『色厲而內荏』，何以比之『穿窬』？」曰：「爲他意只在要瞞人，故其心常怕人知，如做賊然。」大雅。

「不直心而私意如此，便是穿窬之類。」又云：「裏面是如此，外面却不如此；外面恁地，裏面却不恁地。」燾。

鄉原德之賊章

李問「鄉原德之賊」。曰：「最是孟子說得數句好，曰：『生斯世也，爲斯民也，善斯可矣。』此是鄉原本情。」雉。

或問：「鄉原引荀子愿慤之說，何也？」曰：「鄉原無甚見識。其所謂愿，亦未必真愿，乃卑陋而隨俗之人耳。」

義剛云：「去冬請問鄉原比老子如何？蒙賜教，謂：『老子害倫理，鄉原却只是個無見識底人。』今春又問『色取仁而行違』比鄉原如何？蒙賜教，謂：『「色取仁而行違」底是大拍頭揮人，鄉原是不做聲、不做氣、做罪過底人。』深玩二説，微似不同。」先生笑云：「便是世間有這一般半間不界底人，無見識，不顧理之是非，一味謾人。看時也似是個好人，然背地裏却乖，却做罪過。」義剛。

敬之問「鄉原德之賊」。曰：「鄉原者，爲他做得好，便人皆稱之，而不知其有無窮之禍。如五代馮道者，此真鄉原也。本朝范質，人謂其好宰相，只是欠爲世宗一死爾。如范質之徒，却最敬馮道輩，雖蘇子由議論亦未免此。本朝忠義之風，却是自范文正公作成起來也。」時舉。

問「鄉原」一章。曰：「此章『賊』字、『棄』字，説得重而有力。蓋鄉原只知倫合苟容，似是而非，而人皆稱之，故曰『德之賊』。道聽塗説者纔聽來便説了，更不能蓄。既不能有之於心，不能行之於身，是棄其德也，故曰『德之棄』。」必大。

古者民有三疾章

問「古之矜也廉」。曰：「廉是側邊廉隅。這則是那分處。所謂廉者，爲是分得那義利去處。譬如物之側稜，兩下分去。」植。

惡紫之奪朱章

問〔二七〕「紫之奪朱」。曰：「不但是易於惑人。蓋不正底物事，自常易得勝那正底物事。且如以朱染紫，一染了便退不得，朱却不能變得紫也。紫本亦不是易惑人底，只爲他力勢大了，便易得勝。又如孔子云：『惡莠之亂苗。』莠又安能惑人？但其力勢易盛，故苗不能勝之耳。且一邦一家，力勢也甚大，然被利口之人說一兩句，便有傾覆之慮，此豈不可畏哉！」時舉〔二八〕。

「紫近黑色，蓋過了那朱。既爲紫了，更做朱不得，便是奪了。元只是一個色做出來，紫是過則個。鄭、雅也只是一個樂，雅較平淡，鄭便過而爲淫哇。蓋過了那雅，便是『亂雅』。」植。

問：「范氏謂：『天下之理，正而勝者常少，不正而勝者常多。』」曰：「此當以時運言之。譬如一日與人一生，能有幾多好底時節？」廣。

予欲無言章

問：「『予欲無言』一章，恐是言有所不能盡，故欲無言否？」曰：「不是如此。只是不消得說，蓋已都撒出來了。如『四時行焉，百物生焉』，天又更說個甚底！若是言不能盡，便是有未盡處。聖人言處也盡，做處也盡，動容周旋無不盡。惟其無不盡，所以不消得說了。」燾。

先生問林擇之：「『天何言哉？四時行焉，百物生焉。』此三句何句較好？」對曰：「『四時行』、『百物生』二句好。」先生因說：「擇之看得是。只四時〔二九〕百物生，所謂『天何言哉』者，已在其中矣。」德明。

問尹氏之說。曰：「尹氏自說得不緊要了。又辨其不緊要話，愈更不緊要矣。」必大。

孺悲欲見孔子章

先生云：「南康一士人云：『聖賢亦有不誠處。如取瑟而歌，出吊東郭之類，說誠不如只說中。』某應之曰：『誠而中，「君子而時中」；不誠而中，「小人之無忌憚」。』」閎祖。

宰我問三年之喪章

問「鑽燧改火」，直卿曰：「若不理會細碎，便無以盡精微之義。若一向細碎〔三〇〕去，又無以致廣大之理。」曰：「須是大細兼舉。」淳。

問〔三一〕：「『宰我問三年之喪』，爲自居喪時問，或爲大綱問也？」曰：「必是他居喪時。」問「成布」。曰：「成布，是稍細成布，初來未成布也。」問「縓緣」。曰：「縓，今淺絳色。小祥以縓爲緣。看古人小祥，縓緣者一入。謂縓禮有『四入』之說，亦是漸漸加深色耳。然古人亦不專把素色爲凶。蓋古人常用皮弁，皮弁純白，自今言之，則爲大凶矣。」劉問布升數。曰：「八十縷爲一升。古尺一幅只闊二尺二寸，算來斬衰三升，如今網一般。」又云：「如今漆布一般，所以未爲成布也。如深衣十五升布，似如今極細絹一般，這處升數又曉未得。古尺又短於今尺，若盡一千二百縷，須是一幅闊不止二尺二寸，方得如此。所謂『布帛精粗不中數，不粥於市』，又如何自要闊得？這處亦不可曉。」寓。

亞夫問宰我問短喪處〔三二〕。曰：「此處聖人責之至嚴。植録云〔三三〕：「聖人尋常未嘗輕許人以仁，亦未嘗絶人以不仁。」所謂『予之不仁』者，便謂他之良心已死了也。前輩多以他無隱於聖人而取之。蓋無隱於聖人，固是他好處，然却不可以此而掩其不仁之罪也。」時舉。

飽食終日章

問〔三四〕：「『飽食終日，無所用心，難矣哉！』心體本是運動不息，若頃刻間無所用之，則邪僻之念便生。聖人以爲『難矣哉』，言其至危而難安也。」曰：「心若有用，則心有所主。只看如今纔讀書，心便主於讀書；纔寫字，心便主於寫字。若是悠悠蕩蕩，未有不入於邪僻。」賀孫。

君子尚勇乎章

「子路之勇，夫子屢箴誨之，是其勇多有未是處。若知勇於義，知大勇，則不如此矣。又其勇有見得到處，便行將去。如事孔悝一事，卻是見不到。蓋不以出公之立爲非，觀其謂正名爲迂，斯可見矣。」人傑。喈録云〔三五〕：「若是勇於義，以不仕季氏。」

君子亦有惡乎章

問〔三六〕：「『惡勇而無禮者，惡果敢而窒者。』勇與果敢如何分？」曰：「勇是以氣加人，故易至於無禮。果敢是率然敢爲。蓋果敢而不窒，則所爲之事必當於理。窒而不果敢，則於理雖不通，然亦未敢輕爲。惟果敢而窒者，則不論是非而率然妄作，此聖人所以惡之也。」時舉。

校勘記

〔一〕去僞　朝鮮本作：人傑。

〔二〕問　朝鮮本作：節問。

〔三〕性相近　朝鮮本作：夫子言性相近。

〔四〕又有移得者　朝鮮本「又」上有「若如此」三字。

〔五〕去僞　朝鮮本作：祖道。

〔六〕問此章　「問此章」，朝鮮本無此三字，另增一節，文云：「『子曰：「性相近也，習相遠也。」子曰：「惟上智與下愚不移。」子曰：「中人以上可以語上也，中人以下不可以語上也。」子曰：「君子上達，小人下達。」子曰：「生而知之者上也；學而知之者次也；困而學之，又其次也；困而不學，民斯爲下矣。」夫以「上智下愚」與「中人以上，中人以下」言之，疑若有一定而不可移者。以「上達、下達」與「學而知之者可以次於上，困而不學斯爲下」言之，則「惟聖罔念作狂，惟狂克念作聖」，似有可勉而進者。聖人之教人，豈但使人安於下愚而狃於下達哉？其亦未能推明二程夫子之言，以求聖人立言之意爾。伊川曰：「上智下愚，才也。」又曰：「中人以上，可以説近上語。」又曰：「上智，上達者也；下愚，下達者也。上達不移而下，下愚不移而上。」上蔡曰：「上智可移非上智，下愚可移非下愚。性無不可移之理，人自不移也。」夫所謂下皆達乎下者也一，性本善而所習既殊，寧不相遠？自其上達而至於上智，則不移而爲下愚矣。若夫中人，則指其在可上可下之間者也。言中人而所向者下，則不可以言其至於上。語上之意，其猶以上智之事許之乎？是如此否？』先生」，凡三百八十二字。

〔七〕問　朝鮮本作：木之問「上智下愚不移」。

〔八〕他　朝鮮本此下增：所謂。

〔九〕人都貪財好色　朝鮮本「人」上有「如今」二字。

〔一〇〕下愚人都信他禍福之説　「禍」原作「禍」，據朝鮮本、萬曆本改。

〔一一〕當初　朝鮮本此下增「諸葛」二字。

〔一二〕東周　朝鮮本此下增「那邊」。

〔一三〕問諸家皆言不爲東周　朝鮮本「問」下有「吾其爲東周乎」六字。

〔一四〕中庸　朝鮮本此處增：也好，然上面言君子中庸，小人反中庸。

〔一五〕寓　朝鮮本末尾無小字「寓」，然增小字：淳同。

〔一六〕問　朝鮮本作：時舉問。

〔一七〕問恭寬信惠　朝鮮本「問」下增二十一字，文云：「子張問仁，夫子令行五者於天下，曰『恭、寬、信、敏、惠』。竊意」。

〔一八〕任　朝鮮本作：信則人任焉任。

〔一九〕譬如重陰之時　「重」，朝鮮本作「雲」。

〔二〇〕這處都説得分明　「都」原爲空格，據朝鮮本補。

〔二一〕揚問　朝鮮本作：楊問。據此則語録内容可知，發問者應爲朱子門人楊道夫，故此處應從朝鮮本乙正。

〔二二〕昔劉忠定云云　朝鮮本無「云云」二字，另作：「公答部使者以『不聞司户有贜』。退而以爲有負温公『不妄語』之戒。既而讀揚子『避礙』通諸理之説，然後脱然無疑。向非以『不聞』之説告之，其不爲賊害者，幾希矣。」凡六十一字。

〔二三〕大抵論語後數篇間不類以前諸篇　朝鮮本「數」、「諸」皆作「十」，「類」作「似」，無「間」、「以」二字。

〔二四〕着　朝鮮本作：看。

〔二五〕自然有感發處　朝鮮本「處」下有注云：閎祖。

〔二六〕問　朝鮮本作：節問。

〔二七〕問　朝鮮本作：時舉問。

〔二八〕時舉　朝鮮本作：時舉。潘仁同。

〔二九〕四時　朝鮮本此下增：行。

〔三〇〕細碎　朝鮮本作：瑣碎。

〔三一〕問　朝鮮本作：寓問。

〔三二〕亞夫問宰我問短喪處　朝鮮本此節文字前另有一節，文云：「或問：『哀慕之情易得間斷，如何？』曰：『孝子之喪親，哀慕之情自是心有所不能已，豈待抑勒？亦豈待問人？所以説，祭思敬喪思哀，只是思著自是敬哀。若是不哀，如何抑勒得他？』因舉『宰我問三年之喪』，『聖人答他，也只是從心上説，教他自感悟。』僩。」凡九十二字。

〔三三〕植録云　朝鮮本植之録爲正文，凡四十五字，文云：「亞夫問此章。曰：『聖人言「予之不仁」。聖人尋常未嘗輕許人以仁，亦未嘗絶人以不仁，今言「予之不仁」，乃予良心死了也。』植。」

〔三四〕問　朝鮮本作：賀孫問。

〔三五〕𥃝録云　朝鮮本𥃝之録爲正文，凡六十三字，文云：「讀伯豐答問，曰：『子路之勇，夫子尋常不住規責之，畢竟其勇亦有未是處。若是勇於義，必不仕季氏。樂正子二之中四之下，未必皆實有諸己者，故不免有失錯處。』𥃝。」

〔三六〕問　朝鮮本作：時舉問。

朱子語類卷第四十八

論語三十

微子篇

微子去之章

問：「箕子當時何必佯狂？」曰：「他已爲囚奴，做人不成了，故只得佯狂受辱。」又問：「若箕子地位尚可以諫，想亦未肯住在。必是既已爲囚奴，則不復可諫矣。」曰：「既已爲囚奴，如何更可以諫！」廣。

問「殷有『三仁』」。曰：「而今也難看。或是孔子當時見他事實。」子蒙。

問：「或去，或奴，或諫不同〔一〕，如何同歸於仁？」曰：「三子皆詣其至理，故謂之仁。如箕子亦是諫，諫至於極，有所不行，故若此也。」一之。

「『三仁』，且只據他去就、死生論之。然以此一事推及其他，則其所爲之當理無私，亦可知矣！」閎祖。

問〔二〕：「『三仁』，不知易地而施，皆能遂其本心否？」曰：「都自各就他分上做。自今觀之，微子去之，尚在活地上；如箕子之囚、比干之死，便是在死地上了，較之尤難。箕子雖不死，然便死却又倒了〔三〕。唯是被囚，不死不活，這地位如何處？直是難！看『三仁』惓惓憂國之心，直是念念不斷。若如避世之徒，一齊割斷，高舉遠引，這却無難。故孔子曰：『果哉，末之難矣！』若果於忘世，是不難。」賀孫。

問〔四〕：「『三仁』之事，必不可偏廢否？」曰：「也不必如此看。只是微子是商之元子，商亡在旦暮，必着去之以存宗祀。若箕子、比干，則自當諫，其死與奴，特適然耳。」又問〔五〕：「當時若只有微子一人，當如何？」曰：「亦自着去。」吳仁甫問：「夷、齊之事，如伯夷已逃去，叔齊以父命與宗社之重，亦自可立否？」曰：「叔齊却難處。」子升問：「使當時無中子可立，國祀當如何？」曰：「亦須自有宗室等人。」子升問：「令尹子文、陳文子之事，集注云：『未知其心果出於天理，而無人欲之私。』又其他行事多悖於道理，但許其忠清，而不許其仁。若其心果出於天理之公，而行事又不悖於道，則可以謂之仁否？」曰：「若果能如此，亦可以謂之仁。」子升又問：「令尹子文、陳文子之事，則原其心而不與其仁；至管仲，則以其功而許其仁，若有可疑。」曰：「管仲之功自不可泯没，聖人自許其有仁者之功。且聖人論人，功過自不相掩，功自還功，過自還過。所謂彼善於此，則有之矣。若以管仲比伊、周，固不可同日語；若以當時大夫比之，則在所當取。當是之時，楚之勢駸駸可畏，治之少緩，則中國皆爲夷狄，故曰：『微管仲，吾其被髮左衽矣！』如本朝趙韓王，若論他自身，煞有不足處。只輔佐太祖，區處天下，收許多藩鎮之權，立國家二百年之安，豈不是仁者之功？使聖人當時説管仲無克、伐、怨、欲，而一純於天理之仁，則不可。今亦不過稱其『九合諸侯，一正天下』之事耳。」因說：「看文字，不要般遞來説。方説這一事未了，又取那一事來此並説。般來愈多，愈理會不得。少間便撰出新奇説話來説將去〔六〕，元不是真實道理，最不要如此。」木之。

問：「『三仁』皆出於至誠惻怛之公。若箕子不死而爲之奴，何以見惻怛之心？」曰：「箕子與比干，心只一般。箕子也嘗諫紂，偶不逢紂大怒，不殺他。也不是要爲奴，只被紂囚繫在此，因佯狂爲奴。然亦不須必死於事。蓋比干既死，若更死諫，也無益，適足長紂殺諫臣之罪，故因得佯狂。然他處此最難，微子去却易，比干則索性死。他在半上半下處，最是難。所以易中特説『箕子之明夷』，『利艱貞，晦其明也。内難而能正其志』。外雖佯狂，而心却守得定。」淳。寓録云〔七〕：「寓問：『注言〔八〕：「三子之行不同，而同出於至誠惻怛之意。」微子之去，欲存宗祀；比干之死，欲紂改行，可見其至誠惻怛處。不知箕子至誠惻怛何以見？』曰：『箕子、比干都是一樣心。箕子偶然不衝着紂之怒，自不殺他。然他見比干恁地死，若更死諫，無益於國，徒使人君有殺諫臣之名。就他處此最難，微子去却易，比干一向諫死，又却索性。箕子在半上落下，最是難處。被他監繫在那裏，不免佯狂。所以易中特説「箕子之明夷」，可見其難處。故曰：「利艱貞，晦其明也。内難而能正其志，箕子以之。」外雖狂，心則定也。〔九〕』」

或問：「『比干不止是一事之仁』，先生嘗有此語。莫是它分上大節目處看得見，做得徹頭徹尾，與一時一事之仁不同。但未可望聖人之全仁耳。」曰：「箕子、微子、夷、齊之仁，亦是此類。各隨它分上，或去，或奴，或讓底，亦皆可見其終身大體處。」又曰：「諸子之仁雖如此，料得縝密工夫純粹體段，未如顏子之仁是從實地上做來。」又曰：「曾子啓手足易簀時底心，見得時便是曾子之仁。更以求仁、害仁處參之，便見『三仁』、夷、齊所以全其心德者。而堯卿所問管仲之事，亦可見也。」

「觀鳳一羽，則知五色之備。」「三仁。」僩。

柳下惠爲士師章

問〔一〇〕「柳下惠爲士師」。曰：「三黜非君子之所能免。但不去，便是他失於和處〔一一〕。」時舉。

亞夫問柳下惠三黜。曰：「柳下惠瑩然處，皆與伯夷一般。伯夷如一顆寶珠，只常要在水裏。柳下惠亦如一寶珠，在水裏也得，在泥裏也得。」時舉〔一二〕。

問：「柳下惠『直道而事人，焉往而不三黜；枉道而事人，何必去父母之邦』。雖可以見其『必以其道而不失焉者』，然亦便有個不恭底意思，故記者以孔子兩事序於其後。觀孔子之事，則知柳下惠之事亦未得爲中道。」曰：「也是如此。惟是孟子説得好，曰：『聖人之行，或遠或近，或去或不去，歸潔其身而已矣。』下惠之行，雖不比聖人合於中道，然『歸潔其身』，則有餘矣。」問：「『或遠或近』，是相去之遠近否？」曰：「不然。謂其去人有遠近，若伯夷則直是去人遠矣！」廣。

齊景公待孔子章

燛問：「齊景公待孔子，雖欲『以季、孟之間』，乃以虛禮待之，非舉國以聽孔子。故曰：『吾老矣，不能用也。』遂行。如齊人欲以孟子爲矜式，亦是虚禮，非舉國以聽孟子。」曰：「固是。」植〔一三〕。

齊人歸女樂章

問〔一四〕：「『齊人歸女樂』，季桓子䙰受，孔子不安，便行。孔子向來相定公，做得許多事業，亦是季桓子聽孔子之所爲，方且做得。」曰：「固是。」又曰：「當時若致膰胙，孔子去得更從容。惟其不致，故孔子便行。」植。

問：「史記載：『魯今且郊，如致膰于大夫，則吾可以止。』設若致膰，則夫子果止否？」曰：「也須去。只是不若此之速，必〔一五〕別討一事故去。且如致膰，亦不是大段失禮處，聖人但因此且求去爾。」㝢〔一六〕。

問：「今欲出來作事，亦須成敗有命，無必成之理。」曰：「固是。且如孔子所作〔一七〕，亦須見有必成處。但有小人沮之，則不可乃是天。孔子當時在魯，全屬季桓子。其隳三都，乃是乘其機而爲之，亦是難。女樂事，論語所載與史記異。若如論語所載，似太匆遽。魯是父母之國，君大夫豈得不且告之？告之不從而行，亦未晚，今乃去得如此其急。此事未易輕議，當闕。」可學。

楚狂接輿章

問：「楚狂接輿等，伊川謂荷蓧稍高。」曰：「以其尚可告語。若接輿，則全不可曉。」問：「當亂世，必如孔子之才可以救世而後可以出，其他亦何必出？」曰：「亦不必如此執定。『君子之仕，行其義也。』亦不可一向滅迹山林。然仕而道不行，則當去耳。」可學。

子路從而後章

問「不仕無義」。曰：「仕則可以行其義，不仕則無以行其義，便無這君臣之義了。」又問：「下文所謂君臣之義，即是這義否？」曰：「然。」燾。

「『君子之仕也，行其義也。』義便有進退去就在裏。如丈人，直是截斷，只見一邊。」閎祖。

亞夫問「君子之仕也，行其義也〔一八〕」。曰：「這時雖大綱做行不得，亦自有小小從違處，所謂義也。如孟子『迎之致敬以有禮，則就之；禮貌衰，則去之』之意，不如長沮、桀溺之徒，纔見大綱行不得，便去了。」植。

問〔一九〕：「集注云：『仕所以行君臣之義，故雖知道之不行，而不可廢。』末云：『亦非忘義徇禄也。』此『義』字似有兩意。」曰：「如何是有兩意？只是一意。纔説義，便是總去就都説。道合則從，不合則去，即此是義，非但只説要出仕爲義。然道合則從，不合則去，唯是出仕方見得。『不仕無義』，纔説不仕，便都無了這義。聖人憂世之心，固是急欲得君行道。到得靈公問陳，『明日遂行』；景公『以季、孟之間待之，曰「吾老矣，不能用也」』，孔子行』；季桓子受女樂，『孔子行』，無一而非義。」賀孫。

亞夫問：「集注云：『謂之義，則事之可否，身之去就，誠有不苟然者。』」曰：「舊時人説此段，只説道合出仕纔仕，便是義。殊不知所謂仕，不是埋頭一向只要仕。如孟子説『所就三，所去三』，與『孔子有見行可之仕，有際可之仕，有公養之仕』，雖是未嘗不欲仕，亦未嘗不顧其義之如何。」賀孫〔二〇〕。

逸民章

「孔子論逸民，先伯夷。」道夫。

校勘記

〔一〕問或去或奴或諫不同　朝鮮本「問」下有「商有三仁焉如」六字，「不同」上有「皆有」二字。

〔二〕問　朝鮮本作：賀孫問。

〔三〕然便死却又倒了　「倒」原作「到」，據朝鮮本改。

〔四〕問　朝鮮本作：木之問。

〔五〕又問　朝鮮本作：木之又問。

〔六〕少間便撰出新奇説話來説將去　「話」原作「活」，據朝鮮本、萬曆本改。

〔七〕寓録云　朝鮮本「寓録」下有「同今附於下」五字。

〔八〕注言　朝鮮本「注」上有「商有三仁集」五字。

〔九〕心則定也　朝鮮本此下增一節小字：觀鳳一羽，則知五色之備。三仁。僩。

〔一〇〕問　朝鮮本作：時舉問。

〔一一〕失於和處　朝鮮本此下增一節文字：又因諸生請問不切。云：「群居最有益，而今朋友乃不能相與講貫，各有疑忌自私之意。不知道學問是要理會個甚麼？若是切己做工夫底，或有所疑，便當質之朋友，同其商量。須有一人識得破者，已是講得七八分，卻到某面前商量，便易爲力。今既各自東西，不相講貫，如何得會長進！欲爲學問，須要打透這些子，放令開闊，識得個『以能問於不能，以多問於寡』底意思，方是切於爲己。」

〔一二〕時舉　朝鮮本「舉」下有「植同」二字。

〔一三〕植　朝鮮本此下另有一節，文云：「子升問孔子仕季氏之義。曰：『此亦自可疑，有難説處。』因言：『三家後來亦被陪臣撓，也要得夫子來整頓。孔子却因其機而爲之，如墮邑之事。若漸漸掃除得去，其勢亦自削弱，可復正也。孟氏不肯墮成，遂不能成功。』因說：『如今且據史傳所載，亦多可疑處。如魯國司徒、司馬、司空之官，乃三家世爲之，不知聖人如何得做司寇。』又問：『群弟子皆仕家臣，聖人亦不甚責之。』曰：『當時列國諸臣皆世其官，無插手處，故諸子不擇地而爲之耳。』木子。」凡一百六十七字。

〔一四〕問　朝鮮本作：植問。

〔一五〕必　朝鮮本此下增「須」字。

〔一六〕寓　朝鮮本作：淳。寓同。又朝鮮本此節後又有一節，文云：「『孔子於受女樂之後而遂行，則言之似顯君相之過，不言則己爲苟去。故因膰肉不至而行，則吾之去國，以其不致膰肉爲罪得於君耳。』人傑。」凡五十三字。

〔一七〕且如孔子所作　「且」，朝鮮本作「但」。

〔一八〕君子之仕也行其義也　朝鮮本「君子」上有「子路曰」三字，「其義也」下有「道之不行已知之矣」八字。

〔一九〕問　朝鮮本作：賀孫問。

〔二〇〕賀孫　朝鮮本此節後又有一節，文云：「木之問：『看聖人汲汲皇皇不肯没身逃世，只是急於救世，不能廢君臣之義，至於可與不可臨時，依舊裁之以義。』曰：『固是。但未須說急於救世，自不可不仕。」又問：「若據『危邦不入，亂邦不居，有道則見，無道則隱』等語，却似長沮、桀溺之徒做得是。」曰：「此爲學者言之。聖人做作又自不同。」又問：「聖人亦明知世之不可爲否？」曰：「也不是明知不可。但天下無不可爲之時。苟可以仕，則仕；至不可處，便止。如今時，節、臺、諫固不可做，州、縣也自做得。到得居位守職，却教自家枉道廢法，雖一簿、尉也做不得，便着去位！」木之。」凡一百九十二字。

朱子語類卷第四十九

論語三十一

子張篇

執德不弘章

舜功問「執德不弘」。曰：「言其不廣也。纔狹隘，則容受不得。不特是不能容人，自家亦自不能容。故纔有片善必自矜，見人之善必不喜，人告之以過亦不受，從狹隘上生萬般病痛。」問：「子張以爲『焉能爲有，焉能爲亡』，世間莫更有不好人？」曰：「渠德亦自執，道亦自信，只是不弘不篤，不足倚靠耳。」通老云：「亦有人將此二句於道德上說。」曰：「不然。先儒說『弘』字，多只說一偏。」可學。

「執德須弘，不可道已得此道理，不信更有道理。須是既下工夫，又下工夫，已理會，又理會。若只理會得三二分，便謂只消恁地也得，如此者，非是無，只是不弘。故子張云：『焉能爲有，焉能爲亡。』弘便知道理儘有，自家心下儘有地步，寬闊着得在〔一〕。」㽦。

「『執德不弘』，弘是深潛玩味之意，不弘是着不得。明道云：『所貴者資。便儇皎厲兮，去道遠而！』此說甚好。」可學〔二〕。

亞夫問：「如何是『執德不弘』底樣子？」曰：「子貢若只執『貧而無諂，富而無驕』之德，而不聞夫子樂與好禮之說；子路若只執不恥緼袍之德，而不聞夫子『何足以臧』之說，則其志皆未免止於此。蓋義理無窮，心體無限。」賀孫。

「信道篤。如何得他信得篤？須是你自去理會始得。而今人固有與他說他信不篤者，須要你自信始得。」僩。

魏才仲問「執德不弘，信道不篤」。曰：「此須着下兩句。此兩句似若相反。蓋弘是廣大之意，若『信道不篤』，則容受太廣後隨人走作，反不能守正理。信道篤而不弘，則是確信其一說，而或至於不通，故須着下兩句。弘篤，猶言弘毅相似。」璘。

問〔三〕：「『執德不弘，信道不篤』一章，還合看得否？」曰：「各自是一個病。世固有自執其小善者，然不害其爲信道之篤，亦有信道不篤，然却有兼取衆善之意者。自不相害也。」時舉。

問「焉能爲有，焉能爲亡」。曰：「有此人亦不當去聲。得是有，無此人亦不當得是無，言皆不足爲輕重。」淳。

子夏之門人問交於子張章

「泛交而不擇，取禍之道。故子張之言泛交，亦未嘗不擇。蓋初無拒人之心，但其間自有親疏厚薄爾。和靖非以子張爲不擇也。」鎬。

雖小道必有可觀章

「小道不是異端，小道亦是道理，只是小。如農、圃、醫、卜、百工之類，却有道理在。只一向上面求道理，便不通了。若異端，則是邪道，雖至近亦行不得。」淳。

「小道易行，易見效。漢文尚黄、老。本朝李文靖便是以釋氏之學致治。孔、孟之道規模大，若有理會得者，其致治又當如何！」廣〔四〕。

日知其所亡章

「『知其所亡』，『無忘所能』，檢校之意。」方。

問「日知其所亡，月無忘其所能」。曰：「『知其所亡』，便是一日之間知得所未知；『月無忘其所能』，便是長遠後也記得在這裏。而今學者，今日知得，過幾日又忘了。若不真在此做工夫，如何會到一月後記得！」謙之〔五〕。

周問：「『月無忘其所能』，還是温故否？」曰：「此章與『温故知新』意却不同。『温故知新』，是温故之中而得新底道理，此却是因新知而帶得温故。」雉。

問〔六〕：「『月無忘其所能』，積累多，則如何温習？」曰：「也須漸漸温習。如『得一善則拳拳服膺，而弗失之矣』，『子路有聞，未之能行，惟恐有聞』，若是如此，則子路只做得一件事，顏子只着得一件事。」節問：「既恁地，却如何？」曰：「且思量。」節。

「子夏學煞高，自曾子外說他。看他答問處，如『博學而篤志，切問而近思』，如『日知其所亡，月無忘其所能』等處可見。」泳。

博學而篤志章

問「博學而篤志，切問而近思，仁在其中矣」。曰：「此全未是説仁處，方是尋討個求仁門路。當從此去，漸見效在其中，謂有此理耳。」問：「明道言：『學者須先識仁。』識得仁，以敬養，不須防檢。」曰：「未要看此，不如且就『博學篤志，切問近思』做去。」寓。

問：「『博學而篤志，切問而近思』，何以言『仁在其中』？」曰：「此四事只是爲學功夫，未是爲仁。必如夫子所以語顔、冉者，乃正言爲仁耳。然人能『博學而篤志，切問而近思』，則心不放逸，天理可存，故曰『仁在其中』。」必大。節録云：「心存理得。」

元昭問：「『博學而篤志，切問而近思』，何以言『仁在其中』？」曰：「只是爲學工夫，反求之己。必如『克己復禮』，乃正言爲仁。論語言『在其中』，只是言其可至耳。明道云：『學要鞭辟近裏。』」可學。

楊至之問「博學篤志」章。曰：「明道常説『學只要鞭辟近裏，着己而已』，若能如此，便是心在，已是有七八分仁了。」南升。

問：「『博學而篤志，切問而近思〔七〕』，如何謂之仁？」曰：「非是便爲仁。大抵聖人説『在其中矣』之辭，如『禄在其中』、『直在其中』，意言行寡尤悔，非所以干禄，而禄在其中；

父子相爲隱，非所以爲直，而直在其中；『博學而篤志，切問而近思』，雖非所以爲仁，然學者用力於此，仁亦在其中矣。」去僞〔八〕。

問〔九〕：「如何『切問近思』，則仁便在其中？」曰：「這有四事：博學，篤志，切問，近思。四者俱至，本止是講學，未是如『克己復禮』，斷然爲仁〔一〇〕，而仁已在其中。凡論語言『在其中』，皆是反説。如『耕也則餒在其中』，耕非能餒也，然有旱乾水溢，則餒在其中。『學也禄在其中』，學非干禄也，然學則禄在其中。『父爲子隱，子爲父隱』，本非直也，而直已在其中。若此類，皆是反説。」驤〔一一〕。

問：「明道〔一二〕謂：『學者須當思而得之，了此便是徹上徹下底道理。』莫便是先生所謂『從事於此，則心不外馳而所存自熟』之意？」曰：「然。於是四者中見得個仁底道理，便是徹上徹下之道也。」廣。

問：「『博學而篤志，切問而近思，仁在其中矣。了此便是徹上徹下道理。』此是深説也恁地，淺説也恁地否？」先生首肯，曰：「是。徹上徹下，只是這個道理。深説、淺説都恁地。」淳。

蜚卿問：「伊川謂：『近思，只是以類推去。』」曰：「程子説得『推』字極好。」問：「『以類』〔一三〕，莫是比這一個意思推去否？」曰：「固是。如爲子則當止於孝，爲臣當止於忠，自此節節推去。然只一『愛』字，雖出於孝，畢竟千頭萬緒，皆當推去須得。」驤。

「有問伊川曰：『如何是近思？』曰：『以類而推。』今人不曾以類而推，蓋謂不曾先理會得一件，却理會一件。若理會得一件，逐件件推將去，相次亦不難。須是劈初頭要理會，教分曉透徹〔一四〕。且如煑物事，合下便用慢火養，便似煑肉，却煑得頑了，越不能得軟。政如義理，只理會得三二分，便道只恁地得了，却不知前面撞頭磕腦。人心裏若是思索得到時，遇事自不難。須是將心來一如鏖戰一番，見了行陳，便自然向前得去，如何不教心經履這辛苦。若是經一番，便自知得許多路道，方透徹。」畨〔一五〕。

楊問：「程子曰：『近思，以類而推。』何謂類推？」曰：「此語道得好。不要跳越望遠，亦不是縱橫陡頓，只是就這裏近傍那曉得處挨將去。如這一件事理會得透了，又因這件事推去做那一件事，知得亦是恁地。如識得這燈有許多光，便因這燈推將去，識得那燭亦恁地光。如升階升第一級了，便因這一級進到第二級，又因第二級進到第三級。只管恁地挨將去，只管見易，不見其難，前面遠處只管會近。若第一級便要跳到第三級，舉步闊了便費力，只管見難，只管見遠。如要去建寧，須從第一鋪，便去到柳營江，柳營江便去到魚峬驛。只管恁地去，這處進得一程，那處又減得一程，如此，雖長安亦可到矣。不然，只要一日便到〔一六〕，如何得？如讀書，讀第一段了，便到第二段，第二段了，便到第三段。只管挨將去，次第都能理會得。若開卷便要獵一過，如何得？」直卿問：「是理會得孝，便推去理會得弟否？」曰：「只是傍易曉底挨將去。如理會得親親，便推類去仁民，仁民是親親之類。理會得仁民，便推類去愛物，愛物是仁民之類。如『刑于寡妻』，便推類去『至于兄弟』；『至于兄弟』，便推類去『御于家邦』。如脩身，便推去齊家；齊家，便推去治國。只是一步了，又一步。學記謂：『善問者，如攻堅木，先其易者，後其節目。』此說甚好。且如中央一塊堅硬，四邊軟，不先就四邊攻其軟，便要去中央攻那硬處，寓録云：「其中堅硬，被那軟處抨在這裏。」如何攻得？枉費了氣力，那堅硬底又只在。須是先就四邊旋，旋抉了軟處，中央硬底自走不得。兵書所謂『攻瑕則堅者瑕，攻堅則瑕者堅』，亦是此意。」寓録云：「不會問底人，先去節目處理會。枉費了工夫，這個堅又只在。」問：「博學與近思，亦不相妨否？」曰：「博學是都要理會過，近思是注心着力處。博學是個大規模，近思是漸進工夫。如『明明德於天下』是大規模，其中格物、致知、誠意、正心、脩身、齊家等，便是次序〔一七〕。寓録云：「格物、正心、脩身、齊家等，循次序都着學。豈可道是理會得一件，其他皆不去理會！然亦須理會一件了，又去理會一件。博學亦豈是一旦硬要都學得了？」如博學，亦豈一日便都學得了？亦是漸漸學去。」問：「篤志，未說到行處否？」曰：「篤志，只是至誠懇切以求之，不是理會不得又掉了。若只管泛泛地外面去博學，更無懇切之志，反看這裏，便成放不知求底心，便成頑麻不仁底死漢了，那得仁？惟篤志，又切問近思，便有歸宿處。這心便不泛濫走作，只在這坎窠裏不放了，仁便在其中。横渠云：『讀書以維持此心，一時放下，則一時德性有懈。』」淳。寓録同。道夫録略。

問：「『以類而推』是如何？」曰：「只是就近推將去。」曰：「如何是就近推去？」曰：「且如十五志學，至四十不惑，學者尚可以意會。若自知命以上，則雖苦思力索，終摸索不着。縱然説得，亦只是臆度。除是自近而推，漸漸看將去，則自然見得矣。」廣。

百工居肆章

問：「集注所引二説，云：『二説相須，其義始備。』」曰：「前説蓋謂居肆方能做得事成，不居肆則做事不成。君子學便可以致其道，不學則不能致其道。然而居肆亦有不能成其事，如閑坐打閧過日底。學亦有不能致其道，如學小道，與夫『中道而廢』之類。故後説云：『居肆必須務成其事，學必須務致其道。』是皆各説得一邊，故必相須而其義始備也。」燾。

問：「『百工居肆』，二説合如何看？」曰：「君子不學固不足以致道，然亦有學而不知道者多矣。此二説要合爲一，又不欲揜先輩之名，故姑載尹氏之本文。」雉。

大德不踰閑章

「『大德不踰閑，小德出入可也』。大節是當，小節無不可者。若大節未是，小節何緣都是？」謨。

「『小德出入可也』，此自是『可與權』之事。謂之出入，則似有不得已之意，非德盛者不能。如嫂溺不援，是豺狼也。嫂溺，是所當援也，更着『可也』字不得，所以吳氏謂此章有弊。」道夫。

問大德、小德〔一八〕。曰：「大德、小德，猶言大節、小節。大節既定，小節有差亦所不免。然吳氏謂此章不能無弊，學者正不可以此自恕。一以小差爲無害，則於大節必將有枉尋而直尺者矣！」謨。

問：「伊川謂小德如援溺之事，更推廣之。吳氏謂此章不能無弊。如何？」曰：「恁地推廣，援溺事却是大處。嫂溺不援是豺狼，這處是當做，更有甚麼出入？隨他門說，如湯、武征伐，『三分天下有其二』，都將做可以出入！恁地却是大處，非聖人不能爲？豈得謂之小德？乃是道之權也。子夏之意，只爲大節既是了，小小處雖未盡善，亦不妨。然小處放過，只是力做不徹，不當道是『可也』。」寓〔一九〕。

「『大德不踰閑，小德出入可也』。如橫渠之説『時中』，却是一串説。如『小德出入』，亦把做好了。若是『時中』，却是合當如此，如何却只云『可也』？只是且恁地也得之意。且如『嫂溺援之以手』，亦是合當如此，却説道『可也』不得。大抵子夏之説自有病，只是他力量有行不及處。然既是有力不及處，不免有些小事放過者〔二〇〕，已是不是，豈可謂之『可也』？却是垂訓於人，教人如此，則甚不可耳！蓋子夏爲人不及，其質亦弱，夫子亦每提他〔二一〕，如『汝爲君子儒，無爲小人儒』、『無欲速，無見小利』之類。子夏亦自知之，故每亦要做夾細工夫。只這子細，便是他病處。徐彥章以子夏爲狷介，只是把論交處説。子夏豈是狷介，只是弱耳！」僩。

子夏之門人小子章

「孔門除曾子外，只有子夏守得規矩定，故教門人皆先『灑掃、應對、進退』，所以孟子説『孟施舍似曾子，北宮黝似子夏』。」文蔚。

「君子之道，孰以末爲先而可傳？孰以本爲後而倦教？蓋學者之質不同，如草木之區別耳。」德明。

問子夏門人「灑掃、應對、進退」一段。曰：「人只是將上達意思壓在頭上，故不明子夏之意，但云君子之道孰爲當先而可傳，孰爲可後而倦不傳。『譬諸草木，區以別矣』，只是分別其小大耳。小子之學但當如此，非無本末之辨。」祖道。

「古人初學，只是教他『灑掃、應對、進退』而已，未便說到天理處。子夏之教門人專以此，子游便要插一本在裏面。『民可使由之，不可使知之』，只是要他行矣而著，習矣而察，自理會得。須是『匡之直之，輔之翼之，使自得之，然後從而振德之』。今教小兒，若不匡不直，不輔不翼，便要振德，只是撮那尖利底教人，非教人之法。」淳。

問：「『有始有卒』，乃竭兩端之教否？」曰：「此不是說聖人教人事，乃是聖人分上事。惟聖人道頭便知尾，下學便上達。若教學者，則須循其序也。」必大。

「『子夏門人小子』一章，明道說是。集注第一條。區是分限，自然有大小。自有分限，也不必言人去畦分之。」方。集注。

問「子夏之門人小子灑掃應對進退」章。曰：「某少時都看不出，將謂無本末，無大小。雖如此看，又自疑文義不是如此。後來在同安作簿時，因睡不着，忽然思得，乃知却是有本末小大。然不得明道說『君子教人有序』四五句，也無緣看得出。聖人『有始有卒』者，不是自始做到終，乃是合下便始終皆備。『灑掃應對』，『精義入神』，便都在這裏了〔二二〕。若學者便須從始做去方得，聖人則不待如此做也。」時舉。

問「灑掃應對」章程子四條。曰：「此最難看。少年只管不理會得『理無大小』是如何。此句與上條『教人有序』，都相反了。多問之前輩，亦只似謝氏說得高妙，更無捉摸處。因在同安時，一日差入山中檢視，夜間忽思量得不如此。其曰『理無小大』，無乎不在，本末精粗皆要從頭做去，不可揀擇，此所以爲『教人有序』也。非是謂『灑掃應對』便是『精義入神』，更不用做其他事也。」雉。

亞夫問：「伊川〔二三〕云：『「灑掃應對」，便是形而上者，理無大小故也。故君子只在謹獨。』又曰：『聖人之道，更無精粗。從「灑掃應對」與「精義入神」，貫通只一理。雖「灑掃應對」，只看所以然如何。』」曰：「某向來費無限思量，理會此段不得。如伊川門人，都說差了。且是不敢把他底做不是〔二四〕，只管就他底解說。解來解去，只見與子夏之說相反，常以爲疑。子夏正說有本有末，如何諸公都說成末即是本？後在同安，出往外邑〔二五〕定驗公事，路上只管思量，方思量得透。當時說與同官某人，某人亦正思量此，話起頗同所疑。今看伊川許多說話時，復又說錯了。所謂『「灑掃應對」與「精義入神」，貫通只一理。雖「灑掃應對」，只看所以然如何』，此言『灑掃應對』與『精義入神』是一樣道理。『灑掃應對』，必有所以然；『精義入神』，亦必有所以然。其曰『通貫只一理』，言二者之理只一般，非謂『灑掃應對』便是『精義入神』。固是『精義入神』有形而上之理，即『灑掃應對』亦有形而上之理。」亞夫問：「集注云：『始終本末，一以貫之，惟聖人爲然。』此解得已分明。但聖人事是甚麼樣子？」曰：「如云『下學而上達』，當其下學時，便上達天理是也。」賀孫。

齊卿問：「程子云云。故君子只在謹獨，何也？」曰：「事有小大，理却無小大。合當理會處，便用與他理會，故君子只在謹獨。不問大事小事、精粗巨細，盡用照管，盡用理會。不可説個是粗底事，不理會，只理會那精底。既是合用〔二六〕做底事，便用做去。又不可説『灑掃應對』便是『精義入神』。『灑掃應對』只是粗底，『精義入神』自是精底。然道理都一般，須是從粗底、小底理會起，方漸而至於精者、大者。所以明道曰：『君子教人有序，先傳以近者、小者，而後教以大者、遠者。非先傳以近小，而後不教以遠大也。』」或云：「『灑掃應對』非道之全體，只是道中之一節。」曰：「合起來便是道之全體，非大底是全體，小底不是全體也。」問：「伊川言：『凡物有本末，不可分作兩段。』」曰：「須是就事上理會道理，非事何以識理？『灑掃應對』，末也；『精義入神』，本也。不可説這個是末，不足理會，只理會那本，這便不得。又不可説這末便是本，但學其末，則本便在此也。」僩。

「『灑掃應對』，『精義入神』，事有大小，而理無大小。池録作「精粗」，下同。事有大小，故其教有等而不可躐；理無大小，故隨所處而皆不可不盡。池録作「故唯其所在，而皆不可不用其極。」謝氏所謂『不着此心，如何做得』者，失之矣！」道夫〔二七〕。

問：「程子曰：『「灑掃應對」，便是形而上者。理無大小，故君子只在謹獨。』此只是獨處少有不謹，則形而上下便相間斷否？」曰：「亦是。蓋不能謹獨，只管理會大處，小小底事便照管不到。理無小大，大處、小處都是理。小處不到，理便不周匝。」淳。

問：「『「灑掃應對」即是「精義入神」之理』，此句如何？」曰：「皆是此理。」其爲上下、大小不同，而其理則一也。」問：「莫只是盡此心而推之，自小以至大否？」曰：「謝顯道却說要着心。此自是說理之大小不同，未可以心言也。『灑掃應對』是此理，而其『精義入神』亦是此理。『灑掃應對』是小學事，『精義入神』是大學事。精究其義以入神，正大學用功以至于極致處也。若子夏之門人，止當爲『灑掃應對』而已，以上又未暇也。」因問：「『「灑掃應對」是其然，必有所以然者』，如何？」曰：「所以然者，亦只是理也。惟窮理，則自知其皆一致。此理惟延平之說在或問「格物」中。與伊川差合，雖不顯言其窮理，而皆體此意。」後先生一番說伊川「是其然」，爲伊川只舉得一邊在此，「是其然」。「灑掃應對」與「精義入神」，皆是「是其然，必有所以然」。「灑掃應對」與「精義入神」，皆有所以然之理。寓。

問〔二八〕：「『「灑掃應對」是其然，必有所以然』。所以然者是如何？」曰：「若無誠意，如何『灑掃應對』？」節。

「『是其然，必有所以然』。治心、脩身是本，『灑掃應對』是末，皆其然之事也。至於所以然，則理也。理無精粗、本末，皆是一貫。」升卿。

義剛呈問目云：「子游知有本，而欲棄其末。子夏則以本末有先後之序。程子則合本末以爲一而言之。詳味先生之説，則所謂『灑掃應對』，固便是『精義入神』事。只知於『灑掃應對』上做工夫，而不復深究『精義入神』底事，則亦不能通貫而至於渾融也。惟是下學之既至，而上達益加審焉，則本末透徹而無遺矣〔一九〕。」曰：「這是説『灑掃應對』，也是這道理；若要『精義入神』，須是從這裏理會將去。如公説，則似理會了『灑掃應對』了，又須是去理會『精義入神』，却不得。程子説又便是子夏之説。」義剛。

「『先傳後倦』，明道説最好。伊川與上蔡説，須先理會得子夏意，方看得。」閎祖。集義。

伯豐問：「程子曰『「灑掃應對」與佛家默然處合』，何也？」曰：「默然處，只是都無作用。非是取其説，但借彼明此。『灑掃應對』即『無聲無臭』之理也。」㽦。

問：「『灑掃應對』與『盡性至命』是一統底事，無有本末精粗。在理固無本末精粗，而事須有本末精粗否？」曰：「是。」淳。

一日夜坐，聞子規聲。先生曰：「舊爲同安簿時，下鄉宿僧寺中，衾薄不能寐。是時正思量『子夏之門人小子』章，聞子規聲甚切。文蔚録云：「思量此章，理會不得。橫解竪解，更解不行，又被杜鵑叫不住聲。」今纔聞子規啼，便記得是時。」當時亦不能問。泳續檢尋集注此章，乃是程子諸説，多是明精粗、本末，分雖殊而理則一，似若無本末，無小大。獨明道説「君子教人有序」四五句分曉。乃是有本末、小大，在學者則須由下學乃能上達，惟聖人合下始終皆備耳。此是一大統會，當時必大有所省，所恨愚闇不足以發師誨耳。胡泳。

仕而優則學章

問「仕而優則學」。曰：「某嘗見一親戚説得好，謂子夏此語蓋爲仕而不問學者設爾。『優』當作『暇』字解。」去僞〔三〇〕。

問「仕而優則學」。曰：「此爲世族子弟而設。有少年而仕者，元不曾大，故學，故職事之暇可以學。時舉録云：「到職事了辨後，也着去學。」『學而優則仕』，無可説者。」謙之〔三一〕。

問「仕而優則學」。曰：「有一鄉人作縣尉，請教於太守沈公云：『某欲脩學，先讀何書？』沈答云：『公且去做了縣尉，歸家去款款讀書。』此説亂道。居官豈無閒暇時可讀書？且如轎中亦可看册子。但不可以讀書而廢居官之事耳。」雉。

孟莊子之孝章

「『孟莊子之孝』，『其他可能』，言其他只尋常。『是難能也』，這個則不可及。蓋莊子父獻子自賢，渠却能用父之人，守父之政而不變，夫子所以稱之。」端蒙。

問：「孟莊子之孝，當然事，何以爲難能？」曰：「爲是人多不能，所以爲難。然若用人立政未是，又不可以不改。」銖。

問〔三二〕：「孟莊子何以謂之難能〔三三〕？」曰：「這個便是難能處。人固有用父之臣者〔三四〕，然稍拂他私意，便自容不得。亦有行父之政者，於私欲稍有不便處，自行不得。古今似此者甚多。如唐太宗爲高宗擇許多人，如長孫無忌、褚遂良之徒，高宗因立武昭儀事，便不能用。又季文子相三君，無衣帛之妾，無食粟之馬，到季武子便不如此，便是不能行父之政。以此知孟莊子豈不爲難能？」和之因問：「唐太宗當初若立魏王泰時如何？魏王泰當時也自英武。」曰：「他當初却有心傾太子承乾，只此心便不好，然亦未知果是賢與不賢。且看隋煬帝劈初如何？下梢又如何？」問：「『爲天下得人謂之仁』，又有嫡長之說，此事不知如何處？」曰：「所謂『可與立，未可與權』，此事最要權輕重，若是聖賢便處得。須是見他嫡長真是不賢，庶真賢，方得。大賢以上，方了得此事。如太王立王季之事是也〔三五〕。如他人見不到，不如且守嫡長之說。如晉獻公溺於驪姬，要去申生；漢高祖溺於戚姬，要立趙王如意，豈是真見得他賢否！」倪録云：「倪曰：『若嫡長不賢，便只得付之命。』先生曰：『是。』」先生又云：「兩漢而下，多有英武之資，爲用事者所忌，如清河王是也。」時舉〔三六〕。倪同。

衛公孫朝問於子貢章

或問：「『文、武之道未墜於地』，是掃地否？」曰：「未墜地，非掃地，掃地則無餘矣。此只是說未墜落於地，而猶在人耳。賢者則能記其道之大者，不賢者則能記其道之小者，皆有文、武之道，夫子皆師之也。」大雅。

「『賢者識其大者，不賢者識其小者。』大者如周禮所載，皆禮之大綱領是也。小者如國語所載，則只是零碎條目是也。」燾。

叔孫武叔語大夫章

「『子貢賢於仲尼』。聖人固自難知。如子貢在當時，想是大段明辨果斷，通曉事務，歆動得人。孔子自言：『達不如賜，勇不如由。』」賀孫。

或問：「『夫子之墻數仞，不得其門而入』，夫子之道高遠，故不得其門而入也。」曰：「不然。顏子得入，故能『仰之彌高，鑽之彌堅』，至于『在前在後，如有所立，卓爾』。曾子得入，故能言『夫子之道忠恕』。子貢得入，故能言『性與天道不可得聞，文章可得而聞』。他人自不能入耳，非高遠也。七十子之徒，幾人入得？譬如與兩人說話，一人理會得，一人理會不得；會得者便是入得，會不得者〔三七〕便是入不得。且孔子之教衆人，與教顔子何異？顔子自入得，衆人自入不得，多少分明！」大雅。

陳子禽謂子貢章

「『立之斯立〔三八〕』，如『五畝之宅，樹之以桑』之類。蓋此有以立之，便自立得住也。『動之斯和』，如『又從而振德之』。振德有鼓舞之意。寓録云：「使之歡喜踴躍，遷善遠罪而不自知。」如舜之從欲以治，『惟動丕應徯志』，便是動而和處〔三九〕。」問：「伊川云：『「夫子之言性與天道，不可得而聞」，是就聖人聰明上説；立斯立，綏斯來，是就德性上説。』如何？」曰：「聰明是言聖人見處高，常人所不能測識。德性是言其精粹純一，本領深厚。其間自如此。」道夫。寓録云：「『言性與天道』，是所見直恁地高，人自描摸他不着，見得是聰明。言德性，是就本源處説。根基深厚，德盛仁熟，便能如此，便是『所過者化』。」

校勘記

〔一〕寬闊着得在　朝鮮本「得」下有「他」字。

〔二〕可學 朝鮮本作：明道語見程都公墓誌。可學。
〔三〕問 朝鮮本作：時舉問。
〔四〕廣 朝鮮本作：椿，另一則作：文壽。
〔五〕謙之 朝鮮本作：希遜。
〔六〕問 朝鮮本作：節問。
〔七〕切問而近思 朝鮮本「思」下有「仁在其中矣」五字。
〔八〕去僞 朝鮮本作：祖道。謨同。
〔九〕問 朝鮮本段首增一節文字，作：蜚卿問：「伊川謂：『近思，只是以類推去。』」曰：「程子説得『推』字極好。」問：「以類，莫是比這一個意思推去否？」曰：「固是。如爲子則當止於孝，爲臣當止於忠，自此節節推去。然只一『愛』字雖出於孝，畢竟千頭萬緒，皆當推去須得。」驤。
〔一〇〕斷然爲仁 「斷」字原無，「爲」原作「求」，據朝鮮本補改。
〔一一〕驤 朝鮮本作：道夫。
〔一二〕明道 朝鮮本「明道」前增：博學篤志，切問近思，仁在其中。
〔一三〕以類 「以」原作「比」，據朝鮮本改。
〔一四〕教分曉透徹 朝鮮本「教」下有「直得理會得」五字。
〔一五〕嘗 原作「營」，據朝鮮本、萬曆本改。

〔一六〕只要一日便到　「日」，朝鮮本作「程」。

〔一七〕便是次序　「次序」，朝鮮本作「次第處」。

〔一八〕問大德小德　朝鮮本「小德」下增五十八字，文云：「解不同，而『踰閑』、『出入』亦所未達。中庸之旨與子夏之言似無異意。夫有大德以存主於中，則凡出入卷舒而見於外者無不可焉。故曰：『出入可也。』不知如何？」

〔一九〕寓　朝鮮本此下增小字：陳淳録同。

〔二〇〕不免有些小事放過者　朝鮮本「些」下有「子小」二字。

〔二一〕夫子亦每提他　「提」原作「捉」，據朝鮮本改。

〔二二〕這裏了　朝鮮本此下增「始終皆備」四字。

〔二三〕伊川　朝鮮本「伊川」上增「孰先傳焉孰後倦焉一章」十字。

〔二四〕且是不敢把他底做不是　朝鮮本「且」上有「當初」二字。

〔二五〕外邑　朝鮮本作：外道。

〔二六〕用　朝鮮本作：當。

〔二七〕道夫　朝鮮本「夫」下有「此録又自注云先生親筆以示諸生」十四小字。

〔二八〕問　朝鮮本作：節問。

〔二九〕則本末透徹而無遺矣　朝鮮本「矣」下有「不審如此説得否」七字。

〔三〇〕去僞　朝鮮本作：祖道。謨同。

〔三一〕謙之　朝鮮本作：希遜。

〔三二〕問　朝鮮本作：時舉問。

〔三三〕孟莊子何以謂之難能　朝鮮本「孟莊子」下有「不改父官與父之政」八字。

〔三四〕人固有用父之臣者　朝鮮本作：人固有用父官者。

〔三五〕如太王立王季之事是也　朝鮮本作：如王季立文王之事。

〔三六〕時舉　朝鮮本語録中無小字，末尾無「僩同」二字，然增「謂漢清河王蒜爲梁冀所忌」十一字。

〔三七〕會不得者　朝鮮本作：不理會得者。

〔三八〕立之斯立　朝鮮本此節全爲小字，附於淳録之後，淳録一節爲正文，云：「問：『「夫子得邦家」章集注：「立謂植其生。」何也？』曰：『「五畝之宅，樹之以桑；百畝之田，勿奪其時」是也。』問：『「動謂鼓舞之」，何也？』曰：『「又從而振德之」，「惟動丕應徯志」，是使只管欣喜踴躍去遷善遠惡而不自知。』問：『伊川謂：「言性與天道，是聖人之聰明，此處是聖人之德性。」何也？』曰：『言性與天道，是聖人見處恁地高，人自摸不着。此處言德性，是自本原處説，根基深厚，便能如此。即所過者化，所存者神，意皆由德盛仁熟而然。』淳。」凡一百五十五字。

〔三九〕便是動而和處　朝鮮本「處」下有「此言德盛仁熟本領深厚才做得出便自恁地」十八字。

朱子語類卷第五十

論語三十二

堯曰篇

堯曰咨爾舜章

林恭甫問：「論語記門人問答之辭，而堯曰一篇乃記堯、舜、湯、武許多事，何也？」曰：「不消恁地理會文字。嘗見說堯曰一篇〔一〕是夫子誦述前聖之言，弟子類記於此。先儒亦只是如此說。然道理緊要却不在這裏〔二〕。」義剛。

楊問：「『簡在帝心』，何謂簡？」曰：「如天檢點數過一般。善與罪，天皆知之。爾之有善，也在帝心；我之有罪，也在帝心。」寓〔三〕。

問〔四〕：「『雖有周親』注：『紂之至親雖多。』他衆叛親離，那裏有至親？」曰：「紂之至親豈不多，唯其衆叛親離，所以不濟事。故書謂『紂有億兆夷人，離心離德』是也。」寓〔五〕。

子張問章

問：「『欲仁得仁，又焉貪？』如何？」曰：「仁是我所固有，而我得之，何貪之有？若是外物，欲之則爲貪。此正與『當仁不讓於師』同意。」曰：「『於問政及之，何也？』」曰：「治己治人，其理一也。」廣。

問：「『猶之與人也，出納之吝』，何以在四惡之數？」曰：「此一惡比上三惡似輕，然亦極害事。蓋此人乃是個多猜嫌疑慮之人，賞不賞，罰不罰，疑吝不決，正如唐德宗是也。」大雅。

「『猶之』，猶均之也。均之，猶言一等是如此。史家多有此般字。」問：「『出納之吝』是不好，所以謂之惡。」曰：「此『吝』字說得來又廣，只是戒人遲疑不決底意思〔六〕。當賞便用賞，當做便用做。若遲疑怠忽之間，澀縮靳惜，便誤事機。如李絳勸唐憲宗速賞魏博將士，曰：『若待其來請而後賞之，則恩不歸上矣！』正是此意。如唐家藩鎮之患，新帥當立，朝廷不即命之，却待軍中自請而後命之，故人不懷恩，反致敗事。若是有司出納之間，吝惜而不敢自專，却是本職當然。只是人君爲政大體，則凡事皆不可如此〔七〕，當爲處便果決爲之。」僩。

「『興滅國，繼絶世，舉逸民』，此聖人之大賞；『兼弱攻昧，取亂侮亡』，此聖人之大罰。」

不知命章

「論語首云：『學而時習之，不亦説乎！有朋自遠方來，不亦樂乎！人不知而不慍，不亦君子乎！』終云：『不知命，無以爲君子也。』此深有意。蓋學者所以學爲君子者，不知命則做君子不成。死生自有定命，若合死於水火，須在水火裏死；合死於刀兵，須在刀兵裏死，看如何逃不得。此説雖甚粗，然所謂知命者不過如此。若這裏信不及，才見利便趨，見害便避，如何得成君子？」閎祖。

校勘記

〔一〕嘗見説堯曰一篇　朝鮮本作：只消理會那道理。譬如吃飯，碗中盛得飯，自家只去吃，看那滋味如何，莫要問他從那處來。堯曰一篇，某也嘗見人説來。

〔二〕不在這裏　朝鮮本此下增一節文字：「這只是外面一重，讀書須去裏面理會。譬如看屋，須看那房屋間架，莫要只去看那外面墻壁粉飾。如吃荔枝，須吃那肉，不吃那皮。公而今卻是剥了那肉，卻吃那皮核！讀書須是以自家之心體驗聖人之心。少間體驗得熟，自家之心便是聖人之心。某自二十時看道理，便要看那裏面。嘗看上蔡論語，其初將紅筆抹出，後又用青筆抹出，又用黄筆抹出，三四番後，又用墨筆抹出，是要尋那精英處，方是。如射箭：其初方上□，後來又要中帖；少間又要中第一暈，又要中第二暈，後又要到紅心。公而今只在□之左右，或上或下，卻不要中的，恁地不濟事。須是子細看，看得這一般熟後，事事書都好看。便是七言雜字，也有道理。未看得時，正要去緊要處鑽；少間透徹，則無書不可讀。而今人不去理會底，固是不足説；去理會底，又不知尋緊要處，也都討頭不著。」

〔三〕寓　朝鮮本作：淳。寓録同。

〔四〕問　朝鮮本作：寓問。

〔五〕寓　朝鮮本作：寓。淳録同。

〔六〕只是戒人遲疑不決底意思　「戒」原作「如」，據朝鮮本、萬曆本改。不決，朝鮮本作「怠忽」。

〔七〕則凡事皆不可如此　「如」原作「通」，據朝鮮本、萬曆本改。

朱子語類卷第五十一

孟子一

題辭

陳丈言："孟子，趙岐所記者，却做得好。"曰："做得絮氣悶人，東漢文章皆如此。"卓。

"解書難得分曉，趙岐孟子拙而不明，王弼周易巧而不明。"辛〔一〕。

梁惠王上

孟子見梁惠王章

"希真說孟子對梁惠王以仁義章曰：『凡事不可先有個利心，才說着利，必害於義。聖人做處，只向義邊做。然義未嘗不利，但不可先說道利，不可先有求利之心。蓋緣本來道理只有一個仁義，更無別物事。義是事事要合宜。」賀孫。

「說義利處曰：『聖賢之言，所以要辨別教分明。但只要向義邊一直去，更不通思量第二着。才說義，乃所以爲利，固是義有大利存焉。若行義時便說道有利，則此心只〔二〕邪向那邊去，固是「未有仁而遺其親，未有義而後其君。」纔於爲仁時便說要不遺其親，爲義時便說要不後其君，則是先有心於爲利。聖賢要人止向一路做去，不要做這一邊，又思量那一邊，仲舒所以分明說「不謀其利，不計其功」。』」賀孫。

「孟子大綱都剖析得分明，如說義利等處，如答宋牼處。見得事只有個是非，不通去說利害，看來惟是孟子說得斬釘截鐵。」賀孫。

正淳問：「『仁者，心之德，愛之理。義者，心之制，事之宜。』德與理俱以體言，制與宜俱以用言否？」曰：「『心之德』是渾淪說，『愛之理』方說到親切處。『心之制』却是說義之體，程子所謂『處物爲義』是也。楊雄言『義以宜之』，韓愈言『行而宜之之謂義』，若只以義爲宜，則義有在外意〔三〕。須如程子言『處物爲義』，則是處物者在心而非外也。」又云：「大概說道理只渾淪說，又使人無捉摸處。若要說得親切，又却局促有病。如伊川說『仁者，天下之公，善之本也』，說得渾淪開闊無病。知言說理是要親切，所以多病。」賀孫。廣録詳，別出。〔四〕集注。

或問〔五〕：「『心之德，愛之理』以體言，『心之制，事之宜』以用言？」曰：「也不是如此，義亦只得如此說。『事之宜』雖若在外，然所以制其義，則在心也。程子曰『處物爲義』，非此一句，則後人恐未免有義外之見。如『義者事之宜』，『事得其宜之謂義』，皆說得未分曉。蓋物之宜雖在外，而所以處之使得其宜者，則在内也。」曰：「仁言『心之德』便見得可包四者，義言『心之制』却只是說義而已。」曰：「然。程子說『仁者，天下之公、善之本也』固是好，然說得太渾淪，只恐人理會不得。大抵說得寬廣，自然不受指點。若說得親切，又覺得意思局促，不免有病。知言則是要說得親切，而不免有病者也。」又曰：「也須說教親切。」因言：「漢、唐諸人說義理只與說夢相似，至程先生兄弟方始說得分明。唐人只有退之說得近旁，然也只似說夢。但不知所謂劉迅者如何？」曰：「迅是知幾之子。據本傳說，迅嘗注釋六經，以爲舉世無可語者，故盡焚之。」曰：「想只是他理會不得。若是理會得，自是著說與人。」廣。

至問〔六〕：「『心之德』是就專言之統體上說，『愛之理』是就偏言之一體上說。雖言其體，而用未嘗不包在其中。『心之制』是說義之主於中，『事之宜』是說義之形於外，合内外而言之也〔七〕。」曰：「『心之制』亦是就義之全體處說，『事之宜』是就千條萬緒各有所宜處説。『事之宜』亦非是就在外之事説，看甚麽事來，這裏面便有個宜處，這便是義。」又舉伊川曰：「在物爲理，處物爲義。」又曰：「義似一柄利刀，看甚物來皆割得去。非是刀之割物處是義，只這刀便是義〔八〕。」時舉録略，别出。

至之問「義者，心之制，事之宜」曰：「『事之宜』也是説在外底『事之宜』，但我才見個事來便知這個事合恁地處，此便是『事之宜』也。義如刀相似，其鋒可以割制他物，才到面前便割將去。然鋒與刀，則初未嘗相離也。」時舉。

「『義者，心之制，事之宜。』所謂事之宜〔九〕，方是指那事物當然之理，未説到處置合宜處也。」僴。

問〔一〇〕：「『心之制』是裁制？」曰：「是裁制。」問：「莫是以制其心？」曰：「心自有這制。心自是有制。制如快利刀斧，事來劈將去，可底從這一邊去，不可底從那一邊去。」節。

「梁惠王問利國，便是爲己，只管自家國，不管他人國。義利之分，其爭豪釐。范氏只爲説不到聖賢地位上，蓋『義者，利之和也』。」謨。集義。

王立於沼上章

德修説「王立於沼上」一章，引「齊宣王見孟子於雪宫」事，云：「梁惠王其辭遜，齊宣王其辭誇。」先生曰：「此説好。」又説「寡人願安承教」一章有「和氣致祥，乖氣致異」之説，曰：「恐孟子之意未到此。」文蔚〔一一〕。

寡人之於國章

「移民移粟，荒政之所不廢也。」燾。

晉國天下莫强焉章

問：「孟子告梁王：省刑罰，薄税歛，便可以撻秦、楚之甲兵。夫魏地迫近於秦，無時不受兵，割地求城無虛日。孟子之言似大容易否？」曰：「自是響應如此。當時之人焦熬已甚，率歡欣鼓舞之民而征之，自是見效速。後來公子無忌縞素一舉，直擣至函谷關可見。」德明〔一二〕。

「孟子亦是作爲底人。如云：『彼陷溺其民，王往而征之，夫誰與王敵。』非不用兵也，特其用兵不若當時戰國之無義理耳。如『五畝之宅樹之以桑』而下，爲政之實行之既至，則視當時無道之國，豈可但已哉！」人傑。

孟子見梁襄王章

問：「『望之不似人君』，此語孔子還道否？」曰：「孔子不説，孟子忍不住便説。安卿煞不易，他會看文字，疑得都是合疑處。若近思，固不能疑。蜚卿又疑得曲折，多無事生出事。」又曰：「公疑得太過，都落從小路去了。」伯羽。

齊宣王問齊桓晉文之事章

「『無道桓、文之事』，事者，營霸之事，儒者未嘗講求。如桓公霸諸侯，一匡天下，則誰不知。至於經營霸業之事，儒者未嘗言也。」謨。

或問：「『仁術』字當何訓？」曰：「此是齊王見牛觳觫而不忍之心萌，故以羊易之，孟子所謂『無傷』，蓋能護得齊王仁心發見處。『術』猶方便也。」履孫。

「『仁術』，謂已將牛去殺，是其仁心無可爲處了，却令以羊易之，又却存得那仁心，此是爲其仁之術也。」振。

陳晞周問「仁術」。曰：「術未必便是全不好，且如仁術見牛之觳觫，是仁心到這裏處置不得，無術以處之，是自家這仁心抑遏不得流行。故以羊易之，這是用術處。有此術，方得自家仁心流行。」植。時舉録詳。

陳晞周問「仁術」。曰：「術字本非不好底字，只緣後來把做變詐看了，便道是不好。却不知天下事有難處處，須着有個巧底道理始得。當齊王見牛之時，惻隱之心已發乎中，又見釁鍾事大似住不得，只得以所不見者而易之。乃是他既周旋得那事，又不抑遏了這不忍之心，此心乃得流行。若當時無個措置，便抑遏了這不忍之心，遂不得而流行矣。此乃所謂術也。」時舉。

「『見牛未見羊也』，『未』字有意味。蓋言其體則無限量，言其用則無終窮。充擴得去，有甚盡時？要都盡，是有限量。」方。

問：「先生解『物皆然，心爲甚』曰：『人心應物，其輕重長短之難齊，而不可不度以本然之權度，又有甚於物者。』不知如何是本然之權度？」曰：「本然之權度亦只是〔一三〕此心。此心本然，萬理皆具。應物之時，須是子細看合如何，便是本然之權度也。如齊宣王見牛而不忍之心見，此是合權度處。及至『興甲兵，危士臣，構怨於諸侯』，又却忍爲之，便是不合權度，失其本心。」又問：「莫只是無所爲而發者便是本心？」曰：「固是。然人又多是忘了。」問：「如何忘了？」曰：「當惻隱時却不惻隱是也。」問：「此莫是養之未至否？」曰：「亦是察之未精。」廣。

黄先之問「物皆然，心爲甚，王請度之〔一四〕」。曰：「物之輕重長短之差易見，心之輕重長短之差難見；物之差無害，心之差有害。故曰『心爲甚』。」又曰：「物易見，心無形。度物之輕重長短易，度心之輕重長短難。度物差了，只是一事差；心差了時，萬事差，所以『心爲甚』〔一五〕。」又曰：「以本然之權度度心。」又曰：「愛物宜輕，仁民宜重，此是權度。以此去度。」節。

問：「孟子論齊王事，考之史記，後來無一不效。」曰：「雖是如此，已是見得遲了。須看他一部書，見得句句的確有必然之效方是。」德明。

至云：「看孟子，已看到七八章。見孟子於義利之辨、王霸之辨，其剖判爲甚嚴。至於顧鴻雁麋鹿之樂與好世俗之樂，此亦是人情之常，故孟子順而導之以與民同樂之意。至於誤認移民移粟以爲盡心，而不能制民之産以行仁政；徒有愛牛之心，而不能推廣以行仁政，以開導誘掖以先王之政，可謂詳明。至皆未見所疑處。只伊川説：『孟子説齊、梁之君行王政，王者，天下之義主也，聖賢亦何心哉？視天命之改與未改爾。』於此數句，未甚見得明。」先生却問至云：「天命之改與未改，如何見得？」曰〔一六〕：「莫是周末時禮樂征伐皆不出於天子，生民塗炭，而天王不能正其權以救之否？」曰：「如何三晉猶尚請命於周？」曰〔一七〕：「三晉請命既不是，而周王與之亦不是。如温公所云云，便是天王已不能正其權。」曰：「如何周王與之不是，便以爲天命之改？」曰〔一八〕：「至見得未甚明。舊曾記得程先生説：『譬如一株花，可以栽培，則須栽培。』莫是那時已是栽培不得否？」曰：「大勢已去了。三晉請命於周，亦不是知尊周，謾假其虚聲耳，大抵人心已不復有愛戴之實。自入春秋以來，二百四十年間，那時猶自可整頓。不知周之子孫何故都無一人能明目張膽出來整頓！到孟子時，人心都已去。」曰〔一九〕：「程子説『天命之改』，莫是大勢已去？」曰：「然。」至。集義。

梁惠王下

莊暴見孟子章

「孟子開道時君，故曰：『今之樂猶古之樂。』至於言百姓聞樂音欣欣然有喜色處，則關閉得甚密，如『好色』、『好貨』亦此類也。」謨。

齊宣王問文王之囿章

「孟子言文王由百里興，亦未必然。」問：「孟子謂『文王之囿，方七十里』，先生以爲三分天下有其二以後事〔二〇〕。若只百里，如何有七十里之囿？然孟子所謂『傳有之』者，如何？」曰：「想他須有據。但孟子此説，其意亦只主在風齊宣王爾。若文王之囿果然縱一切人往，則雖七十里之大，不過幾時，亦爲赤地矣，又焉得有林木鳥獸之長茂乎？周之盛時，雖天下山林，猶有厲禁，豈有君之苑囿反縱芻獵恣往而不禁乎？亦無是理。漢武帝規上林苑只有二三十里，當時諸臣已皆以爲言，豈有文王之囿反如是之大？」廣。

問交鄰國有道章

「『湯事葛，文王事昆夷。』昆夷不可考。大抵湯之事葛，文王事昆夷，其本心所以事之之時，猶望其有悔悪之心。必待伐之，豈得已哉？亦所當然耳。」謨。

問〔二一〕：「『仁者爲能以大事小』，是仁者之心寬洪惻怛，便是小國不恭，亦撓他不動。『智者爲能以小事大』，蓋智者見得利害甚明，故祇得事大。」曰：「也不特是見得利害明，道理自合恁地。小之事大，弱之事强，皆是道理合恁地。」至問「樂天者保天下，畏天者保其國」。曰：「只是説其規模氣象如此。」時舉録作「有大小耳」。至。

問「樂天、畏天者」。曰：「樂天是聖人氣象，畏天是賢人氣象，孟子只是説大概聖賢氣象如此。使智者當以大事小時，也必以大事小；使仁者當以小事大處，也必以小事大。不可將太王、文王交互立説，便失了聖賢氣象。此自是兩層事。孟子之説是前面一層，又須是看得後面一層。所以貴乎『不以文害辭』者，正是此類。人須見得言外之意好。」去僞〔二二〕。

問人皆謂我毁明堂章

問：「孟子以公劉、大王之事告其君，恐亦是委曲誘掖之意？」曰：「這兩事却不是告以『好色』、『好貨』，乃是告以公劉、大王之事如此。兩事看來却似易，待去做時多少難。大凡文字須將心體認看，這個子細看來甚是難。如孟子又説：『子服堯之服，誦堯之言，行堯之行，是堯而已矣。』看來也似易，這如何便得相似。又如説：『徐行後長者謂之弟，疾行先長者謂之不弟。堯、舜之道，孝弟而已矣。』看來也似易。」賀孫。

問：「孟子語『好貨』、『好色』事，使孔子肯如此答否？」曰：「孔子不如此答，但不知作如何答。」問：「孟子答梁王問利，直掃除之，此處又却如此引導之。」曰：「此處亦自分義利，特人不察耳。」可學。

問湯放桀章

「『賊仁』者，無愛心而殘忍之謂也；『賊義』者，無羞惡之心之謂也。」節。

先生舉「賊仁者謂之賊，賊義者謂之殘」，問〔一三〕何以別。近思〔一四〕云：「賊仁是害心之理，賊義是見於所行處傷其理。」曰：「以義爲見於所行，便是告子義外矣。義在內，不在外。義所以度事，亦是心度之。然此果何以別？蓋賊之罪重，殘之罪輕。仁義皆是心。仁是天理根本處，賊仁則大倫大法虧滅了，便是殺人底人一般。義是就一節一事上言，一事上不合宜，便是傷義。似手足上損傷一般，所傷者小，尚可以補。」淳。寓録同。

問：「孟子言『賊仁』、『賊義』，如何？」力行曰：「譬之伐木，賊仁乃是伐其本根，賊義只是殘害其一枝一葉。人而賊仁，則害了本心。」曰：「賊仁，便是將三綱五常、天叙之典、天秩之理一齊壞了。義隨事制宜。賊義，只是於此一事不是，更有他事在。」力行。

問〔一五〕：「賊仁是『絶滅天理』，賊義是『傷敗彝倫』。如臣弑君，子弑父，及齊襄公鳥獸之行等事，皆人倫大惡，不審是絶滅天理，是傷敗彝倫？」曰：「傷敗彝倫只是小小傷敗常理。若此等，乃是切害天理了。」義剛録云「傷敗彝倫只是小小傷敗常理，如『不以禮食』、『不親迎』之類。若『紾兄之臂』、『踰東家墻』底便是絶滅天理」。「丹書『怠勝敬者滅』，即『賊仁者謂之賊』意；『欲勝義者凶』，即『賊義者謂之殘』意。賊義是就一事上説，賊仁是就心上説。其實賊義便即是賊那仁底，但分而言之則如此。」淳。義剛録同。

爲巨室章

問〔二六〕：「『教玉人彫琢玉〔二七〕』，集注云：『不敢自治而付之能者，愛之甚也。治國家則不能用賢而徇私欲，是愛國家不如玉也。』此莫是餘意否？」曰：「正意是如何？」曰〔二八〕：「正意只是說玉人自會琢玉，何消教他？賢者自有所學，何用教他舍其所學？後譬只是申解前譬。」曰：「兩譬又似不相似，不知如何做得恁地嵯峨。」至〔二九〕。

齊人伐燕勝之章

「齊人伐燕，孟子以爲齊宣，史記以爲湣王。温公平生不喜孟子，及作通鑑，却不取史記而獨取孟子，皆不可曉。荀子亦云『湣王伐燕』，然則非宣王明矣。」問：「孟子必不誤？」曰：「想得湣王後來做得不好，門人爲孟子諱，故改爲宣王爾。」問：「湣王若此之暴，豈能慚於孟子？」曰：「既做得不是，說得他底是，他亦豈不愧也？温公通鑑中自移了十年。據史記，湣王十年伐燕。今温公信孟子，改爲宣王，遂硬移進前十年。温公硬拗如此。」又云：「史記魏惠王三十六年惠王死，襄王立。襄王死，哀王立。今汲冢竹書不如此，以爲魏惠王先未稱王時爲侯，三十六年乃稱王，遂爲後元年，又十六年而惠王卒，即無哀王。惠王三十六年了，便是襄王。史記誤以後元年爲哀王立，故又多了一哀王。汲冢是魏安釐王家，竹書記其本國事，必不會錯。温公取竹書，不信史記，此一段却是。」僩。此條有誤，當從春秋解後序。

居之問：「『取之而燕民悦，則取之』至『文王是也』，竊疑文王豈有革商之念？〔三〇〕」曰：「此等〔三一〕難説。孔子謂『可與立，未可與權』。到那時事勢，自是要住不得。後人把文王説得忒恁地，却做一個道行看着，不做聲，不做氣。如此形容文王，都没情理。以詩、書考之，全不是如此。如詩自從大王、王季説來，如云『至于大王，實始翦商』。如下武之詩、文王有聲之詩，都説文王做事。且如伐崇一事，是做甚麽？又不是一項小小侵掠，乃是大征伐。『詢爾仇方，同爾兄弟，以爾鈎援，與爾臨衝，以伐崇墉。』此見大段動衆。岐山之下與崇相去自是多少，因甚如此？這般處要做文王無意取天下，池録作「出做事」。都不得。又如説『侵自阮疆，陟我高岡。無矢我陵，我陵我阿。無飲我泉，我泉我池』，這裏見都自據有其土地，自是大段施張了。或云：『紂命文王得專征伐，紂不得已命之，文王不得已受之。』横渠云：『不以聲色爲政，不以革命有中國。默順帝則，而天下歸焉，其惟文王乎！』若如此説，恰似内無純臣之義，外亦不屬於商，這也未必如此，只是事勢自是不可已。只當商之季，七顛八倒，上下崩頽，忽於岐山下突出許多人，也是誰當得？文王之事，惟孟子識之，故七篇之中所以告列國之君，莫非勉之以王道。」賀孫。

滕文公問滕小國也章

問〔三二〕：「孟子答滕文公〔三三〕三段皆是無可奈何，只得勉之爲善之辭。想見滕國至弱，都主張不起，故如此。」曰：「只是如此，只是『吾得正而斃焉』之意。蓋滕是必亡，無可疑矣。況王政不是一日行得底事，他又界在齊、楚之間，二國視之，猶太山之壓雞卵耳。若教他粗成次第，此二國亦必不見容也。當時湯與文王之興皆在空閑之地，無人來覰他，故日漸盛大。若滕，則實是難保也。」立之云：「若教他能舉國以聽孟子，如何？」曰：「他若能用得孟子至二三十年，使『鄰國之民仰之若父母』，則大國亦想不能動他，但世間事直是難得恰好耳。齊、梁之國甚彊，可以有爲，而孟子與其君言，恬然不恤。滕文公却有善意，又以國小主張不起，以此知機會真不易得也。」時舉〔三四〕。

魯平公將出章

「魯平公極是個衰弱底人，不知孟子要去見他是如何。孟子平生大機會，只可惜齊宣一節這個不相遇，其他也應是無可成之理。如見滕文公說許多井田，也是一場疏脱。云

『有王者起，必來取法』，孟子也只是説得在這裏，滕也只是做不得。」賀孫。

校勘記

〔一〕辛　原脱，據朝鮮本補。

〔二〕只　朝鮮本此下增「傾」字。

〔三〕意　朝鮮本此下增「思」字。

〔四〕別出　朝鮮本此下增小字：胡子知言，五峰先生所著也。

〔五〕或問　朝鮮本「問」下有三十四字：「孟子首章解曰：『仁者，心之德，愛之理也。義者，心之制，事之宜也。』此是以仁義分爲體用也。」

〔六〕至問　朝鮮本此下增一節文字：「孟子解中説：『仁者，心之德，愛之理，義者，心之制，事之宜。』至謂」。

〔七〕合内外而言之也　朝鮮本「也」下有「如此看是否」五字。

〔八〕便是義　朝鮮本此下增一節文字：又舉伊川曰：「在物爲理，處物爲義。」又曰：「義似一柄利刀，看甚物來，皆割得去。非是刀之割物處是義，只這刀便是義。」伯羽。

〔九〕所謂事之宜　「宜」原作「上」，據朝鮮本改。

〔一〇〕問　朝鮮本作：節問。

〔一一〕文蔚　朝鮮本此下增一節小字：閎祖同而略，今附云：「王丈解梁惠王，王立於沼上，曰：『賢者，亦樂此乎。』齊宣王見孟子于雪宫，曰：『賢者，亦有此樂乎？』曰：『梁之辭遜，齊之辭侈。』」先生曰：「分得好。」

〔一二〕德明　朝鮮本末尾記作：人傑。

〔一三〕是　朝鮮本作：如。

〔一四〕王請度之　四字原無，據朝鮮本補。

〔一五〕所以心爲甚　朝鮮本「甚」下有「又曰以理度心」六字。

〔一六〕曰　朝鮮本作：至云。

〔一七〕曰　朝鮮本作：至云。

〔一八〕曰　朝鮮本作：至云。且無後「至」字。

〔一九〕曰　朝鮮本作：至云。

〔二〇〕以後事　朝鮮本作：以服事殷。

〔二一〕問　朝鮮本作：至問。

〔二二〕去僞　朝鮮本末尾小字作：謨。去僞、人傑録同。

〔二三〕問　朝鮮本此下增：在坐。

〔二四〕近思　朝鮮本作：王近思。

〔二五〕問　朝鮮本作：淳問。

〔二六〕問　朝鮮本作：至問。

〔二七〕教玉人彫琢玉　朝鮮本「教」上有三十一字：「今有璞玉於此，雖萬鎰必使玉人彫琢之。至於治國家，則曰『姑舍汝所學而從我』，則何以異於」，「琢玉」下又有「哉」字。

〔二八〕朝鮮本作：至云。

〔二九〕至　原脱，據朝鮮本補。

〔三〇〕居之問取之而燕民悦則取之至文王是也竊疑文王豈有革商之念　朝鮮本問句作：居之問：『『取之而燕民悦，則取之。古人有行之者，武王是也。取之而燕民，不悦則勿取。古之人有行之者，文王是也。』卻疑文王大聖人，於君臣之義、尊卑之等，豈不洞見？而容有革商之念哉？』

〔三一〕此等　朝鮮本此下增「處」字。

〔三二〕問　朝鮮本作：時舉問。

〔三三〕孟子答滕文公　朝鮮本此下增「問滕小國也間於齊楚以下」十一字。

〔三四〕時舉　朝鮮本此下增「植同」二字。

朱子語類卷第五十二

孟子二

公孫丑上之上

問夫子當路於齊章

「『以齊王，猶反手』，不知置周王於何地？」曰：「此難言，可以意會，如湯、武之事是也。春秋定、哀間，周室猶得。至孟子時，天命人心已離矣。」去僞〔一〕。

問夫子加齊之卿相章

或問：「『雖由此霸王不異矣』如何分句？」曰：「只是『雖由此霸王不異矣』，言從此爲霸，爲王，不是差異。蓋布衣之權重於當時，如財用兵甲之類，盡付與他。」樂毅統六國之師長驅入齊。蓋卿〔二〕。

「公孫丑問孟子『動心否乎』，非謂以卿相富貴動其心，謂伯王事大，恐孟子擔當不過，有所疑懼而動其心也。」閎祖。

「孟子之不動心，非如揚雄之說。『霸王不異矣』，蓋言由此可以行伯王之事。公孫丑見其重大，恐孟子或懼而動心。」德明。

德修說：「公孫丑問不動心，是以富貴而動其心？」先生曰：「公孫丑雖不知孟子，必不謂以富貴動其心。但謂霸王事大，恐孟子了這事不得，便謂孟子動心，不知霸王當甚閑事。」因論「知言」、「養氣」。德修謂：「養氣爲急，知言爲緩。」曰：「孟子須先說『我知言』，然後說『我善養吾浩然之氣』。公孫丑先問浩然之氣，次問知言者，因上面說氣來，故接續如此問。不知言，如何養得氣？」德修云：「先須養。有尺，便量見天下長短。」曰：「須要識這尺。」文蔚。

先生問趙丞：「看『不動心』章，如何？」曰：「已略見得分明。」曰：「公孫丑初問不動心，只道加以卿相重任，怕孟子心下怯懾了，故〔三〕有動心之問。其意謂必有勇力擔當得起，方敢不動其心，故孟子下歷言所以不動心之故。公道那處是一章緊要處？」趙舉「持其志無暴其氣」爲對。曰：「不如此。」趙舉「集義所生」以爲對。曰：「然。」因言：「欲養浩然之氣，則在於直。要得直，則在於集義。集義者，事事要得合義也。事事合義，則仰不愧，俯不怍。」趙〔四〕又問：「『夫有所受之也』是如何？」曰：「公如此看文字不得，且須逐項理會。理會這一項時，全不知有那一項，始得。讀大學時，心只在大學上；讀論語時，心只在論語上，更不可又去思量別項。這裏一字理會未得，且理會這一字；一〔五〕句理會未得，且理會這一句。如『不動心』一段，更着子細去看，看着方知更有未曉處。須待十分曉得，無一句一字窒礙，方可看別處去。」因云：「『橫渠語錄有一段說：『讀書須是成誦，不成誦，則思不起。』直須成誦，少間思量起，便要曉得，這方是浹洽。」賀孫。

先生問周看「公孫丑不動心」章，答：云云。先生曰：「公孫丑初問謂任此重事，還動心不動心？孟子答以不動心極容易底事，我從四十已不動了，告子又先我不動心。公孫丑又問不動心有道理、無道理，孟子又告以有，於是又舉北宮黝、孟施舍之勇也是不動。然彼之所以不動者，皆强制於外，不是存養之致〔六〕。故又舉曾子之言云，自反縮與不縮，所以不動只在方寸之間。若仰不愧，俯不怍，看如何大利害，皆不足以易之。若有一豪不直，則此心便索然。公孫丑又問孟子所以不動者如何，孟子遂答以『我知言，我善養吾浩然之氣』。若依序問，當先問知言。公孫丑只承孟子之言，便且先問浩然之氣〔七〕。」賀孫。

器之問「不動心」一條。曰：「此一段爲被他轉換問，所以答得亦周匝。然止就前段看，語脈氣象雖無後截亦自可見，前一截已自見得後面許多意足。」賀孫。

問：「告子之不動心，是否？」曰：「告子之不動心，是粗法。或强制不動，金録作「脩身不能不動」。不可知；或臨大事而金録作「不」。能不動，亦未可知，非若孟子酬酢萬變而不動也。」又問：「正如北宮黝之勇一作「養勇」。否？」曰：「然。」謨。去僞同。

「告子不動心，是硬把定。」閎祖。

「北宮黝、孟施舍只是粗勇不動心。」德明。

「孟施舍、北宮黝是不畏死而不動心，告子是不認義理而不動心，告子惟恐動着他心。」德明。

問：「集注解『孟施舍』云〔八〕：『施是發語聲』，何也？」曰：「此是古注説，後面只稱『舍』字可見。」問：「有何例可按？」曰：「如孟之反、舟之僑、尹公之他之類。」德明。

問：「集注云『子夏篤信聖人』，何以言之？」曰：「這個雖無事實，儒用録云「此因孟子説處文義推究，亦無事實可指」。但看他言語，如『日知其所亡，月無忘其所能』，『博學而篤志，切問而近思』，看他此處閎祖録云「便見得他有個緊把定底意思」。又把孟子北宮黝來比，便見它篤信聖人處。」夔孫。儒用録云「詳味之，有篤信聖人氣象」。閎祖略。

問：「孟施舍量敵慮勝，似有懼也，孟子乃曰：『能無懼。』〔九〕如何？」曰：「此〔一〇〕孟施舍譏他人之言，舍自云：『我則能無懼而已。』」問：「那是孟施舍守約處？」曰：「孟施舍本與北宮黝皆只是勇夫，比曾子不同。如北宮黝、孟施舍、孟賁只是就勇上言；如子襄、曾子、告子，就義理上言。」去僞。

問：「如何是孟施舍守約處？」曰：「北宮黝便勝人，孟施舍却只是能無懼而已矣。如曰『視不勝，猶勝也』，此是孟施舍自言其勇如此。若他人，則量敵而進，慮勝而會，『是畏三軍者』爾，『豈能爲必勝哉？能無懼而已矣。』」去僞。

「引曾子謂子襄之言，以明不動心之由，在於自反而縮。下文詳之。」閎祖。

「曾子守約，不是守那約，言所守者約耳。」僩。

「今人把『守氣不如守約』做題目，此不成題目。氣是實物，『約』是半虛半實字，對不得。守約只是所守之約，言北宮黝之守氣不似孟施舍守氣之約，孟施舍之守氣又不如曾子所守之約也。孟施舍就氣上做工夫，曾子就理上做工夫。」淳。

「尋常人説『守約』二字極未穩，如云『守氣不如守約』，分明將『約』字做一物，遂以『約』字對『氣』字。所謂『守約』者，所守者約耳。」謨。去僞同。

「孟子説『曾子謂子襄』一段已自盡了，只爲公孫丑問得無了期，故有後面許多説話。」自修。

「『不得於言』，只是不曉這説話。『言』只似『道理』字。」淳。

「『不得於言，勿求於心。不得於心，勿求於氣。』此告子不動心之法。告子只就心上理會，堅持其心，言與氣皆不理會。『不得』，謂失也。有失於其言，則曰無害於心。但心不動，言雖失，不必問也。惟失之於心，則就心上整理，不復更求於氣。」德明。

「『不得於言，勿求於心』，此正孟子、告子不動心之差別處。當看上文云『敢問夫子之不動心與告子之不動心』，孟子却如此答，便見得告子只是硬做去，更不問言之是非，便錯説了也不省。如與孟子論性，説『性猶杞柳也』，既而轉『性猶湍水也』，他只不問是非，信口説出，但要硬把得心定。『不得於言』謂言之失也，『勿求於心』謂言之失非干心事也。此其學所以與孟子異。故孟子章末云：『我故曰「告子未嘗知義，以其外之也。」』」端蒙言。

「『不得於言，勿求於心。不得於心，勿求於氣。』『不得』猶曰失也，謂言有所不知者則不可求之於心，心有不得其正者則不可求之於氣。孟子謂言有所不能知，正以心有所不明，故『不得於言，勿求於心，不可』。其不得於心者，固當求之心。然氣不得所養，亦反能動其心，故『不得於心，勿求於氣』，雖可而未盡也。蓋知言只是知理。告子既不務知言，亦不務養氣，但只硬把定中間個心，要他不動。孟子則是能知言，又能養氣，自然心不動。蓋『知言』本也，『養氣』助也。三者恰如行軍，知言則其先鋒，知虛識實者。心恰如主帥，氣則卒徒也。孟子則前有引導，後有推助，自然無恐懼紛擾，而有以自勝。告子則前後無引助，只恁孤立硬做去，所以與孟子不動心異也。『不得於言』以下但作如此看，則此一章血脈貫通，而於知言養氣、詖淫邪遁之辭方爲有下落也。至於集義工夫，乃在知言之後。不能知言，則亦不能集義。」言，如觀古聖賢之言與聽今人之言皆是。端蒙。

「『不得於心，勿求於氣』者，不失其本，則猶可也。不得於言，而不求於心以考其所失，則其中頑然無所知覺，無以擇其義之所安，故斷之以『不可』。」端蒙。

「『不得於言，勿求於心』，是心與言不相干。『不得於心，勿求於氣』，是心與氣不相貫。此告子說也。告子只去守個心得定，都不管外面事。外面是亦得，不是亦得。孟子之意，是心有所失則見於言，如肝病見於目相似。陸子靜說：『告子亦有好處，今人非但不識孟子，亦不識告子，只去言語上討不着。』陸子靜却說告子只靠外面語言，更不去管內面。以某看，告子只是守着內面，更不管外面。」泳。

問：「告子謂『不得於言，勿求於心』，是自己之言耶，是他人之言耶？若要得後面知言處相貫，則是他人之言。」曰：「這一段前後都相貫，即是一樣言語。告子於此不達，則不復反求其理於心。嘗見陸子静説這一段，大段稱告子所見高。告子固是高，亦是陸子之學與告子相似，故主張他。然陸氏之學更鶻突似告子。」至云：「陸氏之學不甚教人讀書看文字，與告子相似否？」先生曰：「便是。」先生又謂：「養氣一段，緊要處是『自反而縮』，『以直養而無害』，『是集義所生者』，緊要處在此三句上看。」至。

林〔一二〕問「不得於言，勿求於心」。曰：「此章文義節節相承，須逐節次第理會。此一節只言告子所以『先我不動心者』，皆是以義爲外，故就告子所言以辯其是非爾。」又問：「浩然之氣，便是西銘意思否？」曰：「考論文義，且只據所讀本文，逐句逐字理會教分明。不須旁引外説，枝蔓游衍，反爲無益。如論浩然之氣，便直看公孫丑所問意思如何，孟子所答如何，一徑理會去。使當時問答之意，一一明白了，然後却更理會四旁餘意未晚。今於孟子之意未能曉得，又却轉從别處去，末梢都只恁休去。」又問：「詖、淫、邪、遁之意如何辨别？」曰：「詖、淫、邪、遁雖是四般，然纔有一般，則其餘牽連而生，大概多從詖上起。詖只是偏，才偏便自是一邊高一邊低，不得其正。如楊氏『爲我』則蔽於仁，墨氏『兼愛』則蔽於義。由其蔽，故多爲蔓衍，推之愈闊，如爛物相似，只管浸淫，陷在一處，都轉動不得。如墨者夷之所謂『愛無差等，施由親始』。『愛無差等』是其本說，又却假託『施由親始』之言，栽接以文其說是也。淫辭如此，自不知其爲邪。如列子達生之論〔一二〕，反以好色飲酒爲善事，而不覺其離於道也。及其說不行，又走作逃遁，轉從別處去。釋氏毁人倫，去四大，人謂其不可行，則曰：『雖不毁棄人倫，亦可以行吾說。』此其所以必窮也。」又問：「性善之論與浩然之氣如何？」曰：「性善自是性善，何與於此？方理會浩然之氣，未有一些涯際，又却說性善，又如適來西銘之問也。譬如往一處所，在路留連濡滯，正所要往之地愈不能達。何如且一徑直截去，到此處了，却往他所，何害？此爲學者之大病。」謨。

問「氣，體之充」。曰：「都是這一點母子上生出，如人之五臟，皆是從這上生出來。」夔孫。

問「血氣」之「氣」與「浩然之氣」不同。曰：「氣便只是這個氣，所謂『體之充也』便是。」炎。

「志乾，氣坤。」升卿。

問「志至焉，氣次焉。」曰：「志最緊，氣亦不可緩。『志至焉』，則氣便在這裏，是氣亦至了。」卓。

李問：「『志至焉，氣次焉』，此是說志氣之小大，抑志氣之先後？」曰：「也不是先後，也不是以大小，只是一個緩急底意思。志雖爲至，然氣亦次那志，所爭亦不多。蓋爲告子將氣忒放低說了，故說出此話。」淳。

鄭大錫問「志至焉，氣次焉」。曰：「志最緊要，氣亦不可緩，故曰『志至焉，氣次焉』，『持其志，毋暴其氣』，是兩邊做工夫。志，只是心之所向，而今欲做一件事，這便是志。持其志，便是養心，不是持志外別有個養心。」問：「志與氣如何分別？」曰：「且以喜怒言之：有一件事，這裏便合當審處，是當喜，是當怒？若當喜，也須喜；若當怒，也須怒：這便是持其志。若喜得過分，一向喜；怒得過分，一向怒：則氣便粗暴了，便是『暴其氣』，志却反爲所動。『今夫蹶者趨者是氣也』，他心本不曾動，只是忽然喫一跌，氣打一暴，則其心便動了。」賀孫。

或問：「『志至焉，氣次焉』，此是說養氣次第。志是第一件，氣是第二件。又云『持其志，無暴其氣』，此是言養氣功夫，内外須是交盡，不可靠自己自守其志，便謂無事。氣纔不得其平，志亦不得其安，故孟子以蹶、趨形容之。告子所謂『不得於心，勿求於氣』，雖是未爲全論，程子所以言『氣動志者什一』，正謂是爾。」曰：「然。兩者相夾著，方始『德不孤』。」胡泳。

「『志至氣次』只是先後，志在此，氣亦隨之。公孫丑疑只就志理會，理會得志，氣自隨之，不必更問氣也，故云。」又曰：「『持其志，無暴其氣』，何也？孟子下文專說氣，云蹶、趨之氣，亦能動心。」德明。

「『持其志，無暴其氣』，內外交相養。蓋既要持志，又須無暴其氣。持志養氣二者，功夫不可偏廢。以『氣一則動志，志一則動氣』觀之，則見交相爲養之理矣。」端蒙。

「既持其志，不必言『無暴其氣』可也。然所以言者，聖賢有這物，便做這事。公孫丑猶疑而問曰：『既曰「志至焉，氣次焉」，又曰「持其志，無暴其氣」者，何也？』持其志，只是輕輕地做得去；無暴其氣，只是不縱喜怒哀樂，凡人縱之。」節。

問〔一三〕：「『持其志，無暴其氣』處，古人在車聞鸞和，行則有佩玉，凡此皆所以無暴其氣。今人既無此，不知如何而爲無暴？」曰：「凡人多動作，多語笑，做力所不及底事，皆是暴其氣。且如只行得五十里，却硬要行百里；只舉得五十斤重，却硬要舉百斤：凡此類皆能動其氣。今學者要須事事節約，莫教過當，此便是養氣之道也。」時舉。

先生問：「公每讀『毋暴其氣』，如何？」鄭云：「只是喜怒哀樂之時，持之不使暴戾。」曰：「此乃是『持其志』。志者，心之所向。持志即是養心，也不是持志之外別有個養心。持者，把捉教定。當喜時，也須喜；當怒時，也須怒；當哀時，也須哀；當樂時，也須樂。審教定後〔一四〕，發必中節，這是持志。若毋暴其氣，又是下面一截事。若不當喜而喜，與喜之過分，不當怒而怒，與怒之過分，不當哀樂而哀樂，與哀樂之過其節者，皆是暴其氣。暴其氣者，乃大段粗也。」卓。

或問：「人之氣有清明時，有昏塞時，如何？」曰：「人當持其志。能持其志，則氣當自清矣。然孟子既説『持其志』，又説『無暴其氣』，聖賢之言不偏於一類。如此，蓋恐人專於志而略於氣故也。正如説『必有事焉』，又説『勿正心』；説『勿忘』，又説『勿助長』，皆此意也。」問：「伊川論持其志曰：『只這個也是私，然學者不恁地不得。』」先生曰：「此亦似涉於人爲。然程子之意恐人走作，故又救之，曰『學者不恁地不得』。」因舉程子云：「學者爲習所奪，氣所勝，只可責志。」又問：「既得後，須放開。不然，却只是守。」曰：「如『從心所欲，不踰矩』是也。然此理既熟，自是放出，但未能得如此耳。」人傑。

或疑氣何以能動志。曰：「志動氣，是源頭濁者，故下流亦濁也。氣動志者，却是下流壅而不泄，反濁了上面也。」蓋卿〔一五〕。

「氣若併在一處，自然引動著志，古人所以動息有養也。」升卿。

遺書曰：『志一動則動氣，氣一動則動志。』外書曰：『志專一則動氣，氣專一則動志。』二説孰是？」曰：「此必一日之語，學者同聽之，而所記各有淺深，類多如此。『志一動則動氣，氣一動則動志』，此言未説『動氣動志』，而先言『志動氣動』，又添入一『動』字，不〔一六〕若後説所記得其本旨。蓋曰志專一則固可以動氣，而氣專一亦可以動其志也。」謨。

「『蹶者、趨者，是氣也而反動其心。』今人奔走而來，偶喫一跌，其氣必逆而心不定，是氣之能動其心。如人於忙急之中，理會甚事，亦是氣未定也。」卓。

問：「蹶、趨『反動其心』。若是志養得堅定，莫須蹶、趨亦不能動得否？」曰：「蹶、趨自是動其心，人之奔走如何心不動得？」曰：「蹶、趨多遇於猝然不可支捂之際，所以易動得心。」曰：「便是。」淳。

「知言，知理也。」節。

「知言，然後能養氣。」閎祖。

「孟子説養氣，先説知言。先知得許多説話，是非邪正人傑録作「得失」。都無疑後，方能養此氣也。」𠐍。人傑同。

「孟子論浩然之氣一段，緊要全在『知言』上，所以大學許多工夫全在格物致知。」僩。

「知言養氣，雖是兩事，其實相關，正如致知、格物、正心、誠意之類。若知言，便見得是非邪正。義理昭然，則浩然之氣自生。」人傑。去僞同。

問：「養氣要做工夫，知言似無工夫得做？」曰：「豈不做工夫！知言便是窮理。不先窮理見得是非，如何養得氣。須是道理一一審處得是，其氣方充大。」德明。

「知言，則有以明夫道義，而於天下之事無所疑。養氣，則有以配夫道義，而於天下之事無所懼。」燾。

「『敢問夫子惡乎長？』曰：『我知言，我善養吾浩然之氣。』公孫丑既知告子之失，而未知孟子之所以得，敢問焉，而孟子告之。『我知言』者，能識群言之是非也。浩然，盛大流行之貌，蓋天地之氣，而吾之所得以充其體者也。孟子能知人言之是非，告子乃自以其言爲外，而不復考其得失。孟子善養其氣，而告子乃以爲末而不求，其得失可見矣。」端蒙。

「胡文定說：『知言，知至也。養氣，誠意也。』亦自說得好。」木之。

「胡氏云：『格物，則能知言；誠意，則能養氣。』」閎祖。

問：「知言在養氣之先，如何？」曰：「知是知得此理。告子便不理會，故以義爲外。如云『不得於言，勿求於心』，雖言亦謂是在外事，更不管着，只强制其心。」問：「向看此段，以告子『不得於言』是偶然失言，非謂他人言也。」曰：「某向來亦如此說，然與知言之義不同。此是告子聞他人之言不得其義理，又如讀古人之書，有不得其言之義，皆以爲無害事，但心不動足矣。不知言，便不知義，所以外義也。如詖、淫、邪、遁，亦只是他人言，故曰『生於其心』，『其』字便是謂他人也。」又言：「聖門以言語次於德行，言語亦大難。若非燭理洞徹，胸次坦然，即酬酢應對，蹉失多矣。」因論奏事而言。問：「此須要記問熟，方臨時一一舉得出？」曰：「亦未説記問。如沙中之事，張良只云『陛下不知乎？此乃謀反耳。』何嘗別有援引？至借箸發八難，方是援引古今。」問：「伊川、龜山皆言張良有儒者氣象，先生却以良爲任數？」曰：「全是術數。」問：「養虎自遺患等事，切謂機不可失。」曰：「此時便了却項羽，却較容易。然項羽已是無能爲，終必就禽也。」德明。今按：「聞他人言」之説與集注異。

有問「知言」。先生曰：「言之所發，便是道理。人只將做言看，做外面看。且如而今對人説話，人説許多，自家對他，便是自家己事，如何説是外面事。」坐中有聶尉，亦建昌人，與謙言：「先生向日説：『傅子囦是天理戰罷，人欲宅眷。』又云：『傅子囦是擔著官綱擔子，到處胡撞人，胡把競人。』」謙。

「氣，一氣，浩然之氣，義理之所發也。」閎祖。

「浩然之氣，是養得如此。」方子。

「浩然之氣，清明不足以言之。才説浩然，便有個廣大剛果意思，如長江大河浩浩然而來也。富貴、貧賤、威武不能移屈之類，皆低，不可以語此。公孫丑本意只是設問孟子能擔當得此樣大事否，故孟子所答只説許多剛勇，故説出浩然之氣。只就問答本文看之，便見得子細。」謨。

「氣，只是一個氣，但從義理中出來者，即浩然之氣；從血肉身中出來者，爲血氣之氣耳。」閎祖。

問：「浩然之氣是禀得底否？」曰：「只是這個氣。若不曾養得，剛底便粗暴，弱底便衰怯。」又曰：「氣魄大底，雖金石也透過了。」夔孫。

或問：「孟子説浩然之氣，却不分禀賦清濁説。」曰：「文字須逐項看。此章孟子之意，不是説氣禀，只因説不動心，衮説到這處，似今人説氣魄相似。有這氣魄便做得這事，無氣魄便做不得。」

文振説浩然之氣〔一七〕。曰：「不須多言，這只是個有氣魄、無氣魄而已。人若有氣魄，方做得事成，於世間禍福得喪利害方敵得去，不被他恐動。若無氣魄，便做人衰颯懾怯，於世間禍福利害易得恐動，只是如此。他本只是答公孫丑『不動心』，纏來纏去，説出許多『養氣』、『知言』、『集義』，其實只是個『不動心』。人若能不動心，何事不可爲？然其所謂『不動心』，不在他求，只在自家知言集義，則此氣自然發生於中。不是只行一兩事合義，便謂可以掩襲於外而得之也。孔子曰：『不得中行而與之，必也狂狷乎。』看來這道理須是剛硬，立得脚住，方能有所成。只觀孔子晚年方得個曾子，曾子得子思，子思得孟子，此諸聖賢都是如此剛果決烈，方能傳得這個道理。若慈善柔弱底，終不濟事。如曾子之爲人，語、孟中諸語可見。子思亦是如此，如云『摽使者出諸大門之外』，又云『以德，則子事我者也，奚可以與我友』。孟子亦是如此，所以皆做得成。學聖人之道者，須是有膽志。其決烈勇猛，於世間禍福利害得喪不足以動其心，方能立得脚住。若不如此，都靠不得。況當世衰道微之時，尤用硬着脊梁，無所屈撓方得。然其工夫只在自反常直，仰不愧天，俯不怍人，則自然如此，不在他求也。」又曰：「如今人多將顏子做個柔善底人看，殊不知顏子乃是大勇，反是他剛果得來細密，不發露。如個有大氣力底人，都不使出，只是無人抵得他。孟子則攘臂扼腕，盡發于外。論其氣象，則孟子粗似顏子，顏子較小如孔子。孔子則渾然無迹，顏子微有迹，孟子其迹盡見。然學者則須自粗以入細，須先剛硬有所卓立，然後漸漸加功，如顏子、聖人也。」僩。

問：「浩然之氣即是人所受於天地之正氣否？」曰：「然。」又問：「與血氣如何？」曰：「只是一氣，義理附于其中，則爲浩然之氣。若不由義而發，則只是血氣。然人所禀氣亦自不同：有禀得盛者，則爲人强壯，隨分亦有立作，使之做事，亦隨分做得出；若禀得衰者，則委靡巽懦，都不解有所立作。唯是養成浩然之氣，則却與天地爲一，更無限量。」廣。

或問：「浩然之氣是天地正氣，不是粗厲底氣。」曰：「孟子正意，只說人生在這裏便有這氣，能集義以養之，便可以充塞宇宙，不是論其粗與細、正與不正。如所謂『惻隱之心，人皆有之』，只是理如此。若論盜跖，便幾於無此心矣。不成孟子又説個『有惻隱之心，無惻隱之心』。」

問「浩然之氣」。曰：「這個孟子本説得來粗，只看他一章本意，是説個不動心。所謂『浩然之氣』，只似個粗豪之氣。他做工夫處雖細膩，然其成也却只似個粗豪之氣，但非世俗所謂粗豪者耳。」僩。

「『浩然之氣』一章説得稍粗，大意只是要『仰不愧於天，俯不怍於人』，氣便浩然。如『彼以其富，我以吾仁；彼以其爵，我以吾義，吾何慊乎哉』，如『在彼者皆我所不爲也，在我者皆古之制也，吾何畏彼哉』，自家有道理，對着他没道理，何畏之有？」閎祖。

「孟子『養氣』一章，大綱是説個『仰不愧於天，俯不怍於人』。上面從北宫黝、孟施舍説將來，只是個不怕。但二子不怕得粗，孟子不怕得細。」或問：「『合而有助』，助字之訓如何？」曰：「道義是虚底物，本自孤單。得這氣帖起來，便自張王皆去聲。無所不達。如今人非不爲善，亦有合於道義者。若無此氣，便只是一個衰底人。李先生曰：『「配」是襯貼起來。』又曰：『若説道「襯貼」，却是兩物。氣與道義只是一衮發出來，思之。』『一衮發出來』，説得道理好。『襯貼』字，説『配』字極親切。」從周。蓋卿録云：「先生因舉延平之言曰：『「配」是襯貼起來。若道個「襯貼」，却是兩物。道義與氣，只是一衮發出來，後來思之。』『「一衮發出來」』，説得道理好。『襯貼』字，却説得『配』字親切。孟子分明説『配義與道』，只是襯貼。不是兩物相襯貼，只是一衮發出來。但道義得此浩然之氣襯貼起，方有力量，事可擔當。若無是，則餒矣。」又曰：『義與道，若無浩然之氣襯貼起，縱有一二合於道義，未免孤單。』」後蓋卿録、震録記黎季成所問兩條，疑同聞而有詳略〔一八〕。

「『浩然之氣』一章，孔子兩句盡之，曰：『内省不疚，夫何憂何懼。』」僩〔一九〕。

問：「他書不説養氣，只孟子言之，何故？」曰：「這源流便在那『心廣體胖』，『内省不疚，夫何憂何懼』處來。大抵只是這一個氣，又不是别將個甚底去養他。但集義便是養氣，知言便是知得這義。人能仰不愧，俯不怍時，看這氣自是浩然塞乎天地之間。」榦。

問：「『養氣』一章皆自大學『誠意』一章來。」曰：「不必説自那裏來，只是此一個道理，説來説去，自相凑着。」道夫。

問〔二〇〕：「向看『誠意』章，或問云：『孟子所論浩然之氣，其原蓋出於此。』道夫因誦其所謂浩然之説。先生謂：『也是恁地，只是不要忙。』不知此語是爲始學者言養氣之理如此〔二一〕？」曰：「不是恁地。這工夫是忙不得，他所以有『勿忘』、『勿助長』之論。」道夫。

問：「浩然之氣如何看？」曰：「仁義禮智充溢於中，睟然見面盎背，心廣體胖〔二二〕，便自有一般浩然氣象。」曰：「此説甚細膩，然非孟子本意。此段須從頭看來，方見得孟子本意。孟子當初〔二三〕如何便當大任而不動心？如何便『過孟賁遠矣』？如何便『自反而縮，千萬人吾往矣』？只此勇爲不懼，便是有浩然之氣。此説似粗而實精。以程子説細考之，當初不是説不及此，只門人記録緊要處脱一兩字，便和全意失了。浩然之氣只是這血氣之氣，不可分作兩氣。人之語言動作所以充滿於一身之中者，即是此氣。只集義積累到充盛處，仰不愧，俯不怍，這氣便能浩然。」問：「『配義』之配，何謂『合而有助』之意？」曰：「此語已精。如有正將，又立個副將以配他，乃所以助他。天下莫强於理義〔二四〕。當然是義，總名是道。以道義爲主，有此浩然之氣去助他，方〔二五〕勇敢果決以進。如這一事合當恁地做，是義也。自家勇敢果決去做，便是有這浩然之氣去助他。有人分明知得合當恁地做，又恧縮不敢去做，便是餒了，無此浩然之氣。如君有過，臣諫之，是義也。有到冒死而不顧者，便是浩然之氣去助此義。如合説此話，却恧縮不對，便是氣餒，便是欿然之氣。只此一氣餒了，便成欿然之氣；不調和，便成忿厲之氣。所以古人車則有和鸞，行則有佩玉，貴於養其氣。」問：「『氣一則動志』，這『氣』字是厲氣否？」曰：「亦不必把作厲氣。但動志，則已是不好底氣了。『志動氣者十九，氣動志者十一』，須是以志爲主〔二六〕，無暴其氣。孟子當初乃剩説此一句，所以公孫丑復辯。」問：「集義到成此浩然之氣，則氣與義爲一矣。及配助義道，則又恐成二物否？」曰：「氣與義自是二物。只集義到充盛處，則能强壯，此氣便自浩然，所以又反來助這道義。無是氣，便餒而不充了。」問：「配者，助也。是氣助道義而行。又曰『集義所生』，是氣又因義集而後生。莫是氣與道義兩相爲用否？」曰：「是兩相助底意。初下工夫時，便自集義，然後生那浩然之氣。及氣已養成，又却助道義而行。」淳。

厚之問：「浩然之氣，迫於患難方失。」曰：「是氣先歉，故臨事不能支捂。浩然之氣與清明之氣自不同，浩然猶江海浩浩。」可學。

「浩然之氣乃是於剛果處見。以前諸儒於此却不甚説，只上蔡云：『浩然，是無虧欠處。』」因舉屏山喜孫寶一段。可學。

問：「上蔡嘗曰『浩然之氣須於心得其正時識取』，又曰『浩然是無虧欠時』。竊謂夜氣清明，以至平旦，此氣無虧欠而得其正，即加『勿忘勿助長』之功以存養之，如何？」曰：「夜氣者，乃清明自然之氣。孟子示人要切處，固當存養。若浩然之氣，却當從『吾嘗聞大勇於夫子』之語觀之，至『配義與道，無是餒也』。於此得其正而無虧欠，則其氣浩然，天下大事何所做不得？」又問：「浩然之氣原本在於至大至剛，若用工處，只在『必有事焉，而勿正，心勿忘，勿助長』否？」曰：「『勿忘、勿助長』亦止是涵泳底意思，用工全在集義。」佐。

「信州刊李復潏水集有一段説：『浩然之氣只是要仰不愧，俯不怍，便自然無怯懼。』其言雖粗，却盡此章之意。前輩説得太高，如龜山爲某人作養浩堂記，都説從别處去。」閎祖。

「孟子『養氣』一段，某説得字字甚子細，請子細看。」

「浩然之氣，須是識得分明，自會養得成。若不見得直是是、直是非，欲説不説，只恁地含含胡胡，依違鶻突，要説又怕不是，這如何得會浩然？人自從生時受天地許多氣，自恁地周足。只緣少間見得没分曉，漸漸衰颯了。又不然，便是『行有不慊於心』，氣便餒了。若見得道理明白，遇事打併淨潔，又仰不愧，俯不怍，這氣自浩然。如猪胞相似，有許多氣在裏面，便恁地飽滿周徧；若無許多氣，便厭了，只有許多筋膜。這氣只論個浩然與餒，又不然，只是驕吝。有些善，只是我自會，更不肯向人説。恁地包含，這也只會餒。天地吾身之氣非二。」賀孫。

「兩個『其爲氣也』，前個是説氣之體段如此，後個是説這氣可將如此用。」僩。

問：「伊川以『至大至剛以直』爲絶句，如何？」曰：「此是趙岐説，伊川從之。以某觀之，只將『至大至剛』爲絶句，亦自意義分明。」煇曰：「如此却不費力。」曰：「未可如此説，更宜將伊川之説思之。」煇〔二七〕。

問：「程子〔二八〕以『直』字爲句，先生以『以直』字屬下句。」曰：「文勢當如此説。若以『直』字爲句，當言『至大至剛至直』。又此章前後相應，皆是此意。先言『自反而縮』，後言『配義與道』。所謂『以直養而無害』，乃『自反而縮』之意，大抵某之解經，只是順聖賢語意，看其血脈通貫處爲之解釋，不敢自以己意説道理也。」人傑。

「古注及程氏皆將『至大至剛以直』做一句，據某所見，欲將『至大至剛』爲一句，『以直養而無害』爲一句。今人説養氣，皆謂在『必有事焉，而勿正，心勿忘，勿助長』四句上。要緊未必在此，藥頭只在那『以直養而無害』及『集義』上。這四句却是個炮炙煅煉之法。直，只是無私曲。集義，只是事事皆直。『仰不愧於天，俯不怍於人』，便是浩然之氣。而今只將自家心體驗到那無私曲處，自然有此氣象。」文蔚云：「所以上蔡説『於心得其正時識取』。」曰：「是。」文蔚問：「塞天地莫只是一個無虧欠否？」曰：「他本自無虧欠，只爲人有私曲，便欠却他底。且如『萬物皆備於我，反身而誠，樂莫大焉』，亦只是個無虧欠。君仁臣忠，父慈子孝，自家欠却他底，便不快活。『反身而誠，樂莫大焉』，無欠闕也。以此見浩然之氣只是一個『仰不愧於天，俯不怍於人』。」王德修云：「伊川却將『至大至剛以直』與坤卦『直方大』同説。」曰：「便是不必如此。且只將孟子自看，便見孟子説得甚粗，易却説得細。」文蔚。

伯豐問：「『至大至剛以直』字絶句？」曰：「古注如此，程氏從之。然自上下文推之，故知『以直』字屬下句，不是言氣體，正是説用工處。若只作『養而無害』，却似禿筆寫字，其話没頭。觀此語脈，自前章『縮、不縮』來，下章又云『是集義所生』，義亦是直意。若『行有不慊於心，則餒矣」，故知是道用功夫處。『必有事焉，而勿正心』，『心』字連上句，亦得。但避大學『正心』字，故將『心』字連下句。然初不相干，各自取義。古注『正』字作望字解。如將『心勿忘』屬上文，『勿助長』屬下文，亦不須如此。只是浩然之氣養之未至，而望有之便是正。如其正時，只是望之而已。至於助長，則是强揠〔二九〕力取，氣未能養，遽欲加人力之私，是爲揠苗而已。」僴。饒録云「至於期望不得浩然時，却未能養。遽欲强加力作弄，要教浩然，便是助長也。」

黎季成問：「伊川於『以直』處點句，先生却於『剛』字下點句。」曰：「若於『直』字斷句，則『養』字全無骨肋。只是『自反而縮』是『以直養而無害』也。」又問「配義與道」。曰：「道義在人。須是將浩然之氣襯貼起，則道義自然張王，所謂『配合而助之』者，乃是貼起來也。」先生作而言曰：「此語若與孟子不合者，天厭之！天厭之！」蓋卿。

黎季成問：「『至大』、『至剛』、『以直』三者乃氣之本體，闕一不可。三者之中，『直』字尤切。今集注却似以『直』來養此氣。」曰：「不用『直』，却著甚底來養？」黎云：「集義工夫是養。」曰：「『義便是直。此『直』字從曾子『聞大勇於夫子，自反而縮』處說起，後來又說『集義』，與此『以直養而無害』皆一章緊切處。所謂浩然之氣，粗說是『仰不愧於天，俯不怍於人』，無所疑畏。故上面從北宫黝、孟施舍說來，只是說個不怕。但二子不怕得粗，曾子不怕得細膩。」黎又問：「『配義與道』，集注云『配者，合而有助』之意。竊疑『配』字罕有以助爲釋者。」曰：「公如何説？」正好商量。」曰：「浩然之氣集義而成者，其用則無非義，其體則道也。」曰：「却如何是合？」曰：「浩然之氣與道義無間異。」曰：「如此則是無分别，此一段都緩慢了。公歸去仰卧思量，心必不安。」黎又云：「先生之意甚明切，某所疑『配』字非助。」曰：「此謂道義得浩然之氣助之，方張王。如以一碗水攙一碗水，則剛果勇決，無所疑憚，有以任重做得去。若個人做得一件半件事合道義，而無浩然之氣來配助，則易頽墮了，未必不爲威武所屈，貧賤所移，做大丈夫不得。」又云：「『助』字釋『配』字乃得之。李先生云：『助，是陪貼底字。』」先生又曰：「某解此段，若有一字不是孟子意，天厭之！」又曰：「無此氣以扶持之，仁或見困於不仁，義或見陵於不義。」震。

「遺書以李〔三〇〕端伯所録最精，故冠之篇首。然〔三一〕端伯載明道所言以『至大至剛』爲句，以『直養』二字屬下句，及楊遵道録伊川之言，則曰『先兄無此説』，斷然以『至大至剛以直』爲一句，二説正相抵牾。〔三二〕」曰：「『至大至剛以直』，趙臺卿如此解。『直養』之説，伊川嫌其以一物養一物，故從趙注。舊嘗用之，後來反覆推究，却是『至大至剛』作一句，『以直養而無害』作一句者，爲得孟子之意。蓋聖賢立言，首尾必相應。如云『自反而縮』，便有直養意思。集義之説亦然。端伯所記明道語未必不親切，但恐伊川又自主張得别，故有此議論。今欲只從明道之説也。」謨。

問：「明道以『以直養而無害』爲句，伊川云：『先兄無此説。』何也？」曰：「看那一段意思，明道説得似乎有理。孟子所謂『以直』者，但欲其無私意耳，以前頭説『自反而縮』、『自反而不縮』處都是以直養底意思。氣之體段本自剛大，自是能塞天地，被人私意妄作，一向蔽了他一個大底體段。故孟子要人自反而直，不得妄有作爲，以害其本體。如明道所説，真個見得孟子本意。」又云：「伊川爲人執，便道是『先兄無此言』也。」初。

問〔三三〕：「伊川作『以直』點，如何？」曰：「氣之體段若自剛大外更着一兩字形容也得，然工夫却不在上面，須要自家自反而直，然後能養而無害也。」又問「詖、淫、邪、遁」。曰：「詖只是偏，詖如人足跛相似，斷行不得。且楊、墨説『爲我』『兼愛』，豈有人在天地間孑然自立，都不涉着外人得？又豈有視人如親，一例兼愛得？此二者皆偏而不正，斷行不得，便是蔽於此了。至淫辭，則是説得愈泛濫，陷溺於中，只知有此而不知有他也。邪辭，則是陷溺愈深，便一向離了正道。遁辭，則是説得窮後，其理既屈，自知去不得，便別換一個話頭。如夷之説『施由親始』之類，這一句本非他本意，只臨時撰出來也。」先生又云：「『生於其心，害於其政』者，是才有此心，便大綱已壞了。至『發於其政，害於其事』，則是小底節目都以次第而壞矣。」因云：「孟子是甚麽底資質、甚麽底力量，却纖悉委曲，都去理會，直是要這道理無些子虧欠。以此知學問豈是執一個小小底見識便了得，直是要無不周匝，方是道理。要須整頓精神，硬着脊骨與他做將去，始得。」時舉。植同。

王德修說：「浩然之氣大、剛、直，是氣之體段，實養處是『必有事焉』以下。」曰：「孟子浩然之氣要處只在集義，集義是浩然之氣生處。大、剛與直，伊川須要說是三個，何也？」大雅云：「欲配直、方、大三德。」曰：「坤『直方』自是要『敬以直內，義以方外』，『大』自是『敬義立而德不孤』。孔子說或三或五，豈有定例。據某看得，孟子只說浩然之氣『至大至剛』，養此剛大須是直，『行有不慊於心』是不直也，便非所以集義，浩然從何而生？曾子說『自反而縮』、『自反而不縮』亦此類也。如『必有事焉』是事此集義也，『而勿正』是勿必此浩然之生也。正，待也，有期必之意。公羊曰：『師出不正反，戰不正勝。』古語有然。『心勿忘』是勿忘此義也，『勿助長』是勿助此氣也，四句是籠頭說。若論浩然之氣，只是剛大，養之須是直。蓋以『直』只是無私曲之心，仰不愧，俯不怍。如此養，則成剛大之實而充塞天地之間不難也。所以必要集義，方能直也。龜山謂『嫌以一物養一物』，及他說又自作『直養』。某所以不敢從伊川之說。」大雅。

「氣雖有清濁厚薄之不齊，然論其本則未嘗異也。所謂『至大至剛』者，乃氣之本體如此，但人不能養之而反害之，故其大者小、剛者弱耳。」閎祖。

「『以直養而無害』，謂『自反而縮』，俯仰不愧，故能養此氣也，與大學『自慊』之意不同。自慊者，『如好好色，如惡惡臭』，皆要自己慊足，非爲人也。」謨。

「『以直養』是『自反而縮』，『集義』是『直養』，然此工夫須積漸集義，自能生此浩然之氣。不是行一二件合義底事，能搏取浩然之氣也。集義是歲月之功，襲取是一朝一夕之事。從而掩取，終非己有也。」德明。

「『養而無害』，要養又要無害，助長是害處。」又曰：「『必有事焉』只是『集義』。」炎。

「『至大至剛』，氣之本體。『以直養而無害』是用功處，『塞乎天地』乃其效也。」問：「塞乎天地，氣之體段本如此。充養到浩然處，然後全得個體段，故曰『塞乎天地』。如但能之，恐有誤字。所謂『推之天地之間，無往而不利』，恐不然。」曰：「至塞乎天地，便無往不可。」德明。

問：「浩然之氣如何塞乎天地？」曰：「塞乎天地之間，是天地之正氣。人之血氣有限，能養之，則與天地正氣亦同。」又問：「塞，莫是充塞否？」曰：「是遍滿之意也。」去僞（三四）。

問「塞乎天地之間」。曰：「天地之氣無處不到，無處不透，是他氣剛，雖金石也透過。人便是稟得這個氣無欠闕，所以程子曰：『天人一也，更不分別。浩然之氣，乃吾氣也，養而無害，則塞乎天地。一爲私意所蔽，則慊然而餒，却甚小也。』」又曰：「浩然之氣，只是氣大敢做。而今一樣人，畏避退縮，事事不敢做，只是氣小。有一樣人未必識道理，然事事敢做，是他氣大，如項羽『力拔山兮氣蓋世』便是這樣氣。人須是有蓋世之氣方得。」文蔚録云「塞天地只是氣魄大，如所謂『氣蓋世』。」又曰：「如古人臨之以死生禍福而不變，敢去罵賊，敢去徇國，是他養得這氣大了，不怕他，又也是他識道理，故能如此。」

問：「『塞乎天地之間』是元氣體段合下如此。或又言『只是不疑其行，無往不利』，何也？」曰：「只爲有此體段，所以無往不利。不然，須有礙處。」問：「程子『有物始言養，無物養個甚？』此只要識得浩氣體段否？」曰：「只是説個大意如此。」問：「先生解西銘『天地之塞』作窒塞之『塞』，如何？」曰：「後來改了，只作充塞。横渠不妄下字，各有來處。其曰『天地之塞』是用孟子『塞乎天地』，其曰『天地之帥』是用『志，氣之帥也』。」德明。

「氣，只是這個氣，才存此心在，此氣便塞乎天地之間。」泳。

問：「人能仰不愧，俯不怍，便有充塞天地底氣象否？」曰：「然。才有不歉於心，便是餒了。」廣。

「上章既説浩然如此，又言『其爲氣也，配義與道』，謂養成浩然之氣以配道義，方襯貼得起。不然，雖有道義，其氣懾怯，安能有爲？『無是，餒也』謂無浩氣，即如饑人之不飲食而餒者也。」德明。

「氣配道義。有此氣，道義便做得有力。」淳。

鄭問：「『配義與道』，『配』是合否？」曰：「『配』亦是合底意思。須〔三五〕是養得這氣，做〔三六〕得出，方合得道義。蓋人之氣當於平時存養有素，故遇事之際，以氣助其道義而行之。配，合也，助也。若於氣上存養有所不足，遇事之際，便有十分道理，亦畏怯而不敢爲。」鄭云：「莫是『見義而不爲，無勇也』底意思否？」曰：「亦是這個道理。」又曰：「所謂『氣』者，非干他事。只是自家平時仰不愧，俯不怍，存養於中，其氣已充足飽滿，以之遇事，自然敢爲而無畏怯。若平時存養少有不足，則遇事之際，自是索然而無餘矣。」卓。賀孫同。

或問「浩然之氣，配義與道」。曰：「如今說得大錯，不肯從近處說。且如『配』字是將一物合一物，義與道得此浩然之氣來貼助配合，自然充實張王。若無此氣，便是餒了。『至大至剛』當讀斷。『以直養而無害』，以直方能養得，便是前面說『自反而縮』道理。『是集義所生』，是氣是積集許多義理而生，非是將義去外面襲取掩撲此氣來。粗說，只是中有所主，見得道理分明，直前不畏爾。孟施舍、北宮黝便粗糙，曾子便細膩爾。」謙。

「『配義與道』，配，從而合之也，氣須是隨那道義。如云地配天，地須在天後，隨而合之，婦配夫亦然。畢竟道義是本，道義是形而上者〔三七〕，氣是形而下者。若道義別而言，則道是體，義是用。體是舉他體統而言，義是就此一事所處而言。如父當慈，子當孝，君當仁，臣當敬，此義也。所以慈孝，所以仁敬，則道也。故孟子後面只説『集義』。」端蒙。

問「配義與道」。曰：「道義是公共無形影底物事，是自家身上底物。道義無情，若自家無這氣，則道義自道義，氣自氣，如何能助得他？」又曰：「只有氣魄，便做得出。」問：「氣是合下有否？」曰：「是合下有。若不善養，則無理會，無主宰，或消滅不可知。或使從他處去，亦不可知。」夔孫。

「『養氣』章道義與氣不可偏廢，雖有此道義，苟氣不足以充其體，則歉然自餒，道氣亦不可行矣。如人能勇於有爲，莫非此氣。苟非道義，則亦强猛悍戾而已。道義而非此氣以行之，又如人要舉事，而終於委靡不振者，皆氣之餒也。『必有事焉而勿正』，趙氏以希望之意解『正』字，看來正是如此，但説得不甚分明。今以爲期待之意，則文理不重複。蓋必有事於此，然後心不忘於此。正之不已，然後有助長之患。言意先後，各有重輕。『孟施舍似曾子，北宫黝似子夏』。數子所爲本不相侔，只論養勇，借彼喻此，明其所養之不同爾。正如公孫丑謂『夫子過孟賁遠矣』，孟賁豈孟子之流，只是言其勇爾。」謨。

「方『集義』以生此氣，則須要勉强。及到氣去配義與道，則道義之行愈覺剛果，更無凝滯，尚何恐懼之有？」謨。

問「配義與道」。曰：「此爲理會得道理底，也須養得氣方才助得它。」夔孫。

「『配義與道』只是說氣會來助道義，若輕易開口，胡使性氣，却只助得客氣。人纔養得純粹，便助從道義好處去。」賜。

「『配義與道』，道是體，一事有一理是體，到隨事區處便是義。」士毅〔三八〕。

問：「氣之所配者廣矣，何故只說義與道？」曰：「道是體，義是用。程子曰：『在物爲理，處物爲義。』道則是物我公共自然之理，義則吾心之能斷制者，所用以處此理者也。」廣。

「『配義與道』，如云『人能弘道』。」可學。

「氣、義互相資。」可學。

問：「浩然之氣人人有之，但不養則不浩然爾〔三九〕？」曰：「是。」又問：「『配』字從前只訓『合』，先生以『助』意釋之，有據否〔四〇〕？」曰：「非謂配便是助，但養得那氣充，便不餒。氣充，方合得那道義，所以說有助之意。」義剛。

「配義與道」，集注云：「配者，合而有助之謂。」炎謂：「此一句從來說不分曉。先生作『合而有助』，便覺得賓主分曉，工夫亦自有徑捷。」曰：「語意是如此，氣只是助得道義。」炎。

問「合而有助」之意〔四一〕。曰：「若無氣以配之，則道義無助。」輝〔四二〕。

問「合而有助」之意〔四三〕。曰：「氣自氣，道義自道義。若無此氣，則道義亦不可見。

世之理直而不能自明者，正爲無其氣耳。譬如利刀不可斬割，須有力者乃能用之。若自無力，利刃何爲？」力行。

「『其爲氣也，配義與道。無是，餒也。』有一樣人，非不知道理，但爲氣怯，更貼襯義理不起。」閎祖。

「『其爲氣也，配義與道。無是，餒也。』配，合也。義者，人心節制之用；道者，人事當然之理。餒，不飽也。氣由道義而有，而道義復乘氣以行，無異體也。得其所養，則氣與道義初不相離，而道義之行，得以沛然無所疑憚者。若其無此，則如食之不飽，雖欲勉於道義，而亦無以行矣。氣者，道義之成質，故必集義乃能生之。集義，猶言『積善』。」端蒙。

「『配義與道，無是，餒也。』將這氣去助道義，方能行得去。若平時不得養，此氣自衰颯了。合當做底事，也畏縮不敢去做。如朝廷欲去這一小人，我道理直了，有甚怕他不敢動着。知他是小人不敢去他，只是有這氣自衰了。其氣如此，便是合下無工夫。所謂『是集義所生者』，須是平時有集義工夫，始得。到行這道義時，氣自去助他。集義是平時積累工夫，『配義與道』是卒然臨事，氣配道義行將去。此兩項各自有頓放處，但將粗處去看，便分曉。春秋時欲攻這敵國，須先遣問罪之詞。我這裏直了，將這個去摧他勢，他雖有些小勢力，亦且消沮去了。漢高祖爲義帝發喪，用董公言『明其爲賊，敵乃可服』。我這個直了，行去自不怕得它。」寓。

或問：「『配義與道』，蓋人之能養是氣，本無形聲可驗，惟於事物當然之理上有所裁制，方始見得其行之勇、斷之決。緣這道義與那氣厮合出來，所以『無是，餒也』。」曰：「更須子細。是如此，其間但有一兩字轉换費力，便説意不出。」又問：「後面説『集義所生』，這個養氣底規模，如何下手？都由酬酢應接，舉皆合義。人既如此俯仰無愧，所以其氣自然盛大流行。」燾録云：「問養氣。曰：『酬酢應接，舉皆合義，則俯仰並無愧怍，故其氣自然盛大流行。』」曰：「這後方可説配義。集義與配義，是相向説。初間其氣由集義而生，後來道義却須那氣相助，是以無所疑憚。」胡泳。

李問：「『無是，餒也』是指義，是指氣？」曰：「這是説氣。」曰：「下面如何便説『集義所生？』」曰：「上截説須養這氣，下再起説所以生此氣。每一件事做得合義，便會生這氣，生得這氣，便自會行這義。伊川云：『既生得此氣，語其體，則與道合；語其用，則莫不是義。譬之以金爲器，及其器成，方命得此是金器。』『生』正與『取』字相對説，生是自裏面生出，取是自外面取來。且如今人有氣魄，合做事，便做得去。若無氣魄，雖自見得合做事，却做不去。氣只是身中底氣，道義是衆人公共底天地浩然之氣，到人得之，便自有不全了，所以須着將道理養到浩然處。」賀孫。

問：「前賢云：『譬如以金爲器，器成方得命爲金器。』舊聞此說，遂謂『無是，餒也』，『是』字指道義而言。」先生曰：「不知當時如何作如此說。」力行。

「孟子做義上功夫，多大小大。養氣只是一個集義。」

「孟子許多論氣處，只在『集義所生』一句上。」去僞〔四四〕。

或問「集義」。曰：「只是無一事不求個是而已矣。」恪。

或問「集義」。曰：「『集義』只是件件事要合宜，自然積得多。」蓋卿。

或問「集義」〔四五〕。曰：「事事都要合道理，才有些子不合道理，心下便不足。才事事合道理，便仰不愧，俯不怍。」因云：「如此一章，初看道，如何得許多頭緒，恁地多，後來看得却無些子窒礙。」賀孫。

問「集義」。曰：「『集猶聚也』，『處物爲義』須是事事要合義。且如初一件合義了，第二、第三件都要合義，此謂之『集義』。或問伊川：『義莫是中理否？』此理如何？」曰：「『如此說，却是義在外也。』蓋有是有非，而我有以處之，故爲義。」端蒙。

「『集義』，謂如十事有一事不合義，則便有愧。須是集聚衆義，然後是氣乃生。『非義襲而取之』，非是於外求得是義，而摶出此氣也。」震。

「『養浩然之氣』只在『集義所生』一句上。氣，不是平常之氣，集義以生之者。義者，宜也。凡日用所爲所行，一合於宜。今日合宜，明日合宜，集得宜多，自覺胸中慊足，無不滿之意。不然，則餒矣。『非義襲而取之』，非是外取其義以養氣也。『配義與道』者，大抵以坤配乾，必以乾爲主；以妻配夫，必以夫爲主。配，作隨底意思。以氣配道義，必竟以道義爲主，而氣隨之，是氣常隨着道義。」謨。

或問「是集義所生者」一句。曰：「『是集義』者，言是此心中分別這是義了，方做出來，使配合得道義而行之，非是自外面襲得來也。『生』字便是對『取』字而言。」卓。

或問：「人有生之初，理與氣本俱有。後來欲動情流，既失其理而遂喪其氣。集義，則可以復其性而氣自全。」曰：「人只怕人說氣不是本來有底，須要說人生有此氣。孟子只說『其爲氣也，至大至剛，以直養而無害』，又說『是集義所生者』，自不必添頭上一截說。呂子約亦是如此數摺價說不了。某直敢說，人生時無浩然之氣，只是有那氣質昏濁頹塌之氣。這浩然之氣，方是養得恁地。孟子只謂此是『集義所生』，未須別說。若只管謂氣與道義，皆是我本來有底，少間要行一步，既怕失了道義，又怕失了氣。恰似兩隻脚併著一隻袴，要東又牽了西，要西又牽了東，更行不得。」胡泳。

問〔四六〕：「此氣是當初稟得天地底來，便自浩然，抑是後來集義方生？」曰：「本是浩然，被人自少時壞了，今當集義方能生。」曰：「有人不因集義，合下來便恁地剛勇，如何？」

曰：「此只是粗氣，便是北宮黝、孟施舍之勇底，亦終有餒時。此章須從頭節節看來看去，首尾貫通，見得活方是，不可只略獵涉說得去便是了。」淳。

問〔四七〕：「孟子養浩然之氣，如所謂『集義』、『勿忘、勿助』、『持其志，無暴其氣』，似乎皆是等級。」曰：「他祇是集義。合當做底便做將去，自然塞乎天地之間。今若謂我要養氣，便是正，便是助長。大抵看聖賢文字，須要會得他這意。若陷在言語中，便做病來。」道夫。

「集義，故能生浩然之氣。」問：「何以不言仁？」曰：「浩然之氣無他，只是仰不愧，俯不怍，無一豪不快於心，自生浩然之氣。只合說得義。義，便事事合宜。」德明。

先生問一之〔四八〕：「看浩然之氣處如何？」曰：「見集義意思，是要得安穩。如講究書中道理，便也要見得安穩。」曰：「此又是窮理，不是集義。集義是行底工夫，只是事事都要合義。窮理則在知言之前。窮理是做知言工夫，能窮理，然後能知言。」淳。

問：「浩然之氣，集義是用功夫處否？」曰：「須是先知言，知言則義精而理明，所以能養浩然之氣。知言正是格物致知。苟不知言，則不能辨天下許多淫、邪、詖、遁。將以爲仁，不知其非仁；將以爲義，不知其非義，則將何以集義而生此浩然之氣！氣只是充乎體之氣，元與天地相流通。只是仰不愧，俯不怍，自然無恐無懼，塞乎天地。今人心中才有歉愧，則此氣自然消餒，作事更無勇銳。『配義與道』者，配是相合而有助。譬如與人鬬敵，又得一人在後相助，自然愈覺氣勝。告子『不得於言，勿求於心；不得於心，勿求於氣』只是一味勃然不顧義理。如此養氣，則應事接物皆去不得。孟子是活底不動心，告子是死底不動心。如孟子自是沉潛積養，自反而縮，只是理會得道理是當。雖加齊卿相，是甚做不得？此章正要反覆子細看：公孫丑如何問，孟子如何答。孟子才説『志至焉，氣次焉，持其志，無暴其氣』，公孫丑便以志爲至，以氣爲第二等事，故又問何故又要無暴其氣。孟子方告之以不特志能動氣，而氣亦能動志也。氣能動志，須是尋常體察。如飲酒固能動志，然苟能持其志，則亦不能動矣。」侍坐者有於此便問：「直、方、大如何？」曰：「議論一事未分明，如何隔向別處去？下梢此處未明，彼又不曉，一切泛然無入頭處。讀書理會義理，須是勇猛徑直理會將去。正如關羽擒顔良，只知有此人，更不知有別人，直取其頭而歸。若使既要斫此人，又要斫那人，非惟力不給，而其所得者不可得矣。又如行路，欲往一處所，却在道邊閑處留滯，則所欲到處，何緣便達？看此一章，便須反覆讀誦，逐句逐節互相發明。如此三二十過而曰不曉其義者，吾不信也。」謨。

「『養氣』一段，緊要只在『以直養而無害』、『是集義所生』、『自反而縮』等處。」又曰：「『非義襲而取之』，其語勢如『人之有是四端，猶其有四體』，却不是説有無四體底人。言此氣須是集義方生得，不是一日向義外面去襲取得那氣來〔四九〕，教恁地浩然。」植。

問：「浩然之氣是『集義所生，非義襲而取之也』，如何？」曰：「此是反覆説，正如所謂『仁義禮智，非由外鑠我也，我固有之也』。是積集衆義所生，非是行一事偶然合義，便可掩襲於外而得之。浩然之氣，我所固有者也。」廣。

問：「『集義』是以義爲内，『義襲』是以義爲外否？」曰：「不必如此説。此兩句是掉轉説，如云『我固有之也，非由外鑠我也』。蓋義本於心，不自外至。積集此義而生此氣，則此氣實生於中。如北宫黝、孟施舍之勇，亦自心生。」又問：「集注云：『非由只行一事，偶合於義，便可以掩襲於外而得之〔五〇〕。』」曰：「『集義』是集衆義，故與只行一事相對説。襲，猶兵家掩襲之『襲』，出其不意，如劫寨相似，非順理而行，有積集工夫者也。」人傑。

「『非義襲而取之』，謂積集於義，自然生得此氣，非以浩然爲一物，可以義襲取之也。」德明。

「『是集義所生者，非義襲而取之也。』須是積習持養，則氣自然生，非謂一事合宜，便可掩取其氣以歸於己也。」閎祖。

問「是集義所生者，非義襲而取之也」。曰：「今説『集義』如學者工夫，須是於平日所爲之事，求其合於義者而行之。積集既久，浩然氣自生。若説『義襲』，則於一事之義勇而爲之，以壯吾氣耳。襲，如用兵掩襲之『襲』，猶曰於一事一行之義，勇而爲之，以襲取其氣也。」人傑。

正淳問：「『非義襲而取之』，如何？」曰：「所謂『義襲而取之』者，襲如用兵之襲，有襲奪之意，如掩人不備而攻襲之。謂如才得行一件事合義，便將來壯吾氣〔五一〕，以爲浩然之氣可以攫拏而來，夫是之謂襲。若集義者，自非生知，須是一一見得合義而行。若是本初清明，自然行之無非是義，此舜『由仁義行』者。其他須用學知。凡事有義有不義，便於義行之。今日行一義，明日行一義，積累既久，行之事事合義，然後浩然之氣自然而生。如金溪之學，向來包子只管說『集義』、『襲義』。某嘗謂之曰：『如此說孟子，孟子初無襲義。今言襲義，即是包子矣。』其徒如今只是將行得一事合義，便指準將來長得多少精神，乃是告子之意，但其徒禁錮着不說出來。」㽦。

「『非義襲而取之』，見江西人只愛說『義襲』，不知如何襲，只是說非以義掩取是氣。蓋氣自內而生，非由外而入。」蓋卿。

問：「無浩然之氣，固是襯貼他義不起。然義有欠闕，即氣亦餒，故曰『行有不慊于心，則餒矣』。竊謂氣與義必相須。」曰：「無義即做浩然之氣不成，須是集義，方成得浩然之氣。」德明。

「浩然，要事事合義，一事餒便行不得。」可學。

問：「明道說浩然之氣曰：『一爲私意所蔽，則欿然而餒，知其小矣。』據孟子後面說『行有不慊於心則餒』，先生解曰：『所行一有不合於義，而自反不直，則不足於心，而體自有所不充。』只是說〔五二〕所行不義，則欿然而餒。今說『蔽』字，則是說知之意，不知如何？」曰：「蔽是遮隔之意，氣自流通不息，一爲私意所遮隔，則便去不得。今且以粗言之：如項羽一個意氣如此〔五三〕，纔被漢王數其罪十，便覺沮屈去不得了。」廣。

問：「集注云：『告子外義蓋外之而不求，非欲求之於外也。』」曰：「告子直是將義屏除去，只就心上理會。」因說：「陸子靜云：『讀書講求義理，正是告子義外工夫。』某以爲不然。如子靜不讀書，不求義理，只靜坐澄心，却似告子外義。」德明。集注非定本。

「養氣二項：『敬以直內，』『必有事』。義以方外。』」集義。方。

「孟子論養氣，只全就已發處說。程子論養志，自當就未發處說。養志莫如「敬以直內」。各是一義，自不妨內外交養。不可說孟子救告子義外之失，而姑爲此言也。」

「『必有事焉』是須把做事做。如主敬，也須是把做事去主。如求放心，也須是把做事去求；如窮理，也須是把做事去窮。」僩。

鄭天禧問：「『必有事焉而勿正』當作絶句否？」曰：「元舊是恁地讀。」卓。

「『必有事焉，而勿正心』，此言『正心』，自與大學〔五四〕語脈不同。此『正』字是期待其效之意。『仁者先難而後獲』，正心似先獲意思，先獲是先有求獲之心。古人自有這般語〔五五〕。公羊傳云：『師出不正反，戰不正勝。』此『正』字與孟子說正心之『正』一般，言師出不可必期其反，戰不可必期其勝也。」賀孫。

問「必有事焉而勿正」之義。曰：「正，猶等待之意，趙岐解云：『不可望其福。』雖說意粗了，其文義却不錯，此正如『師出不正反，戰不正勝』之『正』。古人用字之意如此，言但當從事於此，而勿便等待其效之意。」或問〔五六〕：「此便是助長否？」曰：「『正』未是助長，待其效而不得，則漸漸助之長矣。譬之栽木，初栽即是望其長，望之之久而不如意，則揠苗矣。明道曰『下言之漸重』，此言却是。」後因論「仁者先難而後獲」，洽〔五七〕曰：「先生解『勿正』字頗有後獲之意。」曰：「然，頗有此意。」曰〔五八〕：「如此解，則於用工處儘有條理。」曰：「聖賢之言條理精密，往往如此。但看得不切，錯認了他文義，則並與其意而失之耳。」洽〔五九〕。

「『必有事焉，而勿正』，有事，有所事也；正，預期也。言人之養氣，須是集義。苟有未充，不可預期其效，而必強爲以助其長也。」端蒙。

「『必有事焉，而勿正』，這裏是天命流行處。」謨。

「『勿正』所以爲預期者，亦猶程子所謂『思而曰善，然後爲之，是正之之意』歟？」曰：

「程子此言稍寬。今以正爲預期者，却有引據，所謂『戰不正勝』是也。」謨。

「『必有事焉，而勿正，心勿忘，勿助長』，是養氣中一節目。饒本作「集義中小節目」。不要等待，不要催促。」淳〔六〇〕。

「事、正、忘、助相因。無所事，必忘。正，必助長。」閎祖。

「『集義』如藥頭，『必有事，勿正，心勿忘，勿助長』如制度。」閎祖。

「『必有事焉』，謂有所事，只是集義也。正則有所待，蓋必之之意。『勿忘，勿助長』，但勿忘則自然長，助長則速之如揠苗者也。」德明。

或問「必有事焉，而勿正」。曰：「正，便是期必。集義多，則浩然之氣自生。若著一個意在這裏等待他生，便爲害。今日集得多少義，又等他氣生。明日集得多少義，又等他氣生，這都是私意，只成得一個助長。恁地，則不惟氣終不會生，只這所集之義已不得爲是了。」

或問「必有事焉而勿正」。曰：「正，是等待之意。如一邊集義，一邊在此等待那氣生，今日等不見，明日又等不見，等來等去，便却去助長。」恪。

「『勿正心』，勿期其浩然也。『勿忘』者，勿忘其下工夫也。『助長』者，無不畏之心，而强爲不畏之形。」節。

「『勿忘，勿助長』本連上文『集義』而言，故『勿忘』謂勿忘集義也。一言一動之間皆要合義，故勿忘。『助長』謂不待其充而强作之使充也。如今人未能無懼却强作之，道我不懼；未能無惑却强作之，道我不惑，是助長也。有事，有事於集義也。勿正，謂勿預等待他，聽其自充也。」升卿。

「『必有事焉，而勿正，心勿忘，勿助長也。』下兩句非是覆解上兩句，此自有淺深。『勿正』是勿期必其如此，『勿助長』是不到那地位了，不可硬要充去。如未能集義，不可硬要浩然。纔助長，在我便有那欺僞之心，施於事，末梢必不勝任，譬如十鈞之力而負千鈞，故助長之害最大。」端蒙。

「『必有事焉』謂集義。『正』是期望，『忘』是不把做事，『助長』是作弄意思。世自有此等人，孟子之意只是如此粗言之。要之，四者初無與養氣事。只是立此界至，如東至某，西至某，其中間一段方是浩然處也。」必大〔六一〕。

問：「預期其效如何？」曰：「集義於此，自生浩然之氣，不必期待他。如種木焉，自是生長，不必日日看覷他。若助長，直是拔起令長。如今〔六二〕說不怕鬼，本有懼心，强云不懼。又如言不畏三軍者，出門聞金鼓之聲乃震怖而死。事見孟子注〔六三〕。須積習之功至，則自然長，不可助長也。」德明。

「『養氣』一章在不動心，不動心在勇，勇在氣，氣在集義。『勿忘』、『勿助長』又是那集義底節度。若告子則更不理會言之得失，事之是非，氣之有平、不平，只是硬制壓那心使不動，恰如説打硬修行一般。」端蒙。

問「必有事焉而勿正」章。曰：「『必有事焉』，孟子正説工夫處。且從上面集義處看來，便見得『必有事焉』者，言養氣〔六四〕當必以集義爲事；『勿正』者，勿待也；『勿忘』者，勿忘其以集義爲事也；『助長』者，是待之不得而拔之使長也。言人能集義以養其浩然之氣，故事物之來，自有以應之，不可萌一期待之心。少間待之不得，則必出於私意有所作爲，而逆其天理矣，是助之長也。今人之於物，苟施種植之功，至於日至之時，則自然成熟。若方種而待其必長，不長則從而拔之，其逆天害物也甚矣。」又云：「『集義』是養氣底丹頭，『必有事』便是集義底火〔六五〕法。言必有事者，是養氣之法度也。養得這氣在此，便見得這個自重，那個自輕。如公孫丑言『加齊卿相，得行道焉』，以爲孟子動心於此。不知孟子所養在此，見於外者，皆由這裏做出來。」又曰：「孔子與顏淵『用之則行，舍之則藏，唯我與爾有是夫』。這『有是夫』言我有這個道理在，不是言有用舍、行藏也。」又云：「心有所主宰，則氣之所向者無前，所謂『氣蓋世』之類是也。有〔六六〕其心而無其氣，則雖十分道理底事，亦有不敢爲者，氣不充也。」卓。

看「助長」説，曰〔六七〕：「孟子『必有事焉』、『勿忘』是論集義工夫，『勿正』與『勿助長』是論氣之本體上添一件物事不得。若是集義，便過用些力亦不妨，却如何不著力得？苗固不可揠，若灌溉耘治，豈可不盡力。今謂克治則用嚴，養氣則不可助長，如此則二事相妨，如何用功？」僩。

「『勿忘，勿助長』，自是孟子論養氣到這裏，不得不恁地説。如今學者先要把個『勿忘，勿助長』來安排在肚裏了做工夫，却不得。」

「明道云：『「勿忘，勿助長」之間，正當處也。〔六八〕』此等語更宜玩味。大凡觀書，從東頭直築着西頭，南頭築着北頭，七穿八透，皆是一理，方是貫通。古人所以貴一貫也。」必大〔六九〕。

「『必有事焉』，只消此一句，這事都了。下面『而勿正，心勿忘，勿助長』恰似剩語，却被這三句撐拄夾持得不活轉，不自在。然活轉自在人，却因此三句而生。只是纔喚醒，這物事便在這裏，點着便動。只此便是天命流行處，便是『天命之謂性，率性之謂道』，便是仁義之心，便是『惟皇上帝降衷于下民』。謝氏所謂『活潑潑地』只是這些子，更不待想象尋求，分明在這裏觸着便應。通書中『元亨誠之通，利貞誠之復』一章便是這意思。見得這個物事了，動也如此，靜也如此，自然虛靜純一，不待更去求虛靜，不待體認，只喚着便在這裏。」

或曰：「吾儒所以與佛氏異者，吾儒則有條理，有準則，佛氏則無此爾。」曰：「吾儒見得個道理如此了，又要事事都如此。佛氏則說『便如此做也不妨』，其失正在此。」僩。

「侯師聖說『必有事焉，而勿正心』，伊川舉禪語爲況曰『事則不無，擬心則差』。當時於此言下有省〔七〇〕，某甚疑此語引得不相似。『必有事』是須有事於此，『勿正心』是不須恁地等待。今說『擬心則差』是如何？言須擬之而後言，行須擬之而後動，方可中節。不成不擬不議，只恁地去。此語似禪，某不敢編入精義。」義剛〔七一〕。可學録云「『擬心則差』是借語」。

問：「『必有事焉，而勿正，心勿忘，勿助長。』據孟子只是養氣節次。近世諸儒之語，把來作一段工夫，莫無妨否？」曰：「無妨，只看大意如何。」曰：「諸儒〔七二〕如此說，雖無害，只是孟子意已走作，先生解此却好。」曰：「此一段趙岐注乃是就孟子說，只是頗緩慢。」可學。

「『必有事焉，而勿正』，却似『鳶飛魚躍』之言，此莫是順天理自然之意否？」曰：「孟子之說只是就養氣上說，程子說得又高。須是看孟子了，又看程先生說，便見得孟子只說『勿忘，勿助長』。程先生之言，於其中却有一個自然底氣象。」去僞〔七三〕。

問「鳶飛魚躍」與「必有事焉」之意。曰：「說着相似，又不甚相似；說不相似，又却相似。『必有事焉』是才舉這事理，便在裏了。如說話未斷，理便在此了。」夔孫。

「韓退之詩云：『强懷張不滿，弱念闕易盈。』『無是，餒也』，雖强支撑起來，亦支撑不得，所謂『揠苗』者也。」閎祖。

或問「知言養氣」一章。曰：「此一章專以知言爲主。若不知言，則自以爲義而未必是義，自以爲直而未必是直，是非且莫辨矣。然説知言，又只説知詖、淫、邪、遁之四者〔七四〕。蓋天下事，只有一個是與不是而已。若辨得那不是底，則便識得那是底了。謂如人説十句話，有四句不是，有六句是。若辨得那四句不是，則那六句便是是底了。然非見得道理十分分明，則不能辨得親切。且如集義，皆是見得道理分明，則動靜出處皆循道理，無非集義也。而今人多見理不明，於當爲者反以爲不當爲，於不當爲者反以爲當爲，則如何能集義也？惟見理明則義可集，義既集則那『自反而縮』便不必説，自是在了。」又曰：「孟子先説知言，後説養氣，而公孫丑便問養氣。某向來只以爲是他承上文方論氣而問，今看得不然，乃是公孫丑會問處。留得知言在後面問者，蓋知言是末後合尖上事。如大學説『正心脩身』只合殺在『致知在格物』一句，蓋是用功夫起頭處。」燾。

「『詖辭知其所蔽』。詖是偏詖，只見得一邊。此理本平正，他只説得一邊，那一邊看不見，便是爲物蔽了。字凡從『皮』，皆是一邊意。如『跛』是脚一長一短，『坡』是山一邊斜。」淳。

「『淫辭知其所陷』。陷是身溺在那裏，如陷溺於水，只是見水而不見岸了。」夔孫。

陳正己問：「詖、淫、邪、遁，如何是遁底模樣？」曰：「如墨者夷之之說窮，遂又牽引『古之人若保赤子』之說爲問。如佛家初說剃除髭髮，絶滅世事，後其說窮，又道置生産業自無妨礙。」賀孫。

「孟子說『知言』處，只有詖、淫、邪、遁四者。知言是幾多工夫，何故只說此四字？蓋天地〔七五〕之理不過是與非而已。既知得個非，便識個是矣。且如十句言語，四句是有詖、淫、邪、遁之病，那六句便是矣。」僩。

或問詖、淫、邪、遁〔七六〕。曰：「詖辭，偏詖之辭也。見詖辭，則知其人之蔽於一偏，如楊氏蔽於『爲我』、墨氏蔽於『兼愛』，皆偏也。淫辭，放蕩之辭也。見淫辭，則知其人之陷於不正，而莫知省悟也。見邪辭，則知其人之離於道。見遁辭，則知其人之説窮而走也。」去僞〔七七〕。

問：「此〔七八〕四辭如何分别？」曰：「詖辭乃是偏於一邊，如楊氏之仁、墨氏之義。蔽者，蔽於一而不見其二。淫者，廣大無涯，陷於其中而不自知。邪，則已離於正道而自立一個門庭。遁辭，辭窮無可說，又却自爲一說，如佛家言治産業皆實相。既如此說，怎生不出來治産業？如楊朱云『一豪何以利天下』，此是且分解其說。你且不拔一豪，況其他乎？大抵吾儒一句言語，佛家只管說不休，如莊周末篇說話亦此類。今人與佛辨，最不得便宜，他却知吾説而用之，如横渠正蒙乃是將無頭事與人作言語。」可學。

「『詖辭知其所蔽』，詖是偏詖之詖，偏於一邊，不見一邊，只是蔽耳，如遮蔽相似。到得就偏説中，説得淫辭便廣闊。至有所陷溺，如陷在水中，不見四旁矣，遂成一家邪説，離於正道。到得後來説不通時，便作走路，所謂『遁辭』也。如釋氏論理，其初既偏，反復譬喻，其辭非不廣矣，然畢竟離於正道，去人倫，把世事爲幻妄。後來亦自行不得，到得窮處，便説走路，如云『治生産業，皆與實相不相違背』，豈非遁辭乎？孟子『知言』只是從知其偏處始。」𤦲。

「詖是偏詖，説得來一邊長，一邊短。其辭如此，則知其心有所蔽矣。淫是放蕩，既有所蔽，説得來漸次夸張。其辭如此，則知其心有所陷矣。邪辭，是既陷後一向邪僻離叛將去。遁詞，是既離後走脚底話。如：楊氏本自不『拔一毛而利天下』，却説天下非一毛所能利；夷子本説『愛無差等』，却説『施由親始』；佛氏本無父母，却説父母經，皆是遁辭。」人傑〔七九〕。賜録云：「詖辭是一邊長，一邊短，如人之跛倚。緣它只見這一邊，都不見那一邊，是以蔽。少間説得這一邊闊大了，其辭放蕩，便知他心陷在這裏。邪説是一向遠了。遁辭是走脚底語，如墨者夷之」云云〔八〇〕。

「詖是險詖不可行，故蔽塞。淫是説得虛大，故有陷溺。邪則離正道。遁則窮，惟窮故遁。如儀、秦、楊、墨、莊、列之説，皆具四者。」德明。

「詖、淫、邪、遁，蔽、陷、離、窮，四者相因。心有所蔽，只見一邊，不見一邊，如楊氏『爲我』、墨氏『兼愛』，各只見一邊，故其辭詖而不平。蔽則陷溺深入之義也〔八一〕，故其辭放蕩而過。陷則離，離是開去愈遠也，故其辭邪。離則窮，窮是説不去也，故其辭遁，遁如夷之之言是也。」閎祖。

先之問：「詖、淫、邪、遁『四者相因』之説如何？」曰：「詖辭，初間只是偏了。所以偏者，止緣他蔽了一邊，如被物隔了，只見一邊。初間是如此，後來只管陷入裏面去，漸漸只管説得闊了，支蔓淫溢，才恁地陷入深了。於是一向背却正路，遂與正路相離了。既離了正路，他那物事不成物事，畢竟用不得，其説必至於窮。爲是他説窮了，又爲一説以自遁，如佛家之説。」賀孫。

或問詖、淫、邪、遁「四者相因」之説。曰：「詖字是遮了一邊，只見一邊。如：『陂』字亦是一邊高，一邊低；『跛』字亦是脚一邊長，一邊短，皆是只有一邊之意。『淫辭知其所陷』，淫便是就所詖處多了，被他只看得這一邊，都蓋了那一邊。如人擲在水裏，只見得那水，更不見有平正底道理。詖是少了那一邊，淫是添了這一邊。然詖與淫只是見偏了，猶自是道理在。然只管淫而不止，便失了那道理。既是不正，無緣立得住，便至於遁。遁則多討物理前來遮蓋。」

沈莊仲問詖、淫、邪、遁之辭。文蔚曰：「如莊周放浪之言，所謂『淫辭』。」曰：「如此分不得。只是心術不正，便自節次生此四者。如楊、墨自有楊、墨底詖、淫、邪、遁，佛、老自有佛、老底詖、淫、邪、遁，申、韓自有申、韓底詖、淫、邪、遁。如近世言功利者，又自有一種詖、淫、邪、遁。不特是如此，有一樣苟且底人，議論不正，亦能使是非反覆。張安道說：『本朝風俗淳厚，自范文正公一變，遂爲崖異刻薄。』後來安道門人和其言者甚衆，至今士大夫莫能辨明，豈不可畏。」文蔚。

問：「詖、淫、邪、遁之辭，楊、墨似詖，莊、列似淫，儀、秦似邪，佛似遁。」曰：「不必如此分別，有則四者俱有，其序自如此。詖是偏詖不平，譬似路一邊高，一邊低，便不可行，便是蔽塞了一邊。既蔽塞，則其勢必至於放蕩而陷溺。淫而陷溺，必至於邪僻而叛道。才問着，便遁而窮。且如楊、墨『爲我』、『兼愛』之說，可謂是偏頗。至於『摩頂放踵』、『拔一毛利天下不爲』，便是不可行。夷之云『愛無差等，施由親始』，不是他本意，只爲被孟子勘破，其詞窮，遂爲此說，是遁也。如佛學者初有『桑下一宿』之說，及行不得，乃云『種種營生，無非善法』，皆是遁也。」德明。

「淫、邪辭相互。」可學。

「孟子離此四病，所以知人言有四病。」方。

問：「程子説：『孟子知言，譬如人在堂上，方能辨堂下人曲直。』所謂『在堂上』者，莫只是喻心通於道者否？」曰：「此只是言見識高似他，方能辨他是非得失。若見識與他一般，如何解辨得他。」廣。士毅録云「緣高於衆人了，方見得。與衆人一般低，立在堂下，如何辨得人長短」。

問：「孟子知言處『生於其心，害於其政』，先政而後事；闢楊、墨處説『作於其心，害於其事』，先事而後政。」曰：「先事而後政，是自微而至著；先政而後事，是自大綱而至節目。」雉。

「孟子説『知言』、『養氣』處，止是到『聖人復起必從吾言矣』住。〔八二〕公孫丑疑孟子説『知言』、『養氣』忒擔當得大，故引『我於辭命則不能』以詰孟子。孟子對以『惡，是何言也』。丑又問『昔者子夏、子游、子張皆得聖人之一體』，意欲以孟子比聖人。故孟子推尊聖人，以爲己不敢當，遂云『姑舍是』。」去僞〔八三〕。

問：「顔子『具體而微』，微是微小或隱微之微？」曰：「微只是小，然文意不在小字上，只是説體全與不全。」寓〔八四〕。

「顔子所知所行，事事只與聖人爭些子，所以曰『具體而微』。」燾。

「『具體而微』，伊川言『合下小』，是言氣禀。如『三月不違』，則有乏處。」因五峰與張肅說。方。

問：「『浩然之氣』後面説伯夷、伊尹、孔子『是則同』處。」曰：「後面自是散説出去，不須更回引前頭。這裏地位極高，浩然之氣又不足言，不須更説氣了。有百里之地，則足以有天下，然『行一不義，殺一不辜』則有所不爲，此是甚麽樣氣象？大段是極至處了。雖使可以得天下，然定不肯將一豪之私來壞了這全體。古之聖人其大根脚同處，皆在此。如伊尹『非其義也，非其道也，一介不以與人，一介不以取諸人』，『繫馬千駟』、『禄之以天下』弗視弗顧，與此所論一般。聖人同處大概皆在此，於此而不同，則不足以言聖人矣。某舊説：孟子先説『知言』而公孫丑先問『養氣』者，承上文方論志氣而言也。今看來他問得却自有意思。蓋『知言』是那後面合尖末梢頭處，合當留在後面問，如大學所論，自脩身、正心却説到致知、格物。蓋致知、格物是末梢尖處，須用自上説下來，方爲有序也。」又曰：「公孫丑善問，問得愈密，盛水不漏。若論他會恁地問，則不當云『軻之死不得其傳』。不知後來怎生不可曉。或是孟子自作此書，潤飾過不可知。」僩。

「『得百里』皆能『朝諸侯』，是德之盛；『行一不義，殺一不辜』不爲，是心之正，不肯將那小處害了那大處。亦如伊尹雖『禄之天下不顧』，『千駟弗視』，到那一介處亦不輕取予。」燾。

「根本節目，不容不同。『得百里之地而朝諸侯，有天下』，此是甚次第。人『行一不義，殺一不辜而得天下』不爲，直是守得定。」閎祖。

問：「夷、尹得百里之地〔八五〕，果能朝諸侯、有天下否？」曰：「孟子如此說，想是如此。然二子必不肯爲。」問：「孟子比顏子如何？」曰：「孟子不如顏子，顏子較細。」問：「孟子亦有任底意否？」曰：「然，孟子似伊尹。」僩。

問夷、惠。曰：「伯夷格局更高似柳下惠。」道夫曰：「看他伯夷有壁立萬仞之氣。」曰：「然。」道夫。

或問「宰我、子貢、有若智足以知聖人，汙不至阿其所好」。曰：「汙是汙下不平處，或當時方言未可知，當屬上文讀。」去僞。〔八六〕

「古人之政不可得而見，只是當時所制之禮，便知得當時所施之政。」淳。

伯豐問：「『見其禮而知其政，聞其樂而知其德』，是謂夫子，是謂他人？」曰：「只是大概如此說。子貢之意，蓋言見人之禮便可知其政，聞人之樂便可知其德。所以『由百世之後，等百世之王』，莫有能違我之見者，所以斷然謂『自生民以來，未有孔子』。此子貢以其所見而知夫子之聖如此也。一說夫子見人之禮而知其政，聞人之樂而知其德。『由百世之後，等百世之王』，莫有能逃夫子之見者，此子貢所以知其爲『生民以來未有』也。然不如前說之順。」

校勘記

〔一〕去僞　朝鮮本此則末尾記作：謨。

〔二〕蓋卿　朝鮮本此下增小字：自「加齊卿相」止「四十不動心」。

〔三〕故　朝鮮本「公」上增：問趙丞。

〔四〕趙　朝鮮本作：趙丞。

〔五〕一　朝鮮本「一」上增：這裏。

〔六〕不是存養之致　「致」原作「政」，據朝鮮本改。萬曆本作「功」。

〔七〕便且先問浩然之氣　「先」字原無，據朝鮮本補。

〔八〕集注解孟施舍云　「解孟施舍」四字原無，據朝鮮本補。

〔九〕能無懼　朝鮮本此處增：其言不同。

〔一〇〕此　朝鮮本此前增：量敵而後進，慮勝而後會，是畏三軍者也。

〔一一〕林　朝鮮本作：林直學。

〔一二〕如列子達生之論　「列子」，朝鮮本作「莊子」。

〔一三〕問　朝鮮本作：時舉問。

〔一四〕審教定後　朝鮮本作：審定後發。

〔一五〕蓋卿　朝鮮本末尾小字作：公晦。襲蓋卿同。

〔一六〕不　朝鮮本「不」前增「故」字。

〔一七〕文振説浩然之氣　朝鮮本作：鄭文振説孟子浩然之氣。

〔一八〕詳略　朝鮮本此下增一節，作：若無氣以配之，則道義無助。方子。

〔一九〕個　朝鮮本增小字：卓同。

〔二〇〕問　朝鮮本作：道夫問。

〔二一〕如此　朝鮮本作：如何。

〔二二〕如此　朝鮮本此下增「處」字。

〔二三〕當初　朝鮮本此下增「便」字。

〔二四〕理義　朝鮮本作：道義。

〔二五〕方　朝鮮本此下增「始」字。

〔二六〕以志爲主　朝鮮本此下增：自作一條。

〔二七〕焊　朝鮮本作：晦夫。

〔二八〕程子　朝鮮本「程子」前增：至大至剛，以直養而無害。

〔二九〕探　朝鮮本作：採。

〔三〇〕李　朝鮮本此下增小字：籲。

〔三一〕然　朝鮮本此下增「浩然之氣一條」六字。

〔三二〕抵牾　朝鮮本此下增：此學者工夫最切處，今並載之，不知何所適從？

〔三三〕問　朝鮮本作：時舉問。

〔三四〕去僞　朝鮮本此下增小字：塞天地，只是氣魄大，如所謂「氣蓋世」。文蔚。

〔三五〕須　朝鮮本「須」上增：須思看來。

〔三六〕做　朝鮮本「做」上增：方。

〔三七〕道義是形而上者　「形」原作「那」，據萬曆本改。

〔三八〕士毅　原作「士㺑」，據朝鮮本改。

〔三九〕浩然爾　朝鮮本此下增「是否」二字。

〔四〇〕有據否　朝鮮本此下增：何以見得。

〔四一〕問合而有助之意　朝鮮本作：問：「配義與道，集注謂『合而有助』之意，其意如何？」

〔四二〕輝　朝鮮本作：公晦。

〔四三〕問合而有助之意　朝鮮本作：問：「横渠集注云『配者合而有助』之意如何？」

〔四四〕去僞　朝鮮本末尾小字作：謨。去僞同。

〔四五〕或問集義　朝鮮本作：或問：「是集義所生，非義襲而取之，如何是集義？」。

〔四六〕問　朝鮮本作：淳問。

〔四七〕問　朝鮮本作：道夫問。

〔四八〕先生問一之　「先生」二字原無，據朝鮮本補。

〔四九〕不是一旦向義外面去襲取得那氣來　朝鮮本作：不是一旦用義，緣外面去襲取得那氣來。

〔五〇〕而得之　朝鮮本此下增一句：人傑讀至「只行一事」處，不能無疑。

〔五一〕謂如才得行一件事合義　便將來壯吾氣，朝鮮本作：謂如所行之事以爲義而行之，才得行一件事合義。

〔五二〕只是説　朝鮮本此下增「緣」字。

〔五三〕如項羽一個意氣如此　「項」原作「須」，據朝鮮本、萬曆本改。

〔五四〕大學　朝鮮本此下增「欲修其身，必先正其心」。

〔五五〕這般語　朝鮮本此下增：如正字。

〔五六〕或問　朝鮮本作：坐間有問。

〔五七〕洽　朝鮮本作：某。

〔五八〕曰　朝鮮本作：某曰。

〔五九〕洽　朝鮮本另收一則「希遜」所記語録，略簡。
〔六〇〕淳　朝鮮本末尾增小字作：銖同。
〔六一〕必大　朝鮮本作：伯豐。
〔六二〕如今　朝鮮本作：如人。
〔六三〕事見孟子注　朝鮮本小字作：先生云「不畏三軍」，事見孟子注中。
〔六四〕言養氣　朝鮮本此下增「之未」二字。
〔六五〕火　朝鮮本作：方。
〔六六〕有　朝鮮本作：存。
〔六七〕看助長説曰　朝鮮本段首至此少異，作：先生看伯豐與廬陵問答：「『内晉卦伐邑，孟子助長之説』，曰：『晉上九『貞吝』，吝不在克治。正以其克治之難，而言其合下有此吝耳。『貞吝』之義，諸義云只貞，固守此則吝，不應於此獨云于正道爲吝也。」
〔六八〕正當處也　朝鮮本此下增小字：當處二字並去聲。
〔六九〕必大　朝鮮本作：伯豐。
〔七〇〕當時於此言下有省　「有省」，朝鮮本作「便有省悟」。
〔七一〕義剛　朝鮮本無此下小字，然增小字：陳淳同。
〔七二〕諸儒　朝鮮本「諸儒」前增「若此」二字。

〔七三〕去僞　朝鮮本末尾小字作：諆。去僞同。

〔七四〕又只説知詖淫邪遁之四者　「詖」原作「蔽」，據萬曆本及孟子公孫丑上改。

〔七五〕天地　朝鮮本作：天下。

〔七六〕或問詖淫邪遁　朝鮮本段首增：或問「孟子言『詖辭知其所蔽、淫辭知其所陷、邪辭知其所離、遁辭知其所窮』」。

〔七七〕去僞　朝鮮本末尾增小字：諆同。

〔七八〕此　朝鮮本此上增「孟子知言」四字。

〔七九〕人傑　朝鮮本末尾小字作：儒用。人傑同。

〔八〇〕云云　朝鮮本無「云云」二字，此下詳作：他來説愛無差等，卻又説施由親始。楊朱不肯拔一毛以利天下，不及遁處，卻説天下非拔一毛所能利；若人人拔一毛，則天下利矣。如佛氏他本無父母，卻説父母經，這是他遁了。

〔八一〕蔽則陷溺深入之義也　「溺」原作「陷」，據萬曆本改。

〔八二〕住　朝鮮本此下增：自此以下只是公孫丑問。蓋。

〔八三〕去僞　朝鮮本末尾作：諆、去僞同。

〔八四〕寓　朝鮮本末尾增小字：淳同。

〔八五〕夷尹得百里之地　「尹」原作「惠」，據萬曆本及孟子公孫丑上改。

〔八六〕去僞　朝鮮本此下增小字：人傑、諆同。

朱子語類卷第五十三

孟子三

公孫丑上之下

以力假仁章

彝叟問：「『行仁』與『假仁』如何？」曰：「公且道如何是『行仁』、『假仁』。」曰〔一〕：「莫是誠與不誠否？」曰：「這個自分曉，不須問得。如『由仁義行，非行仁義』處却好問。如行仁，便自仁中行出，皆仁之德。若假仁，便是恃其甲兵之强，財賦之多，足以欺人，是假仁之名以欺其衆，非有仁之實也。故下文言『伯必有大國』，其言可見。」又曰：「成湯東征西怨，南征北怨〔二〕，皆是拯民於水火之中，此是行仁也。齊桓公時，周室微弱，夷狄强大，桓公攘夷狄，尊王室，『九合諸侯，不以兵車』，這只是仁之功，終無拯民塗炭之心，謂之『行仁』則不可。」卓。

問「以力假仁」、「以德行仁」。曰：「『以力假仁』，仁與力是兩個。『以德行仁』，仁便是德，德便是仁。」問霸字之義。曰：「霸即伯也，漢書引『哉生魄』作『哉生霸』，古者霸、伯、魄三字通用。」夔孫。

「『以德行仁者王。』所謂德者，非止謂有救民於水火之誠心。這德字又説得闊，是自己身上事都做得，是無一不備了，所以行出去便是仁。」僩。

問「以德行仁者王」。曰：「且如成湯『不邇聲色，不殖貨利；德懋懋官，功懋懋賞；用人惟己，改過不吝；克寬克仁，彰信兆民。』是先有前面底，方能『彰信兆民』、救民於水火之中。若無前面底，雖欲救民於水火之中，不可得也。武王『亶聰明，作元后』，是亶聰明，方能作元后，救民於水火之中。若無這亶聰明，欲雖救民，其道何由？」燾。

仁則榮章

「『仁則榮，不仁則辱』，此亦只是爲下等人言。若是上等人，他豈以榮辱之故而後行仁哉？伊川易傳比彖辭有云：『以聖人之心言之，固至誠求天下之比，以安民也。以後王之私言之，不求下民之附，則危亡至矣。』蓋且得他畏危亡之禍，而求所以比附其民，猶勝於全不顧者，政此謂也。」僩。

尊賢使能章

「市廛而不征」，問：「此市在何處？」曰：「此都邑之市，人君國都如井田樣，畫爲九區，面朝背市，左祖右社，中間一區則君之宮室。宮室前一區爲外朝，凡朝會藏庫之屬皆在焉。後一區爲市，市四面有門，每日市門開，則商賈百物皆入焉。賦其廛者，謂收其市地錢，如今民間之鋪面錢。蓋逐末者多，則賦其廛以抑之；少則不廛，而但治以市官之法，所以招徠之也。市官之法，如周禮司市平物價，治爭訟，譏察異服異言之類。市中惟民乃得入，凡公卿大夫有爵位及士者皆不得入，入則有罰。如國君過市，則刑人赦；夫人過市，則罰一幕；世子過市，則罰一帟；命夫命婦過市，則罰一蓋帷之類。左右各三區，皆民所居。而外朝一區，左則宗廟，右則社稷在焉。此國君都邑規模之大概也。」僩。

或問：「『法而不廛』，謂治以市官之法〔三〕，如何是市官之法？」曰：「周禮自有，如司市之屬平價，治爭訟，謹權量等事，皆其法也」。又問：「市，廛而不征，法而不廛〔四〕。」曰：

『「市廛而不征」，謂使居市之廛者，各出廛賦若干，如今人賃鋪面相似，更不征稅其所貨之物。『法而不廛，』則但治之以市官之法而已，雖廛賦亦不取之也」。又問：「古之爲市者，以其所有易其所無者，有司者治之耳。此便是市官之法否？」曰：「然。如漢之獄市、軍市之類，皆是古之遺制。蓋自有一個所在以爲市，其中自有許多事。」廣。

「『市，廛而不征，法而不廛』，伊川之說如何？」曰：「伊川之說不可曉。橫渠作二法，其說却似分明。」謨。

問〔五〕：「『廛無夫里之布。』周禮：『宅不毛者有里布，民無職事，出夫家之征。』鄭氏謂宅不種桑麻者，罰之，使出一里二十五家之布。不知一里二十五家之布是如何？」曰：「亦不可考。」又問：「鄭氏謂民無常業者罰之，使出一夫百畝之稅，一家力役之征。如何罰得恁地重？」曰：「後世之法與此正相反，農民賦稅丁錢却重，而游手浮浪之民泰然，都不管他。」因說：「浙間農民丁錢之重，民之彫困，不可開眼。」至。

人皆有不忍人之心章

「『人皆有不忍人之心』者，是得天地生物之心爲心也。蓋無天地生物之心，則没這身。才有這血氣之身，便具天地生物之心矣。」燾。

「『人皆有不忍人之心』，人皆自和氣中生。天地生人物，須是和氣方生。要生這人，便是氣和，然後能生。人自和氣中生，所以有不忍人之心。」

「『天地以生物爲心』，天包着地，别無所作爲，只是生物而已。亘古亘今，生生不窮。人物則得此生物之心以爲心，所以個個肖他。本不須説以生物爲心，緣做個語句難，故着個以生物爲心。」僩。

問：「天地以生物爲心，而所生之物，因各得夫天地之心以爲心，所以『人皆有不忍人之心』。」曰：「天地生物，自是温暖和煦，這個便是仁。所以人物得之，無不有慈愛惻怛之心。」又曰：「人物皆得此理，只緣他上面一個母子如此，所以生物無不肖他。」又曰：「心如界方，一面青，一面赤，一面白，一面黑。青屬東方，仁也；赤屬南方，禮也；白屬西方，義也；黑屬北方，智也。又如寅卯辰屬東方，爲春；巳午未屬南方，爲夏；申酉戌屬西方，爲秋；亥子丑屬北方，爲冬。寅卯辰是萬物初生時，是那生氣方發，這便是仁。至巳午未，則萬物長茂，只是那生氣發得來盛。及至申酉戌，則那生氣到此生得來充足無餘，那物事只有許多限量，生滿了更生去不得，須用收斂。所以秋訓揫，揫，斂也。揫斂個什麽？只是生氣到這裏都揫斂耳。若更生去，則無合殺矣。及至亥子丑屬冬。冬，終也。終，藏也。生氣到此都終藏了，然那生底氣早是在裏面發動了，可以見生氣之不息也，所以説『復見天地之心』也。」胡泳。

「『天地以生物爲心』。譬如甑蒸飯，氣從下面衮到上面，又衮下，只管在裏面衮，便蒸得熟。天地只是包許多氣在這裏無出處，衮一番，便生一番物。他別無勾當，只是生物，不似人便有許多應接。所謂爲心者，豈是切切然去做，如云天命之，豈『諄諄然命之』也？但如磨子相似，只管磨出這物事。人便是小胞，天地是大胞。人首圓象天，足方象地，中間虛，包許多生氣，自是惻隱。不是爲見人我一理後，方有此惻隱。而今便教單獨只有一個人，也自有這惻隱。若謂見人我一理而後有之，便是兩人相夾在這裏，方有惻隱，則是仁在外，非由內也。且如乍見孺子入井時有惻隱，若見他人入井時，也須自有惻隱在。」池録作「若未見孺子入井，亦自是惻隱」。問：「怵惕莫是動處？因怵惕而後惻隱否〔七〕？」曰：「不知孟子怎生尋得這四個字恁地好。」夔孫。

「孟子『赤子入井』章，間架闊，須恁地看。」夔孫。

「說仁，只看孺子將入井時，尤好體認。」季札。

問：「如何是『發之人心而不可已』？」曰：「見孺子將入井，惻隱之心便發出來，如何已得。此樣說話，孟子說得極分明。世間事若出於人力安排底，便已得；若已不得底，便是自然底。」祖道。

「方其乍見孺子入井時，也着脚手不得。縱有許多私意，要譽鄉黨之類，也未暇思量到。但更遲霎時，則了不得也。是非、辭遜、羞惡，雖是與惻隱並説，但此三者皆自惻隱中發出來。因有那惻隱後，方有此三者。惻隱比三者又較大得些子。」義剛。

「『非惡其聲』，非惡其有不救孺子之惡聲也。」升卿。

問：「惡其聲而然，何爲不可？」曰：「惡其聲，已是有些計較。乍見而惻隱，天理之所發見，而無所計較也。惡其聲之念一形，則出於人欲矣。人欲隱於天理之中，其幾甚微，學者所宜體察。」燾。

或問：「非内〔八〕交、要譽、惡其聲，而怵惕惻隱形焉，是其中心不忍之實也。若内交、要譽、惡其聲之類一豪萌焉，則爲私欲蔽其本心矣。舉南軒如此説，集注却不如此説。」曰：「這當作兩截看。初且將大界限看，且分别一個義利了，却細看。初看，惻隱便是仁，若恁地殘賊，便是不仁；羞惡是義，若無廉恥便是不義；辭遜是禮，若恁地爭奪，便是無禮；是非是知，若恁地顛顛倒倒，便是不知。且恁地看了，又却於惻隱、羞惡上面看。有是出於至誠如此底，有不是出於本來善心底。」賀孫。

先生問節曰：「孺子入井，如何不推得羞惡之類出來，只推得惻隱出來？」節應曰：「節以爲當他出來。」曰：「是從這一路子去感得他出來。」節。

「如孺子入井，如何不推得其他底出來，只推得惻隱之心出來？蓋理各有路。如做得穿窬底事，如何令人不羞惡。偶遇一人衣冠而揖我，我便亦揖他，如何不恭敬。事有是非，必辨别其是非。試看是甚麽去感得他何處一般出來。」節。

「孟子論『乍見孺子將入於井』，『怵惕惻隱』一段，如何説得如此好？只是平平地説去，自是好。而今人做作説一片，只是不如他。」又曰：「怵惕、惻隱、羞惡，都是道理自然如此，不是安排。合下制這『仁』字，纔是那傷害底事，便自然惻隱。合下制這『義』字，纔見那不好底事，便自然羞惡。這仁與義，都在那惻隱、羞惡之先。未有那惻隱底事時，已先有那愛底心了；未有那羞惡底事時，已先有那斷制裁割底心了。」又曰：「日用應接動静之間，這個道理從這裏迸將出去。如個寶塔，那毫光都從四面迸出去。」僩。

或問「滿腔子是惻隱之心」。曰：「此身軀殼謂之腔子。而今人滿身知痛處可見。」銖。池録作「疾痛痾癢，舉切吾身，何處不有」。

問「滿腔子是惻隱之心」。〔九〕曰：「此身軀殼謂之腔子。能於此身知有痛〔一〇〕，便見於應接，方知有個是與不是。」季札。

問〔一一〕：「『滿腔子是惻隱之心』，只是此心常存，纔有一分私意，便闕了他一分。」曰：「只是滿這個軀殼，都是惻隱之心。纔築着，便是這個物事出來，大感則大應，小感則小應。

恰似大段痛傷固是痛，只如針子略挑，血也出，也便痛。故日用所當應接，更無些子間隔。癢痾疾痛，莫不相關。纔是有些子不通，便是被些私意隔了。」賀孫。

問：「『滿腔子是惻隱之心』，或以爲京師市語『食飽時心動』。」呂子約云。曰：「不然。此是爲『動』字所拘。腔子，身裏也，言滿身裏皆惻隱之心。心在腔子裏，亦如云心只是在身裏。」問：「心所發處不一，便說惻隱，如何？」曰：「惻隱之心，渾身皆是，無處不發。如見赤子有惻隱之心，見一蟻子亦豈無此心？」可學。

問：「如何是『滿腔子皆惻隱之心』？」曰：「腔只是此身裏虛處。」問：「莫是人生來惻隱之心具足否？」曰：「如今也恁地看。事有個不穩處，便自覺不穩，這便是惻隱之心。林擇之嘗說：『人七尺之軀，一個針劄着便痛。』」問：「吾身固如此，處事物亦然否？」曰：「此心應物不窮。若事事物物常是這個心，便是仁。若有一事不如此，便是這一處不仁了。」問：「本心依舊在否？」曰：「如今未要理會在不在。論着理來，他自是在那裏。只是這一處不恁地，便是這一處不在了。如『率土之濱，莫非王臣』，忽然有一鄉人自不服化，稱王稱伯，便是這一處無君，君〔一二〕也只在那裏，然而他靠不得。不可道是天理只在那裏，自家這私欲放行不妨。」王信伯在館中，范伯達問：『人須是天下物物皆歸吾仁？』王指窗欞問范曰：『此窗還歸仁否？』范默然。某見之，當答曰：『此窗不歸仁，何故不打壞了？』如人處事，但個個處得是，便是事事歸仁。且如窗也要糊得在那裏教好，不成没巴鼻打壞了。」問：「『仁者以萬物爲一體』，如事至物來，皆有以處之。如事物未至，不可得而體者，如何？」曰：「只是不在這裏。然此理也在這裏，若來時，便以此處之。」榦〔一三〕。

問：「『滿腔子是惻隱之心』，如何是滿腔子？」曰：「滿腔子，是只在這軀殼裏。『腔子』乃洛中俗語。」又問：「惻隱之心固是人心之懿，因物感而發見處。前輩令以此操而存之，充而達之，不知如何要常存得此心？」曰：「此心因物方感得出來，如何强要尋討出？此心常存在這裏，只是因感時識得此體。平時敬以存之，久久會熟。善端發處，益見得分曉，則存養之功益有所施矣。」又問：「要惻隱之心常存，莫只是要得此心常有發生意否？」曰：「四端中，羞惡、辭讓、是非亦因事而發爾。此心未當起羞惡之時，而强要憎惡那人，便不可。如惻隱，亦因有感而始見，欲强安排教如此，也不得。如天之四時，亦因發見處見得。欲於冬時要尋討個春出來，不知如何尋。到那陽氣發生萬物處，方見得是春耳。學者但要識得此心，存主在敬，四端漸會廣充矣。」寓〔一四〕。

「『滿腔子是惻隱之心。』不特是惻隱之心，滿腔子是羞惡之心，滿腔子是辭遜之心，滿腔子是是非之心，彌滿充實，都無空闕處。『滿腔子是惻隱之心』，如將刀割著固是痛，若將針劄著也痛，如爛打一頓固是痛，便輕掐一下也痛，此類可見。」僩。

「『滿腔子是惻隱之心』，腔子猶言郎郭，此是方言，指盈於人身而言。」因論「方言難曉，如横渠語録是吕與叔諸公隨日編者，多陝西方言，全有不可曉者」。僩。

「惻隱之心，頭尾都是惻隱。三者則頭是惻隱，尾是羞惡、辭遜、是非。若不是惻隱，則三者都是死物。蓋惻隱是個頭子，羞惡、辭遜、是非便從這裏發來。」夔孫。

「既仁矣，合惻隱則惻隱，合羞惡則羞惡。」節。

「不成只管惻隱，須有斷制。」德明。

「惻隱、羞惡，也有中節、不中節。若不當惻隱而惻隱，不當羞惡而羞惡，便是不中節。」淳。

「仁、義、禮、智，性也，且言有此理。至惻隱、羞惡、辭遜、是非，始謂之心。」德明。

「惻隱、羞惡、辭讓、是非，情也。仁、義、禮、智，性也。心，統性、情者也。端，緒也。因情之發露，而後性之本然者可得而見。」季札。

「四端本諸人心，皆因所寓而後發見。」季札。

王丈說：「孟子『惻隱之心』一段，論心不論性。」曰：「心、性只是一個物事，離不得。孟子說四端處最好看。惻隱是情，惻隱之心是心，仁是性，三者相因。横渠云『心統性、情』，此說極好。」閎祖。

王德修解四端，謂和靜言：「此只言心，不言性。如『操則存，舍則亡，出入無時，莫知其鄉』，亦只是言心。」曰：「固是言心，畢竟那仁義禮智是甚物？仁義禮智是性，端便是情。纔説一個心字，便是着性情。果判然是二截如何？」此處疑有闕誤。德修曰：「固是『心統性、情』，孟子於此只是説心。」文蔚。

問：「四端之『端』，集解以爲端緒，向見〔一五〕季通説『端乃尾』，如何？」曰：「以體用言之，有體而後有用，故端亦可謂之尾。若以始終言之，則四端是始發處，故亦可以端緒言之。二説各有所指，自不相礙也。」廣。

「四端未是盡，所以只謂之端。然四端八個字，每字是一意：『惻』是惻然有此念起；『隱』是惻然之後隱痛，比惻是深；『羞』者，羞己之非；『惡』者，惡人之惡；『辭』者，辭己之物；『讓』者，讓與他人；『是』、『非』自是兩樣分明。但仁是總名。若説仁義，便如陰陽；若説四端，便如四時；若分四端八字，便如八節。」又曰：「天地只是一氣，便自分陰陽。緣有陰陽二氣相感，化生萬物，故事物未嘗無對。天便對地，生便對死，語嘿動靜皆然，以其種如此故也。所以四端只舉仁義言，亦如陰陽。故曰：『立天之道，曰陰與陽；立人之道，曰仁與義。』」明作。

「四端皆是自人心發出。惻隱本是説愛，愛則是説仁。如見孺子將入井而救之，此心只是愛這孺子。惻隱元在這心裏面，被外面事觸起。羞惡、辭遜、是非亦然。格物便是從此四者推將去，要見〔一六〕裏面是甚底物事。」賜。

「仁言惻隱之端，如水之動處〔一七〕。蓋水平靜而流，則不見其動。流到灘石之地，有以觸之，則其勢必動，動則有可見之端。如仁之體存之於心，若愛親敬兄，皆是此心本然，初無可見。及其發而接物，有所感動，此心惻然，所以可見，如怵惕於孺子入井之類是也。」卓〔一八〕。

或問四端。曰：「看道理也有兩般：看得細時，却見得義理精處；看得粗時，却且見得大概處。四端未見精細時，且見得惻隱便是仁，不惻隱而殘忍便是不仁；羞惡便是義，貪利無廉耻便是不義；辭遜便是禮，攘奪便是非禮；是非便是智，大段無知顛倒錯繆，便是不智。若見得細時，雖有惻隱之心，而意在於内交、要譽，亦是不仁了。然孟子之意本初不如此，只是言此四端皆是心中本有之物，隨觸而發。方孺子將入於井之時，而怵惕惻隱之心便形於外，初無許多涯涘。」卓。

「惻隱、羞惡是仁義之端。惻隱自是情，仁自是性，性即是這道理。仁本難説，中間却是愛之理，發出來方有惻隱。義却是羞惡之理，發出來方有羞惡。禮却是辭遜之理，發出來方有辭遜。智却是是非之理，發出來方有是非。仁、義、禮、智是未發底道理，惻隱、羞惡、辭遜、是非是已發底端倪。如桃仁、杏仁是仁，到得萌芽，却是惻隱。」又曰：「分別得界限了，更須日用常自體認，看仁、義、禮、智意思是如何。」又曰：「如今只因孟子所説惻隱之端，可以識得仁意思；因説羞惡之端，可以識得義意思；因説恭敬之端，可以識得禮意思；因説是非之端，可以識得智意思。緣是仁、義、禮、智本體自無形影，要捉摸不著，一作「得」。只得將他發動處看，却自見得。恰如有這般兒子，便知得是這樣母。程子云：『以其惻隱，知其有仁。』此八字説得最親切分明。也不道惻隱便是仁，又不道掉了惻隱，別取一個物事説仁。譬如草木之萌芽，可以因萌芽知得他下面有根。也不道萌芽便是根，又不道掉了萌芽別取一個根。」又曰：「孟子説性，不曾説着性〔一九〕，只説『乃若其情，則可以爲善。』看得情善，則性之善可知。」又曰：「惻隱、羞惡多是因逆其理而見。惟有所可傷，這裏惻隱之端便動；惟有所可惡，這裏羞惡之端便動。若是事親從兄，又是自然順處見之。」又曰：「人須擴而充之，人誰無惻隱，只是不能常如此。能常如此，便似孟子説『火之始然，泉之始達，苟能充之，足以保四海』。若不能常如此，恰似火相似，自去打滅了；水相似，自去淤塞了；如草木之萌芽相似，自去踏折了便是了，更無生意。」又曰：「孟子云『仁義禮智根於心』，心統性、情，故説心亦得。」賀孫〔二〇〕。

問喜怒哀樂未發、已發之別。曰：「未發時無形影可見，但於已發時照見。謂如見孺子入井而有怵惕惻隱之心，便照見得有仁在裏面；見穿窬之類而有羞惡之心，便照見得有義在裏面。蓋這惻隱之心屬仁，必有這仁在裏面，故發出來做惻隱之心；羞惡之心屬義，必有這義在裏面，故發出來做羞惡之心。譬如目屬肝，耳屬腎，若視不明，聽不聰，必是肝腎有病。若視之明，聽之聰，必是肝腎之氣無虧，方能如此。然而仁未有惻隱之心，只是個愛底心；義未有羞惡之心，只是個斷制底心。惟是先有這物事在裏面，但隨所感觸便自是發出來。故見孺子入井，便有惻隱之心；見穿窬之類，便有羞惡之心；見尊長之屬，便有恭敬之心；見得是，便有是之之心；見得非，便有非之之心。從那縫罅裏迸將出來，恰似寶塔裏面四面毫光放出來。」又云：「孟子此一章其初只是匹自閑容易說出來，然說得來連那本末内外，體用精粗都包在裏面，無些欠闕處。如孔子許多門弟，都不曾恁地說得分曉。若子思亦只說得個大體分曉想是曾子、子思後來講來講去講得精，所以孟子說得來恁地。而已。」燾。

問〔二一〕：「前面〔二二〕專說不忍之心，後面兼說四端，亦是仁包四者否？」曰：「然。」道夫。

問〔二三〕：「惻隱之心如何包得四端？」曰：「惻隱便是初動時，羞惡、是非、恭敬，亦須是這個先動一動了，方會恁地只於動處便見。譬如四時，若不是有春生之氣，夏來長個甚麽？秋時又把甚收？冬時又把甚藏？」時舉。

「惻隱是個腦子，羞惡、辭遜、是非須從這裏發來。若非惻隱，三者俱是死物了。惻隱之心通貫此三者。」賜。

因說仁、義、禮、智之别，曰：「譬如一個物，自然有四界，而仁則又周貫其中。以四端言之，其間又自有小界限，各各是兩件事。惻是惻然發動處，隱是漸漸及着隱痛處，羞是羞己之非，惡是惡人之惡，辭是辭之於己，遜是遜之於人，是、非固是兩端。」雉。

問〔二四〕：「四端之根於心，覺得一者纔動，三者亦自次第而見。」曰：「這四個界限自分明，然亦有隨事相連而見者，如事親孝是愛之理。才孝，便能敬兄，便是義。」問：「有節文便是禮，知其所以然便是智。」曰：「然。」問：「據看來多是相連而至者：如惻隱於所傷，便惡於其所以傷，這是仁帶義意思；惡於其所以傷，便須惜其本來之未嘗傷，這是義帶仁意思。」曰：「也是如此。嘗思之：孟子發明四端，乃孔子所未發。人只道孟子有闢楊、墨之功，殊不知他就人心上發明大功如此。看來，此説那時若行，楊、墨亦不攻而自退。闢楊、墨是扞邊境之功，發明四端是安社稷之功。若常體認得來，所謂活潑潑地，真個是活潑潑地。」賀孫。

「伊川嘗説：『如今人説力行是淺近事，惟知爲上，知最爲要緊。』中庸説『知、仁、勇』，把知做擗初頭説，可見知是要緊。」賀孫問：「孟子四端，何爲以知爲後？」曰：「孟子只循環說。智本來是藏仁、義、禮，惟是知恁地了，方恁地，是仁、禮、義都藏在智裏面。如元亨利貞，貞是智，貞却藏元、亨、利意思在裏面。如春夏秋冬，冬是智，冬却藏春生、夏長、秋成意思在裏面。且如冬伏藏，都似不見，到一陽初動，這生意方從中出，也未發露，十二月也未盡發露。只管養在這裏，到春方發生，到夏一齊都長，秋漸成漸藏，冬依舊都收藏了。只是『大明終始』，亦見得無終安得有始。所以易言『先王以至日閉關，商旅不行，后不省方。』」賀孫。

「孟子四端處極好思索玩味，只反身而自驗其明昧深淺如何。」升卿。「著意讀孟子四端之類切要處，其他論事處且緩不妨。」

「子細看孟子說四端處兩段、未發明一段處，意思便與發明底同。又不是安排，須是本源有，方發得出來，着實見得皆是當爲底道理。又不是外面事如此。知得果性善，便有賓有主，有輕有重。又要心爲主，心把得定，人慾自然没安頓處。孟子言『仁，人心也』一段，兩句下只說心。」祖道。

至問：「『凡有四端於我者，知皆廣而充之矣。』莫是知得了，方能廣而充之否？」曰：「『知皆廣而充之』，即是苟能知去廣充，則此道漸漸生長，『如火之始然，泉之始達』。中間『矣』字文意不斷。充是滿其本然之量，却就上有『廣』字，則是方知去推廣，要充滿他，所以

『如火之始然，泉之始達』。」

問：「『知皆廣而充之矣』，『知』字是重字還是輕字？」曰：「不能廣充者，正爲不知，都只是冷過了。若能知而廣充，其勢甚順，如乘快馬、放下水船相似。」文蔚。

劉居之問：「『知皆廣而充之』章兩說『充』字，寬夫未曉〔二五〕。」曰：「上只說『知皆廣而充之』，只說知得了，要推廣以充滿此心之量。下云『苟能充之，足以保四海』，是能充滿此心之量。上帶『知皆廣』字說，下就能充滿說。惟廣而後能充，能充則不必說廣也。」賀孫。

劉居之問「人皆有不忍人之心」一節。曰：「『惻隱之心，仁之端也。』乍見孺子入井，此只是一件事。仁之端，只是仁萌芽處。如羞惡、辭遜、是非方是義、禮、智之萌芽處。要推廣充滿得自家本然之量，不特是孺子入井便恁地，其他事皆恁地。如羞惡、辭遜、是非，不特於一件事上恁地，要事事皆然，方是充滿慊足，無少欠闕也。『知皆廣而充之矣』，知，方且是知得如此。至說到『苟能充之，足以保四海』，即掉了『廣』字，只說『充』字。蓋『知』字與『始然』、『始達』字相應，『充』字與『保四海』相應。才知得，便自不能已。若火始然，便不可遏；泉才達，便涓涓流而不絕。」時舉。

問〔二六〕「知皆廣而充之」。曰：「上面言『廣而充之』，是方知要廣充。到下面『苟能充之』，便掉了個『廣』字。蓋『充』字是充滿得了，如已到地頭相似。『廣』字是方在個路裏相似。」時舉(二七)。

「『知皆廣而充之』，南軒把知做重，文勢未有此意。『知』字只帶『廣充』說。『知皆廣而充之』，與『苟能充之』句相應。上句是方知去充，下句是真能恁地充。」淳。

問「知皆廣而充之」。曰：「這處與『於止，知其所止』語意略同。上面在『知』字上，下在『能』字上。既知得，則皆當廣而充之。如惻隱之心是仁，則每事皆當廣而爲仁；羞惡之心是義，則每事皆當廣而爲義。爲禮爲知，亦各如此。今有一種人，雖然知得，又道是這個也無妨。而今未能理會得，又且恁地。如知這事做得不是，得人憎，面前也自皇恐，識得可羞，又却不能改。如今人受人之物，既知是不當受，便不受可也，心裏又要，却說是我且受去莫管，這便是不能充。但當於知之初，便一向從這裏充將去，便廣大『如火之始然，泉之始達』。始然、始達，能有幾多。於這裏便當斡開放出，使四散流出去，便是能廣。如怵惕孺子入井之心，這一些子能做得甚事。若不能充，今日這些子發了，又過却，明日這些子發了，又過却，都只是閑。若能廣充，於這一事發見，知得這是惻隱之心，是仁。於別底事便當將此心充去，使事事是仁。如不欲害人，這是本心，這是不忍處。若能充之於每事上，有害人之處便不可做，這也是充其惻隱。如齊宣王有愛牛之心，孟子謂『是乃仁術也』。若宣王能充著這心，看甚事不可做！只是面前見這一牛，這心便動，那不曾見底，便不如此了。至於『興甲兵，危士臣，構怨於諸侯』，這是多少傷害。只爲利心一蔽，見得土地之美，却忘了這心。故孟子曰：『不仁哉，梁惠王也！仁者以其所愛及其所不愛，不仁者以其所不愛及其所愛。』且如土地無情之物，自是不當愛，自家不必愛之，愛他作甚。梁惠王其始者愛心一萌，『糜爛其民』以戰已自不是了。又恐不勝，盡驅所愛子弟以徇之。這是由其不愛之心，反之以至害其所愛處，這又是反著那心處。」子蒙。

「『凡〔二八〕有四端於我者，知皆廣而充之』，只是要廣而充之。而今四端之發，甚有不整齊處。有惻隱處，有合惻隱而不惻隱處；有羞惡處〔二九〕，又有合羞惡而不羞惡處。且如齊宣不忍於一牛，而却不愛百姓。嘑爾之食，則知惡而弗受；至於萬鍾之祿，則不辨禮義而受之。而今則要就這處理會。」夔孫。

「人於仁義禮智，惻隱、羞惡、辭遜、是非此四者，須當日夕體究，令分曉精確。此四者皆我所固有，其初發時毫毛如也。及推廣將去，充滿其量，則廣大無窮，故孟子曰：『知皆廣而充之。』且如人有當惻隱而不惻隱，當羞而不羞，當惡而不惡，當辭而不辭，當遜而不遜，是其所非，非其所是者，皆是失其本心。此處皆當體察，必有所以然也。只此便是日用間做工夫處。」廣。

「人〔三〇〕只有個仁、義、禮、智四者是一身綱紐，其他更無。當於其發處體驗廣充將去。

惻隱、羞惡、是非、辭遜，日間時時發動，特人自不能廣充之耳〔三一〕。又言四者時時發動，特有正不正耳。如暴戾愚狠〔三二〕，便是發錯了羞惡之心；含糊不分曉，便是發錯了是非之心；如一種不遜，便是發錯了辭遜之心。日間一正一反，無往而非四端之發。」方子〔三三〕。

子武問：「四端須着逐處廣充之？」曰：「固是。纔常常如此推廣，少間便自會密，自會闊。到得無間斷，少間却自打合作一片去。」木之。

問：「如何廣而充之？」曰：「這事恭敬，那事也恭敬，事事恭敬方是。」節。

問：「推四端而行，亦無欠闕。」曰：「無欠闕，只恐交加了。合惻隱底不惻隱，合羞惡底不羞惡，是是非非交加了。四端本是對着，他後流出來，恐不對窠臼子。」問：「不對窠臼子，莫是爲私意隔了？」曰：「也是私意，也是不曉。」節又問：「恭敬却無當不當？」曰：「此人不當拜他，自家也去拜他，便不是。」節。

問「推」字與「充」字。曰：「推，是從這裏推將去，如『老吾老以及人之老，幼吾幼以及人之幼』。到得此，充則填得來滿了。注水相似，推是注下水去，充則注得這一器滿了。蓋仁義之性，本自充塞天地。若自家不能廣充，則無緣得這個殼子滿，只是個空殼子〔三四〕。」又曰：「充是占得這地位滿，推是推吐雷反。向前去。」僩。

問：「推四端，無出乎守？」曰：「學者須見得守底是甚底物事，人只是一個心。識得個心，卓然在這裏無走作，雖不守，亦自在，學者且恁地守將去。」賜。

問「知皆廣而充之，若火之始然」至「以事父母」。曰：「此心之量，本足以包括天地，兼利萬物。只是人自不能充滿其量，所以推不去。或能推之於一家，而不能推之於一國；或能推之於一國，而不足以及天下，此皆是未盡其本然之量。須是充滿其量，自然足以保四海。」僩。

胡問廣充之義。曰：「廣是張開，充是放滿。惻隱之心，不是只見孺子時有，事事都如此。今日就第一件事上推將去，明日又就第二件事上推將去，漸漸放開，自家及國，自國及天下，至足以保四海處，便是充得盡。」問：「廣充亦是盡己、推己否？」曰：「只是廣而充之，那曾有界限處。如手把筆落紙，便自成字，不可道手是一樣，字又是一樣。孺子入井在彼，惻隱之心在我，只是一個物事，不可道孺子入井是他底，惻隱之心是我底。」義剛〔三五〕。

問〔三六〕：「前日承教，令於日用間體認仁義禮知意思。且如朋友皆異鄉人，一日會聚，恩意便自相親，這可見得愛之理形見處；同門中或有做不好底事，或有不好底人，便〔三七〕使人惡之，這可見得羞惡之理形見處；每時升堂，尊卑序齒，秩然有序而不亂，這可見得恭敬之理形見處；聽先生教誨而能辨别得真是真非〔三八〕，這可見得是非之理形見處。凡此四端，時時體認，不使少有間斷，便是所謂廣充之意否？」曰：「如此看得好，這便是尋得路，踏着了。」賀孫。

問〔三九〕：「體認四端廣充之意，如：朋友相親，充之而無間斷，則貧病必相恤，患難必相死，至於仁民愛物莫不皆然，則仁之理得矣；如朋友責善，充之而無間斷，則見惡必如惡惡臭，以至於除殘去穢，戢暴禁亂，莫不皆然，則義之理得矣；如尊卑秩序，充之而無間斷，則不肯一時安於不正，以至於正天下之大倫，定天下之大分，莫不皆然，則禮之理得矣；如是是非非，充之而無間斷，則善惡、義利、公私之别，截然而不可亂，以至於分别忠佞，親君子，遠小人，莫不皆然，則智之理得矣。」曰：「只要常常恁地體認。若常常恁地體認，則日用之間匝匝都滿，密拶拶地。」問：「人心陷溺之久，四端蔽於利欲之私，初用工亦未免間斷。」曰：「固是。然義理之心纔勝，則利欲之念便消。且如惻隱之心勝，則殘虐之意自消；羞惡之心勝，則貪冒無耻之意自消；恭敬之心勝，則驕惰之意自消；是非之心勝，則含糊苟且頑冥昏謬之意自消。」賀孫。

楊至之云：「看孟子，見得一個大意，是性之本體、仁義之良心，到戰國時君臣上下都一齊埋没了。孟子所以推明發見之端緒，教人去體認廣充。」曰：「孟子〔四〇〕高，他都未有許多意思。今説得一『體認』字，蚤是遲鈍了孟子。孟子大段見得敏，見得快。他説話，恰似個獅子跳躍相似。且如他説個惻隱之心，便是仁之端；羞惡之心，便是義之端。只他説在那裏底便是，似他説時見得聖賢大段易做，全無許多等級。所以程子云：『孟子才高，學之無可依據。』」道夫。

周季儼云〔四一〕：「在興化攝學事，因與諸生説得一部孟子。」先生因問：「孟子裏面大綱目是如何？」答云：「要得人充擴。惻隱、羞惡，許多固要充擴。如説無欲害人，無穿窬之心，亦要充擴。」先生曰：「人生本來合有許多好底，到得被物遮蔽了，却把不好處做合着做底事。」周云：「看孟子説性，只是道順底是，纔逆便不是。」曰：「止緣今人做不好事却順。」因問：「孟子以下諸人言性，誰説得無幾？」周云：「似乎荀子以爲惡，却索性。只荀子有意於救世，故爲此説。」先生久之曰：「韓公之意，人多看不出。他初便説：『所以爲性者五，曰仁、義、禮、知、信；所以爲情者七，曰喜、怒、哀、懼、愛、惡、欲』；下方説『三品』。看其初語，豈不知得性善？他只欠數字便説得出。」黄嵩老云：「韓子欠説一個氣稟不同。」曰：「然。他道仁、義、禮、知、信，自是了。只説到『三品』，不知是氣稟使然，所以説得不盡。」賀孫因云：「自孟子説，已是欠了下意，所以費無限言語。」先生即舉程子之言：「論性不論氣，不備；論氣不論性，不明。」「若如説『性惡』、『性善惡混』都只説得氣，如孟子、韓子之言，便是不論氣，所以不全。」賀孫。

或問：「性中只有四端，信是如何？」曰：「且如惻隱羞惡，實是惻隱羞惡，便信在其中。」祖道。

問：「四端不言信，周子謂『五性動而善惡分』。如信之未發時如何，已發時如何？」曰：「如惻隱真個惻隱，羞惡真個羞惡，此便是信。」曰：「此却是已發時，方有這信。」曰：「其中真個有此理。」賜。

問：「四端不言信，如何？」曰：「公潑了椀中飯，却去椀背拾。」振。

問〔四二〕：「四端便是明德？」曰：「此是大者。」節問：「『明明德』只是廣充得他去？」曰：「不昏着他。」節。

「四端是理之發，七情是氣之發。」問：「看得來如喜怒愛惡欲，却似近仁義。」曰：「固有相似處。」廣。

或問：「孟子言四端處有二，大抵皆以心爲言。明道却云『惻隱之類皆情也』，伊川亦云『人性所以善者，於四端之情可見』。一〔四三〕以四端屬諸心，一〔四四〕以四端屬諸情，何也？」曰：「心包情、性者也，自其動者言之，雖謂之情亦可也。」去僞。〔四五〕集義。

黄景申嵩老問：「仁兼四端意思，理會不透。」曰：「謝上蔡見明道先生，舉史文成誦，明道謂其『玩物喪志』。上蔡汗流浹背，面發赤色，明道云：『此便見得惻隱之心。』公且道上蔡聞得過失，恁地慚皇，自是羞惡之心，如何却説道『見得惻隱之心』？公試思。」久之，先生曰：「惟是有惻隱之心方會動，若無惻隱之心，却不會動。惟是先動了，方始有羞惡，方始有恭敬，方始有是非。動處便是惻隱。若不會動，却不成人。若不從動處發出，所謂羞惡者非羞惡，所謂恭敬者非恭敬，所謂是非者非是非。天地生生之理，這些動意未嘗止息，看如何梏亡，亦未嘗盡消滅，自是有時而動，學者只怕間斷了。」賀孫。

問〔四六〕：「何謂惻隱？」曰：「惻，惻然也。隱，痛也。」又問〔四七〕：「明道先生以上蔡面赤爲惻隱之心，何也？」曰：「指其動處而言之，只是羞惡之心。然惻隱之心必須動，則方有羞惡之心。如肅然恭敬，其中必動。羞惡、恭敬、是非之心，皆自仁中出。故仁專言則包四者，是個蔕子。無仁則麻痺死了，安有羞惡、恭敬、是非之心。仁則有知覺，癢則覺得癢，痛則覺得痛。癢痛雖不同，其覺則一也。」又問：「若指動言仁，則近禪。」曰：「這個如何占得斷，是天下公共底。釋氏也窺見些子，只是他只知得這個，合惻隱底不惻隱，合羞惡底不羞惡，合恭敬底不恭敬。」又問：「他却無惻隱、羞惡、恭敬、是非？」曰：「然。」節。

「仁言惻隱之端，程云：『端如水之動處。』蓋水平靜則不見其動流。愛親敬兄，皆是此心本然，初無可見。及其發而接物，有所感動，此心惻然，所以可見，如怵惕於孺子入井之類是也。」卓。按集義不見程說。

「四端，伊川云：『聖人無端，故不見其心。』」今按：遺書中止云：「復非天地心，復則見天地心。聖人無復，故未嘗見其心。」今云「無端」，義亦不通，恐誤。閎祖。

「龜山答人問赤子入井，令求所以然一段，好。」方。

矢人豈不仁於函人章

問：「『仁，天之尊爵。』先生解曰：『仁者，天地生物之心，得之最先。〔四八〕』如何是得之最先？」曰：「人得那生底道理，所謂『心生道』也。有是心，斯具是形以生也。」廣。

「『仁者如射』，但那發時毫釐不可差。」

子路人告以有過則喜章

「『禹聞善言則拜』，猶著意做。舜『與人同』，是自然氣象。聖人之拜固出於誠意，然拜是容貌間，未見得行不行。若舜則真見於行事處，己未善，則舍己之未善而從人之善；人有善，則取人之善而爲己之善。人樂於見取，便是許助他爲善也。」淳。

問〔四九〕：「『是與人爲善』，當其取人之際，莫未有助之之意否？」曰：「然。」曰：「三者本意，似只是取人，但有淺深。而『與人爲善』乃是孟子再疊一意以發明之否？」曰：「然。」道夫。

「大舜『樂取諸人以爲善』，是成己之善；『是與人爲善也』，是著人之善。」端蒙。

「『與人爲善』，蓋舜不私己，如爲人爲此善一般。」升卿。

伯夷非其君不事章

問「進不隱賢，必以其道」。曰：「『不隱賢』謂不隱避其賢。如己當廉，却以利自汙；己當勇，却以怯自處之類，乃是隱賢，是枉道也。」又問：「所以不解作不蔽賢〔五〇〕，謂其下文云『必以其道』。若作不蔽賢說，則下文不同矣。」曰：「然。」人傑。

至問：「集注云：『進不隱賢，不枉道也。』似少字。」曰：「『進不隱賢』便是『必以其道』。人有所見，不肯盡發出，尚有所藏，便是枉道。」至云：「尋常看此二句，只云進雖不敢自隱其賢，凡有所蘊，皆樂於發用，然而却不妄進，二句做兩意看。」曰：「恁地看也得。」

「伯夷『不屑就已』，注云：『屑，潔也。潔，猶美也。苟以其辭命禮意之美而就之，是切切於是也。』然伯夷『雖有善其辭命而至者』亦不肯就，而況不道而無禮者，固速去之矣。世之所謂清者，不就惡人耳。若善辭令而來者，固有時而就之。惟伯夷不然，此其所以爲聖之清也，柳下惠不屑之意亦然。夷隘，惠不恭，不必言效之而不至者，其弊乃如此，只二子所爲，已有此弊矣。」僩。

「『不屑去』，說文說『屑』字云：『動作切切也。』只是不汲汲於就，不汲汲於去。『屑』字却是重。」必大録云「不以就爲重，而切切急於就；不以去爲重，而切切急於去」。㽦。

問：「『伯夷隘，柳下惠不恭』，莫是後來之弊至此否？」曰：「伯夷自是有隘處，柳下惠自是有不恭處，且如『雖袒裼裸裎於我側』，分明是不將人做人看了。」去僞〔五一〕。

問：「『柳下惠不恭』，是待人不恭否？」曰：「是他玩世，不把人做人看，如『袒裼裸裎於我側』是已。邵堯夫正是這意思，如皇極經世書成，封做一卷，題云『文字上呈堯夫』。」㽦。

或問：「明道〔五二〕云『此非瑕疵夷、惠之語，言其弊必至於此』。今觀伯夷與惡人處，『如以朝衣朝冠坐於塗炭』，則伯夷果似隘者。柳下惠『雖袒裼裸裎於我側，爾焉能浼我哉』。柳下惠果似不恭者，豈得謂其弊必至於此哉？」曰：「伯夷既清，必有隘處。柳下惠既和，必有不恭處。道理自是如此。孟子恐後人以隘爲清，以不恭爲和，故曰『隘與不恭，君子不由也』。」去僞〔五三〕。

校勘記

〔一〕曰　朝鮮本作：江兄云。

〔二〕成湯東征西怨南征北怨　朝鮮本作：東面而征，西夷怨，南面而征，北狄怨。

〔三〕市官之法　朝鮮本此處增：而不賦其廛。

〔四〕法而不廛　朝鮮本此下增：是如何。

〔五〕問　朝鮮本作：至問。

〔六〕不忍人之心　朝鮮本此則末尾增小字「傅」。

〔七〕怵惕莫是動處因怵惕而後惻隱否　朝鮮本作：怵惕惻隱，莫是因怵惕動處而後見惻隱否？

〔八〕内　朝鮮本作：納。下同。

〔九〕問滿腔子是惻隱之心　朝鮮本作：問：「伊川言滿腔子是惻隱之心，如何？」

〔一〇〕能於此身知有痛　朝鮮本作：能於此身知覺痛處。

〔一一〕問　朝鮮本作：賀孫問。

〔一二〕君　朝鮮本作：臣。

〔一三〕榦　朝鮮本作：直卿。

〔一四〕寓　朝鮮本作：居仁。

〔一五〕向見　朝鮮本此下增「蔡丈」二字。

〔一六〕見　朝鮮本作：知在。

〔一七〕如水之動處　朝鮮本作：程云：「端如水之動處。」

〔一八〕卓　朝鮮本此下增小字：按集義不見程説。

〔一九〕性　朝鮮本作：情。

〔二〇〕賀孫　朝鮮本此下增小字：以下集義。

〔二一〕朝鮮本作：道夫問。

〔二二〕朝鮮本「前面」上增「人皆有不忍人之心一章」十字。

〔二三〕問　朝鮮本作：時舉問。

〔二四〕問　朝鮮本作：賀孫問。

〔二五〕寬夫未曉　朝鮮本作：某切未曉。

〔二六〕問　朝鮮本作：時舉問。

〔二七〕時舉　朝鮮本此下增小字：潘植録。

〔二八〕凡　朝鮮本段首增：孟子曰。

〔二九〕有羞惡處　「羞」原作「着」，據朝鮮本、萬曆本改。

〔三〇〕人　朝鮮本段首增：繼之者善，是大哉乾元，萬物資始，成之者性，是乾道變化，各正性命。

〔三一〕特人自不能廣充之耳　「之」原無，據朝鮮本補。

〔三二〕如暴戾愚狠　朝鮮本此下增：便是發錯了惻隱之心；如苟且無恥。

〔三三〕方子　朝鮮本作：公謹。

〔三四〕只是個空殼子　「殼」原作「處」，據朝鮮本、萬曆本改。
〔三五〕義剛　朝鮮本作：淳。義剛同。
〔三六〕問　朝鮮本作：賀孫問。
〔三七〕便　朝鮮本此下增「自」。
〔三八〕真是真非　朝鮮本作：其是非。
〔三九〕問　朝鮮本作：賀孫問。
〔四〇〕孟子　朝鮮本此下增「才」字。
〔四一〕周季儼云　朝鮮本作：周先生季儼同過考亭，周云。
〔四二〕問　朝鮮本作：節問。
〔四三〕一　朝鮮本作：孟子。
〔四四〕一　朝鮮本作：二程。
〔四五〕去僞　朝鮮本作：人傑。
〔四六〕問　朝鮮本作：節問。
〔四七〕又問　朝鮮本作：節又問。
〔四八〕得之最先　朝鮮本此下增「而兼統四者所謂元者善之長也」十三字。
〔四九〕問　朝鮮本作：道夫問。

〔五〇〕所以不解作不蔽賢　「作」下原無「不」字，據朝鮮本補。

〔五一〕去僞　朝鮮本此下增小字：人傑同。

〔五二〕明道　朝鮮本「明道」上增「孟子曰：『伯夷隘，柳下惠不恭。隘與不恭，君子不由也。』」

〔五三〕去僞　朝鮮本此下增小字：周公謹同。

朱子語類卷第五十四

孟子四

公孫丑下

天時不如地利章

「『孤虛』以方位言，如俗言向某方利、某方不利之類。『王相』指日時。」集注〔一〕。僩。

孟子將朝王章

問：「『孟子將朝王』，齊王託疾召孟子，孟子亦辭以疾，莫是以齊王不合託疾否？」

曰：「未論齊王託疾。看孟子意，只説他不合來召。蓋在他國時，諸侯無越境之禮，只得以幣來聘，故賢者受其幣而往見之，所謂答禮行義是也。如見梁惠王，也是惠王先來聘之。既至其國，或爲賓師，有事則王自來見，或自往見王，但召之則不可。召之，則有自尊之意，故不往見也。答陳代：『如不待其招而往，何哉？』此以在他國而言。答萬章：『天子不召師，而況諸侯乎？』此以在其國而言。」僩。

或問「孟子將朝王」一段。曰：「賢者在異國，諸侯可以使幣聘之。若既在本國，賢者可以自去相見，諸侯却不當去召他了。蓋異國則諸侯不能親往，故可以聘；在國，則君自當去相見，又豈可以召哉。要見孟子出處之義，更兼陳代與公孫丑問不見諸侯處，及天子不召師，并之齊不見平陸事一道看，方見得孟子自有一個方法在。」問：「孟子不去，莫亦兼惡其託疾不實否？」曰：「觀其終篇，不如此説。」又問：「平陸大夫既以幣交得不是，何故又受他底？」曰：「又恐他忽地自來。」

「『夫豈不義而曾子言之』，文勢似『使管子而愚人也，則可』。若是義理不是，則曾子豈肯恁地説？」

「『王之爲都。』左傳：『邑有先君之廟曰都。』看得來古之王者當爲都處，便自有廟。賀孫録云「古人之廟不遷」。如〔二〕大王廟在岐，文王廟在豐。武王祭大王則於岐，祭文王則於豐。賀孫云：「鎬京却無二王之廟。」『王朝步自周』，『至于豐』，是自鎬至豐以告文王廟也。又如晉獻公使申生祭于曲沃。武公雖自曲沃入晉，而其先君之廟則仍在曲沃而不徙也。又如魯祖文王，鄭祖厲王，則諸侯祖天子矣。三桓祖桓公，則大夫祖諸侯矣。故禮運曰：『諸侯不得祖天子，大夫不得祖諸侯。公廟之設私家，非禮也，自三桓始也。』〔三〕是三桓各立桓公廟於其邑也。」又問：「漢原廟如何？」曰：「原，再也，如原蠶之原。謂既有廟，而再立一廟，如本朝既有太廟，又有景靈宮。」又問：「此於禮當否？」曰：「非禮也。賀孫云：「問郡國有原廟否？」曰：「行幸處有之，然皆非禮也。」然以洛邑有文、武廟言之，則似周亦有兩廟。」又問：「原廟之制如何？」曰：「史記『月出衣冠遊之』，」賀孫云：「漢之原廟是藏衣冠之所。」謂藏高帝之衣冠於其中，月一取其衣冠，出遊於國中也。古之廟制，前廟後寢，寢所以藏亡者之衣冠，故周禮守祧：『掌守先王先公之廟祧，其遺衣服藏焉。』至漢時却移寢於陵，所謂『陵寢』，故明帝於原陵見太后鏡奩中物而悲哀。蔡邕因〔四〕謂：『上陵亦古禮，明帝猶有古之餘意。』然此等議論皆是他講學不明之故，他只是偶見明帝之事，故爲是説。然何不使人君移此意於宗廟中耶？」又曰：「『王之爲都』，又恐是周禮所謂都鄙之都，周禮『四縣爲都』。」廣。賀孫録同。

孟子爲卿於齊章

問「孟子賓師之禮如何？」曰：「當時有所謂客卿者是也。大概尊禮之，而不居職任事，召之則不往，又却爲使出吊於滕。」木之。

沈同以其私問章

「孟子答沈同伐燕一章，誠爲未盡。『何以異於是』之下，合更説是吊民伐罪、不行殘虐之主方可以伐之，如此乃善。又孟子居齊許久，伐燕之事必親見之，齊王乃無一語謀於孟子，而孟子亦無一語諫之，何也？想得孟子亦必以伐之爲是，但不意齊師之暴虐耳。不然，齊有一大事如此，而齊王不相謀，孟子豈可更居齊耶？史記云：『鄒人孟軻勸齊王伐燕云：「此湯、武之舉也。」』想承此誤，然亦有不可曉者。」僩。

「勸齊伐燕如何？」曰：「孟子言伐燕處有四，須合而觀之。燕之父子君臣如此，固有可伐之理。然孟子不曾教齊不伐，亦不曾教齊必伐，但曰『爲天吏，則可以伐之』。」又曰：「若『殺其父兄，係累其子弟』，則非孟子意也。」去僞〔五〕。

燕人畔章

安卿問：「周公誅管、蔡，自公義言之，其心固正大直截。自私恩言之，其情終有不自滿處。所以孟子謂：『周公之過，不亦宜乎？』」曰：「是。但他豈得已哉。莫到恁地較好。看周公當初做這一事，也大段疏脱，他也看那兄弟不過。本是怕武庚叛，故遣管、蔡、霍叔去監他，爲其至親可恃，不知他反去與武庚同作一黨。不知如何紂出得個兒子也恁地狡猾。想見他當時日夜去炒那管叔，説道：『周公是你弟，今却欲篡爲天子。汝是兄，今却只恁地。』管叔被他炒得心熱，他性又急，所以便發出這件事來〔六〕。」堯卿〔七〕問：「是時可調護莫殺否？」曰：「他已叛，只得殺，如何調護得。蔡叔、霍叔性較慢，罪較輕，所以只囚于郭鄰，降爲庶人。想見當時被管叔做出這事來，騷動許多百姓，想見也怕人。『鴟鴞鴟鴞，既取我子，毋毁我室。』當時也是被他害得猛。如常棣一詩是後來制禮作樂時作，這是先被他害，所以當天下平定後，更作此詩，故其辭獨哀切，不似諸詩和平。」義剛曰：「周公也豈不知管叔〔八〕狡獪，但當時於義不得不封他。」曰：「看來不是狡獪，只是獃子。」義剛〔九〕。

孟子去齊章

陳希真問：「孟子去齊處，集注引李氏説『憂則違之，而荷蕢所以爲果』，如何？」曰：「孟子與荷蕢皆是『憂則違之』，但荷蕢果於去，不若孟子『遲遲吾行』。蓋得時行道者，聖人之本心；不遇而去者，聖人之不得已。此與孔子去魯之心同。蓋聖賢憂世濟時之心，誠非若荷蕢之果於去也。」時舉〔一〇〕。

孟子去齊居休章

沙隨謂：「『繼而有師命』，乃師友之師，非師旅也。正齊王欲『授孟子室，養弟子以萬鍾，使諸大夫國人皆有所矜式』時事。」先生曰：「舊已有此説。但欲授孟子室，乃孟子辭去時事。所謂『於崇吾得見王』，則初見齊王時事。以此考之，則師旅爲當。」道夫。

校勘記

〔一〕集注　朝鮮本作：孟子注。

〔二〕如　朝鮮本此下增「周時」二字。

〔三〕「故禮運曰」至「自三桓始也」　按此段文字非出禮記禮運篇，實出禮記郊特牲篇，朱熹于此偶誤記也。文字亦略有出入：二「得」字，禮記作「敢」；「公廟」前，禮記有「而」字；「設」下，禮記有「於」字；「自」，禮記作「由」。

〔四〕因　朝鮮本此下增「明帝之事」四字。

〔五〕去僞　朝鮮本末尾小字作：謨。去僞同。

〔六〕「不知如何」至「所以便發出這件事來」　朝鮮本作：「周公當時亦看兄弟不過，又被武庚日夜來搔他，謂：『周公欲簒爲天子；汝是兄，今只恁地！』武庚亦是狡猾，管叔爲他説摇動，性急便發。」

〔七〕堯卿　朝鮮本作：李文卿。

〔八〕管叔　朝鮮本此下增「恁地」二字。

〔九〕義剛　朝鮮本末尾小字作：淳。黄義剛同。

〔一〇〕時舉　朝鮮本末尾小字作：銖。

朱子語類卷第五十五

孟子五

滕文公上

滕文公爲世子章

「『孟子道性善，言必稱堯、舜』，須看因何理會個性善作甚底。」賜。

「性善，故人皆可爲堯、舜。『必稱堯、舜』，所以驗性善之實。」德明。

「孔子罕言性。孟子見滕文公便『道性善』，『必稱堯、舜』，恰似孟子告人躐等相似。然他亦欲人先知得一個本原，則爲善必力，去惡必勇。今於義謂須是見得了，自然循理，有不得不然。若說我要做好事，所謂這些意，能得幾時子。」端蒙。

劉棟問：「人〔二〕未能便至堯、舜，而孟子言必稱之，何也？」曰：「『道性善』與『稱堯、舜』二句正相表裏，蓋人之所以不至於堯、舜者，是他力量不至，固無可奈何。然人須當以堯、舜爲法，如射者之於的，箭箭皆欲其中。其不中者，其技藝未精也。人到得堯、舜地位，方做得一個人，無所欠闕。然也只是本分事，這便是『止於至善』。」道夫。

問：「孟子言性，何必於其已發處言之？」曰：「未發是性，已發是善。」可學。

「『孟子道性善』，其發於外也，必善無惡。惡，非性也，性不惡矣。」節。

問：「『孟子道性善』，不曾說氣稟。」曰：「是孟子不曾思量到這裏，但說本性善，失却這一節。」問：「氣稟是偶然否？」曰：「是偶然相值着，非是有安排等待。」問：「天生聰明，又似不偶然。」曰：「便是先來說主宰底一般，忽生得個人恁地，便是要他出來作君作師。書中多說『聰明』，蓋一個說白，一個說黑，若不是聰明底，如何遏伏得他衆人？所以中庸亦云『惟天下至聖，爲能聰明睿知足以有臨』。且莫說聖賢，只如漢高祖、光武、唐憲宗、武宗，他更自了得。某嘗說：韓退之可憐。憲宗也自知他，只因佛骨一事忤意，未一年而憲宗死，亦便休了，蓋只有憲宗會用得他。」池録作「憲宗也會用人」。或曰：「用李絳亦如此。」曰：「憲宗初年許多伎倆是李絳教他，絳本傳說得詳。然絳自有一書，名論事記，記得更詳，如李德裕獻替録之類。」夔孫。

李仲實問：「注云：『惟堯、舜爲能無物欲之蔽，而充其性。』人蓋有恬於嗜欲而不能充其性者，何故？」曰：「不蔽於彼，則蔽於此；不蔽於此，則蔽於彼，畢竟須有蔽處。物欲亦有多少般，如白日須是雲遮方不見，若無雲，豈應不見耶？此等處，緊要在『性』字上，今且合思量如何是性？在我爲何物？反求吾心，有蔽無蔽，能充不能充？不必論堯如何，舜又如何，如此方是讀書。」閎祖。

或問「孟子道性善」章：「看來孟子言赤子將入井，有怵惕惻隱之心，此只就情上見，亦只説得時暫發見處。如言『孩提之童，無不親其親』，亦只是就情上説得他人事，初無預於己。若要看得自己日用功夫，惟程子所謂：『天下之理，原其所自，未有不善。喜怒哀樂未發，何嘗不善。發而中節，即無往而不善；發不中節，然後不善。』此語最爲親切。學者知此，當於喜怒哀樂未發加持敬功夫，於喜怒哀樂已發加省察功夫，方爲切己。」曰：「不消分這個是親切，那個是不親切，如此則成兩截了。蓋是四者未發時，那怵惕惻隱與孩提愛親之心皆在裏面了。少間發出來，即是未發底物事。靜也只是這物事，動也只是這物事。如孟子所説，正要人於發動處見得是這物事。蓋靜中有動者存，動中有靜者存。人但要動中見得靜，靜中見得動。若説動時見得是一般物事，靜時又見得別是一般物事；靜時見得是這般物事，動時又見得不是這般物事，没這説話。蓋動時見得是這物事，即是靜時所養底物事。靜時若存守得這物事，則日用流行即是這物事。而今學者且要識得動靜只是一個物事。」燾。

性圖：

惡。惡不可謂從善中直下來，只是不能善，則偏於一邊爲惡。

性善。性無不善。善。發而中節，無往不善。

「孟子初見滕世子，想是見其資質好，遂即其本原一切爲他啓迪了。世子若是負荷得時，便只是如此了。及其復見孟子，孟子見其領略未得，更不説了。只是發他志，但得於此勉之，亦可以至彼，若更説便滲逗了。當時啓迪之言想見甚好，惜其不全記，不得一觀。」揚。

問〔二〕集注，云云。曰：「大概是如此。孟子七篇論性處，只此一處已説得盡。須是日日認一過，只是要熟。」又曰：「程子説才與孟子説才自不同，然不相妨，須是子細看始得。」賀孫。

問〔三〕：「三子之事：成覸則若參較彼己，顔子則知聖人學之必可至，公明儀則篤信好學者也。三者雖有淺深，要之皆是尚志。」曰：「也略有個淺深。恁地看文字，且須看他大意。」又曰：「大抵看文字，不恁地子細分別出來，又却鶻突。到恁地細碎分別得出來，不曾看得大節目處，又只是在落草處尋。」道夫曰：「這般緊要節目，其初在『道性善』，其中在『夫道一而已矣』，其終在『若藥不瞑眩，厥疾弗瘳』。」曰：「然。」道夫。

符舜功問：「滕世子從孟子言，何故後來不濟事？」曰：「亦是信不篤。如自楚〔四〕反，復問孟子，孟子已知之，曰：『世子疑吾言乎？』則是知性不的。他當時地步狹，本難做。又識見卑，未嘗立定得志。且如許行之術至淺下，且延之，舉此可見。」可學。

或問：「孟子初教滕文公如此，似好。後來只恁休了，是如何？」曰：「滕，國小，絕長補短，止五十里，不過如今一鄉。然孟子與他說時，也只說『猶可以爲善國』而已。終不成以所告齊、梁之君者告之。兼又不多時，便爲宋所滅。」因言：「程先生說：『孔子爲乘田則爲乘田，爲委吏則爲委吏，爲司寇則爲司寇，無不可者。至孟子，則必得賓師之位方能行道，此便是他能大而不能小處。惟聖人則無不遍，大小方圓，無所不可。』」又曰：「如孟子說『諸侯之禮〔五〕，吾未之學也』，此亦是講學之有闕。蓋他心量不及聖人之大，故於天下事有包括不盡處。天下道理儘無窮，人要去做，又做不辦。極力做得一兩件，又困了。唯是聖人便事事窮到徹底，包括淨盡，無有或遺。」正淳曰：「如夏、商之禮，孔子皆能言之，却是當時杞、宋之國文獻不足，不足取以證聖人之言耳。至孟子則曰『吾未之學也』而已，『嘗聞其略也』而已。」廣。

滕定公薨章

「今欲處世事於陵夷之後，乃一向討論典故，亦果何益。孟子於滕文公乃云『諸侯之禮，吾未之學』，便說與『齊疏之服，飦粥之食』，哭泣盡哀，大綱先正了。」可學。

「古宗法，如周公兄弟之爲諸侯者，則皆以魯國爲宗〔六〕。至戰國時，滕猶稱魯爲宗國也。」廣。

滕文公問爲國章

因說今日田賦利害，曰：「某嘗疑孟子所謂『夏后氏五十而貢，殷人七十而助，周人百畝而徹』，恐不解如此。先王疆理天下之初，做許多畎溝澮洫之類，大段費人力了。若自五十而增爲七十，自七十而增爲百畝，則田間許多疆理都合更改，恐無是理。孟子當時未必親見，只是傳聞如此，恐亦難盡信也。」廣。

「孟子說『夏后氏五十而貢，商人七十而助，周人百畝而徹』，恐亦難如此移改。禮記正義引劉氏、皇氏之說，正是𡚶人說話。蓋田地一方，溝洫廬舍成之亦難。自五十畝而改爲七十畝，既是七十畝，却改爲百畝〔七〕，便都著那趲動，此擾亂之道。如此則非三代田制，乃王莽之制矣。」必大。

「孟子説貢、助、徹亦有可疑者〔八〕。若夏后氏既定『五十而貢』之制，不成商周再分其田，遞相增補，豈不大擾。聖人舉事，恐不如此。如王莽之封國，割某地屬某國，至於淮陽太守無民可治，來歸京師，此尤可笑。正義引劉氏、皇氏、熊氏説皆是臆度，迂僻之甚。」人傑。

「孟子説制度，皆舉其綱而已。如田之十一，喪之『自天子達』之類。」方。

「世禄，是食公田之人。」問：「鄰長、比長之屬有禄否？」曰：「恐未必有。」問：「士者之學如何？」曰：「亦農隙而學。」「孰與教之？」曰：「鄉池録作「卿」。大夫有德行而致其仕者，俾教之。」德明。

「孟子只把『雨我公田』證周亦有公田，讀書亦不須究盡細微。」因論：「永嘉之學，於制度名物上致詳。」方子〔九〕。

問：「滕文公爲善，如何行王道不得，只可爲後法？」曰：「他當時大故展拓不去，只有五十里，如何做得事？看得來渠國亦不甚久便亡。」問：「所謂『小國七年』者，非是封建小國，恐是燕、韓之類。」曰：「然。」可學。

「『請野九一而助，國中什一使自賦』，如古注之説，如何？」曰：「若將周禮一一求合其說，則難。此二句大率有周禮制度。野，謂甸、稍、縣、都，行九一法。國中什一，以在王城，豐凶易察。」去僞〔一〇〕。

或問「請野九一而助〔一一〕，國中什一使自賦」。曰：「國中行鄉遂之法，如『五家爲比，五比爲閭，四閭爲族，五族爲黨，五黨爲州』，又如『五人爲伍，五伍爲兩，四兩爲卒，五卒爲旅，五旅爲師，五師爲軍』，皆是五五相連屬，所以行不得那九一之法，故只得什一使自賦。如鄉遂却行井牧之法，次第是一家出一人兵。且如『五家爲比』，比便有一個長了。井牧之法，次第是三十家方出得士十人、徒十人。井田之法，孟子說『夏五十而貢，殷七十而助，周百畝而徹』，此都是孟子拗處。先是五十，後是七十，又是一百，便是一番打碎一番，想聖人處事必不如是勞擾。又如先儒說封建，古者『公侯百里，伯七十里，子男五十里』。至周公則斥大疆界，始大封侯國：公五百里，侯四百里，伯三百里，子、男百里。如此，則是將那小底移動，添封爲大國，豈有此理。禹塗山之會，『執玉帛者萬國』。當時所謂國者，如今溪、洞之類。如五六十家，或百十家，各立個長，自爲一處，都來朝王，想得禮數大段藞苴。後來到夏、商衰時，皆相吞併，漸漸大了，至周時只有千八百國。便是萬國吞并爲千八百國，不及五分之一矣，可見其又大了。周畢竟是因而封之，豈有移去許多小國，却封爲大國。然聖人立法，亦自有低昂，不如此截然。謂如封五百里國，這一段四面大山，如太行却有六百里，不成是又挑出那百里外？加封四百里，這一段却有三百五十里，不成又去别處討一段子五十里來添？都不如此殺定。蓋孟子時去周已七八百年，如今去隋時既無人記得，又無載籍可考，所以難見得端的。又周封齊、魯之地，是『誅紂伐奄，滅國者五十』，所以封齊、魯之地極廣。如魯地方千里，如齊東至海，西至河，南至穆陵，北至無棣，是多少廣闊。」燾。

問：「圭田，餘夫之田，是在公田私田之外否？」曰：「卿受田六十邑，乃當二百四十井，此外又有『圭田五十畝』也。『餘夫二十五畝』，乃是十六歲以前所受，在一夫百畝之外也。孟子亦是言大概耳，未必曾見周禮也。」時舉〔一二〕。

有爲神農之言章

德脩解君民並耕，以爲「有體無用」。曰：「如何是有體無用？這個連體都不是。」德脩曰：「食豈可無？但以君民並耕而食，則不可。不成因君民不可並耕却不耕？耕食自不可無，此是體。以君民並耕則無用。」曰：「『有大人之事，有小人之事』，若是以君民並耕，畢竟體已不是。」文蔚。

「『排淮、泗而注之江。』淮自不與江通，大綱如此說去。」謨。

問：「『振德』是施惠之意否？」曰：「是。然不是財惠之惠，只是施之以教化，上文匡、直、輔、翼等事是也。彼既自得之，復從而教之。『放勛曰』，『曰』字不當音馹。」僩。

墨者夷之章

「夷子以謂『愛無差等，施由親始』，似知所先後者，其說如何？」曰：「人多疑其知所先後，而不知此正是夷子錯處。人之有愛，本由親立；推而及物，自有等級。今夷子先以爲『愛無差等』，而施之則由親始，此夷子所以二本矣。夷子但以此解厚葬其親之言，而不知『愛無差等』之爲二本也。」去僞〔一三〕。

亞夫問：「『愛無差等，施由親始』與『親親而仁民，仁民而愛物』相類否？」曰：「既是『愛無差等』，何故又『施由親始』？這便是有差等了。然『施由親始』一句乃是夷之臨時譔出來揍孟子意，却不知『愛無差等』一句已不是了。他所謂『施由親始』，便是把『愛無差等』之心施之，然把愛人之心推來愛親，是甚道理。」時舉。

問：「愛有差等，此所謂一本，蓋親親、仁民、愛物具有本末也。所謂『二本』是如何？」曰：「『愛無差等』，何止二本？蓋千萬本也。」退與彥忠論此，彥忠云：「愛吾親，又兼愛他人之親，是二愛並立，故曰二本。」德明。

或問「二本」。曰：「事他人之親，如己之親，則是兩個一樣重了，如一木有兩根也。」燾。

問〔一四〕：「人〔一五〕只是一父母所生，如木只是一根株。夷子却視他人之親猶己之親，如牽彼樹根，强合此樹根。」曰：「『愛無差等』便是二本。」至曰：「『命之矣』，『之』字作夷子名看，方成句法。若作虚字看，則不成句法。」曰：「是。」至。

「尹氏曰：『何以有是差等，一本故也，無僞也。』既是一本，其中便自然有許多差等。二本則二者並立，無差等矣。」墨子是也。僩。

滕文公下

陳代曰不見諸侯章

問「枉尺直尋」。曰：「援天下以道，若枉己，便已枉道，則是已失援天下之具矣，更説甚事？自家身既已壞了，如何直人？」恪。

「『招〔一六〕虞人以旌，不至將殺之。』刀鋸在前而不避，非其氣不餒，如何强得。」閎祖。

「『詭遇』是做人不當做底，『行險』是做人不敢做底。」方子。

「子路，則『範我馳驅』而不獲者也。管仲之功，詭遇而獲禽耳。」燾。

「射者、御者都合法度，方中。嬖奚不能正射，王良以詭御就之，故良不貴之。御法而今尚可尋，但是今人尋得，亦無用處，故不肯。侯景反時，士大夫無人會騎，此時御法尚存。今射亦有法，一學時便要合其法度。若只是胡亂射將來，又學其法不得。某舊學琴，且亂彈，謂待會了却依法。元來不然，其後遂學不得，知學問安可不謹厥始。」楊。

景春曰公孫衍張儀章

敬之問「居天下之廣居，立天下之正位，行天下之大道」。曰：「大概只是無些子偏曲。且如此心廓然，無一豪私意，直與天地同量，這便是『居天下之廣居』，便是『居仁』。到得自家立身更無些子不當於理，這便是『立天下之正位』，便是『守禮』。及推而見於事，更無些子不合於義，這便是行天下之大道，便是『由義』。論上兩句，則居廣居是體，立正位是用；論下兩句，則立正位是體，行大道是用。要知能『居天下之廣居』，自然能『立天下之正位，行天下之大道』。」恪。

居之問「廣居」、「正位」、「大道」。〔一七〕曰：「『廣居』是廓然大公，無私欲之蔽。『正位』是所立處都無差過。『大道』是事事做得合宜。『居』字是就心上說，擇之云：「廣居就存心上説。」先生曰：「是。」『立』字是就身上説，『行』字是就施爲上説。」賀孫。

居之問「廣居」、「正位」、「大道」。〔一八〕曰：「『廣居』是不狹隘，以天下爲一家，中國爲一人，何廣如之。『正位』、『大道』只是不僻曲。『正位』就處身上説，『大道』就處事上説。」植。

「居者，心之所存。廣居，無私意也。才有私意，則一分爲二，二分爲四，四分爲八，只見分小著。立者，身之所處。正位者，當爲此官，則爲此官；當在此，則在此。行者，事之所由。大道者，非偏旁之徑、荆棘之場。人生只是此三事。」節。

「『居天下之廣居，立天下之正位，行天下之大道』，唯集義、養氣方到此地位。『富貴不能淫，貧賤不能移，威武不能屈』，以浩然之氣對着他，便能如此。『彼以其富，我以吾仁。彼以其爵，我以吾義。』『在彼者，皆我之所不爲也；在我者，皆古之制也。吾何畏彼哉？』」閎祖。

問：「『居廣居，立正位，行大道』，是浩然之氣否？」曰：「然。浩然之氣須是養，有下工夫處。『居廣居』以下，是既有浩然之氣，方能如此。」大雅。

問：「『居天下之廣居』云云，如欲『授孟子室，養弟子以萬鍾』，孟子若去那裏立，便不是正位。」林擇之云：「如『不與驩言』之事，亦是正位。」曰：「然。」

公孫丑問不見諸侯章

問：「公孫丑言孟子不見諸侯，何故千里來見梁惠王？」曰：「以史記考之，此是梁惠王招之而至。其曰『千里而來』者，亦是勞慰之辭爾。孟子出處，必不錯了。如平日在諸侯國內，雖不爲臣，亦有時去見他。若諸侯來召，則便不去。蓋孟子以賓師自處，諸侯有謀則就之。如孟子一日將見王，王不合使人來道：『我本就見，緣有疾，不可以風，不知可以來見否？』孟子才聞此語，便不肯去。」時坐間有楊方縣丞者云：「弟〔一九〕子稱其師不見諸侯，必是其師尋常如此。其見梁惠王，亦須有說。但今人不肯便信他說話，只管信後人言語，所以疑得孟子如此。」謨。

「孟子之時，時君重士，爲士者不得不自重，故必待時君致敬盡禮而後見。自是當時做得個規模如此定了，如史記中列國之君擁篲先迎之類。却非是當世輕士，而孟子有意於矯之以自高也。」因說孟子不見諸侯及此。僩。

至云：「看得孟子於辭受、取舍、進退、去就，莫非天理時中之妙，無一毫人欲之私，無一毫過不及之病。如謂『段干木踰垣而避之，泄柳閉門而不納，是皆已甚，迫斯可以見矣』，『充仲子之操，則蚓而後可』，『謂非其有而取之者盜也，充類至義之盡』。辭曰『聞戒』、『餽贐』，可受則受之，皆無一毫過不及，無一毫私意。」曰：「道理固是恁地，而今有此事到面前，這道理又却那裏安頓？」至。

公都子問好辯章

居之問孟子「豈好辯」章。先生令看大意，曰：「此段最好看。看見諸聖賢遭時之變，各行其道，是這般時節。其所以正救之者，是這般樣子。這見得聖賢是甚麼樣大力量，恰似天地有闕齾處，得聖賢出來補得教周全。補得周全後，過得稍久，又不免有闕，又得聖賢出來補。這見得聖賢是甚力量，直有闔闢乾坤之功。」賀孫。

「堯晚年方遭水。堯之水最可疑，禹治之尤不可曉。胡安定説不可信，掘地注海之事亦不知如何掘。蓋堯甚以爲儆，必不是未有江河而然。滔天之水，如何掘以注海？只是不曾見中原如何，此中江河皆有路通，常疑恐只是治黄河費許多力。黄河今由梁山泊入清河、楚州。」振。

問：「孔子作春秋，空言無補，亂臣賊子何緣便懼？且何足爲春秋之一治？」曰：「非説當時便一治，只是存得個治法，使這道理光明粲爛，有能舉而行之，爲治不難。當時史書掌於史官，想人不得見。及孔子取而筆削之，而其義大明。孔子亦何嘗有意説用某字，使人知勸；用某字，使人知懼；用其字，有甚微詞奧義，使人曉不得，足以褒貶榮辱人來？不過如今之史書直書其事，善者惡者了然在目，觀之者知所懲勸，故亂臣賊子有所畏懼而不犯耳。近世説春秋者太巧，皆失聖人之意。又立爲凡例，加某字，其例爲如何；去某字，其例爲如何，盡是胡説。」問：「孔子所書辭嚴義簡，若非三傳詳著事迹，也曉它筆削不得。」曰：「想得孔子作書時，事迹皆在，門人弟子皆曉得聖人筆削之意。三家懼其久而泯没也，始皆筆之於書。流傳既久，是以不無訛謬，然孔子已自直書在其中。如云『夫人姜氏會齊侯于某』、『公與夫人姜氏會齊侯于某』、『公薨于齊』、『公之喪至自齊』、『夫人孫于齊』，此等顯然在目，雖無傳亦可曉。且如楚子侵中國，得齊桓公與之做頭抵攔遏住他，使之不得侵。齊桓公死，又得晉文公攔遏住，如横流泛濫，硬做隄防。不然，中國爲渰浸必矣。此等義，何難曉？」問讀春秋之法。曰：「無它法，只是據經所書之事迹，而準折之以先王之道，某是某非，某人是底猶有未是處，不是底又有彼善於此處，自將道理折衷便見。如看史記，秦之所以失如何？漢之所以得如何？楚、漢交爭，楚何以亡？漢何以興？其所以爲是非得失成敗盛衰者何故？只將自家平日講明底道理去折衷看，便見。看春秋亦如此。只是聖人言語細密，要人子細斟量考索耳。」問：「胡文定春秋解如何？」曰：「説得太深。蘇子由教人看左傳，不過只是看它事之本末，而以義理折衷去取之耳。」僩。

「孟子苦死要與楊、墨〔二〇〕辯，是如何？與他有甚寃惡，所以闢之如不共戴天之讎？『能言距楊、墨者，聖人之徒也。』才説道要距楊、墨，便是聖人之徒。如人逐賊，有人見了自不與捉，這便唤做是賊之黨。賊是人情之所當惡。若説道賊當捉當誅，這便是主人邊人。若説道賊也可捉，也可恕，這只唤做賊邊人。」賀孫。

問〔二一〕孟子「好辯」一節。曰：「當時如縱横刑名之徒，孟子却不管他，蓋他只壞得個粗底。若楊、墨則害了人心，須著與之辯。」時舉謂：「當時〔二二〕人心不正，趨向不一，非孟子力起而闢之，則聖人之道無自而明。是時真個少孟子不得。」曰：「孟子於當時只在私下恁地説，所謂楊、墨之徒也未怕他。到後世却因其言而知聖人之道爲是，知異端之學爲非，乃是孟子有功於後世耳。」時舉。

因居之看「好辯」一章，曰：「墨氏『愛無差等』，故視其父如路人。楊氏只理會自己，所謂『修其身而外天下國家』者，故至於無君。要之，楊、墨即是逆理，不循理耳。如一株木，順生向上去是順理。今一枝乃逆下生來，是逆理也。如水本潤下，今洪水乃横流，是逆理也。禹掘地而注之海，乃順水之性，使之潤下而已。暴君『壞宫室以爲汙池，棄田以爲園囿』，民有屋可居，有地可種桑麻，今乃壞而棄之，是逆理也。湯、武之舉，乃是順理。如楊、墨逆理，無父無君，邪説誣民，仁義充塞，便至於『率獸食人，人相食』。此孟子極力闢之，亦只是順理而已。」此一段多推本先生意，非〔一三〕全語。植。

敬之〔一四〕問楊、墨。曰：「楊、墨只是差了些子，其末流遂至於無父無君。蓋楊氏見世間人營營於名利，埋没其身而不自知，故獨潔其身以自高，如荷蕢、接輿之徒是也。然使人皆如此潔身而自爲，則天下事教誰理會？此便是無君也。墨氏見世間人自私自利，不能及人，故欲兼天下之人而盡愛之。然不知或有一患難，在君親則當先救之，在他人則後救之。若君親與他人不分先後，則是待君親猶他人也，便是無父。此二者之所以爲禽獸也。孟子之辯，只緣是放過不得。今人見佛、老家之説者，或以爲其説似勝吾儒之説，或又以爲彼雖説得不是，不用管他。此皆是看他不破，故不能與之辯。若真個見得是害人心，亂吾道，豈容不與之辯？所謂孟子好辯者，非好辯也，自是住不得也。」南升〔一五〕。

問〔一六〕：「墨氏兼愛，何遽至於無父？」曰：「人也只孝得一個父母，那有七手八脚，愛得許多？能養其父無闕，則已難矣。想得他之所以養父母者，粗衣糲食，必不能堪。蓋他既欲兼愛，則其愛父母也必疏，其孝也不周至，非無父而何！墨子尚儉惡樂，所以説『里號朝歌，墨子回車』。想得是個淡泊枯槁底人，其事父母也可想見。」又問：「『率獸食人』亦深其弊而極言之，非真有此事也？」曰：「不然。即它之道，便能如此。楊氏自是個退步愛身，不理會事底人。墨氏兼愛，又弄得没合殺，使天下倀倀然，必至於大亂而後已，非『率獸食人』而何？如東晉之尚清談，此便是楊氏之學。楊氏即老、莊之道，少間百事廢弛，遂啓夷狄亂華，其禍豈不慘於洪水猛獸之害。又如梁武帝事佛，至於社稷丘墟，亦其驗也。如近世王介甫，其學問高妙，出入於老、佛之間，其政事欲與堯、舜、三代爭衡。然所用者盡是小人，聚天下輕薄無賴小人作一處，以至遺禍至今。他初間也何嘗有啓狄亂華、『率獸食人』之意？只是本原不正，義理不明，其終必至於是耳。」或云：「若論其脩身行己，人所不及。」曰：「此亦是他一節好，其他很厲偏僻，招合小人，皆其資質學問之差。亦安得以一節之好，而蓋其六節之惡哉？吁，可畏，可畏！」僩。

問：「墨氏兼愛，疑於仁，此易見。楊氏爲我，何以疑於義？」曰：「楊朱看來不似義，他全是老子之學，只是個逍遥物外，僅足其身，不屑世務之人。只是他自愛其身界限齊整，不相侵越，微似義耳，然終不似也。」僩。論楊、墨，餘見盡心上及異端類。

「孟子言：『我欲正人心。』蓋人心正，然後可以有所爲。今人心都不正了，如何可以理會。」

校勘記

〔一〕人　朝鮮本「人」上增：孟子道性善，言必稱堯、舜。

〔二〕問　朝鮮本此下增「世子自楚反復見孟子章」十字。

〔三〕問　朝鮮本作：道夫問，下增一節文字：「『滕世子見孟子，孟子道性善』一章，集注已詳盡，但中間所載」。

〔四〕楚　朝鮮本作「宋」字。

〔五〕諸侯之禮　「侯」原作「便」，據朝鮮本及孟子滕文公上改。

〔六〕則皆以魯國爲宗　朝鮮本此下增：故孟子載滕之父兄百官語曰：「吾宗國魯先君亦莫之行。」

〔七〕自五十畝而改爲七十畝既是七十畝却改爲百畝　四「畝」字原皆作「里」，據孟子滕文公上改。

〔八〕孟子説貢助徹有可疑者　朝鮮本問句作：孟子説「夏后氏五十而貢，商人七十而助，周人百畝而徹」，亦有可疑者。

〔九〕方子　朝鮮本作：公謹。

〔一〇〕去僞　朝鮮本末尾小字作：謨。去僞同。

〔一一〕請野九一而助　「請」原作「耕」，據孟子滕文公上改。

〔一二〕時舉　朝鮮本此下增小字：銖同。

〔一三〕去僞　朝鮮本末尾小字作：謨。去僞同。

〔一四〕問　朝鮮本作：至問。

〔一五〕人　朝鮮本「人」上增「天之生物一本，而夷子二本」。

〔一六〕招　朝鮮本段首增「齊景公」三字。

〔一七〕居之問廣居正位大道　朝鮮本作：居之問「居天下之廣居，立天下之正位，行天下之大道」。

〔一八〕居之問廣居正位大道　朝鮮本作：先生答劉居之所問「孟子居天下之廣居，立天性愛之正位，行天下之大道」。

〔一九〕弟　朝鮮本「弟」前增一句：公孫丑，孟子弟子也。

〔二〇〕楊墨　朝鮮本作：楊朱、墨翟。

〔二一〕問　朝鮮本作：時舉問。

〔二二〕當時　朝鮮本作：當孟子之時。

〔二三〕非　朝鮮本此下增小字：當時。

〔二四〕敬之　朝鮮本作：黄敬之。

〔二五〕南升　朝鮮本此下增小字：時舉録少異。

〔二六〕問　字原無，據朝鮮本、萬曆本補。

朱子語類卷第五十六

孟子六

離婁上

離婁之明章

「『上無道揆』則『下無法守』。儻『上無道揆』，則下雖有奉法守在官者〔一〕，亦將不能用而去之矣。『朝不信道，工不信度』，信，如憑信之『信』。此理只要人信得及，自然依那個行，不敢踰越。惟其不信，所以妄作。如胥吏分明知得條法，只是他冒法以爲姦，便是不信度也。」因歎曰：「看得道理然〔二〕，見世間事才是苟且底，鮮有不害事。雖至小之事，以苟且行之，必亦有害，而況大事乎？只是信不及，所以苟且。凡云且如此作，且如此過去，皆其弊也。凡見人説某人做得事好，做得事無病，這便是循理。若見人説某人做得有害，其中必有病。如今人所以苟且者，只爲見理不明，故苟且之心多。若是見得道理熟，自然有所分别，而不肯爲惡矣。」卓。僩録略。

「『上無禮，下無學』。此學謂國之俊秀者。前面『工』是百官守法度者，此『學』字是責學者之事。惟上無教，下無學，所以不好之人並起而居高位，執進退黜陟之權，盡做出不好事來，則國之喪亡無日矣，所以謂之『賊民』。蠹國害民，非賊而何！然其要只在於『仁者宜在高位』，所謂『一正君而國定』也。」僩〔三〕。

問：「責難之恭，陳善閉邪之敬，何以别？」〔四〕曰：「大概也一般，只恭意思較闊大，敬意思較細密。如以堯、舜、三代望其君，不敢謂其不能，便是責難於君，便是恭。陳善閉邪，是就事上説。蓋不徒責之以難〔五〕，凡事有善則陳之，邪則閉之，使其君不陷於惡，便是敬。責難之恭，是尊君之詞，先立個大志，以先王之道爲可必信，可必行。陳善閉邪是子細著工夫去照管，務引其君於當道，陳善閉邪便是做那責難底工夫。不特事君爲然，爲學之道亦如此。大立志尚，而細密著工夫。如立志以古聖賢遠大自期，便是責難。然聖賢爲法於天下，『我猶未免爲鄉人』，其何以到？須是擇其善者而從之，其非者而去之。如日用間，凡一事須有個是，有個非，去其非便爲是，克去己私便復禮。如此，雖未便到聖賢地位，已是入聖賢路了。」淳。

「『責難於君謂之恭』，以堯、舜望之，而不敢以中才常主責之，非尊之而何？『陳善閉邪謂之敬』，此是尊君中細密工夫。」問：「人臣固當望君以堯、舜，若度其君不足與爲善而不之諫，或謂君爲中才可以致小康而不足以致大治，或導之以功利而不輔之以仁義，此皆是賊其君否？」曰：「然。人臣之道，但當以極等之事望其君。責他十分事，臨了只做得二三分；若只責他二三分，少間做不得一分矣。若論才質之優劣，志趣之高下，固有不同，然吾之所以導之者，則不可問其才志之高下優劣，但當以堯、舜之道望他。如飯必用喫，衣必用着，脾胃壯者喫得來多，弱者喫得來少，然不可不喫那飯也。人君資質縱說卑近不足與有爲，然不脩身得否？不講學得否？不明德得否？此皆是必用做底。到得隨他資質做得出來，自有高下大小，然不可不如此做也。孔子曰：『敬事而信，節用而愛人，使民以時。』這般言語是鐵定底條法，更改易不得。如此做則成，不如此做則敗，豈可謂吾君不能，而遂不以此望之也。」僩〔六〕。

問「責難於君謂之恭，陳善閉邪謂之敬」。曰：「恭是就人君分上理會，把他做個大底人看，致恭之謂也。敬只是就自家身上做，如陳善閉邪，是在己當如此做。」燾。

「賓師不以趍走承順爲恭，而以責難陳善爲敬；人君不以崇高富貴爲重，而以貴德尊士爲賢：則上下交而德業成矣。」燾。

規矩方圓之至章

問「規矩，方圓之至也」。曰：「規矩是方圓之極，聖人是人倫之極。蓋規矩便盡得方圓，聖人便盡得人倫，故物之方圓者有未盡處，以規矩爲之便見；於人倫有未盡處，以聖人觀之便見。惟聖人都盡，無一豪之不盡，故爲人倫之至。」燾。

問：「『欲爲君』至『堯、舜而已矣』。昨因看近思録，如看二典，便當求堯所以『治民』，舜所以『事君』。某謂堯所以治民，脩己而已；舜所以事君，誠身以獲乎上而已。」曰：「便是不如此看。此只是大概説讀書之法而已，如何恁地硬要椿定一句去包括他得？若論堯所以治民，舜所以事君，是事事做得盡。且如看堯典，自『聰明文思安安』以至終篇，都是治民底事。自『欽明文思』至『格于上下』是一段，自『克明俊德』至『於變時雍』又是一段，自『乃命羲和』至『庶績咸熙』又是一段，後面又説禪舜事，無非是治民之事。舜典自『濬哲文明』以至終篇無非事君之事，然亦是治民之事，不成説只是事君了便了。只是大概言觀書之法如此。」或曰：「若論堯所以治民，舜所以事君，二典亦不足以盡之。」曰：「也大概可見。」僩。

或問：「『道二，仁與不仁而已矣。』不仁何以亦曰道？」曰：「此譬如說有小路，有大路，何疑之有？」去僞〔七〕。

「『道二，仁與不仁而已矣』，猶言好底道理、不好底道理也。若論正當道理只有一個，更無第二個，所謂『夫道一而已矣』者也。」因言「胡季隨主其家學」云云。已下見胡仁仲類。〔八〕僩。

三代之得天下章

「廢興存亡惟天命，不敢不從，若湯、武是也。」呂燾。

愛人不親章

「聖人說話是攢上去，更無退後來。孟子說『愛人不親，反其仁；治人不治，反其智；禮人不答，反其敬。行有不得者，皆反求諸己，其身正而天下歸之』，這都是攢向上去，更無退下來。如今人愛人不親，更不反求諸己，教你不親也休；治人不治，更不反求諸己，教你不治也休；禮人不答，更不反求諸己，教你不答也休。我也不解恁地得。你也不仁不義，無禮無智；我也不仁不義，無禮無智：大家做個鶻突没理會底人。范忠宣〔九〕所説『以恕己之心恕人』。且如自家不孝，也教天下人不消得事其親；自家不忠，也教天下人不消事其君；自家不弟，也教天下人不消事其兄；自家不信，也教天下人不消信其友。恁地得不得？還有這道理否？」又曰：「張子韶説中庸『所求乎子以事父，未能也』，到『事父』下點做一句。看他説『以聖人之所難克』，這正是聖人因責人而點檢自家有未盡處，如何恁地説了？而今人多説章句之學爲陋，某看見人多因章句看不成句，却壞了道理。」又曰：「明道言：『忠恕二字，要除一個，更除不得，須是忠方可以行其恕。』若自家不穿窬，便教你不穿窬，方唤做恕。若自家穿窬，却教别人不穿窬，這便不是恕。若自家穿窬，也教大家穿窬，這也不是恕。雖然，聖人之責人也輕，如所謂『以人治人，改而止』，教他且存得這道理也得。『小人革面』，教他且革面也得。又不成只恁地，也須有漸。」又曰：「『堯、舜其猶病諸。』聖人終是不足。」賀孫。

爲政不難章

吴伯英問「不得罪於巨室」。曰：「只是服得他心。」佐。

天下有道章

「『小德役大德，小賢役大賢』，是以賢德論。『小役大，弱役强』，全不睹是，只是以力論。」振。

鄭問：「『小役大，弱役强』，亦曰『天』，何也？」曰：「到那時不得不然，亦是理當如此。」淳。

「『仁不可爲衆』。爲，猶言『難爲弟，難爲兄』之爲。言兄賢，難做他弟；弟賢，難做他兄。仁者無敵，難做衆去抵當他。」端蒙。

「『仁不可爲衆也』，毛公注亦云：『盛德不可爲衆也。』『鳶飛戾天』，注亦曰：『言其上下察也。』此語必別有個同出處。如『金聲玉振』，兒寬云：『天子建中和之極，兼總條貫，金聲而玉振之。』亦必是古語。」𦳣。

「『不能自强，則聽天所命；修德行仁，則天命在我』。今之爲國者，論爲治則曰，不消做十分底事，只隨風俗做便得。不必須欲如堯、舜、三代，只恁地做，天下也治。爲學者則曰，做人也不須做到孔、孟十分事，且做得一二分也得。盡是這樣苟且見識，所謂『聽天所命』者也。」僩〔一〇〕。

自暴者章

問〔一一〕「自暴」、「自棄」之別。曰：「孟子説得已分明。看來自暴者便是剛惡之所爲，自棄者便是柔惡之所爲也。」時舉。

「自暴，是非毁道理底；自棄，是自放棄底。」賜。

「『言非禮義』，以禮義爲非而拒之以不信。『自暴』，自賊害也。『吾身不能居仁由義』，自謂不能，而絶之以不爲。『自棄』，自棄絶也。」閎祖。

先生問梁：「自暴、自棄如何？」梁未答，先生曰：「『言非禮義』〔一二〕，『非』如『非先王之道』之非，謂所言必非詆禮義之説爲非道，是失之暴戾。我雖言而彼必不肯聽，是不足與有言也。自棄者，謂其意氣卑弱，志趣凡陋，甘心自絶以爲不能。我雖言其仁義之美，而彼以爲我必不能『居仁由義』，是不足有爲也。故自暴者强，自棄者弱。伊川云：『自暴者，拒之以不信；自棄者，絶之以不爲。』」梁云：「平日大爲科舉累。」曰：「便是科舉未能爲累。」卓。

問〔一三〕：「向所説『自暴』，作『自粗暴』，與今集注『暴，害也』不同。」曰：「也只是害底是。如『暴其民甚』、『言非禮義謂之自暴』，要去非議這禮義。如今人要駡道學一般，只説道這許多做好事之人，自做許多模樣。不知這道理是人人合有底，他自恁地非議，是他自害了這道理。」賀孫。

「『仁，人之安宅；義，人之正路。』自人身言之，則有動靜；自理言之，則是仁義。」祖道。

居下位章

「誠是天道，在人只說得『思誠』〔一四〕。」泳。

敬之問：「『誠者，天之道也；思誠者，人之道也。』思誠，莫須是明善否？」曰：「明善自是明善，思誠自是思誠。明善是格物致知，思誠是毋自欺謹獨。明善固所以思誠，而思誠上面又自有工夫在。誠者都是實理了，思誠者恐有不實處，便思去實它。『誠者，天之道』，天無不實，寒便是寒，暑便是暑，更不待使它恁地。聖人仁便真個是仁，義便真個是義，更無不實處。在常人說仁時恐猶有不仁處，說義時恐猶有不義處，便着思有以實之始得。」時舉。

問〔一五〕：「『至誠而不動者，未之有也；不誠，未有能動者也。』此是以實理見之於用，故便有感通底道理？」曰：「不是以實理去見之於用，只是既有其實，便自能感動得人也。」因言：「孟子於義利間辨得豪釐不差，見一事來，便劈做兩片，便分個是與不是，這便是集義處。義是一柄刀相似，才見事到面前，便與他割制了。」時舉。

伯夷辟紂章

才卿〔一六〕問：「伯夷是『中立而不倚』，下惠是『和而不流』否？」曰：「柳下惠和而不流之事易見，伯夷中立不倚之事，何以驗之？」陳曰：「扣馬之諫，餓而死，此是不倚。」曰：「此謂之偏倚，亦何可以見其不倚？」文蔚録云：「『如此，却是倚做一邊去』。文蔚曰：『他雖如此，又却不念舊惡。』曰：『亦不相似。』」劉用之曰：「伯夷居北海之濱，若將終身焉，及聞西伯善養老，遂來歸之，此可見其不倚否？」曰：「此下更有一轉，方是不倚。蓋初聞文王而歸之，及武王伐紂而去之，遂不食周粟，此可以見其不倚也。」僩。文蔚録意同。

求也爲季氏宰章

至之問：「如〔一七〕李悝盡地力之類，不過欲教民而已，孟子何以謂任土地者亦次於刑？」曰：「只爲他是欲富國，不是欲爲民。但强占土地開墾將去，欲爲己物耳，皆爲君聚斂之徒也。」時舉。

「『辟草萊，任土地者次之』，『如李悝盡地力，商鞅開阡陌』。他欲致富强而已，無教化仁愛之本，所以爲可罪也。」僩。

恭者不侮人章

「聖人但顧義理之是非，不問利害之當否，衆人則反是。且如恭儉，聖人但知恭儉之不可不爲爾；衆人則以爲我不侮人則人亦不侮我，我不奪人則人亦不奪我，便是計較利害之私。要之，聖人與衆人做處，便是五峰所謂『天理人欲，同行而異情』者也。」道夫。

淳于髡曰章

「事有緩急，理有大小，這樣處皆須以權稱之。」或問：「『執中無權』之權，與『嫂溺援之以手』之權微不同否？」曰：「『執中無權』之權稍輕，『嫂溺援之以手』之權較重，亦有深淺也。」僩。

人不足與適章

「大人『格君心之非』，此謂精神意氣自有感格處，然亦須有個開導底道理，不但默默而已。伊川解『遇主于巷』，所謂『至誠以感動之，盡力以扶持之，明義理以致其知，杜蔽惑以誠其意』，正此意也。」或曰：「設遇暗君，將如何而格之？」曰：「孔子不能格魯哀，孟子不能格齊宣。諸葛孔明之於後主，國事皆出於一己，將出師，先自排布宮中府中許多人。後主雖能聽從，然以資質之庸，難以變化。孔明雖親寫許多文字與之，亦終不能格之。凡此皆是雖有格君之理，而終不可以致格君之效者也。」謨。可學録云：「問：『有不好君，如何格？』曰：『其精神動作之間亦須有以格之。〔一八〕要之，有此理在我，而在人者不可必。』」

「『人不足與適』至『格君心之非』三句當作一句讀，某嘗説，此處與『言不必信，行不必果，惟義所在』，皆須急忙連下句讀。若偶然脱去下句，豈不害事？」方子。

人之患章

「孟子一句者，如『人之患在好爲人師』之類，當時議論須多，今其所記者乃其要語爾。」

孟子謂樂正子曰章

德修謂：「樂正子從子敖之齊，未必徒哺啜。」曰：「無此事，豈可遽然加以此罪。」文蔚。

仁之實章

或問「事親從兄」一段。曰：「緊要在五個實字上。如：仁是『親親而仁民，仁民而愛物』，義是長長、貴貴、尊賢。然在家時，未便到仁民愛物；未事君時，未到貴貴；未從師友時，未到尊賢。且須先從事親從兄上做將去，這個便是仁義之實。仁民愛物、貴貴尊賢，是仁義之英華。若理會得這個，便知得其他，那分明見得而守定不移，便是智之實。行得恰好，便是禮之實。由中而出，無所勉强，便是樂之實。大凡一段中必有緊要處，這一段便是這個字緊要。」胡泳。

「『仁之實，事親是也；義之實，從兄是也』。此數句，某煞曾入思慮來。嘗與伯恭説：『實』字有對名而言者，謂名實之實；有對理而言者，謂事實之實；有對華而言者，謂華實之實。今這實字不是名實、事實之實，正是華實之實。仁之實，本只是事親，推廣之，愛人利物，無非是仁。義之實，本只是從兄，推廣之，忠君弟長，無非是義。事親從兄，便是仁義之實；推廣出去者，乃是仁義底華采。」文蔚。

問仁義之實。曰：「須是理會得個實字，方曉得此章意思，這『實』字便是對『華』字。且如愛親、仁民、愛物，無非仁也，但是愛親乃是切近而真實者，乃是仁最先發處。至於仁民、愛物，乃遠而大了。義之實亦然。」夔孫。

「事親是孝，從兄是弟。『堯、舜之道，孝弟而已』，今人將孝弟低看了。『孝弟之至，通于神明，光于四海』，直是如此。」賓問：「『仁之實，事親是也。』竊謂：實者是事親得其驩心，當此時，直是和悦，此是實否？」曰：「不然，此乃『樂之實，樂斯二者』之事。但事親、從兄是仁義之根實處，最初發得來分曉。向亦曾理會此實字，却對得一個華字。親親，仁也，仁民愛物亦仁也。事親是實，仁民愛物乃華也。」德明。

問〔一九〕：「事親、從兄有何分別？」曰：「事親有愛底意思，從兄有嚴底意思。」又曰：「有敬底意思。」問：「從兄如何爲義之實？」曰：「言從兄，則有可否。」問：「所以同處如何？」曰：「不當論同。」問：「伊川以爲須自一理中別出，此意如何？」曰：「只是一個道理，發出來偏於愛底些子，便是仁；偏於嚴底些子，便是義。」又曰：「某怕人便説『理一』。」節〔二〇〕。

問：「事之當爲者，皆義也，如何專以從兄言之？」〔二一〕曰：「從兄乃事之當爲而最先者。」又問：「事親豈非事之當爲，而不歸之義，何也？」曰：「己與親乃是一體，豈可論當爲不當爲。」柄。

問「義之實，從兄是也」。曰：「義是那良知良能底發端處。雖小兒子莫不愛父母，到長大方理會得從兄。所謂『及其長也，無不知敬其兄』，此義發端處〔二二〕。」植。

問：「孟子言『義之實，從兄是也』，中庸却言『義者，宜也，尊賢爲大』，甚不同，如何？」曰：「義謂得宜，『尊賢之等』，道理宜如此。」曰：「父子兄弟皆是恩合，今以從兄爲義，何也？」曰：「以兄弟比父子，已是爭得些。」問：「五典之常，義主於君臣。今曰『從兄』，又曰『尊賢』，豈以隨事立言不同，其實則一否？」曰：「然。」德明。

問〔二三〕：「孟子言：『羞惡之心，義之端也。』又曰：『義之實，從兄是也。』不知羞惡與從兄之意，如何相似？」曰：「不要如此看。且理會一處上義理教通透了，方可別看。如今理會一處未得，却又牽一處來滚同說，少間愈無理會處〔二四〕。聖賢說話，各有旨歸，且與他就逐句逐字上理會去。」〔二五〕

問：「性中雖具四端五常，其實只是一理。故孟子獨以仁義二者爲主，而以禮爲『節文斯二者』，智爲『知斯二者』。」柄謂：仁義二者之中又當以仁爲主，蓋仁者愛之理，愛之得其當則義也。」曰：「義却是當愛不當愛。」柄

問〔二六〕：「『仁之實，事親是也』一段似無四者，只有兩個：以禮爲『節文斯二者』，智是『知斯二者』。只是兩個生出禮、智來。」曰：「太極初生，亦只生陰陽，然後方有其他底。」節。

問〔二七〕：「孟子言：『禮之實，節文斯二者；知之實，知斯二者。〔二八〕』禮、知似無專位。今以四德言，却成有四個物事。」曰：「也只是一處如此說。有言四個底，有言兩個底，有言三個底。不成說道他只說得三個，遺了一個，不說四個。言兩個，如扇一面青，一面白，一個說這一邊謂之青扇，一個說那一邊謂之白扇。不成道說青扇底是，說白扇底不是。」節。

「專言仁則包三者，言仁義則又管攝禮、智二者，如『智之實，知斯二者』，『禮之實，節文斯二者』是也。」德明。

問〔二九〕「節文」之文。曰：「文是裝裹得好〔三〇〕，如升降揖遜。」節。

「節者，等級也。文，不直回互之貌。」節

朱飛卿問「樂則生矣，生則惡可已也」。曰：「如今恁地勉强安排，如何得樂？到得常常做得熟，自然浹洽通快，周流不息，油然而生，不能自已。只是要到這樂處，實是難在。若只恁地把捉安排，纔忘記，又斷了，這如何得樂，如何得生？」問：「如今也且着恁地把捉。」曰：「固是且着恁地，須知道未是到處。須知道『樂則生』處，是當到這地頭。恰似春月，草木許多芽蘗一齊爆出來，更止遏不得。」賀孫問：「如『孩提之童，無不知愛其親。及其長也，無不知敬其兄』，這個不是旋安排，這只就他初發上說。」曰：「只如今不能常會如此。孩提知愛其親，如今自失了愛其親意思；及其長也知敬其兄，如今自失了敬其兄意思，須着理會。孟子所以説『大人者，不失其赤子之心』，須要常常恁地。要之，須是知得這二者，使常常見這意思，方會到得『樂則生矣』處。要緊却在『知斯二者，弗去是也』二句上。須是知得二者是自家合有底，不可暫時失了。到得『禮之實，節文斯二者』，既知了，又須着檢點教詳密子細，節節應拍，方始會不間斷，方始樂，方始生。孟子又云：『知皆廣而充之，若火之始然，泉之始達。苟能充之，足以保四海；苟不充之，不足以事父母。』與『知斯二者，節文斯二者』一段，語勢有不同，一則説得緊急，一則説得有許多節次，次序詳密。」又曰：「『樂則生』，如水之流，撥盡許多擁塞之物，只恁底滔滔流將去。」賀孫。

天下大悦章

「『不得乎親，不可以爲人；不順乎親，不可以爲子』。『得乎親』者，不問事之是非，但能曲爲承順，則可以得其親之悦。苟父母有做得不是處，我且從之，苟有孝心者皆可然也。『順乎親』，則和那道理也順了。非特得親之悦，又使之不陷於非義，此所以爲尤難也。」僩〔三二〕。

恭父問：「『不得乎親』，以心言；『不順乎親』，以道言，道謂喻父母於道。恐如此看得『不可爲人』、『不可爲子』兩字出。」曰：「『人』字只説大綱，『子』字却説得重。不得乎親之心，固有人承顔順色，看父母做甚麽事，不問是非，一向不逆其志。這也是得親之心，然猶是淺事。惟順乎親，則親之心皆順乎理，必如此而後可以爲子。所以又説『烝烝乂，不格姦』；『瞽瞍底豫而天下化，瞽瞍底豫而天下之爲父子者定』。」賀孫。

「『不順乎親，不可以爲子』，是無一事不是處，和親之心也順了，下面所以説『瞽瞍底豫』。」「『舜盡事親之道而瞽瞍底豫，瞽瞍底豫而天下化，瞽瞍底豫而天下之爲父子者定』，此之謂『盡性』。」人傑。

校勘記

〔一〕則下雖有奉法守在官者　「在」原作「一」，據朝鮮本改。

〔二〕看得道理然　「然」，朝鮮本作「熟」。

〔三〕個　朝鮮本此下增小字：卓同。

〔四〕問責難之恭陳善閉邪之敬何以別　朝鮮本問句作：問：「責難於君，謂之恭，陳善閉邪，謂之敬，恭與敬何以別？」

〔五〕蓋不徒責之以難　「責」原作「貴」，據朝鮮本改。

〔六〕個　朝鮮本末尾小字作：卓同。

〔七〕去僞　朝鮮本此下增小字：謨同。

〔八〕云云已下見胡仁仲類　朝鮮本詳作：「說：『性不可以善言。』本然之性，是上面一個，其尊無對。善是下面底，才説善時，便與惡對，非本然之性矣。『孟子道性善』，非是説性之善，只是讚歎之辭，説『好個性』！　如佛言『善哉』！　此文定之説。某嘗辨之云：『本然之性，固渾然至善，不與惡對，無善可對。此天之賦予我者然也。然行之在人，則有善有惡：做得是者爲善，做得不是者爲惡。豈可謂善者非本然之性？只是行於人者，有二者之異，然行得善者，便是那本然之性也。』若如其言，有本性之善。又有善惡相對之性，則是有二性矣！　方其得於天者，此性也；及其行得善者，亦此性也。只是才行得善底。便有個不善底，所以善惡須着對説。不是元有個惡在那裏，等得他來與之爲對。只是行得錯底，便流入於惡矣。此文定之説，故其子孫皆主其説，而致堂、五峰以來，其説益差，遂成有兩性：本然者是一性，善惡相對者又是一性。他只説本然者是性，善惡相對者不是性，豈有此理！　然文定又得於龜山，龜山得之東林常捻。捻，龜山鄉人，與之往來，後住廬山東林。龜山赴省，又往見之。捻極聰明，深通佛書，有道行。龜山問：『「孟子道性善」，説得是否？』捻曰：『是。』又問：『性豈可以善惡言？』捻曰：『本然之性，不與惡對。』此語流傳自他。然捻之言，本亦未有病。蓋本然之性是本無惡。及至文定，遂以『性善』爲讚歎之辭；自致堂、五峰以來輩，遂分成兩截，説善底不是性。若善底非本然之性，卻那處得這善來？既曰讚歎性好之詞，便是性本善矣。若非性善，何讚歎之有？　如佛氏曰『善哉！　善哉』！　亦是説這道理好，所以讚歎之也。二蘇論性亦是如此，嘗言『孟子道性善』，猶云火之能熟物也；荀卿言『性惡』，猶云火之能焚物也；龜山反其説而辨之曰：『火之所以能熟物者，以其能焚故耳。若火不能焚，物何從熟？』蘇氏論性説：『自上古聖人以來，至孔子不得已而命之曰一，寄之曰中，未嘗分善惡言也。自「孟子道性善」，而一與中始支矣！』他更不看道理，只認我説得行底便是。諸胡之説亦然，季隨至今守其家説。」

〔九〕范忠宣　朝鮮本此下增「公」字。

〔一〇〕僩　朝鮮本末尾小字作：卓。僩同。

〔一一〕問　朝鮮本作：時舉問。

〔一二〕言非禮義　朝鮮本此下增：謂之自暴。

〔一三〕問　朝鮮本作「説孫問」。疑此「説」字有誤，據末尾記録者姓名，應爲「賀孫」。

〔一四〕在人只説得思誠　「在」原作「纔」，據萬曆本朝鮮本改。

〔一五〕問　朝鮮本作：時舉問。

〔一六〕才卿　朝鮮本作：陳才卿。

〔一七〕如　朝鮮本「如」上增「辟草萊，任土地者次之」。

〔一八〕其精神動作之間亦須有以格之　朝鮮本此下增一節文字：「但亦須有以格之，但亦須有説話。」因舉易傳遇主於巷，問：「蜀後主、諸葛孔明如何？」曰：「他當時事皆自爲。」曰：「孔明亦何不能格之，設更有大人能格之否？」曰：「孔子不能格定、哀，孟子不能格齊宣，如季桓子，孔子亦須與之，説話只是奈何他不下。

〔一九〕問　朝鮮本作：節問。

〔二〇〕節　朝鮮本此下增小字：方子同。

〔二一〕問事之當爲者皆義也如何專以從兄言之　朝鮮本問句作：問「孟子云：『仁之實，事親是也；義之實，從兄是也』」。柄謂：「『凡事之當爲者，皆義也。』如何專以從兄言之？」

〔二二〕此義發端處　朝鮮本此下增一節文字：問「王者必世而後仁」。「自一身之仁而言之，這個道理浸灌透徹；自天下言之，舉一世之仁，皆是這個道理浸灌透徹。」

〔二三〕問　朝鮮本作：木之問。

〔二四〕却又牽一處來滚同說少間愈無理會處　「滚同說少間愈」六字原闕，據萬曆本補。

〔二五〕理會去　朝鮮本此下增小字：木之。

〔二六〕問　朝鮮本作：節問。

〔二七〕問　朝鮮本作：節問。

〔二八〕知斯二者　朝鮮本此下增：而弗去如此。

〔二九〕問　朝鮮本作：節問。

〔三〇〕文是裝裹得好　朝鮮本此下增小字：得字又疑是全字。

〔三一〕個　朝鮮本小字作：卓。

朱子語類卷第五十七

孟子七

離婁下

舜生於諸馮章

「『若合符節』，『以玉爲之，篆刻文字而中分之，彼此各藏其半。有故，則左右相合以爲信。』」先生曰：「古人符節多以玉爲之，如『牙璋以起軍旅』。周禮中有以玉爲符節，又有竹符，又有英蕩符。蕩，小節竹，今使者謂之『蕩節』也，刻之爲符。漢有銅虎符、竹使符。銅虎以起兵，竹使郡守用之。凡符節，右留君所，左以與其人。有故，則君以其右合其左以爲信也。曲禮曰：『獻田地者，執右契。』〔一〕右者，取物之券也。如發兵、取物、徵召，皆以右取之也。」卓。僩同。

子産聽鄭國之政章

「鄭之虎牢，即漢之成臯也。虎牢之下，即溱、洧之水，後又名爲汜水關，子産以乘輿濟人之所也。聞人務德以爲孟子之言非是。其說以爲：溱、洧之水其深不可以施梁柱，其淺不可以涉，豈可以濟乘輿？蓋溱洧之水底皆是沙，故不可以施梁柱，但可用舟渡而已。李先生以爲疑，或是偶然橋梁壞，故子産因用其車以渡人。然此類亦何必深考？孟子之意，但言爲政者當務民之宜，而不徒以小惠耳。」僩。卓録云「或問：『車輿豈可以涉水？』曰：『想有可涉處。』」聞人，秀州人。

問：「子産之事，以左傳考之，類非不知爲政者。孟子之言，姑以其乘輿濟人一事而議之耳。而夫子亦止以『惠人』目之，又謂其『猶衆人之母，知食而不知教』，豈非子産所爲終以惠勝歟？」曰：「致堂於『惠人也』論此一段甚詳，東坡云『有及人之近利，無經世之遠圖』亦說得盡。『封畛有章』只是行惠人底規模。若後世所謂政者，便只是惠。」必大。

中也養不中章

「『中也養不中，才也養不才。』養者，非速使之中，使之才，『漸民以仁，摩民以義』之謂也。下『以善養人』同。」節。

言人之不善章

「『言人之不善，當如後患何？』恐是孟子因事而言之。」人傑。

仲尼不爲已甚章

「『仲尼不爲已甚』，言聖人所爲，本分之外不加豪末。如人合喫八棒，只打八棒，不可説這人可惡，更添一棒。稱人之善，不可有心於溢美；稱人之惡，不可溢惡：皆不爲已甚之事也。或上龜山書云：『徐行後長，得堯舜之道；不爲已甚，知仲尼之心。』龜山讀之甚喜，蓋龜山平日喜説此兩句也。」僩。

問〔二〕：「『仲尼不爲已甚』，此言本分之外無所增加爾。」曰：「已訓太。」又問：「『非〔三〕其君不仕，非其民不使』，『治亦進，亂亦進』，『不羞汙君，不辭小官』，氣象可謂已甚矣，而目之曰聖人之清、和，似頗難會。」頃之乃曰：「雖是聖，終有過當處。」又問：「伯夷『不念舊惡』，『求仁得仁』，似是清中之和；下惠『不以三公易其介』，似亦是和中之清。」曰：「然。凡所謂聖者，以其渾然天理，無一豪私意。若所謂『得百里之地而君之，皆能朝諸侯，有天下；行一不義，殺一不辜而得天下者，皆不爲也』。這便是聖人同處，便是無私意處，但只是氣質有偏，比之夫子，終有不中節處。所以易說『中正』，伊川謂：『正重於中，中不必正也。』〔四〕言中，則正已在其中。蓋無正，則做中不出來；而單言正，則未必能中也。夷、惠諸子其正與夫子同，而夫子之中則非諸子所及也。」又問：「夷、惠皆言『風』，而不以言伊尹，何哉？」曰：「或者以伊尹爲得行其道，而夷、惠不得施其志，故有此論。似不必然，亦偶然爾。」道夫曰：「以意揣之，竊恐伊尹勝似夷、惠得些。」曰：「也是伊尹體用較全。」頃之復曰：「夷、惠高似伊尹，伊尹大似夷、惠。」道夫。

大人者章

問「大人不失赤子之心」。曰〔五〕：「大人事事理會得，只是無許多巧僞曲折，便是赤子之心。」時舉。或録云：「只恁地白直做將去，無許多曲折。」又云：「坦然明白，事事理會得，都無許多姦巧。」

敬之問「大人不失赤子之心」。曰：「這須着兩頭看，大人無不知，無不能；赤子無所知，無所能。大人者，是不失其無所知、無所能之心。若失了此心，使些子機關，計些子利害，便成個小底人，不成個大底人了。大人心下没許多事。」時舉。

大人無所不知，無所不能，赤子無所知，無所能。此兩句相拗，如何無所不知，無所不能，却是不失其無所知、無所能做出？蓋赤子之心純一無僞，而大人之心亦純一無僞。但赤子是無知覺底純一無僞，大人是有知覺底純一無僞。賀孫。夔孫録云：「大人之所以爲大人者，却緣是它存得那赤子之心。而今不可將大人之心只作通達萬變，赤子只作純一無僞説。蓋大人之心，通達萬變而純一無僞；赤子之心，未有所知而純一無僞。」

厚之問「赤子之心」。曰：「止取純一無僞，未發時雖與聖人同，然亦無知。但衆人既發時多邪僻，而赤子尚未然耳。」可學。

問：「赤子之心，指已發而言，然亦有未發時。」曰：「亦有未發時，但孟子所論乃指其已發者耳。」良久笑曰：「今之大人也無那赤子時心。」義剛。

問：「赤子之心莫是發而未遠乎中，不可作未發時看否？」曰：「赤子之心也有未發時，也有已發時。今欲將赤子之心專作已發看，也不得。赤子之心方其未發時，亦與老稚賢愚一同，但其已發未有私欲，故未遠乎中耳。」銖。

施問「赤子之心」。曰：「程子道是『已發而未遠』。如赤子飢則啼，渴則飲，便是已發。」寓。

養生者章

王德脩云：「親聞和靜説『惟送死可以當大事』曰：『親之生也，好惡取舍得以言焉。及其死也，好惡取舍無得而言。當是時，親之心即子之心，子之心，即親之心，故曰「唯送死可以當大事」。』」先生曰：「亦説得好。」閎祖。

君子深造之以道章

「『君子深造之以道』，語勢稍倒，『道』字合在『深造』之前。趙岐云『道者，進爲之方』，亦不甚親切。道只是進學之具，深造者從此挨向前去。如『之以』二字，尋常這般去處，多將作助語打過了。要之，却緊切。如『夜氣不足以存』與『三代所以直道而行』，『以』字皆不虚設，『既醉以酒，既飽以德』皆是也。」謨。

問：「『道者，進爲之方』，如何？」曰：「此句未甚安，却只是循道以進耳，『道』字在上。」可學。

敬之問：「集注云〔六〕：『道者，進爲之方。』」曰：「是事事皆要得合道理。『取之左右逢其原』，到得熟了，自然日用之間只見許多道理在眼前。東邊去也是道理，西邊去也是道理，都自湊合得着，故曰『逢其原』。如水之源，流出來這邊也撞着水，那邊也撞着水。」賀孫。

所謂「深造之以道，欲其自得之」。曰：「只深造以道，便是要自得之，此政與淺迫相對。所謂『深造』者，當知非淺迫所可致。若欲淺迫求之，便是强探力取。只是既下工夫，又下工夫，直是深造，便有自得處在其中。」又曰：「優游饜飫，都只是深造後自如，此非是深造之外又別欲自得也。與下章『博學而詳説之，將以反説約』之意同。」㽦。

「『君子深造之以道』。道，只是道理恁地做，恁地做。深造，是日日恁地做。而今人造之不以其道，無緣得自得。『深造之以道』，方始『欲其自得』。看那『欲』字，不是深造以道便解自得。而今説得多，又剩了；説得少，又説不出：皆是不自得。」夔孫。

「『君子深造之以道，欲其自得之也』，如何？」曰：「『深造』云者，非是急迫遽至，要舒徐涵養，期於自得而已。『自得之』，則自信不疑而『居之安』，『居之安』則資之於道也深，『資之深』則凡動静語嘿，一事一物，無非是理。所謂『取之左右逢其原』也。」又問：「『資』字如何説？」曰：「取也。資，有資藉之意。『資之深』，謂其所資藉者深，言深得其力也。」謨。去僞略。

或問「君子深造之以道」一章。曰：「『深造之以道』，語似倒了，『以道』字在『深造』字上方是。蓋道是造道之方法，循此進進不已，便是深造之，猶言以這方法去深造之也。今曰『深造之以道』，是深造之以其方法也。『以道』是功夫，『深造』是做功夫。如博學、審問、謹思、明辨、力行之次序，即是造道之方法。若人爲學依次序，便是以道。不依次序，便是不以道。如爲仁而『克己復禮』，便是以道；若不『克己復禮』，別做一般樣，便是不以道。能以道而爲之不已，造之愈深，則自然而得之。既『自得之』而爲我有，『則居之安，居之安，則資之深』。『資之深』這一句，又要人看。蓋是自家既自得之，則所以資藉之者深，取之無窮，用之不竭。只管取，只管有，袞袞地出來無窮。自家資他，他又資給自家。如掘地在下，藉上面原頭水來注滿。若原頭深，則源源來不竭；若淺時，則易竭矣。又如富人大寶藏，裏面只管取，只管有。『取之左右逢其原』，蓋這件事也撞着這本來底道理，那件事也撞着這本來底道理，事事物物，頭頭件件，皆撞着這道理。如『資之深』，那原頭水只是一路來，到得左右逢原，四方八面都來。然這個只在自得上，才自得，則下面節次自是如此。」又云：「『資』字如『萬物資始』、『資於事父以事君』之資，皆訓取字。」燾。

子善〔七〕問「君子深造之以道，欲其自得之也」一節。曰：「大要在『深造之以道』，此是做工夫處。資，是他資助我，資給我，不是我資他。他那個都是資助我底物事，頭頭撞着，左邊也是，右邊也是，都湊着他道理原頭處。原頭便是那天之明命，滔滔汩汩底，似那一池有源底水。他那源頭只管來得不絶，取之不禁，用之不竭，來供自家用。似那魚湊活水相似，却似都湊着他源頭。且如爲人君，便有那仁從那邊來；爲人臣，便有那個敬從那邊來；子之孝，有那孝從那邊來；父之慈，有那慈從那邊來，只是那道理原頭處。莊子説『將原而往』，便是説這個。自家靠着他原頭底這個道理，左右前後都見是這道理。莊子説『在谷滿谷，在坑滿坑』，他那資給我底物事深遠，自家這裏頭頭湊着他原頭。」植。賀孫録疑同，見下。

子善問：「『君子深造之以道』，造是造道。欲造道，又着『以道』，語意似『以道深造』。」曰：「此只是進爲不已，亦無可疑。公將兩個『道』字來説，却不分曉。」賀孫問：「『深造』之『造』字，不可便做『已到』説，但言進進做將去，又必以其方。」曰：「然。」又問〔八〕：「『取之左右逢其原』，是既資之深，則道理充足，取之至近之處，莫非道理。」曰：「資字恰似資給、資助一般。資助既深，看是甚事來，無不湊着這道理。不待自家將道理去應他，只取之左右，便撞着這道理。如有源之水衮衮流出，只管撞着他。若是所資者淺，略用出便枯竭了。莊子説庖丁『手之所觸，肩之所倚，足之所履，膝之所踦，砉然嚮然，奏刀騞然，莫不中音』，正是此意。爲人君，便自撞着個仁道理；爲人臣，便自撞着個敬道理；爲人子，便自撞着個孝道理；爲人父，便自撞着個慈道理；與國人交，便自撞着個信道理：無適而不然。」賀孫。

「『居〔九〕之安』只是如人之居住得那裏安穩，只是從初本原如此。到熟處，左右皆逢之。」謙。

或問：「『自得』章文義莫有節次否？」曰：「此章重處只在自得後，其勢自然順下來，才恁地，便恁地，但其間自不無節次。若是全無節次，孟子何不說『自得之，則取之左右逢其原』？」曰：「尹先生却正如此說。」曰：「看他說意思自別。孟子之意是欲見其曲折而詳言之，尹先生之言是姑舉其首尾而略言之。自孟子後，更無人會下這般言語。」

或問：「程子之說如何？」曰：「必須以道，方可『潛心積慮，優游厭飫』。若不以道，則『潛心積慮，優游厭飫』做甚底。」燾。

博學而詳說之章

「『博學而詳說之，將以反說約也。』損先難而後易，凡事皆然。」道夫。

問：「『博學而詳說之，將以反說約也』，如何？」曰：「約自博中來。既博學，又詳說，講貫得直是精確，將來臨事自有個頭緒。才有頭緒，便見簡約。若是平日講貫得不詳悉，及至臨事只覺得千頭萬緒，更理會不下，如此則豈得爲約？」去僞〔一〇〕。

問「博學詳説，將以反説約也」。曰：「貫通處便是約，不是通貫了又去裏面尋討個約。公説約處，却是通貫了又别去尋討個約，豈有此理。伊川説格物處云：『但積累多後，自然脱然有貫通處。』『積累多後』，便是學之博；『脱然有貫通處』，便是約。」楊楫通老問：「世間博學之人非不博，却又不知個約處者，何故？」曰：「他合下博得來便不是了，如何會約？他更不窮究這道理是如何，都見不透徹，只是搜求隱僻之事，鈎摘奇異之説，以爲博，如此豈能得約？今世博學之士大率類此。不讀正當底書，不看正當注疏，偏揀人所不讀底去讀，欲乘人之所不知以誇人；不問義理如何，只認前人所未説、今人所未道者則取之以爲博。如此，如何望到約處？」又曰：「某嘗不喜楊子雲『多聞則守之以約，多見則守之以卓』。多聞，欲其約也；多見，欲其卓也。説多聞了，又更要一個約去守他，正如公説。這個是所守者約，不是守之以約也。」僩。

徐子曰章

「所謂『聲聞過情』，這個大段務外郎當。且更就此中間言之，如爲善無真實懇惻之意，爲學而勉强苟且徇人，皆是不實，須就此反躬思量方得。」僩。

人之所以異於禽獸章

敬之問「人之所以異於禽獸者幾希」。曰：「人與萬物都一般者，理也；所以不同者，心也。人心虛靈，包得許多道理過，無有不通。雖間有氣稟昏底，亦可克治使之明。萬物之心便包許多道理不過，雖其間有稟得氣稍正者，亦止有一兩路明。如禽獸中有父子相愛、雌雄有別之類，只有一兩路明，其他道理便都不通，便推不去。人之心便虛明，便推得去。就大本論之，其理則一。纔稟於氣，便有不同。」賀孫問：「『幾希』二字，不是說善惡之間，乃是指這些好底說，故下云『庶民去之，君子存之』。」曰：「人之所以異於物者，只爭這些子。」賀孫。時舉録云：「人物之所同者，理也；所不同者，心也。人心虛靈，無所不明。禽獸便昏了，只有一兩路子明。人之虛靈，皆推得去，禽獸便推不去。人若以私慾蔽了這個虛靈，便是禽獸。人與禽獸只爭這些子，所以謂之幾希。」

徐元昭問：「『庶民去之，君子存之』，如何是存之？」曰：「存，是存所以異於禽獸者，何故至『存之』方問？」因問元昭：「存何物？」元昭云：「有所見。」曰：「不離日用之間。」曰：「何謂日用之間？」曰：「凡周旋運用。」曰：「此乃禽獸所以與人同，須求其所以與人異者。僧問佛：『如何是性？』曰：『耳能聞，目能見。』他便把這個作性，不知這個禽獸皆知。人所以異者，以其有仁義禮智。若爲子而孝，爲弟而悌，禽獸豈能之哉？」元昭又云：「『萬物皆備於我』，此言人能備禽獸之不備。」曰：「觀賢此言，元未嘗究竟。」可學。璘録别出。

元昭問「君子存之」。曰：「存是存其所以異於禽獸之道理，今自謂能存，只是存其與禽獸同者耳。飢食渴飲之類，皆其與禽獸同者也。釋氏云：『作用是性。』或問：『如何是作用？』云：『在眼曰見，在耳曰聞，在鼻辨香，在口談論，在手執捉，在足運奔。偏現俱該沙界，收攝在一微塵。』此是説其與禽獸同者耳。人之異於禽獸，是『父子有親，君臣有義，夫婦有别，長幼有序，朋友有信』，釋氏元不曾存得。」璘。

「知而不存者有矣，未有不知而能存者也。」「君子存之」。僩。

「『明於庶物』，如物格。」閎祖。

或問：「『明於庶物，察於人倫』，明察之義有淺深否？」曰：「察深於明，明只是大概明得這個道理爾。」又問：「與孝經『事天明，事地察』之義如何？」曰：「這個明、察又别。此『察』字却訓著字，『明』字訓昭字。事父孝，則事天之道昭明；事母孝，則事地之道察著。孟子所謂明、察，與易繫『明於天之道』，『察於人之故』同。」去僞〔一〕。

子善問：「舜『明庶物，察人倫』，文勢自上看來，此『物』字恐合作禽獸説？」曰：「不然。『明於庶物』豈止是説禽獸？禽獸乃一物，凡天地之間眼前所接之事皆是物。然有多少不甚要緊底事，舜看來惟是於人倫最緊要。」賀孫。

「『明[一二]於庶物，察於人倫』。明、察是見得事事物物之理，無一豪之未盡。所謂仁義者，皆不待求之於外，此身此心渾然都是仁義。」賀孫。

守約問：「孟子何以只說『舜明於庶物，察於人倫，由仁義行，非行仁義也』？」曰：「堯自是渾然，舜却是就事物上經歷一一理會過。」賀孫。

問：「舜『由仁義行，非行仁義』。若學者，須是行仁義方得？」曰：「這便如適來說『三月不違』意。他是平日身常在仁義内，即恁地行出。學者身在外了，且須去求仁義就上行，然又須以『由仁義行』爲準的方得。」賀孫。

符舜功言：「只是『由仁義行』，好行仁義，便有善利之分。」曰：「此是江西之學。豈不見上面分明有個『舜』字，惟舜便由仁義行，他人須窮理，知其爲仁爲義從而行之。且如『仁者安仁，智者利仁』，既未能安仁，亦須是利仁。利仁豈是不好底。知仁之爲利而行之。不然，則以人欲爲利矣。」德明。

禹惡旨酒章

問[一三]：「禹『惡旨酒』，『好善言』，湯『執中』，文王『望道未之見』，武王『不泄邇，不忘遠』，周公『坐以待旦』。此等氣象，在聖人則謂之『兢兢業業，純亦不已』，在學者則是『任重道遠，死而後已』之意否？」曰：「他本是説聖人。」又曰：「讀此一篇，使人心惕然而常存也。」道夫。

問〔一四〕：「『湯執中，立賢無方』，莫是執中道以立賢否？」曰：「不然。執中自是執中，立賢自是立賢，只這『執中』却與子莫之『執中』不同。故集注下謂：『執，謂守而不失。』湯只是要事事恰好，無過不及而已。」時舉。

問：「『周公思兼三王以施四事』。上文既是各舉一事言，四聖人之事亦多，周公如何施之？」曰：「此必是周公曾如此説。大抵所舉四事極好，此一處自舜推之至於孔子。」可學。

「『周公思兼三王以施四事』，此不可考，恐是周公自有此語。如『文王我師也，周公豈欺我哉』？此直是周公曾如此説，公明儀但舉之爾〔一五〕。四事極説得好。『泄』字有狎底意思。」謨。

因論「泄邇」、「忘遠」，老蘇説乖，曰：「聖人心如潮水上來，灣坳浦溆一時皆到，無有遠邇。」方。

王者之迹熄章

問「王者之迹熄而詩亡，詩亡然後春秋作〔一六〕」。曰：「這道理緊要在『王者之迹熄』一句上。蓋王者之政存，則『禮樂征伐自天子出』，故雅之詩自作於上，以教天下。王迹滅息，則禮樂征伐不自天子出，故雅之詩不復作於上，而詩降而爲國風。是以孔子作春秋，定天下之邪正，爲百王之大法也。」燾。

莊仲〔一七〕問：「『王者之迹熄而詩亡，詩亡然後春秋作。』先儒謂自東遷之後，黍離降爲國風而雅亡矣，恐是孔子删詩之時降之。」曰：「亦是他當時自如此。要識此詩，便如周南、召南。當初在鎬、豐之時，其詩爲二南；後來在洛邑之時，其詩爲黍離。只是自二南進而爲二雅，自二雅退而爲王風。二南之於二雅，便如登山；到得黍離時節，便是下坡了。」文蔚。

可以取章

「『可以取，可以無取』，是先見得可以取，後來却見得可以無取。如此而取之，則傷廉矣，蓋後來見者較是故也。『與』、『死』亦然。」閎祖。

正卿〔一八〕問：「『可以取，可以無取，取傷廉』，亦下二聯之義？」曰：「看來『可以取』是其初略見得如此，『可以無取』是子細審察見得如此，如夫子言『再思』一般。下二聯放此，庶幾不礙。不然，則不取却是過厚，而不與不死却是過薄也。」壯祖〔一九〕。

「『可以取，可以無取』〔二〇〕，此段正與孔子曰『再斯可矣』相似。凡事初看尚未定，再察則已審矣，便用決斷始得。若更加之思焉，則私意起，而非義理之本然。」僩。

「『可以取，可以無取』，云云。夫取爲傷廉，固也。若與者本惠，死者本勇，而乃云『傷惠』、『傷勇』者，謂其過予與無益之死耳。且學者知所當予而不至於吝嗇，知所當死而不至於偷生，則幾矣。」人傑。

「孟子〔二一〕言『可以取，可以無取，取傷廉。可以與，可以無與，與傷惠』，他主意只在『取傷廉』上，且將那『與傷惠』來相對說。其實與之過厚些子，不害其爲厚。若纔過取便傷廉，便是不好。過與，畢竟當下是好意思。與了再看之，方見得傷惠與傷廉不同。所以子華使於齊，『冉子與之粟五秉』，聖人雖說他不是，然亦不大故責他。只是纔過取便深惡之，如冉求爲之聚斂而欲攻之是也。」僩。

天下之言性也章

問〔二二〕：「『則故而已矣〔二三〕』，故是如何？」曰：「『故』是個已發見了底物事，便分明易見。如公都子問性，孟子却云『乃若其情，則可以爲善矣』。蓋性自是個難言底物事，惟惻隱、羞惡之類却是已發見者，乃可得而言。只看這個，便見得性。集注謂『故』者是已然之迹也。是無個字得下，故下個『迹』字。」時舉。

問「則故而已矣」。曰：「性是個糊塗不分明底物事，且只就那故上説，故却是實有痕迹底。故有兩件，如水之有順利者，又有逆行者。畢竟順利底是善，逆行底是惡，所以説『行其所無事』，又説『惡於鑿』，鑿則是那逆行底。又説『乃若其情，則可以爲善』。性是糊塗底物事，情却便似實也。如惻隱、羞惡、辭遜、是非，這便是情。」植。

敬之問：「『故』是已然之迹，如水之潤下，火之炎上。『以利爲本』是順而不咈之意？」曰：「利是不假人爲而自然者。如水之就下，是其性本就下，只得順他。若激之在山，是不順其性，而以人爲之也。如『無惻隱之心非人，無羞惡之心非人』，皆是自然而然。惟智者知得此理，不假人爲，順之而行。」南升。時舉録别出。

敬之問：「『故者，以利爲本。』如火之炎上，水之潤下，此是故。人不拂他潤下炎上之性，是利？」曰：「故是本然底，利是他自然底。如水之潤下，火之炎上，固是他本然之性如此。然水自然潤下，火自然炎上，便是利。到智者行其所無事，方是人知得自然底，從而順他。」時舉。倪同〔二四〕。

「故是已然之迹，如水之下、火之上、父子之必有親、孟子說『四端』皆是。然雖有惻隱，亦有殘忍，故當以順爲本。如星辰亦有逆行，大要循躔度者是順。」問：「南軒說故作『本然』。」曰：「如此則善外別有本然。孟子說性乃是於發處見其善，荀、楊亦於發處說，只是道不著。」問：「既云『於發處見』，伊川云『孟子說性，乃拔本塞原之理』，莫是因發以見其原〔二五〕？」曰：「然。」可學。

器之說：「『故者以利爲本』，如流水相似，有向下，無向上，是順他去。」曰：「故是本來底，以順爲本，許多惻隱、羞惡自是順出來，其理自是如此。孟子怕人將不好底做出去，故說此。若將惡者爲利之本，如水『搏而躍之，可使過顙』，這便是將不利者爲本。如伊川說楚子越椒之生，必滅若敖氏，自是出來便惡了。荀子因此便道人性本惡。據他說『塗之人皆可爲禹』，便是性善了。他只說得氣質之性，自是不覺。」寓。

「『故』〔二六〕只是已然之迹，如水之潤下，火之炎上，潤下炎上便是故也。父子之所以親，君臣之所以義，夫婦之別，長幼之序，然皆有個已然之迹。但只順利處，便是故之本。如水之性固下也，然搏之過顙，激之在山，亦豈不是水哉？但非其性爾。仁、義、禮、智是爲性也；仁之惻隱，義之羞惡，禮之辭遜，智之是非，此即性之故也。若四端，則無不順利。然四端皆有相反者，如殘忍饒録作「忮害」。之非仁，不耻之非義，不遜之非禮，昏惑之非智，即故之不利者也。伊川發明此意最親切，謂此一章專主『智』言。鑿於智者，非所謂以利爲本也。其初只是性上泛説起，不是專説性。但謂天下之説性者，只説得故而已。後世如荀卿言『性惡』，楊雄言『善惡混』，但皆説得下面一截，皆不知其所以謂之故者如何，遂不能『以利爲本』而然也。荀卿之言，只是横説如此，到底滅這道理不得。只就性惡篇謂『塗之人皆可爲禹』，只此自可見。『故』字若不將已然之迹言之，則下文『苟求其故』之言如何可推？曆家自今日推算而上，極於太古開闢之時，更無差錯，只爲有此已然之迹可以推測耳。天與星辰間或躔度有少差錯，久之自復其常。『以利爲本』，亦猶天與星辰循常度而行。苟不如此，皆鑿之謂也。」謨。

「『天下之言性，則故而已矣。』故，猶云所爲也。言凡人説性，只説到性之故，蓋故却『以利爲本』。利順者，從道理上順發出來是也，是所謂善也。若不利順，則是鑿，故下面以禹行水言之。『苟求其故』，此『故』與『則故』却同，故猶所以然之意。」直卿云：「先生言劉公度説此段意云『孟子專爲智而言』甚好。」端蒙。

問〔二七〕「天下之言性，則故而已」。先生引程子之言曰：「此章意在『知』字。此章言性，只是從頭説下。性者，渾然不可言也，惟順之則是，逆之則非。天下之事，逆理者如何行得？便是鑿也，鑿則非其本然之理。禹之行水，亦只端的見得須是如此，順而行之而已。鯀績之不成，正爲不順耳。」力行。

問：「伊川謂：『則，語助也。故者，本如是者也。今言天下萬物之性必求其故者，只是欲順而不害之也。』伊川之説如何？」曰：「『則』字不可做助語看了，則有不足之意。性最難名狀。天下之言性者，止説得故而已矣。『故』字外，難爲别下字。如故，有所以然之意。利，順也；順其所以然，則不失其本性矣。水性就下，順而導之，水之性也。『搏而躍之』，固可使之在山矣，然非水之本性。」或問：「『天下之言性』，伊川以爲言天下萬物之性，是否？」曰：「此倒了。他文勢只是云『天下之言性者，止可説故而已矣』。如此，則天下萬物之性在其間矣。」又問：「後面『苟求其故』，此『故』字與前面『故』字一般否？」曰：「然。」去僞〔二八〕。

君子所以異於人者章

問：「『君子以仁存心，以禮存心』，是我本有此仁此禮，只要常存而不忘否？」曰：「非也。他這個在存心上説下來，言君子所以異於小人者，以其存心不同耳。君子則以仁以禮而存之於心，小人則以不仁不禮而存之於心，須看他上下文主甚麽説始得。」僩。

問：「先生注下文言『存仁』、『存禮』〔二九〕，何也？」曰：「這個『存心』與『存其心，養其性』底『存心』不同，只是處心。」又問：「如此，則是君子之所以異於人者，以其處心也。」曰：「以其處心與人不同。」又問：「何〔三〇〕謂處心？」曰：「以仁處於心，以禮處於心。」集注非定本。節。

蔡問：「『以仁存心』，如何下『以』字？」曰：「不下『以』字也不得。呂氏云『以此心應萬事之變』，亦下一『以』字。不是以此心，是如何？」問：「程子謂『以敬直内，則不直矣』，何也？」曰：「此處又是解『直方』二字。從上説下來，『敬以直内』方順，以敬則不順矣。」淳。

「『我必不忠』，恐所以愛敬人者，或有不出於誠實也。」人傑。

問「自反而忠」之「忠」。曰：「忠者，盡己也。盡己者，仁禮無一豪不盡。」節。

「『舜，人也，我亦人也。舜爲法於天下，可傳於後世，我猶未免爲鄉人也，是則可憂也。』此便是知耻。知耻，則進學安得不勇。」閎祖。

禹稷當平世章

問：「『禹、稷當平世，三過其門而不入』，似天下之事重乎私家也。若家有父母，豈可不入？」曰：「固是。然事亦須量緩急。」問：「何謂緩急？」曰：「若洪水之患不甚爲害，只是那九年泛泛底水，未便會傾國覆都，過家見父母亦不妨。若洪水之患其急有傾國溺都、君父危亡之災，也只得且奔君父之急。雖不過見父母，亦不妨也。」又問：「『鄉鄰〔三一〕有鬭者，雖閉户可也』，此便是用權。若鄉鄰之鬭有親戚兄弟在其中，豈可一例不救〔三二〕？」曰：「有兄弟固當救，然事也須量大小。若只是小小鬭毆，救之亦無妨。若是有兵戈殺人之事，也只得閉門不管而已。」僩〔三三〕。

公都子問匡章

「孟子之於匡章，蓋憐之耳，非取其孝也。故楊氏以爲匡章不孝，『孟子非取之也，特哀其志而不與之絶耳』。據章之所爲，因責善於父而不相遇，雖是父不是，己是，然便至如此蕩業，『出妻屏子，終身不養』，則豈得爲孝。故孟子言『父子責善，賊恩之大者』，此便是責之以不孝也。但其不孝之罪，未至於可絶之地爾。然當時人則遂以爲不孝而絶之，故孟子舉世之不孝者五以曉人。若如此五者，則誠在所絶爾。後世因孟子不絶之，則又欲盡雪匡子之不孝而以爲孝，此皆不公不正，倚於一偏也。必若孟子之所處，然後可以見聖賢至公至仁之心矣。」或云：「看得匡章想是個拗强底人，觀其意屬於陳仲子，則可見其爲人耳。」先生甚然之，曰：「兩個都是此樣人，故説得合。」味道云：「『舜不告而娶』，蓋不欲『廢人之大倫，以對父母』耳，如匡章則其對也甚矣。」廣。

校勘記

〔一〕曲禮曰獻田地者執右契　按禮記曲禮上云：「獻粟者，執右契；……獻田宅者，操書致。」可見「田地」二字當作「粟」。

〔二〕問　朝鮮本作：道夫問。

〔三〕非　朝鮮本「非」前增：切嘗因此以考。

〔四〕伊川謂正重於中中不必正也　朝鮮本、萬曆本同。賀本據程氏易傳改兩「正」爲「中」，改兩「中」爲「正」，賀本是。

〔五〕曰　此字原脱，據朝鮮本補。

〔六〕集注云　三字原無，據朝鮮本補。

〔七〕子善　朝鮮本作：潘子善。

〔八〕又問　朝鮮本作：賀孫又問。

〔九〕居　朝鮮本段首增：或問「居之安則資之深，資之深則取之左右逢其原」。曰。

〔一〇〕去僞　朝鮮本末尾小字作：周本此下有「將以反約説謂臨事時」數字。去僞。謨、人傑同。

〔一一〕朝鮮本末尾小字作：謨。去僞、人傑録同。

〔一二〕明 朝鮮本此前增「舜」字。

〔一三〕問 朝鮮本作：道夫問。

〔一四〕問 朝鮮本作：時舉問。

〔一五〕公明儀但舉之爾 「但」原作「泄」，據朝鮮本改。

〔一六〕詩亡然後春秋作 「然」原作「而」，據孟子原文改。

〔一七〕莊仲 朝鮮本作：沈莊仲。

〔一八〕正卿 朝鮮本作：林正卿。

〔一九〕壯祖 朝鮮本作：處謙。

〔二〇〕可以取可以無取 朝鮮本此句前增「可以與，可以無與，與傷惠」，此句下增「取傷廉。可以死，可以無死，死傷勇」。

〔二一〕孟子 朝鮮本段首增一節文字：因論「治國平天下」章財用處，曰：「財者，人之所好，自是不可獨佔，須推與民共之。未論爲天下，且以作一縣言之：若寬其賦斂，無征誅之擾，民便歡喜愛戴；若賦斂稍急，又有科敷之擾，民便生怨，決然如此。」又曰：「寧過於予民，不可過於取民。且如居一鄉，若屑屑與民爭利，便是傷廉。若饒潤人些子，不害其爲厚。

〔二二〕問 朝鮮本作：時舉問。

〔二三〕則故而已矣　朝鮮本「則」上有「天下之言性也」六字。

〔二四〕倪同　朝鮮本作：植同。

〔二五〕莫是因發以見其原　「是」字原脱，據朝鮮本補。

〔二六〕故　朝鮮本段首增：天下之言性，則故而已矣。

〔二七〕問　朝鮮本作：力行問。

〔二八〕去僞　朝鮮本末尾增小字：謨同。

〔二九〕先生注下文言存仁存禮　朝鮮本「先生」上有三十字，文云：「君子所以異於人者，以其存心也。君子以仁存心，以禮存心。此是言存得心。」「言」上又有「却」字。

〔三〇〕何　朝鮮本「何」上增一節文字：「君子之所以異于人者，以其存心也。先生前歲以此『存心』二字與存心養性之『存心』不同，此存心是處心。」

〔三一〕鄉鄰　朝鮮本「鄉鄰」前增：今有同室之人鬭者，救之，被髮纓冠而往救之，可也。

〔三二〕豈可一例不救　朝鮮本作：豈可以鄉鄰之鬭而一例不管，須只救得他？

〔三三〕僩　朝鮮本末尾小字作：卓。僩同。